Armin Klein

Der exzellente Kulturbetrieb

Armin Klein

Der exzellente Kulturbetrieb

2. Auflage

VS VERLAG FÜR SOZIALWISSENSCHAFTEN

Bibliografische Information der Deutschen Nationalbibliothek
Die Deutsche Nationalbibliothek verzeichnet diese Publikation in der Deutschen Nationalbibliografie; detaillierte bibliografische Daten sind im Internet über <http://dnb.d-nb.de> abrufbar.

1. Auflage 2007
2. Auflage 2008

Lektorat: Frank Engelhardt

VS Verlag für Sozialwissenschaften ist Teil der Fachverlagsgruppe Springer Science+Business Media.
www.vs-verlag.de

Umschlaggestaltung: KünkelLopka Medienentwicklung, Heidelberg
Umschlagbild: bpk / Hamburger Kunsthalle / Wolfgang Neeb
Druck und buchbinderische Verarbeitung: Krips b.v., Meppel
Gedruckt auf säurefreiem und chlorfrei gebleichtem Papier
Printed in the Netherlands

ISBN 978-3-531-16113-6

Inhalt

Warum dieses Buch

There are three types of organizations:
- those that make things happen,
- those that watch things happen
- those that wondered what happened.

Betrachtet man den aktuellen Kulturbetrieb in Deutschland, so ergibt sich ein durchaus zwiespältiger Eindruck. Auf der einen Seite findet man eine aufblühende Kreativwirtschaft („creative industries", wie das englische Ursprungswort heißt). Sie wird vorangetrieben durch die „Neuen Kulturunternehmer" (Birgit Mandel), die mit viel Engagement und Elan die Herausforderungen und Chancen der Globalisierung annehmen. Sie reagieren hierauf kreativ mit neuen Lösungen und Angeboten, sind also zweifelsohne Betriebe und Organisationen, „that make things happen".

Auf der anderen Seite des Spektrums stehen die meisten öffentlich getragenen bzw. geförderten Non-Profit-Kulturbetriebe, die teilweise wie gelähmt auf diese tief greifenden Veränderungen starren („watch things happen") und sich der (höchstwahrscheinlich trügerischen) Hoffnung hingeben, der Spuk der Modernisierung werde ein baldiges Ende haben. Sie hoffen, dass das sich verstärkende Wirtschaftswachstum die öffentlichen Kassen so auffüllt, dass endlich wieder an die glorreichen siebziger und achtziger Jahre des letzten Jahrhunderts angeknüpft werden kann.

Doch wenn nicht alles täuscht, werden diese Zeiten nicht wieder kommen – zu viel hat sich seither geändert. Der staatlich voll alimentierte Kulturbetrieb, der sich restlos auf die Erfüllung seines (wie immer definierten) „kulturpolitischen Auftrag" konzentriert und sich in der Ablieferung eines qualitativ hochwertigen Produktes erschöpft, scheint ein Auslaufmodell zu sein. Denn verändert haben sich die Ansprüche der Besucher und Nutzer von Kultureinrichtungen, verändert haben sich aber auch die Bedürfnisse der Mitarbeiter innerhalb der Kultureinrichtungen. Verändert hat sich der Konkurrenzdruck durch andere Kultur- und Freizeiteinrichtungen, verändert haben sich früher selbstverständliche Legitimationen für die staatliche bzw. kommunale Finanzierung von Kunst und Kultur.

Viele öffentliche Kulturbetriebe sehen in diesen Veränderungen allerdings vor allem Gefährdungen und Bedrohungen und weniger die Chancen, sich im Sinne einer grundlegenden Exzellenz quasi selbst neu zu erfinden. Wie lassen sich – das ist die Kernfrage dieses Buches – die normativen Ziele des „Kulturstaates Deutschland" unter den veränderten Rahmenbedingungen weiterhin optimal verwirklichen? Das Ende des herkömmlichen „Weiter so!" bietet – so die zweite These – die (allerdings nicht einfache) Herausforderung eines grundlegenden Neuanfangs. Grundlinien dieses Neubeginns werden in dem vorliegenden Buch aufgezeigt. Dabei wird von der Behauptung ausgegangen, dass grundlegende Veränderungen durch die öffentlich getragenen bzw. unterstützten Kulturbetriebe selbst angegangen werden können und müssen. Sie dürfen und sollen nicht länger auf eine Kulturpolitik vertrauen, die für sie stellvertretend die Lösungen findet und Veränderungen vorantreibt. Vielmehr kann sich jede Kultureinrichtung selbst auf den Weg machen hin zu einem „exzellenten Kulturbetrieb".

Was ist damit gemeint? Soll der Begriff „exzellenter Kulturbetrieb" mehr sein als ein wohlfeiles Schlagwort in Zeiten, in denen Begriffe wie „Qualitätsmanagement", „Evaluationen", „Exzellenzcluster", „Innovationspartnerschaft" etc. sinn- und wahllos herumschwirren (und nur notdürftig kaschieren, dass hinter diesen Fassaden oftmals weiter gewurschtelt wird wie bisher, nur mit einem sehr viel höheren Aufwand an Bürokratie und Papier), dann gilt es diesen Begriff mit Inhalten zu füllen.

Ein exzellenter Kulturbetrieb zeichnet sich – das sei vorab allen möglichen Kritikern des hier postulierten Neuanfangs vorab gesagt – selbstverständlich auch weiterhin durch die hervorragende inhaltliche Qualität seiner Produktionen ab: Seien dies nun hervorragend konzipierte und wissenschaftlich fundierte Ausstellungen, seien es ausgezeichnete Konzerte und Theateraufführungen oder seien dies eindrucksvoll ausgebildete Kinder und Jugendliche in Musikschulen. Die Qualität muss stimmen – ansonsten sind alle weiteren Überlegungen überflüssig. Von daher sollte die künstlerische bzw. inhaltliche „Qualität" nicht – wie leider in einschlägigen Diskussionen oft zu beobachten ist – in Konkurrenz zu den weiteren Merkmalen des exzellenten Kulturbetriebs gebracht werden. Sie ist vielmehr seine Voraussetzung.

Aber bedauerlicherweise genügt inhaltliche Qualität in Zeiten gewachsener Ansprüche der Nachfrager und eines ständig steigenden Konkurrenzdrucks längst nicht mehr. Ein wesentliches zweites Merkmal neben der grundlegenden Qualitätsorientierung ist deshalb die ausgeprägte Besucherorientierung. Auch hier gilt es gleich ein weit verbreitetes Missverständnis zu beseitigen: Besucherorientierung heißt ausdrücklich nicht „Schielen nach der Quote" oder ein Hinterherlaufen hinter dem Publikum. Der Theaterregisseur Max Reinhardt erkannte sehr genau, dass der, der dem Publikum hinter läuft, nur dessen Hintern zu sehen bekommt.

Besucherorientierung heißt – bei allem Festhalten am kulturpolitischen Auftrag und aller Konzentration auf die ästhetischen und inhaltlichen Aspekte des künstlerischen bzw. kulturellen Produktes – den Besucher oder Zuschauer so weit als möglich in seine Überlegungen mit einzubeziehen: Wer sind die möglichen Besucher und Zuschauer? Was erwarten sie – und was nicht? Wie will man mit diesen Wünschen und Erwartungen umgehen? Welche will man erfüllen – und welche gerade nicht, um nämlich durch das „Un-Erhörte", bislang „Un-Gesehene" eingefahrene Seh- und Hörweisen zu verändern? Das gerade ist die „Kunst", hier einen Ausgleich zu finden. Umberto Eco hat in seinen Überlegungen zum „offenen Kunstwerk" sehr überzeugend dargelegt, dass sich ein künstlerisches Werk nur in seiner Rezeption vollendet: Ein Buch, das nicht gelesen wird, eine Komposition, die nicht gehört wird, ein Bild das niemand betrachtet wird ist zwar „da" – aber es wird bedauerlicherweise nicht wahrgenommen und findet so nicht statt!

Besucherorientierung hat aber neben allen inhaltlichen Aspekten auch ganz profane Seiten. Angesichts eines wachsenden Konkurrenzdrucks durch andere Freizeiteinrichtungen muss bei einem Besuch in einem exzellenten Kulturbetrieb auch der Service möglichst hundertprozentig stimmen. Man mag es bedauern oder nicht: Der Besucher kommt in den seltensten Fällen wegen der Kunst allein. Hinsichtlich des Services empfiehlt sich ein konsequentes, auch branchenübergreifendes Benchmarking, d. h.: Das Lernen vom Klassenbesten bzw. den sog. Best Practices. Warum sind z. B. bestimmte Dinge bei IKEA möglich, nicht aber in einem Landesmuseum (z. B. ein Wickeltisch für die allerjüngsten Besucher?) Warum gibt es in jedem gut geführten Wirtschaftsbetrieb ein funktionierendes Beschwerdemanagement – nicht aber im Theater? Das, was uns das alltägliche Handeln als Kunden der Wirtschaft das Leben erleichtert, sollte nicht vor den Pforten der öffentlichen Kulturbetriebe ausgeschlossen bleiben. Das mühelose (und auch funktionierende) Bestellen von Tickets gehört hier ebenso dazu wie ein entsprechend professionelles Beschwerdemanagement.

Konsequente Besucherorientierung hat aber noch einen dritten Aspekt. Die systematische Entwicklung eines zukünftigen Publikums, in den USA unter dem Stichwort „Audience Development" längst eine Selbstverständlichkeit, steckt in Deutschland noch in den Kinderschuhen. Angesichts einer sehr schnell alternden Gesellschaft muss sich jede Kultureinrichtung selbstkritisch die Frage stellen, wer morgen ihr Publikum sein wird: „Stell Dir vor, es gibt Kultur und keiner geht hin!" Der Begriff der *Nachhaltigkeit*, in vielen gesellschaftlichen Bereichen glücklicherweise schon eine Selbstverständlichkeit, muss für den Kulturbetrieb ganz offensichtlich erst noch entdeckt werden – und zwar in allen seinen Konsequenzen!

Damit bei aller notwendiger Besucherorientierung aber nicht die langfristige, inhaltliche Orientierung verloren geht, arbeitet der exzellente Kulturbetrieb ziel- und strategieorientiert („The reasonwhy we exist", wie es im Amerikanischen in aller wünschenswerter Klarheit heißt). Die Mitarbeiter des exzellenten Kulturbetriebs vergeuden ihre knappe und wichtige Zeit nicht mit dem Jammern über die Unzulänglichkeiten und Widrigkeiten der Gegenwart (knappe finanzielle Mittel, zu wenig Personal, zu unflexible Strukturen usw.), sondern markieren klar und erkennbar ihre langfristigen Entwicklungsziele. Grundlage sind eine eindeutig formulierte *Mission* (Wo stehen wir? Was tun wir? Wem dienen wir?) und eine innerhalb des Betriebs vereinbarte und kommunizierte *Vision* (Wo wollen wir in fünf Jahren stehen? Wie kommen wir dorthin? Welche Strategien haben wir hierfür?). Diese Ziele sollten einerseits erreichbar sein, andererseits aber so visionär und ehrgeizig, dass sie die Kultureinrichtung und ihre Mitarbeiter herausfordern, „kitzeln" und ihren Ehrgeiz wach halten. Sog. „McMissions", die weich, pappig und verschwommen sind, dienen niemand.

Diese Ziele sollten in Zielvereinbarungen mit dem jeweiligen Träger bzw. Finanzier festgeschrieben und in Vereinbarungen mit den einzelnen Mitarbeitern fixiert werden und einen entsprechenden Verpflichtungscharakter haben. Ein visionsorientierter Kulturbetrieb kann und wird es sich nicht leisten, in Selbstmitleid über die aktuelle Lage aufzugehen, sondern er wird seine Kräfte für die zukünftige Zielereichung bündeln. Das motiviert nicht nur die Führung, sondern auch die einzelnen Mitarbeiter.

Wer viel in und mit öffentlichen Kulturbetrieben zu tun hat (z. B. durch Beratungen, Schulungen, Workshops etc.), kann sich häufig nur wundern, welches Arbeitsklima dort herrscht. Frustration, Demotivation, Depression, Eifersüchteleien – manchmal kann man sich nur sehr schwer vorstellen, wie diese Mitarbeiter über lange Zeit dort zusammen arbeiten können, ohne nachhaltigen Schaden an Leib und vor allem an der Seele zu nehmen. Dabei ist doch längst bekannt, dass die „Wissens"-Mitarbeiter die wichtigste Ressource einer Organisation sind. In den achtziger Jahren machten sich die beiden ehemaligen Unternehmensberater Thomas J. Peters und Robert H. Waterman auf die „Suche nach Spitzenleistungen" in amerikanischen Unternehmen und entdeckten als den zentralen Erfolgsfaktor die „Produktivität durch Menschen". Ihre Erkenntnis: „Im großen und ganzen bedienten sich alle Unternehmen der gleichen – bisweilen trivialen, immer aber nachdrücklich und konsequent eingesetzten – Mittel, um immer dasselbe zu erreichen: Dass alle Mitarbeiter voll in die Kultur einstiegen oder ausschieden."

Damit wird das Konzept der Organisationskultur zu einem fundamentalen Baustein des exzellenten Kulturbetriebs. Die alten bürokratischen Ordnungen und Strukturen, die nach wie vor viele öffentlich getragenen Museen, Theater, Musik- und Volkshochschulen und vor allem Kulturverwaltungen prägen, sind längst nicht mehr geeignet, die Herausforderungen der Gegenwart, vor allem aber der Zukunft zu lösen. An ihre Stelle muss schrittweise das Konzept der „lernenden" (und damit sich ständig verändernden) Kulturorganisation treten, die einerseits langfristig strategieorientiert arbeitet, anderseits aber auch aufmerksam und reaktionsschnell auf Chancen und Risiken der Umwelt reagieren kann. Ihr wesentlicher Träger sind die Mitarbeiter, die Schritt für Schritt durch entsprechende Fortbildungen mit diesem Konzept bekannt gemacht werden müssen. Nur so können sie die wichtige Funktion erfüllen, sich und die Kulturorganisation permanent fortzuentwickeln.

Für viele Kulturmanager öffentlicher Kulturbetriebe liegt das gegenwärtige Hauptübel in einer vorgeblichen Unterfinanzierung. Tatsächlich stagnieren die öffentlichen Kulturausgaben seit der Jahrtausendwende bei etwa acht Milliarden Euro. Dies ist auf den ersten Blick angesichts kontinuierlich steigender Personalkosten und einer entsprechenden Teuerungsrate bei den Sachkosten sicherlich ein Problem. Vergleicht man indes die bis zu 80 – 85 % durch die öffentlichen Träger finanzierten deutschen Kultureinrichtungen mit Kulturbetrieben anderer Länder (etwa Kanada, ganz zu schweigen von den USA), so ist dies ein Jammern auf geradezu paradiesischem Niveau!

Gerade der internationale Vergleich zeigt, wie weit die deutschen Kultureinrichtungen noch entfernt sind von einer mehrdimensionalen Kulturfinanzierung. Hier ergeben sich sehr viele, bislang nur unzureichend genutzte Entwicklungschancen. Anders als die meisten Kulturmanager in Deutschland glauben, wird beispielsweise der Kulturbetrieb in den USA keineswegs durch Sponsoring getragen; dessen Beitrag ist nur unwesentlich höher als in Deutschland. Vielmehr sind es gerade die ganz unterschiedlichen Finanzierungsmittel, die den Kulturbetrieb in den USA nicht nur tragen, sondern vor allem im Publikum absichern. Auch hier kann für den exzellenten Kulturbetrieb in Deutschland viel gelernt werden.

Die globalisierte Welt wird eine vernetzte sein. Netzwerke sind bereits heute im Kulturbetrieb von elementarer Bedeutung, seien sie national oder viel eher international gewoben. Der exzellente Kulturbetrieb wird also nicht solitär seine Strategien entwickeln, sondern sich attraktive Partner und Netzwerke suchen, um seine Ziele zu erreichen, er wird „kreative Allianzen" (Oliver Scheytt) eingehen. Zwei in ihrer Bedeutung für den öffentlichen Kulturbetrieb noch viel zu wenig erkannte Partner sind zum einen die *Kreativwirtschaft*, zum anderen der *Kulturtourismus*. Hier liegen bereits jetzt große Entwicklungspotenziale, die sich schon in naher Zukunft noch erheblich erweitern dürften. Es kommt darauf an, dass der exzellente Kulturbetrieb hier selbstbewusst seine Position findet und markiert und ohne Berührungsängste entsprechende Kooperationen entfaltet.

Es war eingangs die Rede von der Zielorientierung und der Strategiefokussierung. Das Gegenstück zur Zielvereinbarung ist die Evaluation, also die Frage, ob die erreichten Ziele auch tatsächlich erreicht wurden bzw. woran es lag, dass sie eben nicht oder nur unzureichend erreicht wurden. Diese Frage wird in der öffentlichen Kulturförderung noch viel zu wenig gestellt (im privatwirtschaftlichen Sponsoring dagegen sehr wohl). Der exzellente Kulturbetrieb hat ein großes Eigeninteresse an Evaluation. Den Kern des Wortes bildet der Begriff des *Wertes* („value"). Der exzellente Kulturbetrieb will selbst wissen, ob er, wie behauptet, Werte schafft oder ob ihm dies nur unzureichend gelingt. Diese Erkenntnis wäre ein Motivator, sich in Zukunft noch mehr anzustrengen.

Die Wege zum exzellenten Kulturbetrieb werden in den folgenden Kapiteln aufgezeigt. Sie machen deutlich, was die einzelne Kulturunternehmung machen kann und soll, um sich schrittweise an diese Exzellenz heranzuarbeiten. Es gibt eine ganze Reihe von Kultureinrichtungen in Deutschland, die bereits vorbildlich viele dieser Kriterien erfüllen, wie etwa die Bayerische Staatsoper in München, das Badische Landesmuseum in Karlsruhe, die Stadtbibliothek Würzburg, das Festspielhaus in Baden-Baden, die Staatsoper in Stuttgart, um nur einige zu nennen. Sie können den vielen anderen öffentlichen Kulturbetrieben als Vorbild und als Ansporn dienen.

Und die Kulturpolitik? Wenn nicht alle Zeichen täuschen, bahnt sich auch hier ein Bewusstseinswandel an. Der Essener Kulturdezernent und Vorsitzende der *Kulturpolitischen Gesellschaft*, Oliver Scheytt, sprach anlässlich seiner programmatischen Rede zum dreißigjährigen Bestehen dieser Organisation von einem Paradigmenwechsel weg von der „aktiven" Rolle des Staates hin zu einer „aktivierenden". Die Idee, die dahinter steckt, ist die, dass der Staat in Zukunft sehr viel weniger selbst macht (machen kann oder will), und stattdessen diejenigen unterstützt und stärkt, die sich aktiv auf den Weg machen. Das Ziel dieses Weges sollte die exzellente Kultureinrichtung sein.

Das vorliegende Buch ist das Resultat zahlloser Gespräche und Diskussionen mit Leitern und Mitarbeitern öffentlicher Kultureinrichtungen im Rahmen von Schulungen, Weiterbildungen, Beratungen, Workshops etc. Ihre Erfahrungen, aber auch ihre Nöte und Sorgen sind hier eingeflossen. Viele Passagen wurden mit den Studierenden und Doktoranden des Studiengangs Kulturmanagement in Ludwigsburg in Seminaren diskutiert; für deren zahlreichen Anregungen und Kritik danke ich an dieser Stelle. Besonderer Dank gilt, wie so oft, Dr. Patrick Glogner, der das Buch kritisch gegengelesen hat. Großer Dank geht auch an Frau Ulrike Moser, die wieder einmal tatkräftig mitgeholfen hat, dass alles ein Gesicht und eine Form bekam. Mein größter Dank gilt allerdings meiner Frau, die sich dies alles in zahllosen Gesprächen auf Spaziergängen anhören musste und stets dafür sorgte, dass die Überlegungen auf dem Boden der Wirklichkeit blieben. Ihr ist deshalb dieses Buch gewidmet.

Ludwigsburg / Ettlingen März 2007

1 Zeit, dass sich was bewegt

„Mir fehlt nichts. Ich kann mich nur nicht bewegen“
Christoph Schlingensief: „Kunst und Gemüse“

Seit ein, zwei Jahrzehnten sind wir Zeugen und Betroffene tief greifender und weit reichender Modernisierungsprozesse. Der Fall des Eisernen Vorhangs und die Auflösung des die Nachkriegszeit bestimmenden Ost-West-Konflikts, bahnbrechende Entwicklungen in der Kommunikationstechnologie, eine umfassende Erschließung und Mobilisierung der Bildungsreserven, das friedliche Zusammenwachsen der Staaten Europas, weltweite Fusionen transnationaler Wirtschaftsunternehmen, demographische Verwerfungen in den meisten Industriegesellschaften, weltweite Migrationsbewegungen usw. haben Prozesse freigesetzt, die mit einer ungeheuren Beschleunigung traditionelle Institutionen und Einrichtungen verändern, alte Gewissheiten auflösen und neue Chancen, aber auch bislang ungekannte Risiken am Horizont aufscheinen lassen.

In den achtziger und neunziger Jahren des letzten Jahrhunderts kreierten die Soziologen Begriffe wie „Risikogesellschaft“[1], „Multioptionsgesellschaft“[2] „Erlebnisgesellschaft“[3], um diese Prozesse einer „anderen Moderne“[4] (im Vergleich zu der bislang so vertrauten des 19. und 20. Jahrhunderts) begrifflich zu fassen. Und auch ohne weit reichende soziologische Erklärungsmuster spüren die Menschen instinktiv diese ihr Leben so nachdrücklich verändernden Entwicklungen. „Wir wurden in eine Welt hineingeboren, die es bald nicht mehr geben wird“, bringt Gabor Steingart diese Erfahrungen der Zeitgenossen plastisch auf den Punkt.[5]

1.1 Auflösung der traditionellen Systeme der Daseinsvorsorge

Ist den einen die Globalisierung der Wirtschaft, der Märkte, der Arbeitsplätze, der Produktion, der Waren, der Dienstleistungen, der Finanzströme, der Information, der Lebensstile[6] die Verheißung einer neuen und besseren Welt mit ungeahnten Möglichkeiten, so stellt sie für die anderen die Horrorvision einer Deregulierung und ungehemmten Entfaltung des Kapitals dar. Man braucht kein Prophet zu sein, um vorherzusagen, dass wir erst am An-

1 Beck, Ulrich: Risikogesellschaft. Auf dem Weg in eine andere Moderne, Frankfurt am Main, 1986
2 Gross, Peter: Die Multioptionsgesellschaft, Frankfurt am Main 1994
3 Schulze, Gerhard: Die Erlebnisgesellschaft. Kultursoziologie der Gegenwart, Frankfurt am Main / New York 1993
4 so der Untertitel des Buches „Risikogesellschaft“ von Ulrich Beck
5 Steingart, Gabor: Weltkrieg um Wohlstand. Wie Macht und Reichtum neu verteilt werden, München 2006 S. 9
6 Beck, Ulrich: Was ist Globalisierung? Irrtümer des Globalismus – Antworten auf Globalisierung, Frankfurt 1997 S. 13

fang dieser Entwicklung stehen, die bereits ganz nachdrücklich begonnen hat, die traditionellen Institutionen gesellschaftlicher Daseinsvorsorge, wie etwa das Sozialversicherungs- und Gesundheitssystem, aber auch den Arbeitsmarkt und das Bildungssystem tiefgreifend umzugestalten. Genügte es bis vor einigen Jahren noch, auf neue Fragen alte Antworten zu geben („Die Rente ist sicher!"), so erweist sich deren Brüchigkeit mittlerweile Tag für Tag aufs Neue – auch wenn die meisten dies immer noch nicht wahrhaben wollen. Ihre Antwort ist demgemäß eine strukturkonservative: Dass bitte doch alles so bleiben möge wie es einmal war!

Wie ernst die Lage tatsächlich ist, erfahren die Bürgerinnen und Bürger von den sie regierenden Politikern meist erst dann, wenn diese nicht mehr im Amt sind. So empfahl der ehemalige Wirtschaftsminister Wolfgang Clement, kaum ein halbes Jahr aus dem Wirtschaftsministerium geschieden, öffentlich anlässlich einer Buchvorstellung mit Blick auf den Sozialstaat dessen „Abriss und Neubau an anderer Stelle." Der Sozialstaat trage nicht mehr, es helfe auch nicht, ihn umzubauen, er brauche ein neues Fundament und eine neue Statik. Für schlechthin alle Institutionen stehe eine „Runderneuerung" an, so Clement wörtlich.[7] Selten hört man von amtierenden Politikern eine so schonungslose Beschreibung der Lage. Aber man sollte für die klaren Worte, auch wenn sie reichlich spät kommen, dankbar sein, machen sie doch deutlich, auf was sich jeder Einzelne, aber auch die Gesellschaft insgesamt einzustellen haben.

Diese Entwicklung verschont auch nicht den „Kulturstaat" Deutschland und lässt kaum eine seiner traditionellen Einrichtungen, also öffentliche Theater, Museen, Bibliotheken, Musikschulen usw. unberührt. Die Krise dieser Betriebe wurde in den letzten ein, zwei Jahrzehnten von den Betroffenen vor allem als eine *Finanzierungskrise*, d. h. als ein deutlicher Rückgang öffentlicher Zuwendungen empfunden. Doch zunehmend dämmert die Erkenntnis, dass die Probleme sehr viel tiefer liegen, dass die Organisationen des öffentlichen Kulturbetriebs in ihrer tradierten Form und mit ihren überkommenen Denkweisen und Handlungsmustern immer weniger geeignet sind, auf die unterschiedlichen Herausforderungen der Gegenwart, vor allem aber der Zukunft, adäquat zu reagieren. Es besteht daher die dringende Gefahr, dass sie immer weniger zukunftsfähig sind.

In der amerikanischen Organisationstheorie findet sich die viel zitierte Charakterisierung: „There are three types of organizations: those that make things happen; those that watch things happen; those that wondered what happened."[8] Es besteht mittlerweile die nicht geringe Gefahr, dass so manche traditionelle Kultureinrichtung in Deutschland unversehens vom Typ zwei zum Typ drei wird; mittlerweile zeichnen sich verheerende Entwicklungen ab, die so vor einigen Jahren noch kaum jemand erwartet hätte.

1.2 Der Tod kommt auf leisen Sohlen

Kaum ein Tag vergeht, an dem nicht im Feuilleton beredt Klage geführt wird über die stagnierenden bzw. häufig rückläufigen öffentlichen Kulturfördermittel – und welche fatalen Folgen das für die Theater, die Museen, die Stadtbibliotheken, die Musikschulen, die Orchester, die Volkshochschulen usw., ja für „den Kulturstaat Deutschland" insgesamt hat.

---

7 Clement, come back. In: *Frankfurter Allgemeine Zeitung* vom 23.3.2006

8 hier zitiert nach Kotler, Philip und Joanne Scheff: Standing Room only. Strategies for Marketing the Performing Arts, Boston, Mass. 1997 S. 47

Und jede einzelne Kultureinrichtung vor Ort kämpft individuell mit diesen Problemen und versucht, irgendwie über die Runden zu kommen – ohne zu merken, dass es sich bei ihren jeweiligen Schwierigkeiten um tief greifende *strukturelle* Probleme handelt, die den Kulturbetrieb in Deutschland insgesamt erschüttern.

Allerdings ist es keineswegs so, wie die Vorsitzende der Enquete-Kommission *Kultur in Deutschland*, Gitta Connemann, in ihrem ersten Abschlussbericht aus dem Jahr 2005 glauben machen möchte: „Die Schließung von Theatern, Orchestern, Bibliotheken oder Musikschulen steht auf der Tagesordnung"[9] – denn die tatsächliche Schließung öffentlicher Kultureinrichtungen ist immer noch die Ausnahme. Paradoxerweise ist die Lage jedoch sehr viel schlimmer, denn der Tod, so scheint es, kommt auf leisen Sohlen daher. Der vielerorts behauptete Abstieg des „Kulturstaat Deutschland" geschieht in aller Regel nicht – wie ein solcher überall zu vernehmender Alarmismus (dazu später ausführlich) glauben machen möchte – durch spektakuläre Schließungen. Dieser Tod vollzieht sich vielmehr langsam und still, für die Einzelnen außerhalb des Kulturbetriebs oftmals kaum sichtbar, dennoch aber stetig und beständig.

Konkret gesagt:

- In vielen Kultureinrichtungen ist weitgehend nur noch Geld vorhanden, um die vertraglich vereinbarten Personalkosten mit ihren tariflich abgesicherten jährlichen Erhöhungen im Angestellten- und Beamtenbereich, nicht aber um größere Maßnahmen im künstlerischen Sektor zu bezahlen. Die Finanzierung des vielbeschworenen „Apparates" frisst mehr und mehr die öffentlichen Zuwendungen. Kontinuierlich schrumpft dagegen der Etat für Sachausgaben, wie etwa für Ausstellungen, für Bühnenbilder und Kostüme, für pädagogische Begleitveranstaltungen usw.; in manchen Kulturbetrieben gehen diese frei verfügbaren Mittel bereits gegen Null. „Immer mehr Kommunen wissen nicht mehr, wie sie zurechtkommen sollen", schreibt Heinrich Wefing in der *Frankfurter Allgemeinen Zeitung*. „Die Debatte über die Kosten der Kultur hat gerade erst begonnen. Und ein routiniertes ‚Ich nicht!' wird in zunehmend härteren Zeiten kaum mehr genügen, sie zu bestehen."[10]

- In zahlreichen Museen oder öffentlichen Bibliotheken sinkt bzw. verschwindet der Anschaffungsetat, können also notwendige Ergänzungen der Sammlungen und Bestände nicht mehr oder nur mit Hilfe privat aufgebrachter Finanzmittel vorgenommen werden. Die Wochenzeitung *Die Zeit* sprach in diesem Zusammenhang im Museumsbereich unlängst sehr treffend von einer „Boom-Krise": „Immer neue Museen werden in Deutschland eröffnet (...) Doch vielen droht bald das Aus – für den Bau reicht das Geld, nicht für den Betrieb."[11]

- In gleichem Sinne wurde bei einer Anhörung der Enquete Kommission *Kultur in Deutschland* des Deutschen Bundestages im Sommer 2006 festgestellt: „Schon heute führten verringerte Zuwendungen, insbesondere auf Landesebene und im Kommunalbereich, zur Vernachlässigung von Grundaufgaben der Museumsarbeit, besonders in

9 Vorwort der Vorsitzenden. In: Tätigkeitsbericht der Enquete-Kommission „Kultur in Deutschland" (*Deutscher Bundestag* 15. November 2005 EK-Kultur AU 15/154) S. 9

10 Wefing, Heinrich: Es kommen harte Zeiten. In: *Frankfurter Allgemeine Zeitung* vom 23.10.2006

11 Rauterberg, Hanno: Die Boom-Krise. In: *Die Zeit* vom 22.10.2004

den nicht sichtbaren Bereichen. Viele Museen seien heute bereits strukturell unterfinanziert, einige würden aus Gründen dramatisch verschlechterter Haushaltslage geschlossen.“[12]

- In der Not wird auch vor Verstößen gegen hehre traditionelle Grundsätze nicht zurückgeschreckt: Im Sommer 2006 überlegte das Krefelder Museum, das Monet-Gemälde *Das Parlamentsgebäude in London* zu veräußern, um die Reparatur des Dachs zu finanzieren. „Gerade erst einen Monat ist es her, da begannen Gemälde im zweiten Obergeschoss des Kaiser Wilhelm Museums in Krefeld sich zu verflüssigen. Temperaturen von fünfunddreißig Grad kombiniert mit einer extrem niedrigen Luftfeuchtigkeit, setzten ihnen derart zu, dass sie wegzuschmelzen drohten und das Haus kurzerhand für zwei Wochen ‚hitzefrei' nahm“, berichtete die *Frankfurter Allgemeine Zeitung*. Und weiter: „Jetzt aber möchte die Stadt ihrerseits ein Werk flüssig machen, vulgo: verkaufen, weil sie schon lange nicht mehr flüssig ist und – statt der veranschlagten und im Etat stehenden 6,4 – elf Millionen Euro für die Generalsanierung, inklusive Klimaanlage, des Museums benötigt.“ Dies wäre in der Tat ein gravierender Sündenfall. Denn „Bilder aus öffentlichen Museen zu veräußern gilt als Tabu. Nach dem Ehrenkodex des Deutschen Museumsbundes und der ICOM ist ein Verkauf allenfalls erlaubt, um damit andere Kunstwerke anzuschaffen, nicht aber für die Bauunterhaltung.“[13] Dies ist eine nicht nur für den Direktor der Gemäldegalerie in Berlin, Bern Wolfgang Lindemann, „beängstigende Vorstellung“: „Wenn man das zu Ende denkt, landet man schnell bei dem Schreckensszenario: ein herausgeputztes, aber gähnend leeres Museum.“[14]

- Um die Instandhaltung von Schloss Salem, das sich im Besitz der Markgrafen von Baden befindet, zu refinanzieren, überlegte die baden-württembergische Landesregierung im Herbst 2006 den Verkauf wertvoller Handschriften aus der *Badischen Landesbibliothek* in Karlsruhe – ein Vorhaben, das zu Protesten nicht nur des *Deutschen Kulturrates*, sondern auch zu einem offenen Brief zahlreicher Professoren amerikanischer und britischer Eliteuniversitäten, der mit den Sätzen beginnt: „Es fehlen uns die Worte, unserer Verwunderung, unserem Schock und unserem Entsetzen Ausdruck zu geben, angesichts der noch immer fast unglaublichen Nachrichten über den skandalösen Plan, den größten Teil der Handschriftenbestände – ungefähr 3500 von insgesamt 4200 Bänden – aus der *Badischen Landesbibliothek* zu verkaufen...“[15]
  „Länder und Kommunen entdecken die Kunstschätze aus Museen und Archiven als stille Reserve zum Stopfen von Haushaltslöchern“, schreibt der *SPIEGEL* und weiter: „Erstmals versucht damit ein Bundesland, in großem Stil Museumsgut zu versilbern, um den Etat zu entlasten. So etwas habe Deutschland bisher ‚nur zu Zeiten der DDR hinnehmen müssen', klagt der *Deutsche Bibliotheksverband*. Einen ‚Dammbruch' sieht der Vorsitzende des Bundestags-Kulturausschusses, Hans-Joachim Otto (FDP): ‚Hier wird ausgelotet, wie der Verkauf von Kunstschätzen zur Haushaltssanierung ge-

12 Deutscher Bundestag / Enquete-Kommission *Kultur in Deutschland*: Zusammenfassung der schriftlichen Stellungnahmen zur Anhörung „Museen und Ausstellungshäuser“, Berlin 14.06.2006 S. 7

13 Rossmann, Andreas: Die Farben des Geldes. In: *Frankfurter Allgemeine Zeitung* vom 31.08.2006

14 Museen: Beängstigende Vorstellung. In: *Der Spiegel* 36 vom 4.9.06

15 Deutschland verschleudert seine Vergangenheit. In: *Frankfurter Allgemeine Zeitung* vom 28.9.2006

sellschaftsfähig gemacht werden kann.' ‚Die Hürden fallen', beobachtet auch der *Deutsche Kulturrat*."[16]

- In manchen Musikschulen, Stadtbibliothek und Volkshochschulen erreichen mittlerweile die Teilnehmer-, Nutzer- und Mahngebühren eine Größenordnung, die für weite Bevölkerungskreise abschreckend bzw. kaum mehr erschwinglich sind und somit soziale Ausschlusskriterien darstellen. Trotz *PISA*-Schock und allen Kenntnissen über die hohe Bedeutung etwa der Lesefähigkeit bzw. der Erkenntnisse über die Bedeutung des Erlernens eines Musikinstrumentes für die sonstige Lernfähigkeit von Kindern wird gerade bei Stadtbüchereien und Musikschulen kräftig gespart bzw. werden die Gebühren drastisch erhöht.

- Viele öffentliche Kultureinrichtungen können notwendige Investitionen, d. h. Bauunterhaltungsmaßnahmen, Renovierungen und Modernisierungen nicht mehr durchführen, weil hierzu das Geld fehlt. Man schätzt, dass die öffentlichen Kultureinrichtungen Sanierungskosten in zweistelliger Milliardenhöhe vor sich her schieben. Jüngster Fall: „Wegen latenter Sicherheitsmängel ist das Theater Heidelberg geschlossen worden. Nach einem neuen Gutachten, das auf gravierende Baumängel und Probleme mit dem Brandschutz hingewiesen hat, sah sich die Oberbürgermeisterin der Stadt, Beate Weber (SPD) gezwungen, die laufende Spielzeit zum Schutz der Beschäftigten im Theater zu unterbrechen und den Betrieb auf unbestimmte Zeit einzustellen", meldete die *Frankfurter Allgemeine Zeitung* vom 28.10.2006.[17] Die mangelhafte Bauunterhaltung greift auf Dauer nicht nur nachhaltig die Substanz an, sondern versetzt diese Häuser in einen Zustand, der sie fortwährend unattraktiver und damit immer weniger konkurrenzfähig macht gegenüber Einrichtungen privater Kulturanbieter, wie etwa Musicaltheater, Cineplex-Kinos oder Science-Centern.

- In vielen Kultureinrichtungen arbeiten engagierte Mitarbeiter weit über die vertraglich vereinbarten Arbeitszeiten hinaus und häufen Berge von (in aller Regel unbezahlten) Überstunden an, um den Betrieb am Laufen zu halten. Eine leistungsgerechte Bezahlung wird durch das Tarifsystem des öffentlichen Dienstes weitgehend unmöglich gemacht. Dies drückt auf Dauer zunehmend auf die Motivation auch der begeistertsten Mitarbeiter.

- Im Frühjahr 2006 meldete die *Deutsche Orchestervereinigung*, dass zwar die Gesamtzahl der Orchester in den letzten beiden Jahren mit 135 stabil geblieben sei; der Stellenabbau innerhalb der Orchester habe sich jedoch beschleunigt. Während von 2002 bis 2004 insgesamt 120 Orchesterstellen dauerhaft wegfielen, waren es von 2004 bis 2006 sogar 273 Stellen bundesweit. Besonders betroffen sind die Orchester in Ostdeutschland: Hier betrug der Stellenabbau seit 1992 fast 40 Prozent.[18]

---

16 Kloth, Hans-Michael: Unter den Hammer. Länder und Kommunen entdecken die Kunstschätze aus Museen und Archiven als stille Reserve zum Stopfen von Haushaltslöchern. In: Der *SPIEGEL* 40 / 2006 vom 2.10.2006

17 Sicherheitsrisiko. Heidelberger Theater geschlossen. In: *Frankfurter Allgemeine Zeitung* vom 28.10.2006

18 Deutsche Orchestervereinigung (DOV): Pressemitteilung vom 9.2.2006

- Um die größten Personalengpässe zu überbrücken, helfen sich viele Kultureinrichtungen damit, dass sie hochqualifizierte Tätigkeiten Praktikanten überlassen. „Die ‚Generation Praktikum' hat den Blick auf die immer rasantere Verwandlung garantierter Arbeitsverhältnisse in schlecht oder gar nicht bezahlte Jobs gelenkt – eine Entwicklung, die in Wahrheit die gesamte Gruppe der Freiberufler und Kulturarbeiter betrifft. Dass ihre Erwerbsbiographien in den seltensten Fällen geradlinig verlaufen, haben sie am eigenen Leib erfahren müssen“[19], schreibt die *Zeit* angesichts dieser fatalen Entwicklung.

- Nicht selten passiert es darüber hinaus, dass hierfür in keiner Weise ausgebildete Praktikanten beispielsweise auf Sponsorensuche bzw. zur Spendenakquisition geschickt werden – mit vorhersehbarem Ergebnis! Statt die Drittmittelakquisition zur Chefsache zu machen, zumindest aber von hierfür geschulten Fachkräften durchführen zu lassen, wird auf diese Weise eine wichtige zusätzliche Finanzierungsmöglichkeit verschenkt.

- Manche Kultureinrichtungen – prominentestes Beispiel ist das *Weimarer Nationaltheater* – steigen der Not gehorchend aus den Flächentarifverträgen aus, um so den Tarifsteigerungen im Öffentlichen Dienst zu entgehen, üben also Lohnverzicht bzw. begehen der schieren Not gehorchend „Tarifflucht“ (so die Klage der *Deutschen Bühnengenossenschaft*).

- Zwar werden im Theaterbereich kaum Häuser geschlossen, dafür durchaus aber einzelne Sparten. Dies betrifft vor allem die Sparte Tanz mit ihrer rasch kündbaren Vertragsstrukturen, aber auch das Kinder- und Jugendtheater. Dies ist insofern besonders aberwitzig, da gerade die Tanzsparte seit Jahren auf permanente Nachfragesteigerungen beim Publikum stößt bzw. durch die sog. „vierte Sparte“, das Kinder- und Jugendtheater, das Publikum von Morgen an die Kultureinrichtungen herangeführt werden soll.

- Die Etats der Kunst- und Kulturministerien bzw. der kommunalen Kulturämter sind durch die sog. „institutionelle Förderung“ so sehr auf die Erhaltung des Bestehenden festgelegt, dass kaum noch Finanzmittel vorhanden sind, um Neues und Innovatives zu fördern. In manchen kommunalen Kulturämtern übersteigen mittlerweile die Personalkosten für die Mitarbeiter der Kulturverwaltung längst diejenigen Mittel, die sie zur Kulturförderung zu vergeben haben. Auch hier: Der Apparat beschäftigt sich zunehmend mit sich selbst!

- Unter dem permanenten Druck, verfassungsmäßige Haushalte vorzulegen, vollzieht die öffentliche Hand zunehmend die Privatisierung auch kultureller Betriebe. Dies kann, strategisch gesehen, eine durchaus vernünftige kulturpolitische Maßnahme sein. Nicht selten geschieht dies jedoch ohne den notwendigen kulturmanagerialen Sachverstand auf der Basis einer rein juristisch abgesicherten Änderung der Rechtsform (z. B. die Transformation aus einem Regiebetrieb in eine GmbH oder einen Verein), d. h. ohne die erforderliche Rücksichtsnahme auf die spezifischen Gegebenheiten und Notwendigkeiten des Kulturbetriebs. Das böse Erwachen kommt dann meist hinterher – und zwar für die Beschäftigten in diesen nunmehr privatisierten Betrieben. Doch für

---

19 Gross, Thomas: Von der Boheme zur Unterschicht. In: *Die Zeit* vom 27.04.2006

die dann unumgänglichen finanziellen Nachbesserungen ist meist kein Geld mehr vorhanden!

- Große Probleme gibt es aber nicht nur im Angebot, sondern auch hinsichtlich der Nachfrage. Eine Studie der Universität St. Gallen hat unlängst festgestellt, dass die Nachfrage nach Live-Aufführungen klassischer Musik in den nächsten dreißig Jahren um 36 Prozent zurückgeht, wenn nicht endlich etwas Nachhaltiges für die musikalische Bildung an Schulen und Hochschulen geschieht.[20]

- „Gibt es 2050 noch ein Opernpublikum“, fragt im gleichen Sinne das *8. Kulturbarometer* im Frühjahr 2006 und stellt fest, dass der Anteil der 40-Jährigen und Jüngeren innerhalb des Opernpublikums 1965 bei 58 % lag, heute dagegen nur noch bei 26 %. Dies Phänomen kann, so das *Kulturbarometer* weiter, keineswegs durch den allgemeinen soziodemographischen Wandel erklärt werden, denn auch wenn der Anteil der unter 20-Jährigen in unserer Gesellschaft kontinuierlich abnimmt, so zählen speziell die heute 30- bis 40-Jährigen immer noch zu den geburtenstarken Jahrgängen. Dass das zunehmende Wegrutschen der mittleren Generationen in der Besucherbilanz bisher (noch) kaum ins Gewicht fällt, liegt in der wachsenden Größe der älteren Bevölkerungsgruppen, die die vorhandenen Kapazitäten im Musiktheater- und Konzertleben durchaus füllen können. Allerdings kann sich daraus ein Teufelskreis entwickeln: Denn die Häuser, die zunehmend unter Erfolgsdruck stehen, konzentrieren sich immer stärker auf die Bedürfnisse der verlässlichen älteren Zielgruppen (was zu einer Vernachlässigung der Jüngeren, der Zielgruppe von morgen, führt).[21]

- Dadurch droht eine „Vergruftungsgefahr“ des deutschen Kulturpublikums. So schreibt der Musikjournalist Gerhard R. Koch in der *Frankfurter Algemeinen Zeitung*: „Überblickt man das Publikum mancher Konzertsäle, so drängt sich die Assoziation ‚Silbersee‘ auf: Überwiegend Grauköpfe, im Durchschnitt (weit) über fünfzig.“ Und weiter: „Die generelle Überalterung in den westlichen Industriekulturen schlägt sich in der Sphäre der Hochkultur besonders nieder: geht die Entwicklung weiter, dann wird das E-Publikum so ausgedünnt, dass in zwanzig Jahren der herkömmliche Konzertbetrieb kaum mehr aufrecht zu erhalten ist.“[22]

- Als wäre alles dies nicht schon schlimm genug steigt seit etwa zwei Jahrzehnten der Konkurrenzdruck auf die öffentlichen Kulturbetriebe durch private Anbieter in nahezu allen Bereichen: Musicaltheater und Freie Theatergruppen, private Musikschulen, Science Center und privat finanzierte Ausstellungshallen usw. konkurrieren zunehmend mit dem öffentlich getragenen Kulturangebot. Nicht zuletzt aufgrund ihrer Einbindung in die bürokratischen Strukturen der Kulturverwaltungen können die öffentlichen Kulturbetriebe oft nur höchst unflexibel auf die Konkurrenten reagieren.

---

20 so Büning, Eleonore: Die im Dunkeln. In: *Frankfurter Allgemeine Zeitung* vom 30.07.2005

21 *politik und kultur*, März/April 2006 S. 7

22 Koch, G. R.: Vergruftungsgefahr. Im etablierten Kulturbetrieb dominieren immer mehr die Alten. In: *Frankfurter Allgemeine Zeitung* vom 16.10.2002

- Der langjährige Direktor der *Hamburger Kunsthalle*, Uwe Schneede, fasst in der bereits oben erwähnten Anhörung der Enquete Kommission *Kultur in Deutschland* die Situation der Museen zusammen – eine Bilanz, die allerdings für eine Vielzahl öffentlicher Kultureinrichtungen zutrifft: „Weitgehend veraltete Strukturen, zu viel Verwaltung, zu viel Mitsprache von Politik und Administration, zu starres Haushaltssystem, zu wenig aktive Öffnung zum Publikum, zu wenig Selbstständigkeit, zu wenig Leistungskontrolle und zu wenig Selbstbewusstsein im Umgang mit Mäzenen, Sponsoren und Privatsammlern."[23]

Die Liste der Schwierigkeiten und Probleme, die vor allem die öffentlich getragenen Kultureinrichtungen, aber auch nicht wenige des sog. Dritten Sektor, d. h. sog. Non-Profit-Kulturbetriebe (also die zahlreichen Vereine, Stiftungen, selbstverwalteten Kulturzentren, die von der öffentlichen Hand mit Zuwendungen gefördert werden) gegenwärtig bedrängen, möge genügen. Sie ließe sich mühelos fortsetzen, der Blick ins tägliche Feuilleton genügt. Es wird aus dem bisher Gesagten unmittelbar deutlich, dass diese Krisensymptome zwar *auch* Finanzierungsprobleme sind, allerdings weit darüber hinausreichen. Auch mit mehr Geld lassen sich beispielsweise weder die Probleme weitgehend ineffizienter Arbeits- und Organisationsstrukturen noch der fehlenden Besucherorientierung noch der Nachhaltigkeit der Publikumsnachfrage lösen.

1.3 Die Ungerechtigkeiten herkömmlicher Kulturförderung

Aber das System der bestehenden Kulturförderung ist ganz augenscheinlich nicht nur zu wenig effizient, es ist darüber hinaus auch höchst ungerecht. In einem viel beachteten *STERN*-Artikel aus dem Sommer 2006 kommen beispielsweise die Missstände im Theater, die jedem verantwortlichen Kulturpolitiker seit Jahrzehnten bekannt sind, drastisch zur Sprache: „Kein anderes Land zahlt so viel Geld für seine Bühnen: rund zwei Milliarden Euro jedes Jahr. Viel Geld für die Kunst? Von wegen. Denn Schauspieler, Sänger und Tänzer sehen davon meist nur wenig. Das meiste Geld wird hinter den Kulissen verbraten. Der Apparat hat übernommen (...) Am Theater arbeiten mehr Schreiner als Schauspieler, mehr Schlosser als Schauspieler und mehr Schneider als Schauspieler. Das Geld vom Staat ist also keine Subvention der Kunst, sondern eine des Handwerks."[24]

Und weiter heißt es: „Und so sieht es aus, das Klassensystem am deutschen Theater: *Die Unterschicht*: Ganz unten sind alle, die abends auf der Bühne stehen. Sie verdienen am wenigsten und haben die unsichersten Arbeitsplätze (....) *Die untere Mittelschicht*: Die Chorsänger haben ähnliche Arbeitsverträge wie die Schauspieler. Aber in der Realität wird ihnen nie gekündigt. Und ihnen stehen umfangreiche Zulagen zu. Die gibt es beispielsweise, wenn der Chor eine große Oper in einer fremden Sprache singen muss (...) *Die obere Mittelschicht*: Bühnenarbeiter, Handwerker und Verwaltungsangestellte sind ganz normale Beschäftigte des öffentlichen Dienstes. Sie arbeiten nach dem gleichen Tarifvertrag wie ihre Kollegen im Einwohnermeldeamt und sind praktisch unkündbar. Rechnet man alle Schichtzulagen mit, wird hinter der Bühne meist mehr verdient als darauf."

23 Enquete-Kommission *Kultur in Deutschland* (2006) S. 9
24 Wüllenweber, Walter: Absurdes Theater. In: *STERN* vom 6.7.2006

Und der *STERN* schreibt weiter: „*Die Oberschicht*: Die Könige an jedem deutschen Theater sind die Orchestermusiker. Sie verdienen bei weitem am meisten (...) Und sie haben – dank eines speziellen Tarifvertrages, der sie privilegiert wie keinen anderen deutschen Arbeitnehmer – etwa denselben Kündigungsschutz wie der Papst. Kein Sterblicher kann einen Musiker, dessen Leistung mit den Jahren nachlässt, am Spielen hindern, geschweige denn degradieren."

Noch einmal der *STERN*: „Den Theatern mangelt es nicht so sehr an Geld, sondern vor allem an Gerechtigkeit. Nicht geizige Politiker, sondern Tarifverträge knebeln die Kunst. Vor der Aufgabe dieses Grundübel zu beseitigen, haben die Kulturmacher kapituliert." Eine Künstlervermittlerin kommentiert dies sarkastisch: „Das ist für mich wie ein Zoo, hochklassig ausgebildeten Künstlern zuzusehen, die so wenig verdienen. Hätten die auf der Bühne ein Preisschild um den Hals – das Publikum wäre entsetzt."[25] Aufgrund dieser Tarifsituation, an der zu rühren offensichtlich kein Theaterträger wagt, lautet das makabre Fazit: „Ein Theater kann also nicht bei den Nebensachen sparen, sondern nur beim Wesentlichen, für deren Leistung die Subventionen überhaupt gezahlt werden: den Künstlern." Auf diese Weise führt sich der „Kulturstaat" Deutschland selbst ad absurdum!

Auch der *KulturSPIEGEL* hat im Sommer 2006 die vielfach unzumutbare Situation der Kunstschaffenden erkannt und kritisiert. Unter dem bezeichnenden Titel „Die 1-Euro-Stars" heißt es u. a.: „Etwa 780.000 Menschen arbeiten in Deutschland in der Kulturbranche, als Schauspieler, Museumskuratoren oder Filmassistenten. Das sind nicht weniger als früher, im Gegenteil. Aber nur noch die Hälfte von ihnen hat einen regulären Job, bei dem auch der Arbeitgeber in die Sozialkassen einzahlt. Alle anderen arbeiten für sich selbst. Mit erschreckend geringem Lohn: Die Mitglieder der Künstlersozialkasse, des staatlich subventionierten Versorgungswerks für freie Kulturschaffende, melden immer niedrigere Einkommen an. Zuletzt waren es durchschnittlich 10.841 Euro im Jahr. Die Zahl dieser Durchwurschtler hat sich seit 1995 um 50 Prozent erhöht."[26]

Für besondere Ungerechtigkeit sorgt auch das Thema Generationenkonflikt; so heißt es im *KulturSPIEGEL* weiter: „Offenbar herrscht in der Kulturbranche, stärker noch als woanders, eine klare Trennung: Es gibt die festangestellten 55-Jährigen, die für sich die kulturelle Definitionsmacht beanspruchen und, dank ihrer Netzwerke und mit Hinweis auf frühere Verdienste, ihre Machtposition ausbauen. Und es gibt die Jüngeren, die teamorientiert arbeiten, bescheiden auftreten und keine Stelle bekommen."[27]

Das System öffentlicher Kulturförderung in Deutschland ist aber darüber hinaus auch deshalb ungerecht, weil es in erster Linie diejenigen alimentiert, die schon lange „drin" sind in diesem Fördersystem, also durch die sog. institutionelle Förderung abgesichert sind. Für diejenigen, die das Pech haben, historisch „zu spät" gekommen zu sein und somit „draußen" zu sein aus dem Fördersystem, bleiben oft nur die Krümel, die immer wieder neu zu beantragende Projektförderung. Neu sich bildende Kunst- und Kulturinitiativen haben dadurch kaum eine Chance, dauerhaft in den Genuss der institutionellen Förderung zu kommen und werden auf „den Markt" bzw. „die" Sponsoren verwiesen – was man den traditionellen Kultureinrichtungen zwar auch anrät, diesen in der letzten Konsequenz aber dann doch erspart.

25 *KulturSPIEGEL* 8, August 2006 S. 11
26 Henk, Malte: Die 1-EURO-Stars. In: *KulturSPIEGEL* 8, August 2006 S. 11
27 *KulturSPIEGEL* 8, August 2006 S. 12

Ein typisches Beispiel hierfür aus dem kulturpolitischen Alltag in Frankfurt: Im Jahr 2004 sollte die städtische Förderung der freien Theatergruppen in Frankfurt am Main um zehn Prozent, das sind 200.000 €, gekürzt werden. Während der Kulturdezernent noch mit den freien Theatern stritt, glich sein Magistratskollege, der Kämmerer, mit einer so genannten Mehrkostenvorlage den Haushalt der *Städtischen Bühnen* aus, der um 700.000 € überzogen worden war.[28] In vielen Städten werden 85 % der Ausgaben der Stadt- und Staatstheater klaglos von den Städten bzw. vom Land getragen – Veranstaltungen der Soziokultur, die längst an Qualität der Angebote und Quantität des Zuschauerzuspruchs das Niveau der Stadttheater erreicht haben, erhalten meist nur 30 % Unterstützung – wenn überhaupt.

Und ungerecht ist das traditionelle Kulturförderungssystem nicht nur hinsichtlich der Produzenten, sondern auch hinsichtlich der Nutzer bzw. Nachfrager. Denn unter der Perspektive der Nutzer wäre zu fragen, wem denn eigentlich die hergestellten kulturellen und künstlerischen Produkte und Dienstleistungen zugute kommen. Welches Publikum profitiert vom preisgünstigen öffentlichen Kulturangebot? Wer sind – trotz aller kulturpolitischen Bekenntnisse einer „Kultur für alle" – die *tatsächlichen* Besucher und Nutzer von kulturellen Angeboten (bzw. die nach wie vor große Zahl der Nicht-Nutzer?). Sind es nicht nach wie vor die „kulturnahen" – und somit allzumeist einkommensstarken, bildungsbürgerlichen Schichten, die das öffentliche Kulturangebot nutzen – während es aber von „allen" finanziert wird? Und lässt sich nicht auch hinsichtlich des Alters beim Publikum eine unübersehbare Spaltung beobachten: die öffentlichen Kulturbetriebe (inklusive der einst so jugendbewegt-innovativen Soziokultur) produzieren weitgehend für die „Generation *40plus* bis *Kukident extra*'", wie der Journalist Alexander Ross[29] boshaft schreibt, während das jugendliche Publikum der Kulturwirtschaft und ihren Gütern und Dienstleistungen überlassen wird.

Alle diese Entwicklungen sind für den außen stehenden Nichtfachmann jedoch mit dem bloßen Auge oft kaum zu erkennen und erwecken deshalb den Anschein, alles würde ja doch „irgendwie" so weitergehen wie bisher. Es herrscht die Illusion, als könne und würde der „Kulturstaat Deutschland" seine Standards bewahren. „Noch" ist – sieht man von der Schließung des Schiller-Theaters in Berlin in den neunziger Jahren ab – ja scheinbar nichts wirklich Spektakuläres geschehen.

Aber ab einem gewissen Punkt schlägt die bloße Quantität plötzlich in Qualität um und es kann sehr schnell eine kritische Größe erreicht werden. Zwei Beispiele können dies verdeutlichen. Die das deutsche Theater über zweihundert Jahre prägende Idee des festen *Ensembles* (und damit verbunden des *Repertoires*) wird durch den ständigen Abbau fester Ensemblemitglieder und deren Ersatz durch Gäste quasi ausgehöhlt. So zählten die deutschen Theater in der Spielzeit 1991/92 noch 20.810 Personen zu ihrem festen künstlerischen Personal und hatten seiner Zeit 6.020 Gäste. Zwölf Jahre später sieht das Bild in der Spielzeit 2003/2004 schon ganz anders aus: das feste künstlerische Personal schrumpfte auf 17.742 (ein Rückgang um 3.068 Personen), die Zahl der Gäste stieg um 2.666 auf 9.595. Mit immer mehr Gästen kann allerdings – neben dem Ensemblegedanken – auch das zweite Kernelement des deutschen Theaters, das *Repertoire*, auf Dauer nicht mehr sinnvoll aufrechterhalten werden.

28 Schneider, Wolfgang: Umsturz? Umbruch? Umgestaltung! Überlegungen zur Neustrukturierung der deutschen Theaterlandschaft. In: *Jahrbuch für Kulturpolitik 2004*. Thema: Theaterdebatte, Essen 2004 S. 238

29 Ross, Alexander: Warum muss eigentlich Kultur sein? In: www.changeX.de vom 13.05.2005

Ähnliches lässt sich auch in öffentlichen Musikschulen beobachten. Dort werden zunehmend fest angestellte Lehrer durch freie Mitarbeiter ersetzt und dadurch eine sinnvolle und ganzheitliche musikpädagogische Tätigkeit (inklusive Ensemblearbeit) zunehmend unmöglich. Der Hauptgrund, warum öffentliche Musikschulen von den Gemeinden (in Konkurrenz zu privaten kommerziellen) überhaupt gefördert werden, das besondere pädagogische Programm und die Ensemblearbeit, wird somit immer brüchiger. Öffentliche Musikschulen geraten in Gefahr, nur noch Vermittlungsagenturen für Privatlehrer zu werden.

Statt einer überall laut hörbaren Explosion – etwa anlässlich der spektakulären Schließung eines Theaters, eines Museums oder einer Musikschule – „implodieren" unter solchen Umständen viele der öffentlichen Kulturbetriebe. Was der *Spiegel*-Redakteur Gabor Steingart vor einiger Zeit für die Gesamtgesellschaft konstatierte, kann auch und gerade für den Sektor öffentlicher Kunst- und Kulturproduktion und -distribution gelten: „Der Abstieg einer Nation ist nichts anderes als die Summe von Millionen Einzelabstiegen."[30] Um diesen zu verhindern, bedarf es deshalb einer grundlegenden Neuorientierung.

1.4 Die fortschreitende Marginalisierung von Kultur und Kulturpolitik

Dieser Prozess der Auszehrung der Kultureinrichtungen wird begleitet von einer zunehmenden Marginalisierung der Kulturpolitik. Zweifelsohne hatte in den siebziger und achtziger Jahren des zwanzigsten Jahrhunderts „Kultur Konjunktur", wie seinerzeit schnell gereimt wurde. Im Rahmen einer so genannten *Neuen Kulturpolitik* herrschte Aufbruchstimmung allerorten, die Kulturetats der Kommunen und Länder stiegen überproportional[31], auf lokaler Ebene lösten sich viele Kulturämter aus dem Verbund mit den Schul- und Sportämtern und gewannen sehr viel größere Eigenständigkeit und Gestaltungsspielraum als noch in den fünfziger und sechziger Jahren. Auf Länderebene wurde die Emanzipation aus den Kultusministerien (mit ihrer weitgehenden Konzentration auf den Schul- und Hochschulbereich) durch die Gründung eigenständiger *Ministerien für Wissenschaft und Kunst* vollzogen.

Während es in den siebziger Jahren besonders um die gesellschaftspolitischen Implikationen der Kulturpolitik ging („Kulturpolitik ist Gesellschaftspolitik"[32]), entdeckte man in den achtziger und neunziger Jahre vor allem die ökonomischen Potenziale von Kunst und Kultur: Als Arbeitsmarkt- und als sog. „weicher" Standortfaktor, als Element des Stadtmarketings, der Imagebildung und des Kulturtourismus usw. wurde „High Culture" als wichtiges Pendant zu „High Tech" (Lothar Späth) begriffen und die großen Parteien wähnten sich bereits „auf dem Weg in die Kulturgesellschaft", wie es Ende der achtziger Jahre explizit im Entwurf für ein neues Grundsatzprogramm der SPD, dem sog. „Irrseer Entwurf", hieß.

Ein aufmerksamer Beobachter schrieb Ende der achtziger Jahre: „Ohne Kultur geht nichts mehr. Nicht die Organisation des eigenen Lebens und die Repräsentation der Gesellschaft, nicht die Vermittlung von Politik und der Verkauf von Waren. Alles scheint auf

30 Steingart (2004) S. 49

31 Vgl. Klein, Armin: Zur Struktur der kommunalen Kulturausgaben von 1975 bis 1995. In: Heinrichs, Werner und Armin Klein (Hrsg.): *Deutsches Jahrbuch für Kulturmanagement* 1997, Baden-Baden 1998 S. 175-191

32 Kulturpolitik ist Gesellschaftspolitik. Festschrift zum siebzigsten Geburtstag von Alfons Spielhoff. Als Gedenkschrift herausgegeben von Olaf Schwencke und Norbert Sievers, Hagen 1988

jenes diffuse Medium Kultur verwiesen, das in den theoretischen Konstrukten von gestern noch als relativ autonomer Bereich der Gesellschaft gegenüber gestellt werden konnte. Heute sieht es so aus, als hätten wir es mit einer ungeheuren Expansion des Kulturellen zu tun, die bald alle Lebensbereiche und Lebenstätigkeiten zu umgreifen scheint."[33]

Viele der heute in den verschiedensten Kulturbetrieben und in Kulturpolitik und Kulturverwaltung Tätigen wurden in diesen Jahren sozialisiert Vor allem die ungebremsten Wachstumsvorstellungen der siebziger und achtziger Jahre („Kultur für alle") prägten ganz entscheidend und nachhaltig bis heute das Bewusstsein und die Vorstellungskraft vieler dieser Kulturmanager und Kulturpolitiker.[34] Irgendwie, so die nach wie vor vorherrschende Meinung, „muss" doch einfach das Geld dafür da sein, damit die so wichtige Kulturarbeit weiterhin in den alten Bahnen stattfinden kann! Der trotzige Spruch, den der *Deutsche Bühnenverein* seit Jahren bis zum Überdruss proklamiert – „Theater muss sein!" – ist beredter Ausdruck dieses Selbstverständnisses.

In der politischen und gesellschaftlichen Realität der Bundesrepublik Deutschland lässt sich jedoch in den letzten Jahren ein Prozess stetig zunehmender Marginalisierung der Kulturpolitik beobachten. Diese Entwicklung begann zunächst auf der Ebene der Kommunen, die mehr und mehr ihre ehemals weitgehend eigenständigen Kulturdezernate wieder in anderen Dezernaten aufgehen ließen bzw. mit diesen zusammenlegten. Unglücklich verstärkt wurde diese Entwicklung durch den Beschluss des *Deutschen Städtetages* aus dem Jahr 2004, sein bis dahin eigenständiges Kulturreferat aufzulösen und die Position des scheidenden Kulturdezernenten nicht wieder neu zu besetzen.

Und wenn nicht alles täuscht, setzt sich dieser Prozess auf der Länderebene fort, indem die Ressorts Kunst und Kultur bereits wieder aus den Ministerien für Wissenschaft und Kunst herausgelöst und in andere organisatorische Zusammenhänge gebracht werden. So wurden die Kulturabteilungen in den Ländern Nordrhein-Westfalen und Schleswig-Holstein mittlerweile aus den Ministerien für Wissenschaft und Kunst herausgelöst und zu Abteilungen der jeweiligen Staatskanzleien umgewandelt. Im November 2006 zog Berlin nach und löste die Senatsverwaltung für Wissenschaft, Forschung und Kultur auf. Der Kommentar der Presse: „Nicht nur symbolisch ist die Kultur enthauptet worden. Deutlicher als durch die Umtopfung der Verwaltungstätigkeit in die Senatskanzlei kann ein Regierungschef sein administratives Desinteresse an Theatern, Museen und Bibliotheken kaum dartun. Eine eigensinnige Kulturpolitik, die sich notfalls auch einmal im Konflikt mit dem Regierenden profiliert, ist in der jetzt gewählten Konstruktion unmöglich. Kein eigenes Ressort bedeutet eben auch den verzicht auf alle Instrumente des politischen Nahkampfs: kein eigenes Budget, kein Platz in der Senatorenrunde – und kein selbständiges politisches Gewicht."[35]

Und symptomatisch ist sicherlich auch, dass die Position des „Kulturstaatsministers", 1998 mit großem medialen Aufsehen unter der ersten Regierung Schröder / Fischer eingerichtet und mit dem Verleger Michael Naumann namhaft besetzt, 2005 als allerletzte vergeben wurde – und dies erstmals an einen Politiker, der kaum einen direkten Bezug zum Kulturbetrieb hat und sich im Rahmen seiner Vorstellung bei den Mitarbeitern seiner Behörde auch in erster Linie als Landesvorsitzender seiner Partei in Bremen sah.

---

33 Knödler-Bunte, Eberhard: Editorial Kulturgesellschaft. In: *Ästhetik und Kommunikation*, 67/68,1987 S. 21

34 Vgl. hierzu ausführlich: Glogner, Patrick: Kulturelle Einstellungen leitender Mitarbeiter kommunaler Kulturverwaltungen. Empirisch-kultursoziologische Untersuchungen, Wiesbaden 2006

35 Senator Wowereit. In: *Frankfurter Allgemeine Zeitung* vom 7.11.2006

Anders als noch in den siebziger und achtziger Jahren, als Kultur durchaus ein lohnendes Karrierefeld für junge Politiker auf allen Ebenen staatlichen und kommunalen Handels eröffnete, sinkt ihre öffentliche Beachtung zunehmend und befindet sie sich seit geraumer Zeit in der Defensive. Von der Euphorie der achtziger und neunziger Jahre des letzten Jahrhunderts ist in der politischen Realität der Gegenwart nicht mehr viel vorhanden. „Kulturgeschichtlich-kanonische Begründungszusammenhänge sind", wie Stephan Opitz und Volker Thomas schreiben, „erheblich weniger politisch gesichert wie noch vor wenigen Jahren".[36]

1.5 Sparen als Politikersatz

Den Kulturpolitikern in den Ländern und Gemeinden und den Kulturmanagerinnen und Kulturmanagern in den öffentlichen Kultureinrichtungen bleibt unter den eingangs geschilderten Umständen oftmals nur ein verzweifeltes Bemühen um die Sicherung des Bestehenden und die Rettung der Strukturen sowie ein kurzfristiges, oftmals geradezu kurzatmiges Lösen von Problemen übrig. Oder mit den Worten eines der Kultur durchaus zugetanen, aber angesichts der Haushaltslage verzweifelten Oberbürgermeisters: „Die Frage ist augenblicklich nicht, welche Einrichtungen wir schließen müssen, sondern welche wir überhaupt noch aufrecht erhalten können. In der aktuellen Situation hat man die Wahl zwischen Pest und Cholera."[37]

In der kulturpolitischen Realität wird „Sparen als Politikersatz" betrachtet, wie die *Kulturpolitischen Mitteilungen* bereits zwei ihrer Ausgaben betitelten. In den allermeisten öffentlichen Kultureinrichtungen geht es mittlerweile nur noch um ein „Management des Vorhandenen" (Peter Drucker). Die notwendige Kraft und Energie für Innovationen, für Visionen, für die Erschließung von strategischen Potenzialen zur Zukunftssicherung und die Entwicklung von Kooperationen mit strategischen Partnern sind unter diesen Bedingungen kaum noch vorhanden. Alle, so scheint es, starren angstbesessen auf die Finanzpolitik und ihre Vorgaben. Kulturpolitik ist immer weniger in der Lage, notwendige Veränderungen voranzutreiben. Das lässt die öffentlichen Kultureinrichtungen immer stärker in die Gefahr geraten, sowohl gegenüber ihrer Konkurrenz als auch gegenüber gesellschaftlichen Entwicklungen zunehmend zukunftsunfähiger zu werden.

Diese zunehmende Marginalisierung lässt sich aber auch an der Entwicklung der öffentlichen Kulturförderung seit der Jahrtausendwende beobachten. Erstmals – nach Jahrzehnten ständigen und stetigen Wachstums[38] – zeigen sich seit einigen Jahren deutliche Rückgänge bei den öffentlichen Aufwendungen für Kunst und Kultur. So sanken in den Jahren ab 2002 die öffentlichen Zuwendungen für Kunst und Kultur insgesamt (also von Bund, Ländern und Gemeinden zusammen) gegenüber dem Jahr 2001, als die öffentliche Hand immer noch 8,35 Mrd. € für diesen Sektor ausgab, deutlich – und die Tendenz ist weiter fallend (vgl. Abb. 1).

---

36 Opitz, Stephan und Volker Thomas: Die Evaluation der Kulturförderung eines Bundeslandes. Kulturpolitische Ausgangspunkte, Methodik und operative Maßnahmen am Beispiel der Förderung von Projekten und kulturellen Verbänden. In: Klein, Armin (Hrsg.): *Deutsches Jahrbuch für Kulturmanagement 2002*, Baden-Baden 2003 S. 107

37 Angekündigte Abschaffung. Das Musikschulsterben erreicht Baden-Württemberg. In: *neue musikzeitung*, 2005 / 02 S. 7

38 Vgl. Klein (1998) S. 177

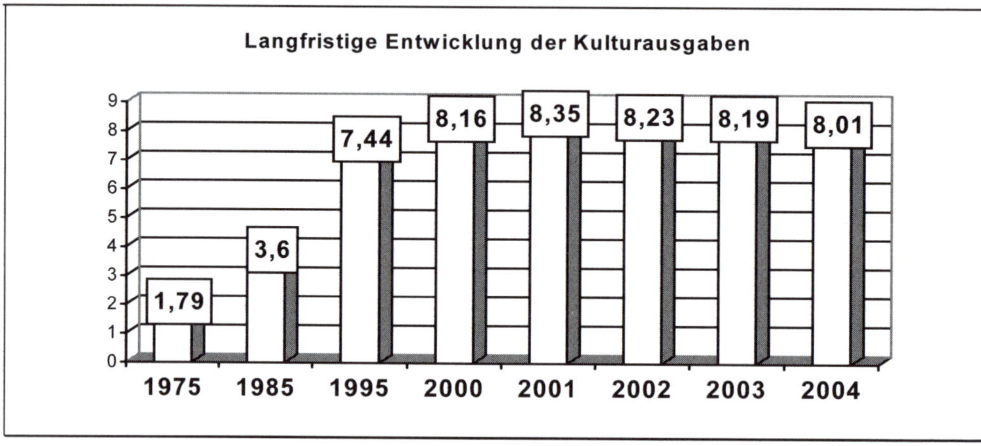

Abbildung 1: Lang- und mittelfristige Entwicklung der Kulturausgaben in Deutschland 1975-2003[39]

Es wird immer deutlicher, dass der Zenit der öffentlichen Kulturfinanzierung in Deutschland seit Anfang des Jahrhunderts überschritten ist. Spätestens mit dem Jahreswechsel 2000/2001 wird ein klarer Richtungswechsel der Kulturausgaben sichtbar, wie Michael Söndermann vom *Arbeitskreis Kulturstatistik* schreibt. Die Finanzanalyse des *Arbeitskreises Kulturstatistik* (*ARKStat*) für das Jahr 2004 ergab, dass der Bund, die Länder und Gemeinden seit einigen Jahren ihre Kulturausgaben deutlich zurückgefahren haben und weiter senken.[40] Während aber die öffentlichen Zuwendungen an Theater, Museen, Bibliotheken, Volkshochschulen, Musikschulen sinken, steigen deren Ausgaben aufgrund von hohen Personalkosten und jährlichen Tarifsteigerungen beständig weiter – so entsteht eine immer größer werdende Deckungslücke.

1.6 Eine tickende Zeitbombe: Baumols Disease

Eine Zeitbombe, die in den Kulturhaushalten tickt und die geschilderte Problemlage weiter verschärft, ist in der Kulturökonomik schon seit Jahrzehnten als *Baumols Disease* bekannt. Die beiden amerikanischen Ökonomen Bowen und Baumol beschrieben bereits Mitte der sechziger Jahre des letzten Jahrhunderts in ihrer Untersuchung der Darstellenden Künste (*Performing Arts*) zunächst die Gesetzmäßigkeit, nach der die Produktivität der Arbeit in der gesamten Volkswirtschaft durch den Einsatz neuer Technologien ständig steigt und sich damit auch der Wert (Preis) der Arbeit fortwährend erhöht. Am Beispiel: Ein Auto wird heute durch fortschreitende Automatisierung und den Einsatz neuer Technologien erstens sehr viel schneller und zweitens durch sehr viel weniger Personaleinsatz als noch vor zehn

39 Söndermann, Michael: Öffentlich Kulturfinanzierung in Deutschland 2003/2004. Ergebnisse aus der Kulturstatistik. In: Institut für Kulturpolitik der Kulturpolitischen Gesellschaft (Hrsg.): *Jahrbuch für Kulturpolitik* 2003/04, Essen 2004 S. 366 und 361

40 Söndermann, Michael: Kulturausgaben in Deutschland sinken 2004 weiter. www.kulturmanagement.net/downloads/soendermann.doc

oder gar zwanzig Jahren produziert. Der so gewonnen Produktivitätszuwachs im sog. *Sektor I* (der Sektor der industriellen Fertigung) wird in Form von Lohn- und Gehaltserhöhungen an die Mitarbeiter weiter gegeben.

In den vorwiegend *handwerklich* produzierenden Künsten im *Sektor II* (der auch die Dienstleistungen sowie Kunst und Kultur umfasst) aber bleibt die Produktivität der Arbeit weitgehend konstant. Die Aufführung eines *Rigoletto* oder eines *Hamlet* dauert genau so lange wie zu Shakespeares oder Verdis Zeiten und benötig in aller Regel auch ebenso viel künstlerisches Personal wie zur Zeit ihrer Entstehung (außer der Regisseur reduziert aus künstlerischen Gründen seine Sänger oder Darsteller auf einige wenige Protagonisten, was aber eher die Ausnahme ist). Tatsächlich ist in der Gegenwart sogar das Gegenteil der Fall: Seit der Zeit der Uraufführungen sind vor allem die technischen Anforderungen und die Sicherheitsbestimmungen gewaltig gestiegen, so dass eher noch sehr viel mehr Personal benötigt wird.

Allerdings steigt auch in diesem Sektor der Preis für die Arbeit (Lohnkosten), und zwar in der Regel im gesamtwirtschaftlichen Maße, d. h. ein Techniker in einem Theaterbetrieb möchte einen vergleichbar tarifvertraglich geregelten Lohn wie sein Kollege in einem industriellen Elektrobetrieb. Entsprechende Tarifverträge werden in Deutschland branchendeckend (der sog. „Flächentarifvertrag“) abgeschlossen.

Während also die Arbeitsproduktivität im *Sektor I* durch den Einsatz neuer Maschinen und Technologien ständig steigt und in Form von Lohnkosten an die Arbeiter und Angestellten (zumindest teilweise) weiter gegeben wird, bleibt die Arbeitsproduktivität in *Sektor II* mehr oder weniger konstant. Unter Umständen sinkt sie sogar noch, wenn etwa Arbeitszeitverkürzungen oder verschärfte Sicherheitsbestimmungen zusätzliche Technikerstellen erforderlich machen. Die Lohnkosten steigen ihrerseits ähnlich wie in *Sektor I*, da man in einer einzigen, gemeinsamen Volkswirtschaft produziert. Die sich öffnende Schere zwischen annähernd gleich bleibender Produktivität im Kulturbetrieb einerseits, steigenden Lohnkosten andererseits kann nur durch ständig steigende Eintrittspreise oder durch entsprechend wachsende öffentliche Zuschüsse geschlossen werden.

Eintrittspreise und Gebühren für Kursteilnehmer in Musik- und Volkshochschulen lassen sich aber nicht bedingungslos erhöhen, denn ab einer bestimmten kritischen Grenze werden Veranstaltungen und Aufführungen von den Besuchern nicht mehr in dem gewünschten Maße nachgefragt und dies führt entsprechend zu weiteren Einnahmeverlusten. Sie können also nur durch öffentliche Zuwendungen kompensiert werden, wenn gewünscht wird, dass diese Güter in größerem Umfang nachgefragt werden; hierauf wird im zweiten Kapitel näher einzugehen sein.

Neben dieser von Bowen und Baumol beschriebenen Gesetzmäßigkeit muss man sich zweitens vor Augen führen, dass gerade der Kulturbetrieb von dieser Problematik vor allem betroffen ist, da er besonders personalintensiv ist und sich dadurch die Lage enorm verschärft. Die hohen Personalkosten in den Kultureinrichtungen unterliegen den alljährlichen Tarifsteigerungen. Vergleicht man beispielsweise das durchschnittliche Bruttomonatsarbeitsverdienst der Arbeiter/-innen im Produzierenden Gewerbe, so stieg dieses in nur acht Jahren von 2.145 € (1997) auf 2.507 € (2004); der durchschnittliche Bruttomonatsverdienst stieg im gleichen Zeitraum um insgesamt 17,5 %, d. h. durchschnittlich um 2,2 % jährlich.[41] Im Prinzip erwarten die Mitarbeiterinnen und Mitarbeiter in öffentlichen Kultureinrichtungen ähnliche Gehaltszuwächse.

41 Statistisches Bundesamt Deutschland: Lange Reihen (www.destatis.de)

Was dies für den einzelnen Kulturbetrieb bedeutet, erläutern Peter Raue und Jan Hegemann plastisch am Beispiel der *Deutschen Oper* in Berlin: „Die Schere zwischen Einnahmen (Zuwendungen und Eigenerträge) und Ausgaben öffnet sich immer weiter. Bei Zuwendungen in Höhe von 41 Millionen Euro betrug der Jahresetat der Deutschen Oper Berlin im Jahr 2001 50,6 Millionen Euro. Davon sind Personalkosten: 43,3 Millionen, also etwas mehr als 85 Prozent. An ‚freien' Mitteln verbleiben noch 7,3 Millionen. Die jüngste Tarifsteigerung von 2,4 Prozent schlägt also – wenn der Etat gleich bleibt – mit 1,04 Millionen zu Buche. Das wären allein im ersten Jahr 14 Prozent des für die Kunst zur Verfügung stehenden Etats! Die Tarifsteigerung setzen sich aber jährlich fort, während die öffentliche Förderung eingefroren bleibt. Nach zehn Jahren sind weitere Einsparungen nur noch durch Personalreduzierung zu erreichen. Diese geht aber fast ausschließlich zu Lasten der künstlerischen Potenz der Häuser."[42]

Es ist daher unschwer nachzuvollziehen, was es in Wirklichkeit bedeutet, wenn der Ministerpräsident eines großen Bundeslandes – scheinbar großzügig und übrigens unter starkem Beifall der versammelten Künstler und Leiter von Kultureinrichtungen – verkündet, der Landeshaushalt werde nicht über den Kunstbereich saniert und einen „gleich bleibenden Kunstetat" zusichert; wörtlich: „nicht mehr und nicht weniger"![43] Stellt man nur die hohen und kontinuierlich steigenden Personalkosten und die inflationsbedingten Steigerungen auch bei den Sachausgaben in Rechnung, so kann man sehr schnell ausrechnen, dass gleich bleibende öffentliche Kulturausgaben in Wirklichkeit permanente Senkungen bedeuten.

Berücksichtigt man die Inflationsrate, so stellen sich die tatsächlichen Kulturausgaben pro Einwohner wie folgt dar.

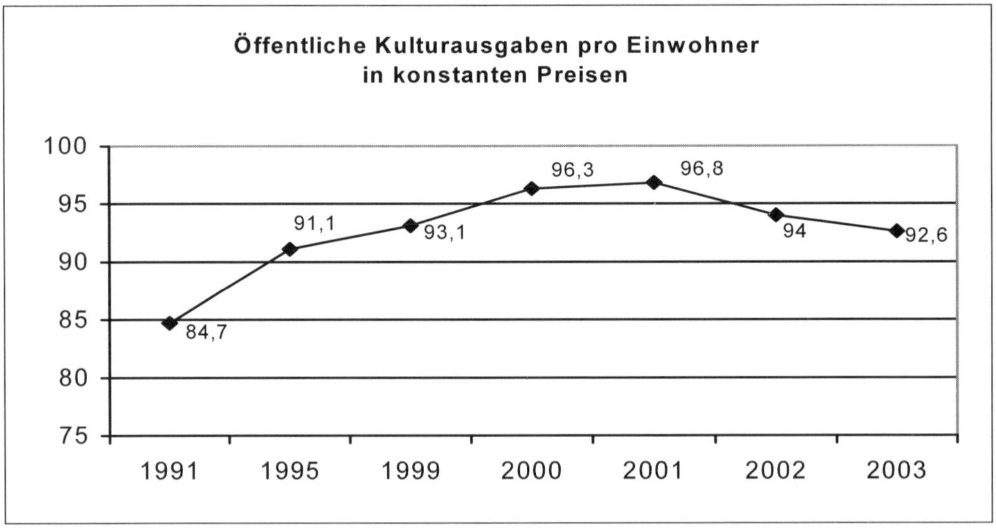

Abbildung 2: Öffentliche Kulturausgaben pro Einwohner in *konstanten* Preisen[44]

42 Raue, Peter und Jan Hegemann: Spielplan ohne ver.di In: *Die Zeit* vom 10,2003
43 So Ministerpräsident Oettinger auf dem Kongress „Haupt Sache Kunst" Anfang November 2005 in Karlsruhe; zitiert nach dpa in *Stuttgarter Zeitung* vom 3. November 2005 S. 31
44 Statistische Ämter des Bundes und der Länder: Kulturfinanzbericht 2003, Wiesbaden 2004 S. 23

Wie dramatisch die Lage mittlerweile ist, zeigt der Kulturfinanzbericht 2003 der statistischen Ämter des Bundes und der Länder. Inflationsbereinigt, also in konstanten Preisen ausgedrückt, sinken seit 2001 die öffentlichen Zuwendungen für den Kultursektor. Die Entwicklung ist (und war schon immer!) in der Tat „schizophren", wie Raue / Hegemann in aller Deutlichkeit schreiben: „Die öffentlichen Arbeitgeber vereinbaren mit den Gewerkschaften Tariferhöhungen für Arbeiter und Angestellte des öffentlichen Dienstes, stellen ihren Theatern aber zusätzliche Beträge nicht mehr zur Verfügung."[45] Gleiches gilt für die Personalkosten in Musikschulen, Museen, Bibliotheken, Volkshochschulen usw.

1.7 Die strukturkonservative Antwort: Kulturstaat Deutschland

Wie reagiert nun die Kulturpolitik, wie reagieren die einzelnen Kultureinrichtungen auf diese Entwicklungen? Die Situation ist ausgesprochen paradox: Trotz (oder vielleicht gerade wegen) dieser zu beobachtenden Entwicklungen, hat sich in den letzten Jahrzehnten (und zwar quer durch alle Parteien) ein merkwürdiger, in seinen Konsequenzen allerdings fataler „Rechtfertigungskonsens" breit gemacht, den der Kultursoziologe Gerhard Schulze treffend schon zu Beginn der neunziger Jahre des letzten Jahrhunderts so beschrieben hat: „Öffentliche Kulturförderung kann immer nur gut sein, Steigerungen der Kulturetats immer nur wünschenswert, jedes kulturelle Angebot immer nur eine Bereicherung."[46]

Dieser Rechtfertigungskonsens, der in der Vergangenheit allerdings nur auf der Basis überproportional steigender Kulturhaushalte überhaupt möglich war, mündete – und das ist das Fatale an der Entwicklung – in den letzten Jahren in die gefährliche „Fortsetzungsvermutung"[47] (Schulze) des bloßen „Weiter so" in der Kulturpolitik, ohne auf die neuen Herausforderungen grundlegend zu reagieren. Schon 1992 konstatierte Schulze: „Eine fundamentale Kritik, bei der es nicht um den Wettstreit kulturpolitischer Konzepte, sondern um die *Berechtigung kulturpolitischer Eingriffe schlechthin* ginge, ist kein Thema der gegenwärtigen Diskussion. Ist dies ein Vorzug? Diese Frage kann nur bejahen, wer selbst in den Rechtfertigungskonsens mit einstimmt."[48]

Angesichts der eingangs skizzierten drängenden aktuellen Probleme des Kulturbetriebs ist diese Fortsetzungsvermutung allerdings überaus problematisch, denn, so Schulze, „das Risiko eines langen Weges besteht darin, dass einem schließlich nichts anderes mehr einfällt, als ihn fortzusetzen, auch wenn man gar nicht mehr weiß, warum."[49] Oder mit Mark Twain gesprochen: Nachdem wir das Ziel aus den Augen verloren hatten, verdoppelten wir unsere Anstrengungen!

Seinen vorläufigen Höhepunkt fand dieser Rechtfertigungskonsens, der in Wirklichkeit ein gefährlicher Strukturkonservativismus ist, in der Arbeit der vom 15. Deutschen Bundestag eingesetzten Enquete-Kommission *Kultur in Deutschland*. Obwohl diese durchaus den Auftrag hatte, „sich eingehend mit den für die Kultur und ihre Institutionen wichtigen *Strukturfragen*" zu beschäftigen und „auf die Möglichkeiten und Notwendigkeiten von

45 Raue / Hegemann (2003)
46 Schulze (1993) S. 514
47 Schulze, Gerhard: Die beste aller Welten. Wohin bewegt sich die Gesellschaft im 21. Jahrhundert? München 2003 S. 15
48 Schulze (1993) S. 513
49 Schulze, Gerhard: Die Zukunft des Erlebnismarktes. Ausblicke und kritische Anmerkungen. In: Nickel, Oliver (Hrsg.): Grundlagen und Erfolgsbeispiele, München 1999 S. 309 78

Strukturreformen"[50] hinzuweisen, kam es in der ersten (allerdings verkürzten) Legislaturperiode bisher lediglich zu einem einzigen Beschluss.

Einstimmig empfahlen die dort versammelten Abgeordneten und Fachvertreter im Juli 2005 dem Deutschen Bundestag, „Kultur als Staatsziel im GG zu verankern und das GG um den Artikel 20b GG mit folgender Formulierung zu ergänzen: ‚Der Staat schützt und fördert die Kultur'."[51] (Wie indes die kulturpolitische Realität tatsächlich aussieht, zeigt nur fünf Monate später der Koalitionsvertrag zwischen CDU / CSU und SPD vom 11.11.2005 zum Thema *Kultur- und Medienpolitik*, in dem mit keinem Wort mehr auf den nur kurz zuvor einstimmig verfassten Beschluss der Enquete-Kommission eingegangen wurde!) Man wird sehen, inwieweit der abschließende Bericht auf die so drängenden Struktur- und Organisationsfragen eingehen wird.

1.8 Was heißt „Kulturstaat"

Was aber bedeutet eigentlich „Kulturstaat"? Analysiert man den Begriff genauer, so können drei Dimensionen unterschieden werden (und genau auf diese Nuancen wird es in zukünftigen kulturpolitischen Diskussionen ankommen!). Im *normativen* Sinn meint der Begriff zunächst, dass Deutschland „ein Kulturstaat ist, sich als solcher versteht und auch als Kulturstaat handelt", wie es Gerhard Köhler[52] vor Jahren kurz und knapp auf den Punkt brachte. Kunst und Kultur haben demnach im staatlichen Selbstverständnis der Bundesrepublik einen zentralen Stellenwert – ganz anders als in anderen Nationen, wie z. B. den USA, England oder anderen Ländern. Im Grundgesetz findet sich hierzu bislang allerdings – ganz anders als vielfach vermutet – keinerlei normierende Aussage; es kennt lediglich den GG Art. 5 / Abs. 3, der konstitutiv ist für die Kunstfreiheit, zunächst also ein klassisches liberales Abwehrrecht.

Allerdings hat sich das Bundesverfassungsgericht in einigen Fällen, wenn auch sehr viel verhaltener als häufig behauptet wird, zur Frage des Kulturstaats als einer Staatszielbestimmung geäußert, erstmals am 26.10.1973, dann wieder in seinem Urteil vom 5.3.1974. Damals ging es um die Höhe des *Mehrwertsteuersatzes für Schallplatten.* Mit ausdrücklichem Bezug auf Art. 5 III GG formuliert das oberste Gericht, diese Verfassungsnorm stelle „als objektive Wertentscheidung für die Freiheit der Kunst (...) dem modernen Staat, *der sich im Sinne einer Staatszielbestimmung auch als Kulturstaat versteht*, zugleich die Aufgabe, ein freiheitliches Kunstleben zu erhalten und zu fördern."[53] Diese Position wird noch einmal bestätigt in einem dritten Urteil vom 29.11.1989.

1990 ist dann im *Vertrag zwischen der Bundesrepublik Deutschland und der Deutschen Demokratischen Republik über die Herstellung der Einheit Deutschlands* (kurz: *Einigungsvertrag*) in dessen Art. 35, der der Kultur gewidmet ist, erstmals in einem Dokument mit

---

50 Antrag der Fraktionen SPD, CDU/CSU, BÜNDNIS 90/ Die Grünen und FDP: Einsetzung einer Enquete-Kommission „Kultur in Deutschland", Berlin 1.7.2003 (*Deutscher Bundestag* 15. Wahlperiode Drucksache 15/1308)

51 Zwischenbericht der Enquete-Kommission ‚Kultur in Deutschland': Kultur als Staatsziel (*Deutscher Bundestag*, Drucksache 15/5560 vom 01.06.2005 S. 2

52 Köhler, Gerhard: Kulturpolitik im Wohlfahrtsstaat. In Wagner, Bernd und Annette Zimmer (Hrsg.): Krise des Wohlfahrtsstaates – Zukunft der Kulturpolitik, Bonn 1997 S. 7

53 BverfGE 36 S. 331; (Hervorhebung AK)

gesamtstaatlichem Verfassungsrang (im Unterschied zu den einzelnen Landesverfassungen) explizit vom „Kulturstaat“ die Rede, wenn es dort in Art. 35 Abs. 1 Satz 4 ausdrücklich heißt: „Stellung und Ansehen eines vereinten Deutschlands in der Welt hängen außer von seinem politischen Gewicht und seiner wirtschaftlichen Leistungskraft ebenso von seiner Bedeutung als *Kulturstaat* ab.“[54]

Findet sich der Begriff des Kulturstaates bzw. ähnliche Formulierungen auch nicht im Grundgesetz, so doch in einigen Landesverfassungen. Dies kann auch kaum verwundern, da nach Art. 30 GG Kunst und Kultur Sache der Länder bzw. der Gemeinden (nach Art. 28 GG) ist. So heißt es beispielsweise in Art. 3 Abs. 1 der *Verfassung des Freistaates Bayern* ausdrücklich: „Bayern ist ein Rechts-, *Kultur*- und Sozialstaat.“[55] Und der Art. 1 der *Verfassung des Freistaates Sachsen* besagt: „Der Freistaat Sachsen ist ein (...) dem Schutz der natürlichen Lebensgrundlagen und der Kultur verpflichteter sozialer Rechtsstaat.“[56] Dies sind zweifelsohne die prägnantesten Staatszielbestimmungen auf Länderebene. Andere Landesverfassungen geben sich eher zurückhaltend und sprechen von der aktiven „Pflege“ bzw. „Förderung“ von Kunst und Kultur als Aufgabe des Staates (so z. B. in Bremen, Hessen, Nordrhein-Westfalen, Rheinland-Pfalz usw.) Hinter diese *normative* Festlegung, die ein Selbstverständnis der Bundesrepublik Deutschland beschreibt, wird sinnvollerweise weder ein Kulturschaffender noch ein Kulturpolitiker zurückgehen wollen.

Der Begriff Kulturstaat kann allerdings nicht nur normativ, sondern zweitens auch als die *Beschreibung einer gesellschaftlichen Wirklichkeit* (ähnlich wie die Begriffspaare *Kulturland Deutschland* oder *Kulturnation Deutschland*) verstanden werden, die sich deutlich von der Realität anderer Gesellschaften, z. B. der US-amerikanischen, dadurch unterscheidet, dass Kunst und Kultur schon durch die schiere Präsenz nahezu flächendeckender Einrichtungen bzw. Veranstaltungen in ihr eine wichtige Rolle spielen. Dass Deutschland in diesem Sinne ein Kultur*land* ist, zeigt sich tagtäglich in der gesellschaftlichen Wirklichkeit.

Bereits durch die entsprechenden Örtlichkeiten prägt das starke finanzielle Engagement des Staates, der Bundesländer, der Städte und Gemeinden im Kultursektor das Bild vieler Städte durch eine Vielzahl von Theatern, Museen, Konzerthäusern, öffentlichen Bibliotheken, Musikschulen und denkmalgeschützter Gebäude usw. Doch nicht nur die öffentliche Hand, auch die Bürger selbst engagieren sich in Deutschland in eindrucksvoller Weise für Kunst und Kultur. In über 400 Kunstvereinen beteiligen sich rund 150.000 Bürger aktiv. Ehrenamtliche Mitarbeiter wirken dort als Vermittler, als Spendensammler, als Buchhalter und Kuratoren oder in der Ausstellungsaufsicht; in mehr als 200 literarischen Gesellschaften setzen sich rund 70.000 Bürger für Autoren und deren Werke ein. In mehr als 60.000 weltlichen und kirchlichen Chören wirken weit mehr als eine Million Sängerinnen und Sänger mit; deren Proben und Aufführungen werden von einer fast ebenso großen Zahl passiver Mitglieder unterstützend begleitet. In mehr als 30.000 Instrumentalgruppen musizieren etwa 700.000 Frauen und Männer aus beinahe allen Alters- und Bevölkerungsschichten.[57]

Und auch die kommerziell ausgerichtete Kulturwirtschaft kann stolze Zahlen vorlegen. Eine 2004 im Auftrag der *Beauftragten der Bundesregierung für Angelegenheiten der Kultur*

---

54 Vertrag zwischen der Bundesrepublik Deutschland und der Deutschen Demokratischen Republik über die Herstellung der Einheit Deutschlands – Einigungsvertrag, zitiert nach: Grundgesetz für die Bundesrepublik Deutschland, (Beck'sche Texte) München 1995

55 Verfassung des Freistaates Bayern. In: Verfassungen der deutschen Bundesländer, München 1995 S. 134

56 Verfassungen (1995) S. 595

57 Vgl. Lammert, Norbert: Der Kulturstaat und die Bürgergesellschaft. Subventionen für das Abendland. In: *Politische Meinung* 414, 2004 S. 7ff

und der Medien durchgeführte Studie zu den Kulturberufen kam u. a. zu folgenden Ergebnissen:

- Die Gesamtzahl der Erwerbstätigen in den Kulturberufen (definiert als Musiker, Sänger, Schauspieler, Bildende Künstler, Film-/TV-/Rundfunkkünstler, Designer, Architekten einschließlich sonstiger Kulturberufe) erreichte im Jahr 2003 einen Umfang von 780.000 Personen in Deutschland.
- In den Jahren zwischen 1995 und 2003 stieg die Zahl der Erwerbstätigen in den Kulturberufen insgesamt um 31 Prozent oder durchschnittlich jährlich jeweils um 3,4 Prozent. Das Wachstum der gesamten erwerbstätigen Bevölkerung hingegen stagnierte im gleichen Zeitraum und liegt bei 0 Prozent zwischen 1995 und 2003.
- Dadurch ergibt sich eine deutliche Verschiebung des Erwerbstätigenpotenzials zugunsten der Kulturberufe. Der Anteil der Kulturberufe lag im Jahre 1995 bei 1,7 Prozent und erreichte bis zum Jahr 2003 einen Anteil von 2,2 Prozent an der gesamten Erwerbstätigen Bevölkerung.
- Zum Vergleich: Die gesamte deutsche Automobilindustrie bot im Jahre 2003 rund 620.00 Erwerbstätigen einen Arbeitsplatz und erreichte damit einen Anteil von 1,7 Prozent der gesamten erwerbstätigen Bevölkerung.[58]

Zweifelsohne begreift sich Deutschland also nicht nur im normativen Sinn als „Kulturstaat", sondern die herausragende Bedeutung von Kunst und Kultur manifestiert sich in diesem Land auch in der alltäglichen, gesellschaftlichen Wirklichkeit. Dies ist ein Reichtum, auf den die Bürgerinnen und Bürger zu Recht stolz sind, auf den sie nicht verzichten wollen und den es sicherlich so weit als irgend möglich zu erhalten gilt – vor allem aber seine innovatorische Kraft.

Drittens kann der Begriff „Kulturstaat" aber auch ein *Organisationsprinzip* bezeichnen. In diesem Sinne meint er die Tatsache, dass die *Förderung*, also sowohl die *Finanzierung* wie auch die *Trägerschaft* für kulturelle Einrichtungen vorwiegend in der Hand des Staates bzw. der Städte und Gemeinden (und eben nicht vorrangig in der der Gesellschaft bzw. von Privaten wie z. B. in den USA oder Großbritannien) liegt. In dieser Wortbedeutung tritt der Staat sowohl als Finanzier wie auch selbst als „Leistungsersteller" auf.

Auch hierfür gibt es eindrückliche Belege. Zweifelsohne ist der Staat in Deutschland auf allen drei Ebenen von Bund, Ländern und Gemeinden in kultureller Hinsicht – verglichen mit anderen Ländern – ausgesprochen aktiv. Knapp 8,2 Milliarden Euro gab die öffentliche Hand 2003 nach Angaben des *Statischen Bundesamtes* für Kunst und Kultur aus: Den größten Anteil mit 3,72 Mrd. Euro trugen dabei die Gemeinden, 3,59 Mrd. gaben die Länder aus und der Bund finanzierte immerhin rund 1,04 Mrd. Das waren 0,4 Prozent des Bruttoinlandsprodukts. Insgesamt verwandten die öffentlichen Haushalte 1,66 Prozent ihres Gesamtetats für Kultur; das entspricht 101,5 Euro je Einwohner, „ein im Universum einmaliges Niveau an selbstredend völlig autonomer Subventionskultur"[59], wie Jürgen Kaube in der *Frankfurter Allgemeinen Zeitung* anmerkt.

58 Söndermann, Michael: Kulturberufe. Statistisches Kurzporträt zu den erwerbstätigen Künstler, Publizisten, Designern, Architekten und verwandten Berufen im Kulturberufemarkt in Deutschland 1995-2003 (im Auftrag der *Beauftragten der Bundesregierung für Angelegenheiten der Kultur und der Medien*) Bonn 2004

59 Kaube, Jürgen: Klingelbeutel. Eine Wahlabgabe für Kultur? Die Enquetekommission tagt. In: *Frankfurter Allgemeine Zeitung* vom 5.11.2004

Und ebenso konstatiert Werner Heinrichs: „In kaum einem anderen Land erfolgt die Finanzierung kultureller Aufgaben in so starkem Maße aus staatlichen und kommunalen Mitteln wie in Deutschland (...) Bei allem Klagen über Einsparungen, Stellenabbau und Kürzungen von Zuschüssen darf doch das – nach wie vor – ganz erhebliche Engagement der öffentlichen Hand im Kulturbereich nicht übersehen werden. Es reicht von der Ausbildung von Künstlern in staatlichen Akademien und Hochschulen über die Trägerschaft zahlloser kultureller Einrichtungen wie Theater, Museen, Bibliotheken, Volkshochschulen und Musikschulen bis hin zu einer höchst differenzierten Kulturförderung, die Zuschüsse an den örtlichen Musikverein ebenso einschließt wie Stipendien in der Villa Massimo in Rom. Dass diese Situation so in Deutschland besteht, ist selbstverständlich kein Zufall. Vielmehr ist die großzügige Kulturfinanzierung aus staatlichen und kommunalen Mitteln politisch gewollt."[60]

Nach wie vor befinden sich die meisten Kultureinrichtungen wie Theater, Museen, Musikschulen, Stadtbibliotheken, Volkshochschulen in *direkter öffentlicher Trägerschaft*, d. h. sie sind als (nachgeordnete) Landesbehörden, als Ämter, als Abteilungen von Ämtern oder als sog. Regiebetriebe[61] der einzelnen Bundesländer und / oder Gemeinden organisiert. Hinzu kommen die zahlreichen Einrichtungen der Kulturverwaltung, wie etwa die entsprechenden Ministerien auf Länderebene bzw. die Kulturämter in den Städten, Gemeinden und Landkreisen. Vor allem letztere treten dabei allerdings nicht nur als Kultur*förderer* auf, die öffentliche Gelder an Dritte zur Ermöglichung von Kunst und Kultur weiter reichen, sondern seit den siebziger Jahren etablierten sie sich zunehmend auch als Veranstalter (z. B. von Musikreihen, Festivals, Ausstellungen, Theaterreihen usw.), d. h. sie treten in direkte Konkurrenz zu privatwirtschaftlich arbeitenden Agenturen, Ausstellungsbüros usw.

Insbesondere die Mitte der siebziger Jahre entwickelte sog. „Neue Kulturpolitik" begriff sich explizit als eine „etatistische Konzeption", die auf einem „wohlfahrtsstaatlichen Kompromiss" aufbaute, wie Norbert Sievers sehr richtig feststellt.[62] Ihre Protagonisten, die ganz nachhaltig von diesem etatistischen Ansatz geprägt wurden, beeinflussen heute sehr maßgeblich die Kulturpolitik in den Ländern und Kommunen.[63] Aus dieser Perspektive wurde und wird als Kultur weitgehend nur das wahrgenommen, was staatlich getragene oder geförderte Kultur ist.

Unnachahmlich pointiert (wie so oft) brachte Mitte der neunziger Jahre der damalige Präsident des *Deutschen Bühnenvereins* und langjährige Bayerische Generalintendant dieses etatistische Selbstverständnis auf den Begriff: „'Die Oper wird immer ein Subventionsbetrieb bleiben, wir können nicht sparen, allenfalls weniger ausgeben', sagt August Everding. Und weiter: ‚Sie hat einen kulturellen Auftrag, für den der Staat bezahlen *muss*.'"[64] Diese anscheinend (zumindest in Deutschland) theatertypische Haltung erinnert an Goethes Faust II, wo es heißt: „Ich hab' es satt, das ewige Wie und Wenn: / Es fehlt an Geld: nun gut, so schaff es denn!"

60 Heinrichs, Werner: Kulturpolitik und Kulturfinanzierung. Strategien und Modelle für eine politische Neuorientierung der Kulturfinanzierung, München 1997 S. 1

61 Vgl. erläuternd zu diesen Fachbegriffen: Heinrichs, Werner und Armin Klein: Kulturmanagement von A-Z, 600 Begriffe für Studium und Beruf, München 2001 (2. Auflage)

62 Sievers, Norbert: Perspektiven einer Neuen Kulturpolitik. In Heinze, Thomas (Hrsg.): Kulturmanagement. Professionalisierung kommunaler Kulturarbeit, Opladen 1994 S. 153

63 Vgl. hierzu ausführlich: Glogner (2006)

64 Zitiert nach Walberer, J.: Drei Groschen für die Oper. In: *MANAGER-Magazin* 2,1996 S. 144ff

Wie dieses (Selbst-)Bewusstsein über Jahrzehnte in der Praxis mit welchen fatalen Konsequenzen funktionierte, schildert *Der Spiegel* am Beispiel Berlin in schon fast parodistischer Form: „Was ehemals Beteiligte von den Etatverhandlungen mit der Kulturverwaltung berichten, hört sich an wie ein Witz: Treffen sich zwei Intendanten, um über ihre Strategie zu beraten. Fürs nächste Jahr brauchen wir 22 Millionen, sagt der eine. Also lass uns 24 Millionen fordern, sagt der andere. Darauf einen Tag später der Kultursenator: Was, ihr wollt nur 24 Millionen? Ich dachte, ihr verlangt 26. Man einigte sich auf 25 Millionen.“[65]

An die Stelle einer inhaltlichen, kulturpolitisch überzeugenden Begründung hat sich somit unversehens die *Institutionenlogik* bzw. der „Rationalitätstypus korporativer Selbsterhaltung“ (Schulze) gesetzt. „Wer ein Opernhaus betritt, betritt die Räumlichkeiten einer Behörde“, kritisierte schon vor Jahren der damalige geschäftsführende Intendant der Frankfurter Oper, Martin Steinhoff, und weiter: „Diese Behörde ist seit Jahren und Jahrzehnten als Behörde geführt worden, d. h. sie ist der Logik der Geschichte von Behörden gefolgt. Diese Logik heißt: immer etwas mehr im nächsten Jahr zu bekommen, als man bereits im letzten Jahr hatte. Das ist nicht die Logik der Künstler an der Oper, das ist die Logik dieser Institutionen.“[66]

Wird dieser fragwürdige „Rechtfertigungskonsens“ in der Praxis dann (beispielsweise durch die Notwendigkeit von Mittelkürzungen) bedroht, so werden in aller Regel umgehend die größten Geschütze aufgefahren, um jedweden Angriff auf „*den* Kulturstaat“ möglichst schon im Keim zu ersticken. Allein schon aus der Tatsache, dass die Föderalismuskommission im Winter 2004 – aus im Übrigen wohl bedachten Gründen – bloß zögerte, das Staatsziel Kultur im Grundgesetz zu verankern, leitete der *Deutsche Kulturrat* in einer seiner zahllosen Stellungnahmen prompt die überaus kurzschlüssige Frage ab: „Ist Deutschland kein Kulturstaat“?[67]

Durch diesen unhinterfragten „Rechtfertigungskonsens“ werden eine ganze Reihe von Fragen völlig ausgeblendet, ja nahezu tabuisiert. So wird z. B. nicht gefragt, ob es denn wirklich Sinn macht, dass der Staat selbst als Leistungsersteller auftritt – oder ob er dies nicht besser anderen Einrichtungen überlassen sollte. (So ist der Staat zwar für die Verkehrswege verantwortlich, ohne deshalb allerdings selbst und in direkter Eigenregie Autobahnen oder Bundesstraßen zu bauen). Gefragt wird auch nicht, ob die gewünschten Wirkungsabsichten, die mit dieser großzügigen Förderung sicherlich verbunden sind, auch tatsächlich erfüllt werden (und wie dies ggf. überprüft wird). Und es wird auch nur allzu selten die Frage gestellt, ob der Staat nicht in einer Weise wettbewerbsverzerrend gegenüber privaten Kulturanbietern auftritt, die in anderen gesellschaftlichen und wirtschaftlichen Bereichen als völlig inakzeptabel gelten würde.

So forderte im September 2002 der *Verband der deutschen Konzertdirektionen* „gleiche Bedingungen für subventionierte und private Veranstalter“. Der Verband reichte eine Klage beim Landgericht Berlin gegen das Land Berlin und die *Stiftung Berliner Philharmoniker* wegen Wettbewerbsverzerrung ein. Zur Begründung heißt es von Verbandsseite: „Die öffentliche Hand tritt immer häufiger als Konzertveranstalter auf, obwohl dies nicht ihre primäre Aufgabe ist. Die *Stiftung Berliner Philharmoniker* kann beispielsweise in einem solchen Fall günstige Karten nur deshalb anbieten, weil sie subventionierte Mittel

65 Der Spiegel (2000)

66 Steinhoff, Martin: Vom Aussterben der Dinosaurier. Zur Zukunft des Musiktheaters. In: *Kulturpolitische Mitteilungen* 59,IV,1992 S. 74

67 Stellungnahme Deutscher Kulturrat vom 10.12.2004

und Einrichtungen verwendet. Durch den gezielten Einsatz öffentlicher Finanzmittel (Subventionen) entgegen ihrer Zweckbestimmung können öffentliche Veranstalter wie z. B. die *Berliner Philharmoniker* systematisch und wiederholt Konzertkarten zu Dumpingpreisen anbieten, die bewusst nicht kostendeckend kalkuliert sind. Dadurch kommt es zu einer unzulässigen Preisunterbietung und zu einer Wettbewerbsverzerrung im Hinblick auf private Konzertveranstalter, bei deren Preisen alle branchenüblich zu berücksichtigenden Kosten eingestellt sind. Der Verband geht davon aus, dass die Grenze des rechtlich zulässigen bereits überschritten ist, da es sich um eine auf Dauer angelegte Preisunterschreitung handelt, die darauf abzielt, private Konzertveranstalter klassischer Konzerte vom Markt zu drängen.“[68]

Der beauftragte Rechtsanwalt, der Justitiar des VDKD, Johannes Kreile, machte in diesem Zusammenhang deutlich, dass es dem Verband nicht darum geht, die staatliche Kulturförderung zu unterbinden, sondern lediglich darum, den Verdrängungswettbewerb zu stoppen: „Wenn die öffentliche Hand wie ein privater Veranstalter auftritt (z. B. *Berliner Philharmoniker*, Konzerthaus), sollten gleiche Bedingungen für alle gelten. Es kann nicht angehen, dass die *Stiftung Berliner Philharmoniker* als Veranstalter der *Wiener Philharmoniker* agiert und dabei öffentliche Mittel und Einrichtungen einsetzt, um Karten zu Dumpingpreisen anzubieten. Denn diese öffentlichen Mittel werden zur Verfügung gestellt, um den Betrieb der Klangkörper, nicht aber deren Auftreten als Veranstalter auf dem Markt zu finanzieren.“ Und Michael Russ, Präsident des VDKD: „Wir streben einen Musterprozess in Berlin an, aber auch in anderen Städten wird die Situation bedrohlich. Als Branchenverband beobachten wir die Entwicklungen am deutschen Konzertmarkt sehr aufmerksam, denn eine funktionierende, hochkarätige und vielfältige Musiklandschaft braucht beides – subventionierte Kultur und die private Veranstaltungswirtschaft’.“[69]

Am 5. November 2002 wies das Landgericht Berlin die Klage in erster Instanz ab; unabhängig davon bleibt der VDKD allerdings bei seinem Vorwurf an die Politik, durch gezielte Ausweitung der Konzerttätigkeit bei gleichzeitiger Subventionierung den Markt für private Konzertveranstalter nachhaltig zu beschädigen. Verbandspräsident Michael Russ erklärte dazu: ‚Trotz der Entscheidung der ersten Instanz werden wir daran festhalten, die Konzerttätigkeit der öffentlichen Hand zu problematisieren.’“[70]

Dieser „Rechtfertigungskonsens“ mit seiner verselbstständigten „Institutionenlogik“ wird in diesem Buch grundsätzlich in Frage gestellt. Denn gesamtgesellschaftlich gesehen wird immer deutlicher, dass ganz grundsätzlich und neu über alle Systeme der Daseinsvorsorge nachgedacht werden muss, damit das, was sie leisten sollen, auch in Zukunft ermöglicht werden kann. Der scheinbar so aktive Staat hat als „Leistungsersteller“ ganz offensichtlich überhaupt nicht mehr die Kraft und das Vermögen, alles das tatsächlich zu tun, was er sich auf die Schultern geladen hat. Seine Rolle muss daher völlig neu überdacht werden.

„Der Staat soll nicht alles *Mögliche* tun, sondern alles *Nötige*,“ zog Bundespräsident Köhler bereits in seiner Rede am Tag der Deutschen Einheit 2004 öffentlich die politischen Konsequenzen aus diesem Misstrauen gegenüber der staatlichen Regelungsfähigkeit: „Zur Zeit haben wir jedoch – wegen überzogener Ansprüche auf allen Seiten – mehr Staat als wir uns leisten können. Und wir haben auch mehr Staat, als für die Eigenverantwortung der

---

68 Verband der Deutschen Konzertdirektionen (VDK): Pressemitteilung vom 16. September 2002. In: www.vdkd.de
69 VDKD (Sept. 2002)
70 Verband der Deutschen Konzertdirektionen (VDK): Pressemitteilung vom 5. November 2002. In: www.vdkd.de

Menschen gut ist. Mit ungezählten Programmen, Projekten und Vorschriften drängt der Staat sich ins Leben der Bürger, verbietet und gebietet, empfiehlt und missbilligt, zwackt hier etwas ab, spendet da etwas hinzu, und alles, alles wird verwaltet und gelenkt und kontrolliert und muss von allen mit Steuern und Abgaben bezahlt werden."

1.9 Strukturkonservativismus oder Wertkonservativismus?

Weder der Kulturstaat als normatives Prinzip noch die Errungenschaften des Kulturstaates in der gesellschaftlichen Praxis werden im Folgenden in Frage oder gar zur Disposition gestellt. Gefragt werden soll aber in aller Nachdrücklichkeit, ob es wirklich Sinn macht, dass der Staat als Leistungsersteller auftritt und vor allem, ob er tatsächlich auf Dauer das Überleben der von ihm getragenen Kultureinrichtungen sichern kann – oder ob diese Kulturbetriebe in Zukunft nicht in sehr viel höherem Maße als bisher selbst dazu beitragen müssen – und dies durchaus auch können.

Symptomatisch für diesen Strukturkonservativismus ist eine Stellungnahme von Hans Herdlein in der Zeitschrift *Genossenschaft deutscher Bühnenangehöriger*, in der er Stellung bezieht zu dem Versuch, Managementdenken auch in Theaterbetrieben einzusetzen: „Das Vordringen ökonomischen Denkens in den Freiheitsraum der Kunst macht auch vor den Toren der Kultureinrichtungen nicht halt (...) Es macht auch vor der Quantifizierung künstlerischer Leistungen nicht halt. Mit dem Wechsel von der behördenorientierten Verwaltung zum Managementmodell, sollen es Hilfsindikatoren ermöglichen, die subjektive künstlerische Wertentscheidung in betriebliche Kennzahlen umzuwandeln (...) Den Juristen war es bisher versagt, im Freiraum der Kunst – der ‚subjektiven Wertentscheidung' – tätig zu werden. Gleiches muss für den Betriebswirt gelten. Dennoch tönt es leitmotivisch in allen Lebensbereichen: ‚Strukturreformen' müssen sein. Aus dem Neudeutsch der Medien rückübersetzt heißt das: drastische Abbaumaßnahmen. Im Fachjargon der Betriebswirtschaftler geht es um Effizienz- und Effektivitätssteigerung der Betriebe."

Und weiter: „Ziel dabei ist es, drastische Verbesserungen in den Bereichen Kosten, Qualität, Service und Zeit zu erreichen. Dabei wird Vorhandenes in Frage gestellt und den neuen innerbetrieblichen und marktlichen Gegebenheiten angepasst. Überflüssige Arbeitsschritte, Aufgaben, Positionen und Abteilungen werden eliminiert (...) Das sind die Realitäten, die hinter den Strukturreformen stehen"[71] – und Herdlein lässt keinen Zweifel daran, dass er (und seine Genossenschaft) diese vehement ablehnen.

Der hier kritisierte Strukturkonservativismus mit seiner verselbstständigten Institutionenlogik (Erhalten um des bloßen Erhaltens willen), dessen Kraft nur noch mühsam dazu ausreicht, das Bestehende festzuschreiben und die vorhandenen Strukturen immer schlechter zu sichern, ist allerdings weder effizient genug, um die Zukunftsprobleme zu lösen, noch ist er gerecht. Er gerät zunehmend in Konflikt „mit einer anderen Form von Konservativismus, dem es weniger um die Bewahrung von (formalen) Strukturen als vielmehr um die Konservierung von (inhaltlichen) *Werten* geht"[72], wie Erhard Eppler, auf den dieses Begriffspaar zurückgeht, bereits Mitte der siebziger Jahre festgestellt hat. Angesichts drängender Gegenwartsprobleme war schon damals für Eppler die alles entscheidende Frage, „ob wir Strukturen auf Kosten von Werten oder Werte auf Kosten von Strukturen bewahren

71 www.buehnengenossenschaft.de/fachblatt/jg2004/leitarti052004.htm
72 Eppler, Erhard: Ende oder Wende, München 1975 S. 37

wollen."[73] Ein solcher bewahrenswerter „Wert" ist zweifelsohne der oben skizzierte Kulturstaatsgedanke im normativen (und auch im empirischen Sinn). Hier wird ausdrücklich dafür plädiert, um der inhaltlichen Ziele und Werte willen die Strukturen grundlegend zu reformieren.

Der Enquete-Kommission selbst scheinen seiner Zeit allerdings letztendlich doch selbst Zweifel gekommen zu sein, ob mit einer juristischen Festschreibung die tatsächlichen Probleme der Kultureinrichtungen in den Griff zu bekommen sind. So heißt es am Ende des *Zwischenberichtes* 2005 zum Staatsziel Kulturstaat: „Diese Staatszielbestimmung soll so gefasst sein, dass sie einerseits die Vagheit und die juristische Unverbindlichkeit eines bloßen Programmsatzes vermeidet, und dass sie andererseits *keine unerfüllbaren juristischen Hoffnungen* weckt oder aber den Gesetzgeber in seiner Gestaltungsfreiheit einengt. Sie soll so formuliert sein, dass sie in erster Linie einen *Handlungsauftrag* an den Staat enthält und eine *normative Richtlinie* für die Ausführung dieses Handlungsauftrages gibt. Die Zielbestimmung fließt damit sowohl in das *politische Ermessen* des Gesetzgebers ein als auch in verwaltungsrechtliche *Ermessens-* und *gerichtliche Abwägungsentscheidungen*"[74] (Hervorhebungen AK). So, das dürften diese Formulierungen deutlich machen, lassen sich die Zukunftsprobleme der Kultureinrichtungen in Deutschland gewiss nicht lösen!

1.10 Der frische Wind der Innovation

Das zu ständiger Innovation und Besucherorientierung zwingende Existenzrisiko haben der Staat und die Kommunen den öffentlichen Kulturbetrieben bislang weitestgehend abgenommen. So gut und erfreulich dies für die Betroffenen in den Kultureinrichtungen zunächst sein mag, so problematisch und gefährlich ist dies andererseits langfristig, weil dadurch diese Betriebe mehr oder weniger von der Notwendigkeit, sich zu verändern, befreit werden. Fatalerweise kommen gerade in Deutschland „gezielt Binnensektoren, die vom frischen Wind des internationalen Wettbewerbs weitgehend abgeschirmt sind, in den Genuss staatlicher Förderung", wie Astrid Rosenschon vom Kieler *Institut für Weltwirtschaft* unter ausdrücklicher Nennung von öffentlichen Theatern und Museen in ihrer Analyse der Finanzhilfen von 2000-2004 kritisiert.[75] Dies bewahrte sie in der Vergangenheit davor, sich diesem Wind allzu sehr aussetzen zu müssen.

Diese „Abschirmung" hatte allerdings fatale Konsequenzen für die Innovationsfähigkeit der öffentlichen Kulturbetriebe. Während sich die privaten Kulturbetriebe (seien sie nun kommerziell orientiert oder als sog. Non-Profit-Organisationen verfasst) bereits seit vielen Jahren, ja Jahrzehnten die Instrumente und Methoden des Kulturmanagements, insbesondere des Kulturmarketings zu eigen gemacht haben und dadurch den öffentlichen Kulturbetrieben organisatorisch und unternehmerisch immer überlegener wurden, öffneten sich letztere diesem allgemein zugänglichen Wissen (wenn überhaupt) nur ausgesprochen zögerlich.

Die Entwicklung im Theaterbereich dokumentiert dies beispielhaft. Nimmt man die Veranstaltungs-Angebote aller im *Deutschen Bühnenverein* organisierten und in seiner

73 Eppler (1975) S. 47
74 Zwischenbericht der Enquete-Kommission (2005) S. 12
75 Rosenschon, Astrid: Finanzhilfen der Bundesländer in den Jahren 2000-2004: Eine empirische Analyse (Institut für Weltwirtschaft Kiel, August 2005 (*Kieler Diskussionsbeiträge 422*) S. 23

Statistik erfassten *öffentlichen Theater* (also Staats- und Stadttheater sowie Landesbühnen) *und* der *Privattheater* (also die seit Mitte der achtziger Jahre expandierenden Musicaltheater, die sog. Boulevardtheater und – soweit von dieser Statistik erfasst – der freien Theater) zusammen, so ergibt sich folgendes Bild. Zum einen steigt die Zahl aller Theateraufführungen seit der Spielzeit 1991/92 (der ersten gemeinsamen Theaterstatistik der alten und neuen Bundesländer) von 88.943 auf 110.943 in der Spielzeit 2003/04. Es findet also eine deutliche Angebotserweiterung um exakt 22.000 Veranstaltungen, fast 20 %, statt.

Dem entspricht – und dies ist besonders erfreulich – auch ein deutlicher Anstieg der Nachfrage, d. h. der Besucherzahlen von 29,3 Mill. (1991/92) auf 33,5 Mill. (2003/04) Dies ist ein Wachstum um rund 4,2 Mill. Besucher, d. h. von 12,5 %. In den Begriffen des Marketing ausgedrückt: der „Markt" für Theater ist in Deutschland in etwas über zehn Jahren deutlich gewachsen.

Schaut man jedoch genauer hin, so ergibt sich für die *öffentlichen* Theater ein sehr viel weniger erfreuliches Bild. Zwar steigerten sie die Zahl ihrer Aufführungen von 56.984 (1991/92) auf 63.911 (2003/04) deutlich um rund 7.000, also ca. 11 %. Gleichzeitig *sanken* aber die Besuchszahlen im gleichen Zeitraum von 22 Mill. auf 21,7 Mill. Umgerechnet auf die einzelne Veranstaltung bedeutet das einen Zuschauerschwund von 387 auf 340 Zuschauer pro Vorstellung. Betrachtet man dagegen die Privattheater, so verläuft hier die Entwicklung wesentlich anders. Auch sie steigerten ihre Aufführungen von 31.959 auf 47.032; dabei sanken allerdings die Besucherzahlen nicht, sondern sie stiegen im Gegenteil ebenfalls kräftig an: von rund 7,2 Mill. in 1991/92 auf 11,8 Mill. in 2003/04, ein Zuschauerzuwachs um rund 4,5 Mill.!

Während die öffentlichen Theater also vornehmlich ihr *Angebot* ausweiteten, mussten sie einen Rückgang bei der Nachfrage hinnehmen; umgekehrt gelang es den privaten Anbietern, mit ihrem ausgeweiteten Angebot in vollem Umfang den Marktzuwachs, d. h. die gestiegene Nachfrage, zu vereinnahmen! Dies gelang und gelingt ihnen nicht zuletzt auf Grund differenzierter Kulturmarketingkonzepte – ein wesentliches Instrument des Kulturmanagements, auf dessen konsequenten Einsatz viele öffentliche Theater nach wie vor noch glauben verzichten zu können!

1.11 In der Ritualfalle

Das alltags-„strategische" Pendant zu dem strukturkonservativen Festschreiben des Kulturstaates als Organisationsprinzip ist ein nahezu reflexartig funktionierender Alarmismus, insbesondere anlässlich von (scheinbar) drohenden Schließungen öffentlicher Kultureinrichtungen. Seit Jahren wird insbesondere der immer wieder beschworene „Theatertod" durch diesen Alarmismus stets in letzter Sekunde (der Sparte angemessen) höchst dramatisch abgewendet. Dieser Akt wurde zuletzt im Jahre 2005 spektakulär in Bremen in Szene gesetzt, wo der Theater-GmbH der Konkurs drohte.

Gerade das Bremer Beispiel zeigt überdeutlich, wie ein gegenwärtiges Problem von einer verantwortungslosen Kulturpolitik auf Kosten der Zukunft gelöst wird. Die angehäuften Schulden der Theater-GmbH, die diese eigentlich zum Konkursfall machten, wurden keineswegs vom öffentlichen Träger übernommen, sondern nur per Kredit gestundet – und zwar so lange, bis ein neuer Intendant kommt, der diesen abzuzahlen hat (was er kaum schaffen wird, wenn es dem bisherigen schon nicht gelungen ist). Doch der aktuelle Theaterleiter ist salviert – und das Problem ist in die nahe Zukunft verschoben, aber keineswegs dauerhaft gelöst! Sollen eben andere sich darum kümmern!

Gleiches gilt für die Berliner Opernstiftung: „Dass sie bis 2009 ihre Sparziele erreicht, ist praktisch ausgeschlossen“, schreibt Thomas E. Schmidt hierzu in der *Zeit* und weiter: „Sie waren von Anfang an utopisch, aber keiner wollte das sagen, weil das Zustandekommen der Stiftung lange Zeit das eigentliche Ziel war. Die Opernstiftung ist das Renommierprojekt der Berliner Kulturpolitik, symbolisch so hoch gehängt wie die Gesundheitsreform der Großen Koalition.“[76] Eine seriöse und zukunftsorientierte, nachhaltige Kulturpolitik sieht wahrlich anders aus.

Heinrich Wefing schreibt angesichts der rhetorischen Versatzstücke dieses Alarmismus, der Probleme jeweils nur für den Moment löst, in der *Frankfurter Allgemeinen Zeitung*: „Dass die Kultur in Deutschland keine nennenswerte Lobby besitze, ist eine gern gepflegte Legende. Vorzugsweise wird sie von denen erzählt, die Lobbyarbeit für Kultur machen. Überall regiere der Rotstift, jammern sie, Geld gehe ungefragt vor Geist, die Dummheit der Haushälter kenne keine Grenze. Wer aber je erlebt hat, mit welchem Fauchen, mit welcher Finesse dieselben Klageexperten existierende Institutionen und gepflegte Besitzstände zu verteidigen pflegen, der weiß, dass sie Pharmavertretern oder Automobillobbyisten in nichts nachstehen. Regelmäßig ist der Widerstand gegen Kürzungen oder Schließungen von Kultureinrichtungen wohlorganisiert, durchsetzungserfahren und lautstark. Alarmismus ist geradezu der schrille Grundton aller kulturpolitischen Debatten hierzulande.“[77]

Mancher mag sich angesichts dieses Alarmismus, an dem sich nicht wenige Feuilletonjournalisten beteiligen, augenreibend fragen, ob diese nicht lesen, was vorne in ihrer Zeitung (bzw. in deren Wirtschaftsteil) steht. Glauben sie wirklich allen Ernstes, dass angesichts der tief reichenden gesellschaftlichen und ökonomischen Verwerfungen ausgerechnet im Kulturbetrieb alles so weitergehen kann wie bisher? Dieser Alarmismus löst jedoch kein einziges der anstehenden gegenwärtigen Problem, sondern verschiebt diese nur in die Zukunft, in der das Spiel von neuem beginnt – und irgendwann einmal fatal enden könnte, weil er die Betroffenen in der falschen Sicherheit wiegt: bislang ist ja immer noch alles gut gegangen!

Dieser „Alarmismus“ (und eng damit verbunden der Gestus des Rettenden) kann sich darüber hinaus sehr schnell verselbstständigen und zum Ritual, ja zu einem augenzwinkernden Spiel mutieren, wie es unlängst ein Feuilleton ironisierte: „Was bliebe vom Kulturbetrieb, wenn nicht unentwegt etwas ‚bedroht' wäre, das nach ernstem Hin und Her dann doch wieder mit großem Aplomb ‚gerettet' werden kann, so dass am Ende alles bleiben darf, wie es war, und die Öffentlichkeit erleichtert ist.“[78] Doch bleibt wirklich alles wie es war?

Tatsächlich ist die Situation der öffentlichen Kulturbetriebe mittlerweile sehr viel vertrackter, als dieses „Spiel“ in der Öffentlichkeit immer noch suggeriert. So stellte Thomas E. Schmidt unlängst sarkastisch in der *Zeit* fest: „Die Politik wird das permanente Kulturangebot weder infrage stellen noch kaputt regieren. Sie wird die Kultur im schlechtesten

76 Schmidt, Thomas E.: Die Leere und das Nichts. Berliner Kulturpolitik vor der Wahl: Sparen oder Abreißen? In: *Die Zeit* vom 14.09.2006

77 Wefing, Heinrich: Keine Panik. Die Künstlersozialkasse muss generalüberholt werden. In: *Frankfurter Allgemeine Zeitung* vom 25.11.2004

78 Tod durch Rettung. In: *Frankfurter Allgemeine Zeitung* vom 2. Juni 2004

Fall bei lustloser Pflichterfüllung einfach allein lassen.“[79] Bezeichnend für diese Haltung ist der schnoddrige Kommentar des baden-württembergischen Ministerpräsidenten auf die weltweite Kritik am geplanten Verkauf der wertvollen Handschriften aus der *Badischen Landesbibliothek* in Karlsruhe: „Die Kritik kommt im Kulturteil der Zeitungen, nicht auf den Wirtschaftsseiten.“[80] Deutlicher kann nicht gesagt werden, auf wen die Politik im Zweifelsfalle hört! In einer solchen Situation, in der von der (Kultur-)Politik kaum mehr wirkliche Lösungen zu erwarten sind, müssen die Kultureinrichtungen deshalb selbst aktiv werden, um ihre Zukunft zu sichern.

So schreibt die *Hannoversche Allgemeine* unter dem bezeichnenden Titel „In der Ritualfalle“: „Andererseits wird der bei jeder Kürzung erschallende Aufschrei des Kulturbetriebs, nun sei das absolute Ende der Fahnenstange erreicht, in der Öffentlichkeit immer weniger ernst genommen, solange der Kulturbetrieb nicht die Kriterien, nach denen er arbeitet, und die inhaltlichen Ziele, die er erreichen will, so transparent zu machen vermag, dass der Wert, um dessen Erhalt es geht, tatsächlich greifbar und nachvollziehbar wird.“[81]

Zu lange wurde nichts getan, zu lange glaubte man die seit Jahren entwickelten Instrumente des Kulturmanagements seitens des öffentlichen Kulturbetriebs ignorieren zu können, zu lange vertraute man auf die staatliche Vollsubventionierung, als dass ein Wandel jetzt sanft vonstatten gehen könnte. Will man indes die normative Idee und gesellschaftliche Wirklichkeit des Kulturstaates Deutschland mit seinen weltweit anerkannten Errungenschaften auch in Zukunft sichern, so bedarf es auch hier der eingangs von Wolfgang Clement angesprochenen „Runderneuerung“. Um es mit den Worten des langjährigen Intendanten der Bayrischen Staatsoper, Sir Peter Jonas, zu sagen: „Weitermacher gibt es in diesem Land schon genug“[82] – es kommt nun darauf an, die Strukturen grundlegend zu verändern. Zuviel Zeit ist schon ungenutzt verstrichen, als dass man jetzt noch lange zuwarten könnte.

Allerdings sind viele öffentliche Kultureinrichtungen seit Jahren so stark damit beschäftigt, ihre Alltagsprobleme zu lösen, mit immer knapper werdenden Mitteln und immer weniger Personal die immer stärker werdenden aktuellen Herausforderungen zu bewältigen, dass sie kaum noch in der Lage sind, in die Zukunft zu blicken und sich deshalb auch kaum vorstellen können, wo sie in fünf, in zehn oder gar fünfzehn Jahren stehen wollen. Zu beobachten sind ein „Muddling through“, ein Durchwurschteln allüberall, „den Betrieb irgendwie am Laufen halten“, aber kaum irgendwo eine Vision, wie sich die einzelne Kultureinrichtung zukünftig positionieren will.

Es dürfte unmittelbar einsichtig sein, dass Kultureinrichtungen, die kein Bild von ihrer eigenen Zukunft haben, dazu verdammt sind, neuen Herausforderungen mit Mitteln der Vergangenheit zu begegnen, in Veränderungen immer und zuallererst die Risiken, weniger dagegen die Chancen zu erkennen und somit in der Gegenwart gefangen zu bleiben. Doch nur wer ein einigermaßen klares Bild von der Zukunft und seiner eigenen Stellung in ihr hat, wird auch in der Lage sein, zielstrebig und strategisch orientiert die eigene Position in ihr aufzubauen.

79 Schmidt, Thomas E.: Den Vorhang hoch und alle Säle offen. In: *Die Zeit* vom 28.07.2005

80 Deutschland verschleudert seine Vergangenheit. In: *Frankfurter Allgemeine Zeitung* vom 28.9.2006

81 In der Ritualfalle. In: *Hannoversche Allgemeine*, www.haz.de/cgi-bin/siteyarsleigene/drucken.hdt?story vom 21.03.2006

82 „Weitermacher gibt es in diesem Land schon genug.“ Ein Gespräch mit Christine Lemke-Matwey. In: *ZeitKulturSommer* vom April 2006 S. 12

Die öffentlichen Kultureinrichtungen müssen also zuerst (und zwar ganz schnell) lernen, ihren Blick zu öffnen, die Zukunft nicht als eine Verlängerung der (schwierigen) Gegenwart mit all ihren Sorgen und Nöten zu begreifen, sondern als eine Chance und Herausforderung, ihre eigenen langfristigen Ziele und Visionen tatsächlich umzusetzen. Nur wer weiß, wo er hin will, kann sich zielgerichtet seinen Weg dorthin bahnen. Damit sind die gegenwärtigen Alltagsprobleme zwar keineswegs gelöst, aber ihr (bedrohlicher) Stellenwert nimmt deutlich ab. Momentane Schwierigkeiten werden als das begriffen, was sie tatsächlich sind: als zu überwindende Beschwerden auf dem Weg zu einem wichtigen und bedeutsamen Ziel.

Bei entsprechend strategischer Zukunftsausrichtung lassen sich weder die Kultureinrichtung insgesamt noch die einzelnen Mitarbeiter allzu sehr von Widrigkeiten des Alltags ablenken, weil sie wissen, was und wohin sie wollen. Sie lernen ihre Kräfte auf das Wichtige zu fokussieren. Es kommt für die öffentlichen Kultureinrichtungen deshalb in erster Linie darauf an, heute Potenziale zu erkennen, aufzubauen und systematisch zu entwickeln, um in Zukunft Erfolg zu haben.

2 Neustart

Ein Land, das sich normativ als Kulturstaat definiert, muss auch in Zukunft ein ausgeprägtes und wohl verstandenes Interesse an starken und zukunftsfähigen öffentlichen Kultureinrichtungen haben. Folgt man den Analysen des Vorsitzenden der *Foundation on Economics Trends* und langjährigen US-Präsidentenberaters, Jeremy Rifkin, so erleben wir augenblicklich und in naher Zukunft die „Metamorphose der industriellen Produktion in einen Kultur vermarktenden Kapitalismus" bzw. „das Marketing kultureller Ressourcen."[83] Nach Rifkins Auffassung ist „die Produktion von Kultur die letzte Stufe des Kapitalismus, dessen wesentliche Triebkraft es seit jeher war, immer mehr menschliche Aktivitäten für das Wirtschaftsleben zu vereinnahmen."[84] Nicht zuletzt die rasant fortschreitende Medialisierung der Gesellschaft ruft speziell im audiovisuellen Bereich immer stärker nach „Contents", also nach (kulturellen) Inhalten.

2.1 Wer entwirft die Bilder der Zukunft?

Nicht nur für Rifkin ist daher „die große Frage der kommenden Jahre, wie ein ziviles Zusammenleben bestehen kann, wenn Staat und kultureller Sektor ihre Selbstständigkeit weitgehend verlieren und als Mediator des menschlichen Lebens nur der kommerzielle Bereich übrig bleibt."[85] Sollen in Zukunft also vor allem die kommerziellen Film-, Fernseh- und Neue-Medien-Produzenten darüber bestimmen, welche Bilder wir uns von unserer Gesellschaft und unserer Zukunft machen – oder haben nicht auch der Staat und die Öffentlichkeit ein genuines Interesse an der Mitentscheidung über diese Zukunftsentwürfe?

Deshalb wird in diesem Buch ausdrücklich dafür plädiert, ganz im Sinne der normativen Idee eines Kulturstaates Deutschland, Kunst und Kultur euphemistisch (mit den Worten des Soziologen Dirk Baecker) „als Formel und Praxis einer gesellschaftlichen Selbstverständigung" zu verstehen, sie also nicht bloß zu begreifen als die Summe der „Werte" oder „kulturellen Güter" (im Sinne eines kulturellen Erbe), mit denen eine Gesellschaft ausgestattet ist, sondern „als eine mitlaufende Beobachtung, die zu jedem Wert den möglichen Gegenwert bereithält. Kultur bedeutet, Gründe bereitzustellen, die es ermöglichen, das, was der eine feiert, vom anderen kritisieren zu lassen."[86]. Nur im Medium von Kunst und Kultur kann eine Gesellschaft sich selbst frei d. h. spielerisch-ästhetisch reflektieren.

Denn Kultur (und insbesondere im engeren Sinne die Künste) waren und sind diejenigen Medien, in denen die Menschen ihre gesellschaftliche Wirklichkeit reflektieren, mit deren Hilfe also die Gesellschaft mit sich selbst in Dialog tritt. Aufgrund seiner anthropolo-

83 Rifkin, Jeremy: Access. Das Verschwinden des Eigentums, Frankfurt 2000 S. 14
84 Rifkin (2000) S. 16
85 Rifkin (2000) S. 18
86 Baecker, Dirk: Wozu Kultur? Berlin 2003 S. 9

gisch bedingten, prinzipiellen „Weltoffenheit" (Berger / Luckmann[87]) hat der Mensch – ganz anders als das Tier – „keine artspezifische Umwelt, keine Umgebung, deren Struktur ihm sein eigener Instinktapparat sichert."[88] Der Mensch handelt also nicht instinktiv „richtig", sondern muss – sowohl als Individuum wie auch als Gesellschaftswesen – sein Handeln immer wieder neu reflektieren und definieren. Der Kulturmensch kann auf Grund seiner Weltoffenheit – wie er in seiner viele tausend Jahre währenden Kulturgeschichte gezeigt hat – sowohl als *homo creator*, der aufbaut, wie als *homo destructor*, der alles Aufgebaute wieder zerstört, in Erscheinung treten.[89]

Das Besondere an Kultur und Kunst ist nun gerade die Tatsache, dass sie nicht den üblichen Zwecken und Funktionen einer ansonsten nahezu vollständig zweckrationalisierten Welt unterliegen – ihr spezifische Reflexionsvermögen ist eben kein zweckspezifisches. Für Immanuel Kant ist Kunst diejenige „Vorstellungsart, die für sich selbst zweckmäßig ist", jedoch „ohne Zweck"[90]; sie ist für ihn eine „Einbildungskraft, die viel zu denken veranlasst, ohne dass ihr doch ein bestimmter Gedanke, d. i. Begriff adäquat sein kann, die folglich keine Sprache völlig erreicht und verständlich machen kann."[91]

Für August Wilhelm Schlegel „liegt es im Wesen der schönen Künste, nicht nützlich sein zu wollen." Das „Schöne ist", so Schlegel, „auf gewisse Weise der Gegensatz des Nützlichen: Es ist dasjenige, dem das Nützlichsein erlassen ist."[92] Die Funktion der Kunst ist somit, „dass sie den Geist aus der Haft der Sinne erlöst, dem Zeitlichen das Zeitlose entwindet, und der Vielfalt die Einheit entreißt. Kultur bedeutet eine Art von Selbst-*Teilung* ebenso wie eine Selbst-*Heilung*", wie Terry Eagleton in Beantwortung seiner Frage *Was ist Kultur* schreibt. „Der Riss zwischen Staat und Zivilgesellschaft – zwischen dem, was das bürgerliche Individuum als Staatsbürger darstellen will, und dem, was es tatsächlich ist – bleibt erhalten und wird doch verschliffen."[93]

Insbesondere Kunstwerke eignen sich in besonderem Maße, quasi als „Themen" innerhalb dieses Selbstverständigungsprozesses zu fungieren. Ihre „Zeitlosigkeit" erlaubt es, sie in den jeweiligen gesellschaftlichen Kontexten neu zu interpretieren – sei es als Jahrhunderte alter Theatertext, der neu inszeniert auf aktuelle Probleme überraschende Antworten gibt, sei es als Werk der Bildenden Kunst, das auch in der Gegenwart nichts von seiner Spannung verloren hat, sei es als Jahrtausende altes Epos, dessen tragischer Konflikt auch in der aktuellen Situation nicht erlischt.

Niklas Luhmann definiert Kultur daher als „Themenvorrat", als „eine Art Vorrat möglicher Themen, die für rasche und rasch verständliche Aufnahme in konkreten kommunikativen Prozessen bereitstehen."[94] Kultur ist für ihn „eine *Sinnfestlegung*, eine Reduktion von

87 Berger, Peter L. und Thomas Luckmann: Die gesellschaftliche Konstruktion der Wirklichkeit. Eine Theorie der Wissenssoziologie, Frankfurt 1991

88 Den Begriff der prinzipiellen „Weltoffenheit" des Menschen haben Peter Berger und Thomas Luckmann unter Bezug auf Arnold Gehlen und Helmuth Plessner entwickelt; vgl. Berger / Luckmann (1991) S. 50, hier insbesondere Fußnote 3

89 Dieser „Doppelgesichtigkeit" des Kulturmenschen widmen sich beispielsweise die Studien von Thurn, Hans-Peter: Kultur im Widerspruch. Analysen und Perspektiven, Opladen 2001 und Scharfe, Martin: Menschenwerk. Erkundungen über Kultur, Köln / Weimar / Wien 2002

90 Kant, Immanuel: Kritik der Urteilskraft. Hrsg. von Wilhelm Weischedel, Frankfurt 1978 S. 240

91 Kant (1978) S. 250

92 Schlegel, August Wilhelm: Die Kunstlehre (Kritische Schriften und Briefe Bd. E). Hrsg. von Edgar Lohner, Stuttgart 1963 S. 13

93 Eagleton, Terry: Was ist Kultur? München 2001 S. 15

94 Luhmann, Niklas: Soziale System. Grundriss einer allgemeine Theorie, Frankfurt 1987 S. 224

Komplexität (gleichzeitig aber auch Erzeugung von Sinnüberschuss), gebündelt nach Themen, die für Anschlussfähigkeit sorgen. Kultur sind alle Themen, mit deren Hilfe Kommunikation strukturiert wird."[95] Nach Hellmann fungiert in diesem Konzept Kultur gewissermaßen als „Problemformel zur Markierung einer Situation, in der die bisherigen Kommunikationsroutinen – einschließlich der Routinen zur Auflösung von Kommunikationsproblemen – nicht mehr weiterhelfen."[96] Genau darum geht es in den gegenwärtigen postmodernen Gesellschaften, die einerseits einem (von wem auch immer festgelegten) „Sinn" (im Singular) misstrauen, andererseits aber auch nicht ohne „Sinn" als Mittel der Reduktion angesichts ständig wachsender Komplexität auskommen.

In dieser paradoxen Situation kommt „Kultur" ihre herausragende Rolle zu. Luhmann schreibt hierzu: „Wir nennen diesen Themenvorrat *Kultur* und, wenn er eigens für Kommunikationszwecke aufbewahrt wird, *Semantik*." Und weiter: „Kultur ist kein notwendig *normativer Sinngehalt*, wohl aber eine *Sinnfestlegung* (Reduktion), die es ermöglicht, in themenbezogener Kommunikation passende und nichtpassende Beiträge oder auch korrekten bzw. inkorrekten Themengebrauch zu unterscheiden."[97] *Semantik* wird verstanden „als Begriff, mit dem sich die Gesellschaft selbst beobachtet, ihre eigenen Operationen und die daraus entstehenden Strukturen interpretiert."[98] Burkart bringt dies auf die knappe Formel: „Gesellschaft ist, dass kommuniziert wird – Kultur ist das wie – oder wie dies geschehen wird."[99]

Die „Selbstbeobachtung" der Gesellschaft wird mittels Kultur zur „*Selbstbeschreibung*", „es geht sozusagen um die *Kultivierung* der Selbstreferenz des sozialen Systems Gesellschaft", wie Burkart schreibt. In dieser Funktion kann Kultur auch als das „Gedächtnis" der Gesellschaft interpretiert werden, allerdings „Gedächtnis" nicht im Sinne von „Archiv oder Wasserspeicher", d. h. „es geht nicht um ein Hinabsteigen oder Zurückgehen in die Vergangenheit, um ‚dort' etwas zu suchen und heraufzuholen – sondern eine Funktion in der Gegenwart, Vergangenheit und Zukunft zu unterscheiden."[100]

Luhmann spricht in seinem Buch *Die Gesellschaft der Gesellschaft* vom Gedächtnis der Gesellschaft recht plastisch als dem „Filter von Vergessen / Erinnern und die Inanspruchnahme von Vergangenheit zur Bestimmung des Variationsrahmens der Zukunft."[101] Dieses „Gedächtnis" analysiert alle anlaufenden Operationen und entscheidet, was weitergeführt und was zurückgelassen werden kann. Durch „Vergessen" werden neue Kapazitäten frei. Kultur ist somit „keine Lagerhalle der Symbole, sondern ein *Seismograph der Zukunft*."[102] Das „Ergebnis dieses Prozesses der Sinnverfestigung" (Burkart) ist „Kultur". Kultur wird so „zu einer Art Umgangstechnik mit dem Sinnüberschuss"[103], dessen „Ziel" aber keineswegs festgelegt ist.

95 Burkart, Günter: Niklas Luhmann: ein Theoretiker der Kultur? In: Luhmann und die Kulturtheorie. Hrsg. von Günter Burkart und Gunter Runkel, Frankfurt 2004 S. 15
96 Hellmann, Kai-Uwe: Alles Konsum, oder was? Der Kulturbegriff von Luhmann und seine Nützlichkeit für die Konsumsoziologie. In: Burkart / Runkel (2004) S. 141
97 Luhmann (1987) S. 225 (Hervorhebung AK)
98 Burkart (2004) S. 19
99 Burkart (2004) S. 20
100 Burkart (2004) S. 22
101 Luhmann, Niklas: Die Gesellschaft der Gesellschaft, Frankfurt 1997 S. 588
102 Burkart (2004) S. 23
103 Burkart (2004) S. 25

Dieser (Selbst-)Verständigungsprozess der Gesellschaft kann zum einen rückwärts orientiert sein, im Sinne einer (Wieder-)Selbstvergewisserung („Wer sind wir?" „Woher kommen wir?"), also im Sinne eines reflektierten Erbes, eines kulturellen Gedächtnis, einer „Erinnerungskultur" dienen. Er kann zweitens eher zukunftsorientiert ausgerichtet sein („Wohin wollen wir?" „Wie wollen wir einmal leben?" „Welches Bild von der Welt machen wir uns?"), also eher eine zukunftsgestaltende, visionäre Funktion erfüllen. Drittens schließlich kann er direkt auf die Gegenwart bezogen sein („Wo stehen wir eigentlich?"). Dies heißt, „dass die Zukunft uns nicht vom Blick auf die Gegenwart befreit, sondern die Gegenwart überhaupt erst in das Zentrum der Aufmerksamkeit rückt."[104]

Kultur stellt somit „*Interpretationsspielräume* zur Verfügung, ein *Gedächtnis* der Gesellschaft mit *Blick auf eine offene Zukunft*"[105], wie Dirk Baecker schreibt. Verschwinden diese öffentlich geprägten Interpretationsspielräume bzw. werden diese ausschließlich dem kommerziellen Gewinnstreben untergeordnet, wird die gesellschaftliche Zukunft zunehmend eindimensional begriffen und von rein ökonomischen Interessen determiniert. Diese ökonomischen Interessen mutieren dann sehr schnell zu scheinbar unveränderbaren naturgesetzlichen „Zwängen", an denen das Individuum oder der einzelne (National-)Staat mit seiner Politik (scheinbar) sowieso nichts ändern können. Zunehmend ginge das Gefühl, das alles „auch ganz anders sein könnte", verloren.

Es wird somit eine der Kernfragen sowohl der gesellschaftlichen wie auch der individuellen Zukunft sein, *wer* die Bilder einer zukünftigen Welt entwirft: Der kommerzielle oder der öffentliche Sektor. Schon um diese Rolle für das Gemeinwesen wieder übernehmen und mit dem kommerziellen Bereich überhaupt konkurrieren zu können, bedarf es einer grundlegend neuen Positionierung und Stärkung der öffentlichen Kultureinrichtungen. Es steht also im genuinen Eigeninteresse der Gesellschaft, auch in Zukunft (bzw. gerade um dieser Zukunft willen!) jenen Sektor zu erhalten und zu fördern, der ihr Selbstbeobachtung, Selbstreflexion und Selbstvergewisserung erst ermöglicht. Und die Wahrnehmung dieser Funktion muss Staat und Gesellschaft auch finanziell etwas „wert" sein – d. h. sie müssen einen Konsens darüber finden, dass die hierfür notwendigen Mittel bereitgestellt werden.

2.2 Subvention oder Investition – die falsche Fragestellung

In den letzten Jahren wird allerdings immer deutlicher, dass die Bundesrepublik Deutschland, einerseits der schieren finanziellen Not gehorchend, andererseits auf internationalen Druck – insbesondere der Europäischen Union – reagierend, ihr Subventionshandeln generell immer stärker überprüfen muss. Diese Entwicklung wird übrigens von einer wachsenden Bevölkerungsmehrheit, die dies mit ihren Steuern bezahlen muss, zunehmend auch so gesehen. Daher geraten die Vertreter des Status quo in der Kulturpolitik in eine Schwierigkeit: Wie sind in diesem Kontext die Subventionen für Kunst und Kultur zu begründen?

Im Jahr 2003 wäre es beinahe zum ersten Mal zu einem ersten Eklat gekommen, als die seinerzeitigen Ministerpräsidenten Roland Koch (CDU) und Peer Steinbrück (SPD) ihr Papier mit dem Titel „Subventionsabbau im Konsens" zur Rettung der Staatsfinanzen vorlegten. In ihren *Sieben Thesen zum Subventionsabbau* kritisierten sie, dass Subventionen

104 Baecker (2003) S. 10
105 Baecker (2003) S. 9

trotz aller Anerkennung der grundsätzlichen Eignung dieses wirtschaftspolitischen Gestaltungsinstrumentes vielfach zu Fehlanreizen und zu Mitnahmeeffekten führten, dass sie ineffizient seien, den notwendigen Strukturwandel behinderten und erheblichen Verwaltungsaufwand verursachten.[106]

Ausdrücklich rechneten sie die Kulturförderung dem Bereich der zu kürzenden Subventionen zu, d. h. setzten sie gleich mit Zuwendungen (und deren in ihren Augen notwendigen Kürzungen) in anderen Bereichen. Eine Weile sah es so aus, als ob besonders die Goethe-Institute (da diese ausschließlich vom Bund gefördert werden, um dessen Subventionsabbau es vorrangig ging) massiv in ihrer Arbeit betroffen worden wären, aber in letzter Sekunde wurde die Kultur, wieder einmal, „durch ein politisches Dekret von der Subvention freigesprochen", wie Thomas Steinfeld ironisch in der *Süddeutschen Zeitung* anmerkt.[107]

Seither ist zu beobachten, dass die Kulturpolitiker aller Parteien auf einen scheinbar genialen Trick zurückgreifen: Sie benennen das unterstützende finanzielle Handeln des Staates einfach um und glauben so, weder neue Argumente zur Begründung der Notwendigkeit von öffentlichen Zuwendungen entwickeln noch etwas an den kaum noch zukunftsfähigen Strukturen verändern zu müssen! Um der allfälligen Subventionskritik zu entgehen, sprechen sie deshalb nun nicht länger von „Subventionen", sondern von „Investitionen". Und schon kann problemlos eingestimmt werden in den Chor aller derer, die da singen: „Subventionen" sind selbstverständlich schlecht und müssen abgebaut werden, „Investitionen" aber sind, da zukunftsgerichtet, immer zu begrüßen!

So spricht etwa die Vorsitzende der Enquete-Kommission in ihrem Vorwort zum Abschlussbericht ganz selbstverständlich vom „investiven Charakter der Ausgaben für Kultur"[108]. Und ebenso heißt es im ersten Abschnitt des Koalitionsvertrages zwischen CDU/CSU und SPD aus dem November 2005: „Kulturförderung ist keine *Subvention*, sondern *Investition* in die Zukunft."[109] Solche Sätze machen allerdings allenfalls in einer metaphorischen Redeweise Sinn – ökonomisch sind sie unsinnig. Und inwieweit solche Wortspiele zukunftsfähig sind – insbesondere vor dem scharfen Auge der Subventionskritiker der Europäischen Union – wird sich schon in naher Zukunft zeigen!

Denn unter „Investition" versteht man im finanztechnischen bzw. wirtschaftswissenschaftlichen Sinne – und nur darum geht es in dieser Diskussion um die Staatsfinanzen! – die „zielgerichtete, i. d. R. langfristige Kapitalbindung *zukünftiger autonomer Erträge*"[110] bzw. spezifischer geht es um den „Erwerb von Produktionsmitteln, der auf entsprechenden Kapitalverwendungsentscheidungen basiert und die Vermögensstruktur einer Unternehmung determiniert."[111] Bei Investitionen geht es also immer und stets um erwartete *wirtschaftliche* bzw. *finanzielle* Erträge. Entsprechend werden *Investitionsgüter* (z. B. materielle wie Maschinen, Werkzeuge, Geschäftsfahrzeuge bzw. immaterielle wie Lizenzen, Patente usw.) in der Bilanz in das Anlagevermögen aufgenommen und gelten als

---

106 Subventionsabbau im Konsens. Der Vorschlag der Ministerpräsidenten Roland Koch und Peer Steinbrück, Wiesbaden / Düsseldorf 2003 S. 3

107 Steinfeld, Thomas: Die Feigen. Kultur braucht Subventionen. Was denn sonst? In: *Süddeutsche Zeitung* vom 20./21. August 2005

108 Gitta Connemann in Enquete-Kommission Kultur in Deutschland (2005) S. 9

109 Koalitionsvertrag zwischen CDU/CSU, und SPD vom 11.11.2005 zum Thema Kultur- und Medienpolitik (www.bundesregierung.de)

110 Gabler-Witschaftslexikon, Wiesbaden 1993 S. 1714

111 Schneck, Ottmar: Lexikon der Betriebswirtschaft, München 1993 S. 284

Besitz des Unternehmens. Man investiert also finanzielles Kapital, um dieses in der Zukunft mit erhöhtem Ertrag zurück zu bekommen.

Und hier wird die Rede von den öffentlichen Zuwendungen als „Investition" höchst gefährlich, „denn wer Kultur als ‚Investition' behandelt wissen möchte, der verspricht etwas", schreibt Thomas Steinfeld und weiter: „Er tut so, als dächte auch er betriebswirtschaftlich, als könne er mit fernen, leider noch nicht genau benennbaren Gewinnen winken. Er begibt sich auf das Terrain seines Gegners – und hat, weil er aus der Defensive argumentieren muss, von vornherein verloren."[112] Eine verantwortungsvolle Kulturpolitik sollte sich von daher genau überlegen, auf was sie sich einlässt!

Ganz anders dagegen die *Subvention*. Sie ist der „Begriff für Transferzahlungen an Unternehmen, d. h. Geldzahlungen oder geldwerte Leistungen der öffentlichen Hand, *denen keine marktwirtschaftliche Gegenleistung entspricht*." Weiter heißt es im einschlägigen Wirtschaftslexikon: „Gefördert oder erwartet werden bestimmte Verhaltensweisen der Empfänger, die dazu führen sollen, die marktwirtschaftlichen Allokations- und / oder Distributionsergebnisse *nach politischen Zielen zu korrigieren*."[113] Genau darum geht es – im oben zitierten Sinne von Jeremy Rifkin – dass nämlich der Kultursektor, bei aller Notwendigkeit wirtschaftlichen Handelns, nicht zunehmend dem kommerziellen Interesse überlassen bleibt, sondern seine Kräfte im Sinne des Gemeinwesens entfalten kann. Damit dies allerdings tatsächlich geschehen und plausibel vertreten werden kann, müssen eben diese (kultur-)politischen Ziele klar benannt werden und muss ein tatsächlicher Strukturwandel in den Organisationsformen öffentlicher Kultureinrichtungen stattfinden!

Im *19. Subventionsbericht der Bundesregierung* heißt es dazu u. a.: „In der Sozialen Marktwirtschaft können Subventionen und Steuervergünstigen, unter bestimmten Bedingungen als *Hilfe zur Selbsthilfe* (! A.K.) ein legitimes Instrument der Finanzpolitik sein. Als zeitlich befristete und degressiv ausgestaltete Hilfen können sie dazu beitragen, notwendigen Strukturwandel zu erleichtern."[114] Im Vordergrund steht also stets ein notwendiger Strukturwandel und Anpassungsprozess.

Dabei legen – so der Bericht – die Bundesregierung bzw. die Fachressorts strenge Prüfmaßstäbe an; u. a. wird gefragt:

- Ist das Subventionsziel definiert und gerechtfertigt?
- Ist die Finanzhilfe (in der gewählten Form) das geeignete Instrument zur Zielerreichung oder gibt es bessere?
- Ist die Finanzhilfe effektiv, d. h. wird das Subventionsziel tatsächlich erreicht?
- Ist die Finanzhilfe effizient, d. h. stehen Kosten und Nutzen in einem angemessenen Verhältnis?
- Was spricht gegen eine degressive Ausgestaltung und Befristung der Finanzhilfe?[115]

Dieser Fragenkatalog der Bundesregierung macht deutlich, woher der Wind in naher Zukunft für die öffentlichen Kultureinrichtungen wehen wird und dass es durchaus sinnvoll ist, sich rechtzeitig auf die neue Problemlage einzustellen. Man kann allerdings Subventionen, also das staatliche Eingreifen in gesellschaftliches und wirtschaftliches Handeln mit

112 Steinfeld (2005)

113 Gabler-Wirtschaftslexikon (1993) S. 3206

114 Bericht der Bundesregierung über die Entwicklung der Finanzhilfen des Bundes und der Steuervergünstigungen (19. Subventionsbericht) Deutscher Bundestag 15. Wahlperiode (Drucksache 15/1635) S. 11

115 19. Subventionsbericht S. 12

einem ganz bestimmten Ziel, durchaus politisch wollen und dies auch begründen. Bevor hierauf eingegangen wird, sollte man sich indes klarmachen, dass zunächst einiges gegen Subventionen spricht und dies in der möglichen Argumentation berücksichtigen.

Zunächst einmal stellen Subventionen immer einen Eingriff in das Marktgeschehen dar, d. h. sie beeinflussen das Gleichgewicht von Angebot und Nachfrage. Dieser Eingriff sollte daher stets aufs Neue reflektiert und begründet werden. Schon 1992 hatte Gerhard Schulze – gegen den von ihm so sehr kritisierten „Rechtfertigungskonsens" – konstatiert: „Kulturpolitik verdient jedoch dieselbe skeptische Distanz wie jeder andere Versuch, in das Alltagshandeln oder in die Natur einzugreifen."[116]

Zweifelsohne hat sich die kulturelle Angebotssituation in Deutschland seit den siebziger und achtziger Jahren, als eine aktive sog. „neue" Kulturpolitik zu einer ungeheuren Angebotserweiterung führte, grundlegend geändert. Dieser Entwicklungsschub war seinerzeit durchaus begründbar, da die kulturelle Infrastruktur in der Bundesrepublik Deutschland durchaus unterentwickelt war.

Wie das Angebot in den letzten dreißig Jahren ausgeweitet wurde, zeigt ein Blick in die Statistik der einzelnen Einrichtungen. 1977, also zu Beginn der Ära der *Neuen Kulturpolitik*, erhob der *Deutsche Städtetag* in seiner Bestandsaufnahme *Kultur in den Städten*[117] die Zahl der verschiedenen kulturellen Einrichtungen:

- 1977 zählte er 1.244 Öffentliche Bibliotheken; 2001 waren es laut *Statistischem Bundesamt* bereits 9.327;
- 1977 gab es 116 öffentliche Musikschulen; 2001 waren es 966;
- 1977 gab es 149 Volkshochschulen, 2005 rund 1.000.

Diese Verbesserung der kulturellen Infrastruktur war und ist angesichts eines seiner Zeit unübersehbaren Nachholbedarfs sicherlich zu begrüßen; diese Entwicklung hatte unter anderem aber auch eine immer weiter reichende „Diversifizierung des Angebots" zur Folge.[118] „Das Ergebnis war ein in seiner Quantität und Vielfalt geradezu traumhaftes Angebot für den Bürger, das aber als Kulturbetrieb – durchaus im betriebswirtschaftlichen Verständnis – immer weniger überzeugen konnte", schrieb Werner Heinrichs schon 1997. Und weiter: „Die *Nachfrage* der Bürger nach Kultur wurde bald überlagert durch das *Angebot* der Kulturpolitiker und Kulturmacher. Statt nachfrageorientiert angelegt zu sein, wie dies beispielsweise noch im 19. Jahrhundert der Fall war, zeigte sich der öffentliche Kulturbetrieb nun angebotsorientiert. Nicht die Frage ‚Welche Kultur wollen unsere Bürger' stand im Mittelpunkt, sondern allein das Ziel ‚Welches Angebot ist für die Bürger die richtige Kultur?' Die Folge waren hervorragend und überzeugend begründete Angebote, über deren Nutzung durch die Bürger man sich aber nur wenig Rechenschaft ablegte."[119]

Die öffentliche Hand ist in den siebziger Jahren auf Grund gesellschafts-, sozial- und kulturpolitischer Ursachen und auf der Basis eines allgemein gesellschaftlich akzeptierten Programms („Kultur für alle") in den siebziger Jahren quasi in Vorleistung getreten und hat Angebote bereitgestellt, die mittlerweile auch von privaten Anbietern vorgehalten werden.

---

116 Schulze (1993) S. 496

117 Kultur in den Städten. Eine Bestandsaufnahme. Bearbeitet von Gerald Kreißig, Heidemarie Tressler und Jochen von Uslar, Köln 179

118 Heinrichs, Werner: Weniger wäre mehr! Strategische Anmerkungen zur Zukunft öffentlich finanzierter Kulturangebote. In: Heinrichs, Werner und Armin Klein (Hrsg.): *Deutsches Jahrbuch für Kulturmanagement 2000*, Baden-Baden 2001 S. 23

119 Heinrichs (1997) S. 32

So kann beispielsweise Musikschulunterricht von einem rein kommerziellen Anbieter angeboten werden, ebenso von einer kommunalen Einrichtung (d. h. einer als kommunales Amt oder Abteilung organisierte Musikschule) wie auch von einem eingetragenen Verein (Dritter Sektor). Es ist dabei keineswegs ausgemacht, dass das kommunale Angebot das „beste" ist (wie immer man die Kriterien hierfür festlegt). Umgekehrt ist damit auch nicht gesagt, dass das preiswerteste das „beste" ist. Es ist aber sehr wohl möglich, eine Vielzahl von Prüfkriterien aufzustellen und dann zu entscheiden, wer vor Ort, ggf. mit öffentlicher Unterstützung, diesen Unterricht anbietet – eine Frage des offenen Wettbewerbes. (Es wäre unter diesem Gesichtspunkt auch einmal ganz unorthodox zu fragen, warum die Städte und Gemeinden scheinbar selbstverständlich Musik-, nicht aber Tanz- bzw. Ballettunterricht anbieten. Dieser wird jedoch – scheinbar ebenso selbstverständlich – dem sog. freien Markt überlassen).

Ein zweites Beispiel: Das viel gespielte Stück „Kunst" kommt in einer Großstadt auf die Bühne des Stadttheaters, wird aber auch vom privaten Boulevardtheater aufgeführt ebenso wie von der teilsubventionierten Freien Theatergruppe. Es stellt sich wiederum die Frage: Muss der Staat (bzw. die Kommune) wirklich alles und muss er es vor allem *selbst* machen? Die grundlegenden Veränderungen in der Angebots- und Nachfragesituation der letzten Jahrzehnte müssen somit in einer strategischen Neuorientierung der einzelnen Kulturbetriebe berücksichtigt werden.[120]

Oliver Scheytt befasst sich in seinem Grundlagenbuch zum *Kommunalen Kulturrecht* mit dieser Fragestellung unter juristischen Gesichtspunkten, wenn er zunächst die eine Grenze markiert: „Das ‚Dass' kommunaler Kulturarbeit hat also pflichtigen Charakter. Jede Kommune muss auch Angebote zur kulturellen Betreuung ihrer Einwohner vorhalten. Damit wird eine bindende Ermessungsrichtlinie dahingehend aufgestellt, dass der Kulturbereich bei den Selbstverwaltungsentscheidungen in jedem Fall zu berücksichtigen ist." Doch für Scheytt „unterliegt das ‚Wie' zunächst grundsätzlich dem Ermessen der Kommune. Daraus ergibt sich auch, dass es keinen Bestandsschutz für eine ganz bestimmte Form von Kulturarbeit oder auch für einzelne Einrichtungen gibt, der jegliche Veränderung verwehrt." [121]

Für Scheytt ergibt sich aus der konstatierten „prinzipiellen Verpflichtung" zur Bereitstellung eines kulturellen Angebotes noch längst „nicht zwangsläufig, in welcher *Form* und in welchem *Umfang* eine Kommune Kulturförderung betreiben sollte."[122] Er schreibt dazu aus dem Blickwinkel der Städte und Gemeinden ausdrücklich: „Wenn sich eine Kommune auf die Förderung privater Anbieter von Kulturveranstaltungen konzentriert und sie auf diese Weise ein vielfältiges Kulturangebot sicherstellen kann, kann sie damit auch dem Kulturauftrag gerecht werden. Die Sicherstellung der kulturellen Grundversorgung bedarf nicht notwendigerweise der Organisation der Kulturveranstaltungen durch das Kulturamt und die kommunalen Kultureinrichtungen."[123] Aufgrund knapper werdender Mittel lassen sich hier in Zukunft ganz neue Konstellationen der Zusammenarbeit von privatem und öffentlichem Sektor vorstellen.

---

120 Vgl. hierzu Klein, Armin: Angebot und Nachfrage. In: *Jahrbuch für Kulturpolitik 2006*, Essen 2006

121 Scheytt, Oliver: Kommunales Kulturrecht. Kultureinrichtungen, Kulturförderung und Kulturveranstaltungen, München 2005 S. 44

122 Scheytt (2005) S. 44

123 Scheytt (2005) S. 44

Welche Probleme stellen Subventionen neben dem grundlegenden Eingriff in das Marktgeschehen außerdem noch dar? Zweitens besteht die Gefahr, dass durch Subventionen Unternehmen am Leben gehalten werden, deren Produkte nicht mehr in ausreichendem Maße gewünscht werden. Diese Fragestellung betrifft also in ganz besonderem Maße die Nachfrage nach öffentlich produzierter Kultur. Die „Nachfrage" ist konstitutiv, „überlebensnotwendig" für den kommerziellen Kulturbetrieb: Werden dessen kulturellen Güter und Dienstleistungen nicht in ausreichendem Maße nachgefragt, geht er pleite; im öffentlichen Kulturbetrieb ist dieser Konnex weitgehend außer Kraft gesetzt. Auch hier konstatierte Schulze schon vor Jahren gnadenlos den Gegensatz von privatwirtschaftlichem und öffentlichem Kulturbetrieb, wenn er schreibt: „Während aber eine Korporation, die ihr Überlebensproblem nicht zu lösen vermag, unbeschadet der Qualität ihrer Angebote verschwinden muss, kann eine Korporation ohne kulturpolitischen Wert sehr wohl jahrzehntelang weiterexistieren, wenn sie mit guten Überlebensstrategien agiert."

Als solche alternativen Überlebensstrategien nennt Schulze ausdrücklich „informale Beziehungen zu administrativen Handlungsträgern"; ein „guter Draht der Initiatoren zum richtigen Schreibtisch" und „das erreichte Ausmaß von institutioneller Verfestigung". Deren Mechanismen beschreibt er so: „Im Laufe der Jahre werden Etatzuweisungen, Stellenkontingente, Gebäude und langfristig tätiges Personal allmählich zu politischen Selbstverständlichkeiten mit einer Eigendynamik des Fortbestehens. Wenn eine öffentliche Institution längere Zeit existiert hat, ist die zukünftige Existenz oft ausreichend durch die vergangene legitimiert."[124] Ob dies allerdings im Sinne eines innovativen, zukunfts-orientierten Kulturbetriebs ist, steht auf einem anderen Blatt.

Subventionen verhindern drittens notwendige Innovationen bzw. Modernisierungen, d. h. sie verhindern beispielsweise, dass veraltete Industrien absterben und sich neue entwickeln können. Gefördert werden die, die einmal drin sind im System der Förderung – Neues, Innovatives hat kaum eine Chance. Die völlig überdimensionierte und antiquierte Agrarförderung der Europäischen Union ist hierfür sicherlich das eklatanteste Beispiel Und viertens besteht die Gefahr der Fehlsteuerung, d. h. oftmals werden Subventionen weiter gezahlt, auch wenn der ursprüngliche politische Zweck längst erreicht ist (z. B. Subventionen für Wohnungsbau bei gleichzeitigem Leerstand und Subventionen für den „Rückbau" des Leerstandes).

2.3 Kunst und Kultur als meritorische Güter

Bei aller Kritik spricht allerdings auch einiges für Subventionen. Schon der „Klassiker" des Wirtschaftsliberalismus, Adam Smith, hatte in seinem grundlegenden, erstmals 1776 erschienen Werk über den *Wohlstand der Nationen* festgestellt, dass neben der „unsichtbaren Hand" des Marktes eine wichtige „Aufgabe des Staates darin besteht, solche öffentlichen Anlagen und Einrichtungen aufzubauen und zu unterhalten, die, obwohl sie für ein großes Gemeinwesen höchst nützlich sind, ihrer ganzen Natur nach niemals einen Ertrag abwerfen, der hoch genug für eine oder mehrere Privatpersonen sein könnte, um die anfallenden Kosten zu decken, weshalb man von ihnen nicht erwarten kann, dass sie diese Aufgabe übernehmen."[125]

124 Schulze (1993) S. 504f

125 Smith, Adam: Der Wohlstand der Nationen, Eine Untersuchung seiner Natur und seiner Ursachen, München 1978 S. 612

Diese Güter stiften – aus Sicht des Staates bzw. der Gesellschaft – einen hohen gewünschten öffentlichen Nutzen und werden deshalb von ihm gefördert, da sie ansonsten nicht ausreichend hergestellt bzw. nachgefragt werden. Auf dieser normativen Basis werden in Deutschland Kunst und Kultur dementsprechend unstrittig als sog. „meritorische Güter"[126] (in der Sprache der Volkswirtschaftslehre) definiert. Bei Adam Smith selbst ist neben der Herstellung der äußeren und inneren Sicherheit beispielsweise ausdrücklich die *Bildung* ein solches meritorisches Gut. Diese Güter können vom Staat entweder durch *Zwang* (z. B. durch entsprechende Gesetze) oder durch *Anreize* (z. B. durch Steuerermäßigungen) gefördert werden.

Typische Beispiele für meritorische Güter sind in Deutschland z. B. die vom Staat gewollte Absicherung der Bürger (z. B. durch Sozialversicherung, durch eine Krankenversicherung oder auch durch eine KfZ-Haftpflicht, die gesetzlich vorgeschrieben sind), die Schaffung von besseren Lebensverhältnissen und Erhöhung der Mobilität (z. B. Bildung, Vermögensbildung in Arbeitnehmerhand, Entfernungspauschale usw.), Sport, Jugendbetreuung, Öffentlicher Personennahverkehr usw.

In Deutschland waren und sind, vor allem aus historischen Gründen, dem eigenen Selbstverständnis nach bis heute auch Kunst und Kultur meritorische Güter. Dies ist somit eine normative Entscheidung des Staates bzw. seiner Bürgerinnen und Bürger, also das Ergebnis eines entsprechenden gesellschaftlichen Diskurses bzw. des sich daraus entwickelnden Selbstverständnisses. In anderen Staaten dagegen werden Kunst und Kultur keineswegs als meritorische Güter definiert, sondern sind dort Güter und Dienstleistungen, die der Markt mit entsprechenden Anbietern bereitstellt. (Diese Sicht der Dinge markiert im Übrigen den kulturpolitischen Konflikt in den aktuellen Auseinandersetzungen um GATS bzw. der UNESCO-Resolution zur *Cultural Diversity* und spielt auch eine Rolle bei der EU-Dienstleistungsrichtlinie). Die Definition eines meritorischen Gutes ist allerdings keineswegs ein für allemal entschieden, sondern unterliegt dem öffentlichen Diskurs, der sich durchaus ändern kann. Dies zeigt nicht zuletzt die relativ kurzfristig durchgeführte Beseitigung der Eigenheimzulage, die Kürzung der Entfernungspauschale oder die Einführung von Studiengebühren.

Was folgt aus diesen Überlegungen für die strategische Neuorientierung der einzelnen Kultureinrichtungen, aber auch der Kulturpolitik insgesamt? Der Staat will mit der Erhebung von Kunst und Kultur zu meritorischen Gütern ganz eindeutig etwas *bewirken* (ebenso, wie er dies mit anderen meritorischen Gütern, wie etwa der Bildung oder der sozialen Absicherung, auch tut). Diese klare Wirkungsabsicht ist allerdings im Laufe der Jahrzehnte in manchen Bereichen mehr und mehr verschwommen und zu einem Selbstzweck geworden, d. h. die Subventionen werden vielfach nur deshalb gegeben, damit der Betrieb (irgendwie) weiterläuft (und in Wahrheit lästige öffentliche politische Diskussionen mit den Betroffenen vermieden werden). Je knapper die öffentlichen Mittel jedoch werden, umso schneller kann sich dies allerdings ändern.

Die öffentliche Hand, also konkret Bund, Länder und Kommunen, müssen daher überall dort, wo sie mit öffentlichen Mitteln Kunst und Kultur fördern, in einem ersten Schritt ihre (kultur-)politischen Ziele klar und deutlich benennen und durch entsprechende Zielvereinbarungen mit den Zuwendungen erhaltenden Kultureinrichtungen absichern. Da der Staat bzw. die Kommunen diese Subventionierung mit Steuergeldern (d. h. einem erzwungenen, zumindest teilweisen Konsumverzicht der Bürgerinnen und Bürgern), bezahlt

126 Vgl. hierzu Heinrichs / Klein (2001) S. 275f

muss er zweitens dafür Sorge tragen, dass er durch die eingesetzten Mittel die höchst- bzw. *bestmögliche Wirkung* erzielt. So heißt es im bereits zitierten *Subventionsbericht*: „Einer regelmäßigen und wirkungsvollen Erfolgskontrolle kommt dabei entscheidende Bedeutung zu. Dabei ist zu prüfen, ob und in welchem Umfang die betrachtete Maßnahme tatsächlich das gewünschte Ziel erreicht.“[127]

Im Bereich von Kunst und Kultur scheint diese Logik bislang allerdings weitgehend außer Kraft gesetzt, d. h. der allzu kritiklose Appell an den „Kulturstaat“ bzw. der im ersten Kapitel skizzierte „Rechtfertigungskonsens“, dass Kunst und Kultur immer nur gut und wichtig seien, verschleiert diesen klaren Zusammenhang von gewollter Zielsetzung einerseits und tatsächlich erreichter Wirkung andererseits. Dies ist eine fatale Strategie der Kritikimmunisierung, die in der Konsequenz dazu führt, dass die Kultureinrichtungen selbst bestimmen können, wie sie – meist auch noch unter recht unmittelbarem Bezug auf Art. 5 Abs. 3 GG – „den Kulturauftrag“ auszuführen gedenken. Damit ist dies weitgehend dem öffentlichen Diskurs bzw. der Kulturpolitik, die dies zu finanzieren hat, entzogen.

Pius Knüsel, Direktor der Schweizerischen Kulturstiftung *Pro Helvetia*, kritisierte unlängst diese jahrzehntelange Entwicklung, die auch in der Schweiz zu höchst problematischen Tendenzen in der Kulturförderung geführt hat, mit harschen Worten:

- Kulturförderung vertritt in wachsendem Maße die Sicht der Kulturschaffenden statt jene des Gemeinwesens und seiner übergeordneten Bedürfnisse.
- In der Kulturförderung pflanzen sich Traditionen fort, in denen viele Profiteure sich bestens eingerichtet haben, deren Tun jedoch weitgehend bedeutungslos ist.
- Die öffentliche Kulturförderung privilegiert die Produktion statt der gesellschaftlich relevanten Distribution. Gefördert wird also vorrangig das Angebot, nicht aber die Nachfrage.
- Kulturförderung könnte staatspolitische Ziele wesentlich effizienter erreichen, wenn sie sich mehr mit Wirkungsfragen beschäftigen würde und all dies käme mit einer verstärkten Wirkungsanalyse ans Licht.[128]

2.4 Den Wandel managen

Alle die von Knüsel angesprochenen Kritikpunkte lassen sich ohne Mühe auch für den Kulturbetrieb in Deutschland konstatieren. Sie führen in der Summe dazu, dass der öffentliche Kulturbetrieb kaum gerüstet ist für die Herausforderungen der Zukunft. Die größte drohende Gefahr liegt nämlich nicht unbedingt in der an sich schon schwierigen Gegenwart, sondern viel mehr in der gar nicht so entfernten Zukunft. Und der so lange (scheinbar gut) funktionierende (und sicherlich in allerbester Absicht intonierte) „Alarmismus“ hat die öffentlichen Kultureinrichtungen bedauerlicherweise etwas völlig Falsches gelehrt: Sie begreifen die Zukunft, vor allem ihre eigene, als eine Verlängerung der Vergangenheit.

Tatsächlich aber befinden sich die Gesellschaften der Bundesrepublik Deutschland und der westlichen Industrienationen insgesamt in einem tief greifenden Wandel, einer „Epochenwende“ (Meinhard Miegel), die auf Dauer kaum noch einen Stein auf dem anderen lassen und alte Gewohnheiten und Sicherheiten zu Seifenblasen machen wird. „Wenn es einen Begriff gibt, der die Welt des 21. Jahrhunderts beschreibt, dann ist es der Begriff

127 19. Subventionsbericht S. 42

128 Knüsel, Pius: Der Teufel der Evaluation. In: *Zeitschrift für Kulturaustausch* 4, 2003

des Wandels. Ob evolutionär oder revolutionär, ob technologisch oder kulturell: Wandel vollzieht sich jederzeit und überall, und die Geschwindigkeit des Wandels erhöht sich exponentiell", schreibt der Wirtschaftsberater Klaus Schmidt und weiter: „Zentrale Aufgabe des Managements ist es daher, den Wandel zu managen."[129]

Zu den weit reichenden Veränderungen, die durch die Globalisierung vorangetrieben werden und von den nationalen Politiken immer weniger zu beeinflussen sind, kommen die quasi hausgemachten Probleme Deutschlands: Die Überalterung der Gesellschaft mit allen damit verbundenen Problemen für die sozialen Sicherungssysteme, eine seit Jahren konstante Massenarbeitslosigkeit, eine überdimensionierte Staatsverschuldung, eine bürokratische Überregulierung und föderale Inflexibilität, eine unreflektierte Migrationspolitik mit weitgehend defizitären Integrationskonzepten, eine ungewisse Zukunft der großen Systeme gesellschaftlicher Daseinsvorsorge wie Gesundheits-, Renten- und Bildungssystem – um nur einige wenige zu nennen. Alle diese Entwicklungen werfen Probleme für Staat und Gesellschaft auf, die nur mit sehr, sehr großen Anstrengungen zu lösen sein werden, wie die schier endlosen Debatten um eine Gesundheitsreform im Jahr 2006 zeigten. Die Sicherheit, in der viele öffentliche Kultureinrichtungen sich nach wie vor wiegen, ist deshalb eine höchst trügerische.

Für den unlängst verstorbenen Managementtheoretiker Peter Drucker, der wie kaum ein anderer diese noch junge Disziplin geprägt hat, ergeben sich die neuen Herausforderungen für Staat, Gesellschaft und Ökonomie daher „nicht aus der Gegenwart. *Sie sind anders*." Seine Konsequenz: „In vielerlei Hinsicht erfordern die neuen Gegebenheiten eine *Umkehr der Strategien*, die sich im letzten Jahrhundert bewährt haben, und um so mehr einen *Wandel der Denkmuster*, die Organisationen ebenso zugrunde liegen wie dem Verhalten eines jeden einzelnen." Genau um diese Umkehr der Strategien und den Wandel der Denkmuster geht es in diesem Buch.

Die Zukunft kann also nicht länger als bloße Verlängerung von Vergangenheit und Gegenwart begriffen werden. Drucker ist sich jedoch ebenso sicher: „Diejenigen, die diese Herausforderungen ihrer gegenwärtigen Arbeit zugrunde legen und ihre Institutionen auf die neuen Herausforderungen vorbereiten, werden die Führungskräfte sein, denen die Zukunft gehört. Diejenigen, die warten, bis diese Herausforderungen zu den ‚drängenden Problemen' der Gegenwart geworden sind, werden ins Hintertreffen geraten und kaum in der Lage sein, ihre Versäumnisse wieder aufzuholen."[130] Ein bloßes Zuwarten dahingehend, dass die Lösung der Probleme von „der Kulturpolitik" kommen könnte, wird der einzelnen Kultureinrichtung kaum nützen. Sie selbst muss für sich den Wandel initiieren.

Es genügt also längst nicht mehr, das Vorhandene nur ordentlich zu verwalten oder zu managen. Um ihre eigene Zukunft zu sichern, müssen die einzelnen Kultureinrichtungen selbst aktiv werden und im wohl verstandenen Eigeninteresse ihre „Runderneuerung", von der Wolfgang Clement sprach, in Angriff nehmen. Sie müssen sich quasi selbst neu erfinden, sich neu aufstellen, ihre Potenziale sehr viel besser als in der Vergangenheit und Gegenwart entfalten und sich strategisch neu positionieren. Kulturmanagement kann sie dabei unterstützen, ihnen allerdings nicht dabei helfen, diesen Wandel zu „wollen" – das müssen sie schon selbst tun!

129 Schmidt, Klaus: Inclusive Branding. Methoden, Strategien und Prozesse ganzheitlicher Markenführung, München 2003 S. 33

130 Drucker, Peter: Management im 21. Jahrhundert, Düsseldorf 2005 S. 7f

In der Kulturpolitik scheint sich, wenn auch bislang eher zögerlich, ein Bewusstseinswandel zu vollziehen. So empfahl der Präsident der *Kulturpolitischen Gesellschaft*, der Essener Beigeordnete für Kultur, Oliver Scheytt in einer viel beachteten Grundsatzrede anlässlich des dreißigjährigen Bestehens des Verbandes im Sommer 2006, den Begriff der „Neuen Kulturpolitik“ durch den der „Aktivierenden Kulturpolitik“ abzulösen: „Es geht darum, dass der Kulturstaat als *aktivierender Kulturstaat* verstanden wird: Kommunale Selbstverwaltung, Kulturföderalismus und die Aktivierung der Kulturbürger sind die Leitvokabeln eines solchen Kulturpolitikverständnisses.“ Und weiter: „*Aktivierende Kulturpolitik* erfüllt das Leitbild des aktivierenden Kulturstaates auf Basis eines öffentlichen Gestaltungsauftrages. Dazu gehören normative Entscheidungen, die sich in einer Programmatik ausdrücken, welche im Diskurs in der kulturellen Öffentlichkeit entwickelt wird.“[131] Die normativen Entscheidungen hat die Kulturpolitik zu treffen; Kulturmanagement beschränkt sich darauf, diese normativen Vorgaben so effizient und effektiv wie möglich in die Wirklichkeit umzusetzen.

2.5 Entfaltung der Betriebsnatur und Entrepreneurship im Kulturbetrieb

Diese Erkenntnisse sind keineswegs neu. Das, was für die bislang öffentlich getragenen Kulturbetriebe aus kulturmanagerialer Sicht vor allem notwendig ist, hatte die *Kommunale Gemeinschaftsstelle* bereits im Jahre 1989 in aller wünschenswerter Klarheit (seinerzeit mit Blick auf die öffentlichen Theater) geschrieben. Das dort ganz grundsätzlich Gesagte kann für alle öffentlichen Kulturbetriebe – für Musikschulen ebenso wie für Museen, für Volkshochschulen wie für Stadtbibliotheken – gelten.

Jeder einzelne öffentliche Kulturbetrieb – so die *KGSt* – „ist seiner Anlage nach ein *Betrieb*. Allerdings ist sein *Betriebs*charakter nur ansatzweise verwirklicht.“ Leiterinnen und Leiter von öffentlichen Kultureinrichtungen sehen sich bislang allerdings sehr viel eher (oder so gar ausschließlich) als diejenigen, die für die „Inhalte“ zuständig sind. Das führt vielfach dazu, dass sich die jeweilige Leitung „für die *wirtschaftliche* Steuerung des Betriebs auch nur eingeschränkt verantwortlich“ fühlt. „Sie denkt eher *administrativ* als betriebswirtschaftlich.“ Gegen die in so verfassten öffentlichen Kulturbetrieben zu beobachtende „Flucht in den Komfort der Gängelung statt verantwortlicher Selbststeuerung“ setzte die *KGSt* seiner Zeit die programmatische Forderung, endlich auch die „*Betriebsnatur voll zu entfalten*.“ Sie kommt zu dem Ergebnis, dass eine Stadt, die ihre Kultureinrichtungen „bei hohem künstlerischen Anspruch auch wirtschaftlich in der Hand behalten will, nur die Wahl hat, (sie) zu einem echten Betrieb zu machen.“[132]

Genau darum geht es. Der öffentliche Kulturbetrieb der Zukunft braucht tatsächliches „Entrepreneurship“.[133] Er benötigt – obwohl öffentlich abgesichert – „Unternehmertum“ im Sinne von „schöpferischer Zerstörung, Invention, Innovation“ (Joseph Schumpeter). Die

131 Scheytt, Oliver: Blick zurück nach vorn – Von der neuen zur aktivierenden Kulturpolitik. In: Kulturpolitische Mitteilungen 113 II,2006 S. 36

132 Kommunale Gemeinschaftsstelle: Führung und Steuerung des Theaters, Köln 1989 S. 3; Hervorhebungen AK

133 Vgl. hierzu ausführlich: Wehling, Detlef (Hrsg.): Handbuch für Existenzgründer. Entrepreneurship als Grundhaltung, Berlin 2002; Häusler, Stephan, Regine Heer und Hansruedi Hinz: Der Kulturbusinessplan. Ein Ratgeber für kulturelle Projekte und Betriebe, Baden 2005; Schefczyk, Michael und Frank Pankotsch: Betriebswirtschaftslehre junger Unternehmen, Stuttgart 2003; Arnold, Jürgen: Existenzgründung – Fakten und Grundsätzliches, Burgrieden 2005

Leiterinnen und Leiter öffentlicher Kultureinrichtungen dürfen sich nicht länger als „Behördenleiter" oder als die nur für „die Kunst" Verantwortlichen fühlen – sie müssen Entrepreneurs sein, bereit und entschlossen, mutig die Zukunftsaufgaben anzugehen. *Pickle / Abrahamson* definieren den „Entrepreneur" als „one who organizes and manages a business undertaking, assuming the risk, for the sake of profit. The entrepreneur evaluates perceived opportunities and strives to make the decisions that will enable the firm to realize sustained growth."[134] Einigt man sich darauf, dass „Profit" in dieser Definition keineswegs nur den finanziellen Erfolg, sondern „Gewinn" ganz allgemein meint[135], so kann diese Definition hervorragend auch auf den Non-Profit-Kulturbetrieb übertragen werden.

Elmar Konrad hat sich intensiv mit dem Typus des „Kulturunternehmers"[136] auseinandergesetzt. Neben Sozialkompetenz, Kulturwissen und betriebswirtschaftlichen Kenntnissen benötigt er vor allem eine unternehmerische Motivation. Wesentliche Elemente dieser unternehmerischen Motivation sind *Leistungsmotivation* und ein ausgeprägtes *Machbarkeitsdenken* (d. h. die eigene Leistungsbereitschaft und Kreativität anerkennend, diese auch effizient einzusetzen und permanent unter Beweis zu stellen), Herbeiführung einer wirtschaftlichen und persönlichen *Verbesserung der eigenen Situation*, die Möglichkeit und der Wunsch nach *Selbstverwirklichung*, das *Streben nach Autonomie*, also der Wunsch nach Tätigkeit in einer unabhängigen Situation und einem befreienden Umfeld und schließlich rein marketingpolitische Überlegungen, also die Entdeckung und Ausnutzung einer Marktlücke im Kulturbereich.

Entscheidend ist also vor allem das entsprechende unternehmerische Bewusstsein des Entrepreneuers, das Timmons[137] euphorisch so beschreibt: „They work hard and are driven by an intense commitment and determined perseverance; they see the cup half full rather than half empty; they strive for integrity; they burn with competitive desire to excel; they are dissatisfied with the status quo and seek oportunities to improve almost any situation they encounter; they use failure as a tool for learning and eschew perfection in favor of effectiveness; and they believe they can personally make an enormous difference in the final outcome of their ventures and their life." „To see the cup half full rather than half empty" – dies ist das exakte Gegenteil des weit verbreiteten Jammerns und Klagens, das seit Jahren in so vielen öffentlichen Kultureinrichtungen zu beobachten ist. Nur wenn dieser unternehmerische Geist in den öffentlichen Kulturbetrieben Einzug hält, werden diese eine Zukunft haben.

2.6 Kulturorganisationen der Zukunft

Wie werden sie aussehen, die Kulturbetriebe der Zukunft? Im November 1997 fand im kanadischen Montreal an der dortigen, weltweit renommierten *Ecole des Hautes Etudes Commerciales* ein Kongress zum Thema *Cultural Organisations of the Future* statt, der die Frage nach der zukünftigen Kulturorganisation aufwarf. Angesichts der vielfältigen tief-

---

134 Pickle, Haib and Rayne Abramhamson: Small Business Management, Wiley 1990 S. 5

135 Vgl. hierzu Heinrichs, Werner (Hrsg.): Macht Kultur Gewinn ? Kulturbetrieb zwischen Nutzen und Profit, Baden-Baden, 1997

136 Konrad, Elmar: Kultur-Unternehmer. Kompetenzen – Leistungsbeiträge – Erfolgswirkungen, Wiesbaden 2000 S. 71

137 Timmons, Jeffrey. A.: New Venture Creation. Entreprenuership for the 21st Century, Illinois 1994 S. 24

greifenden gesellschaftlichen und kulturellen Wandlungsprozesse, denen sich die kanadische Gesellschaft ausgesetzt sah und sieht, konstatierte die Eröffnungsrednerin Francine Sèguin, dass man sich in einer Situation befinde, „which forces us to consider changing the ways we do things. Those who run cultural organizations cannot turn a blind eye to the shifts occuring in their environment and continue as before. They must attempt to *reoganize by revisiting* both their *structures*, their *values* and their *strategies*. In short, managers of cultural organizations must reflect upon the changes that are necessary in order to successfully adept to a new environment."[138] Die Strukturen zu überprüfen, die Werte zu hinterfragen und die Strategien zu reflektieren – das werden die zentralen Aufgaben von Kulturmanagement und Kulturpolitik in Zukunft sein.

Harsch kritisiert Sèguin Überzeugungen und Glaubensvorstellungen, die sich im Laufe der Jahrzehnte in den Köpfen der Kulturorganisatoren festgesetzt haben und die ihnen nun den Blick für die Wirklichkeit verstellen. Sie prangert insbesondere den Glauben an, dass der Staat auf Dauer die Defizitprobleme lösen würde – warum sollte man sich als Kultureinrichtung daher also um eine stärkere (Eigen-)Finanzierung und Wirtschaftlichkeit kümmern? Sie kritisiert jene Überzeugungen, dass in der Vergangenheit alles besser als in der Gegenwart war; die trügerische Gewissheit, dass es irgend*ein* Allheilmittel im Kulturmanagement gebe, das man nur anwenden müsse, um alle Probleme auf einen Schlag zu überwinden und schließlich moniert sie die Einstellung, dass man damit durchkomme, dass man überhaupt nichts mache, d. h. man sich nur in einer Durchgangsphase befände.

Zweifelsohne lassen sich ohne jede Mühe solche fatalen Überzeugungen und Einstellungen auch in deutschen Kultureinrichtungen finden – ob diese allerdings zukunftsfähig sind, darf stark bezweifelt werden. Auch in Deutschland müssen die Kultureinrichtungen deshalb aus der Defensive bzw. der Angststarre, in der sie auf Rettung von außen hoffen, herauskommen und eigenständig in die Offensive gehen. Wollen sie auch in Zukunft existieren und ihre so wichtige Arbeit leisten, so müssen sie sich völlig neu orientieren, ihre Arbeit neu strukturieren – ja sich quasi selbst neu erfinden („*reorganize by revisiting*", wie Francine Séguin so richtig schreibt)!

Um was geht es dabei im Kern? Der bereits zitierte Peter Drucker wurde nicht müde, darauf hinzuweisen, dass „weder die Menge der Produktion noch das Ergebnis unter dem Strich" geeignet sind, die tatsächliche Leistung und Leistungsfähigkeit einer Organisation adäquat wiederzuspiegeln. Viel entscheidender seien dagegen die folgenden Faktoren: die Position auf dem Markt, die eigene Innovationsfähigkeit, die Produktivität einer Einrichtung, die Entwicklung der Mitarbeiter und die Qualität der Produkte.[139] Alles dies sind Faktoren, die angesichts der Verkürzung der kulturpolitischen Debatte auf die finanziellen Ressourcen der öffentlichen Hand zunehmend in den Hintergrund gedrängt wurden, gleichwohl aber von zentraler Bedeutung für die Zukunftsfähigkeit einer Kultureinrichtung sind. Bei aller Notwendigkeit des möglichst wirtschaftlichen Umgangs mit den knappen öffentlichen Ressourcen kommt es in Zukunft deshalb sehr viel stärker auf diese Faktoren und ihre strategische Entwicklung an, will der einzelne öffentliche Kulturbetrieb in Zukunft konkurrenzfähig bleiben.

„Wer nicht weiß, wo er hin will, darf sich nicht wundern, wenn er woanders ankommt", wusste bereits Mark Twain. Schon seit Jahren ist die praktische Folge des weit-

138 Séguin, Francine: Sociocultural Changes: New Management Challenges. In: Colbert, Francois (e.): Cultural Organizations of the Future, Montreal 1998 (*Ècole des Hautes Ètudes Commerciales HEC*) S. 26

139 Drucker, Peter: Was ist Management? Das Beste aus 50 Jahren, München 2001, S. 29

gehenden Verzichts auf kulturpolitische Konzepte eine bloße Steigerung der „Menge der Produktion“ (Drucker) und eine immer weiter reichende „*Diversifizierung des Angebots*, die mit einer erheblichen Unschärfe in der Zielsetzung einhergeht“, wie Werner Heinrichs schon vor Jahren kritisierte. Heinrichs weiter: „Staatliche und kommunale Kulturangebote können heute allem und jedem dienen. Natürlich dient Kultur immer einer Vielzahl von Zwecken und Zielen – gerade diese Farbigkeit macht ja ihren Reiz aus; aber wenn diese Vielfalt nur im Nachhinein achselzuckend konstatiert wird, spricht man wohl besser von Beliebigkeit als von einer stringenten Zielorientierung. Eine ziellose öffentliche Kulturförderung aber muss zwangsläufig scheitern, weil sie politisch nicht legitimierbar ist, und ein hemmungslos diversifiziertes Kulturangebot hat noch geringere Chancen, weil es nicht mehr finanzierbar ist.“ Somit „ist eine Finanzierung der öffentlichen Kulturförderung nur möglich, wenn auch die *Ziele* knapp sind.“[140]

Über kurz oder lang wird sich die Kulturpolitik die bislang so erfolgreich verdrängte Frage stellen müssen: Was sind denn eigentlich unsere Ziele und Visionen? Wie lässt sich das nach wie vor große finanzielle Engagement von Bund, Länder und Gemeinden im Kultursektor auf Dauer legitimieren? Und dann wird sich auch jede einzelne Kultureinrichtung die zentrale Existenzfrage stellen müssen: In welchem Geschäft sind wir eigentlich tätig (welche *Mission* haben wir)? Sehr schnell wird auch die viel entscheidendere, weil strategisch orientierte Frage gestellt werden müssen: In welchem Geschäft sollen und wollen wir zukünftig tätig sein (welche *Vision* haben wir)? Hieraus leitet sich die Legitimationsfrage ab: Warum hat die jeweilige Kultureinrichtung auch in Zukunft einen klar und explizit begründbaren Anspruch darauf, dass der Staat oder die Kommune ihr Handeln unterstützt bzw. sogar trägt? Etwa nur deshalb, wie der alte „Rechtfertigungskonsens“ glauben machen möchte, weil es sie bereits seit einigen Jahren oder Jahrzehnten gab? Das dürfte in Zukunft kaum noch ausreichen.

Es geht im Kern also um die strategische Frage:

> „Wie muss sich die einzelne öffentliche Kultureinrichtung verändern, um nachhaltig ihre zukünftige Existenz legitimieren und sichern zu können, damit sie dauerhaft ihren jeweiligen kulturpolitischen Auftrag erfüllen kann?“

Diese Grundfrage schließt eine Fülle weiterer, strategischer und zukunftsorientierter Fragen ein, wie z. B.

- Welche bereits erkennbaren Entwicklungen und Trends in unserer näheren (nationalen) und weiteren (europäischen / globalen) Umwelt werden sich mit einiger Wahrscheinlichkeit auf die Aufgaben und Ziele der öffentlichen Kultureinrichtungen auswirken?
- Welche Funktionen, Aufgaben und Ziele hat die einzelne Kultureinrichtung jetzt und in der Zukunft unter diesen sich dynamisch verändernden Bedingungen?
- Und wie können sich die öffentlichen Kultureinrichtungen bereits jetzt neu orientieren und positionieren, um diesen zukünftigen Herausforderungen gerecht zu werden?

140 Heinrichs (2001) S. 23

- Wie kann es der einzelnen öffentlichen Kultureinrichtung gelingen, ihre organisatorische Existenz dauerhaft so abzusichern, dass ihre Arbeit, ihr Bestand und vor allem die tarifgerechte Bezahlung ihrer Mitarbeiter gewährleistet bleibt?
- Da das wichtigste Potential einer Kultureinrichtung ihre Menschen sind, also die Künstlerinnen und Künstler, aber auch diejenigen, die an der Erstellung der künstlerischen bzw. kulturellen Produktion mitwirken, also ihre „Wissensarbeiter" (Drucker), stellt sich die Frage: Wie kann es gelingen, diese Mitarbeiter möglichst optimal in die Organisation einzubinden, sie zu motivieren und ihnen organisatorische, vor allem aber individuelle Entwicklungschancen zu eröffnen?
- Wie kann der Kulturbetrieb auch in Zukunft die Gewährung öffentlicher Zuwendungen sicherstellen, z. B. in Konkurrenz mit anderen Zuwendungsempfängern, öffentlichen oder privaten, aus dem gleichen Kultursektor oder anderen?
- Dies schließt Fragen der (öffentlichen) Legitimation gegenüber dem Zuwendungsgeber ebenso ein wie alle Aspekte des wirtschaftlichen Umgangs mit den zur Verfügung gestellten Geldern, d. h. wie kann der einzelne Kulturbetrieb seine wirtschaftliche Zukunft sichern?
- Wie kann es der einzelnen öffentlichen Kultureinrichtung gelingen, Besucher und Nutzer dauerhaft an sich zu binden und sich eindeutig gegenüber Mitwettbewerbern (insbesondere kommerziellen) zu positionieren?
- Wie gelingt die Sicherung der Nachhaltigkeit des Publikums, d. h. die Sicherstellung, dass es auch noch in zehn, zwanzig Jahren genug Interessierte an dem jeweiligen Kulturangebot gibt?
- Welche neuen Kooperationsformen der einzelnen Kulturbetriebe kann es in Zukunft geben, wenn sich nicht mehr alle Einrichtungen aufrechterhalten lassen?

2.7 Neustart: Die Zukunft des öffentlichen Kulturbetriebs

„Mehr *Eigenverantwortlichkeit*, mehr *Risikobereitschaft*, mehr *Privatinitiativen*", wünschte sich an seinem fünfundsiebzigsten Geburtstag Christoph von Dohnány, langjähriger Hamburger Operndirektor und Chefdirigent des *Cleveland Orchestra* und des *Philharmonia Orchestra London*, für den Kulturbetrieb in Deutschland.[141] Gerade an diesen Tugenden fehlt es aber: notwendige und durchaus mögliche Effizienzsteigerungen werden – wenn überhaupt – nur höchst zögerlich in Angriff genommen.

Dies wird für die Zukunft nicht genügen. Vielmehr wird es darauf ankommen, die öffentlichen Kultureinrichtungen völlig neu auszurichten und zu orientieren. Dabei sind die folgenden Elemente konstitutiv für eine solche Neuorientierung öffentlicher Kultureinrichtungen und werden in den anschließenden Kapiteln ausführlich behandelt.

1. Angesichts begrenzter öffentlicher Ressourcen – und dieser Zustand wird sich realistischerweise in absehbarer Zukunft nicht positiv verändern lassen, allenfalls verschlechtern – müssen zunächst auch die *Ziele* der Kulturpolitik „verknappt" werden. Der Staat kann nicht mehr (wie noch in den siebziger und achtziger Jahren des letzten Jahrhunderts) alles und jedes fördern, sondern er muss auswählen und sorgfältig be-

141 Auf festem Grund zur Atonalität. Operndirektor Christohp von Dohnány wird heute 75 Jahre alt. In: *Badische Neueste Nachrichten* vom 8.9.2004

gründen, warum er *was wie* – und vor allem auch: *wie lange* fördert. Dies sind die notwendigen normativen Grundentscheidungen, von denen Scheytt oben gesprochen hat. Viel zu lange schon hat sich Kulturpolitik im Sparen als Politikersatz erschöpft! Dies ist zweifelsohne ein sehr schwieriger Umdenkungsprozess, denn die Kulturpolitik der vergangenen Jahrzehnte bestand aus einem additiven „und“ statt einem selektiven „oder“. Da in der Vergangenheit genug öffentliche Mittel vorhanden waren, konnten viele zusätzliche Angebote in die Förderung aufgenommen werden, ohne den Streit um Prioritäten führen zu müssen.

Durch diese überaus freigebige Förderungspraxis hat sich die „Beweislast“ jetzt quasi umgekehrt und machen das kulturpolitische Geschäft so schwierig. Denn mussten in der Vergangenheit die jeweiligen Antragsteller bis zu ihrer jeweiligen Etatisierung in öffentlichen Haushalten (bis hin zur institutionellen, d. h. dauerhaften Förderung) den Nachweis erbringen, dass ihr Angebot unter künstlerischen, kulturellen, bildungspolitischen, sozialen oder welchen sonstigen Gesichtspunkten förderungswürdig sei, so muss nun die Kulturpolitik ihrerseits begründen, warum auf einmal etwas nicht mehr förderungswürdig sein sollte.

Dies ist gewiss kein leichtes Unterfangen, vor allem dann nicht, wenn eine Einrichtung bereits über einen längeren Zeitraum gefördert wurde. Wie will man – meist vor dem Hintergrund einer entsprechenden medialen Begleitmusik von den Lokalmedien bis zum überregionalen Feuilleton, also dem eingangs kritisierten reflexhaften „Alarmismus“ – deutlich machen, dass etwas, was jahrelang gefördert wurde, nun auf einmal nicht mehr förderungswürdig sei? Dennoch ist dieser Prozess notwendig, um Neues entstehen lassen zu können.

Bedauerlicherweise gibt es in Deutschland keine gewachsene „Kultur des Aufhörens“ einer öffentlichen Förderung, wie ein außenstehender Beobachter einmal treffend formulierte. Vor diesem Problem der – allerdings sorgfältig zu begründenden – Beendigung einer über die Jahre stetig geflossenen Subvention drücken sich die meisten (Kultur-)Politiker und (Kultur-)Verwalter durch ein scheinbar demokratisches Kürzen nach der sog. „Rasenmähermethode“ („alle gleich viel weniger“); so auch das seinerzeitige Papier der Ministerpräsidenten Koch und Steinbrück. Die eine Kultureinrichtung mag eine solche Kürzung verschmerzen – für eine andere kann sie unter Umständen jedoch tödlich sein. „Es ist gut möglich, dass darin ein Kardinalproblem liegt“, schrieben Norbert Sievers und Bernd Wagner schon 1994: „Die KulturpolitkerInnen sind nun, wo das Geld knapp wird, gefordert, *Wertentscheidungen* zu treffen, zu begründen und dafür zu streiten.“[142] Dieser Streit wird nicht einfach sein, er ist jedoch notwendig!

Damit diese zu treffenden Wertentscheidungen nicht in der vagen Luft des „sollte“ und „müsste“ hängen bleiben, müssen zwischen den Förderern und den Geförderten klare *Zielabsprachen* über einen bestimmten zu fixierenden Zeitraum getroffen werden, die von beiden einzuhalten sind. Die Kultureinrichtung muss ihrerseits deutlich machen, was sie jetzt („Mission“) und in Zukunft („Vision“) erreichen will – und wofür sie die öffentlichen Zuwendungen benötigt. Diese Zielabsprachen müssen möglichst detailliert enthalten, was von der geförderten Einrichtung erwartet wird, d. h. es müssen so weit als möglich inhaltliche Zielsetzungen, anvisierte Zielgruppen sowie der einzuhal-

142 Sievers, Norbert und Bernd Wagner: Vorbemerkung. In: dies. (Hrsg.): Blick zurück nach vorn. 20 Jahre Neue Kulturpolitik, Essen 1994 S. 8

tende Finanzrahmen verbindlich geregelt werden. Diese Regelungen sind zu fixieren und von beiden Partnern während des vereinbarten Zeitraums strikt einzuhalten. Nach Ablauf der Förderungsfrist sind die jeweiligen Programme durch geeignete Maßnahmen zu evaluieren, d. h. es ist kritisch zu prüfen, ob die gewünschte Wirkung durch die gegebene Subvention tatsächlich erreicht wurde.

2. Seit Mitte der siebziger Jahre ist die Arbeit der einzelnen Kultureinrichtungen vielfach in die Gefahr geraten, rein auf den mehr oder minder expliziten „kulturpolitischen Auftrag“ fixiert, *angebotsorientiert* leer zu laufen. Die öffentlichen Kultureinrichtungen der Zukunft müssen dagegen konsequent *besucherorientiert* arbeiten. Es muss klar werden, dass ein wie auch immer formulierter „kulturpolitischer Auftrag“ nicht nur aus inhaltlichen Gründen verfehlt werden kann, sondern dass er vor allem auch dann nicht erfüllt wird, wenn die anvisierten Zielgruppen nicht oder nur völlig unzulänglich erreicht werden. Dieser Perspektivenwechsel ist für die öffentlich getragenen bzw. geförderten Kultureinrichtungen weniger aus ökonomischen, denn aus politischen, d. h. aus Legitimationsgründen überlebensnotwendig. Eine stets halb leere Kultureinrichtung wird sehr viel schneller geschlossen werden als ein immer gut bis sehr gut besuchtes Haus.
Es kann in Zukunft realistischerweise kaum noch damit gerechnet werden, dass sich der „Kulturstaat Deutschland“ wie in der Vergangenheit aus sich selbst heraus legitimiert und von einem starken Bildungsbürgertum getragen wird. Er wird seine Existenz und die zu gewährenden öffentlichen Mittel deshalb sehr viel stärker diskursiv rechtfertigen und legitimieren müssen, also Antworten auf die durchaus legitime Frage finden müssen: „Wozu Kultur?“[143]
Der in diesem Kontext stets schnell bei der Hand liegende Vorwurf, diese bedeute Anpassung an den Publikumsgeschmack und bloßes Schielen auf die Quote ist in der Theorie wie in der Praxis längst widerlegt: Es kann sehr wohl gelingen, höchsten ästhetischen Ansprüchen zu genügen und dennoch seine avisierten Zielgruppen zu erreichen. [144] Wie dies geht ist mittlerweile in zahlreichen Publikationen zum Kulturmarketing[145] ausführlich dargelegt. Insbesondere muss jede einzelne Kultureinrichtung in Zukunft in sehr viel stärkerem Maße sicherstellen, dass die Nachhaltigkeit ihrer Besucher und Nutzer auch in Zukunft gewährleistet ist. Hierfür sind ein an den Bedürfnissen des öffentlichen Kulturbetriebs orientiertes Kulturmarketing und ein entsprechendes Audience Development von grundlegender Bedeutung.

3. Die meisten Kultureinrichtungen sind nach wie vor nach dem Modell der bürokratischen Organisation konstruiert; sie sind sehr häufig noch Ämter und Abteilungen (z. B. viele Stadttheater, Volkshochschulen und Museen auf der kommunalen Ebene) bzw. nachgeordnete Behörden (z. B. viele Staatstheater und Landesmuseen auf der Landesebene). Bürokratische Organisationen gehorchen jedoch nicht der Sachlogik

143 Baecker (Berlin) 2003

144 verwiesen sei nur auf die radikale Neuorientierung der Salzburger Festspiele in der Ära Mortier oder die Erfolge der Staatsoper Stuttgart unter ihrem Intendanten Zehelein

145 Vgl. Klein, Armin: Kulturmarketing. Das Marketingkonzept für Kulturbetriebe, München 2005; Colbert, Francois: Kultur und Kunstmarketing. Ein Arbeitsbuch, Wien / New York 1999; Fischer, Walter Boris: Kommunikation und Marketing für Kulturprojekte, Bern 2001; Hausmann, Andrea: Theatermarketing. Grundlagen, Methoden und Praxisbeispiele, Stuttgart 2005

des jeweiligen Gegenstandsbereiches, sondern sie folgen der Logik von Bürokratien: gleich, ob es sich um ein Krankenhaus, ein Einwohnermeldeamt, eine Armee oder ein Staatstheater handelt. Mehr und mehr hat sich jedoch in den letzten Jahren die Erkenntnis durchgesetzt, dass die bürokratische Organisation – bei all ihren unbestreitbaren Erfolgen in der Vergangenheit – schon in der Gegenwart, vor allem aber in der Zukunft massiv an ihre Grenzen stößt.
Die bürokratische Organisation war einmal ein optimales Instrument zur Bewältigung von Problemen, allerdings nur unter zwei Bedingungen: einer stabilen bzw. sich überschaubar verändernden Umwelt und zweitens einer klaren Aufgabenstellung bzw. Zielsetzung. Mittlerweile agieren Organisationen jedoch in turbulenten Umwelten mit einer sich ständig steigernden Dynamik; an die Stelle eindeutiger Zielsetzungen tritt eine Vielzahl von Stakeholderansprüchen an die jeweiligen Organisationen, was zu einer Aufsplitterung der Ziele führte.
Die herkömmliche bürokratische Organisation ist insbesondere im Bereich der Leistungsverwaltung aufgrund ihrer spezifischen Konstruktion (steile Hierarchien, lange Dienstwege, Aktenmäßigkeit, Zentralität, Versorgungslohn, kameralistische Rechnungslegung usw.) weitgehend ungeeignet, diese neuen Herausforderungen flexibel und adäquat bearbeiten zu können. Sie kann nicht schnell genug die notwendigen Potenziale aufspüren und entfalten, um einerseits zeitnah, andererseits strategisch orientiert zu reagieren. „Fehler“ sind in ihrem Denksystem eine Störung des planmäßigen Ablaufs und keine Ursache für die Notwendigkeit des Umdenkens, der Neuorientierung, kurz: des Lernens. An die Stelle der bürokratischen muss deshalb die *„lernende Organisation“* (Argyris / Schön) treten, die entwicklungsfähig ist und sensibel auf Umweltentwicklungen reagieren kann. Dies gilt nicht nur für Organisationen der Wirtschaft, sondern in ganz besonderem Maße für Kultureinrichtungen.

4. Die Mitarbeiterinnen und Mitarbeiter der Kultureinrichtung sind – wie in kaum einem anderen Betrieb – deren wesentlicher Produktionsfaktor. Dies betrifft nicht nur die Künstlerinnen und Künstler, die unmittelbar mit der Herstellung des künstlerischen und kulturellen Produkts befasst sind, sondern auch alle anderen, die durch ihre Tätigkeit ermöglichen und sicherstellen, dass dieses Produkt überhaupt zustande kommen kann: also die Techniker in den Theaterwerkstätten, die Sekretärinnen in der Musikschule, das Aufsichtspersonal im Museum, die Kartenverkäuferinnen bei Konzerten usw. Dies sind aber ebenso auch Kulturmanager und Verwaltungskräfte, wissenschaftliche und pädagogische Mitarbeiter, also alle „Wissensarbeiter“ (Drucker). Sie alle tragen auf ihre ganz spezifische Weise dazu bei, dass das gemeinsame künstlerische bzw. kulturelle Ziel erreicht wird.
Deshalb muss durch entsprechende Organisationsformen und Fort- und Weiterbildungsmaßnahmen sichergestellt werden, dass sich die Kenntnisse und Fähigkeiten aller Mitarbeiter optimal entfalten können. Unzufriedene und unmotivierte Mitarbeiter sind wenig geeignet, Besucher von Kultureinrichtungen dauerhaft an diese zu binden. Es müssen den Mitarbeitern deshalb Entwicklungschancen und Lernmöglichkeiten innerhalb des jeweiligen Betriebes aufgezeigt werden, damit sie sowohl sich selbst wie auch die Kultureinrichtung insgesamt zukunftsorientiert weiterentwickeln können.

5. Es muss gewährleistet sein, dass die Förderung der notwendigerweise „verknappten Ziele“ *effizient* stattfindet, d. h. die eingesetzten öffentlichen Ressourcen müssen so wirtschaftlich wie möglich verwendet werden. Dies bedeutet keineswegs, wie so oft polemisch und wider besseres Wissen behauptet wird, eine „Kommerzialisierung“ des öffentlichen Kulturbetriebs – eine Behauptung, deren Absurdität angesichts von 85 % öffentlicher Förderung etwa im Theaterbereich unmittelbar evident ist. Effizienz heißt vielmehr, dass die einzelne Kultureinrichtung nicht nur mit dem einmal gewährten Zuwendungsrahmen auskommen muss, sondern dass sie nach Möglichkeit selbst zu finanziellen Effizienzsteigerungen beiträgt – die ihr dann allerdings auch vollständig erhalten bleiben müssen.
Die Kulturmanagementlehre hat in Deutschland in den letzten anderthalb Jahrzehnten auch in Deutschland das grundlegende Instrumentarium für eine wirtschaftliche Steuerung und Führung von öffentlichen Kultureinrichtungen entwickelt.[146] An die Stelle politischer bzw. administrativer Bevormundung muss deshalb die volle Eigenverantwortlichkeit der Kultureinrichtungen treten; an Stelle der hierfür untauglichen Kameralistik müssen Kosten-Leistungsrechnung und ein entsprechendes Controlling verlässliche Daten liefern.
Die Kulturfinanzierung in Deutschland ist – ganz anders als in vergleichbaren anderen Ländern – vor allem durch ihre Eindimensionalität geprägt: die hauptsächliche Finanzierungsquelle ist der Träger und somit der Staat bzw. die Kommune. Längst haben sich aber mehrdimensionale Ansätze entwickelt, die ganz andere Finanzierungsquellen erschließen. Will sich also die öffentliche Kultureinrichtung der Zukunft ein Stück weit von der Abhängigkeit nur einer einzigen, nämlich der öffentlichen Hand, unabhängiger machen, so sollte sie ihre Finanzierung auf eine sehr viel breitere Basis stellen.

6. Der herkömmliche öffentliche Kulturbetrieb orientierte sich bislang weitestgehend an anderen öffentlichen Kulturbetrieben und deren Aufgabenerfüllung. Viele öffentliche Kulturbetriebe definieren und empfinden sich als Dienstleister im Rahmen der „kulturellen Daseinsvorsorge.“ Man bleibt, kurz gesagt, deshalb bei seinen Zukunftsüberlegungen weitgehend unter sich und trifft sich auf der Plattform einer weit verbreiteten Larmoyanz im Klagen über den Rückgang der öffentlichen Mittel, die es immer weniger gestatten, „den“ kulturpolitischen Auftrag zu erfüllen. Dieser Solipsismus, diese Fixierung auf sich selbst bzw. den Kulturbereich, fand eine zeitlang ihre Begründung in ihrer starken programmatischen Orientierung. Kultur sollte im Rahmen einer Neuen Kulturpolitik in ihrer angenommenen Allzuständigkeit auf dem „Weg zur menschlichen Stadt“ der Entfaltung und Entwicklung der sozialen, kommunikativen und ästhetischen Möglichkeiten und Bedürfnisse aller Bürger dienen.
Wenn nicht alles täuscht, sind diese Knabenmorgenblütenträume schon seit langem ausgeträumt, haben Kunst und Kultur diese zentrale Stellung per se nur noch in den Köpfen der jeweiligen Leiterinnen und Leiter öffentlicher Kultureinrichtungen. Die Musik spielt, salopp gesagt, längst anderswo. In ihrer leider weit verbreiteten Reduktion auf die Funktion als öffentliche Dienstleister gibt allerdings die Kulturpolitik ohne jede Not wichtige Zukunftspotenziale aus der Hand, denn nach wie vor – es sei an

146 Vgl. hierzu im Überblick: Klein, Armin (Hrsg.): Kompendium Kulturmanagement. Handbuch für Studium und Praxis, München 2004

Rifkin erinnert – bildet sie ein zentrales Element zukünftiger Entwicklung. Sie kann – und sie muss vor allem – ihre Melodie allerdings nicht länger alleine spielen, sondern sollte sie im Konzert mit anderen entwickeln, das heißt sie muss sich neue strategische Partner suchen. In naher Zukunft werden dies insbesondere der Kulturtourismus und die Kreativwirtschaft sein. Hier müssen Kultureinrichtungen strategische Partner finden und mit diesen langfristige Allianzen aufbauen. Gegenüber diesen muss sie sich positionieren, ihre Potenziale einbringen und gemeinsame Strategien entwickeln.

7. Ein wesentliches Element dieser grundlegenden Neuorientierung ist schließlich siebtens die Überprüfung des zielgerichteten und effizienten Mitteleinsatz in der Praxis, also die Evaluation und Wirkungsmessung. Eine zielorientierte und an ihrer Wirkung interessierte Kultureinrichtung wird selbst ein hohes Interesse der Beantwortung der Frage haben: Wird das, was angestrebt und politisch gewollt wird und entsprechend mit öffentlichen Mitteln unterstützt wird, auch tatsächlich erreicht?

Der hier vorgeschlagene Weg ist nicht einfach und fordert allen Betroffenen ein hohes Maß an Flexibilität, an Lernbereitschaft, an Zukunftsoffenheit und Kraft ab. Er muss allerdings gegangen werden, damit der Kulturstaat Deutschland auch in Zukunft bestehen kann – denn zu lange hat man gehofft, mit einem bloßen „Weiter so“ wirklich weiter zu kommen. Notwendig ist ein Neustart!

3 Grundorientierung Zukunft

Organisationen und Einrichtungen, die von der öffentlichen Hand getragen oder finanziert werden, also „meritorische Güter“ herstellen, sind Organisationen, die nicht um ihrer selbst Willen existieren, sondern zu einem spezifischen gesellschaftlichen Zweck bzw. zur Erfüllung eines ganz bestimmten öffentlichen Bedürfnisses geschaffen wurden und unterhalten werden. Sie sind somit kein Selbstzweck, sondern Mittel zum Zweck („kulturpolitischer Auftrag“) und müssen daher ihre Tätigkeit an dieser Aufgabenstellung ausrichten.[147]

Das gilt auch für öffentliche Kultureinrichtungen, die ihre Aufgaben und ihren Auftrag in Zukunft sehr viel klarer als bisher formulieren müssen, um die Zuwendungen der öffentlichen Hand vor dem Hintergrund knapper werdender öffentlicher Gelder besser legitimieren zu können. „Zu sehr ist Kulturpolitik aus der ursprünglichen Marginalität herausgewachsen, als dass man sie folgenlos träumen lassen könnte, soviel sie will; zu sehr wird ihr Verantwortung nicht nur zugestanden, sondern zugeschoben“, schrieb Gerhard Schulze schon 1992 und weiter: „Kulturpolitik verdient dieselbe skeptische Distanz wie jeder andere Versuch, in das Alltagsleben oder in die Natur einzugreifen.“[148]

3.1 Zielorientierung und Wirkungskontrolle

Bislang gelang es vielen öffentlichen Kultureinrichtungen noch erfolgreich, sich diesem Begründungszusammenhang mit Verweis auf einen oft nebulösen „kulturpolitischen Auftrag“ zu entziehen. Natürlich gilt uneingeschränkt die Kunstfreiheitsgarantie des Art. 5 Abs. 3 GG, der unmissverständlich klarstellt: „Kunst und Wissenschaft, Forschung und Lehre sind frei. Die Freiheit der Lehre entbindet nicht von der Treue zur Verfassung.“ Dies kann allerdings nicht bedeuten, dass jedes und alles, was sich als Kunst ausgibt, Anspruch auf öffentliche Förderung hat.

Dieses falsche, gleichwohl über lange Jahre gepflegte Verständnis des „kulturpolitischen Auftrags“ bzw. den Rekurs auf die Kunstfreiheitsgarantie als Begründung für öffentliche Alimentierung kritisierte schon vor mehr als einem Jahrzehnt Dieter E. Zimmer in der *ZEIT*: „Der Administrator, der die öffentlichen Mittel verteilt, muss sich verbieten, je die Frage nach der Qualität der geförderten Kulturarbeit zu stellen. Seit langem besteht Einigkeit, dass Kulturpolitik nur den Rahmen bereitzustellen, sich aber um die Inhalte nicht zu kümmern hat. Dieses soweit vernünftige Prinzip wurde erweitert: Es soll möglichst auch nicht mehr gefragt werden, welchen Dingen da der Rahmen hingestellt wird. Wer trotzdem fragte, müsste sich vorhalten lassen, er sei kein Demokrat; denn wenn jemand behauptet, er

147 Vgl. Drucker (2001) S. 31
148 Schulze (1992) S. 496

mache ‚Kultur', wenn er gar noch einige Zeugen beibringen kann, die sagen, es gefalle ihnen (‚find' ich echt geil') – wer dürfte es ihm dann bestreiten?"[149]

Auf einer dermaßen dürftigen Grundlage werden sich längerfristig Kultureinrichtungen (und vor allem die für sie bereitzustellenden öffentlichen Mittel) in Zukunft kaum mehr legitimieren lassen. Abgesehen davon lässt sich auf dieser dürren Basis dauerhaft auch kein einzelner Kulturbetrieb effizient steuern: Erfolg ist unter solchen Bedingungen vielmehr in hohem Maße zufallsabhängig. Die durchaus sinnvolle öffentliche Finanzierung meritorischer (Kultur)Güter, die durch Steuermittel (und damit durch den individuellen Konsumverzicht eines jeden Einzelnen) getragen wird, sollte deshalb in Zukunft erstens mit einer klaren *Zielorientierung* (was soll mit diesen meritorischen Gütern erreicht werden?) und zweitens mit einer effizienten *Wirkungskontrolle* (werden die angestrebten Ziele tatsächlich erreicht?) verbunden werden.

Der Vorsitzende des *Deutschen Kulturrats*, Max Fuchs, weist schon seit Jahren darauf hin, dass es „die Kulturpolitik der Zukunft mit präzisen Zielvorgaben zu tun haben wird" und „dass Evaluation ein integraler Bestandteil einer zukünftigen Kulturpolitik sein wird."[150] Allerdings muss er mit Blick auf die Bundesrepublik Deutschland kritisch feststellen: „Von einer seriösen Evaluation oder gar einer konzeptionell gestützten Entwicklung von Kulturpolitik kann aufs Ganze gesehen nicht die Rede sein. Zwar gibt es für Einzelbereiche empirische Daten (wie etwa in den einzelnen Kulturstatistiken des *Bundesamtes für Statistik*, der *KMK*, privater Initiativen wie etwa im *Zentrum für Kulturforschung* oder in einzelnen Trägerstrukturen), doch fehlt eine wissenschaftliche Analyse von Kulturpolitiken seitens der Hochschulen nahezu vollständig."

Unter dem Aspekt dieser vorrangigen Zielorientierung muss die Kulturorganisation deshalb zunächst ihre *Mission*, also ihre Existenzgrundlage („The reason why we exist", wie es im Angelsächsischen in aller wünschenswerten Klarheit heißt) nicht nur ganz eindeutig selbst kennen, sondern auch kommunizieren können. Und um nicht nur die (schwierige) Gegenwart meistern zu können, sondern insbesondere um auch in Zukunft erfolgreich zu sein, muss jeder einzelne öffentliche Kulturbetrieb nicht nur sehr genau wissen, welchen Zweck er aktuell erfüllt, also in welchem Geschäft er *gegenwärtig* tätig ist, sondern er muss darüber hinaus auch eine klar umrissene Vorstellung davon haben, in welchem Geschäft er in absehbarer Zukunft, d. h. in fünf bis zehn Jahren tätig sein wird. Deshalb muss die Kultureinrichtung – neben der aktuellen Mission – zweitens eine deutlich erkennbare und benennbare *Vision* entfalten. Nur wer klare Vorstellungen von der Zukunft hat, kann diese als einen plan- und steuerbaren Prozess begreifen – bei allen Unwägbarkeiten und Unsicherheiten, die dennoch vorhanden sind.

Die zu erarbeitende Vision einer Kultureinrichtung muss unter managerialen Aspekten klare Antworten geben auf die Fragen: Was werden wir in fünf, in zehn Jahren tun? Wie wird unsere Kultureinrichtung dann aussehen? Welche Herausforderungen warten dann auf uns? Wie wollen wir sie bewältigen? Welchen (neuen) Zielgruppen wollen wir dann dienen? Welche bereits jetzt erkennbaren Veränderungen in der Umwelt werden sich mit welcher Wahrscheinlichkeit auf den Zweck und die Aufgaben der eigenen Kultureinrichtungen

149 Zimmer, Dieter E.: Kultur ist alles. Alles ist Kultur. Über die sinnlose Erweiterung des Kulturbegriffs und was dies bedeutet für die öffentlichen Etats. In: *Die Zeit* vom 4.12.1992

150 Fuchs, Max: Evaluation in der Kulturpolitik – Evaluation von Kulturpolitik. Vortrag im Rahmen der Fachtagung „Evaluation in der Kulturförderung – Über Grundlagen kulturpolitischer Entscheidungen" am 16. Juni 2004 in der Bundesakademie für kulturelle Bildung in Wolfenbüttel

wie auswirken? Eine klar definierte Mission einerseits, eine deutlich konturierte Vision andererseits sind somit die existentiellen Grundlagen, um mögliche Chancen und Risiken, aktuelle und zukünftige Herausforderungen und Probleme unter der Perspektive der eigenen Ziele und Interessen besser erkennen, benennen und bewältigen zu können.

Keine Kultureinrichtung kann ihre Mission und Vision allerdings *unbedingt* durchsetzen, sondern sie arbeitet stets unter ganz bestimmten Rahmenbedingungen. Diese sind sowohl intern (d. h. das eigene Potenzial, das aus den Stärken und Schwächen der Einrichtung resultiert) wie extern (hier insbesondere die langfristige Entwicklung der Umwelt, die Entwicklung der Nachfrage und das Agieren der Konkurrenz) determiniert. Die Kultureinrichtung muss deshalb in möglichst sorgfältiger *interner* und *externer Analyse* herausarbeiten, in welchem Umfeld sie handelt und vor allem welche Chancen und Risiken die mittel- und längerfristigen Entwicklungen ihr bieten.

Kennt die Kultureinrichtung genau ihre auf die Gegenwart bezogene Mission und die langfristig orientierte Vision und weiß sie zweitens um die Chancen und Risiken ihres Handlungsfeldes, so bedarf es geeigneter Strategien, um die Ziele in die Realität umzusetzen. Strategien geben also Auskunft darüber, wie und unter welchen Bedingungen die langfristigen Ziele in die Praxis umgesetzt, d. h. verwirklicht werden können. Sie steuern somit das operationale Handeln der Kultureinrichtung, das „Tagesgeschäft". Damit die strategische Grundausrichtung von allen Mitarbeiterinnen und Mitarbeitern der Kultureinrichtung quasi verinnerlicht werden und das Alltagshandeln steuern kann, muss gemeinsam ein *strategisches Leitbild* entwickelt werden.

Um ihre Funktion als wirksames Steuerungsinstrument der Kultureinrichtung effektiv und effizient erfüllen zu können, müssen Mission und Vision darüber hinaus in operationalisierte Zielvorgaben umgesetzt werden. Damit der einzelne öffentliche Kulturbetrieb dieser strategisch angelegten Vision tatsächlich langfristig folgen kann, ohne sich ständig durch Störungen des Alltags (wie etwa Kürzung der öffentlichen Zuwendungen, Stellenstreichungen, Haushaltssperren usw.) aus dem Konzept bringen zu lassen, sollte er sowohl im eigenen Interesse wie auch im Interesse der jeweiligen Träger bzw. der Zuwendungsgeber danach streben, mit diesen *langfristig orientierte Zielvereinbarungen* abzuschließen. Diese Zielvereinbarungen müssen sowohl inhaltliche wie auch finanzielle Ziele umfassen. Was wird von dem einzelnen Kulturbetrieb jetzt und in absehbarer Zukunft seitens des Zuwendungsgebers inhaltlich erwartet, welche Zielgruppen soll er erreichen und welche Mittel stehen ihm hierfür gesichert zur Verfügung?

Damit die Erreichung aller Zielaspekte im Laufe dieser Entwicklung einerseits selbst immer wieder überprüft werden kann, andererseits um gegenüber dem öffentlichen Auftraggeber die Zielerfüllung dokumentieren zu können, sind ein prozessbegleitendes, steuerndes *Controlling* sowie geeignete *Evaluationen* und Wirkungsmessungen unabdingbar. Eine ausgearbeitete Mission und Vision, eine sorgfältige und immer wieder aktualisierte interne und externe Analyse, ein ausgearbeitetes strategisches Leitbild und daraus entwickelte Zielvereinbarungen sowie schließlich ein dem Gegenstandsbereich adäquates Controlling bzw. entsprechende Evaluierungen sind somit die wesentlichen Grundelemente eines zukunftsorientierten Kulturbetriebs. Diese Elemente werden im Folgenden ausführlich dargestellt (wobei die Fragen nach dem Controlling und der Evaluation im neunten Kapitel ausführlich behandelt werden).

3.2 Die Mission: Wo stehen wir?

Die im ersten Kapitel kritisierte „Fortsetzungsvermutung" des bloßen „Weiter so" führte viele etablierte Kultureinrichtungen, aber auch Kulturpolitiker im Laufe der Jahrzehnte in jenes „Risiko eines langen Weges", das darin besteht, „dass einem schließlich nichts anderes mehr einfällt, als ihn fortzusetzen, auch wenn man gar nicht mehr weiß, warum", wie Gerhard Schulze schreibt.[151] Das ist allerdings das genaue Gegenteil einer verantwortungsvollen und zukunftsorientierten Kulturpolitik.

Daher ist es für jeden Kulturbetrieb zunächst von zentraler Bedeutung, sich zu fragen, was überhaupt sein grundlegendes Ziel, sein „Organisationszweck", was also der tatsächliche Grund ist, warum er überhaupt existiert.[152] Der einzelne *kommerzielle* Kulturbetrieb (z. B. die Musicaltheater, die Film- und Tonträgerwirtschaft, Galerien usw.) hat – im Gegensatz zum öffentlichen bzw. zum Non-Profit-Kulturbetrieb – eine eindeutige Zieldefinition, die über seine Zukunft entscheidet, nämlich die, finanziellen Gewinn zu machen. Oder, wie es Patrick Mc Kenna, lange Zeit die rechte Hand des weltweit erfolgreichen Musicalkomponisten Sir Andrew Lloyd Webber und Geschäftsführer dessen (bezeichnenderweise *The Really Useful Group Limited* genannten) Unternehmens, ohne Schnörkel auf den Begriff brachte: „Wir wollen soviel Geld verdienen wie irgend möglich."[153] Und im gleichen Sinne äußerte sich der langjährige Geschäftsführer der einstigen *STELLA Musical AG*, Günter Irmler: „Die Frage ‚macht Kultur Gewinn' lässt sich für uns mit einem einfachen ‚Ja' beantworten. 1994 machte die *STELLA Musical AG* mit vier privatwirtschaftlich organisierten Theatern einen Gewinn von 11,4 Mill. DM."[154] Wird dieser Gewinn nicht gemacht, geht die jeweilige Kultureinrichtung Konkurs oder wird verkauft – wie im Falle der *STELLA*.

Dieser Zielsetzung der finanziellen Gewinnmaximierung folgend wird der kommerzielle Kulturanbieter sein jeweiliges Produkt so gestalten, dass der Kunde es möglichst oft und umfangreich nachfragt, denn desto höher und dauerhafter wird der Gewinn ausfallen. Dem Ziel des finanziellen Erfolges wird mehr oder weniger jede Unternehmensentscheidung untergeordnet.

Der öffentliche Kulturbetrieb, der – bei aller notwendiger Wirtschaftlichkeit, für die hier ausdrücklich plädiert wird – im Gegensatz zum kommerziellen grundsätzlich und per definitionem *nicht* profitorientiert ist, legitimiert sich dagegen durch nicht-gewinnorientierte Ziele, etwa *künstlerische*, *kulturpolitische*, *ästhetische*, *kulturpädagogische* bzw. sonstige *inhaltliche* Zielsetzungen. Zwar müssen auch hier bestimmte ökonomische Zielvorgaben (wie z. B. die Einhaltung des Haushalts-Solls oder die Erreichung eines bestimmten Kostendeckungsgrades bzw. Eigenwirtschaftsanteils) berücksichtigt werden, diese können aber nicht die zentrale Rolle wie im kommerziellen Kulturbetrieb spielen.

Diese vorrangig *qualitativen*, nicht gewinnorientierten Zielsetzungen lassen sich allerdings – anders als die reine Gewinnorientierung – nur schwer quantifizieren bzw. operationalisieren (d. h. mess- und damit kontrollierbar) machen. Dadurch wird der Non-Profit-Kulturbetrieb prinzipiell schwerer steuerbar, denn er hat es gegenüber gewinnorientierten

151 Schulze (2003) S. 78

152 Vgl. hierzu auch ausführlich die Ausführungen bei Klein (2005) S. 99ff

153 Schulz, Bettina: Wir wollen soviel Geld verdienen wie möglich. Andrew Lloyd Webber, Musicals und Manager. In: *Frankfurter Allgemeine Zeitung* vom 25.11.1995

154 Irmler, Günter: Der Zuschauer läßt sich nichts vormachen. Zum Publikumserfolg der Musicaltheater. In Heinrichs, Werner: Macht Kultur Gewinn? Kulturbetrieb zwischen Nutzen und Profit, Baden-Baden 1997 S. 127

Unternehmen mit einem mehrdimensionalen und komplexeren Zielsystem zu tun, in dem viele Komponenten qualitativer Natur sind. Dies erschwert vor allem das Messen der Zielerreichung und setzt eine entsprechend präzise und strategisch orientierte Zielformulierung voraus.

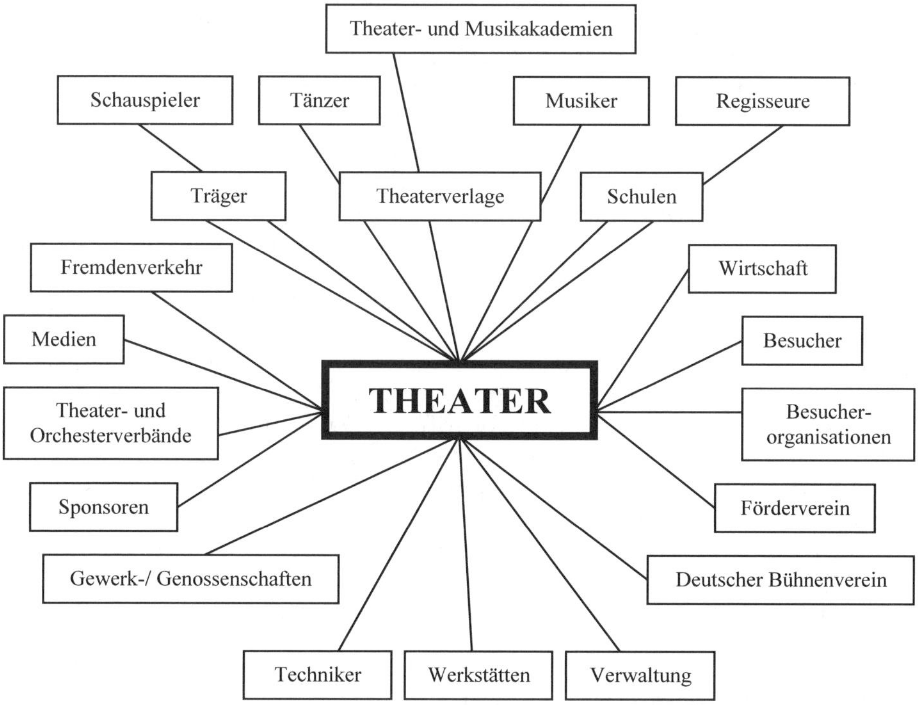

Abbildung 3: Stakeholder eines Theaters[155]

Die Dimensionen dieser Ziele werden darüber hinaus von einer Vielzahl von Anspruchsgruppen formuliert, die teilweise sehr unterschiedliche Zielvorstellungen haben.[156] Dies führt in öffentlich getragenen bzw. unterstützten Kulturbetrieben – wie in allen anderen sonstigen Non-Profit-Organisationen (NPOs) auch – zu erheblichen *Planungs-*, *Steuerungs-* und vor allem *Effizienz-* und *Kontrollproblemen.*

Der Intendant eines Staatstheaters beispielsweise hat mit seinem künstlerischen Konzept über seine eigenen Ideen hinaus die Zielvorstellungen der beiden Träger, z. B. Bundesland und Stadt, zu erfüllen. Die verschiedenen Publikumsgruppen haben wahrscheinlich ganz unterschiedliche Erwartungen an Spielplan und Programm. Diese Zuschauererwar-

155 Vgl. hierzu ausführlich Klein, Armin: Kulturmarketing. Das Marketingkonzept für Kultureinrichtungen, München 2005 S. 15ff

156 Horak, Christian und Peter Heimerl-Wagner: Management von NPOs – Eine Einführung. In: Badelt, Christoph (Hrsg.): Handbuch der Non-ProfitOrganisation. Strukturen und Management, Stuttgart, ^{2}1999 S. 150

tungen divergieren u. U. deutlich von denen der der Besucherorganisationen aus dem ländlichen Raum. Deren inhaltlichen und ästhetischen Zielvorstellungen differieren möglicherweise wiederum deutlich von denen der *Presse* (die wiederum lokal, regional oder überregional ganz verschiedene Maßstäbe anlegt). Die Künstlerinnen und Künstler, die seit Jahren fest am Haus im Ensemble arbeiten, haben gegebenenfalls andere Ziele als die verpflichteten Gäste. Die Bereiche Bühnentechnik, Werkstätten, Verwaltung, Kollektive und Solisten ihrerseits differieren in ihren Bedürfnissen usw. Die örtliche Wirtschaft, die Tourismus- und Fremdenverkehrswirtschaft, das Stadtmarketing – sie alle bilden Interessengruppen (Stakeholder), die mehr oder weniger prägnant Zielvorstellungen an die Adresse des Theaters richten (vgl. Abbildung oben).

Damit eine Kulturorganisation unter den Ansprüchen ihrer Stakeholder nicht ständig wechselnd und schlingernd dem jeweils größten Druck nachgibt und überhaupt noch handlungs- und steuerungsfähig ist und bleibt, müssen zunächst einige Grundsatzentscheidungen getroffen werden: Wer sind wir? Was ist unser Auftrag? Welchen Nutzen stiften wir? Wem bieten wir was an? Wem dienen wir? Für wen sind wir da? Was tun wir (bzw. wollen / sollen wir in Zukunft tun)? Warum produzieren wir? Wo arbeiten wir (Standort und regionales Einzugsgebiet)? Mit wem kooperieren wir?

Im angelsächsischen Kulturmanagement hat sich für diese von jeder Organisation zu treffende Grundsatzentscheidung („The reason why we exist"), die prägnant formuliert und „auf den Punkt" gebracht werden muss, der Begriff der *Mission* durchgesetzt Dies wird im Deutschen häufig mit Organisations- bzw. Unternehmenszweck übersetzt; allerdings wird hier dafür plädiert, gerade im Zusammenhang mit öffentlichen Kulturbetrieben den (zugegebenermaßen etwas) euphemistischen Begriff der Mission beizubehalten. Denn in der Tat besteht ja für die meisten Kulturmanager im öffentlichen Kulturbetrieb, die nicht einfach nur vorbefindliche Geschmacksmuster bedienen wollen, eine zentrale Aufgabe darin, Nachfrage nach dem bisher Ungehörten und Ungesehenen zu wecken, also eine wahrhaft „missionarische" Tat zu vollbringen!

Diese Mission einer Kultureinrichtung sollte über einen längeren Zeitraum (etwa vier bis fünf Jahre) Bestand haben, denn ihr ordnen sich alle anderen kurz-, mittel- und langfristigen Zielsetzungen unter. Die Mission legt somit die klare Absicht des organisatorischen Anliegens und Tuns fest und gibt dem strategischen und operativen Vorgehen der Kultureinrichtung sowohl einen bestimmten Handlungs*rahmen* wie auch eine bestimmte Handlungs*richtung*.[157] Gleichzeitig ist sie die wesentliche Grundlage für die entsprechenden Zielvereinbarungen mit dem Träger bzw. den sonstigen Geldgebern.

Eine Kulturorganisation ohne eine klare Mission ist einem Schiff vergleichbar, welches ohne funktionierenden Kompass in See sticht. So lange „die Küste" (also irgendwelche kurzfristigen Nahziele oder Projekte) in Sicht sind, kann noch einigermaßen der Kurs gehalten werden. Weiter entfernte Ziele und Herausforderungen lassen sich so allerdings kaum bzw. nur zum Preis großer Unsicherheit ansteuern. Da sich aber die Umweltbedingungen immer schneller ändern, ist zur langfristigen Erfolgssicherung strategische Planung notwendig; diese ist ohne einen festen Orientierungspunkt allerdings unmöglich.

Die grundsätzliche Entscheidung über den zentralen Organisationzweck ist in einem sog. *Mission Statement* zusammenzufassen. Eine Non-Profit-Organisation, die keine ausgeprägte Mission formuliert hat, weiß auf lange Sicht gesehen nicht, in welche Richtung sie sich entwickeln und welchen Zweck sie eigentlich erfüllen soll. Sie wird sich ständig

157 Becker (1999) S. 13

irgendwelchen Tagesaufgaben widmen, sich verzetteln, über äußere Zwänge jammern und dennoch „irgendwie weitermachen" – also genau das, was heute in so vielen öffentlichen Kultureinrichtungen zu beobachten ist. Um solche Situationen zu verhindern müssen alle Aktivitäten auf die grundlegende Mission ausgerichtet sein. Eine Non-Profit-Organisation, die sich nicht aktiv mit der Entwicklung einer Mission auseinandersetzt, hat in vielen Fällen Probleme mit der Fokussierung auf ihren eigentlichen Sinn und Zweck. Gerade in öffentlichen Kultureinrichtungen drückt sich eine unklare (im schlimmsten Falle gar nicht vorhandene) Mission nicht selten in einer Vielzahl von erbrachten Leistungen aus, die keineswegs der Zielerreichung dieser Organisation dienen und unnötigerweise Ressourcen verschlingen.[158]

Trotz aller gegenteiliger Behauptungen fehlt diese inhaltliche Klarheit, die ein Mission Statement ausdrückt, in vielen deutschen öffentlichen Kultureinrichtungen oder kann sie oft nur höchst unklar beschrieben werden. Nicht zuletzt aufgrund dieses inhaltlichen Defizits drängen sich gerade in Zeiten knapper werdender öffentlicher Mittel daher zunehmend finanzielle Ziele in den Vordergrund, die ihrerseits den scheinbar „unschätzbaren" Vorzug haben, recht einfach quantifizierbar zu sein.

Die *Kommunale Gemeinschaftsstelle* hat die Folgen dieses im Kern fatalen Mechanismus fehlender inhaltlicher Zielvorgaben schon 1989, also zu einer Zeit, als die finanziellen Handlungsspielräume noch keineswegs so eingeengt waren wie heute, in ihrem Gutachten zur *Führung und Steuerung des Theaters* in aller Klarheit beschrieben: „In der Praxis sind operationale Zielvorgaben des Theaterträgers an die Theaterleitung weitgehend unbekannt. In Dienstverträgen mit Intendanten und künstlerischen Führungskräften sind in der Regel nur abstrakte Formulierungen wie ‚Förderung der künstlerischen Leistungskraft und des Ansehens der Bühne nach besten Kräften' zu finden. Somit fehlen den Verantwortlichen der Trägergemeinde (Politik und Verwaltungsführung) Maßstäbe, um die Notwendigkeit der vom Theater geforderten Finanzmittel vor allem in Relation zur Wirksamkeit der örtlichen Theaterarbeit beurteilen zu können."

Die Konsequenz: „Den Zuschussforderungen des Theaters können die Entscheider in Politik und Verwaltung in der Regel nichts anderes als Sach- und Finanzzwänge entgegensetzen."[159] Anders dagegen, wenn ein klar formulierter Auftrag vorliegt, der sich in einem entsprechenden Mission Statement niederschlägt. Denn „je besser es geling, die Rolle und den Beitrag der Theaterarbeit im kommunalen Wirkungsgefüge darzustellen, desto sachlicher und sicherer kann über die Dringlichkeit von Einzelentscheidungen oder die Höhe der hierfür bereitzustellenden Finanzmittel diskutiert und entschieden werden."[160]

Damit das Mission Statement von allen internen und externen Mitarbeitern und Partnern der Kultureinrichtung verstanden und verinnerlicht werden und somit seine Rolle als zentrale Steuerungsgröße spielen kann, muss es verständlich und kurz sein. Dabei sollte das Mission Statement gleichzeitig allgemein genug sein, um nicht ständig revidiert werden zu müssen und hinreichend speziell sein, um klar die Ziele und das Programm zu verdeutlichen.

Das Mission Statement ist allerdings keinesfalls mit einem Werbeslogan oder gar einem Motto zu verwechseln, sondern es ist klar, nüchtern und eindeutig zu formulieren. Es hat eine doppelte Orientierungsfunktion: In der Innenwirkung ist die Mission das zentrale Planungs-, Steuerungs- und Kontrollinstrument. Die möglichst präzise Festlegung des kul-

158 Horak, Christian u.a.: Ziele und Strategien von NPOs. In: Badelt (1999) S. 154
159 Kommunale Gemeinschaftsstelle (1989) S. 26
160 Kommunale Gemeinschaftsstelle (1989) S. 30

turellen Betätigungsfeldes trägt dazu bei, alle Ressourcen auf ganz bestimmte Fixpunkte hin auszurichten. Die Konzentration der Kräfte sensibilisiert die Betroffenen für relevante Trends, Chancen und Gefahren und bestimmt die nötige Qualifikation der Mitarbeiter. Sie erhöht deren Motivation und fördert die Koordination von Abteilungen und Aktivitäten.[161] Das Mission Statement ist somit ein Maßstab, an dem die Organisation und ihre Mitglieder sich selbst orientieren und messen können, denn alle Mitarbeiter (Aufgabenträger) einer Kulturorganisation können nur dann ‚sinnvoll' geleitet werden bzw. sich selbst steuern (vgl. hierzu ausführlich das siebte Kapitel), wenn ihnen das Selbstverständnis und die Grundsätze der Kultureinrichtung bekannt sind und diese von ihnen auch als handlungsrelevant anerkannt werden.[162]

In der Außenwirkung bzw. -kommunikation ist das Mission Statement die zentrale, immer wiederkehrende Botschaft gegenüber allen externen Interessen- und Anspruchsgruppen wie Publikum, Presse, Sponsoren, Politik und Verwaltung, Lieferanten, Konkurrenten usw., kurz gegenüber den Stakeholdern. Es ist das grundlegende „Versprechen" der Kultureinrichtung und dadurch auch der zentrale Maßstab, an dem die Umwelt diese Organisation messen kann. Macht die Kultureinrichtung etwas anderes, als sie verspricht und nach außen hin signalisiert, wird ihr dies sicherlich sehr schnell vorgehalten werden. Ein Schauspielhaus, das in seinem Mission Statement gesellschaftskritisches und aufklärerisches Theater verspricht, wird von aufmerksamen Pressekritikern Entsprechendes vorgeworfen bekommen, wenn es nur noch Komödien und leichte Unterhaltung serviert. Und die Eltern der Musikschulkinder werden sich massiv bei der Musikschulleitung beschweren, wenn die einzelnen Mitarbeiterinnen und Mitarbeiter nicht das tun, was Lehrplan und Selbstverständnis der Musikschule beschreiben.

Das Mission Statement lässt sich allerdings nicht auf den bloßen kulturpolitischen Auftrag reduzieren (der sowieso meist nur höchst ungenau fixiert ist). Selbstverständlich spielt dieser Auftrag, da wo er klar und eindeutig formuliert ist (etwa in einem Gesetz, in einer Satzung oder einem Gesellschaftervertrag), eine zentrale Rolle. Andererseits ist aber eine Kultureinrichtung eine lebendige Organisation, deren Mitglieder eigene Vorstellungen entwickeln und einbringen und den gestellten Auftrag entsprechend interpretieren und ausgestalten. Besonders deutlich wird dies meist dann, wenn alte Mitarbeiter ausscheiden und / oder neue hinzukommen und von der Organisation ganz spezifisch auf deren Bedürfnisse und Anforderungen hin sozialisiert werden. Deutlich wird dies auch dann, wenn Organisationen (mit ihren unterschiedlichen Organisationskulturen) fusionieren, etwa bei der Zusammenlegung von Theatern.[163] Darüber hinaus verändert sich aber auch die Umwelt permanent und stellt die Kulturorganisation vor neue Herausforderungen, denen diese sich in der Interpretation ihres Auftrags flexibel anpassen muss.

Ein Mission Statement speist sich deshalb aus ganz verschiedenen Quellen. Unbestreitbar spielt der angesprochene kulturpolitische „Auftrag" des öffentlichen Trägers eine wichtige Rolle; er ist desto bedeutsamer, je klarer er (juristisch bindend) fixiert ist. Solche Zielsetzungen können etwa in der Gründungsurkunde bzw. im Stifterwillen (wenn es sich um eine Stiftung handelt) oder in der Vereinssatzung (wenn die Kulturorganisation in dieser Rechtsform geführt wird) formuliert sein. Sollte es sogar ein eigenes Gesetz geben (wie

161 Nieschlag, Robert, Erwin Dichtl und Hans Hörschgen: Marketing, Berlin 2003 S. 77

162 Becker (1999) S. 8

163 Vgl. hierzu Föhl, Patrick Sinclair und Andreas Huber: Fusionen von Kultureinrichtungen. Ursachen, Abläufe, Potenziale, Risiken und Alternativen, Essen 2004

z. B. beim Denkmalschutz oder im Archivwesen), so finden sich dort die entsprechenden Festlegungen. Hinzu kommen – gerade auf der kommunalen Ebene – entsprechende Beschlüsse der politischen Vertretungen bzw. Anweisungen der Verwaltung.

Eine weitere wichtige Rolle spielen zweitens Verträge, wenn z. B. mehrere Partner sich zur Realisierung bestimmter Aufgaben zusammenschließen (wie dies etwa die Gesellschafterversammlung im sog. Gesellschaftsvertrag einer Gesellschaft mit beschränkter Haftung tut). Aber auch die sog. Zweckverbände, die gemeinsam eine Musikschule oder eine Stadtbibliothek gründen und betreiben, werden die entsprechenden Aufgaben und Regelungen vertraglich fixieren. Solche Festlegungen und juristischen Normen bilden quasi den harten Kern des Mission Statements, das sich allerdings nicht darin erschöpft.

Drittens legen die jeweiligen kulturpolitischen Dachverbände (z. B. der *Verband Deutscher Musikschulen e. V.*, der *Deutsche Bühnenverein – Bundesverband Deutscher Theater*, die *Bundesvereinigung Deutscher Bibliotheksverbände e. V., der Deutsche Museumsbund e. V.*, der *Deutsche Volkshochschulverband* usw.) ihrerseits entsprechende Standards, Richtlinien, Musterverträge usw. fest, die nach Möglichkeit von den einzelnen Mitgliedern in ihrer täglichen Arbeit berücksichtigt bzw. durchgesetzt werden sollen. Diese haben mehr oder weniger den Charakter einer Selbstverpflichtung, die von den Mitgliedern im Alltag nach Möglichkeit umgesetzt werden sollten – allerdings ohne juristische Verpflichtung. So legten beispielsweise der *Deutsche Museumsbund* und *ICOM Deutschland* im Februar 2006 „Standards für Museen“ fest; zu deren Verbindlichkeit heißt es im Vorwort, es handele sich hierbei „ausdrücklich nicht um ‚Mindest‘-Standards. Es ist angestrebt, den Museen Orientierungspunkte vorzulegen, die einen ständigen Entwicklungsprozess fördern sollen.“[164]

Viertens arbeitet keine Kultureinrichtung isoliert, sondern in einem spezifischen Umfeld. Auch wenn sie eine spezifische Aufgabenstellung und ein entsprechendes eigenes Selbstverständnis von ihrem Tun hat, so wird sie dennoch auch fragen, was die (tatsächlichen oder potenziellen) Besucher von ihr erwarten, wie sie sich gegenüber der Konkurrenz abgrenzen kann, welche Künstlerinnen und Künstler sie spezifisch anziehen möchte – all dies fließt ebenfalls in das Mission Statement ein.

Neben diesen äußeren bzw. formalen Faktoren spielen fünftens auch die Vorstellungen der jeweiligen Leitung bzw. der Mitarbeiter eine gravierende Rolle. Jede Organisation hat ihre eigene Geschichte, ihre eigene Organisations- bzw. Unternehmenskultur (vgl. hierzu das sechste Kapitel). Diese besteht aus bestimmten Traditionen, Werten, Normen, Mythen usw., die zwar vielfach eher untergründig wirken, durchaus aber auch explizit in das Mission Statement als Ausdruck des eigenen Selbstverständnisses einfließen können. Unter Organisationskultur werden daher die grundlegenden Einstellungen, Überzeugungen, Werthaltungen verstanden, welche das Denken und Handeln der maßgeblichen Führungskräfte und der Mitarbeiter in einer Kultureinrichtung beeinflussen. Bei diesen Grundhaltungen handelt es sich um Normen, um Werturteile, die aus den verschiedensten Quellen stammen und ebenso geprägt sein können durch ethische und religiöse Überzeugungen wie auch durch die Erfahrungen in der bisherigen Laufbahn eines Mitarbeiters.[165]

Die Formulierung eines Mission Statements kann aufgrund dieser unterschiedlichen Quellen und Einflussfaktoren somit erst das Ergebnis eines längeren Diskussionsprozesses mit möglichst vielen bzw. allen Mitarbeitern der Kultureinrichtung sein. Bei der Formulierung des Mission Statements für eine Kulturorganisation muss deshalb von vorn-

164 Deutscher Museumsbund / ICOM-Deutschland: Standards für Museen, Kassel / Berlin 2006
165 Ulrich, Peter: Management. Gesammelte Beiträge, Bern und Stuttgart 1984 S. 312

herein klar sein, dass dies nicht die Aufgabe des Institutsleiters allein sein kann und dass diese Arbeit auch nicht in einer oder zwei Sitzungen aller Mitarbeiter quasi nebenbei erarbeitet werden kann. Vielmehr ist dies in aller Regel ein längerfristiger, nicht selten zäher und oft auch emotionaler Prozess, der mit viel Geduld durchlaufen werden muss und durchaus einige Monate dauern kann. Es empfiehlt sich deshalb, hierbei schrittweise und unter Einbeziehung eines externen Moderators vorzugehen.

3.3 Die Vision: Wohin wollen wir?

Eine Kultureinrichtung hat allerdings nicht nur eine Vergangenheit (die sich in ihrer jeweiligen Organisationskultur niederschlägt) und sie handelt keineswegs nur in der Gegenwart, sondern sie muss auch Visionen für ihre Zukunft entfalten. Sie muss eine Vorstellung von der zu erwartenden Zukunft haben und ihren spezifischen Platz in dieser vorgestellten Zukunft markieren. Eine klar umrissene Vision macht die Zukunft für eine Kulturorganisation somit greifbar, plastisch und erfahrbar. Sie entfaltet die notwendige motivierende Kraft, das, was man sich vorstellt, auch tatsächlich erreichen zu wollen und zu können.

Einer der dümmsten von Politikern in Umlauf gebrachten Sätze, der leider allzu bereit immer wieder gerne nachgeplappert wird, lautet: „Wer Visionen hat sollte zum Arzt gehen." Genau in diesem Zustand der Denk- und Handlungsfaulheit, kurz der Stagnation, befindet sich Deutschland mit vielen seiner öffentlichen Institutionen seit Jahren, wenn nicht Jahrzehnten mit der drohenden Gefahr, zunehmend zukunftsunfähig zu werden. Angesichts weltweiter dynamischer Entwicklungen, die auf klaren Zukunftsvorstellungen und Zielen, eben Visionen, beruhen und der Notwendigkeit, mit diesen Entwicklungen offensiv umzugehen, könnte man dieser scheinbaren „Weisheit" deshalb entgegenhalten: „Wer in diesen dynamischen Zeiten keine Visionen hat, wird sich bald auf dem Friedhof der Erstarrung wiederfinden!" Positiv formuliert: „Eine Vision ist für den Hilflosen das Unerreichbare, für den Furchtsamen das Unbekannte und für den Tapferen die Chance."[166] Visionen sind somit Fernziele, die bildhaft gefasst sind, einen starken emotionalen Aufforderungscharakter haben und wichtige Werte und Anliegen ausdrücken.[167]

Sowohl die Umwelt der Kultureinrichtung als auch diese selbst sind also nichts Apathisches, Unbewegliches oder nur Reagierendes, sondern sie wandeln sich permanent. (Allerdings gibt es gerade im scheinbar so innovativen Kulturbereich noch viel zu viele Gegenbeispiele, weshalb die in diesem Kontext so häufig verwendete Metapher des „Dinosaurier" ihre – leider traurige – Berechtigung hat, traurig vor allem, wenn man an das Schicksal dieser Spezies denkt!). Diese Veränderungen sollten im Idealfall von der Kulturorganisation im Rahmen eines strategischen Kulturmanagements selbst kontrolliert vorangetrieben werden und nicht von außen auf sie aufprallen (wie dies seit Beginn der neunziger Jahre etwa durch den Rückgang der öffentlichen Fördermittel, durch Privatisierung bzw. die bloße Überstülpung sog. neuer Steuerungsmodelle vielfach geschehen ist).

Nur eine Veränderung, die von der Kulturorganisation selbst durchgeführt wird, hat die Chance, von deren Mitarbeiterinnen und Mitarbeiter auch akzeptiert und gesteuert zu werden. Die kontrollierte Fixierung bzw. ggf. Veränderung des Organisationszwecks (der

166 Zitiert nach Stroebe, Antje und Rainer Stroebe: Motivation durch Zielvereinbarungen. Engagement in der arbeit und Erfolg in der Umsetzung, Heidelberg 2003 S. 27
167 Neuberger, Oswald: Führen und führen lassen, Stuttgart 2002 S. 28

Mission) bedeutet zugleich, dass eine Kultureinrichtung frühzeitig und aktiv notwendige Veränderungen bzw. Weiterentwicklungen aus eigenem Antrieb initiieren muss.[168] Die Mission (als Fixierung des gegenwärtigen Standortes) bedarf daher der dringend notwendigen Ergänzung durch die Vision. Die Frage: „Wo stehen wir heute“ („The reason why we exist“) muss deshalb ergänzt werden um die Frage: „Und wo werden wir in zehn Jahren stehen?“ („*The reason why we must exist in the future*“).

Die Vision spielt somit eine zentrale Rolle in der strategischen Orientierung einer Kultureinrichtung; sie ist zukunftsgerichtet und entwickelt die Mission, deren Aufgabe es ist, den Bestand zu sichern, weiter. Visionen sind dabei durch folgende Basisfragen und ihre entsprechende Beantwortung gekennzeichnet: Wie wird unsere Umwelt in zehn Jahren (wahrscheinlich) aussehen? Was wird anders sein als heute? Wohin wollen und wohin müssen wir uns entwickeln? Wer wird uns dann brauchen? Was wird in zehn Jahren von uns erwartet werden? Was wird dann unser Auftrag, unsere Aufgabe sein? Was wird die Konkurrenz in zehn Jahren machen? Wie können wir unsere Existenz und unser Wachstum sichern? Und wovon träumen wir, jeder einzelne für sich und wir alle zusammen in unserer Organisation? Wie wollen wir uns ganz persönlich weiter entwickeln? Ehrgeizige Visionen streben deshalb nach „machbaren Utopien“ und versuchen durchaus qualitative Quantensprünge in Bezug auf bisherige Problemlösungen zu realisieren. Sie sind in aller Regel auf die Schaffung neuer Lösungsansätze (anstelle der bloßen Fortschreibung des Vergangenen) gerichtet, mit anderen Worten auf Leistungen mit innovativem Charakter.[169]

Innovation ist *das* zentrale ästhetisch-inhaltliche Kennzeichen von Kunst und Kultur. Doch muss das, was für die Inhalte der Kultureinrichtungen gilt, gleichermaßen auch für deren Betrieb und seine Strukturen gelten: Auch sie müssen innovativ weiter entwickelt werden. Der bewusst paradoxe Begriff der „machbaren Utopie“ ist bei der Entwicklung von Visionen im Hinblick auf den Betrieb und die eigenen Mitarbeiter durchaus sehr ernst zu nehmen. Denn zu wenig ehrgeizige Visionen mobilisieren nicht, schaffen kaum die erwünschte Aufbruchstimmung. Andererseits können zu extrem formulierte Visionen sogar lähmen, weil ihre Realisierung zu aussichtslos erscheint – und nicht selten dienen sie dann als wohlfeile Ausrede für eigenes Nichtstun.[170] Positiv formuliert heißt dies, dass die Vision ein Zukunftsbild sein sollte, so nahe genug, dass die Realisierbarkeit noch gesehen werden kann, aber schon ausreichend fern, um die Begeisterung der Organisation für eine neue Wirklichkeit zu erwecken.[171]

Der schieren Not gehorchend sind die allermeisten öffentlichen Kulturbetriebe in den letzten Jahren allerdings vollauf damit beschäftigt, den Bestand zu bewahren. Das heißt in der Praxis, angesichts gesunkener Zuschüsse und schwieriger finanzieller Bedingungen so gut wie irgend möglich ihren kulturpolitischen, kulturellen bzw. künstlerischen Auftrag zu erfüllen. Und dies heißt auch: mit immer weniger Mitarbeitern trotzdem das Angebot aufrecht zu erhalten, kurz: irgendwie über die Runden zu kommen. Nicht wenige öffentliche Kultureinrichtungen erschöpfen sich hierin.

Dabei wächst der Konkurrenzdruck von privaten Anbietern, werden die Besucher und Nutzer immer anspruchsvoller und entwickelt sich die Umwelt immer rascher. Dadurch erhöht sich der Druck auf die einzelne Kultureinrichtung permanent. Versucht man in Bera-

168 Becker (1999) S. 19
169 Becker (1999) S. 19
170 Becker (1999) S. 19
171 Boston Consulting Group: Vision und Strategie. Die 34. Kronberger Konferenz, München 1988 S. 7

tungsgesprächen mit öffentlichen Kulturbetrieben eine Vision davon zu entwickeln, wie die Gesellschaft in fünf, zehn Jahren aussehen könnte und zu fragen, wo dann die jeweilige Kulturorganisation selbst stehen könnte, so ist dies nicht selten eine kaum lösbare Aufgabe: Zu sehr ist man im Hier und Jetzt mit allen seinen Bedrängnissen und Beschränkungen gefangen, als dass man einen klaren Blick in die Zukunft richten könnte! Die Gegenwart klebt wie Pech an den Schuhen, so dass jeder Schritt in die Zukunft mit unsäglichen Mühen verbunden scheint.

Angesichts dieser deutlich spürbaren Pressionen auf das einzelne Theater, Museum, Musikschule oder Stadtbibliothek scheint es deshalb zunächst frivol, wenn nicht gar zynisch, zu fordern, dass jeder einzelne Kulturbetrieb so schnell wie möglich anfangen sollte, fundierte Visionen seiner eigenen Zukunft zu entwickeln. Aber so paradox dies klingen mag: Gerade weil die gegenwärtigen Veränderungen so tiefgreifend und weitreichend sind, kann es nicht länger genügen, die Zukunft als bloße Fortschreibung des Bestehenden zu begreifen. Vielmehr muss sich jede öffentliche Kultureinrichtung mehr oder weniger neu erfinden und für sich herausarbeiten, wie sie sich selbst in Zukunft positionieren will. Nur so kann sie die Stärke entwickeln, dieses Ziel auch mit aller Kraft anzusteuern.

In einem Interview während der Fußball-Weltmeisterschaft 2006 wurde dem deutschen Bundestrainer Jürgen Klinsmann vorgehalten, er habe ja bislang keinerlei Erfahrung im Trainerberuf gehabt, als er diese so wichtige Aufgabe annahm. Seine knappe Antwort: „Mag schon sein, aber ich hatte ein Ziel." Und genau dadurch gelang es ihm, das deutsche Team zu einem begeisternden Einsatz zu bringen.

Diese motivierende Kraft der Vision beschrieb der französische Schriftsteller Antoine de Saint-Exupéry vor Jahrzehnten in einem wunderschönen Bild: „Wenn Du ein Schiff bauen willst, so trommle nicht Männer zusammen, um Holz zu beschaffen, Werkzeuge vorzubereiten, Aufgaben zu vergeben und die Arbeit zu erleichtern, sondern lehre die Männer die Sehnsucht nach dem endlosen Meer." In vielen Kultureinrichtungen, so scheint es, wird diese visionäre Kraft mehr und mehr von lähmender Erstarrung der Alltagssorgen überschattet. Aber ohne diese Stärke werden sie die Herausforderungen der Zukunft nicht meistern. Schon der französische Philosoph Michel de Montaigne wusste: „Wer nach keinem bestimmten Hafen steuert, dem ist kein Wind günstig." Und umgekehrt kann gelten: Wer einen klaren Hafen vor Augen hat, wird seine Segel so setzen, dass der Wind ihn dorthin treibt!

Zusammenfassend lassen sich also folgende Merkmale einer starken Vision festhalten:

- sie ist das Dach, unter dem die Ziele und Werte einer Kultureinrichtung beherbergt sind;
- sie ist energiebesetzt und mitreißend;
- sie ist erreichbar bei hohem Anspruch und großem Einsatz aller Mitarbeiter;
- sie ist verpflichtend nach innen wie nach außen (Träger, Nutzer, Besucher etc.);
- sie ist bildhaft, plastisch und gibt eine greifbare Vorstellung von der Zukunft;
- sie ist unverwechselbar;
- sie ist einfach, klar und verständlich;
- sie ist richtungweisend;
- und sie ist in hohem Maße wertorientiert.[172]

Oder wie es vor Jahren in einer Autoreklame hieß: „Nicht ist unmöglich."

172 Stroebe / Stroebe S. 28

3.4 Externe und interne Analysen: Unter welchen Bedingungen arbeiten wir?

Bei aller notwendigen Begeisterung für eine strahlende Vision, so ist ebenso klar: Keine Kultureinrichtung arbeitet im luftleeren Raum, sie kann keine *unbedingten* Strategien entwickeln, sondern sie hat Zielsetzungen, deren Realisierung stets bedingt ist durch ganz spezifische Rahmenbedingungen. Diese Rahmenbedingungen sind dadurch gekennzeichnet, dass sie von der einzelnen Kulturorganisation – wenn überhaupt – nur schwer beeinflusst werden können. Peter Drucker formuliert unmissverständlich (und unerbittlich) dieses Paradigma des Managements: „In den Aufgaben- und Verantwortungsbereich des Managements fällt alles, was sich innerhalb oder außerhalb der Einrichtung auf ihre Leistung und ihre Ergebnisse auswirkt, und zwar unabhängig davon, ob sich diese Auswirkungen der Kontrolle der Einrichtung entziehen oder von ihr beherrscht werden können."[173]

Die Kultureinrichtung muss daher auch diese Entwicklungen, die außerhalb ihrer Beherrschungskraft liegen, sehr sensibel beobachten und in ihr eigenes Kalkül aufnehmen. Strategisches, zukunftsorientiertes Handeln ist daher auch für öffentliche Kulturbetriebe angesichts der Geschwindigkeit der Veränderungen unserer Umwelt nur dann möglich, wenn sie die äußeren und inneren Rahmenbedingungen, unter denen sie handelt, möglichst sorgfältig und weitreichend klärt.

Angesichts der Unberechenbarkeit menschlichen Handelns lässt sich die Zukunft allerdings niemals mit Sicherheit vorhersagen. Andererseits lassen sich doch viele Unsicherheiten durch die sorgfältige Beobachtung und Analyse der relevanten Daten sowie die Anwendung entsprechender Managementtechniken und Plausibilitätsvermutungen weitgehend ausschließen und somit Annahmen über zukünftige Entwicklungen dem eigenen Tun zugrunde legen. Insbesondere geht es dabei um die Analyse (1) der längerfristigen Entwicklung der mehr oder weniger globalen Rahmendaten (Umweltanalyse), (2) die Analyse des Handelns der Mitwettbewerber (Konkurrenzanalyse) sowie (3) die Analyse der (tatsächlichen und möglichen) Besucher, also die Besucheranalyse. Sind die äußeren Rahmenbedingungen so weit wie möglich geklärt, ist schließlich (4) die Analyse der eigenen Möglichkeiten (Potenzialanalyse) durchzuführen, um zu klären, was die Kultureinrichtung überhaupt leisten kann.

Hinsichtlich der (1) Umfeldanalyse ist dabei sinnvollerweise zu unterscheiden zwischen dem Makroumfeld einerseits und dem Mikroumfeld andererseits. Im Makroumfeld gibt es Entwicklungen, die weltweit zu beobachten sind und die im Zuge der Globalisierung ihre Relevanz für das engere Umfeld der Kulturentwicklung entfalten (so etwa die politischen und juristischen Entwicklungen im Zusammenhang mit dem Welthandelsabkommen *GATS* und seinen Konsequenzen für den Kulturbetrieb in Deutschland; entsprechende Gesetzgebungen auf der EU-Ebene wie Subventionsverbote und die EU-Dienstleistungsrichtlinie usw.). Aber es gibt auch die Mikroumwelt, d. h. das engere Umfeld, in dem die einzelne Kultureinrichtung arbeitet (so sind z. B. die Rahmenbedingungen der Kulturpolitik in Deutschland wesentlich andere als die in den USA oder Großbritannien, innerhalb Deutschlands zwar ähnlich, in den einzelnen Bundesländern aber durchaus unterschiedlich akzentuiert usw.).

Zu den relevanten Faktoren der Makroumfeldentwicklung gehören neben den angesprochenen politischen und juristischen vor allem technologische (etwa die weitere Entwicklung der neuen Medien, des Internet usw.), ökonomische (z. B. Wirtschaftswachstum,

173 Drucker (2001) S. 121

Arbeitszeitregelungen, Einkommensentwicklung, die Kaufkraft der Konsumenten, Arbeitslosigkeit usw.), demographische (z. B. Geburtenentwicklung, Lebenserwartung, die Entwicklung alternativer Familienformen, die Erwerbstätigkeit, die unterschiedlichen innereuropäischen und internationalen Migrationsbewegungen usw.) und schließlich soziokulturelle Entwicklungen (z. B. Bildung, Rollenbilder, Wertstrukturen, bestimmte Moden und Trends usw.).

Die Kernfrage lautet dabei stets: In welche Richtung gehen diese Entwicklungen und welche wahrscheinlichen Auswirkungen haben sie für die jeweilige Kultureinrichtung vor Ort? Welche neuen Chancen (englisch: „Opportunities") ergeben sich aus ganz bestimmten Trends? Umgekehrt ist ebenso zu fragen: Welche Risiken bzw. womöglich sogar Gefährdungen und Bedrohungen (englisch: „Threats") zeichnen sich in naher, in mittlerer, in ferner Zukunft ab? Oder haben bestimmte Entwicklungen vielleicht keinerlei Einfluss auf die jeweilige Kulturorganisation und können demzufolge vernachlässigt werden (wobei angesichts der hohen Interdependenz aller sozialer Fakten hier größte Vorsicht geboten sein sollte)? Vor einer leichtfertigen Negierung der möglichen Relevanz bestimmter vorhersehbarer Entwicklungen (vielleicht aus Bequemlichkeitsgründen) kann deshalb nur gewarnt werden, da so möglicherweise einerseits wichtige Chancen nicht oder zu spät erkannt, andererseits eventuelle Risiken übersehen werden können. Auf die Chancen und Risiken wird gleich im Zusammenhang mit der Potenzialanalyse noch einmal näher einzugehen sein.

Die (2) Konkurrenzanalyse fragt danach, welche Mitwettbewerber es vor allem um die knappen Güter Aufmerksamkeit, Zeit und Geld der Nachfrager gibt. Da ist zunächst die Kernkonkurrenz, also Anbieter, die die – mehr oder weniger – gleiche Dienstleistung oder das gleiche Produkt. Der Bereich der Spartenkonkurrenz dagegen umfasst sämtliche Theaterangebote, die in einem Ort oder einer erreichbaren Region zur Auswahl stehen: also Oper, Operette, Musical, Schauspiel, Tanz usw. Ein möglicher Besucher ist unter Umständen keineswegs auf eine Opernveranstaltung fixiert, sondern hat sich lediglich vorgenommen, abends „ins Theater" zu gehen. Er wird sich den im städtischen Veranstaltungskalender veröffentlichten Spielplan aller Theater und freien Gruppen anschauen und entsprechend entscheiden.

Aber vielleicht muss es auch gar nicht Theater sein, sondern der Besucher ist einfach nur „kulturhungrig", d. h. er wird in seine Überlegungen, wie er den Abend sinnvoll verbringen könnte, das gesamte Spektrum kultureller Veranstaltungen in der Stadt oder Region einbeziehen. Die eingangs erwähnte Opernaufführung steht dann in Wettbewerb mit einer Vielzahl anderer Kulturkonkurrenten, die um die Zeit, das Geld und die Aufmerksamkeit des Besuchers kämpfen: das vielfältige Musikangebot, die Museen und Ausstellungshäuser mit ihren in den Abend verlängerten Öffnungszeiten, der Jazzkeller oder Folkmusikclub, die zahlreichen Filmtheater, die Lesungen in Buchhandlungen oder Vorträge in der Volkshochschule, ja selbst der Multivisionsabend über ein interessantes Land in der Stadthalle erregen möglicherweise das Interesse des Besuchers.

Aber neben all den vielen reizvollen Kulturangeboten bietet eine Stadt noch vielfältige andere Möglichkeiten: Der Besucher kann sich dort mit Freunden oder Bekannten treffen, er kann sich ein Bundesligaspiel anschauen, eine politische Diskussionsveranstaltung besuchen, einfach durch die Stadt streifen und die verlängerten Ladenöffnungszeiten für einen Einkaufsbummel nutzen, eine Disco besuchen – oder einfach nur im Hotel sitzen und zwischen einer Vielzahl von Fernsehprogrammen wählen. Je unspezifischer also die Nachfrage ist (d. h. also, je „offener" der Kulturkunde in seinen Interessen ist), umso größer wird die

Konkurrenz sonstiger Freizeitangebote. Ist die direkte Kernkonkurrenz in aller Regel recht gut überschaubar, so wird es mit zunehmender Ausweitung der Kreise immer schwieriger, die Konkurrenz im Auge zu behalten. Entscheidend ist dabei stets die Frage: Wohin könnte unser potenzieller Besucher sonst gehen – wenn er nicht zu uns kommt? Alle diese Orte sind Konkurrenten der Kultureinrichtungen, wenn sie verhindern, dass „unser" Besucher zu uns kommt.

Eine besondere Bedeutung in der Analyse kommt (3) der Nachfrageanalyse zu. Hierbei geht es zunächst um die Frage: Wer sind die Besucher? Wie lassen diese sich beschreiben? Welche Merkmale kennzeichnen sie? Zu welchen Zielgruppen lassen sie sich zusammenfassen? Die eine Kultureinrichtung interessierenden Besuchermerkmale lassen sich in zwei große Gruppen einteilen: zunächst in (1) strukturelle / einstellungsbezogene Besuchermerkmale. Hierbei stehen im Vordergrund die Fragen: Wer sind die Besucher der Kultureinrichtung? Woher (im geographischen Sinne) kommen sie? Welche soziodemographischen (z. B. Alter, Geschlecht, Beruf, Einkommen usw.) und psychographischen (z. B. Einstellungen, Interessen, Werte usw.) Merkmale haben sie? Davon können dann (2) die verhaltensorientierten Besuchermerkmale unterschieden werden. Hierbei interessiert vor allem, warum die entsprechenden Kulturprodukte gekauft werden (Kaufziele), wann gekauft wird (z. B. zu bestimmten Festtagen, an Wochenenden usw.), wo gekauft wird (z. B. bestimmte Vorverkaufsstellen), mit wem gekauft wird (Kaufbeeinflusser) und wie gekauft wird (Kaufprozesse).[174]

Unter Verhaltensmerkmalen interessiert dabei besonders die Differenzierung zwischen (1) Nicht-Besuchern, (2) Noch-Nicht-Besuchern, (3) Nicht-mehr-Besuchern und schließlich (4) den tatsächlichen Besuchern. Auch wenn es den mit viel aufklärerischem Impetus arbeitenden Kulturpädagogen oder -politiker noch so großen Kummer bereiten mag, so ist dennoch davon auszugehen, dass ein ganz bestimmter (und sicherlich nicht sehr kleiner) Prozentsatz der Bevölkerung sich für Kunst- und Kulturprodukte einfach überhaupt nicht interessiert, sondern ganz anders gelagerte Interessen hat. Der Prozentsatz der überzeugten (1) Nicht-Besucher ist dabei sicherlich je nach Kunst- und Kultursparte weiter zu differenzieren. So dürfte der Anteil der Bevölkerung, der überhaupt aussichtsreich für Neue Musik zu begeistern ist, wahrscheinlich deutlich niedriger liegen als derjenige, der sich beispielsweise für die Operette entzückt. Dies sollte von den Kulturanbietern auch so akzeptiert und respektiert werden – nicht zuletzt auch deshalb, um die eigenen Ressourcen möglichst sinnvoll einzusetzen! Umso mehr Kraft und Engagement ist indes auf die anderen vier Besucher-Kategorien zu verwenden.

Deutlich zu unterscheiden von den entschiedenen Nicht-Besuchern, die ausdrücklich erklären bzw. durch ihr Verhalten zeigen, dass sie auf gar keinen Fall zu Kulturbesucher werden wollen, sind dagegen die (2) Noch-Nicht- bzw. die potenziellen Besucher. Kaum eine Kultureinrichtung kann für ihre Veranstaltungen oder Aktivitäten tatsächlich alle diejenigen Besucher gewinnen, die eigentlich kommen müssten, sondern es bleibt immer noch ein mehr oder minder großer Rest: Die einen haben nichts davon mitbekommen, dass ein Konzert stattfindet, andere haben zu dem Termin gerade keine Zeit, wieder anderen fehlt das Geld.

Die möglichen Besucher bilden den Markt einer Kultureinrichtung, d. h. der Markt ist die Gesamtheit der möglichen Käufer eines Produkts. Die Größe eines Marktes hängt von der Zahl der möglichen Käufer ab, die man einem bestimmten Marktangebot begrifflich zu-

174 Vgl. ausführlich Klein (2005) S. 122ff

ordnet. Die möglichen Käufer sollte man nach drei Merkmalen beurteilen: Interesse, Kaufkraft und Zugang zum Marktangebot.[175] Aus der Besucherforschung sind mittlerweile Zahlen bekannt, wie groß in etwa der Marktanteil für bestimmte Kulturprodukte ist, d. h. wie viele Menschen sich ganz allgemein z. B. für Kammermusik oder zeitgenössische Musik, für Ausstellungen moderner Kunst oder das Kursangebot von Volkshochschulen interessieren und in einem bestimmten Zeitraum auch tatsächlich nachfragten. Die Suche nach Besuchern wird sich also zunächst auf den zugänglichen Markt konzentrieren, d. h. alle diejenigen einbeziehen, die sowohl Interesse als auch Kaufkraft als auch die entsprechende Möglichkeiten aufweisen, eventuelle sonstige Barrieren zu überspringen. Sie wird allerdings auch den größeren Kreis der möglichen Besucher nicht unberücksichtigt lassen und ggf. Strategien entwickeln, um diese ebenfalls einzubeziehen.

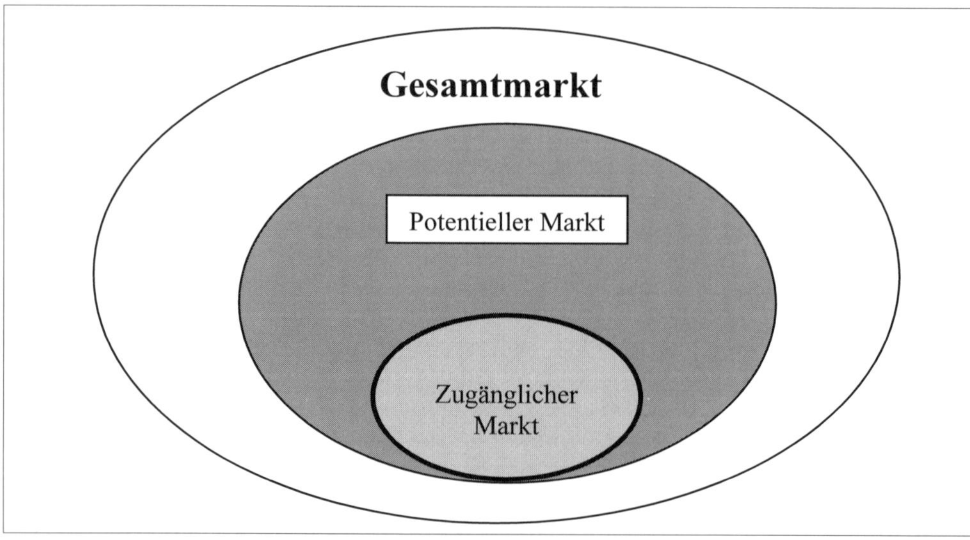

Abbildung 4: Marktverhältnisse

Ist geklärt, was eine bestimmte Kultureinrichtung grundsätzlich will (dies erfolgt, wie dargelegt, in der Fixierung des Mission Statements) und unter welchen äußeren Umständen (also Umwelt-, Konkurrenz- und Nachfrageanalyse) sie arbeitet, so stellt sich umgehend die Frage, was sie tatsächlich *kann*, denn „wollen“ impliziert keineswegs automatisch „können“. Es ist also „nicht damit getan, im externen Umfeld attraktive Marktchancen aufzutun. Die Kultureinrichtung muss auch über die notwendigen Fähigkeiten verfügen, diese Chancen erfolgreich wahrzunehmen.“[176] In der (4) Potenzialanalyse geht es deshalb vorrangig um die Frage: Was können wir tatsächlich leisten? Der wesentliche Unterschied zur externen Analyse besteht darin, dass die Rahmenbedingungen nur relativ schwer zu verändern sind, während es weitgehend in der Hand der Kulturorganisation liegt, sich selbst zu verändern.

175 Boston Consulting Group: Vision und Strategie. Die 34. Kronberger Konferenz, München 1988
176 Kotler / Bliemel (1999) S. 118

Die Potenzialanalyse untersucht vor allem die Stärken (englisch: „Strengths") einer Kultureinrichtung, die ihr unter Umständen noch gar nicht in allen Details klar sind. Sie analysiert zweitens die Schwächen (englisch: „Weaknesses"), die sie vielleicht ebenso wenig sieht bzw. recht häufig aber leider gar nicht sehen will. Es geht somit im Wesentlichen darum, die Leistungsstärke und die Ressourcen, die die jeweilige Kultureinrichtung auszeichnen, möglichst (selbst-)kritisch zu analysieren, um dadurch (relative) Klarheit darüber zu gewinnen, welche Erfolgschancen sie auf dem jeweiligen Markt hat.

In der sog. Stärken-Schwächen-Analyse werden die Leistungsfaktoren der jeweiligen Kultureinrichtung bewusst gemacht, eingeschätzt bzw. bewertet und daraus Handlungsmöglichkeiten und -strategien entwickelt. Das Kernelement der Stärken-Schwächen-Analyse ist der möglichst genaue und ehrliche Vergleich mit den anderen Mitwettbewerben; dieser kann in unterschiedlichen Dimensionen stattfinden. Der einfachste und in aller Regel am wenigsten aufwendige Vergleich ist die Gegenüberstellung der eigenen Leistung mit allgemeinen Standards bzw. Vergleichsdaten.

So kann zum Beispiel verglichen werden, wie sich öffentlich getragene Musikschulen finanzieren: Wie ist in den verschiedenen Musikschulen eines Bundeslandes das Verhältnis der Schülergebühren zu öffentlichen Mitteln zu sog. Drittmitteln (Sponsoring etc.)? Und was folgt hieraus? Oder: Wie ist in verschiedenen Stadttheatern das Verhältnis der an der Tageskasse verkauften Karten zu den Abonnements? Sowohl die Statistischen Ämter des Bundes, der Länder und der Kommunen wie die Dachverbände der einzelnen Kultursparten verfügen über umfangreiches, mehr oder minder aufbereitetes Datenmaterial, das leicht zugänglich ist und einen ersten Vergleich ermöglicht.

Eine zweite Möglichkeit der Stärken-Schwächen-Analyse besteht in der Selbsteinschätzung der Stärken und Schwächen durch die jeweilige Kultureinrichtung selbst. Anhand einer Liste der wichtigsten Leistungsmerkmale und ihrer wahrscheinlichen Erfolgswichtigkeit wird intern darüber diskutiert und anschließend entschieden, wie die eigenen Leistungen in jedem einzelnen Punkt ehrlicherweise einzuschätzen sind. Dieses Vorgehen ist allerdings nicht unproblematisch, denn zum einen kann trotz „besten Wissens und Gewissens" das eine oder andere Faktum entweder übersehen oder falsch eingeschätzt werden. Zum anderen besteht aber die naheliegende Gefahr, nicht ganz ehrlich zu sein bzw. „sich in die Tasche zu lügen", d. h. den Zustand der Kultureinrichtung sehr viel besser einschätzen, als er tatsächlich ist.

Bereits sehr viel aufwendiger (aber in der Regel auch ehrlicher und ertragreicher) ist die Konfrontation des Eigenbildes (Wie sehen die Leitung bzw. die Mitarbeiter einer Kultureinrichtung diese selbst) mit dem Fremdbild (Wie sehen z. B. externe Experten oder die Nutzer diese Einrichtung?). Hierbei können sich oft gravierende Unterschiede ergeben, die allerdings – das muss ausdrücklich betont werden – zunächst einmal nicht unbedingt viel aussagen müssen und keinen Anlass zu unbegründeter Panik, sondern vielmehr den Anstoß zu weiteren Überlegungen geben sollten.

Bewertungsmatrix zur Stärken-Schwächen-Analyse	Eigene Leistungsstärke		
Ermittelte bzw. vermutete Erfolgswichtigkeit **für Nutzer**		Gering	Hoch
	Hoch	Anstrengungen hier verstärken!	Hier weiter gute Arbeit leisten!
	Gering	Verbesserungen nicht dringlich!	Vorsicht vor übertriebenem Einsatz!

Abbildung 5: Bewertungsmatrix zur Stärken-Schwächen-Analyse[177]

Die Bewertungsmatrix kontrastiert die festgestellte eigene Leistungsstärke (im Zusammenhang mit einem ganz speziellen Leistungskriterium) mit der ermittelten Erfolgswichtigkeit des jeweiligen Kriteriums („sehr wichtig" für die Nutzer) und gibt Handlungsvorschläge zu den einzelnen Bereichen. Da für die eigene Kulturunternehmung eine Vielzahl dieser Faktoren relevant sind, sollte diese Bewertungsmatrix jeweils für alle wesentlichen Faktoren des eigenen Leistungsspektrums durchgespielt werden – und zwar tunlichst auf exakten Daten beruhend und so selbstkritisch wie möglich!

Da sich aber nicht nur ständig die Kundenbedürfnisse, sondern auch die Umweltfaktorenverändern verändern, bedeut dies: Eine bisherige Stärke einer Kultureinrichtung kann auf Grund einer gravierenden Veränderung der Umwelt plötzlich in eine Schwäche umkippen – und möglicherweise auch umgekehrt. Es kommt also immer darauf an, nicht nur die eigenen Stärken und Schwächen richtig einzuschätzen, sondern diese stets in Beziehung zur Umweltentwicklung zu setzen.

In der Entwicklung der äußeren Rahmenbedingungen können – es wurde bereits oben darauf hingewiesen – für die jeweilige Kultureinrichtung sowohl „Opportunities" (Chancen) als auch „Threats" (Risiken) liegen. Diese beiden Aspekte ergänzen also die bisher dargestellte Analyse der „Strengths" (Stärken) und „Weaknesses" (Schwächen), weshalb das strategische Management in diesem Zusammenhang von SWOT-Analyse spricht. In der SWOT-Analyse fließen (interne) Potenzialanalyse und (externe) Umweltentwicklungsanalyse zusammen. Sie lässt sich schematisch wie in der Abbildung mit entsprechenden Handlungsanweisungen wie unten darstellen.

Die *SWOT*-Analyse[178]	**(3) Chancen**	**(4) Risiken**
(1) Stärken	(1/3) AUSBAUEN!	(1/4) ABSICHERN!
(2) Schwächen	(2/3) AUFHOLEN!	(2/4) MEIDEN!

Abbildung 6: Die SWOT-Analyse

177 nach Kotler / Blimel (1999) S. 120

178 Pepels, Werner: Kommunikationsmanagement. Marketing-Kommunikation vom Briefing bis zur Realisation, Stuttgart 1994 S. 1007

Grundvoraussetzungen für den Erfolg von *SWOT*-Analysen sind – es muss noch einmal wiederholt werden – Ehrlichkeit und ausreichende Distanz bzw. Selbstkritik gegenüber der eigenen Kultureinrichtung. Sie sind die Grundlage, um überhaupt strategische Entscheidungen treffen zu können und nicht nur rein operativ im Tagesgeschäft zu reagieren.

3.5 Das Strategische Leitbild: Wie erreichen wir unsere Vision?

Mission und Vision kommunizieren, wie oben dargestellt, die Essenz der grundsätzlichen strategischen Stoßrichtung einer Kultureinrichtung nach innen und außen. Damit Mission und Vision ihre organisationsinterne Steuerungsfunktion effizient wahrnehmen können, wird auf ihrer Grundlage in aller Regel ein Strategisches Leitbild entwickelt, das zwar ebenfalls knapp und präzise, insgesamt aber deutlich umfangreicher als die Mission und Vision ist und grundsätzliche Leitlinien vor allem für die einzelnen Mitarbeiterinnen und Mitarbeiter festlegt.

Aufgabe der Formulierung der Organisationspolitik bzw. des Strategischen Leitbildes ist daher, die Zielvorstellungen der Kultureinrichtung insgesamt zusammenzufassen und auszudrücken, damit alle Mitarbeiter an einem Strick (und zwar möglichst gemeinsam in eine Richtung) ziehen. Die Organisationspolitik, festgelegt im Strategischen Leitbild, kann daher als die Gesamtheit der Organisationsgrundsätze gelten. Diese regeln das Verhalten in der Kultureinrichtung und geben an, welcher künstlerischer oder kultureller Vision, welchen Werten, Normen und Idealen sich die Einrichtung verpflichtet sieht. Sie dürfen dabei kein starres System von Grundsätzen sein, sondern sollten zu einer Denkmethode werden, mit deren Hilfe man organisationsexterne und interne Entwicklungen erfassen, ihre Bedeutung für Motivation und Engagement der Mitarbeiter ordnen und entsprechend die Strategien festlegen und überprüfen kann.[179]

Der *Deutsche Museumsbund* schreibt hierzu 2006 in seinen *Standards für Museen*: „Im Mittelpunkt eines Leitbildes stehen Zweck und Auftrag sowie leitende Werte und gesellschaftliche Funktionen des Museums. Gemeinsame Überzeugungen des Trägers, der Mitarbeiter/innen sowie der Freunde und Förderer des Museums werden formuliert. Dieser Konsens wirkt gleichermaßen identitätsstiftend und richtungsweisend. Die Leitbilddefinition ist transparent gestaltet, alle Beteiligten erhalten Gelegenheit, sich in diesen Prozess einzubringen. Das Leitbild des Museums reagiert dynamisch auf gesellschaftliche und kulturelle Entwicklungen und ist diesen anzupassen. Leitbilder richten sich ebenso nach außen an die Öffentlichkeit wie nach innen an die Beschäftigten, Träger, Freunde und Förderer.“[180]

Strategische Leitbilder steuern also sowohl das langfristige wie auch das Alltagshandeln in einer Kulturorganisation. „Letzten Endes bringen effektive Leitbildformulierungen das Mögliche und das Unmögliche miteinander in Einklang“, schreibt der Managementtheoretiker Jack Welch[181] Wichtig ist dabei, dass im Rahmen des Leitbilds die allgemeinen Grundsätze einer Organisation schriftlich ausformuliert und damit kommunizierbar gemacht werden. Auch das Leitbild sollte wie die Mission und die Vision im Team erarbeitet

179 Hinterhuber, Hans-Herbert: Strategische Unternehmensführung Band I: Strategisches Denken, Berlin / New York 41989 S. 27

180 Deutscher Museumsbund / ICOM Deutschland (2006) S. 9

181 Welch, Jack und Suzy Welch: Winning. Das ist Management, Frankfurt / Main 2005 S. 25

werden, damit es in der Praxis auch von allen akzeptiert wird. Auf diese Weise ist eine Kultureinrichtung grundsätzlich in der Lage, sich in einem bestimmten Umfeld zu positionieren, ihren Kurs zu halten und aktiv in Entwicklungen eingreifen zu können.

3.6 Zielvereinbarungen als zentrales Steuerungsinstrument

Im ersten Kapitel wurde darauf hingewiesen, dass der Staat mit der Ausweisung von Kunst und Kultur als meritorische Güter etwas bewirken, also ganz bestimmte Ziele erreichen will (ebenso, wie er dies mit anderen meritorischen Gütern, etwa der Bildung oder der sozialen Absicherung, auch tut). Da der Staat bzw. die Kommunen die Produktion meritorischer Güter mit Steuergeldern finanziert, muss er dafür Sorge tragen, dass er durch die eingesetzten Mittel die höchst- bzw. bestmögliche Wirkung erzielt. Es ist also ganz genau „zu prüfen, ob und in welchem Umfang die betrachtete Maßnahme tatsächlich das gewünschte Ziel erreicht"[182], wie es im bereits zitierten 19. Subventionsbericht heißt. Deshalb muss die öffentliche Hand dort, wo sie diese Zielsetzungen nicht unmittelbar in eigener Verantwortung und Eigenregie, also durch einen direkten „Verwaltungsdurchgriff" (wie etwa beim Denkmalschutz oder Archivwesen) selbst verwirklichen kann oder will, Zielvereinbarungen mit denjenigen schließen, die diese Ziele für sie erreichen sollen (also z. B. von ihr getragenen oder geförderten Kultureinrichtungen).

In diesem Kontext sind Zielvereinbarungen ein zentrales *Steuerungs*instrument (in einem anderen Zusammenhang, auf den im sechsten Kapitel einzugehen sein wird, sind sie ein wichtiges *Führungs*instrument). Unter Zielvereinbarungen versteht man dabei verbindliche Absprachen, die zwischen zwei Ebenen für einen festgelegten Zeitraum über zu erbringende Leistungen, deren Qualität und Menge (Outcome), das hierzu erforderliche Budget bzw. die zur Verfügung stehenden Ressourcen sowie über Art und Inhalt des Informationsaustausches (Berichtswesen / Controlling) geschlossen werden. Grundlegender Leitgedanke ist dabei der Übergang von der bisherigen inputorientierten Detailsteuerung (etwa durch Ministerien, Ämter oder sonstige Behörden) hin zu einer *ergebnisorientierten* Steuerung auf Abstand.

Die Zielvereinbarung bildet somit die Vertrauensgrundlage dafür, dass sich die Partner – die öffentliche Kultureinrichtung und der Zuwendungsgeber, also Kommune und / oder Bundesland – den vereinbarten Zielen verpflichtet fühlen und ihre Arbeit an diesen Zielen ausrichten. Die jeweils vorgesetzte bzw. finanzierende Einheit (das entsprechende Kunst- oder Kulturministerium oder städtische Kulturamt) überträgt dadurch einen Teil ihrer Verantwortung und Entscheidungskompetenz – und zwar nicht nur die Ausführung bestimmter Aktivitäten – auf die nachgeordnete Einheit. Sie verzichtet auf Verfahrenskontrolle, Einzelanweisungen oder -eingriffe, sondern steuert lediglich über die Zielkontrolle.[183]

Dank der seit Anfang der neunziger Jahre begonnenen Umorganisation vor allem der kommunalen Verwaltung ist das Konzept der Steuerung über Zielvereinbarungen in Deutschland zwar durchaus bekannt, wird aber bislang noch sehr zögerlich umgesetzt. International ist es dagegen längst weit verbreitet. Die *Vereinten Nationen* etwa, die seit

182 19. Subventionsbericht S. 42

183 Moderner Staat – Moderne Verwaltung. Praxisempfehlungen für die Erstellung und den Abschluss von Zielvereinbarungen im Bundesministerium des Innern und in den in den Behörden des Geschäftsbereichs des BMI, Berlin 2001 S. 9 (vgl. auch www.staat-modern.de)

Jahren unter dem heilsamen Zwang stehen, ihre Förderpolitik legitimieren und damit evaluieren zu müssen, sprechen in diesem Zusammenhang auch von *Results-Based Management* (*RBM*). Sie definieren dieses als „a management strategy or approach by which an oganization ensures that its processes, products and services contribute to the achievement of clearly stated *results*. Results-Based Mangement provides a coherent framework for strategic planning and management by improving learning and accountability. It is also a broad management strategy aimed at achieving important changes in the way agencies operate, with improving performance and achieving *results* as the central orientation, by defining realistic expected results, monitoring progress toward the achievement of expected results, integrating lessons learned into mangement decisions and reporting on performance."[184] An dieser Definition ist ganz besonders hervorzuheben, dass Förderpolitik hier als ein gemeinsamer, dialogischer Lernprozess von Geförderten und Förderern begriffen wird, um möglichst optimale Ergebnisse („results") zu erreichen.

Einige europäische Länder, wie z. B. die Niederlande oder die Schweiz, haben die Zweckmäßigkeit eines solchen Vorgehens auch in der Kulturpolitik begriffen und entsprechende Veränderungsprozesse bereits vor Jahren durchgeführt bzw. eingeleitet. 1994 attestierte beispielsweise das rückblickende Urteil einer Experten-Kommission des *Council of Europe* der Kulturpolitik der achtziger Jahre in den Niederlanden eine weit reichende „sclerosis"[185]. Kennzeichen dieser „Erstarrung" waren – der gegenwärtigen Situation in Deutschland nicht unähnlich – nach Expertenmeinung vor allem:

- continuing pressure to reappraise all aspects of public expenditure;
- specific difficulties encountered in substaining local authority support for the cultural sector, especially some aspects of the performing / creative arts;
- recognition that the ministery was bogged down in day-to-day administrative detail which crowded out policy-making;
- a system overdependent on subsidies with a dated administrative approach (e.g. in the museums) made vulnerable by the prospect of funding cuts;
- an administrative system which had expanded through accretion; policy was more the sum of its parts than a reflection of any clear and consistent vision; and
- a potential gridlock in the system, cause by its transactional nature, in which vested interests (especially the arts providers) had acquired too much influence on its direction, and tended to squezze out the public interest.

Als Reaktion auf diese bedrohlichen Entwicklungen wurde in den Niederlanden 1988 der sogenannte *Kunstenplan* (mittlerweile *Culturrnota*) mit einer jeweils vierjährigen Dauer eingeführt. Im alten System (bis 1988) wurde über die Zuwendungen – wie in Deutschland bislang immer noch üblich – jährlich durch das Ministerium in Form der Abdeckung der zu erwartenden Verluste entschieden. Dies sollte durch entsprechende zielorientierte und evaluierende Maßnahmen verändert werden. „Die Festlegung von Subventionen in einem Vier-Jahresplan soll dem Kunstbudget mehr Flexibilität bringen und nicht mehr jährlich und einzeln evaluiert werden. Für die Institutionen soll diese langfristige Förderung mehr Kontinuität ermöglichen. Im Kulturplan müssen die Regierung, aber auch die subventionierten

184 UNDP-Evaluation Office: RBM in UNDP: Selecting Indicators, New York 2002

185 Cultural Policy In The Netherlands. Report of a European group of experts. By John Myerscough, Straßburg 1994 (*Directorate General of Cultural Affairs*) 1994 S. 51

Kulturorganisationen Rechenschaft über ihre Politik und ihre Aktivitäten ablegen", heißt es dazu in einer Dokumentation[186] über *Kulturpolitik und Kulturadministration in Europa.*

Und weiter: „Institutionen, die die kulturpolitischen oder künstlerischen Voraussetzungen, die im Vier-Jahresplan festgelegt sind, erfüllen, haben Anspruch auf Subventionen für diese vier Jahre. Während dieser Periode muss die geförderte Institution jedes Jahr einen Tätigkeitsbericht vorlegen. Danach kann sie erneut für weitere vier Jahre ansuchen, jedoch leitet sich aus der erstmaligen Vergabe kein Recht auf eine weitere Periode ab."

Der auch in den Niederlande seinerzeit weit verbreitete Automatismus des bloßen „Weiter so", also die Legitimation einer zukünftigen Tätigkeit und deren öffentliche finanzielle Unterstützung bloß aus der Vergangenheit heraus, sind auf der Grundlage dieser Neuorientierung so nicht länger möglich. Die Folge davon ist, dass in den Niederlanden alle vier Jahre die Kulturpolitik zum Gegenstand intensiver Debatten wird, die sich von den Grundlagen und Prinzipien der Kulturpolitik bis hin zu den finanziellen Konsequenzen für die einzelnen Kulturbereiche und -einrichtungen erstrecken.

Was waren nun die erklärten Ziele des neuen Vorgehens in den Niederlanden? Der *Nationale Report*, quasi das Gegenstück zu dem oben zitierten Expertenbericht des Europarates, beschreibt die seinerzeitigen Intentionen: „The establishment of subsidies in a four-year Arts Plan is intended to achieve the following:

- *flexibility* in the arts budget: subsidies to institutions are scrutinized simultaneously every four year rather than once a year;
- *continuity* for the institutions: the subsidy is laid down (in a law) for a maximum of four years;
- increasing *clarity* of government activity: the *Arts plan* ensures that the government and the institutions themselves have to formulate and defend their policies."[187]

Flexibilität, Kontinuität und Zieltransparenz waren und sind also die Eckpfeiler der kulturpolitischen Neuorientierung. Dieses Vorgehen hat weit reichende Konsequenzen nicht nur für die Finanzierung, sondern vor allem auch für das Management der einzelnen Kultureinrichtungen. „Innerhalb der Subventionsperiode hat die geförderte Organisation relativ große finanzielle Flexibilität und kann beispielsweise Defizite eines Jahres mit einem Gewinn im nächsten Jahr ausgleichen, vorausgesetzt, dass der Kostenplan über die gesamte Subventionsperiode eingehalten wird. Das bedingt natürlich erhöhte Anforderungen an das Management: Dieses muss imstande sein, mittelfristig planen und operieren zu können, die Manager sind für das Endresultat verantwortlich und können im Fall von Verlusten zur Verantwortung gezogen werden. Defizite werden nicht mehr von der Regierung abgedeckt."[188]

Was dies in der Praxis bedeutet, illustriert anschaulich ein Artikel über den aktuellen Kulturplan (für die Periode 2005-2008). „Die *Cultuurnota* ist für die Kunstwelt so etwas wie die Weltmeisterschaft für den Fußball. Alle vier Jahre beginnt das große Zittern. Wie viel Geld bekommen wir vom Staat? Mit Spannung wird jedes Gutachten im *Cultuurnota*-Prozess erwartet. Verkündet das Ministerium seine Liste mit den Namen der Einrichtungen,

186 Österreichische Kulturdokumentation. Internationales Archiv für Kulturanalysen (Hrsg.): Kulturpolitik und Kulturadministration in Europa. 42 Einblicke, Wien 1995 S. 109

187 Cultural Policy In The Netherlands (1994) S. S. 70

188 Österreichische Kulturdokumentation (1995) S. 109

die Geld vom Staat bekommen, sind für die leer ausgegangenen Kunstvereine wieder vier Jahre Wartezeit angesagt."[189]

Im Vergleich mit bzw. in Abgrenzung zur *traditionellen* Steuerung von Kulturbetrieben, die in aller Regel über (1) die (zumeist bürokratische) Aufbauorganisation, (2) den Haushalt (d. h. die Kameralistik) und schließlich (3) direkte Anweisungen durch Kulturpolitik bzw. Kulturverwaltung erfolgt, lässt sich die Steuerung über Zielvereinbarungen systematisch wie in der Abbildung unten darstellen.[190]

Im Konzept der Steuerung über Zielvereinbarungen definieren Ziele *zu erreichende Ergebnisse*, d. h. sie fixieren das *Wozu* des Handelns, ohne dabei das *Wie* vorzugeben; sie beantworten die Frage: Was soll in welcher Qualität zu welchem Preis wann erreicht werden? Dadurch ersetzen sie Einzelanweisungen und entlasten die Führungsebene, die strategisch entscheidet, ohne permanent auf der operativen Ebene einzugreifen.

Bei der Formulierung von spezifischen Zielen für den einzelnen Kulturbetrieb kann von folgenden Fragestellungen ausgegangen werden:

- Was ist der „kulturpolitische Auftrag" der Kultureinrichtung?
- Was wurde in der vergangenen Periode angestrebt und was wurde tatsächlich erreicht?
- Welche Erwartungen haben die Adressaten der Arbeit des jeweiligen Kulturbetriebs (Besucher / Nutzer)?
- Was wird bislang vermisst?
- Was soll erhalten bleiben?
- Was ist überflüssig?
- Wo besteht Handlungsbedarf?
- Was soll verändert werden?
- Was soll erreicht bzw. bewirkt werden?
- Was ist beeinflussbar (und was nicht)?
- Was ist erreichbar (und was nicht)?

Von diesen Fragen ausgehend sollten folgende Elemente einer Zielvereinbarung formuliert werden:

- *Beschreibung des Ist-Standes*, d. h. Bestimmung der Ausgangssituation: Was wird im Moment geleistet? Welche Probleme treten auf? Was ist gut?
- *Bedarf an ggf. Neugestaltung*, d. h.: Was muss geändert werden? Was muss besser werden? Was fehlt? Welche neuen Ziele sind anzustreben?
- *Definition Zielobjekt / Zielinhalt*, d. h.: Was bzw. welches Ergebnis soll erreicht werden?
- *Bestimmung des Zielerreichungsgrades / Zielausmaßes*, d. h.: Wie viel soll erreicht werden? Welches Ausmaß der Zielerreichung wird angestrebt?
- *Festlegung des Zielmaßstabs*, d. h.: Woran soll die Zielereichung gemessen werden? Welche Messkriterien sollen angewendet werden?
- *Fixierung des zeitlichen Bezuges*, d. h.: Bis wann sollen die Ziele erreicht werden?[191]

---

189 Haus der Niederlande (Universität Münster): Die Culturnoota 2005-2008 (www.uni-muenster.de/ HausDer-Niederlande/Zentrum/

190 Vgl. hierzu: Online-Verwaltungslexikon (www.olev.de) Stichwort: Zielvereinbarung

191 Vgl. BMI (2001) S. 13f

	Traditionelle Steuerung	Steuerung mit Zielvereinbarungen
Management-perspektive	Operativ / unsystematisch, d. h. Steuerung durch Haushaltsplan und permanenter Eingriff ins „Tagesgeschäft“	Strategisch, d. h. klare Managementperspektive und Verzicht auf operative Vorgaben
Leistung	„Aufgaben“, die erfüllt werden müssen, unspezifisch, undefiniert auf Art, Menge, Qualität	*Output*orientierung, d. h. Leistungen als Produkte definiert und *Outcome*orientierung, d. h. Wirkungen messbar
Input	Detaillierte Vorgabe der Ressourcen über kameralen Haushalt, ohne Ergebnisrationalität	Globalbudget, ggf. mit leistungsbezogener Mittelzuweisung (nur wenn – dann)
Zeitliche Dimension / Berechenbarkeit	Generelle Regelungen, i.d.R. auf unbestimmte Zeit, aber Einzeleingriffe jederzeit; Unberechenbarkeit, was Einzeleingriffe angeht	Verhandlungen zu definierten Zielen bei definierten Ereignissen; Regelungen / Vereinbarungen mit definierter Gültigkeitsdauer; Berichte nach Zeitplan bzw. definierten Ereignissen Berechenbarkeit der Steuerung, da Einzeleingriffe Ausnahme
Kommunikation	Hierarchisch bis autoritär (Erlasse, Vorschriften, Verordnungen) Reaktion auf Berichte / Vorschläge nach freiem Ermessen	Verhandlungen unter Nutzung der Sachkompetenz aller Seiten Keine formale Überlegenheit der vorgesetzten Stelle Definiertes Berichtswesen (sachlich, zeitlich) Kontrolle beschränkt auf Einhaltung der Zielvereinbarung; ggf. nur noch Rechtsaufsicht; Kommunikation wird evaluiert;
Verantwortung	„organisierte Unverantwortlichkeit“, fehlende Erfolgskennzahlen, fehlende Steuerungsinstrumente, um Erfolg sicherzustellen, fehlende Ergebnisverantwortung	Klare Verantwortungsteilung; Erfolg ist messbar durch operationale Ziele und *Leistungs*- und *Wirkungs*kontrolle als Steuerungsinstrumente; getrennte Verantwortung : • Auftraggeber: Verantwortung für strategische Entscheidungen, Definition der erwarteten Ergebnisse und Handlungsrahmen • Auftragnehmer: Verantwortung für Ergebnisse (Effektivität) und die Effizienz des operativen Geschäfts

Abbildung 7: Traditionelle Steuerung und Steuerung über Zielvereinbarungen

3.7 Zieldimensionen

Im Prozess der Zielvereinbarung können unterschiedliche Zieldimensionen unterschieden werden, nämlich (1) *inhaltliche Leistungsziele*, die die inhaltliche Dimension näher definieren; (2) *Zielgruppen*, d. h. welche Zielgruppen sollen mit welchen Angeboten vorrangig erreicht werden? (3) *Finanzziele*, die den zur Zielerreichung nötigen personellen, finanziellen und sächlichen Ressourcenaufwand fixieren und schließlich (4) *personenbezogene Ziele*, die sich auf die Entfaltungsmöglichkeiten der einzelnen Mitarbeiter beziehen. Auf die ersten drei Zieldimensionen, die sich auf das Verhältnis Auftraggeber / Auftragnehmer beziehen, soll im Folgenden ausführlicher eingegangen werden; persönliche Wachstumsziele werden im Zusammenhang mit der Rolle der einzelnen Mitarbeiter der Kultureinrichtung im fünften Kapitel näher betrachtet.

Inhaltliche *Leistungsziele* beschreiben, was die beiden Zielvereinbarungspartner *inhaltlich* gemeinsam erreichen wollen. Dabei ist neben dem Ziel*inhalt* auch der angestrebte Ziel*erreichungsgrad* zu bestimmen. In einem ersten Schritt muss die öffentliche Hand deshalb ihre (kultur-)politischen Ziele klar und deutlich benennen. Hierzu müssen grundsätzliche kulturpolitische Überlegungen angestellt werden, welche inhaltlichen Ziele mit Hilfe der zu fördernden Einrichtung angestrebt werden sollen („*Was* soll erreicht werden?"). Diese grundlegenden *inhaltlichen Ziele* können beispielsweise die *Pflege neuer und neuester Musik*, die *Förderung vorrangig heimischer Komponisten und Interpreten*, der *Aufbau eines Repertoires zeitgenössischer Dramen im Schauspielbereich des Stadttheaters*, *Ausstellungen aktueller deutscher Graphik* usw. sein.

Sicherlich ist die Setzung von inhaltlichen Zielen nicht immer einfach, aber keineswegs unmöglich und die Kulturpolitik, die diese Ziele mit öffentlichen Mitteln fördert, sollte angesichts dieser Schwierigkeit nicht aus ihrer Verantwortung entlassen werden. Die *Kommunale Gemeinschaftsstelle*[192], die sich schon seit fast zwei Jahrzehnten mit dieser Problematik befasst, nannte bereits 1989 in ihrer einschlägigen Studie für den Bereich des Theaters folgende Beispiele für solche Oberziele:

- Wird beispielsweise ein gesellschaftspolitisches, aufklärendes Theater gewünscht?
- Oder soll eher das klassische Theater gepflegt werden?
- Soll das Theater der Gegenwart gefördert werden durch Pflege und Aufführung zeitgenössischer Stücke?
- Welche Bedeutung soll dem zeitgenössischen Theater zukommen?
- Welche örtliche, regionale, überregionale oder internationale Ausstrahlung (Wirkung) soll das Theater haben?
- Welche Qualitätsansprüche werden an die Künstler gestellt?

Gerade im Alltag der öffentlichen Kultureinrichtungen zeigt sich immer wieder, wie fatal es sich auswirkt, wenn Ziele nicht klar und eindeutig formuliert werden. Da verfügt beispielsweise eine Stadt über eine sehr schöne barocke Schlossanlage mit einem wunderbaren Innenhof und beschließt, dort während der Sommermonate Theaterfestspiele auszurichten. (insgeheimes) Ziel und (unausgesprochene) Hoffnung des Gemeinderates ist es, dass durch die Attraktion viele Touristen angelockt werden, die Übernachtungszahlen steigen, die heimische Wirtschaft gefördert und das Image der Stadt in der Region verbessert werden. Gegen diese eher wirtschaftlich orientierten (impliziten) Ziele ist zunächst einmal nichts

192 Kommunale Gemeinschaftsstelle (1989) S. 26f

einzuwenden, wenn sie explizit gemacht werden und dann ein entsprechender Festivalleiter gesucht wird, der bereit ist, dieser Zielsetzung durch entsprechende Inszenierungen nachzukommen.

Fatal wird die Geschichte erst dann, wenn die aus Gemeinderäten zusammengesetzte Findungskommission einen Intendanten bestellt, dessen oberstes Ziel es ausdrücklich ist, zeitgenössische Stückinterpretationen auf die Bühne zu bringen. Die Kritiker loben den Regisseur für seinen Wagemut und seine avantgardistische Inszenierungstechnik, die erwarteten Zuschauer bleiben allerdings aus – und alle Beteiligten sind maßlos voneinander enttäuscht. Viel Geld wird verbrannt und nach wenigen Jahren geht man im Streit auseinander!

Bei der Formulierung von Zielen sollte auf eine Reihe von Punkten geachtet werden. Zunächst ist es wichtig, dass Ziele nicht mit Maßnahmen verwechselt werden, d. h. es sind gewünschte Ergebnisse und nicht geplante Aktivitäten zu fixieren. Es macht auch wenig Sinn, Ziele im Widerspruch zu bindenden Regeln oder geltendem Recht (z. B. Tarifrecht) zu formulieren. Es sollten darüber hinaus keine unrealistischen Ziele vereinbart werden und die Zielformulierung sollte ausreichend genug Freiräume für kreatives, eigenverantwortliches Handeln der Einrichtung lassen. Auf gar keinen Fall darf es irgendwelche Eingriffe in die künstlerische Freiheit geben. Für öffentliche Kulturbetriebe gilt auch hier ganz allgemein, was die KGST für das Theater schreibt: „Leistungsziele kombinieren – häufig im Wege des Kompromisses – *das politisch Gewollte* mit dem aus der Sicht der Theaterleitung *Leistbaren*. Sie dürfen nicht durch inhaltlich-künstlerische Vorgaben die künstlerische Freiheit des Theaters gefährden.“[193]

Deshalb sind Überregulierungen zu vermeiden, d. h. es sollten nur jene Ziele fixiert werden, die tatsächlich grundsätzlichen Steuerungszwecken entsprechen. Dennoch sind Ziele eindeutig zu formulieren, d. h. es sollten kurze und präzise Formulierungen gewählt werden, die Interpretationsspielräume so weit wie möglich ausschließen. Und Ziele sollten von vornherein stets so formuliert werden, dass ihre Erreichung auch überprüft werden kann. Diese Operationalisierung ist ebenfalls nicht einfach. Die Operationalisierung, d. h. Messbarmachung von Zielen ist ein zentraler Bestandteil der Zielvereinbarung. Bei der Festlegung von Messkriterien sollte folgendes beachtet werden:

1. In diesen Messkriterien muss sich widerspiegeln, dass für eine funktionierende Kulturorganisation keineswegs nur die finanziellen Aspekte wichtig sind. Inhaltliche Qualität, Besucherorientierung, Mitarbeitermotivation und Wirtschaftlichkeit sind gleichwertige Ergebnisdimensionen. Dabei sind nicht alle Ergebnisdimensionen für alle Ziele gleich gut geeignet. Für jedes Ziel ist einzeln zu entscheiden, welche Dimension im Besonderen zur Messung des angestrebten Ergebnisses herangezogen wird.
2. Messkriterien müssen sich in ihrer Art danach ausrichten, auf welcher Ebene des Zielsystems jeweils gemessen werden soll. Messkriterien für höhere Ebenen, bei denen es vorrangig um strategische Ausrichtungen geht, sehen anders aus als Messkriterien für operative Bereiche, bei denen eher auf Details eingegangen werden muss.
3. Die einzelnen Messkriterien stehen nicht alleine, sondern oft in einem mehr oder weniger engen Zusammenhang. Zielkonflikte müssen daher so weit wie möglich im Vorfeld beseitigt werden.

193 Kommunale Gemeinschaftsstelle (1989) S. 29

4. Die Erhebung der notwendigen Daten muss sowohl möglich wie auch wirtschaftlich (Beachtung des Aufwand-Nutzen-Verhältnisses) sein, d. h. die Evaluation darf nicht zum Selbstzweck, aber auch nicht zur Alibiveranstaltung werden.
5. Bei der Festlegung der Messkriterien geht Qualität vor Quantität (weniger ist oft mehr!). Dies bedeutet, dass es nicht auf die schiere Menge der Messzahlen ankommt, sondern auf ihre Aussagekraft und auf ihre Relevanz hinsichtlich der Steuerung des jeweiligen Kulturbetriebs. Deshalb sollte zu Beginn der Einführung der Steuerung über Ziele mit wenigen Kennzahlen begonnen werden, um eine Überforderung zu vermeiden und um deren Eignung testen zu können.[194]

Folgende Messkriterien sollten in die Operationalisierung einfließen: Qualität (d. h. die inhaltlich-qualitative Ausprägung des Leistungsergebnisses), Menge (d. h. die Bestimmung des Leistungsumfangs nach Quantitäten), Zeit (Dauer, Termine, Meilensteine, Zeitrahmen), Wirkung (Leistungsergebnis nach angestrebter Wirkung) und Kosten (Erlöse / Kosten, Ressourceneinsatz).[195] Die *KGST*[196] schlägt beispielsweise für einen Theaterbetrieb folgende möglichen Erfolgskriterien (zur Wirkungskontrolle bzw. Erfolgsmessung) vor:

- Theaterkritiken in der örtlichen, regionalen, überregionalen, internationalen Presse;
- Berichte und Hinweise auf das Theater bzw. auf Inszenierungen in Presse, Rundfunk und Fernsehen;
- Bereitschaft bedeutender Regisseure, Schauspieler und Bühnenbildner, in dem Theater zu arbeiten;
- Anzahl der Inszenierungen, die im Fernsehen übertragen werden;
- Anzahl der Gastspiele an fremden Bühnen in der Region, im Inland, im Ausland;
- Ergebnisse von Besucherbefragungen.

Die vorgeschlagenen Indikatoren könnten noch ergänzt werden durch

- Einladungen zu jurierten Theatertreffen;
- Kooperationen mit bedeutenden Festivals;
- Hervorbringung herausragender Künstlerinnen und Künstler.

In engem Zusammenhang mit den inhaltlichen Zielen steht der *Zielerreichungsgrad*; er gibt Auskunft darüber, welche Leistungserwartungen vom Umfang her ein Auftraggeber mit seinen in Aussicht gestellten Zuwendungen verbindet. Als mögliche Indikatoren für *den Zielerreichungsgrad* im Theater wurden von der *KGSt* seinerzeit beispielsweise vorgeschlagen:

- Anzahl der Vorstellungen im Spieljahr;
- Anzahl der Vorstellungen in den einzelnen Häusern (bei mehreren Theatergebäuden);
- Anteile der Sparten an den Gesamtvorstellungen (bei Mehrspartentheatern);
- Anzahl der Kinder- und Jugendtheatervorstellungen;
- Anzahl der vom Intendanten selbst zu inszenierenden Stücke;
- Anzahl der Gastspiele;
- Anzahl der Fernsehaufzeichnungen (soweit beeinflussbar);
- Mindestzahl der Neuinszenierungen;
- Zahl der Besucher.[197]

194 BMI (2001) S. 16
195 Vgl. hierzu BMI (2001) S. 14f
196 Kommunale Gemeinschaftsstelle (1989) S. 29
197 Kommunale Gemeinschaftsstelle (1989) S. 29

Pius Knüsel[198] schlägt für die Ebene der Politik folgende Indikatoren zur Messung inhaltlicher Ziele bei *Pro Helvetia* vor:

Politik-Ziele	**Indikatoren**
Pflege der Vielfalt	• Anteil der Veranstaltungen, die andere Kulturen (lokal definiert) präsentieren • Auslastung derselben • Variantenreichtum
Verständigung zwischen kulturellen Gruppen	• Anzahl mehrsprachiger Projekte • Anzahl von fremdkulturigen Veranstaltungen in konzeptionellen Kontexten • deren Auslastung
Sicherung der kulturellen Qualität	• Anzahl internationaler Preise für unterstützte Künstler • Anzahl der Teilnehmer an partizipativen Projekten • Langzeiteffekte (Anteil künstlerischer und semikünstlerischer Berufswahlen in diesen Kreisen)
Hebung der Standortqualität	• Zunahme des täglichen kulturellen Angebots (Anzahl Veranstaltungen, Anzahl Großveranstaltungen von internationalem Format, Anzahl kulturbezogener Übernachtungen) • Zusammensetzung des Publikums (Alteingesessene Zugezogene) • Medienecho
Austausch mit dem Ausland	• Anzahl Schweizer Auftritt im Ausland • Anzahl Koproduktionen • Anzahl Anfragen aus dem Ausland

Abbildung 8: Messung inhaltlicher Ziele *Pro Helvetia*

Die Beispiele machen deutlich, dass hier der Teufel sicherlich im Detail steckt – was aber nicht bedeuten kann, dass man sich der Anstrengung nicht unterzieht. Knüsel schreibt hierzu selbstkritisch: „Noch fehlen uns die Erhebungsinstrumente, es fehlen uns die Zahlen, es fehlt das Bewusstsein, dass überhaupt eine Notwendigkeit besteht."[199]

Bei der Festlegung von Zielvereinbarungen geht es zweitens auch um die Frage, *wer*, d. h. welche Zielgruppen, vorrangig mit den inhaltlichen Zielsetzungen (ggf. auch *mit welchen Wirkungen*) erreicht werden soll. So setzte sich z. B. die Leitung des *Nationaltheater Mannheim* in der Spielzeit 1997/98 das konkrete Ziel, durch die verschiedensten Aktivitä-

198 Knüsel (2003)
199 Knüsel (2003)

ten des Programms ENTER im Laufe einer Spielzeit mindestens 5.000 junge Menschen ins Theater zu holen – und überprüfte im Anschluss den Zielerreichungsgrad.[200]

Eine Musikschule kann sich beispielsweise für das nächste Schuljahr zum Ziel setzen, durch entsprechende Marketingaktivitäten die Anmeldungen in der *Musikalischen Früherziehung* um 30 % zu steigern. Ein Museum kann für eine geplante Sonderausstellung die Zahl der erwarteten Besucher im voraus auf 60.000 festlegen oder die Teilnehmer an Museumsführungen pro Zeiteinheit oder die erreichten Schulklassen pro Zeiteinheit usw. und feststellen, ob dieses Ziel erreicht wird. Ein Orchester, das erstmals ein Konzert mit zeitgenössischer Musik in sein Abonnement aufnimmt, kann die absolut erwartete Besucherzahl (z. B. 250 Personen) fixieren oder eine prozentuale Festlegung im Hinblick auf die übliche Besucherzahl innerhalb des Abonnements (z. B. 30 % der sonst üblichen Besucherzahl) abgeben.

Werden diese Planzahlen nicht erreicht, kann im Nachhinein möglichst präzise nach den Ursachen hierfür gefragt werden:

- Waren die angenommenen Zahlen von vornherein unrealistisch, war also das Ziel zu hoch gesteckt?
- Gab es möglicherweise in derselben Zeit Konkurrenzveranstaltungen?
- Wurden die anvisierten Zielgruppen verfehlt?
- Wurden Fehler in der Öffentlichkeitsarbeit gemacht?
- Waren die Eintrittspreise möglicherweise zu hoch? usw.

Neben diesen recht einfach operationalisierbaren bzw. quantifizierbaren Marketingvariablen gibt es indes noch eine ganze Reihe von *marketingpsychologischen* Zielen, die nicht so direkt messbar sind, die aber dennoch in Zielvereinbarungen einfließen können, wie z. B.

- die Steigerung des *Bekanntheitsgrades* der jeweiligen Kultureinrichtung,
- die Verbesserung des *Images* der Organisation,
- die Erhöhung der Besucherzufriedenheit,
- die Erhöhung des *Beliebtheitsgrades*,
- die Intensivierung der *Kundentreue* usw.

Die Verfolgung solcher zunächst recht schwer quantifizierbarer marktpsychologischer Ziele ist deshalb so entscheidend, weil die Nachfrage von Kulturangeboten entsprechende Kenntnisse, Einsichten, Vorstellungen und Erfahrungen voraussetzt. Die marktpsychologischen Ziele kann man in dieser Hinsicht auch als vor-ökonomische Ziele bezeichnen. Das heißt nichts anderes, als dass in den Köpfen (oder besser ‚Herzen') der Besucher psychologische Vorgänge wie Wahrnehmen, Lernen, Vertrauen, Zuneigung usw. ausgelöst werden müssen.[201]

Die dritte Dimension der Zielvereinbarungen zwischen Auftraggeber und Auftragnehmer umfasst neben den Leistungszielen die *Ressourcenziele*. Hier geht es um die Frage: Welche Ressourcen stellt die öffentliche Hand bereit, um die Erreichung der inhaltlichen

200 Bolte, Meike: Die Zuschauer von morgen gewinnen. Zukunftsmarketing für Theater am Beispiel des Schulprojektes *enter* vom Nationaltheater Mannheim. (Wissenschaftliche Arbeit für die Magisterprüfung im Fach Kulturwissenschaft im Aufbau-Studiengang Kulturmanagement an der PH Ludwigsburg) Ludwigsburg 1998

201 Becker (1999) S. 33

Ziele sicherzustellen? Als Beispiele für mögliche (sicherlich noch nicht sehr differenzierte) *Finanzziele*[202] beispielsweise wurden von der *KGSt* am Beispiel des Theaters vorgeschlagen:

- die Höhe der Zuschussbeiträge (fallend, gleich bleibend oder steigend) bzw. die Zuschussanteile an den Gesamtkosten des Theaters bezogen auf einen bestimmten Zeitraum;
- ein anzustrebender Kostendeckungsgrad im Theater insgesamt / in einer Sparte
- im Vergleich zu Theatern / Sparten „vergleichbaren Niveaus";
- die Höhe der eingeworbenen Drittmittel (Fundraising, Sponsoring usw.);
- die Zuschusshöhe pro Besucher usw.

Sicherlich lässt sich über jeden einzelnen Indikator lange streiten; Zahlen ohne entsprechende Erläuterungen zu dem, wofür sie stehen, sagen in der Tat zunächst sehr wenig aus. Andererseits kommt es aus Gründen der Steuerbarkeit und Kontrollierbarkeit darauf an, die für die jeweilige Kultureinrichtung aussagekräftigsten Zielindikatoren zu finden, um angestrebte Wirkung und tatsächliche Zielerreichung einigermaßen zuverlässig überprüfen zu können.

Zusammenfassend lässt sich festhalten, dass in Zukunft die Qualität des Managements von Kultureinrichtungen „entscheidend daran zu messen sein (wird), inwieweit es gelingt, übergreifende Visionen, Missionen und Rahmenziele zu erläutern und durch geeignete Übersetzung in die Sprache der Menschen mit Leben zu erfüllen."[203] Eine bloße „Verwaltung" der öffentlichen Kultureinrichtungen wird auf Dauer nicht zukunftsfähig sein.

202 Kommunale Gemeinschaftsstelle (1989) S. 30

203 Kunz, Gunnar: Führen durch Zielvereinbarungen. Im Change-Management Mitarbeiter erfolgreich motivieren, München 2003

4 Konsequente Besucherorientierung

Zu den am weitest verbreiteten und sorgsamst gepflegten Ammenmärchen im öffentlichen Kulturbetrieb gehört jenes, das bislang höchst erfolgreich erzählt, Besucherorientierung und Qualität, ökonomischer Erfolg und ästhetische Spitzenleistung schlössen einander aus. Die „Autonomie der Kunst“, so die weit verbreitete und offenbar gern geglaubte Mär, sei im Kern gefährdet, einer unheilvollen Kommerzialisierung werde Tür und Tor geöffnet, würden die Besucher und ihre Erwartungen in die künstlerischen Überlegungen mit einbezogen. Eine tatsächliche Orientierung am Nutzer, am Besucher von Kultureinrichtungen wird im tiefen Herzen – trotz aller oberflächlichen Lippenbekenntnisse – ebenso abgelehnt wie ein entsprechende Kulturmarketing, das eben diese Nutzer in die eigenen Überlegungen mit einbezieht. Claus Peymann brachte diese Haltung noch im Frühjahr 2006 in einer öffentlichen Anhörung der Berliner Theaterintendanten pointiert auf den Begriff: „'Marketing ist Quatsch' dröhnte er“, wie die *taz* schreibt, und weiter wird er zitiert: „Es komme einzig und allein darauf an, dass auf der Bühne alles stimme.“[204]

Schnell bei der Hand ist man dann auch mit entsprechenden Horrorvisionen: „Geraten unsere Einrichtungen aber unter die Führung solcherlei Manager und Marketing-Strategen“, schreibt etwa Bernd Kraske im *Kulturjournal* der *INTHEGA*, „werden sie schnell ihre gewohnte Qualität und ganz schnell auch die Quantität des Angebots einbüßen. Gespielt wird zukünftig nur noch, was sich auszahlt. Es geht nicht mehr um das Niveau des Gebotenen, sondern nur noch darum, Kasse zu machen. Auch wenn sehr häufig Gegenteiliges behauptet wird; ohne Niveauverlust im künstlerischen Angebot ist noch keine der Einrichtungen davongekommen.“[205] Der Notwendigkeit einer nachvollziehbaren Argumentation unterzieht man sich nicht – der Appell an das Ressentiment scheint zu genügen!

Die diesbezüglichen weit verbreiteten Zweifel bündelte – mit geradezu ängstlichem Unterton – der Theaterkritiker Gerhard Jörder vor einigen Jahren in der *Zeit* in den Fragen: „Wie kann man das Publikum zurückgewinnen – und doch nicht zum Quotennarren werden? Wie kann man Zuschauerbindungen erneuern, ohne den Spielplan in den Windkanal der Marktforschung zu hängen und die Kunst an Bedarfsprofile zu verraten? Wie kann dieser Spagat gelingen?“ Unterschwellig wird auch hier ein Gegensatz zwischen künstlerischer Qualität und Publikumsgeschmack behauptet: Veranstaltungen, die ihr Publikum finden, können eigentlich gar nicht gut sein! In solchen Behauptungen steckt – man sollte sich dies durchaus einmal deutlich bewusst machen – ein gehöriges Stück Publikumsverachtung. Der berühmte Theaterregisseur Max Reinhardt wusste es schon vor Jahrzehnten sehr viel besser, wenn er schnoddrig formulierte: „Wer nur dem Publikum hinterher rennt, sieht stets nur dessen Hintern!“

---

204 Intendanten machen ganz großes Theater In: *taz* vom 4.4.2006
205 Kraske, Bernd M.: Marketing – Problemlösung oder Sackgasse. In: *Kultur-Journal* 2/05 S. 8

4.1 Künstlerische Qualität und Besucherorientierung

Und auch der Theaterintendant und Dichter Johann Wolfgang von Goethe war da sehr viel klüger, wenn er in einem Gespräch mit Eckermann am 1. Mai 1825 feststellt: „Shakespeare und Moliere (...) wollten auch vor allen Dingen mit ihren Theatern Geld verdienen. Damit sie aber diesen ihren Hauptzeck (! A.K.) erreichten, mussten sie dahin trachten, dass fortwährend alles im besten Stande und neben dem alten Guten immer von Zeit zu Zeit etwas Neues da sei, das reize und anlocke.“ Der direkte Zusammenhang von Ökonomie, Besucherorientierung und künstlerischer Leistung stellte sich für Goethe ganz direkt her: „Will ein Theater nicht bloß zu seinen Kosten kommen, sondern obendrein noch Geld erübrigen und Geld verdienen, so muss eben alles durchaus ganz vortrefflich sein. Es muss die beste Leitung an der Spitze haben, die Schauspieler müssen durchweg zu den besten gehören, und man muss fortwährend so gute Stücke geben, dass nie die Anziehungskraft ausgehe, welche dazu gehört, um jeden Abend ein volles Haus zu machen. Das ist aber mit wenigen Worten sehr viel gesagt und fast das Unmögliche.“

Und Goethe sah sehr hellsichtig – im Gegensatz zu heutigen Diskussionen – gerade die *künstlerischen* Gefahren einer ökonomischen Unabhängigkeit durch öffentliche Subventionen: „Nichts“, sagt er, „ist für das für das Wohl eines Theaters gefährlicher, als wenn die Direktion so gestellt ist, dass eine größere oder geringere Einnahme der Kasse sie persönlich nicht weiter berührt und sie so in der sorglosen Gewissheit hinleben kann, dass dasjenige, was im Laufe des Jahres an der Einnahme der Theaterkasse gefehlt hat, am Ende desselben aus irgendeiner anderen Quelle ersetzt wird. Es liegt einmal in der menschlichen Natur, dass sie leicht erschlafft, wenn persönliche Vorteile oder Nachteile sie nicht nötigen.“ Besucherorientierung und künstlerische Qualität sind für Goethe also nicht nur kein Gegensatz, sondern bedingen einander vielmehr – und umgekehrt! Als hätte er heutige Entwicklungen vorausgeahnt, beklagt er, dass „einige tausend Taler jährlich mehr oder weniger doch keineswegs eine gleichgültige Sache sind, besonders die geringere Einnahme und das Schlechterwerden des Theaters natürlich Gefährten sind, und also nicht bloß das Geld verloren geht, sondern die Ehre zugleich.“[206]

Längst ist es nicht mehr, wie noch zu Goethes Zeiten, der „Hauptzweck“ des Theaters, Geld zu verdienen – bei rund 85 % öffentlicher Subventionierung erübrigt sich eine solche Feststellung. Was ist dann aber die „Aufgabe“, was der „Zweck“ öffentlicher Kultureinrichtungen wie Theater, Museen, Orchester, Musikschulen usw., der sie als meritorische Güter und mithin ihre Subventionierung durch die öffentliche Hand legitimiert?

Stellt man diese Frage Mitarbeiterinnen und Mitarbeitern öffentlicher Kultureinrichtungen, so wird man mit ziemlicher Sicherheit die etwas diffuse Antwort erhalten: „Die Erfüllung eines kulturpolitischen Auftrages“. Dessen Existenz wird dann – auf etwaige Nachfrage – zumeist im Grundgesetz vermutet. Da dort aber davon an keiner Stelle die Rede ist, wird dann meist ganz allgemein auf „den Kulturstaat“ Deutschland und den daraus abzuleitenden „kulturpolitischen Auftrag“ verwiesen, womit dann wohl auch die allerletzte Nachprüfung als erledigt betrachtet wird.

Die Argumentation allein von einem scheinbar bestimmten (in Wirklichkeit: höchst unbestimmten!) „kulturpolitischen Auftrag“ her, die sich rein auf das Angebot (und damit auf die Produzentenseite) konzentriert, wird allerdings, wenn nicht alles täuscht, in Zukunft immer weniger akzeptiert werden. So hieß es unlängst in einem Feuilleton, bezogen auf das

206 Eckermann, Johann Peter: Gespräche mit Goethe, München 1976 S. 580f

Theater: „In Zeiten, die reicher als die unsrigen waren, haben der Theaterbetrieb und unsere Kulturpolitiker ganz vergessen, dass jenes Volk, das sie bezahlt, eines Tages fragen könnte: Was macht ihr da? Und warum? Die Antwort darf ruhig ein bisschen komplizierter sein.“[207]

Diese Fragen – und das Drängen auf adäquate Antworten – werden wahrscheinlich schon in der nahen Zukunft lauter zu hören sein – und zwar nicht nur vom Feuilleton aus, sondern auch und insbesondere von den Zuschauern und den (Kultur-)Politikern. Und dies nicht nur aus den immer wieder vorgebrachten finanziellen Gründen, sondern vor allem auch deshalb, weil jenes „Kulturbürgertum“, in dessen Selbstverständnis Kunst und Kultur sowie ihre öffentliche Unterstützung völlig außer Frage stand, mehr und mehr verschwindet. Man sollte deshalb gewappnet sein und differenziertere Antworten als bislang geben können.

Beispielhaft konnte man diesen Bewusstseinswandel im Frühjahr 2006 aus der Fülle (und vor allem dem Inhalt!) der Leserbriefe in der *Frankfurter Allgemeinen Zeitung* im Zusammenhang mit dem Übergriff eines Schauspielers von der Bühne herunter auf den Theaterkritiker dieser Zeitung, Gerhard Stadelmaier, schließen. Analysiert man die Zuschriften nämlich genauer, so artikulierten sich dort keineswegs die so leicht der Lächerlichkeit preiszugebenden Ewiggestrigen, sondern in der überwiegenden Mehrzahl ehemalige interessierte und engagierte Theaterbesucher, die sich vom öffentlichen Theater zunehmend abgestoßen und enttäuscht sahen und sehen.

4.2 Konsequente Besucherorientierung

In Zukunft wird die Frage nach den „Nutzern“, also nach den Besuchern und Nachfragern von Kunst und Kultur, sehr viel stärker als bislang in den Mittelpunkt gerückt werden müssen. Der im Sommer 2005 durchgeführte Bundeskongress der *Kulturpolitischen Gesellschaft* trug den bezeichnenden Titel „publikum.macht.kultur“ und war nach den Worten der Organisatoren gedacht „als produktive Verunsicherung an die Adresse der Kulturpolitik, um das überkommene angebotsorientierte Denken in Frage zu stellen. Er sollte den Blick darauf lenken, dass es ein ‚Weiter so' in der Angebotsorientierung der Kulturpolitik voraussichtlich nicht geben kann, sondern dass es heute vor allem notwendig ist, im Sinne eines Perspektiven und Strategiewechsels die Nachfrage und damit das Publikum in das Zentrum der Aufmerksamkeit zu rücken.“[208]

Das Ziel muss deshalb eine konsequente Besucherorientierung sein. So, wie Peter Drucker radikal als den *tatsächlichen* „Zweck“ eines wirtschaftlichen Unternehmens nicht den *Gewinn* definiert, sondern den, *einen Kunden zu finden*[209] (der die notwendige Voraussetzung dafür ist, dass der Betrieb überhaupt Gewinn machen kann), so kann auch für den öffentlichen Kulturbetrieb gelten: Er muss Nutzer finden, die seine Leistungen und Angebote in Anspruch nehmen, weil ansonsten der viel beschworene kulturpolitische Auftrag abstrakt bleibt. Denn der kulturpolitische Auftrag kann nur dann wirklich erfüllt werden,

207 Der Feind. Das deutsche Theater ist wieder einmal in der Krise. In *Frankfurter Allgemeine Sonntagszeitung* vom 26.2.2006

208 Sievers, Norbert: Produktive Verunsicherung. In: Kulturpolitische Gesellschaft e.V. (Hrsg.): publikum. macht. kultur. Kulturpolitik zwischen Angebots- und Nachfrageorientierung, Bonn / Essen 2006 S. 12; vgl. hierzu auch *Institut für Kulturpolitik der Kulturpolitischen Gesellschaft* (Hrsg.): Jahrbuch für Kulturpolitik 2005, Thema Kulturpublikum, Bonn / Essen 2005

209 Drucker (2001) S. 37

wenn er seine Adressaten findet und erreicht, d. h. es tatsächlich Menschen gibt, die ins Theater, ins Museum, ins Konzert gehen, die die Angebote der Musikschule nutzen, die Bücher in der Stadtbibliothek ausleihen usw.

Folgt man den Überlegungen von Umberto Eco in seinem Buch *Das offene Kunstwerk*, so vollendet sich jedes künstlerische Werk auf Grund seiner „fundamentalen Ambiguität“[210] überhaupt erst in der Rezeption durch den jeweiligen Betrachter. Eco schreibt: „In diesem Sinne produziert der Künstler eine in sich geschlossene Form und möchte, dass diese Form, so wie er sie hervorgebracht hat, verstanden und genossen werde; andererseits bringt jeder Konsument bei der Reaktion auf das Gewebe der Reize und dem Verstehen ihrer Beziehungen eine konkrete existentielle Situation mit, eine bestimmte Bildung, Geschmacksrichtungen, Neigungen, persönliche Vorurteile, dergestalt, dass das Verstehen der ursprünglichen Form gemäß einer bestimmten individuellen Perspektive erfolgt“. Ecos Konsequenz: „Jede Rezeption ist so eine Interpretation und eine *Realisation*, da bei jeder Rezeption das Werk in einer neuen Perspektive neu auflebt.“[211] Erst durch den Rezipienten vollendet sich also das Werk.

Konsequente Besucherorientierung heißt dabei nicht – wie oft böswillig unterstellt – das anzubieten, was sich das Publikum wünscht. Konsequente Besucherorientierung bedeutet vielmehr, dass sie jeweilige Kultureinrichtung tatsächlich alle Anstrengungen unternimmt, das, was sie künstlerisch-ästhetisch produziert, einem größtmöglichen Kreis von Interessenten nahe zu bringen. Dies klingt banal und selbstverständlich – die Praxis ist indes eine andere.

Die Behauptung, künstlerische Spitzenqualität und konsequente Besucherorientierung schlössen sich von vornherein aus, dient nämlich nicht selten der Kaschierung der eigenen Bequemlichkeit oder künstlerischen Belanglosigkeit. Dass sich „das Neue, Ungesagte“[212] durchaus mit einem sehr großen Publikumsinteresse verbinden lässt, hat der Festspielintendant Gerard Mortier in seinen Salzburger Jahren gezeigt, als es ihm gelang, mit künstlerisch höchst ambitionierten Produktionen (die das Zeitgenössische und Schwierige keineswegs ausschlossen, sondern in dem Mittelpunkt der Programme stellte) sogar mehr Zuschauer zu gewinnen als Herbert von Karajan mit seinen traditionsorientierten Opern und Schauspielaufführungen. Gleiches lässt sich über die künstlerisch höchst ambitionierten *Römerbad Musiktage* in Badenweiler sagen, die ohne jede öffentliche Unterstützung zeitgenössische Kammermusik auf höchstem Niveau präsentieren – nach der Vorstellung traditioneller Kulturmanager ein Unterfangen, dass eigentlich sich nur mit höchsten öffentlichen Subventionen durchführen ließe.

Das Denken vom „Auftrag“, mithin vom Angebot, nicht aber vom Rezipienten, also der Nachfrage her, hat in der Bundesrepublik Deutschland allerdings eine lange (kultur-) politische Tradition, deren Ursachen an dieser Stelle nicht weiter thematisiert werden können.[213] Es findet sich bereits in dem traditionellen Konzept der *Kulturpflege* der fünfziger Jahre. Dieses mündete seinerzeit in den Satz: „Die *Pflege* der Kultur ist für die Städte eine wichtige und dringliche Aufgabe sowohl um der kulturellen Werte willen, die es zu *pflegen* gilt, und der in dieser *Pflege* sich zeigenden geistigen Haltung als auch wegen der Bedeu-

210 Eco, Umberto: Das offene Kunstwerk, Frankfurt 1977 S. 11

211 Eco (1977) S. 30

212 So das Motto des wunderbaren Doppelbandes, der die Salzburger Jahre Gerard Mortiers dokumentiert; Mortier, Gerard und Karin Kathrein (Hrsg.): Salzburger Festspiele 1992-2001, Wien 2001

213 Vgl. hierzu Klein, Armin: Kulturpolitik. Eine Einführung, Wiesbaden 2005, zuletzt: Lepenies, Wolfgang: Kultur und Politik, Deutsche Geschichten, Bonn 2006

tung, die dieser *Pflege* für das Gemeinschaftsleben zukommt". Kultur hat in dieser höchst selbstreferentiellen Formulierung einen Eigenwert, der einen Rezipienten offensichtlich gar nicht mehr benötigt.

Diese prinzipiell angebotsfixierte Orientierung, die den Nutzer von Kunst und Kultur prinzipiell nicht als Subjekt, sondern nur als Objekt der eigenen Bemühungen sieht, liegt auch – wenngleich unter völlig anderen gesellschaftspolitischen Vorzeichen – dem Konzept der *Neuen Kulturpolitik* seit Mitte der siebziger Jahre zugrunde. Deren lange Zeit gültiges (und wenig hinterfragtes Paradigma) hatte Ende der siebziger Jahre Hilmar Hoffmann, viele Jahre lang prägender Kulturdezernent in Frankfurt, in seinem gleichnamigen kulturpolitischen Bestseller *Kultur für alle* formulierte: „Jeder Bürger muss grundsätzlich in die Lage versetzt werden, *Angebote* in allen Sparten und mit allen Spezialisierungsgraden wahrzunehmen, und zwar mit einem zeitlichem Aufwand und einer finanziellen Beteiligung, die so bemessen sein muss, dass keine einkommensspezifischen Schranken aufgerichtet werden. Weder Geld noch ungünstige Arbeitszeitverteilung, weder Familie noch Kinder noch Fehlen eines privaten Fortbewegungsmittels dürfen auf die Dauer Hindernisse bilden, die es unmöglich machen, *Angebote* wahrzunehmen oder entsprechend Aktivitäten auszuüben (...) Die *Angebote* dürfen weder bestehende Privilegien bestätigen, noch unüberwindbare neue aufrichten. Eine demokratische Kulturpolitik sollte nicht nur von dem formalen *Angebot* für alle ausgehen, sondern kulturelle Entwicklung selbst als einen demokratischen Prozess begreifen."[214] Wenn im ersten Statement der Begriff *Pflege* penetrant im Vordergrund stand, so hier der des *Angebotes*. Ob mit diesem Angebot tatsächlich die anvisierten Nutzer erreicht werden, ist dagegen eine eher zweitrangige Frage.

In allen diesen Stellungnahmen wird also stets vom Angebot her gedacht, die Nachfrage und die Nutzer von künstlerischen und kulturellen Angeboten bleiben ausgeblendet. Ein erfrischend selbstkritisches „Bekenntnis" (wie er selbst schreibt) über das damalige Denken legte vor einigen Jahren Dieter Kramer ab, der in den siebziger und achtziger Jahren maßgeblich mit Hilmar Hoffmann in Frankfurt die kommunale Kulturpolitik mitgestaltet hatte, wenn er schreibt: „In den 14 Jahren, in denen ich aktiv an der Frankfurter Kulturpolitik beteiligt war, haben wir nie ernsthaft Wirkungsforschung betrieben – nicht nur, weil wir keine Zeit oder kein Geld gehabt hätten, sondern auch weil es ein so brennendes Interesse daran nicht gab. Kulturpolitik hatte ihr Programm und war von dessen Qualität und Bedeutung so überzeugt, dass eine empirische Nachfrage nicht notwendig schien. Pragmatische Kulturpolitik mit programmatischen Elementen, wie sie ‚Kultur für alle' war, interessierte sich wenig für Wirkungsforschung, weil sie sich auf die Botschaft der Künste verließ, und weil sie, positiv gewendet, an die Mündigkeit der Nutzer appellierte, die allmählich ihre ‚wahren Bedürfnisse' entdecken würden. Beziehungen zwischen Künsten und Nutzern herzustellen, das war die Aufgabe, deren Gelingen nicht gemessen werden konnte."[215] Kannte man nur die „wahren" Bedürfnisse des Publikums, so kam es auf die „wirklichen", die die Menschen tatsächlich bewegen, weniger an!

---

214 Hoffmann, Hilmar: Kultur für alle, Frankfurt 1981 S. 29; Hervorhebungen A.K.

215 Kramer, Dieter: Wie wirkungsvoll ist die Wirkungsforschung in der Kulturpolitik? In: Fuchs, Max und Christiane Liebald (Hrsg.): Wozu Kulturarbeit? Wirkungen von Kunst und Kulturpolitik und ihre Evaluierung, Remscheid 1995 S. 162

4.3 Die Selbstreferentialität des Sprechtheaters

Besonders deutlich lässt sich diese Entwicklung an der quasi öffentlichsten Kunstform, dem deutschen Sprechtheater, demonstrieren, das wie keine andere Kultureinrichtung die Entwicklung des bürgerlichen Selbstbewusstseins und dessen Vorstellung vom Kulturstaat Deutschland widerspiegelte.[216] Gerhard Jörder brachte die diesbezügliche Entfremdung zwischen Bühne und Publikum schon vor einigen Jahren auf den Punkt: „Es ist schon eigenartig mit dem Theaterpublikum. Ist es da, interessiert sich keiner dafür. Bleibt es weg, sprechen alle von ihm. Erst wenn es sich verweigert, ist es wieder wer. Ein ‚Phänomen'. Ein Problemfall. Jetzt ist es wieder wer. Und nicht mehr nur eine Art besseres Bühnenzubehör."[217] Man lasse sich das Wort auf der Zunge zergehen: „besseres Bühnenzubehör"!

Wie sieht die Wirklichkeit aus? Zunächst ein Blick in die Statistik des *Deutschen Bühnenvereins* aus den Spielzeiten 1991/92 (der ersten gesamtdeutschen Theaterstatistik) und 2005/05 im Vergleich, der doch sehr bemerkenswerte Entwicklungen zeigt. Stellt man die Besuche der beiden Spielzeiten gegenüber, so sank die Zahl der Besuche insgesamt von 22.044.216 (1991/92) um 886.396 auf 21.157.820 (2004/05). Sowohl im Musiktheater (-695.491) wie auch im Sprechtheater (-427.703) sank die Zahl der Besucher. Diese negative Entwicklung der beiden Hauptsparten wird einzig konterkariert durch positive Zuwachsraten im Bereich Kinder- und Jugendtheater und den Konzerten.

Allerdings *sank* in den beiden Vergleichsspielzeiten im Musiktheater auch die Zahl der Aufführungen um 1.096, während sie im Sprechtheater sogar um 463 stieg! Setzt man nun die Zahl der Theaterveranstaltungen in Relation zu den Besuchern, so ergibt sich folgendes Bild:

Gattung	**Veranstaltungen**		**Besucher**		**Besucher pro Veranstaltung**		**Differenz**
	91 / 92	*04 / 05*	*91 / 92*	*04 / 05*	*91 / 92*	*04 / 05*	
Musiktheater	11.705	10.609	7.502.100	6.806.609	641	642	+1
Schauspiel	22.811	23.274	6.114.293	5.686590	268	244	-24

Abbildung 9: Besuchszahlen im Musik- und Sprechtheater im Vergleich

Deutlich wird, dass im Musiktheater die *durchschnittliche* Besucherzahl pro Veranstaltung nicht nur gehalten, sondern sogar leicht gesteigert werden konnte. Im Schauspiel dagegen ist die durchschnittliche Besucherzahl pro Veranstaltung stark rückläufig. Im Klartext: Trotz immer mehr Veranstaltungen werden im Sprechtheater immer weniger Besucher erreicht.

Dies sind unübersehbare *quantitative* Entwicklungen. Betrachtet man nun unter *qualitativen* Aspekten einschlägige Publikationen der letzten Jahre zum Thema Sprechtheater, so ist ein auffälliger Trend unübersehbar. Es häufen sich (ver)zweifelnde Veröffentlichungen mit Titeln die fragen „Wozu das Theater?"[218], „Was soll das Theater?"[219], „Warum wir das

216 Vgl. dazu ausführlich Klein (2005) Kulturpolitik:
217 Jörder, Gerhard: Publikumsverweigerung. In: *Die Zeit* vom 15.03.2001
218 Fest, Joachim C.: Wozu das Theater? In: Aufgehobene Vergangenheit, Stuttgart 1981 S. 207-214
219 Was soll das Theater? Schwerpunktheft der *Kulturpolitischen Mitteilungen* 68/I,1995

Theater brauchen“[220], „Welche Zukunft hat das Theater?“ oder klagen „Wer liebt schon das Theater!“[221]und dazu Feststellungen wie „Mephisto ist müde“[222]. Und auch der *Deutsche Bühnenverein* sah sich vor einiger Zeit genötigt, in einer kleinformatigen Schrift zu fragen: „Muss Theater sein?“[223]

Selbst die dem Sprechtheater durchaus wohlgesonnenen Theaterkritiker[224] der großen Tages- und Wochenzeitungen werden nicht müde, den Theatern immer drängender Aufführungen abzufordern, die ihr Publikum tatsächlich auch erreichen. Diese Kritiker beklagen nahezu einhellig die Selbstbezüglichkeit der Regisseure und Dramaturgen. Gerhard Stadelmaier bringt in der *Frankfurter Allgemeinen Zeitung* die Situation auf den Punkt: „Die Theaterleute tun so, als sei das Geld, das sie erhalten, eine Privatressource, dazu da, ihren privaten Neigungen und Vorlieben aufzuhelfen. Keiner realisiert, dass es das Geld der Steuerzahler, der Allgemeinheit, der Bürger ist, das sie verteilen und verbrauchen für eine Kunst, die den Bürgern etwas spielerisch, phantastisch über diese selbst zu sagen hätte, was die Bürger noch nicht über sich wussten. Man tut aber hier so, als wüssten die Bürger schon alles über sich und dürften sich im Theater zu recht langweilen.“[225]

An anderer Stelle schreibt Stadelmaier: „Das Theater zeigte in den Jahrhunderten bisher wirklich, was in Wirklichkeit nicht ist: Es tat immer noch nur so, als ob. Und machte mit dem Spiel Ernst. Und schuf daraus neues Leben, zeigte einer Welt und einer Gesellschaft das, was über Welt und Gesellschaft hinausgeht. Und das konnten und mussten Welt und Gesellschaft zu Recht subventionieren: als Zinsvorschuss aufs Kapital einer Gegenwelt. Jetzt aber geht das Theater vermehrt dazu über, sich mit der Wirklichkeit zu verwechseln beziehungsweise mit dem, was, so die obszöne Regisseursfloskel, ‚mich daran interessiert'. Was aber jemanden persönlich, privat interessiert, bedürfte eigentlich keiner öffentlichen Subvention (....) Theater, die ihre Stadt und ihr Publikum so lange mit Privatmarotten und Selbstbespiegelungen provoziert und also zu Tode gelangweilt haben, dass weite Teile der Gesellschaft eben auch ins Achselzucken der Theaterleute mit eingefallen sind: Sie wenden sich vom Theater ab. Es steht bis weit in aufgeschlossene, neugierige, fortschrittliche, bürgerliche, kulturtragende Kreise hinein zur Disposition.“[226]

In gleichem Ton schreibt der Theaterkritiker der *Frankfurter Rundschau*, Peter Iden, unter der Überschrift „Willkürlichkeit als Prinzip“: „Nicht um die Provokation des Zuschauers durch das Geheimnis, das den großen Werken eigen ist, geht es noch, vielmehr werden wir immer häufiger beschäftigt mit der Enträtselung von freischwebenden, an keinen Text mehr gebundenen Erfindungen der Theatermacher. Dabei ist, was sie an beliebigen Zutaten produzieren, zunehmend Ausdruck einer eitlen Selbstreferenz. Wer einer besonders krassen Seltsamkeit nachfragt, wird gelegentlich vorwurfsvoll darauf hingewiesen, das Selbstzitat aus der vorausgegangenen Aufführung des Regisseurs offenbar nicht erkannt zu haben.“[227]

---

220 Warum wir das Theater brauchen. hrsg. von Peter Iden, Frankfurt 1995

221 Beil, Hermann: Wer liebt schon das Theater! In: *Frankfurter Allgemeine Zeitung* vom 29.01.1997

222 Schöne, Lothar (Hrsg.): Mephisto ist müde. Welche Zukunft hat das Theater? Darmstadt 1996

223 Deutscher Bühnenverein: Muss Theater sein? Fragen, Antworten, Anstöße, Köln 2003

224 Als Beleg dieser Wohlgesonnenheit lese man nur das wunderschöne Buch von Gerhard Stadelmaier: Letzte Aufführung, Eine Führung durchs Theater, Frankfurt 1993

225 Stadelmaier, Gerhard: Kapitalkrise. Theaterpolitik in Frankfurt. In: *Frankfurter Allgemeine Zeitung* vom 2.4.1996

226 Stadelmaier, Gerhard: Wohin treibt das Theater? In: *Frankfurter Allgemeine Zeitung* vom 22.10.2004

227 Iden, Peter: Mehr Geld. Aber wofür? Nicht leere Kassen – die Haltlosigkeit sind das Problem der gegenwärtigen Theaterarbeit. In: Institut für Kulturpolitik der Kulturpolitischen Gesellschaft (Hrsg.): Jahrbuch für Kulturpolitik 2004, Essen S. 79

Die Folgen sind schon unmittelbar spürbar. „Trotz ihrer eindrucksvollen Präsenz werden die Theater nur von einer Minderheit angenommen, während die Mehrheit der Nichttheatergänger zunehmend murrt und immer weniger Verständnis dafür aufbringt, dass sie mitbezahlen muss, was nur einer Minderheit Spaß macht“, schreibt etwa die *Süddeutsche Zeitung*[228] und weiter: „Dass die Theatergänger nicht an Notwendigkeit und Sinn der Theater zweifeln, versteht sich von selbst. Doch mittlerweile geht es aus existenziellen Gründen vor allem darum, den Nichttheatergängern vor Augen zu führen, warum Theater notwendig ist. Zu den Nichttheatergängern muss man dabei die geistigen Eliten des Landes zählen, auch die Politiker und die Jungen. Dass es dem Theater immer weniger gelingt, diese Kreise anzusprechen, ist ein Alarmzeichen.“

Peter Iden beklagt, dass „nicht leere Kassen“, sondern „die Haltlosigkeit das Problem gegenwärtiger Theaterarbeit“ ist: „Die wachsende Finanznot verschärft den Legitimationsdruck: Vielerorts machen es die Theaterleute den Politikern leicht, sich ihren Verpflichtungen zum Erhalt der Bühnen zu entziehen. Sie reproduzieren damit nur, was manche Theater ihnen an Haltlosigkeit selbst vor Augen führen.“[229] So kann es auch kaum verwundern, dass seit einiger Zeit von Seiten der Wirtschaft eine Debatte über Theatersubventionen angefacht wird. Wie die *Frankfurter Sonntags Allgemeine* vor einiger Zeit berichtete, forderte Rolf Kroker, Geschäftsführer des unternehmensnahen *Instituts der deutschen Wirtschaft* (*IW*): „Streicht den Opern und Theatern die Subventionen.“ Sein Argument: Warum soll die Mehrheit der Bürger finanzieren, was nur wenigen zugute kommt? Und bekanntlich seien Theaterbesucher in Deutschland nicht gerade die Geringverdiener.[230] Und Thomas E. Schmidt schreibt am Beispiel der Berliner Opernstiftung: „Die drei Berliner Opern haben zwar gespart, aber es gelang ihnen doch nicht, den anderen Teil des Konzepts einzulösen, gleichzeitig ihre Einnahmen zu erhöhen. Heute, das hat sich gezeigt, existiert in Berlin kein Publikum, das regelmäßig drei Opernhäuser füllt.“[231]

Am Beispiel öffentlich getragener Theater wird somit eine Entwicklung besonders deutlich, die zeigt, wie wichtig es ist, sehr viel stärker über konsequente Besucherorientierung nachzudenken. Und dies nicht – wohlgemerkt! – aus ökonomischen Gründen; angesichts einer staatlichen Subventionsquote von rund 85 % entlarvt der gern verwandte Drohbegriff der „Durchökonomisierung“ der Kultur seine Absurdität selbst! Viel schwerer wirkt das Problem der Nachhaltigkeit der Legitimation: Wer soll sich noch für das Theater (bzw. die anderen öffentlichen Kulturbetriebe) in der öffentlichen Diskussion einsetzen, wenn diese Einrichtungen dem Publikum ganz offensichtlich immer weniger zu sagen haben?!

Am Beispiel der öffentlichen Theater lässt sich diese fatale Entwicklung der zunehmenden Entfremdung vom Publikum am besten zeigen, da sie durch eine engagierte und aufmerksame Kritik, die nicht dem Vorwurf ausgesetzt werden kann, dem Theater böswillig und quasi „von außen“ kunstfremde Maßstäbe aufzudrücken, dokumentiert wird. Der Emphase des Theaterkritikers *Gerhard Jörder* ist daher voll zuzustimmen: „Auch das Publikum will nicht nur gefordert, es will geliebt werden. Es will nicht nur Projektionsfläche und Experimentierfeld sein. Und ob es in seiner Emotion wirklich ernst genommen wird – dafür hat es ein ausgezeichnetes Gespür“.

---

228 Brembeck, Reinhard J.: Bleiben Sie dran! Haben die deutschen Bühnen doch noch eine Zukunft? In: *Süddeutsche Zeitung* vom 13.12.2002

229 Iden (2004) S. 82

230 Kloepfer, Inge: Kultur – Deutschlands teures Hobby. In *Frankfurter Allgemeine Sonntagszeitung* vom 11.12.2005

231 Schmidt, Thomas E.: Die Leere und das Nichts. In: *Die Zeit* vom 14.9.2006

Und es kann kein Zufall sein, dass die Diskussionen um die Festschreibung des „Kulturstaates" in der Verfassung[232], die Fixierung der Kultur als staatliche Pflichtaufgabe[233] durch die Gesetzgebung oder die Überlegungen zur „kulturellen Daseinsvorsorge"[234] genau in dem Moment erfolgen, da das Interesse des Publikums (und damit auch der Politik) mehr und mehr nachlässt. Statt sich aktiv um das Publikum und Legitimation zu bemühen, möchten Kultureinrichtungen ihren Bestand durch juristische Fixierungen sichern! Ihren bisherigen Gipfel erreichte diese strukturkonservative Haltung in dem Bemühen der GRÜNEN, insbesondere von Antje Vollmer, gleich die gesamte „Deutsche Theaterlandschuft" zum *UNESCO-Weltkulturerbe* zu erheben und somit quasi unter Denkmalschutz zu stellen.[235]

All das erinnert an jene „Zwangsvorstellungen", die der Theatermann Karl Valentin auf den sicherlich wenig erstrebenswerten Punkt gebracht hat: „Woher diese leeren Theater? Nur durch das Ausbleiben des Publikums. Schuld daran – nur der Staat. Warum wird kein Theaterzwang eingeführt? Wenn jeder Mensch in das Theater gehen muss, wird die Sache gleich anders. Warum ist der Schulzwang eingeführt? Kein Schüler würde die Schule besuchen, wenn er nicht müsste. Beim Theater, wenn es auch nicht leicht ist, würde sich das unschwer ebenfalls doch vielleicht einführen lassen. Der gute Wille und die Pflicht bringen alles zustande."[236]

4.4 „Ein Museum ist sehr viel mehr etwas für jemand als über etwas"

Ähnliche Fehlentwicklungen gibt es – dank staatlich abgesicherter Existenzgarantie – aber nicht nur im öffentlichen Theater, sondern auch in anderen Bereichen. Die Museen, eine weitere wichtige Säule des Kulturstaates Deutschland, sind schon durch ihren Auftrag primär konservatorisch orientiert und scheinen dadurch prädestiniert, auch ansonsten konservativ zu sein. Zunehmend gefährden sie dadurch aber ihre eigene Zukunftsfähigkeit.

Zu den wesentlichen Aufgaben von Museen gehören nach der Definition des Weltmuseumsverbandes *ICOM*: (1) die *Sammlung*, d. h. Museen sammeln systematisch alle diejenigen Gegenstände ihres Sammlungsgebietes, von denen angenommen werden kann, dass sie für den Nachvollzug von Abläufen und für das Verständnis von Zusammenhängen wichtig sind oder wichtig werden könnten; (2) die *Bewahrung*, d. h. Museen bewahren und sichern das gesammelte Gut, restaurieren und konservieren es und erfassen es inventarisch; (3) die *Erforschung*, d. h. Museen erforschen die Bedeutung der gesammelten Gegenstände

---

232 Vgl. hierzu den entsprechenden Beschluss der Enquete-Kommission Kultur

233 Vgl. hierzu die Forderung des *Deutsche Kulturrat* „den Kulturbereich ebenfalls den *pflichtigen Selbstverwaltungsaufgaben* der Kommunen zu zuordnen, um so die kommunale Kulturfinanzierung haushaltsrechtlich sicherzustellen." In gleicher Weise fordert die *Bühnengenossenschaft* für den Bereich der Darstellenden Kunst „die Theaterfinanzierung insgesamt zur öffentlichen *Pflicht*aufgabe zu erklären."

234 Vgl. hierzu das am 29.09.2004 vom *Deutschen Kulturrat* vorgelegte Diskussionspapier, in dem er „den Bund, die Länder und die Gemeinden (auffordert), die *kulturelle Daseinsvorsorge* zu gewährleisten." Der Kulturrat versteht unter diesem Begriff „ein flächendeckendes Kulturangebot in den verschiedenen künstlerischen Sparten, das zu erschwinglichen Preisen, mit niedrigen Zugangsschwellen breiten Teilen der Bevölkerung kontinuierlich und verlässlich zur Verfügung steht."

235 „Im Sommer hat Antje Vollmer, kulturpolitische Sprecherin der Grünen, das Ansinnen geäußert, die einmalige deutsche Theaterlandschaft zum Weltkulturerbe erklären zu lassen und damit zu schützen vor der drohenden Zerstörung durch Kaputtsparen." Schweizerhof, B.: Theater-Boxen. In: *Freitag* 51 vom 13.12.2002

236 Valentin, Karl: Zwangsvorstellungen. In: ders.: Sturzflüge im Zuschauerraum. Der Gesammelten Werke anderer Teil. München 1969 S. 50

und versuchen, deren Herkunft zu erschließen. Die Ergebnisse der Forschungstätigkeit werden dann in geeigneter Weise dokumentiert und ggf. publiziert; (4) die *Vermittlung*, d. h. Museen vermitteln das Kulturgut, indem sie es sowohl in Schausammlungen präsentieren als auch die Forschungsergebnisse in Katalogen, Broschüren, Büchern und anderen Formen publizieren und somit der Öffentlichkeit zugänglich machen.

Die ersten drei Aufgaben richten sich auf die *Sammlung*, mithin in aller Regel auf „tote" Gegenstände. Nur die vierte Aufgabe, das Vermitteln, bezieht den „lebendigen" Besucher mit ein. Diese Aufgabenstruktur führt in nicht wenigen Museen dazu, dass die wissenschaftliche Leitung ihre wesentlichen Energien auf die ersten drei Tätigkeiten konzentriert. Auch wenn nicht alle Museumsdirektoren so offen und unverblümt auf die Frage, für wen sie denn Ausstellungen machen, antwortet: „Erstens für die Kollegen anderer Häuser und zweitens für die Fachpresse – und wenn dann noch andere Besucher kommen, schicken wir sie natürlich nicht weg!", so ist dies doch eine in vielen Häusern zu beobachtende Haltung. Die Kräfte werden nach wie vor eher in die Produktion eines möglichst wissenschaftlich fundierten Katalogs gesteckt (mit dem sowohl die Reputation in Fachkreisen steigt wie auch entsprechende Karrierewege geöffnet werden) als in die Entwicklung einer besucherorientierten Ausstellung.

Der langjährige Leiter des Bostoner *Children-Museums* und Research Fellow in Chapin Hill, der Kinderforschungsabteilung der University of Chicago, formulierte vor Jahren einen Satz, der typisch ist für das so ganz ausgerichtete Museumsmanagement in den USA: „A museum is *for somebody* rather *than about* something." Hier wird das Museum also nicht vorderrangig aus der Sicht der *Sammlung*, sondern aus der Perspektive des Besuches gesehen – eine Position, die in Deutschland bisher nur in wenigen Einrichtungen Eingang gefunden hat.

In Deutschland dagegen fühlen sich die Museumsfachleute vielfach nach wie vor als „Träger eines einzigartigen Wissens, das nicht profanisiert werden darf – weder durch Offenheit im Rekrutierungswesen (die auch wieder durch die öffentlich-rechtliche Konstruktion behindert wird), noch durch die Öffnung der Institution gegenüber einem breiteren Publikum, das diese Einzigartigkeit möglicherweise nicht einmal zu würdigen weiß"[237], schrieben die beiden Museumsforscher Petra Schuck-Wersig und Gernot Wersig schon vor fünfzehn Jahren.

Und so kann es auch kaum verwundern, dass die Vorbehalte gegen Kulturmarketing gerade im Museumsbereich – trotz mittlerweile vorliegender einschlägiger Fachliteratur[238] – nach wie vor besonders groß sind. Man kann sich des Eindrucks nicht erwehren, dass diese Erkenntnisse, vor allem aus den USA und Großbritannien in Deutschland viel zu wenig zur Kenntnis genommen werden. Unvergessen der Satz der Leiterin der Öffentlichkeitsabteilung eines großen Landesmuseum: „Wir können über alles sprechen, aber nehmen Sie in diesem Haus bitte niemals das Wort Marketing in den Mund!"

Viel zu häufig noch wird Marketing „mit Marktschreierei gleichgestellt, Werbung wird Konsumterror unterstellt, Öffentlichkeitsarbeit zur Öffentlichkeitsmanipulation umge-

237 Schuck-Wersig, Petra und Gernot Wersig: Museen und Marketing in Europa. Großstädtische Museen zwischen Administration und Markt, Berlin 1992 (Materialien aus dem Institut für Museumskunde) S. 126

238 Vgl. hierzu etwa: McLean, Fiona: Marketing the Museum, London / New York 1997; Kotler, Neil und Philip Kotler: Museum strategy and Marketing. Designing missions. Building audiences. Generating revenue and ressources, San Francisco 1998; Koch, Anne: Museumsmarketing. Ziele – Strategien – Maßnahmen. Mit einer Analyse der Hamburger Kunsthalle, Bielefeld 2002

deutet.“[239] Eine offene Wahrnehmung der Möglichkeiten und Chancen eines entsprechenden Museumsmarketings sind immer noch die Ausnahme. „Disneyland und Kaufhäuser sind Schreckgespenster, die beim Schlagwort Marketing sofort auftauchen und offenbar auch in den Selbstrekrutierungsmaßnahmen weitergereicht werden. Es ist wohl kein Zufall, dass die Direktoren der Museen, die sich am meisten der Marketing-Idee öffnen, keine ‚gelernten' Museumsmacher sind“, schreiben Schuck-Wersig und Wersig.[240]

4.5 Kulturmarketing muss sein – aber welches?

Um den beispielhaft dargestellten fatalen Entwicklungen einer zunehmenden Selbstbezüglichkeit, vor allem aber auch Selbstgenügsamkeit öffentlicher Kultureinrichtungen entgegenzuwirken, hilft nur die Durchsetzung eines konsequentes Kulturmarketing auch in den öffentlich getragenen bzw. geförderten Kulturbetrieben. Der kommerzielle Kulturbetrieb kann nur funktionieren durch ein differenziertes Kulturmarketing; der öffentliche Kulturbetrieb in Deutschland tut sich damit allerdings nach wie vor sehr schwer damit. Zu sehr dominieren noch völlig falsche und verzerrte Vorstellungen von Marketing die Vorstellungen derer, die in öffentlichen Kulturbetrieben arbeiten.[241]

Um Marketing, insbesondere Kulturmarketing, richtig zu verstehen,[242] ist zunächst vom einzelnen Menschen und seinen Bedürfnissen auszugehen. Jeder Mensch hat eine Vielzahl ganz unterschiedlicher Wünsche, Bedürfnisse, Interessen usw. Der amerikanische Psychologe Abraham Maslow[243] hat diese bereits 1954 näher beschrieben und recht anschaulich in eine hierarchische Ordnung (die viel zitierte „Bedürfnispyramide“) gebracht. Bedürfnis kann dabei ganz allgemein definiert werden als der Ausdruck eines empfundenen Mangels. Aus diesem empfundenen Mangelgefühl entsteht zumeist ein konkreter Wunsch, d. h. das Verlangen nach konkreter Befriedigung. Bedürfnisse und Wünsche können auf unterschiedliche Weise befriedigt werden. Da der Mensch in der Regel in hochzivilisierten, arbeitsteiligen Gesellschaften mit anderen Menschen zusammen lebt, die ebenfalls produzieren, wird er unter zivilen Bedingungen zur Bedürfnisbefriedigung in einen Tausch mit Anderen eintreten.

Im Bereich von Kunst und Kultur herrschen dabei sehr spezielle Nachfrageverhältnisse, die der Schweizer Schriftsteller Adolf Muschg präzise markiert: „Nichts, was das Kunstwerk zu bieten hat, war vorher auf dem Markt; also konnte es auch keine Nachfrage danach geben.“ Daher muss hier eine Nachfrage nach dem Neuen, bislang Ungesagten, Ungehörten, Ungesehenen tatsächlich bewusst erzeugt werden – gerade Kunst und Kultur brauchen also Marketing.[244]

239 Schuck-Wersig / Wersig (1992) S. 124
240 Schuck-Wersig / Wersig (1992) S. 126
241 Zu dieser verzerrten Wahrnehmung trug – neben der bereits zitierten *Dialektik der Aufklärung* – in fataler Weise das Buch von Vance Packard: Die geheimen Verführer. Der Griff nach dem Unbewussten in jedermann, Frankfurt / Berlin 1957
242 Vgl. hierzu ausführlich Klein, Armin (2005) Kulturmarketing.
243 Maslow, Abraham H.: Motivation und Persönlichkeit, Olten 1977
244 Muschg, Adolf: Die Akademie dankt. In: *Frankfurter Allgemeine Zeitung* vom 10.09.2003

Marketing lässt sich daher zunächst in einer ersten, ganz lapidaren Form definieren als der Austausch von Produkten auf der Basis von Bedürfnissen und Wünschen und die Beeinflussung dieses Prozesses. Unter Produkt versteht man dabei alles, was einer Person oder einer Gruppe von Personen angeboten werden kann, um ein Bedürfnis bzw. einen Wunsch zu befriedigen. Dies kann ein hergestelltes *Gut* (im Falle von Kunst und Kultur etwa ein Gemälde, ein Buch, eine CD, ein Film, eine Statue usw.) oder aber auch eine *Dienstleistung* (z. B. eine Theateraufführung, ein Konzert, ein Kursangebot in der Volkshochschule, der Musikschule usw.) sein. Beides ist im Folgenden gemeint, wenn einfach von Produkt die Rede ist.

Allerdings befriedigen die meisten Produkte in aller Regel keineswegs nur *ein* Bedürfnis, stillen sie nicht nur *einen* Wunsch, sondern haben meist mehrere Nutzen. Ein Auto ist nicht nur ein Fortbewegungsmittel, sondern auch ein Statussymbol; Turnschuhe sind nicht nur die adäquate Fußbekleidung zur Ausübung einer bestimmten Sportart, sondern signalisieren auch die Zugehörigkeit zu einem bestimmten Lebensstilgefühl. Der Besuch der *Salzburger Festspiele* ist über den schieren Kunstgenuss hinaus stets auch ein gesellschaftliches Ereignis ersten Ranges und so mancher Bürger geht in die Volkshochschule, nicht nur um bestimmte Fähigkeiten zu lernen, sondern auch um andere Menschen zu treffen usw.

„Produkt“ kann daher präziser definiert werden als ein Satz / Set von möglichen Nutzen bzw. Vorteilen, und zwar – dies ist sehr wichtig – wie sie von dem jeweiligen Nachfrager wahrgenommen werden. Denn von ganz entscheidender Bedeutung für das Zustandekommen eines Austauschs ist nicht die Sicht des Anbieters (der von dem Nutzen seines Produktes, gerade im Kulturbereich, wahrscheinlich ausgesprochen überzeugt sein dürfte), sondern der Nutzen des entsprechenden Produktes aus der Sicht des Besuchers. Zugespitzt gesagt: Menschen kaufen keine Produkte, sondern sie kaufen einen erwarteten bzw. erhofften Nutzen! Marketing, insbesondere Kulturmarketing, hat es daher im Kern mit „Wahrnehmungen“ zu tun, und zwar mit der Wahrnehmung des / der jeweiligen Nachfrager. Marketing ist daher nur dann erfolgreich, wenn es dem (Kultur)Anbieter gelingt, den Nutzen des jeweiligen Produktes aus der Sicht der Kunden, im Bereich des Kulturmarketing also aus der Perspektive der Zuschauer, der Besucher, der Kursteilnehmer usw. zu betrachten.

Diesen Schritt zu tun scheint für so viele im öffentlichen Kulturbetrieb Tätigen oft schier ein Ding der Unmöglichkeit – so sehr sind sie auf das Angebot, auf das Produkt – und letztlich sich selbst fixiert. Die eigentlich einfache (und doch so hohe) Kunst des Kulturmarketing besteht schlicht weg darin, die künstlerische Leistung mit den Augen der Nutzer zu sehen, sich in sie hinein zu versetzen!

Die Teilnahme an diesem Austauschprozess ist im künstlerischen und kulturellen Bereich in aller Regel freiwillig. Vermutet der mögliche Nachfrager in dem ihm unterbreiteten Angebot keinen Nutzen, wird er in der Regel nicht in einen Austauschprozess eintreten. Wie in der obigen Nutzenbestimmung deutlich wird, ist der Nutzen also nichts quasi „Objektives", d. h. etwas, das einem spezifischen Produkt von vornherein und für alle Zukunft anhaftet, sondern dieser Nutzen ist sehr stark von der Einschätzung des möglichen Nachfragers abhängig.

Kulturelle Produkte haben (mindestens) vier verschiedene Nutzen-Dimensionen, die die jeweiligen Anbieter mit ganz unterschiedlichen Strategien ansprechen können. Zunächst hat jedes Produkt einen direkten bzw. sog. *Kernnutzen.* So soll z. B. in einer Musikschule das (möglichst optimale) Beherrschen eines Instruments vermittelt werden. Das ist ihr Auftrag, deshalb melden die Eltern ihre Kinder dort an. Diesen Kernnutzen kann die Musikschule durch die Verfolgung einer Qualitätsstrategie optimieren, d. h. sie wird sich möglichst bemühen, die besten Lehrer für ihre Schülerinnen und Schüler zu gewinnen und den Unterricht unter optimalen Bedingungen stattfinden zu lassen. Und um es ganz deutlich zu sagen: Dieser Kernnutzen muss nach besten Kräften und Können erfüllt werden („auf der Bühne muss alles stimmen", wie Claus Peymann richtig sagt) – denn bei schlechter Qualität nutzt auch das ausgeklügeltste Marketing (zumindest auf Dauer) nichts!

Zweitens werden gerade kulturelle Dienstleistungen in der Regel nicht individuell bzw. isoliert nachgefragt (kein Mensch fühlt sich wohl in einem leeren Theater und sei das Bühnengeschehen noch so gut), sondern in einem bestimmten sozialen Kontext wahrgenommen. Sie haben also einen *sozialen Nutzen*. Es spielt durchaus eine Rolle, ob jemand (und vor allem wer) sonst noch an dieser Nachfrage beteiligt ist. Bei einem Theaterbesuch, insbesondere bei einem bedeutenden Festival oder einer Premiere, ist es für viele Menschen wichtig, „wer sonst noch kommt": man sieht und will gesehen werden, man trifft ganz bestimmte Menschen, mit denen man vielleicht ins Gespräch kommen möchte. Der Besuch eines Volkshochschulkurses bietet für viele in eine Gemeinde neu zugezogene Bürger die zwanglose Möglichkeit, Mitbürger kennen zu lernen. Und beim Besuch der Musikschule interessieren sich die Kinder, vor allem aber auch die Eltern, welche anderen Kinder sonst noch hingehen und wen man dort möglicherweise treffen könnte. Eine entsprechende Sozialstrategie wird deshalb vor allem diese Aspekte in den Vordergrund stellen.

Produkte, aber auch Dienstleistungen, haben drittens sehr häufig einen ausgeprägten *symbolischen* bzw. *affektiven Wert*. Man kauft nicht irgendeine Gitarre oder Brille, sondern ein Produkt, das „zu einem passt", d. h. es muss sich in das Bild bzw. Image fügen, das man von sich selbst hat bzw. das man nach außen vermitteln will. So ist – um im Beispiel der Musikschule zu bleiben – sowohl für die Eltern als auch vor allem die Kinder (als die direkten „Nutzer") von großer Bedeutung, welches Image und welchen Stellenwert die Musikschule in einer Kommune hat. Gilt sie als verstaubte, strenge Lehranstalt, so werden die Kinder wahrscheinlich sehr viel weniger Lust haben, dorthin zu gehen, als wenn sie als eine Organisation wahrgenommen wird, bei der man einfach dabei sein „muss". Umgekehrt kann – häufig zum großen Leidwesen des pädagogischen Personals durchaus unabhängig von der Qualität der tatsächlich geleisteten Arbeit – der Besuch einer Musikschule auch „out" sein. Der ständige Verweis der Kultureinrichtung darauf, wie gut man doch „eigentlich" sei, wird da nicht viel weiterhelfen, sondern diesem Problem kann man nur mit einer entsprechenden Imagestrategie beikommen.

Eine vierte wichtige Dimension des Besuchernutzens ist der auf das Produkt gerichtete *Service* bzw. die *Besucherbetreuung / -beziehung*. Besonders im Bereich neuer technischer Geräte (z. B. bei der Anschaffung von PCs) spielen die Betreuung, der Service vor Ort oder die „Hotline" eine besondere Rolle; ggf. ist der Kunde sogar bereit, einen höheren Preis zu bezahlen, wenn ihm rasche Hilfe bei immer wieder möglichen Problemen garantiert wird. Auch im kulturellen Sektor spielt – wie gerade die kommerziellen Musicalunternehmen zeigen – die Servicefunktionen eine kaum zu unterschätzende Rolle. Zunehmend kommt es den Besuchern darauf an, nicht nur das Kernprodukt (die Theateraufführung, die Ausstellung) nachzufragen, sondern das „ganze Drumherum" ist (oft mindestens) genau so wichtig und „muss deshalb stimmen" – ob dies den oftmals sehr puristischen Anbietern nun gefällt oder nicht!

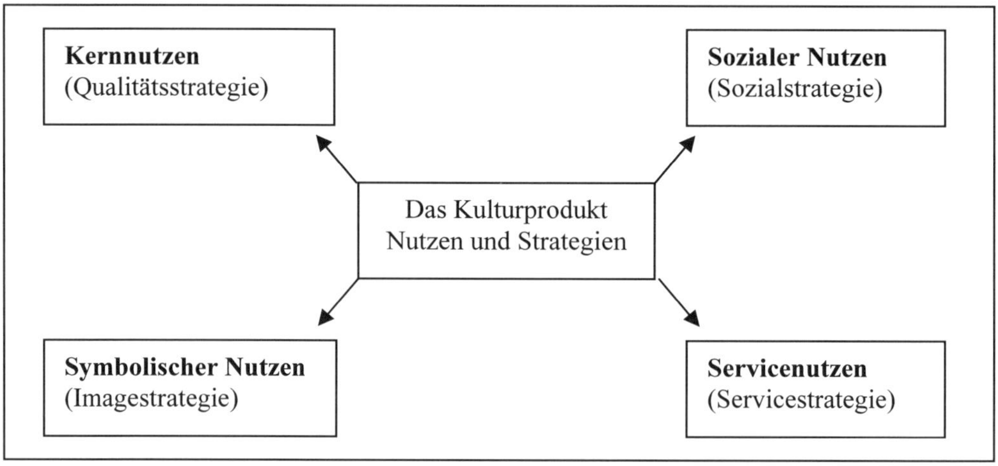

Abbildung 10: Nutzendimensionen des Kulturprodukts und Strategien

Ein wesentliches Merkmal von gesättigten Märkten mit hoher Konkurrenz – und hiermit hat es der Kulturbetrieb seit Mitte der neunziger Jahre zweifelsohne zu tun – ist nun die Tatsache, dass sich kaum mehr ein Produkt ausschließlich über den Kernnutzen „vermarkten" lässt. Vielmehr spielen alle aufgeführten Nutzendimensionen zusammen und dementsprechend wird eine Kultureinrichtung sicherlich gut beraten sein, nicht nur an einen Nutzen zu appellieren und auf eine einzige Strategie zurückgreifen, sondern so weit wie möglich alle Dimensionen des Produktes in den Austauschprozess einbringen.

Und genau da greift der zweite Satz in obigem Zitat von Adolf Muschg ausgesprochen zu kurz, wenn er sagt: „Wer Kunst kann, müsste per se ein Gegenstand des Interesses sein. Er braucht sich nicht weiter interessant zu machen oder seine Leistung als Dienstleistung empfehlen."[245] Der gewählte Konjunktiv deutet bereits an, dass der Schriftsteller weiß, dass es in Wirklichkeit nicht so ist. Man mag es durchaus bedauern und beklagen, dass Kunst nicht „per se ein Gegenstand des Interesses" ist – allein hat der Kulturmanager von dem auszugehen, was ist und nicht dem, was er sich wünscht, dass wäre!

Marketing will erklären, wie Austauschprozesse zustande kommen und Hinweise zur Ausgestaltung dieser Austauschbeziehungen ableiten und diese anschließend in entsprechende Maßnahmen umsetzen.[246] Marketing ist also gleichermaßen analysierendes Vorgehen wie gestaltendes Handeln. Will man die in dieser immer noch sehr allgemeinen Definition angesprochenen Hinweise zur Ausgestaltung von Austauschbeziehungen genauer fassen, so kann man sich folgender Definition von Philip Kotler und Friedhelm Bliemel anschließen. Demnach ist Marketing die Analyse, die Planung, die Durchführung und Kontrolle von Programmen, die darauf gerichtet sind, zum Erreichen der Organisationsziele einen beidseitigen nützlichen Austausch und Beziehungen mit Teilmärkten einzuleiten, aufzubauen und zu erhalten. Das Marketingmanagement stützt sich dabei in erster Linie auf die systematische Analyse der Bedürfnisse, Wünsche, Wahrnehmungen und Präferenzen

245 Muschg (2003)
246 Vgl. hierzu die Definition von Müller-Hagedorn, Lothar: Einführung in das Marketing, Darmstadt 1990 S. 18

der Zielgruppen sowie der Zwischenmärkte. Die Ergebnisse dieser Analyse bilden die Grundlage zur effizienten Gestaltung des Produktdesigns, der Preisbildung, der Kommunikation und der Distribution.[247]

4.6 Kulturmarketing in kommerziellen und Non-Profit-Kulturbetrieben

Kulturmarketing wird von kommerziellen Kulturbetrieben, etwa der Film- und Tonträgerindustrie, dem Verlagswesen, von Galerien und Auktionshäusern, von Musicaltheatern usw. teilweise schon seit Jahrzehnten mit großem Erfolg betrieben, ja: sie könnten gar nicht bestehen ohne dieses Instrumentarium. Doch was ist nun genau der Unterschied zwischen kommerziellem Kulturmarketing und Kulturmarketing in Non-Profit-Betrieben?

Für kommerziell orientierte Kulturbetriebe ist das entscheidende Kriterium für einen aus ihrer Sicht erfolgreichen Austausch in aller Regel der realisierte finanzielle Gewinn. Dieser Zielsetzung der finanziellen Gewinnmaximierung folgend wird der Anbieter sein jeweiliges Produkt so gestalten, dass der Kunde es möglichst oft und umfangreich nachfragt, denn desto höher und nachhaltiger wird der Gewinn ausfallen.

Im kommerziellen Kulturbetrieb denkt der Anbieter daher prinzipiell stets und grundsätzlich von der Nachfrage her. Kommerzielle Kulturbetriebe gestalten ihre Angebote in aller Regel so, dass sie den Nachfragern gefallen, gemäß der alten Anglerweisheit: „Der Wurm muss dem Fisch schmecken, nicht dem Angler“. Und längst verfügt die Marktforschung über die entsprechenden Instrumente, nicht nur vorhandene Bedürfnisse aufzuspüren, sondern auch an der Kreation zukünftiger Wünsche tatkräftig mitzuwirken und die entsprechenden Produkte hierfür zu gestalten. Kommerzielle Kulturanbieter können also direkt auf die Erkenntnisse des Konsumgüter- bzw. Dienstleistungsmarketing zurückgreifen.

Was definiert dagegen im öffentlichen Kulturbetrieb den „Gewinn“, was ist hier das Richtmaß für einen erfolgreichen Austausch zwischen Anbieter und Nachfrager? Die Anbieter öffentlich getragener bzw. unterstützter Kulturleistungen, die nicht gewinnorientiert arbeiten, versprechen sich vom Austauschprozess einen ganz bestimmten *immateriellen* bzw. *inhaltlichen* Nutzen aus ihren diversen Angeboten. Möglicherweise wollen sie die Nachfrager bilden, deren ästhetisches Urteilsvermögen stärken, deren soziales oder politisches Bewusstsein fördern, einen – wie immer definierten – kulturellen *Auftrag* erfüllen usw. Ihr Zielsystem definiert sich also gerade nicht vom finanziellen Gewinn her, sondern vom Grad der (vorgegebenen bzw. selbst gesteckten) künstlerischen bzw. kulturellen inhaltlichen Zielerreichung her.

Max Fuchs[248] hat eine Vielzahl von möglichen intendierten „Kunstwirkungen“ zusammengestellt: Von der religiösen zur ästhetischen Funktion, von der individuellen und gesellschaftlichen Emanzipation, vom ästhetischen Wohlgefallen zur ethischen Funktion, von der Wahrnehmungsschulung zum Entfaltungsort von Subjektivität und Gestaltungswollen, von der Herstellung von Urbanität zur Unterhaltung usw. – alles nicht-ökonomische Zielsetzungen, die mit Kunst und Kultur zu tun haben und in diesen Austauschprozess als

247 Kotler / Bliemel (1999) S. 23

248 Fuchs, Max: Wirkungen und Funktionen von Kunst und Kulturpolitik – Eine Bestandsaufnahme. In: Fuchs, Max und Christiane Liebald (Hrsg.): Wozu Kulturarbeit? Wirkungen von Kunst und Kulturpolitik und ihre Evaluierung, Remscheid 1995 S. 94ff

„Wert“ bzw. zur Stillung eines ganz bestimmten individuellen oder gesellschaftlichen Bedürfnisses eingebracht werden können.

Um nun die Nachfrager für das eigene Angebot zu gewinnen, kann der Anbieter prinzipiell zwei verschiedene Strategien wählen: zum einen kann er den *Produktwert steigern*, zum anderen die *Kosten der Nachfrager senken*.

- Der *Produktwert* kann z. B. dadurch gesteigert werden, dass zusätzlich zu dem Produkt weitere (u. U. kostengünstige bzw. kostenlose) Zusatzleistungen (wie etwa das Begleitheft zur Ausstellung) oder Dienstleistungen (z. B. Führung durch die Ausstellung, Eintrittskarte gleichzeitig ÖPNV-Ticket usw.) kostenlos angeboten werden, dass der Imagegewinn erhöht wird (z. B. durch das Angebot von Exklusivveranstaltungen durch besondere Betreuung im VIP-Service, durch Vorzugskarten usw.);
- Es können umgekehrt aber auch die *Kosten* der *Nachfrager* durch gezielte Maßnahmen gesenkt werden, so die finanziellen z. B. durch ein kostenloses Parkplatzangebot, verbilligte Eintrittskarten, Rabatte; die zeitlichen Kosten durch die regelmäßige Zusendung des Veranstaltungskalenders, durch Buchungsmöglichkeiten per Internet oder E-Mail usw.

Sowohl kommerzielle wie öffentliche Anbieter bedienen sich sinnvollerweise dieser beiden Strategien. An einem entscheidenden Punkt allerdings werden sich die Anbieter öffentlicher Kulturprodukte – sehr zu recht – weigern, die „Kosten“ zu senken: alles, was die *inhaltliche* bzw. *ästhetische* Dimension des Produkts betrifft, kann auf gar keinen Fall „kostengünstiger“ angeboten werden! Kein verantwortungsbewusster Intendant eines öffentlich finanzierten Theaters wird sich bereit erklären, die emotionalen bzw. die intellektuellen „Kosten“ eines Theaterstückes zu senken, damit mehr Zuschauer kommen! Kein ernst zu nehmender Musikschullehrer wird seine qualitativen Maßstäbe im Geigenunterricht nach unten öffnen, um dadurch mehr Schüler zu erhalten!

Öffentlichen Kulturbetriebe, die ihre Legitimation gerade nicht aus dem Prinzip der finanziellen Gewinnmaximierung ableiten, ist also der Weg der beliebigen Produktanpassung an den jeweiligen Publikumsgeschmack nicht nur versperrt, sondern sie würden geradezu die Legitimation der öffentlichen Subventionierung verlieren, wenn sie ihre Produkte und Dienstleistungen an der jeweiligen Nachfrage orientierten. (Das Sekretariat für gemeinsame Kulturarbeit in Nordrhein-Westfalen hat dies bereits vor Jahren prägnant in der Formel zusammengefasst: „Fördern, was es schwer hat“). Im Vordergrund der Arbeit öffentlich getragener oder subventionierter Kulturbetriebe steht vielmehr immer die möglichst optimale Realisierung ihrer jeweiligen künstlerischen, kulturellen, ästhetischen, bildungspolitischen usw. Zielsetzung, denn nur aus ihr heraus sind sie kulturpolitisch legitimiert und von dem Zwang befreit, gewinnorientiert arbeiten zu müssen. Deshalb ist der Grad der inhaltlichen bzw. ästhetischen Zielerreichung das entscheidende (wenn häufig auch nicht leicht zu fassende) Beurteilungskriterium für den Erfolg bzw. Misserfolg einer Kultureinrichtung.

Kulturmarketing in öffentlich getragenen bzw. finanzierten Kulturbetrieben muss also immer zwei Ziele möglichst optimal verwirklichen:

1. Zum einen sind die vorgegebenen bzw. selbst gesteckten inhaltlichen, künstlerischen und kulturellen Zielsetzungen so gut wie möglich zu realisieren und dabei muss
2. zum anderen der anvisierte Interessentenkreis so weit wie möglich erreicht werden.

Weder die künstlerisch wertlose Theateraufführung, die stets volle Häuser bringt, noch die höchsten Ansprüchen genügende Inszenierung, die vor leeren Stuhlreihen gegeben wird, kann die Kulturmanagerin, den Kulturmanager im öffentlichen Kulturbetrieb zufrieden stellen. Dies bedeutet, dass die künstlerischen Ziele der Kulturorganisation einerseits und die Bedürfnisse des Publikums andererseits so in Einklang miteinander zu bringen sind, dass die Ziele des einen erreicht und die Bedürfnisse des anderen zufrieden gestellt werden.[249] Dass dies eine keineswegs leichte Aufgabe, sondern stets ein schwieriger Balanceakt ist, muss nicht betont werden.

Kulturmarketing in öffentlichen Kulturbetrieben kann also definiert werden als die Kunst, jene Marktsegmente bzw. Zielgruppen zu erreichen, die aussichtsreich für das Kulturprodukt interessiert werden können, indem die entsprechenden Austauscheigenschaften (z. B. Preis, Kommunikation, Vertrieb, Service usw.) dem künstlerischen Produkt bzw. der kulturellen Dienstleistung möglichst optimal angepasst werden, um dieses mit einer entsprechenden Zahl von Nachfragern erfolgreich in Kontakt zu bringen und um die mit der allgemeinen Zielsetzung des Kulturbetriebs in Einklang stehenden Ziele zu erreichen.[250] Ein so verstandenes Kulturmarketing lässt das künstlerische bzw. kulturelle Produkt völlig unangetastet (dieses wird ausschließlich nach künstlerischen Vorstellungen gestaltet), muss sich aber genau deshalb um so mehr anstrengen, die sonstigen Marketinginstrumente (Preis, Kommunikation, Vertrieb und Service) so differenziert und zielgruppenbezogen wie möglich einzusetzen.

4.7 Der Kulturmarketing-Managementprozess

Es empfiehlt sich, bei der Entwicklung einer Marketingkonzeption für eine Kultureinrichtung – sei es eine Musikschule, ein Theater, ein Museum, eine Stadtbibliothek, ein Museum oder eine Volkshochschule – strategisch, d. h. ziel- und ziel*gruppen*orientiert vorzugehen. Dabei sollte planmäßig den im Folgenden kurz dargestellten einzelnen Schritten gefolgt werden und die dort gestellten Fragen und Aufgaben sukzessive und konsequent beantwortet bzw. gelöst werden.

Da für öffentlich getragene bzw. geförderte Kultureinrichtungen wie oben ausführlich dargestellt die *inhaltliche* Orientierung ausschlaggebend ist, bildet – wie im dritten Kapitel dargelegt – die ausdrückliche Festlegung der grundsätzlichen inhaltlichen Zielrichtung der Kulturorganisation, die sich in ihrem Mission-Statement, ihrem Strategischen Leitbild sowie der gelebten Corporate Identity ausdrückt, den Ausgangspunkt des Marketingmanagementprozesses. Ohne klar formulierte Mission, die die inhaltliche Grundrichtung einer Organisation festschreibt, kann keine Unternehmung, vor allem keine Non-Profit-Organisation, sinnvoll arbeiten, da in diesem Falle weder Steuerungs- und Controllinghandeln möglich ist noch Kontroll- oder Erfolgsmessungen realisierbar sind.

---

249 Vgl. hierzu auch Müller-Wesemann, Barbara: Marketing im Theater. Herausgegeben vom Zentrum für Theaterforschung der Universität Hamburg und *Deutschen Bühnenverein* e.V., Bundesverband Deutscher Theater, Hannover 2 1992; *diess.*: Die Affäre mit dem Publikum. Mit empirischen Marketing-Methoden Besucherpotentiale gezielt mobilisieren. In: Handbuch Kulturmanagement, Stuttgart 1992ff (Lieferung Oktober 1992 Handmarke D.1)

250 Vgl. hierzu Colbert, Francois: Marketing Culture and the Arts, Montreal 1994 S. 22

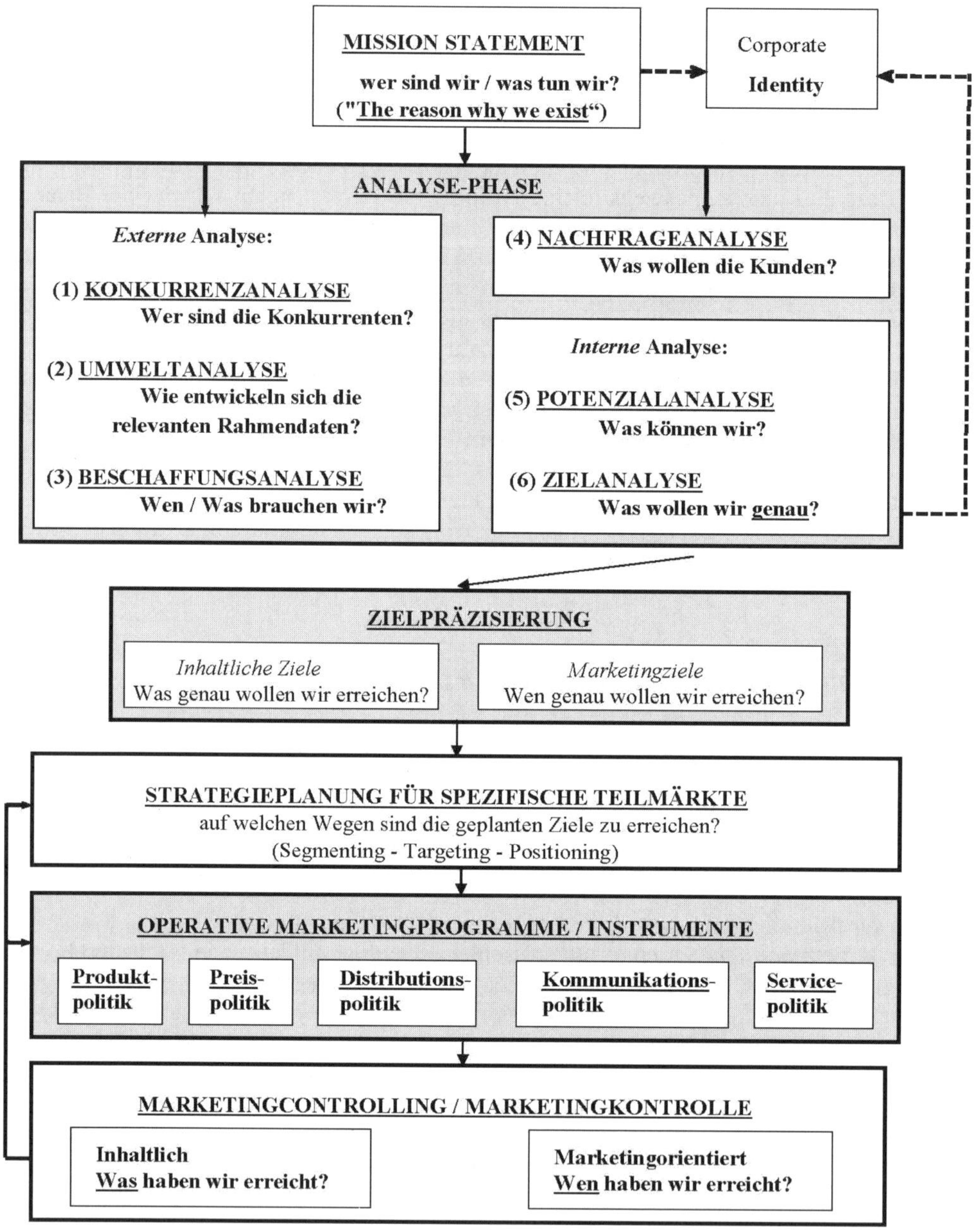

Abbildung 11: Der strategische Kulturmarketing-Managementprozess

Ist geklärt, worin die grundsätzliche inhaltliche Orientierung einer Kultureinrichtung besteht, schließt sich eine ausführliche Analyse der Rahmenbedingungen, unter denen diese

Organisation arbeitet, an (vgl. drittes Kapitel). Auf der Basis dieser Analyse, deren Ergebnisse aller Wahrscheinlichkeit nach nicht ohne Rückwirkungen auf das ursprüngliche Ziel bleiben werden, müssen die Ziele der Kultureinrichtung präzisiert und die Kriterien für die Erfolgsmessung benannt werden.

Die verschiedenen Marketingstrategien bilden quasi die Schnittstelle bzw. das Scharnier zwischen Zielsetzungen einerseits und dem Einsatz der verschiedenen Marketinginstrumente andererseits. Die von der jeweiligen Kultureinrichtung ausgewählten möglichen Strategien bestimmen dementsprechend den Einsatz der Marketinginstrumente, den sog. Marketingmix, der die Produkt- bzw. Programmpolitik, die Preispolitik, die Distributionspolitik, die Kommunikationspolitik sowie schließlich die Servicepolitik umfasst.

Sowohl das steuernd-begleitende Marketing-Controlling als auch die abschließende Marketing-Kontrolle analysieren, inwieweit die selbst gesteckten inhaltlichen bzw. Marketing-Ziele tatsächlich erreicht wurden, wo es zu Abweichungen kam, wie diese begründet werden können und welche Folgerungen hieraus für die Zukunft gezogen werden können.

4.8 Starke Marken im Kulturbetrieb

Aber nicht nur konsequentes Kulturmarketing tut den öffentlichen Kultureinrichtungen Not: Mittlerweile ist es – angesichts einer ausgeprägten Freizeitkonkurrenz – darüber hinaus notwendig, dass die einzelnen Kulturbetriebe sich als „starke Marken" konstituieren.[251] Ein für den kulturmanagerialen Zusammenhang besonders wichtiger Aspekt der erfolgreichen Durchsetzung der Neuen Kulturpolitik seit Mitte der siebziger Jahre war nämlich, dass Kunst und Kultur zunehmend ins Zentrum der Gesellschaft gerückt sind, d. h. sich die Konkurrenzsituation zwischen öffentlichen und privaten Kulturanbietern drastisch verschärft hat. Denn ein ganz wesentliches Element dieser Neuen Kulturpolitik war erstens die Erweiterung des Kulturbegriffs. Wurde in den fünfziger und sechziger Jahren „Kultur" weitgehend mit den (weitgehend unhinterfragten) Angeboten der Kunst bzw. der sog. Hochkultur – also vor allem Theater, Orchester, Museen, Bibliotheken usw. – gleichgesetzt, so öffnete sich jetzt die Kulturpolitik neuen Formen der Kulturarbeit wie Soziokultur, freier Theaterarbeit, Populärkultur usw.

Diese politisch gewollte und forcierte Entwicklung konnte auf Dauer allerdings nicht ohne Konsequenzen für das Verständnis von Kultur und ihre Rezeption bzw. Rezipienten bleiben. Der Soziologe Heinz Steinert beschreibt 1998 in seinem Buch „Kulturindustrie" die Konsequenzen dieses Prozesses der Erweiterung des Kulturbegriffes, der seit dem Ende der siebziger Jahre in Gang kam: „Gebildet (...) zu sein, schließt heute ein, sich auch mit Populärkultur auszukennen, nicht nur mit der hochgezüchteten Avantgarde, die ohnehin nicht so leicht zu identifizieren ist und im Verdacht der Scharlatanerie steht. Der Kanon von ‚gutem Geschmack' und Elitismus in der Kultur hat sich zwar keineswegs ganz aufgelöst, aber er ist sehr viel reflektierbarer geworden als er es etwa im 19. Jahrhundert zu den hohen Zeiten des Bildungsbürgertums war."

Steinert weiter: „Unter den Gebildeten ist Vielfalt der Kultur-Kenntnisse und Reflektiertheit des Umgangs mit diesen vielen Angeboten zum Ausweis besonderer Kompetenz geworden. Gebildet ist, wer nicht nur über Schönberg, sondern auch über Autorennen verständig reden kann – und das nicht unbedingt als Kritik am Rennsport, die wirkt eher altba-

251 Vgl. hierzu: Klein, Armin (Hrsg.): Starke Marken im Kulturbetrieb, Baden-Baden 2007

cken, provinziell und ist ohnehin geschenkt."[252] Die Folge, so Steinert: „Tatsächlich ist ein neuer Kanon entstanden, nach dem gebildete Menschen heute über die populären Unterhaltungen ebenso Bescheid wissen müssen wie über die bildungs-elitären. Bei etwas älteren Gebildeten hat man oft den Eindruck, in der Auseinandersetzung mit Kulturindustrie wird tatsächlich verhandelt, ob auch Intellektuelle fernsehen (und sich dazu bekennen) dürfen. Bei den Jüngeren stellt sich das Problem nicht mehr: sie können eher Bildungslücken im Bereich der Hochkultur haben als in dem der Unterhaltungskultur."[253]

Die neue Kulturpolitik führte zweitens auch zu einer enormen *Steigerung des* künstlerischen und kulturellen Angebots, dies zeigt ein Blick in die Statistik der einzelnen Einrichtungen. 1977, also zu Beginn der Ära der Neuen Kulturpolitik, erhob der *Deutsche Städtetag* in seiner Bestandsaufnahme *Kultur in den Städten*[254] die Zahl der verschiedenen kulturellen Einrichtungen:

- 1977 zählte er 1.244 Öffentliche Bibliotheken; 2001 waren es laut Statistischem Bundesamt bereits 9.327;
- 1977 gab es 116 öffentliche Musikschulen; 2001 waren es 966;
- 1977 gab es 149 Volkshochschulen, 2005 rund 1.000.

Selbstverständlich ist dabei zu berücksichtigen, dass durch die Deutsche Einheit eine ganze Reihe dieser Einrichtungen aus der ehemaligen DDR hinzukamen; dies erklärt aber keineswegs hinreichend diese enormen Zuwächse.

Die enorme Angebotserweiterung, die durch die öffentliche Hand vorangetrieben wurde, aber auch die Erweiterung des Kulturbegriffs, hatten eine (wenn auch vielleicht ungewollte) Nebenwirkung. Denn beginnend in den siebziger Jahren entdeckte zunehmend auch die kommerzielle Privatwirtschaft den Kultursektor und schuf ihrerseits neue bzw. weitete ihre bisherigen Angebote entsprechend aus. Erwähnt sei hier nur der Mitte der achtziger Jahre zu beobachtende Gründungsboom bis dahin in Deutschland unbekannter privater Musicaltheater (denen ein traditionell orientiertes Feuilleton standhaft und über Jahre hinaus versuchte den Kulturcharakter abzusprechen), das Auftauchen neuer Kinoformen, wie die Cineplexe und Cinemaxe, die rasante Entwicklung der Tonträgerindustrie im Gleichklang mit den neuen Medien, das schon inflationäre Anwachsen einer bis dahin völlig unbekannten Eventkultur usw.

Doch trotz einer stetig wachsenden Angebotsvielfalt blieb jedoch in vielen öffentlich getragenen bzw. geförderten Kultureinrichtungen die Mentalität der Kulturmanager weitgehend die der siebziger Jahre, auch wenn es hinsichtlich der öffentlichen Finanzierung immer ungemütlicher wurde. Dass Kultureinrichtungen, auch öffentliche, Kulturmarketing dringend benötigen, dürfte unstrittig sein – auch wenn manche Manager öffentlicher Kultureinrichtungen es bislang noch nicht begriffen haben oder sich gegen die Verwendung des Begriffes sträuben. Peymann irrt (in der dem Eingangs erwähnten Zitat) aber gewaltig, wenn er glaubt, es genüge, wenn „auf der Bühne alles stimme". Zu stark sind mittlerweile die Konkurrenz der ebenfalls qualitativ hochrangigen Angebote der Freizeitindustrie und vor allem die Mobilität der Menschen, die mittlerweile auch weite Wege fahren, um genau dasjenige kulturelle Angebot zu suchen, das ihren Vorstellungen entspricht.

252 Steinert, Heinz: Kulturindustrie. Münster 1998 S. 20
253 Steinert (1998) S. 9
254 Kultur in den Städten (1979)

Es geht im Kern also um eine spezifische „Ökonomie der Aufmerksamkeit“[255], wie Georg Franck schreibt: Nach welchen Kriterien gelingt es Anbietern, die so wertvolle Aufmerksamkeit der Nachfrager zu erringen? Und genau hier kommen Begriff und Konzept der Marke ins Spiel. „Starke Marken *helfen* uns“, schreibt Klaus Schmidt, Geschäftsführer einer der führenden europäischen Unternehmen für Branding. „Sie helfen uns – als Verbraucher bei unseren Entscheidungen“, schreibt Schmidt weiter und: „Marken vermitteln Informationen über Produkteigenschaften, sie polarisieren; sie reduzieren das Risiko eines Fehlkaufs; sie bieten Orientierung; und sie helfen nicht zuletzt dem Käufer bei der Selbstdarstellung. In einer starken Marke bündeln sich rationale und emotionale Gründe, ein Produkt einem anderen vorzuziehen.“[256] Es geht also nicht nur um einen einzigen Aspekt: entweder die rationale Information oder das emotionale Gefühl, sondern um die möglichst genaue Kombination von beidem, die Marken stark machen. (Und das macht die Sache dann wieder skurril: Zu sehr ist Claus Peymann als Person in jeder Hinsicht mittlerweile selbst zur Marke geworden, als dass seine Ablehnung von Marketing glaubhaft sein könnte).

Folgt man Kai-Uwe Hellmann, der sich in seiner Untersuchung zur *Soziologie der Marke*[257] intensiv mit der gesellschaftlichen Funktionsweise von Marken auseinander gesetzt hat, so sind es vor allem folgende fünf Basisfunktionen, die starke Marken erfüllen müssen:

1. Die *Unterscheidungs-* und *Identifizierungsfunktion*; erst eine unverwechselbare Markierung durch Logo, Farbe, Schriftzug usw. erlaubt die rasche und unverwechselbare Identifizierung gegenüber der Konkurrenz – eine Erkenntnis, die in der Bildenden Kunst keineswegs neu ist, wie jeder Maler weiß, der sein Bild mit einer Signatur versieht.

2. Die *Entlastungs-* und *Orientierungsfunktion*; die leichte Wiedererkennbarkeit entlastet den Nutzer, sie hilft ihm, sich ohne größeren Aufwand zurecht zu finden und ermöglicht eine nahezu risikofreie Entscheidung

3. Die *Garantie-* und *Vertrauensfunktion*; schon in früher Zeit hat die Markierung die Funktion übernommen, den nicht persönlich anwesenden Produzenten zu ersetzen: Das Markenzeichen garantierte auf diese Weise, dass der Hersteller gleichsam „hinter seinem Produkt stand“. Angesichts der Unübersichtlichkeit des Angebotenen vertraut der Käufer dem Qualitätsversprechen der Marke.

4. Die *Prestige-* und *Identitätsfunktion*; dieser Aspekt, der relativ neu ist, tritt zu den schon länger existierenden ersten drei Funktionen hinzu. Diese Funktion zielt sehr stark auf den symbolischen Zusatznutzen der Marke ab. Kauf und Nutzung können ganz gezielt eingesetzt werden, um die soziale Stellung des Nutzers aufzuwerten und entsprechendes Prestige zu erheischen. Dieser Aspekt hat sehr viel mit dem Selbstbild und der Identität der Nutzer zu tun; so kann kaum verwundern, dass Markendenken gerade bei Jugendlichen in der Pubertät eine solch wichtige Rolle spielt. Aber auch in postmodernen Gesellschaften, die unklare Identitäten als Massenphänomen hervorbringen, übernimmt dieser Aspekt der Marke wichtige Funktionen hinsichtlich der

255 Franck, Georg: Ökonomie der Aufmerksamkeit. Ein Entwurf, München 1998
256 Schmidt (2003) S. 17
257 Hellmann, Kai-Uwe: Soziologie der Marke, Frankfurt 2003 S. 16

Lebensstil- und Milieubildung (und deshalb sind starke Kulturmarken auch so interessant für die Wirtschaft).

5. Schließlich die *Kommunikations-* und *Inklusionsfunktion*. Mittlerweile wird die Marke von Vielen als die umfassende Botschaft empfunden, d. h. sie steht „für das Ganze" und informiert den Nutzer über sämtliche Verwendungsmöglichkeiten und nicht nur einen einzigen Aspekt.

Die private Kulturwirtschaft hat die Chancen und Möglichkeiten einer starken Markenbildung längst erkannt, ist diese für sie doch überlebensnotwendig gegenüber starker Konkurrenz. Insbesondere der öffentlich getragene bzw. unterstützte Kulturbetrieb hat hier noch enormen Nachholbedarf: Die Konkurrenz ist vielfältig.

- Zum einen geht es um die Aufmerksamkeit der Nachfrager, die immer wählerischer werden. Es gilt, nicht nur ihre Aufmerksamkeit zu gewinnen, sondern diese dauerhaft zu binden.
- Eng verbunden mit der Aufmerksamkeit der Nachfrager ist die Frage der Legitimität, denn öffentliche Gelder werden auf Dauer – und gerade angesichts knapper öffentlicher Kassen – nur dorthin fließen, wo ausreichend Interesse und Nachfrage vorhanden sind. Ein Theater mit dauerhaft hoher Nutzung wird wahrscheinlich weniger leicht geschlossen werden, wie ein ständig nur halb ausgelastetes!
- Und auch die privaten Geldgeber, Sponsoren ebenso wie Spender, werden ihre Unterstützung auf Dauer nur solchen Betrieben gewähren, die klar erkennbar sind und ein eindeutiges Profil haben.

Was bedeutet nun Markenbildung in öffentlichen Kultureinrichtungen?

1. Selbstverständlich ist von zentraler Bedeutung dass die Qualität stimmt. Die Spitzenqualität des künstlerischen und kulturellen Angebotes ist unabdingbar, denn eine Marke ist immer auch ein Qualitätsversprechen – und wenn dies einmal oder gar mehrfach gebrochen wird, dann nützt auch die beste Marketingstrategie nichts, eher im Gegenteil, gerade im besonders sensiblen Bereich der Kunst- und Kulturproduktion.
   Aber die notwendige Qualität ist eigentlich auch nicht das Kernproblem der meisten öffentlichen Kultureinrichtungen, deren Leitung in aller Regel (Ausnahmen gibt es natürlich auch hier) für sehr gute Qualität garantiert. Das Problem ist viel mehr, dass mittlerweile sehr viele sehr gute Angebote miteinander konkurrieren und die Nutzer die große Auswahl haben, d. h. Qualität alleine ist – leider – häufig zu wenig.

2. Das zweite, was zu dem Qualitätsversprechen hinzutreten muss, ist deshalb eine konsequente Besucherorientierung, wie sie eingangs dieses Kapitels dargestellt wurde. Damit diese auf Dauer gelingen kann und in eine konsequente Besucher*bindung* überführt werden kann, ist es wichtig, dass alle Aspekte des Besuchs einer Kulturveranstaltung den Besucher zufrieden stellen. Und da sind es oft die (vielen) berühmten „Kleinigkeiten", die eine wichtige Rolle spielen: die Zugänglichkeit, die Parkplatzfrage,

die Öffnungszeiten, der Service, die Freundlichkeit des Personals, das (funktionierende) Beschwerdemanagement usw.[258]

3. Damit die Marke zur Marke wird, braucht sie drittens eine starke Identität. Leider wird in allzu vielen öffentlichen Kultureinrichtungen – so sie sich denn überhaupt dem Kulturmarketing öffnen – die viel bemühte *Corporate Identity* auf das *Corporate Design* reduziert. Ein neuer Intendant kommt mit seiner Mannschaft ans Haus, wechselt Farbe, Logo und Schriftzug und schon ist – scheinbar – weithin deutlich gemacht, dass ein neuer und frischer Wind weht. Welch ein Irrtum!
Es wird dabei allzu leicht vergessen, dass der wesentliche Kern einer Corporate Identity eine in sich schlüssige Corporate Philosophy, also eine stimmige und abgestimmte Gesamtphilosophie des jeweiligen Hauses sein muss. Um diesen Kern herum, der im Corporate Design nur seinen graphischen Ausdruck findet, gruppieren sich die Corporate Communication (also wie innerhalb der Einrichtung gesprochen wird, aber auch nach draußen kommuniziert wird) und das Corporate Behaviour, also das gesamte Verhalten und Auftreten des Kulturbetriebes. Diese Komplexität macht deutlich, wie viel Arbeit in einer Corporate Identity steckt – sie ist nichts, was man bei einem pfiffigen Graphikbüro einfach bestellen kann.

4. Eng mit der Identität einer Einrichtung hängt das vierte Kennzeichnen einer starken Marke zusammen, ihre dauerhafte Glaubwürdigkeit. Eine starke Marke darf ihre Eigenschaften nicht nur behaupten, sondern sie muss sie tagtäglich leben. Das Qualitätsversprechen darf nicht nur beteuert werden, sondern es muss immer wieder aufs neue eingelöst werden. Denn über die Stärke einer Marke entscheidet nicht der Anbieter, sondern der Nachfrager.

Kommerzielle Kulturbetriebe entwickeln seit Jahrzehnten ausgeklügelte Markenstrategien, weil sie ansonsten auf dem (Kultur-)Markt kaum eine Chance hätten. Öffentliche Kultureinrichtungen in Deutschland tun sich damit noch schwer. Aber starke Marken wie „das" *MoMa*, „das" *Metropolitan Museum* und „das" *Guggenheim* in New York, Venedig und Bilbao, die *Salzburger* ebenso wie *Bayreuther Festspiele*, der *Louvre* in Paris und die *New Tate* in London zeigen auf eindrückliche Weise, dass starke Marken auch im Non-Profit-Kulturbereich durchaus nicht nur möglich, sondern auch sinnvoll sind.

4.9 Nachhaltigkeit in der Kulturpolitik[259]

Kulturmarketing und die Bildung starker Marken sind also drängende Gegenwartsaufgaben des öffentlichen Kulturbetriebs in Deutschland, die entschlossen angegangen werden müssen. Ein strategisches Kernproblem der Zukunftsfähigkeit der öffentlichen Kultureinrichtungen

258 Vgl. hierzu ausführlich: Klein, Armin: Besucherbindung im Kulturbetrieb. Ein Handbuch, Wiesbaden 2003; Hausmann, Andreas und Sabrina Helm (Hrsg.): Kundenorientierung im Kulturbetrieb. Grundlagen – Innovative Konzepte – praktische Umsetzung, Wiesbaden 2006

259 Diese Ausführungen basieren auf: Klein, Armin: Nachhaltigkeit als Ziel von Kulturpolitik und Kulturmanagement – ein Diskussionsvorschlag. In: Klein, Armin und Thomas Knubben: *Deutsches Jahrbuch für Kulturmanagement* 2003 / 2004; Baden-Baden, 2005 S. 9-30

liegt darüber hinaus in jener „Vergruftungsgefahr", auf die Gerhard Koch schon vor einiger Zeit hinwies.

Die im vierten Kapitel kritisierte vorrangige Angebotsorientierung (ohne ausreichende Berücksichtigung der Nachfrage) schlägt sich nicht selten auch in einer entsprechend verfehlten Förderpraxis nieder. Als Beispiel hierfür mag die Literaturförderung dienen. Hier wird vor allem das *Angebot* (also die Produktion von Literatur), nicht aber die *Nachfrage* gefördert. „Deutschland hat die meisten Preise, Stipendien und Wettbewerbe für Literatur. Das *Zentrum für Kulturforschung* kommt mit dem Zählen und Auflisten kaum nach. Fast jede größere Kommune leistet sich einen Literaturpreis", schreibt Wolfgang Schneider und fragt, worum es sinnvollerweise denn gehen sollte: „Buchmarktförderung, Autorenförderung oder Leseförderung?"[260]

Denn in der Tat: In Deutschland ist nicht die Schaffung und der Vertrieb von Literatur, also das Angebot, das vorrangige Problem, sondern – wie nicht erst seit den Ergebnissen der *PISA*-Studie bekannt ist – vielmehr das Lesen, also die Nachfrage! Gleichwohl werden landauf, landab die Stadtbücherei-Etats gekürzt, in denselben Nutzergebühren und drastische Mahngelder eingeführt, die eher abschrecken als zum Lesen ermuntern und werden die sowieso schon bescheidenen Mittel für die so notwendige Leseförderung weiter reduziert.

Was also, so ist zu fragen, nutzen die besten rechtlich und finanziell abgesicherten Kultureinrichtungen, wenn zunehmend weniger junges Publikum in die Theater, die Konzertsäle, die Museen, die Bibliotheken strömt? Woher soll dann das Publikum von morgen kommen? Die Aufmerksamkeit sollte in Zukunft also sehr viel verstärkter dem Publikum von morgen und seiner zielgerichteten Entwicklung („Audience Development", wie es im Amerikanischen heißt) gelten. Denn eng mit dieser Frage verbunden ist die nach der Legitimation der auch weiterhin notwendigen hohen öffentlichen Subventionen. Salopp gesagt: Stell Dir vor, es gibt Kultur und keiner geht hin! Damit stellt sich zentral die Frage nach der Nachhaltigkeit von Kulturpolitik und Kulturmanagement.[261]

Begriff und Konzept der Nachhaltigkeit stammen aus der ökologischen Diskussion und rücken die Beziehung der menschlichen Zivilisation zu ihren natürlichen Voraussetzungen, deren Aufzehrung droht und deren Ende zugleich das Ende der Zivilisation bedeuten würde, in den Mittelpunkt des Interesses. Das Prinzip der Nachhaltigkeit wurde als erstes in der Forstwirtschaft formuliert und heißt hier ganz einfach, dass nicht mehr Holz geschlagen werden darf, als nachwächst, dass also Ernte und Nachwachsen im Gleichgewicht bleiben müssen.[262] Eine Forstwirtschaft arbeitet dann nachhaltig, wenn sie den Einschlag auf die Nachwuchsrate begrenzt und aktiv für das Nachwachsen sorgt. Nachhaltigkeit bedeutet somit stets zweierlei: zum einen eine (Selbst-)Begrenzung auf der Nutzungsseite und auf der anderen Seite aktive Maßnahmen zur Regeneration.[263]

Das Konzept der „nachhaltigen Entwicklung", das spätestens seit der Konferenz der *Vereinten Nationen* für Umwelt und Entwicklung in Rio de Janeiro von 1992 ins Bewusstsein einer breiteren Öffentlichkeit gelangt ist, fordert unter ökologischen und ökonomischen Gesichtspunkten ganz allgemein, nur so viel an natürlichen Ressourcen zu verbrauchen, wie

260 Schneider, Wolfgang: Buchmarktförderung, Autorenförderung oder Leseförderung? Sieben Kapitel über Literatur und Politik. In: Heinrichs, Werner und Armin Klein (Hrsg.): *Deutsches Jahrbuch für Kulturmanagement* 1998, Baden-Baden 1999 S. 62 bzw. 53

261 Klein (2005) Nachhaltigkeit

262 Sieferle, Peter: Der unterirdische Wald – Energiekrise und Industrielle Revolution, München 1982

263 Hennecke, Franz-Josef: Nachhaltigkeit – Modewort oder ein neues Paradigma für politische Kultur und Bildungspolitik? Vortrag gehalten am 26.5.1999 vor dem *Pädagogischen Zentrum Bad Kreuznach*

sich wieder regenerieren, um auch zukünftigen Generationen ein lebenswertes Leben zu ermöglichen. Gewinnt dieses Prinzip seither in der ökologischen, aber auch der ökonomischen Diskussion zunehmend an Bedeutung, so wurde es von der Kulturpolitik erstaunlicherweise erst sehr spät entdeckt und bislang noch eher allgemein und unbestimmt formuliert. Dies ist umso erstaunlicher, als sich der Begriff *Kultur* vom lateinischen *cultura* ableitet und die >Pflege< bzw. den >pfleglichen Umgang< bezeichnet. Der Kulturbegriff müsste somit eigentlich den Begriff der Nachhaltigkeit implizieren. Leider ist dies keineswegs der Fall, wie die im ersten Kapitel geschilderten Beispiele zeigen.

Wie kann nun das Konzept der Nachhaltigkeit sinnvoll für den Kunst- und Kulturbetrieb fruchtbar gemacht werden? Vor allem jene zwei Aspekte des Nachhaltigkeitskonzepts stehen dabei im Vordergrund, auf die bereits hingewiesen wurde:

- eine (Selbst-)Begrenzung auf der Nutzungsseite, d. h. dass in Zukunft nur noch solche kulturpolitischen Projekte beschlossen werden sollten, die unter dem Gesichtspunkt der Folgelasten und –kosten zukünftigen Generationen eine von ihnen gestaltbare Kulturpolitik ermöglichen und sie nicht in unüberwindlichen „Sachzwänge" einschnüren;
- das sehr viel breitere und engagiertere Ergreifen von aktiven und vor allem systematischen Maßnahmen zur Gewinnung und zum Aufbau zukünftiger Nutzer von Kunst und Kultur (*Audience Development*).

Auf diese beiden Aspekte wird im Folgenden ausführlicher eingegangen.

4.10 Verzicht auf nicht nachhaltig finanzierte Großprojekte

Kulturpolitik führte in den vergangenen Jahrzehnten zunehmend – so bereits 1993 das Fazit der beiden Stadtsoziologen Häußermann und Siebel – zu einer „Festivalisierung der Stadtpolitik".[264] Heinrichs stellt fest: „Die ehedem sichere Ausrichtung am gesellschaftspolitischen Ziel ist einer diffusen Eventorientierung gewichen (...) Die Loslösung einer öffentlichen Kulturförderung von inhaltlichen und politischen Zielen findet ihre adäquate Entsprechung in einer zunehmenden Eventorientierung. Event-Kultur ist ein wesentliches Element der Erlebnisgesellschaft; die auf einem immer wieder neuen ‚Kick' ausgerichtete Erlebnisgesellschaft sucht das außergewöhnliche Ereignis, um sich selbst zu stimulieren und um Befriedigung in der Sucht nach dem Neuen, Einmaligen und Außergewöhnlichen zu finden. Deshalb ist Event-Kultur auch nicht einfach nur ein etwas aufgeblähtes Kulturereignis alten Stils, sondern eine völlig neuartige Weise der Präsentation und Konsumtion von Kultur."[265]

Diese Entwicklung konnte auf Dauer nicht ohne weit reichende Folgen für den öffentlichen Kunst- und Kulturbetrieb bleiben und die ersten Folgen bzw. Probleme lassen sich bereits jetzt beobachten. Gerhard Schulze selbst sah bereits Ende der neunziger Jahre die von ihm konstatierte und im Detail analysierte Entwicklung zur „Erlebnisgesellschaft" sehr skeptisch. Schon 1999 beschrieb er deren zentralen Denkfehler: „Es ist ein sehr einfacher

---

264 Häußermann, Hartmut und Walter Siebel: Festivalisierung der Stadtpolitik. Stadtentwicklung durch große Projekte. In: *Leviathan*, Sonderheft 13, Frankfurt 1993

265 Heinrichs, Werner: Weniger wäre mehr! Strategische Anmerkungen zur Zukunft öffentlich finanzierter Kulturangebote. In: Heinrichs, Werner und Armin Klein (Hrsg.): *Deutsches Jahrbuch für Kulturmanagement* 2000, Baden-Baden 2001, S. 21 bzw. 24)

Grund, weshalb das Denkmuster der Erlebnisrationalität nicht besonders gut funktioniert. Wenn wir uns erlebnisrational orientieren, behandeln wir uns selbst wie Sachen, wir sind aber keine Sachen. Erlebnisse lassen sich nicht in ähnlicher Weise rationalisieren, wie sich Sachzusammenhänge rationalisieren lassen, indem man das Verhältnis von Input und Output optimiert". Dagegen steht seine wohl problemlos nachzuvollziehende Erkenntnis: „Die beglückendsten Momente sind im Leben diejenigen, die man überhaupt nicht beabsichtigt hat."[266]

Gleichwohl, so hat man den Eindruck, läuft der Tanker relativ ungestört weiter in die einmal eingeschlagene Richtung, setzt sich der „Trend zum Event" fort, dreht die Gesellschaft mit vereinten Kräften das Rad weiter in diese Richtung, läuft das „Steigerungsspiel" (Schulze) ungebremst fort, „eine riesige soziale Veranstaltung, in die man hineingezogen wird, ob es einem passt oder nicht, ein die ganze Welt überziehendes Hin und Her von Vorgaben, auf die man, seiner Vernunft oder seinen gelernten Reflexen gehorchend, spielkonform reagiert."[267]

Dies konnte alles so lange einigermaßen gut gehen, als genug öffentliches Geld zur Förderung aller Kultureinrichtungen zur Verfügung stand; dies musste allerdings prompt dann zum Problem werden, als die öffentlichen Mittel nicht nur stagnierten, sondern real (bezogen auf die Inflationsrate) rückläufig waren. Da wird dann beispielsweise – zähneknirschend – vom Gemeinderat die Übernahme des exorbitanten Defizits des Sommerfestivals abgenickt („Wir brauchen es schließlich als Tourismusattraktion, als Imagefaktor und zur Stärkung des lokalen Einzelhandels"), gleichzeitig werden die Gebühren für die Stadtbibliothek, die Musikschule und die Volkshochschule drastisch erhöht („Uns bleibt leider nichts anderes übrig, um das Haushaltsdefizit auszugleichen"). Nachhaltigkeit ist dies gewiss nicht.

Meint man es dagegen wirklich ernst mit dem Prinzip der Nachhaltigkeit als Ziel der Kulturpolitik, mit der „Verteidigung der Anstrengung gegen die Bequemlichkeit"[268], so hat dies weit reichende – und sicherlich für manchen am medienträchtigen, öffentlichkeitswirksamen Erfolg orientierten Kultur- bzw. Kommunalpolitiker zunächst unliebsame – Konsequenzen.

Denn eine Kulturpolitik der Nachhaltigkeit verzichtet auf prestigeträchtige Großprojekte, insbesondere Bauprojekte, deren Folgekosten kaum abschätzbar sind und die den (kultur-)politischen Handlungsspielraum nachkommender Generationen in nicht hinnehmbarer Weise einengen. Dies bedeutet umgekehrt, dass nur noch solche Groß-Projekte (und in der Regel sind dies Bauprojekte) angegangen werden sollten, deren Finanzierung zum Zeitpunkt ihrer Planung tatsächlich gedeckt ist und die von denjenigen geleistet wird, die dies unmittelbar zu verantworten haben und nicht nachfolgenden Generationen aufgebürdet wird.

Als ein Negativbeispiel für eine nicht-nachhaltige Finanzierung kann die seiner Zeit als zukunftsweisend bezeichnete Finanzierung des 64 Mio. € teuren Neubaus des Festspielhauses in Baden-Baden gesehen werden. Es ging 1998 in Betrieb und seine (höchst problematische) Finanzierung wurde bereits 1997 im Vorfeld von Werner Heinrichs ausführlich kritisiert[269]. Die Finanzierung des Baus (nicht des Betriebs!) des Festspielhauses

266 Schulze (1999) S. 306
267 Schulze (2003) S. 85
268 Schulze (1993) S. 515
269 Vgl. hierzu Heinrichs (1997)

Baden-Baden bindet zukünftige Landes- und Kommunalhaushalte auf nahezu eine Generation. Denn Bauherrin des Festspielhauses war seiner Zeit eine *Objekt*gesellschaft, die sich aus einem geschlossenen Immobilienfonds sowie zu einem kleineren Teil aus Krediten finanzierte. Eine *Betreiber*gesellschaft ihrerseits pachtet seit der Fertigstellung das Festspielhaus von der Objektgesellschaft und stellt mit dem zu zahlenden Pachtzins die Rendite für die Fondzeichner bzw. Zins und Tilgung für den Kreditteil sicher. Dazu errichtete die Betreibergesellschaft seinerzeit eine Managementgesellschaft mit dem Namen *Festspielhaus- und Festspiele GmbH*, die für den laufenden Festspielhausbetrieb zuständig ist und die entsprechenden Erträge erwirtschaften soll.

Da allerdings von vornherein offensichtlich nicht damit gerechnet wurde, dass die von der Betreibergesellschaft erwirtschafteten Erträge alleine zur Finanzierung der Rendite bzw. der Tilgung des Kredits ausreichen würden, wurde vereinbart, dass das Land Baden-Württemberg aus Mitteln der kommunalen Wirtschaftsförderung eine jährliche Subvention von rund 5 Mio. DM (resp. die Summe in Euro) zahlen sollte, und das verbindlich für den Zeitraum von 25 Jahren. Falls auch dieser Betrag nicht ausreichen sollte, sollte auch die Stadt Baden-Baden – deren Wirtschaftsförderung das gesamte Projekt zu gute kommen sollte! – die fehlenden Erträge der Betreiber- bzw. Managementgesellschaft zahlen, um die von der Objektträgergesellschaft erwarteten Einnahmen sicherzustellen; man geht hier von einem jährlichen Betrag in Höhe von etwa 4 Mio. DM (resp. in Euro) aus – ohne Bauunterhaltung und sonstige Kosten! Zudem hat sich die Stadt verpflichtet, das Gebäude nach Ablauf von 22,5 Jahren zum Preis von 39 Mio. DM (resp. in Euro) von der Objektgesellschaft zu kaufen.

Nachdem es anfänglich noch nicht einmal gelungen war, den laufenden Kulturbetrieb kostenneutral zu fahren, ist zumindest dies seit der Übernahme der Leitung durch den Intendanten Möhlich-Zebhauser gelungen; die jährlichen Tilgungsraten müssen indes weiterhin von Land und Stadt getragen werden. Die Presse spricht deshalb scharfzüngig von einem „Kultur-Luftschloss von großmannsüchtigen schwäbischen Kunst-Bankrotteuren". Claus Spahn sieht in der *ZEIT* „ein Musterbeispiel dafür, wie man im Kapitalismus Verluste sozialisiert und Gewinne privatisiert (...). Im Frühjahr 1999, nur ein Jahr nach der Eröffnung, hatte sich bereits ein verheerender Schuldenberg angesammelt (...). Das Land Baden-Württemberg und die Stadt Baden-Baden trugen ihn mit Finanzspritzen – keine Subventionen? – in Höhe von insgesamt 6,5 Millionen Euro ab. Gleichzeitig aber blieb der lukrative Immobilien-Leasingfonds mit dem schönen Namen Tanja, mit dem das Festspielgebäude finanziert wird, von allen Verlusten verschont und ist nach wie vor eine renditefreundliche Investition in die Kunst (...) Und wer überweist die Mietkosten? Natürlich das Land und die Stadt, also der Steuerzahler."[270]

Heinrichs Kritik richtete sich bereits im Vorfeld der Eröffnung darauf, „dass der eigentliche Investor, nämlich die Objektgesellschaft *Tanja*, keinerlei Risiko trägt. Das gilt auch für die mehrheitlich private Betreibergesellschaft, die im Falle fehlender Gewinne ihre Miet- und Pachtverpflichtungen gegenüber der Objektgesellschaft einfach an Land und Stadt abtritt. Von einer Beteiligung durch privates Risikokapital kann folglich keine Rede sein. Andererseits verbleiben bei der öffentlichen Hand und hier vor allem bei der Stadt Baden-Baden alle Risiken, denn sie ist für die Bauunterhaltung zuständig, ohne selbst Bauherr zu sein, und sie hat für die fehlenden Erträge aufzukommen, selbst wenn die Manage-

270 Spahn, Claus: Wundermann, geh' du voran. In: *Die Zeit* vom 12.06.2003

mentgesellschaft schlecht wirtschaften sollte."[271] Unter dem Aspekt der Nachhaltigkeit ist besonders problematisch, dass die Stadt Baden-Baden im Jahre 2006 die Schließung ihrer kommunalen Musikschule bekannt geben musste, weil zu deren Finanzierung die kommunalen Mittel fehlen!

Unter dem Aspekt der Nachhaltigkeit sind vor allem zwei Punkte, auf die Heinrichs[272] ebenfalls bereits 1997 hinweist, besonders problematisch: Erstens wurde bei dem oben dargestellten Finanzierungsmodell die Finanzierung vom Vermögenshaushalt in den Verwaltungshaushalt verlagert und berührte damit weder den Kreditrahmen der Gemeinde noch die Höhe der Pro-Kopf-Verschuldung; die Kosten zahlen nämlich die nachfolgenden Generationen. Darüber hinaus wurde die Finanzierung zeitlich gestreckt, d. h. der größte Einzelbetrag, die sog. „Heimfall-Finanzierung" (d. h. die abschließende Leasing-Zahlung), fällt erst im Jahre 2020 an, trifft also ebenfalls eine zukünftige Generation. Daraus folgt schließlich, dass sowohl der Landes- wie auch der Kommunalhaushalt – anders als bei sonst üblichen Finanzierungen – auf Jahrzehnte hinaus belastet wird und dementsprechend der Handlungsspielraum der nachfolgenden Generation massiv eingeschränkt wird.

4.11 Konsequente Publikumsentwicklung (Audience Development)

Neben dem Verzicht auf nicht solide finanzierte Großprojekte bedeutet Nachhaltigkeit zweitens das sehr viel breitere und engagiertere Ergreifen von aktiven und systematischen Maßnahmen zur Gewinnung und Entwicklung der zukünftigen Nutzer von Kunst und Kultur. Trotz aller ehrgeizigen Forderungen und Programme einer „Kultur für alle" ist es keineswegs so, dass sich alle Menschen gleichermaßen von Kunst und Kultur angesprochen fühlen. Analysiert man die empirische Wirklichkeit[273], so finden sich vielmehr drei deutlich unterscheidbare Gruppen, die kulturelle Angebote, allerdings in unterschiedlicher Weise, nutzen: (1) die *Intensiv-Nutzer* (ca. 3-5 % der Bevölkerung), d. h. Menschen, die intensiv die unterschiedlichen Kulturangebote nutzen; die (2) *gelegentlichen Nutzer*, ca. 45 % der Bevölkerung, die gelegentlich Angebote aus Kunst und Kultur nachfragen sowie die Gruppe der (3) *Nicht-Mehr-Nutzer*, die aus irgendwelchen Gründen bestimmte Kulturangebote nicht mehr nachfragen bzw. die *Noch-Nicht-Nutzer*, d. h. potentielle Nutzer, die prinzipiell für Kunst und Kultur empfänglich sind. Daneben gibt es schließlich die *Nicht-Nutzer* mit ca. 50 % der Bevölkerung; hiermit ist jene große Gruppe gemeint, die sich unter keinen Umständen für kulturelle oder künstlerische Produktionen interessiert. Ein großer Teil aus dieser Gruppe ist allerdings in anderen Bereichen höchst aktiv (z. B. im Sport, in Vereinen usw.), aber eben nicht im Kulturbereich.

Wie kommt es nun zu der verhältnismäßig großen Gruppe von expliziten *Nicht-Nutzern*? Und was kann getan werden, um zu verhindern, dass diese Gruppe in Zukunft womöglich noch größer wird? „Von größtem Interesse für Marketing-Experten sind die Beweggründe, aus denen heraus die Menschen zu kulturellen Angeboten gehen oder warum sie es nicht tun."[274] Die Antwort auf die Frage, warum Menschen keine kulturellen Angebote

271 Heinrichs (1997) S. 227
272 Heinrichs (1997) S: 227
273 Vgl. hierzu ausführlich: Klein (2003) S. 45-86
274 Colbert, Francois: Marketing und Konsumentenverhalten im Bereich Kunst. In: Klein, Armin (Hrsg.): Innovatives Kulturmarketing, Baden-Baden 2002 S. 44

nutzen – so zeigen Untersuchungen weltweit – „liegt in der Kindheit dieser Personen. Verschiedene Studien haben gezeigt, dass vier Faktoren, die mit der Kindheit verbunden sind, die Vorlieben des Erwachsenen stark beeinflussen. Dies sind:

- Wertvorstellungen, die von der Familie vermittelt werden;
- Wertvorstellungen, die von der Schule vermittelt werden;
- in jungen Jahren mit Kunst konfrontiert worden zu sein und das
- Praktizieren einer Form von Kunst als Amateur.

Es wird angenommen, dass im allgemeinen Geschmack und Vorlieben in der Zeit vor dem zwanzigsten Lebensjahr festgelegt werden.“[275]

Der kanadische Kulturmarketing-Experte Francois Colbert kommt zu einer weit reichenden Erkenntnis: „Alle Maßnahmen, die darauf ausgerichtet sind, Kinder für Kunst zu interessieren, sind demnach von entscheidender Wichtigkeit. Kaum ein Erwachsener ohne diese Wertvorstellungen oder Bildungshintergrund wird Oper oder Ballett mit fünfzig Jahren für sich entdecken. Dies mag natürlich vorkommen, aber dies sind eher Ausnahmen als das allgemeine Muster.“[276]

Neben der kulturellen Primärsozialisation durch die Eltern bzw. entsprechende Bezugspersonen ist vor allem die Sekundärsozialisation durch Gleichaltrige, sog. Peer-Groups, von großer Bedeutung. Dabei geht es um Fragen wie: Welche Rolle spielen Kunst und Kultur in deren Leben, wie hoch ist die Wert- (oder ggf. Gering-)Schätzung durch Freunde und Bekannte? Eine 2002 vom *Deutschen Bühnenverein* durchgeführte repräsentative Befragung bei 14-29jährigen 1007 Nicht-Theaterbesuchern ergab für zwei Drittel der Befragten als Haupthinderungsgrund (weit vor allen anderen Faktoren) für einen Theaterbesuch: „In meinem Freundeskreis wird nicht über Theater gesprochen, so dass keine Empfehlung gegeben werden kann“ (65 %); immerhin noch 58 % gaben als Hinderungsgrund an: „Im Theater trifft man selten Bekannte“.

Wenn dies zutrifft, so wird hier erneut deutlich, wie problematisch bzw. entscheidend zu kurz greifend jedwede bloße Event-Orientierung von Kunst- und Kultureinrichtungen ist. Zwar mag es gelingen, beispielsweise mit einer *Langen Nacht der Museen*, viele Menschen erstmalig in ein Museum zu bringen (und durch diesen Umweg die eigenen Besuchszahlen schlagartig zu erhöhen, um so die Jahresbilanz besser aussehen zu lassen). In der Regel werden diese *erst*maligen Besuche aber auch *ein*malig bleiben, weil die entscheidenden Motivationsgründe für einen Museumsbesuch viel tiefer liegen. Um die Besucher dauerhaft zu binden, bedarf es daher sehr viel weiter reichender Anstrengungen.

Wollen Kunst- und Kultureinrichtungen auch in Zukunft sicher gehen, dass sie ausreichend Besucher anziehen, müssen sie bereits heute in viel stärkerem Maße, als dies – zumindest in Deutschland – bisher noch der Fall ist, Kinder und Jugendliche ansprechen. Es geht, bei allen Verdiensten, die die herkömmlichen Ansätze der Kulturpädagogik (etwa als Museums- oder Theaterpädagogik seit den siebziger Jahren endlich auch in Deutschland etabliert) haben, um sehr viel mehr als kulturelle Vermittlungsarbeit für Kinder und Jugendliche, denn diese pädagogischen Ansätze erreichen mehr oder weniger nur diejenigen, die sowieso kommen. Um es ganz deutlich zu sagen: Es geht bei der Nachhaltigkeit also weniger um pädagogische als vielmehr um Marketingfragen! Unter diesem Aspekt rücken vor allem die *Noch-Nicht-* bzw. die expliziten *Nicht*-Besucher in den Mittelpunkt des Interesses.

---

275 Colbert (2002) S. 44
276 Colbert (2002) S. 45

Betrachtet man die von Colbert aufgelisteten Faktoren genauer, so fällt auf, dass es bei den Entscheidungsgründen *für* (oder eben auch *gegen*) Kunst und Kultur keineswegs nur um bloße Angebote für Kinder und Jugendliche geht, sondern ausschlaggebend sind die entsprechenden (durch Eltern und andere Bezugspersonen vermittelten) *Wertvorstellungen* gegenüber Kunst und Kultur! Diese Bezugspersonen sind in erster Linie die Eltern, das können aber auch andere Familienmitglieder wie Onkel, Tanten, Großeltern oder Freunde der Familie sein, auf deren Urteil die Kinder Wert legen, vielleicht aber auch ein besonders engagierter Lehrer. Es genügt also nicht, Kinder mit mehr oder weniger Druck in Theater oder Museen zu treiben, sondern entscheidend ist, dass eine primäre Bezugsperson (die selbst vom Wert und der Bedeutung von Kunst und Kultur überzeugt ist und diese Wertvorstellungen ganz ausdrücklich deutlich macht, dem Kind diese vermittelt.

Was also gerade in Deutschland in viel größerem Umfang als bisher gebraucht wird, sind Kulturangebote, die von Kindern und Eltern (bzw. anderen wichtigen primären Bezugspersonen) *gemeinsam* nachgefragt werden können. Dies kann z. B. die *Zauberflöte* für die *ganze* Familie um 15.00 Uhr am Wochenende und zwar in voller Länge und in der ersten Besetzung, und gerade nicht nur das obligate *Weihnachtsmärchen* als Unterrichtsersatz im Dezember sein.

Es muss allerdings ganz deutlich angesprochen werden, dass hier ein gewisser Teufelskreis besteht. Kinder, deren Eltern sich selbst nicht für Kunst und Kultur interessieren, die also nicht aus einem „kulturell anregungsreichen Milieu“ (Dieter Kramer) kommen, werden es ungleich schwerer haben als solche, die aus kulturnahen Milieus kommen – und sie werden sich später ihren eigenen Kindern gegenüber meist ähnlich verhalten. Um diesen Circulus Vitiosus zu durchbrechen ist eine intelligente Kulturpolitik und ein kreatives Kulturmarketing gefordert, die mit großem Einfallsreichtum und Innovationskraft entsprechende Angebote entwickeln.

Ein Blick über die nationalen Grenzen, beispielsweise nach Skandinavien, aber auch nach Frankreich („Culture en famille“), vor allem aber in die USA ist hier durchaus hilfreich. In Nordamerika gibt es aus wohl verstandenem Eigeninteresse der Kultureinrichtungen, die sich weitgehend über ihre Besucher, finanzieren müssen, eine Vielzahl entsprechender „Outreach“- und „Education“-Programme nicht nur in Museen, sondern auch in Theatern, Orchestern und Ballett-Gruppen. Allerdings gibt es auch in Deutschland mittlerweile erfolgreiche und ermutigende Beispiele, wie etwa die Projekte des *Jungen Museums* am *Kulturhistorischen Museum der Pfalz* in Speyer oder die *Junge Oper* am *Staatstheater Stuttgart*. Doch sind diese Projekte in Deutschland noch die Ausnahme und längst nicht die Regel und stehen vor allem vielerorts als erstes auf der Streichliste, wenn es ans Sparen geht. Was also dringend gebraucht wird ist eine gezielte, dauerhafte und nachhaltige „Zuschauerentwicklung“ (Audience Development).

4.12 Dauerhafte Besucherbindung

Doch dies alleine wird, so wichtig es ist, kaum genügen. Was angesichts ständig wachsender Konkurrenz im Freizeitsektor notwendigerweise hinzutreten sollte, ist eine dauerhafte Bindung der Besucher an die Kultureinrichtungen. Das amerikanische Kulturmanagement spricht hier ganz unbefangen von einer *Visitor-Value-Chain*, d. h. einer Besucher-Wertschöpfungs-Kette, die von den Kultureinrichtungen aufgebaut werden muss.

Eines der herausragendsten Kunstmuseen der Welt, das *Art Institute of Chicago*, entwickelte beispielsweise folgenden systematisch vorgehenden *Audience Development Plan* mit den aufeinander aufbauenden Zielen

- seltene Besucher innerhalb spezifischer Marktsegmente zu häufigen Besuchern zu machen,
- häufige Besucher als Mitglieder (sog. *Members*) zu gewinnen und
- schließlich Mitglieder durch Einbindung und Appell an ihre *Philantropie* als hochengagierte Museumsträger (*participants*) aufzubauen.

Dabei wird Schritt für Schritt vorgegangen,

- indem man den potenziellen Besucher für einen ersten Besuch interessiert,
- dabei sicherstellt, dass alle Aspekte dieses ersten Besuches zu seiner Zufriedenheit verlaufen,
- um ihn so zu einem weiteren Besuch zu veranlassen,
- um ihm dann nach einer gewissen Zeit eine Mitgliedschaft anzubieten bzw.
- um ihn für die Wahrnehmung auch anderer Angebote des Museums (z. B. Kunstreisen) zu ermuntern und
- um ihn darüber hinaus für eine erste Spende zu gewinnen und schließlich
- um ihn möglicherweise zu einem dauerhaften Engagement (größere Spenden, Sachmittel, Know-how, ehrenamtliches Engagement usw.) für das Museum zu begeistern.

Dieses Vorgehen ist wahrscheinlich etwas aufwändiger und personalintensiver als eine *Lange Nacht der Museen*; so gewonnene Besucher dürften mit ziemlicher Sicherheit allerdings dauerhaft und nachhaltig an die Kultureinrichtung gebunden sein als jene, die bloß des Events wegen kommen. Im Mittelpunkt aller Überlegungen zu Nachhaltigkeit und Audience Development steht dabei die für Kultureinrichtungen aller Art maßgebliche Zukunftsfrage: Wie gelingt es bereits heute sicherzustellen, dass auch morgen ein ausreichend breites Publikum kulturelle und künstlerische Angebote nachfragen wird? Und wie kann vermieden werden, dass durch Prestigeprojekte und eine zunehmende Eventorientierung und Festivalisierung von Kunst und Kultur langfristig notwendige Investitionen in die Gewinnung und den Aufbau kunst- und kulturinteressierter Nachfrager um des kurzfristigen Publikumserfolges wegen zunehmend unmöglich gemacht werden?

Wenn es denn stimmt, dass erstens die Weichen für eine zukünftige Nutzung kultureller und künstlerischer Angebote weitgehend in der Kindheit gestellt werden und zweitens hierfür neben dem bloßen Angebot eine entscheidende Rolle spielt, welche Werthaltung die relevanten Bezugspersonen Kultur und Kunst gegenüber entwickeln, so kommt entsprechenden Angeboten „für die ganze Familie“ (bzw. für Kinder und Jugendliche gemeinsam mit den für sie wichtigen und prägenden Personen) eine ganz besondere Rolle zu. Es sollte deshalb umgehend damit begonnen werden!

5 Die lernende Kulturorganisation

Wer sich in öffentlichen Kultureinrichtungen umschaut und umhört, wer mit den Mitarbeiterinnen und Mitarbeitern dort spricht, hat nicht selten das Gefühl, dass hier ein besonders schlechtes Arbeitsklima herrscht. Sehr häufig geschieht es bei Beratungen, Seminaren und Schulungen von und mit Kulturmanagern aus öffentlichen Kulturbetrieben, dass man sich kaum mit dem vorgesehenen spezifischen Thema – etwa Projektmanagement oder Kulturmarketing – befassen kann, sondern die Klage sehr schnell bei den für die allermeisten so frustrierenden Arbeitsbedingungen landet und die weiteren Diskussionen bestimmt.

Die Rede ist dann rasch von rüden Umgangsformen, von ungerechter Arbeitsverteilung, von fehlenden Verantwortlichkeiten, von willkürlichen und wenig einsehbaren Entscheidungen der Leitungsebene. Umgekehrt ist aus der Sicht der Direktion nicht selten von unmotivierten Mitarbeitern zu hören, denen der pünktliche Dienstschluss das Wichtigste sei, von fehlendem Engagement und Einsatzbereitschaft, von egoistischem Abteilungsdenken. Und alle zusammen beklagen bürokratische Hemmnisse einerseits und organisatorische Unklarheiten und chaotische Betriebsabläufe andererseits, gejammert wird über die chronische Überarbeitung eines jeden und schlechte Laune bei den meisten und was der Unzufriedenheiten mehr ist.

Das muss einen Außenstehenden eigentlich zutiefst verwundern, pflegen doch gerade die Kulturbetriebe – also Theater, Museen, Bibliotheken, Orchester usw. – tagtäglich den Umgang mit den schönen Seiten des Lebens, also mit Literatur, mit Musik, mit Bildender Kunst, mit Konzerten, Aufführungen und Ausstellungen, also alles Angelegenheiten, mit denen die meisten anderen Gesellschaftsmitglieder nur in ihrer Freizeit und gegen Zahlung eines oft nicht geringen Eintrittspreises in Berührung kommen. Natürlich ist auch ein Kulturbetrieb zunächst einmal ein „Betrieb“ wie viele andere, mit allen menschlichen Unzulänglichkeiten und Streitigkeiten. Aber wie kann es dennoch kommen, dass gerade in diesen Organisationen oft Umgangsformen herrschen, die man in kaum einem Wirtschaftsbetrieb antreffen würde? Wie kann es sein, dass gerade hier so überdurchschnittlich oft Unzufriedenheit, Frustration und Demotivation anzutreffen sind?

Zunächst soll den möglichen Ursachen für diesen doch recht erschreckenden Umstand nachgegangen werden. Dabei wird vermutet, dass die Gründe hierfür zum einen in den immer noch sehr weit verbreiteten bürokratischen Strukturen, zum anderen aber in „pathologischen“ Organisationskulturen mancher öffentlicher Kulturorganisationen gesucht werden müssen. In einem zweiten Schritt ist dann zu fragen, welche anderen organisatorischen Organisationsmodelle für die Zukunft vorstellbar sind, um die konstatierten Defizite und Deformationen zu überwinden.

5.1 Verwaltete Kultur

„Wer Kultur sagt, sagt auch Verwaltung, ob er will oder nicht", seufzte Theodor W. Adorno[277] schon zu Beginn der sechziger Jahre des 20. Jahrhunderts. In der Tat sind in Deutschland immer noch sehr viele Kultureinrichtungen in Formen der bürokratischen Organisation verfasst: als Regiebetriebe, als nachgeordnete Behörden in der Landesverwaltung, als kommunale Ämter, als Abteilungen städtischer Kulturämter, als Eigenbetriebe usw. Diese Kultureinrichtungen folgen dadurch automatisch der *Institutionenlogik* bürokratischer Organisationen bzw. dem „Rationalitätstypus korporativer Selbsterhaltung" (Gerhard Schulze). Der *Spiegel* spricht ganz direkt vom „Theater als Behörde"; für ihn „gleichen die öffentlich besoldeten Kultureinrichtungen zunehmend Dinosauriern, die langsam unter der eignen Last erstarren"[278] – wobei sich die Metapher vom „Dinosaurier" besonders oft gerade im Zusammenhang mit Kultureinrichtungen findet!

Die Kritik an der Bürokratie gehört heutzutage zum Standardrepertoire eines Jeden von ihr Betroffenen – und das sind nahezu alle Gesellschaftsmitglieder in der einen oder anderen Form. Um ihren herausragenden Leistungen, aber auch ihren Beschränkungen gerecht zu werden, lohnt ein kurzer Blick in ihre Entstehungsgeschichte. Denn häufig wird übersehen, dass die Schaffung bürokratischer Organisationen in ihrer Entstehungszeit zweifelsohne ein höchst aufklärerischer, ja geradezu revolutionärer Akt war. Der Soziologe Max Weber, der wie kein anderer dieses Phänomen untersucht hat, wurde nicht müde, auf den rationalen Grundzug bürokratischer Ordnungen hinzuweisen. Trotz ihrer heutzutage schieren Allgegenwärtigkeit existieren Phänomen und Begriff der sog. „Bürokratie" historisch noch nicht länger als etwas mehr als 200 Jahre.

„Als in dem sich herausbildenden absolutistischen Zentralstaat Frankreichs ein Verwaltungsapparat aufgebaut wurde – in erster Linie zum Eintreiben der Steuern – wurde dieser als eine revolutionäre Neuerung angesehen", schreibt der Organisationswissenschaftler Alfred Kieser und weiter: „Erst im 19. Jahrhundert setzte jene starke Verbreitung des Verwaltungsapparates ein (...) In der zweiten Hälfte desselben Jahrhunderts entstanden auch die ersten großen Industrieunternehmen, deren Verwaltungen nach ähnlichen Prinzipien gestaltet waren wie die öffentlichen; die Angestellten dieser Unternehmen wurden noch *Beamte* genannt, und in vielen Fällen kamen sie auch aus dem Staatsdienst, dessen Organisationsprinzipien sie auf die Unternehmungsverwaltungen übertrugen."[279]

In seiner *Geschichte der Bürokratie in Deutschland* ist Bernd Wunder der Entstehung des Begriffes Bürokratie genauer nachgegangen. Er schreibt dazu: „Als der Aufklärer Melchior Grimm (1723-1807) im Sommer 1764 in seiner *Literarischen Korrespondenz*, durch die er deutsche Fürstenhöfe mit kulturellen Neuigkeiten aus Paris versorgte, auch von der damaligen Diskussion über die Freigabe des Getreidehandels in Frankreich berichtete, klagte er, der für den Freihandel eintrat, über die Reglementierungssucht der Regierung und erinnerte an einen Ausspruch des einige Jahre zuvor verstorbenen Vincent de Gournay. Gournay habe diese Krankheit der Schreibstuben und Kanzleien ‚bureaumanie' genannt und manchmal sogar von einer vierten oder fünften Regierungsform gesprochen, die er, so

277 Vgl. den nach wie vor sehr lesenswerten Essay: Adorno, Theodor W.: Kultur und Verwaltung. In: MERKUR, 144,1960

278 Theater als Behörde. In: Der Spiegel (2000)

279 Kieser, Alfred: Max Webers Analyse der Bürokratie. In: ders. (Hrsg.): Organisationstheorien. Stuttgart/Berlin/ Köln 1993 S. 37

Grimm, ‚bureaucratie' nannte. (...) Die Wortschöpfung, die sich durch ihre Anlehnung an die antike Lehre der Herrschaftsformen den Anstrich des Seriösen gab (...), erfuhr seit der Errichtung des napoleonischen Herrschaftssystems und insbesondere im Vormärz in Frankreich wie in Deutschland eine ungeheure Verbreitung".[280]

Auch wenn es angesichts sowohl der historischen als auch der aktuellen Kritik an bürokratischen Strukturen auf den ersten Blick abwegig erscheinen mag, so ist die moderne Bürokratie ein Kind der Aufklärung. Sie ist dies gleich im doppelten Sinne: zum einen in ihrem Bestreben, soziales Zusammenleben möglichst „rational", also vernünftig, zu organisieren, zum anderen aber auch in ihrem Bemühen, diese Art der Herrschaft möglichst „gerecht" zu gestalten. *Effizienz* einerseits und *Gerechtigkeitsstreben* andererseits sind also die Grundpfeiler der modernen Bürokratie.

Max Weber nennt drei Legitimationsgründe für Herrschaft, nämlich „Charisma", „Tradition" und „Legalität" und ordnet diesen dementsprechend drei verschiedene Herrschaftsformen, nämlich die charismatische, die traditionelle sowie die legale, zu. Nur im Rahmen der *legalen* Herrschaft hat die Legitimitätsgeltung explizit *rationalen* Charakter, da sie „auf dem Glauben an die Legalität gesetzter Ordnungen und des Anweisungsrechts der durch sie zur Ausübung der Herrschaft Berufenen" ruht. Gehorsam wird dementsprechend der „legal gesetzten sachlichen unpersönlichen Ordnung und dem durch sie bestimmten Vorgesetzten kraft formaler Legalität seiner Anordnungen und in deren Umkreis" entgegengebracht.[281] Man stimmt dieser Ordnung genau deshalb zu, weil sie rational, also vernünftig begründet ist.

Die reinste Form legaler Herrschaft ist die Bürokratie. „Webers zentrale These ist", schreibt der Organisationswissenschaftler Georg Schreyögg[282], „dass mit der bürokratischen Organisationsform das effizienteste Instrument gefunden wurde, um die komplexe Handlungssituation in Großorganisationen zu steuern *und* den Gehorsam der vielen Mitglieder sicherzustellen (...) Kernpunkt ist die Existenz einer durch generelle Regeln geschaffenen Ordnung (Organisationsstruktur) und die Anerkennung dieser Ordnung durch die Organisationsmitglieder."

Sowohl die hohe Effizienz als auch die allgemeine Anerkennung erreicht die Herrschaftsform der Bürokratie paradoxerweise gerade auf Grund ihrer grundlegenden Unpersönlichkeit. „Die Bürokratie in ihrer Vollentwicklung steht in einem spezifischen Sinn auch unter dem Prinzip des ‘sine ira et studio’", schreibt Max Weber. „Ihre spezifische Eigenart entwickelt sie um so vollkommener, je mehr sie sich ‘entmenschlicht’; je vollkommener, heißt das hier, ihr die spezifische Eigenschaft, welche ihr als Tugend nachgerühmt wird: die Ausschaltung von Liebe, Hass und allen rein persönlichen, überhaupt allen irrationalen, dem Kalkül sich entziehenden, Empfindungselementen aus der Erledigung der Amtsgeschäfte gelingt. Statt des durch persönliche Anteilnahme, Gunst, Gnade, Dankbarkeit bewegten Herrn der älteren Ordnungen verlangt eben die moderne Kultur, für den äußeren Apparat, der sie stützt, je komplizierter und spezialisierter sie wird, desto mehr den menschlich unbeteiligten, daher streng ‘sachlichen’ Fachmann. Alles dies aber bietet die bürokratische Struktur in günstiger Verbindung."[283]

280 Wunder, Bernd: Geschichte der Bürokratie in Deutschland. Frankfurt 1986 S. 7
281 Weber, Max: Wirtschaft und Gesellschaft. Tübingen 1972 S. 124
282 Schreyögg, Georg: Organisation. Grundlagen moderner Organisationsgestaltung. Mit Fallstudien, Wiesbaden 1998 S. 32
283 Weber (1972) S. 563

Weber arbeitete seiner Zeit die wesentlichen Merkmale bürokratischer Organisation heraus, wie sie auch heute noch Gültigkeit besitzen, also die Anstellung durch Arbeitsvertrag, die fixierten Laufbahnen einschließlich Gehaltshierarchie, die Regelgebundenheit der Amtsführung, genau abgegrenzte Kompetenzbereiche, die Unpersönlichkeit der Amtsführung, definierte Qualifikationserfordernisse der Stelleninhaber, das Prinzip der Amtshierarchie (Instanzenzug) sowie schließlich die Aktenmäßigkeit der Verwaltung (Büro).

Dirk Baecker sieht gerade im „Gebot der Schriftlichkeit" bzw. der „Aktenförmigkeit" das „Herzstück" der Bürokratie: „Bürokratie, die Herrschaft des Büros: das ist letztlich nichts anderes als die Einführung der Bedingung, dass jede relevante Entscheidung Aktenform annehmen muss, dass relevant nur das ist, was Aktenform hat, und dass jede Änderung der Relevanzbedingungen eine aktenförmige Entscheidung voraussetzt. Ein trickreicheres Instrument zur Abschottung von eben dadurch erst ermöglichten Entscheidungsvorgängen ist selten erfunden worden. Entscheidung folgt auf Entscheidung, wenn und nur wenn sie als Aktenvorgang darstellbar und fixierbar ist." [284]

Die Effizienz bürokratischer Organisation beruht also vor allem auf ihrer „Maschinenartigkeit". Dies heißt, dass das Netz der Behörden und die Aufgabenbereiche innerhalb einer Behörde, bis hinunter zu den einzelnen Stellen, planvoll so konstruiert werden können, dass Reibungsverluste minimiert werden. Die Mitglieder einer bürokratisch strukturierten Verwaltung sind nach Weber „Paragraphen-Automaten", deren Arbeitsergebnis ebenso berechnet werden kann, wie man die voraussichtliche Leistung einer Maschine kalkuliert. Diese Konstruktion setzt allerdings voraus, dass tatsächlich ein optimaler Konstruktionsplan entwickelt werden kann, der flexibel genug ist für alle Eventualitäten und unvorhersehbare Ereignisse – und genau dies scheint nach neuerer Auffassung allerdings unmöglich zu sein. Hierauf wird zurückzukommen sein.

Ein weiterer Grund für die überlegene technische Effizienz der Bürokratie ist die in ihr verwirklichte Arbeitsteilung, die es ermöglicht, Arbeitsanforderungen und Qualifikationen, d. h. die Spezialisierung der Beamten aufeinander abzustimmen; dies wiederum führt zu einer Kumulierung des Fachwissens bei den jeweiligen Spezialisten. Die Arbeitsteilung, die sowohl horizontal, d. h. getrennt nach verschiedenen Aufgabenfeldern, als auch hierarchisch, d. h. vertikal verläuft, bewirkt also eine wichtige Trennung der Ebenen.

Zur Effizienz von Bürokratien trägt schließlich bei, dass den Beamten jeglicher Eigensinn ausgetrieben wird. Sie sind auf formalen Gehorsam festgelegt, der den Einzelnen so handeln lässt – wie Max Weber schreibt – „als ob er den Inhalt des Befehls um dessen Selbst willen zur Maxime seines Verhaltens gemacht habe und zwar lediglich um des formalen Gehorsamsverhältnisses halber, ohne Rücksicht auf die eigene Ansicht über den Wert oder Unwert des Befehls als solchen".[285] Voraussetzung dieses formalen Gehorsams ist eine umfassende Disziplinierung, d. h. in der Bürokratie hat der Beamte die Amtsgeschäfte von seiner eigenen Person zu trennen; er ist zu „unbeirrter Sachlichkeit" angehalten.

Gerade der letzte Punkt markiert allerdings auch bereits die Probleme bzw. Grenzen bürokratischer Leistungen. Sehr weitsichtig klagte bereits einhundert Jahre vor Max Webers Analysen der Begründer der kommunalen Selbstverwaltung in Deutschland, Freiherr vom Stein, in einem kritischen Brief aus dem Jahre 1821, „dass wir fernerhin von *besoldeten Buchgelehrten*, *interessenlosen*, *ohne Eigenthum seyenden Buralisten* regiert werden (...) Diese 4 Worte enthalten den Geist unserer und ähnlicher geistlosen Regierungsmaschi-

284 Baecker, Dirk: Experiment Organisation. In: *Lettre International*, Frühjahr 1994 S. 23
285 Weber (1972) S. 123

nen; *besoldet*, also Streben nach Erhalt und Vermehrung der Besoldeten; – *buchgelehrt*, also lebend in der Buchstabenwelt, und nicht in der wirklichen; – *interessenlos*, denn sie stehen mit keiner der den Staat ausmachenden Bürgerklasse in Verbindung; sie sind eine Kaste für sich, die Schreibkaste; – *eigenthumslos*, also alle Bewegungen des Eigenthums treffen sie nicht; es regne oder scheine die Sonne, die Abgaben steigen oder fallen, man zerstöre alte hergebrachte Rechte, oder lasse sie bestehen, (...) alles das kümmert sie nicht. Sie erheben ihren Gehalt aus der Staatskasse und schreiben, schreiben, schreiben im stillen mit wohlverschlossenen Thüren versehenen Bureau, unbekannt, ungerühmt und ziehen ihre Kinder wieder zu gleich brauchbaren Schreibmaschinen an".[286] Mit dieser Kritik sollte er nicht alleine stehen.

Der Rationalisierungsprozess hat – so schließlich die berühmte Kritik von Max Weber selbst in der Mitte des zwanzigsten Jahrhunderts – aus den Organisationen jene „stahlharten Gehäuse" werden lassen, die ein Eigenleben führen, die wuchern und sich verfestigen, die vom Mittel der Daseinsbewältigung zu selbständigen Zwecken werden. Sie engen den Bewegungsspielraum des Menschen ein, stellen seine Entscheidungsfreiheit und Selbstverantwortung in Frage. Dies betrifft zunächst die Mitglieder bzw. Mitarbeiter bürokratischer Organisationen selbst, dann aber auch die von ihren Entscheidungen betroffenen Bürger.

„Geronnener Geist", so warnt Max Weber mit einigem Pathos, „ist jene lebende Maschine, welche die bürokratische Organisation mit ihrer Spezialisierung der geschulten Facharbeit, ihrer Abgrenzung der Kompetenzen, ihren Reglements und hierarchisch abgestuften Gehorsamsverhältnissen darstellt. Im Verein mit der toten Maschine ist sie an der Arbeit, das Gehäuse jener Hörigkeit der Zukunft herzustellen, in welche vielleicht dereinst die Menschen sich (...) zu fügen gezwungen sein werden, wenn ihnen eine rein technisch gute und das heißt: eine rationale Beamtenverwaltung und -versorgung der letzte und einzige Wert ist, der über die Art der Leistung ihrer Angelegenheit entscheiden soll."[287] Diese Kritik sollte im Ohr haben, wer weiterhin öffentliche Kultureinrichtungen in dieser Organisationsform belässt.

5.2 Scientific Management

Der Gedanke der „lebenden Maschine" bzw. der „Maschinenartigkeit" von Organisationen liegt allerdings nicht nur der bürokratischen Organisation zugrunde, sondern auch dem zweiten klassischen Ursprung der modernen Organisationstheorie, dem *Scientific Management*, das nach wie vor Kernbestand moderner Managementhandbücher ist. Die (natur-) wissenschaftliche Managementlehre basiert ihrerseits weniger auf einem bürokratischen, denn eher auf einem eher ingenieurhaften Ansatz, der strukturell gleichwohl dem bürokratischen Modell in gewisser Weise ähnelt. Bereits 1835 schrieb Arthur Ure in seiner *Philosophy of Manufactures*: „Das Prinzip des Fabriksystems ist es, das Geschick des Arbeiters durch mechanische Wissenschaft zu ersetzen und den Arbeitsprozess in seine wesentlichen Bestandteile zu zerlegen, um eine Arbeitsteilung zwischen den Arbeitern herbei-

286 Freiherr vom Stein, zit. nach Kieser (1993) S. 38
287 Weber (1972) S. 825

zuführen."[288] Diese Idee einer explizit „mechanischen Wissenschaft" wird dann das Kernprinzip der 1911 von Frederick W. Taylor[289] in seinem Buch *Principles of scientific management* weiter entwickelten Theorie, das der ganzen Schule den Namen gab.

Taylor Ziel war es vor allem, exakte Prinzipien zum rationellen Einsatz von Menschen und Maschinen im Produktionsprozess – wo möglich nach explizit *natur*wissenschaftlichen Methoden – zu ermitteln. Dabei ging es ihm um die möglichst exakte Analyse der Arbeitsvorgänge, die Zerlegung der Arbeit in möglichst kleine Arbeitselemente mit der Möglichkeit der Spezialisierung der Arbeiter und der Messung der Zeit für deren bestmögliche Ausführung. Fast zwangsläufig mündete der „Taylorismus" in die Erfindung des Fließbandes, also direkt in den „Fordismus" industrieller Massenproduktion.

Quasi zwischen Max Webers Bürokratietheorie und Taylors naturwissenschaftlicher Managementlehre steht schließlich der Ansatz des Ingenieurs und ehemaligen Generaldirektor einer französischen Bergwerksgesellschaft, Henry Fayol[290], der 1916 sein Buch *Administration industrielle et générale* vorlegte. Auch sein Denken ist auf eine möglichst rationalistische und systematische Organisation des modernen Betriebes ausgerichtet. Hierzu entwickelte Fayol eine Systematik der Managementfunktionen (vor allem Planung, Organisation, Befehl, Koordination und Kontrolle) sowie vierzehn Managementprinzipien, die bis heute ebenfalls zum Kernbestand vieler Managementbücher gehören.

Sowohl den Ansätzen der Bürokratietheorie wie auch denen des naturwissenschaftlichen Managements liegt letztlich das Bild der großen Maschine bzw. des reibungslosen Uhrwerks zugrunde, wie sie Bourcart schon 1874 in einem einschlägigen Handbuch beschreibt: „Ein industrielles Geschäft ist am besten mit einer *Uhr* zu vergleichen, bei der ein Rad ins andere eingreift und die zuletzt dem Eigenthümer auch zeigt, was die Glocke geschlagen. Die Arbeit des Verwalters gleicht ganz der des Uhrmachers, der das Räderwerk einzurichten, in Gang zu setzen und zu reguliren hat."[291]

Und in gleichem Sinne schreibt auch Max Weber: „Der entscheidende Grund für das Vordringen der bürokratischen Organisation war von jeher ihre rein technische Überlegenheit über jede andere Form. Ein voll entwickelter bürokratischer Mechanismus verhält sich zu diesen genau wie jene Maschine zu den nicht mechanischen Arten der Gütererzeugung. Präzision, Schnelligkeit, Eindeutigkeit, Aktenkundigkeit, Kontinuierlichkeit, Diskretion, Einheitlichkeit, straffe Unterordnung, Ersparnisse an Reibungen, sachlichen und persönlichen Kosten sind bei streng bürokratischer, speziell: monokratischer Verwaltung durch geschulte Einzelbeamte auf das Optimum gesteigert."[292]

Gegenüber diesem *instrumentell* ausgerichteten Organisationsbegriff wurde schon früh Kritik innerhalb der Organisationstheorie selbst laut. Sie richtete sich vor allem auf zwei Kernpunkte, nämlich (1) die Frage nach der adäquaten „Integration von Individuum und Organisation", d. h. die Lösung der Frage, „wie individuelle Bedürfnisse und organisatorische Strukturen in Einklang gebracht werden können" und (2) auf die Frage der „Bewältigung der Interaktion von Organisation und Umwelt", d. h. der Lösung der „Frage, wie

288 Ure, Anton: The Philosophy of Manufacturers: Or, An Exposition of the Scientific, Moral, and Commercial Economy of the Factory System, London 1835; hier zitiert nach: Kieser, Alfred: Managementlehre und Taylorismus. In: ders. (Hrsg.): Organisationstheorien, Stuttgart / Berlin / Köln 1993 S. 66

289 Taylor, Frederick W.: Principles of scientific management, New York 1911

290 Fayol, Henry: Administration industrielle et générale, Paris 1916

291 Bourcart, J.J. Die Grundzüge der Industrie-Verwaltung. Ein praktischer Leitfaden, Zürich 1874 S. 101; hier zitiert nach Kieser (1993) S. 67

292 Weber (1972) S. 561f

sich Systeme in bestandskritischen Umwelten bewähren können und welche Bedeutung dabei der organisatorischen Gestaltung zukommt.“[293]

Während das Problem der Umweltauseinandersetzung erst seit Ende der fünfziger Jahre des letzten Jahrhunderts sehr viel stärker ins Bewusstsein geriet, wurde die Frage der Integration der Individuen in die Organisation bereits sehr viel früher virulent. Max Weber selbst hatte sich bereits Anfang der zwanziger Jahre ausgesprochen kritisch mit dem von ihm so ausführlich analysierten Phänomen der modernen Bürokratie im Hinblick auf die Folgen für das einzelne Organisationsmitglied auseinandergesetzt. So schrieb er in aller Deutlichkeit: „Der einzelne Beamte kann sich dem Apparat, in den er eingespannt ist, nicht entwinden (...) Er ist – der überwiegenden Mehrzahl nach – nur ein einzelnes, mit spezialisierten Aufgaben betrautes, Glied in einem nur von der höchsten Spitze her, nicht aber (normalerweise) von seiner Seite, zur Bewegung oder zum Stillstand zu veranlassenden, rastlos weiterlaufenden Mechanismus, der ihm eine im wesentlichen gebundene Marschroute vorschreibt.“[294]

Und wie ökonomisch erfolgreich der sog. Taylorismus auch war, so umstritten war dieses System auch von Anbeginn an, denn im Taylorismus wurde „von allen personellen Aspekten abstrahiert, um, so die Begründung, bei der Entwicklung eines logischen Plans für die Aufgabenverteilung die Rationalität der Aufgabenerfüllung zu sichern.“[295] Die Kritikpunkte waren dabei im einzelnen die wachsende Entfremdung des Menschen von seiner Arbeit, die Teilung und dadurch Sinnentleerung der Arbeit, die einseitigen (vor allem körperlichen) Belastungen durch immer wiederkehrende gleiche Bewegungsformen (Monotonie), der minimale Arbeitsinhalt und die dadurch bewirkte Unterforderung der physischen und psychischen Möglichkeiten des Menschen sowie schließlich die Disziplinierung und Überwachung der Arbeiter mit der Folge der Fremd- statt der Selbstbestimmung.

Diese eher theoretische bzw. abstrakte Kritik erhielt bereits Ende der zwanziger Jahre ihre empirische Unterfütterung. Damals wurde in den sog. *Hawthorne*-Experimenten (benannt nach dem Untersuchungsgegenstand, dem *Hawthorne*-Werk der *Western Electric Comany*.) zunächst ganz im Sinne des Taylorismus versucht, die Arbeitsleistung der dort Beschäftigten durch eine Verbesserung der äußeren, d. h. physischen Einflussfaktoren (also vor allem Wärme und Beleuchtung) zu verbessern. Zum großen Erstaunen stellte man allerdings fest, dass sich die Arbeitsproduktivität sowohl bei einer Verbesserung als auch bei einer Verschlechterung der Bedingungen *positiv* veränderte. Wie passte dies mit der Theorie zusammen, die ein Sinken der Arbeitsleistung bei einer Verschlechterung der Arbeitsbedingungen erwarten ließ?

Erst nach der Einschaltung einer Harvard-Forschungsgruppe unter der Leitung von Elton Mayo erkannte man, dass die Ursache für die Produktivitätssteigerungen weitgehend im *emotionalen* bzw. psychologischen Bereich lag. Denn bei genauerer Betrachtung der Mitarbeiterinnen und Mitarbeiter konstatierten die Forscher, dass man stolz darauf war, „Teil einer wichtigen Gruppe zu sein, der die freundliche Aufmerksamkeit des Vorgesetzten und der Forscher galt. Dies förderte die Beziehungen untereinander, und man konnte die Isolation großbetrieblicher Industriearbeit überwinden.“[296]

---

293 Schreyögg (1998) S. 21

294 Weber (1972) S. 727

295 Kieser, Alfred und Tilman Segler: Die betriebswirtschaftliche Organisationslehre. In: Kieser, Alfred: Organisationstheoretische Ansätze, München 1981 S. 29

296 Schreyögg (1998) S. 50; zu dem gesamten Komplex der Hawthorne-Experimente vergleiche: Roethlisberger, F.J. und W.J. Dickinson: Management and the Worker, Cambridge / Mass. 1939

Sowohl auf den empirischen Erkenntnissen der Hawthorne-Experimente wie auch auf dem Studium der organisationssoziologischen Theorien Max Webers aufbauend entwickelte der Organisationstheoretiker und Unternehmensleiter Chester I. Barnard in seinem 1938 erschienen Buch *The Functions of the Executive* den damals völlig neuen Grundgedanken der Organisation als eines „kooperativen Systems“, als einer „Koalition von Individuen“. Für Barnard ist jegliche Organisation „ein System von bewusst koordinierten Handlungen oder Kräften von zwei und mehr Personen.“[297] In dieser Definition ist bereits die gemeinsame Aufgabe als Zweck der Kooperation mit all den Wünschen, Zielen und Motiven der Menschen verbunden, deren individuelle Leistung für die Zielerreichung unabdingbar ist. Chester Barnard geht es ganz wesentlich um die Integration des Faktors Mensch. Er bringt drei daher grundlegend neue Elemente in die traditionelle Organisationstheorie ein, die gerade für öffentliche Kulturorganisationen von zentraler Bedeutung sind.[298]

1. Wenn davon ausgegangen wird, dass Organisationen ihre Existenz der bewussten und absichtsgeleiteten Bereitschaft der einzelnen Mitarbeiter zur Kooperation verdanken, dann muss die Frage nach dem Überleben von Organisationen unter dem Aspekt der *Erfüllung der Erwartungen der einzelnen Mitarbeiter mit ihrer Leistung für das gemeinsame Ziel* verbunden werden. Denn wenn die individuellen, persönlichen Ziele der Mitarbeiter nicht oder dauerhaft nur unzureichend erfüllt werden, dann reduzieren sie ihre Leistungsbeiträge (die vielerorts zu beobachtende „innere Kündigung“) oder scheiden gar ganz aus der Organisation aus (tatsächliche Kündigung). Um also dauerhaft überleben zu können, muss eine Organisation immer wieder ausreichend Anreize bereitstellen, um die Mitarbeiter zu (besonderen) Leistungen zu veranlassen (*Anreiz-Beitrags-Theorie*). „Eine Organisation ist effizient in dem Maße, wie es ihr (im Urteil der kooperierenden Individuen) gelingt, die individuellen Kooperationsmotive zu erfüllen. Sie ist effektiv in dem Maße, wie der gemeinsame Organisationszweck erfüllt wird.“[299] Ideal ist dabei ein Gleichgewicht zwischen *Anreizen* durch die Organisation für die Mitarbeiter und persönlichen *Beiträgen* der Mitarbeiter für die Organisation.

2. Barnard begreift eine Organisation nicht als ein geschlossenes System (also gerade nicht als die einmal konstruierte und fertig gestellte „große Maschine“ des Scientific Management oder der Bürokratie), sondern als ein *offenes System*. Um ihren spezifischen Zweck erfüllen zu können, muss also eine Organisation alle diejenigen Individuen zur Kooperation veranlassen, deren Handlungen für die Erreichung des gemeinsamen Zweckes immer wieder erforderlich sind. Eine strikte Grenzziehung zwischen „innen“ und „außen“, wie sie die klassische Organisationstheorie fordert, ist nicht möglich. Somit wird eine Organisation gleichsam als die Koalition aller kooperierenden Personen (*Koalitionstheorie der Organisation*) verstanden. Dieser *Stakeholder*-Ansatz (vgl. hierzu das vierte Kapitel), der alle diejenigen Personen und Einrichtungen einschließt, die ein genuines Interesse an der Organisation haben, ist in besonderem Maße für eine öffentliche Kultureinrichtung relevant, die ja von einer Vielzahl von Bezugsgruppen abhängt.

297 Barnard, Chester I.: The fuctions of the executive, Cambridge / Mass. 1938 S. 73
298 Vgl. hierzu Schreyögg (1998) S. 46f
299 Schreyögg (1998) S. 46

3. Der dritte weiterführende Gedanke Barnards ist die *Akzeptanztheorie der Autorität*. Da seiner Auffassung nach Organisationen von der bewussten und freiwilligen Bereitschaft der Mitglieder zur Kooperation abhängig sind, wird zum wichtigsten Indikator für das Vorliegen von Autorität innerhalb der Organisation die Entscheidung der einzelnen Mitarbeiter, einer Anordnung zu gehorchen – oder eben auch nicht. Wenn ein Mitarbeiter eine Anordnung nicht befolgt, dann hat er dieser keine Autorität zugestanden. Die Quelle der Autorität in einer Organisation ist also nicht etwa in der Persönlichkeit des Vorgesetzten zu suchen, sondern sie muss eine Quelle sein, die bereits durch die jederzeit revidierbare und freiwillige Anerkennung der Organisationsmitglieder legitimiert ist. Der Glaube an die Autorität beruht also – hier ist Max Webers Einfluss unübersehbar – auf der *freiwilligen Vereinbarung* (Weber selbst spricht von einer „paktierten" im Gegensatz zu einer „oktroyierten" Ordnung.[300])
Barnard schreibt: „Wenn eine Kommunikation mit Anordnungscharakter von demjenigen, an den sie sich wendet, akzeptiert wird, ist ihre Autorität für ihn etabliert und bestätigt. Sie wird als Grundlage des Handelns anerkannt. Ungehorsam gegenüber einer derartigen Kommunikation ist für ihn eine Ablehnung ihrer Autorität. Daher liegt unter dieser Definition die Entscheidung darüber, ob ein Befehl Autorität besitzt oder nicht, bei den Personen, an die er sich wendet, und nicht bei den ‚Autoritätspersonen' oder denen, die Befehle erteilen. In letzter Analyse scheitert Autorität, weil Individuen in genügend großer Anzahl die mit dem Akzeptieren notwendiger Befehle verbundene Last als etwas ansehen, was das Vorteilsgewicht zu ihren Ungunsten verändert, und deshalb die unerlässlichen Eigenbeiträge verweigern oder zurückhalten."[301]
Autorität heißt in diesem Konzept also das permanente Werben um Zustimmung zu Anordnungen bzw. das Erteilen von *akzeptablen* Anordnungen. Dies ist auch der Grundgedanke von gemeinsam erarbeiteten Zielvereinbarungen (vgl. hierzu das dritte Kapitel). Damit eine Organisation im Alltag dennoch funktionieren kann (und nicht alles und jedes immer wieder neu diskutiert und begründet werden muss), geht Barnard von der Idee einer *„Indifferenzzone"* (d. h. der Vorstellung eines gewissen „Vertrauensvorschusses") aus, die der Organisation eine (gewisse) Stabilität verleiht und sie vor den Dysfunktionen jederzeitiger Revidierbarkeit schützt. Diese Zone darf aber nicht beliebig ausgedehnt bzw. der Vertrauensvorschuss nicht dauerhaft missbraucht werden, will man nicht riskieren, dass er aufgekündigt wird.

Mit diesen Vorstellungen lag Chester I. Barnard Ende der dreißiger Jahre zunächst völlig außerhalb des Mainstreams der Organisationstheorie, die entweder auf dem Scientific-Management-Ansatz bzw. der Organisationstheorie fußte. Gleichwohl sind diese Überlegungen heute, siebzig Jahre später, hervorragend geeignet, gerade Kulturorganisationen neu zu fundieren.

300 Weber (1972) S. 19
301 Barnard (1939) S. 30; hier zitiert nach Weick, Karl E.: The Social Pschology of Organizing, Reading / Mass. 1979; dt.: der Prozess des Organisierens, Frankfurt 1985 S. 30

5.3 Der institutionelle Ansatz

Diese frühen Beiträge der modernen Organisationstheorie (und weitere in den fünfziger bis achtziger Jahren des letzten Jahrhunderts[302] vor allem von Herbert A. Simon, James G. March[303], Richard M. Cyert[304], Karl E. Weick[305], Johan P. Olsen[306]) begründeten die Organisationstheorie neu. Zunehmend trat an die Stelle der *Organisation als Instrument* die Vorstellung der *Organisation als Institution*, ja gar als lebendiger Organismus.[307]

Philip Selznick formulierte Ende der fünfziger Jahre diesen Gedanken: „Der Begriff ‚Organisation' lässt somit an eine gewisse Kargheit denken, an ein eher dürres, grundvernünftiges System bewusst koordinierter Tätigkeiten. Er bezieht sich auf ein entbehrliches Hilfsmittel, ein rationales Instrument für eine bestimmte Aufgabe. Demgegenüber ist eine ‚Institution' eher ein natürliches Produkt sozialer Bedürfnisse und Zwänge – ein reagierender anpassungsfreudiger *Organismus* (...) Die Begriffe Institution, Geist des Unternehmens und herausragende Fähigkeiten beziehen sich sämtlich auf den gleichen Grundprozess – die Umwandlung einer mechanischen, künstlichen Anordnung von Bausteinen in einen sozialen Organismus (...) Organisationen werden zu Institutionen, wenn sie mit Werten erfüllt werden (...) Dieser Vorgang verleiht ihnen eine eigene Identität. Ist die Institutionalisierung so weit fortgeschritten, so bilden sich einheitliche Anschauungen, Gewohnheiten und sonstige Festlegungen heraus, die alle Aspekte des Organisationsgeschehens prägen und eine soziale Integration herbeiführen, die über formale Koordination und Lenkung weit hinausgehen."[308]

Neben der Frage der *erfolgreichen Integration des Individuums* in die Organisation (also der Überwindung des nur instrumentellen Organisationsbegriffs hin zu einem eher institutionellen Verständnis der Organisation) geriet in den fünfziger Jahren aber noch ein zweiter Problembereich ins Blickfeld, auf den die klassischen Organisationstheorien keine Antwort geben konnten.

Die möglichst rationale Gestaltung großer Organisationen funktionierte (sowohl nach dem Konzept der Bürokratietheorie wie dem des Scientific Management) nur unter zwei grundlegenden Prämissen. Erstens müssen sowohl das *Ziel* (bzw. die *Ziele*) rationaler Organisationen mehr oder weniger *klar festgelegt* und weitgehend *stabil* sein, damit die „große Maschine" entsprechend konstruiert werden kann. So schreibt Selznik: „Effizienz als Tätigkeitsideal setzt voraus, dass die Ziele festliegen und die benötigten Ressourcen vor-

302 Vgl. hervorragend zusammenfassend: Williamson, Oliver E. (ed.): Organization Theory. From Chester Barnard to the Present and Beyond, New York / Oxford 1995

303 March, James G. und Herbert A. Simon: Organizations. Cambridge / Mass. 1993

304 Cyert, Richard M.und James G. March: A Behavrioral Theory of the Firm, Cambridge / Mass. 1992

305 Weick (1985)

306 March James J. und Johan P. Olsen: Rediscovering Institutions. The organizational Basis of Politics, New York 1989

307 Interessanterweise wird der Begriff >Organisation< in seiner ursprünglichen Bedeutung im Sinne von „>Einrichtung, Gestaltung, Bildung<, zunächst im medizinisch-naturwissenschaftlichen und philosophisch-ästhetischen Sinne vom Wesen, vom körperlichen und seelischen Zustand des Menschen (2. Hälfte 17. Jh.)" (vgl. Etymologisches Wörterbuch des Deutschen, München 1995 S. 955) gebraucht. Auch das Wörterbuch der deutschen Sprache von Wahrig nennt für den Begriff >Organisation< neben den Bedeutungen >Organisieren< und >Zusammenschluß zu einem bestimmten Zweck< als dritte (unter ausdrücklichem Bezug auf die Biologie): >Aufbau und Tätigkeit der Organe<.

308 Selznick, Philip: Leadership in Administration. A sociological interpretation, Evanston 1957 S. 375f; hier zitiert nach Peters, Thomas J. und Robert H. Waterman: Auf der Suche nach Spitzenleistungen, Landsberg, 1994 S. 126

handen sind." Zweitens muss die *Umwelt*, in der diese „Maschine" agiert, ebenfalls mehr oder weniger stabil und berechenbar sein bzw. darf sie sich nur so langsam verändern, dass die „Maschine" (bzw. ihre Gestalter) genügend Zeit haben, um auf Veränderungen mit eigenen Modifikationen reagieren zu können.

Beide Voraussetzungen, die die rationale Organisation als ein wirksames und robustes Instrument zur gesellschaftlichen Problemlösung erscheinen ließen, haben sich in den letzten Jahrzehnten allerdings fundamental verändert. Zum einen werden die Ziele und Aufgaben, die Organisationen zu erfüllen haben, immer komplexer und anforderungsreicher. Zum anderen wird die gesellschaftliche Umwelt differenzierter und sie verändert sich – nicht zuletzt auf Grund rasanter technologischer und globaler Entwicklungen – immer schneller. Wir leben in einer „turbulenten Umwelt", in der nach dem berühmten Beispiel der Chaostheorie ein Schmetterlingsschlag an einem Ort unter bestimmten Bedingungen einen Wirbelsturm an einem anderen verursachen kann.

Diese Entwicklung brachte der amerikanische Organisationstheoretiker Henry Mintzberg[309] schon vor über zwanzig Jahren zugespitzt und sarkastisch auf den Punkt.

1. Zunächst gab es *einen* Entscheider und *ein* Ziel – das war die Entstehungszeit und Erfolgsgeschichte der großen bürokratischen, aber auch industriellen Organisationen nach dem Vorbild der bürokratischen Organisation; dann hatten wir es zu tun mit
2. *einem* Entscheider und *vielen* Zielen – d. h. die bürokratischen Organisationen wurden zunehmend gezwungen, ihren Zielkatalog zu erweitern, um überleben zu können; darauf hin gab es
3. *viele* Entscheider und *viele* Ziel; dieser Prozess wurde beeinflusst einerseits durch die Demokratisierung von Bürokratien bzw. die Mitbestimmung in industriellen Organisationen, andererseits durch den wachsenden Einfluss der sog. „Stakeholder"; und schließlich stehen gegenwärtig viele Organisationen vor dem Problem, dass es
4. *viele* Entscheider und (zumindest scheinbar) *kein* (klares) Ziel mehr gibt.

Um es an einem Beispiel aus dem Kulturbetrieb zu sagen. Über viele Jahrzehnte waren die Ziele eines Museums nach internationaler Übereinkunft – niedergelegt etwa in den Statuten von *ICOM* – klar und eindeutig bestimmt: (1) Sammeln, (2) Bewahren, (3) Erforschen und (4) Präsentieren. Damit waren die Aufgaben und Geschäftsfelder bestimmt, auf denen die Museen agierten und ihren jeweiligen „Auftrag" erfüllten. In den letzten Jahrzehnten hat sich das Spektrum der Museumsaufgaben und seiner Ziele allerdings enorm erweitert. Die Museen sollen zusätzliche eigene Einnahmen generieren, sie sollen mit Schulen und anderen Bildungseinrichtungen kooperieren, sie sollen ins Stadtmarketing integriert werden und im Zuge des Kulturtourismus Touristenströme anlocken, sie sollen Orte des „Events" sein, neue Zielgruppen erschließen und besucherorientiert arbeiten, die Standortqualität erhöhen und das Stadtimage verbessern und was sonst noch alles.[310]

Den „Entscheidern" in der Organisation Museum (im Theater, der Volkshochschule, in der Stadtbibliothek ist es wenig anders) fällt es unter diesen Bedingungen zunehmend schwerer, die *Ziele* – die ausgesprochenen wie vor allem die unausgesprochenen – überhaupt zu erkennen, sie in eine Hierarchie und in einen sinnvollen, bearbeitbaren Zusammenhang zu bringen. Und als sei diese Aufgabe nicht schwer genug, ändern sich häufig die Zielvorgaben in immer kürzer werdenden Zeitabständen. Weil die öffentlichen Haushalte

309 Mintzberg, Henry: Power in and around organizations, Englewood Cliffs 1983
310 Vgl. hierzu Kotler / Kotler (1998)

immer enger werden, fallen im laufenden Haushaltsjahr zugesagte Zuwendungen unter Sparvermerke, können frei werdende Stellen nicht wieder neu besetzt werden usw.

Folgt man dieser Analyse, so wird schnell deutlich, dass die bürokratische Organisationsform zunehmend an ihre Grenzen stößt: Sie kann nicht schnell genug auf die immer komplexere und differenzierte Umwelt reagieren, die sich noch dazu immer schneller verändert. Die bürokratische Organisation kann also nicht schnell genug „lernen", um dem Wandel gerecht zu werden. Sie reagiert mit Instrumenten und Mitteln der Vergangenheit auf Probleme und Herausforderungen der Gegenwart und vor allem einer immer rascher näher kommenden Zukunft. Sie ist also – in unserem Falle – immer weniger in der Lage, Kunst und Kultur zu ermöglichen. Dies erfahren Kultureinrichtungen seit zwei, drei Jahrzehnten besonders schmerzhaft angesichts einer privatwirtschaftlichen Konkurrenz, die – anders organisiert – sehr viel schneller reagieren kann.

Somit ist die bürokratische Organisationsform aus zwei Gründen wenig geeignet, die tiefgreifenden Herausforderungen und Probleme der öffentlichen Kultureinrichtungen wirklich zu lösen. Erstens liegt (und lag schon immer) in den unterschiedlichen Logiken von Kunst- und Kulturproduktion einerseits, öffentlicher Verwaltung andererseits, ein Gegensatz, den Theodor W. Adorno treffend auf den Punkt bringt, wenn er schreibt: „Kultur ist der perennierende Einspruch des Besonderen gegen die Allgemeinheit (...) Verwaltung aber repräsentiert notwendig, ohne jede subjektive Schuld und ohne individuellen Willen, das Allgemeine gegen jenes Besondere." Und er schließt: „Das Gefühl des Windschiefen, Unvereinbaren im Verhältnis von Kultur und Verwaltung heftet sich daran."[311] Und zweitens stößt die bürokratische Organisationsform – und dies völlig unabhängig von ihrem spezifischen Anwendungsbereich Kunst und Kultur – quasi an die systemimmanenten Grenzen wachsender Umweltkomplexität und unklarer Zielsetzungen.

Francine Séguin zieht daraus für die (in ihrem Fall: kanadischen) Kulturorganisationen weit reichende Konsequenzen und formuliert die Anforderungen, die auf Kulturorganisationen zukommen, die zukunftsfähig sein wollen: „The organizations we have known up to now, whether in the public or private sector or even in the non-profit sector, have often been either highly bureaucratic or extremely regimented and rigid. We must now transform these bureaucratic organizations in order to make them much more flexible and capable of responding rapidly to new needs as they arise. The organizations we have known have also been highly centralized, with little real involvement of core members. We have to reconsider the structures of organizations in order to make them much more decentralized, and, thus, more capable of mobilzing our forces. The organizations we have known have been staffed by people lacking in versality. What we need now are organizations in which versality is made an integral part of the work organization. Whereas past organizations were characterized by an institutional focus, we must now foster organizations with a strong network focus. Finally, the organizations we have known were typically inward looking organizations, primarily concerned with responding to the needs of their own members. In the future, our organizations must turn their focus outward, toward their customers."[312]

Allen Kritikern der „klassischen", d. h. instrumentellen Organisationstheorie war, wie dargestellt, gemeinsam, dass sie Organisationen nicht länger als *Instrumente* zur rationalen Weltgestaltung begriffen, sondern als eine Versammlung menschlicher Individuen mit

311 Adorno (1960) S. 106
312 Séguin (1998) S. 26

einem – zumindest nach außen hin proklamierten – gemeinsamen Hauptziel, daneben (oder vielleicht sogar darüber) aber einer Vielzahl von individuellen Zielen. Dieser Ansatz ist also sehr viel eher *institutionell* ausgerichtet und analysiert das *tatsächliche* Entstehen und Funktionieren von Organisationen statt sich ideal gedachten abstrakten Konstruktionsplänen hinzugeben. Neben der *formalen* Organisationsstruktur, wie sie sich in Organigrammen abbilden lässt, existiert nach ihrer Beobachtung eine *informelle* Organisationsstruktur, die das tatsächliche Handeln in der Organisation ganz maßgeblich mitbeeinflusst (wie beispielsweise der in Behörden so gut bekannte „kleine" Dienstweg).

5.4 Das Konzept der Organisationskultur

Terence E. Deal und Allen A. Kennedy[313] bringen dies in ihrer Untersuchung der *Corporate Culture* in das Bild des „second job", den jeder Mitarbeiter einer Organisation neben seinem eigentlichen, dem „first job", dessen Beschreibung er mehr oder minder explizit in seinem Arbeitsvertrag findet, leistet. Sie stellen sich daher eine Organisation als ein soziales System vor, das nicht nur nach strukturellen oder strategischen Vorgaben arbeitet, sondern als ein soziales System, das ein eigenes soziales Gleichgewicht (oder eben auch Ungleichgewicht) im Umgang mit diesen Vorgaben und den diesen Vorgaben entsprechenden oder widersprechenden Entscheidungen sucht.

„'Second jobs' sind Jobs in einem kommunikativen Netzwerk, in dem die Wirklichkeit des Unternehmens als die bekannte laufend neu erfunden und bestätigt wird, in dem neue Umstände über Gerüchte, Geschichten und Intrigen in die Organisation hineingeholt oder aus ihr herausgehalten werden und in dem die, die noch nicht durchblicken oder Neues nicht verstehen, betreut, beraten und auf Vordermann gebracht werden. In diesem Netzwerk gibt es verschiedene Jobs, wie etwa die Aufgabe der Geschichtenerzähler, Spione, Priester, Souffleure und Intriganten, die genau so erledigt werden müssen, damit der Laden läuft, wie der im Arbeitsvertrag stehende Auftrag auch."[314]

In Abgrenzung zu den skizzierten klassischen Organisationstheorien, die Organisationen in erster Linie als das Ergebnis eines rationalen, abstrakten Planungsprozesses betrachteten, wurde daher seit den achtziger Jahren der Blick zunehmend auf die Bedeutung und Funktionsweise einer „lebenden" *Organisationskultur* gerichtet. Diese Vorstellung war bereits bei Selznick angelegt, wenn er – wie oben zitiert – in *Leadership in Administration* von einheitlichen Anschauungen, von Gewohnheiten und sonstigen Festlegungen spricht, die alle Aspekte des Organisationsgeschehens prägen und eine soziale Integration herbeiführen, die über formale Koordination und Lenkung weit hinausgehen. Für diese Sichtweise wurde der Begriff der Organisationskultur geprägt. Hinterhuber versteht darunter – ganz in der Tradition des anthropologischen Kulturbegriffs stehend – zunächst alle „in einer Organisation vorherrschenden Wertvorstellungen, Traditionen, Überlieferungen, Mythen, Normen und Denkhaltungen, die den Mitarbeitern auf allen Verantwortungsebenen Sinn und Richtlinien für ihr Verhalten geben."[315]

313 Deal, Terence E. und Allen A. Kennedy: Corporate Cultures: The Rites and Rituals of Corporate Life, Reading / Mass. 1982

314 Baecker, Dirk: Organisation als System, Frankfurt 1999 S. 119

315 Hinterhuber (1997) S. 236

Das Konzept der Organisationskultur wendet daher – anders als die eher mechanisch orientierten „Ingenieurswissenschaften“ der klassischen Organisationstheorie – die in den Kultur- und Sozialwissenschaften gewonnenen allgemeinen Einsichten über das Entstehen und Wirken von kulturellen Normen und Werten auf Organisationen allgemein (Organisationskultur) bzw. wirtschaftliche Unternehmungen im speziellen (Unternehmenskultur) an. Auf der Basis dieses (Neu-)Ansatzes lassen sich sehr interessante Erkenntnisse über das tatsächliche Funktionieren von Organisationen und wirtschaftlichen Unternehmungen gewinnen.

Edgar H. Schein[316], der das Konzept der Unternehmenskultur ganz maßgeblich geprägt hat, unterscheidet in der Darstellung bzw. Analyse ihrer Funktionsweise drei Ebenen:

1. die Ebene der *Artefakte*, d. h. alle Phänomene, die man hört, sieht und fühlt, wenn man einer Organisation begegnet. Dies sind die sichtbaren Strukturen und Prozesse in einer Organisation, die einerseits leicht zu beobachten, andererseits aber schwer zu entschlüsseln sind.
2. die Ebene der *bekundeten Werte*, d. h. konkrete Wertvorstellungen und Verhaltensweisen, wie z. B. Strategien, Ziele, Philosophien, bekundete Rechtfertigungen, ungeschriebene Verhaltensrichtlinien (was gilt als „gut“ bzw. „schlecht“, welches Verhalten wird „belohnt“ oder „bestraft“), Verbote usw.;
3. die Ebene der *Grundprämissen*, d. h. die grundlegenden Orientierungs- und Verhaltensmuster, die die Wahrnehmung und das Handeln der Organisationsmitglieder leiten. Hierzu zählen unbewusste, selbstverständliche Anschauungen, Wahrnehmungen, aber auch Gedanken und Gefühle.[317]

Erfahrungen, die eine Unternehmung in der Vergangenheit mit gelungenen bzw. misslungenen Problemlösungen gesammelt hat, werden in meist ungeschriebenen, informellen Gesetzen bzw. Regeln und in Form von „Rezeptwissen“ (nach dem Motto: „Das hat bisher immer gut geklappt, also machen wir es auch weiter so“ bzw. „Das hat noch nie funktioniert“) gesammelt und in die Gegenwart der Organisation übertragen; dies umfasst zunächst die *kognitive* Dimension der Kultur.

Zu der Sicherung des kognitiven Erfahrungsbestandes treten allerdings bestimmte *Werte*, *Normen* und *Einstellungen* hinzu, die das Verhalten der Organisationsmitglieder prägen, d. h. die *affektive* Dimension der Kultur. Dieses kulturelle Hintergrundwissen, also das grundlegende Muster von nicht mehr hinterfragten, selbstverständlichen Voraussetzungen des Verhaltens und Handelns im jeweiligen Unternehmen, wird über ein System von Symbolen, Mythen, Zeremonien, Ritualen und Erzählungen kommuniziert, sichtbar gemacht und als spezifische Organisationskultur an neue Mitarbeiter bzw. Mitglieder tradiert. Hierzu zählen beispielsweise Gründungsmythen („Das Festival ist damals entstanden, weil sich ein paar in einer Kneipe zusammengesetzt haben.“), Erzählungen von großen Gefährdungen und ihrer heldenhaften Überwindung („Damals stand das Theater quasi vor der Insolvenz und nur durch das Zusammenwirken aller.“), Rituale wie „legendäre“ Betriebsfeiern (etwa die Empfänge der einzelnen Verlage bei der Frankfurter Buchmesse, die nicht selten über die Medien kolportiert werden „Damals, als im Hause Suhrkamp“) usw.

316 Vgl. hierzu den „Klassiker“ Schein, Edgar H.: Unternehmenskultur – Ein Handbuch für Führungskräfte, Frankfurt / New York 1995; ders.: Organisationskultur, Bergisch Gladbach 2003 sowie ders.: Prozessberatung für die Organisation der Zukunft. Der Aufbau einer helfenden Beziehung, Bergisch Gladbach 2000

317 Schein (1995) S. 30

Den Organisationsmitgliedern werden diese Werte auf den verschiedensten Kanälen vermittelt und sie „glauben“ an die subtil vermittelten Normen und richten implizit ihr Verhalten und ihre Handlungen an ihnen aus. Verstöße gegen die Organisationskultur finden gewöhnlich Ahndung durch andere Mitarbeiter (etwa durch sanfte Hinweise, wie man sich doch bitte schön zu verhalten habe bis hin zur Ausgrenzung des Mitarbeiters im Extremfall). Diese Integration findet in der Regel also weniger durch bewusstes Handeln der Führungskräfte als durch eine Sozialisation durch die anderen Organisationsmitglieder statt.

Edgar Schein definiert die Kultur einer Organisation deshalb als „ein Muster gemeinsamer Grundprämissen, das die Organisation bei der Bewältigung ihrer Probleme externer Anpassung und interner Integration erlernt hat, das sich bewährt hat und somit als bindend gilt; und das daher an neue Mitglieder als rational und emotional korrekter Ansatz für den Umgang mit Problemen weitergegeben wird.“[318] Die beiden zentralen Funktionen der Organisationskultur sind somit erstens die Schaffung einer *strukturellen Stabilität*, die sowohl bewusst als auch unbewusst fundiert ist und zweitens die *Integration von Elementen in ein größeres Paradigma*, d. h. die Vorstellung, dass sich in einer Organisation Werte, Verhaltensweisen, Klima und Rituale zu einem (funktionierenden) Ganzen fügen müssen. Erst diese gelungene Integrationsleistung schafft die notwendige Stabilität und somit die Grundlage für zukünftige Innovationen. Gerade weil Kulturunternehmungen auf ein hohes Maß an Flexibilität und Kreativität angewiesen sind, macht es Sinn, das Konzept der Organisationskultur auf diese zu übertragen.[319]

5.5 Pathologische Organisationskulturen

Der grundlegende Perspektivenwechsel weg von der rationalen, abstrakten Organisationsgestaltung (nach dem Muster der Bürokratietheorie bzw. des Scientific Management) hin zum Konzept der lebendigen Organisationskultur erlaubt zum einen, die zu Beginn dieses Kapitels festgestellten Probleme in Kulturorganisationen genauer fassen zu können. Zum anderen öffnet er den Blick für gelungene oder aber (in der Realität leider sehr viel häufiger anzutreffende) nicht funktionierende Organisationskulturen von Kulturorganisationen, die im Extremfall pathologische Züge annehmen können. Deshalb wird an dieser Stelle explizit von „kranken“ Kultureinrichtungen gesprochen.

Der Begriff der Krankheit wird hier bewusst im doppelten Sinn gebraucht. Zum einen sind nicht wenige Kultureinrichtungen tatsächlich krank in dem Sinne, dass sie unter hohem personellem und finanziellem Mitteleinsatz ihre Aufgaben nur sehr dysfunktional erfüllen. Sie funktionieren also wie ein gestörter Organismus, der meist nur mit Aufbietung aller Kräfte – wenn überhaupt – seine Funktionen erfüllt. Sie sind krank aber auch in dem Sinne, dass sie sich selbst und ihre Mitarbeiter „krank“ machen. Dies schlägt sich in einer Vielzahl von Symptomen nieder: in häufigen Fehlzeiten aufgrund von Erkrankungen, in sog. „inneren Kündigungen“, in psychosomatischen Störungen der Mitarbeiter, in einem Klima der Destruktion oder Aggression usw.

318 Schein (1995) S. 25

319 Vgl. hierzu neben Schein (1995) auch Weck, Michael: Die Kultur der Kulturverwaltung. Eine hermeneutische Analyse von Biographie und Verwaltungshandeln, Opladen 1995

Mit dem Problem der Berufsunfähigkeit müssen sich vor allem die entsprechenden Versicherungen auseinandersetzen. So stellte der Heidelberger Finanzdienstleister *MLP* in einer Untersuchung aus dem Jahr 2006 fest, dass der Hauptgrund für Berufsunfähigkeit bei Männern zu 28 % in *psychischen* Gründen liegt (gefolgt mit weitem Abstand von 18 % Ursachen, die im Bewegungsapparat liegen) und bei Frauen dominieren die psychischen Ursachen gar mit 38 % (ebenfalls gefolgt von 18 % Gründen im Bewegungsapparat).[320] Dies sollte jeder Organisation und jedem Unternehmen zu denken geben.

Darauf angesprochen, dass ihre Kultureinrichtung „krank" sei, würden viele Mitarbeiter dies zunächst wahrscheinlich vehement bestreiten. Bohrt man dann aber weiter und fragt, warum der Output der Kultureinrichtung so bescheiden ist, warum es dieses deutlich zu beobachtende Klima von Depression oder Aggression, von Jammerlust und Dauerfrust gibt, wird man sehr rasch eine Vielzahl von Symptomen benannt kommen, die darauf schließen lassen, dass in der entsprechenden Kultureinrichtung massiv etwas nicht stimmt.

Damit stehen Kulturorganisationen allerdings keineswegs alleine da. Diese pathologischen Fehlentwicklungen von Organisationen insgesamt stehen schon seit zwei Jahrzehnten im Mittelpunkt des Interesses der Organisationstheorie. Seit den achtziger Jahren des zwanzigsten Jahrhunderts konzentriert sich daher der Organisationstheoretiker und Psychotherapeut Manfred Kets de Vries[321] explizit „auf die Psychodynamik von Organisationen". Mit seinem auf der Psychoanalyse aufbauenden theoretischen Konzept und zahlreichen empirischen Fallstudien bemüht er sich, „ein Verständnis der Interaktionen von Menschen in Organisationen zu entwickeln, das differenzierter und realistischer ist als die eindimensionalen und mechanischen Beschreibungen, die von Managementforschern normalerweise verfasst werden." [322] Es geht ihm vor allem darum zu erklären, wie es zu dysfunktionalen, ja durchaus „kranken" bzw. „neurotischen" Organisationen (*The Neurotic Organization* heißt eines seiner Hauptwerke) kommen kann.

In der (gemeinsam mit Danny Miller durchgeführten) Untersuchung zu *Personality, Culture and Organization*, die mittlerweile auch in der Organisationstheorie und der Managementlehre rezipiert wurde, gehen die beiden Autoren von der grundlegenden These aus, dass im Hinblick auf dysfunktionale bzw. „kranke" Organisationen durchaus Parallelen zwischen *individueller Pathologie* (also subjektiven Krankheitsbildern) und *organisationeller Pathologie* (also kollektiven Krankheitsbildern) gezogen werden können.[323]

Die beiden Autoren konzentrieren sich dabei ausdrücklich auf Organisationen, in denen die Entscheidungsgewalt sehr stark zentralisiert ist, und zwar entweder bei einer einzigen Führungspersönlichkeit oder einer kleinen, sehr homogenen Führungsgruppe. In diesen Organisationen, so ihre These, beeinflusst die individuelle Persönlichkeit der Führungsperson (und ggf. auch deren Neurosen die Kultur, die Strategien und die Struktur der ganzen Organisation am stärksten. Je ähnlicher die Persönlichkeitsstrukturen der Führungspersonen einander sind, um so deutlicher sind die Persönlichkeitsstörungen erkennbar und werden im Verhalten der Organisationsmitglieder widergespiegelt. Umgekehrt bedeutet dies: „Gesunde"

---

320 Versicherung gegen Berufsunfähigkeit wird teurer. In: Frankfurter Allgemeine Zeitung vom 6.7.2006

321 Vgl. hierzu vor allem Kets de Vries, Manfred F.R.: Organizational Paradoxes. Clinical approaches to Management, Tavistock Publications, London 1980 und ders. mit Danny Miller: The Neurotic Organization, San Francisco 1984

322 Kets de Vries, Manfred F.R.: Führer, Narren und Hochstapler. Essays über die Psychologie der Führung, Stuttgart 1998 S. 12

323 Kets de Vries, Manfred F. R. und Danny Miller: Personality, Culture and organization. In: Academy of Management Review 11, 1986, Vol. II No. 2, S. 266

Organisationen – also solche, die effektiv und effizient arbeiten – haben in der Regel eine Mischung unterschiedlicher Persönlichkeiten an ihrer Spitze.

Die unten dargestellten Krankheitssymptome bzw. Pathologien dürften wahrscheinlich demjenigen, der das Innenleben öffentlicher Kultureinrichtungen näher kennt, nicht völlig unbekannt sein. Kets de Vries / Miller unterscheiden fünf organisationelle Kulturtypen, deren dominanten Stil und das ihnen zugrunde liegende Leitmotiv und die jeweiligen Gefahren, die ihnen drohen.

Organisation	**Kultur / Handlungsstil**	**Neurotischer Stil**	**Leitmotiv der Führungsperson**
Dramatisch	Charismatisch	Dramatisch (theatralisch/narzisstisch)	Großartigkeit
Depressiv	Vermeidend	Depressiv (vermeidend/abhängig)	Hilflosigkeit
Paranoid	Wahnhaft	Misstrauisch	Verfolgungswahn
Zwanghaft	Bürokratisch	Zwanghaft	Kontrolle
Schizoid	„Politisch“ / taktisch	Distanziert (schizoid/vermeidend)	Distanz

Abbildung 12: Überblick pathologische Organisationen

Im Einzelnen stellen sich diese Krankheitsbilder von Organisationen dar wie folgt.[324]

1. Die *dramatische* Organisationskultur

Dramatische Organisationskulturen finden sich aus nahe liegenden Gründen wahrscheinlich vor allem in denjenigen Kunstsparten, in denen das Drama selbst wesentlicher Inhalt ist, also vor allem im Theater. Hier werden nicht selten entsprechende „Stars“ zum Intendanten berufen, die dem Theater alleine schon durch ihre Ausstrahlung Licht und Profil geben sollen. Das kann gut gehen – die möglichen Gefahren liegen indes auf der Hand. Ähnliche Konstellationen dürfte es aber auch bei der Führung großer Festivals geben, wo ebenfalls der Starkult schon fast Teil der Strategie ist.

324 Kets de Vries / Miller (1986) S. 269ff; hier in Anlehnung an Schreyögg (1998) S. 450f

Charakteristika	Unbewusstes Leitmotiv der Organisationsspitze	Gefahren
Alles dreht sich um die charismatische Führungsfigur, die sich selbst grandios in Szene setzt; die Mitarbeiter idealisieren sie und geraten in starke Abhängigkeit zu ihr; alle wesentlichen Entscheidungen liegen bei der Führungsfigur. Die Arbeitsmethode vertraut auf Spontaneität und Intuition; Strukturen und Regeln werden als störend empfunden; neue Projekte werden wagemutig angegangen; Erfolge enthusiastisch gefeiert	„Ich möchte von allen Leuten bewundert und bestaunt werden. Ich bin eine Genie.“	Einseitigkeit; die Perspektive des charismatischen Führers ist allgegenwärtig; Unselbstständigkeit der Organisationsmitglieder; extrem hohe Entscheidungszentralisation mit der Folge mangelnder Beweglichkeit bei Umweltveränderungen; störanfällig; sternförmiges Kommunikationsnetz mit überlasteter Mitte; Risiken werden unbedacht eingegangen; Kritik wird unterdrückt; Neigung zum Aufbau von Illusionswelten; Unfähigkeit, Misserfolge zu verarbeiten

2. Die *depressive* Organisationskultur

Charakteristika	Unbewusstes Leitmotiv der Organisationsspitze	Gefahren
Pessimistische Prognosen und die Angst, es nicht zu schaffen., sind das Grundthema; man ist den Schicksalsschlägen ausgeliefert und sucht Schutz bei anderen; man erhofft Initiative von außen; alles nimmt seinen gewohnten Lauf; Routine bestimmt das Verhalten; Macht ist breit verteilt, aber ohne große Bedeutung.	„Ich kann am Lauf der Dinge ohnehin nichts ändern; dazu wäre ich auch nicht kompetent genug.“	Apathie, kaum Innovationen; hohe Absenzraten; geringe Motivation: wenig Entschlusskraft; starres Festhalten am alten Produktionsprogramm, auch dann, wenn Krisensignale unüberhörbar sind; Verunsicherung durch zu viele Berater; freudlose, niedergeschlagene Stimmung, die sich bis in das Privatleben der Mitarbeiter hineinzieht.

Dieser Organisationstyp dürfte sich besonders häufig bei Kultureinrichtungen finden, bei denen zum einen die (kulturpolitische) Zielsetzung weitgehend unklar ist und die zum anderen kaum Konkurrenzdruck ausgesetzt sind. Die Kulturpolitik bzw. Kulturverwaltung hat sie mehr oder weniger schon vor Jahren allein gelassen bzw. vielleicht sogar schon abgeschrieben („Da ändert sich nie mehr was!“). Man traut diesen Einrichtungen kaum noch etwas zu, hat aber auch nicht den Mut oder die Kraft von außen her etwas zu verändern.

Dieser Typus dürfte vor allem bei Kultureinrichtungen anzutreffen sein, die über Jahrzehnte die gleiche Leitung hatten, die selbst nicht (mehr) bereit ist, sich und die Organisation noch zu verändern bzw. wo es der Träger aufgegeben hat, diese Person (und die Organisation) zu verändern. Man hofft in solchen Situationen häufig, nach dem altersbedingten Ausscheiden der Leitung einen Neustart inszenieren zu können, sollte dabei aber immer im Auge haben, inwieweit sich die Depressivität auf die Mitarbeiter übertragen hat, um vor Illusionen gewappnet zu sein!

3. Die *paranoide* Organisationskultur

Charakteristika	**Unbewusstes Leitmotiv der Organisationsspitze**	**Gefahren**
Misstrauen und Angst, permanente Bereitschaft, Angriffe zurückzuschlagen; hochsensitiv für Bedrohungen jedweder Art; Aufbau ausgefeilter Kontrollsysteme; ständige Suche nach versteckten Absichten Anderer; hoher Aktivitätspegel; ruheloses Suchen nach mutmaßlichen Betrügern	„Ich kann niemandem trauen; es existieren viele Kräfte, die mir ans Leder wollen; ich muss auf der Hut sein!“	Verzerrte Wahrnehmung, man ist immer auf der Suche nach einer Bestätigung der vermuteten Bedrohung; misstrauische Abwehrhaltung lässt kaum Raum für spontane Aktionen; Risikoaversion, Reaktion statt Aktion; langsame Entscheidungsfindung, weil alles abgesichert werden muss. Motivationsverlust durch Institutionalisierung des Misstrauens (Spitzelsystem)

Dieser Typus dürfte sich vor allem bei Kulturorganisationen finden, die unter starkem äußerem Konkurrenzdruck stehen und unter Umständen von ihrem Träger darüber hinaus ausdrücklich dazu aufgefordert werden, sich dieser (privatwirtschaftlich-kommerziellen bzw. privatrechtlich-gemeinnützigen) Konkurrenz zu stellen. Kets de Vries / Miller sprechen in diesem Kontext daher ausdrücklich von „under fire firms“, also von Organisationen, die unter einem permanenten Außendruck stehen. Dieser zwingt die Leitung, zu glauben, ständig alles unter Kontrolle haben zu müssen und keine Schwächen zeigen zu dürfen oder abweichende Meinungen zulassen zu dürfen. Das Freund-Feind-Denken ist besonders stark ausgeprägt und ein mögliches Risiko wird kaum eingegangen. Die Organisationsleitung hat zu viel mit den von außerhalb auf die Organisation einwirkenden Kräften zu tun, als dass sie sich mit eigenen Zielen und langfristigen Plänen befassen kann. Ständig wird nur reagiert statt strategisch zu agieren.

Es ist durchaus vorstellbar, dass gerade dieser Typus in absehbarer Zeit rasch zunehmen wird, da die Rückgänge öffentlicher Zuwendungen den Wettbewerb der öffentlichen Kultureinrichtungen untereinander verschärfen wird und darüber hinaus der Druck privater – gemeinnütziger wie kommerzieller – Anbieter zunehmen wird. Dies lässt sich insbesondere im Theater- und Ausstellungsbereich bereits jetzt erkennen und dürfte bald auch die Musikschulen treffen. Umso wichtiger wird es dann werden, aus der nur reagierenden Defensive herauszugelangen und langfristig strategisch zu operieren, anstatt paranoiden Verfolgungsängsten allzu viel Raum zu gewähren.

4. Die *zwanghafte* Organisationskultur

Charakteristika	**Unbewusstes Leitmotiv der Organisationsspitze**	**Gefahren**
Perfektionismus und Detailbesessenheit; alles muss seine Ordnung haben; die schlimmste Bedrohung geht vom Chaos aus; Beziehungen werden nach Überlegenheit und Unterlegenheit geordnet; Überraschungen sollen um jeden Preis vermieden werden; nichts darf dem Zufall überlassen sein; alles wird vorbedacht und geregelt; offene Emotionen sind völlig unerwünscht.	„Ich möchte nicht von irgendwelchen Zufällen abhängig sein; ich muss mein ganzes Umfeld unter Kontrolle haben!"	Stures Festhalten am einmal beschlossenen Plan; Regelfetischismus; Tendenz zum geschlossenen System; Initiativen werden abgeblockt, der Kommunikationsfluss ist streng hierarchisch; Innovationen stören, weil sie Unordnung bringen. Die Strategie von gestern wird perfektioniert, die Strategie von morgen gar nicht ventiliert.

Dieser Organisationstypus hat große Ähnlichkeit mit jenen von Max Weber kritisierten „stahlharten Gehäusen" bürokratischer Ordnung; Kets de Vries / Miller sprechen in diesem Kontext ebenfalls ausdrücklich von „Bureaucratic Cultures". Dieser Organisationstypus dürfte in vielen öffentlichen Kultureinrichtungen anzutreffen sein, die selbst entweder Behörden sind (Kulturämter, Ministerien) bzw. die in Form des Regiebetriebs betrieben werden, also Staatstheater, Landesmuseen etc. Der Handlungsstil ist in hohem Maße innenorientiert und ritualisiert nach dem Motto: „Bloß keine Fehler machen". Hinzu kommt ein ausgearbeitetes System der Kontrolle (nicht des Controlling!), das sicherstellen soll, dass nicht vom einmal festgelegten Weg abgewichen wird. Die Innenorientierung ist sehr viel wichtiger als das, was in der sich wandelnden Umwelt abspielt.

5. Die *schizoide* Organisationskultur

Das entscheidende Manko bei diesem Organisationstypus ist, dass die Führungspersönlichkeit auf größtmögliche Distanz sowohl zu dem direkt unterstellten Führungspersonal wie zu den sonstigen Mitarbeitern geht und nicht bereit ist, sich auf irgendwelche näheren Beziehungen einzulassen. Insofern verfehlen sie ihre Rolle und Verantwortung als eine Führungsperson (sie sind nach Miller / Friesen[325] „Headless firms"). Durch das Führungsvakuum, dass sie schaffen, geben sie der „zweiten Reihe" der Führungsebene alle Möglich-

325 Miller, Danny and Peter H. Friesen: Organizations: A quantum view, Englewood Cliffs 1984

keiten, ihre Rivalitäten bis hin zu Feindschaften auszutragen; insofern ist der Handlungsstil „politisch", da jeder versucht, seine eigene Politik durchzusetzen. Es kommt zu ständigen Koordinierungs- und Kooperationsproblemen, zu Rivalitäten zwischen den einzelnen Abteilungen und permanenten Strategieveränderungen.

Charakteristika	**Unbewusstes Leitmotiv der Organisationsspitze**	**Gefahren**
Distanz, Zurückgezogenheit und die Scheu, sich auf etwas einzulassen, bestimmen die Haltung der Spitze; Indifferenz herrscht vor, es gibt weder Zorn noch Enthusiasmus; die zweite und die weiteren Managementebenen füllen das Machtvakuum, daher gibt es viele Konkurrenzkämpfe, Koalitionen, Taktiken usw.; Prestige und Karierrestreben sind hier dominant	„Ich will mit anderen Menschen nicht viel zu tun haben, der Umgang mit ihnen könnte mich verletzten!"	Isolation, Frustration der Mitarbeiter durch Nichtbeachtung; wenig Konsens; bedingt durch die rivalisierenden Gruppen sprunghaftes Entscheidungsverhalten; es gibt viele Eigeninitiativen, aber keine konsistente Gesamtstrategie; neuen Herausforderungen kann nicht schlagkräftig begegnet werden; Information wird als Machtressource missbraucht; Energieverschleiß durch interne Machtkämpfe.

Dieser Organisationstyp dürfte vor allem in großen öffentlichen Kultureinrichtungen zu finden sein, die zum einen über genügend (leitende) Mitarbeiterinnen und Mitarbeiter verfügen, die miteinander im Konkurrenzkampf stehen und denen es zum anderen an klaren Zielen, einer eindeutigen Strategie und entsprechender Führungsstärke fehlt. Unter solchen Bedingungen kann eine Kultureinrichtung sehr schnell anfangen, sich mehr und mehr mit sich selbst zu beschäftigen d. h. können die einzelnen Mitarbeiter verlockt sein, ihre jeweiligen individuellen Ziele zu verfolgen und sich zu profilieren. In solchen Fällen zählen dann nur noch die jeweils eigene Ausstellung, die eigene Inszenierung, das eigene Projekt usw. Dafür werden alle personellen, finanziellen und sächlichen Ressourcen versucht zu mobilisieren, während anderen Produktionen des Hauses kaum Aufmerksamkeit entgegen gebracht wird.

An dieser Stelle ist ausdrücklich zu betonen, dass diese fünf Typen *Modellcharakter* haben. Kets de Vries / Miller weisen explizit darauf hin, dass in der Realität das klinische Erscheinungsbild („the clinical picture") sehr viel komplizierter ist. Kombinationen und Vermischungen kommen in der Wirklichkeit durchaus häufig vor, wie etwa paranoid-zwanghafte, depressiv-zwanghafte oder schizoid-depressive Typen. Und natürlich finden auch Interaktionen zwischen der Führung des Betriebes und den einzelnen Mitabeitern statt, die diese Typologie verstärken oder vermindern können.

Nichtsdestotrotz lassen sich diese Pathologien eindeutig diagnostizieren. Die beiden Autoren betonen den großen Vorteil ihres diagnostischen Instrumentes, das erstmals den Blick auf die Organisation (und ihre Kultur) als Ganzes richtet und sich nicht darauf beschränkt, an einzelnen Symptomen herumzukurieren. Erst aus dieser ganzheitlichen diagnostischen Perspektive kann dann über entsprechende Therapien nachgedacht werden.

Sehr schnell werden wahrscheinlich aber auch die Widerstände gegen einen solchen Wandel deutlich bzw. auch die Grenzen einer möglichen Veränderung aufgezeigt werden. In diesem Zusammenhang sind beide durchaus pessimistisch: „Neurotic styles of behavior are deeply rooted“[326] – und an diese tiefen Wurzeln ist (wie im individuellen psychotherapeutischen Prozess) oftmals nur sehr schwer heranzukommen.

5.6 Ursachen für kranke Kulturorganisationen

Das Phänomen pathologischer Organisationskulturen ist, wie gesagt, keineswegs auf den Kulturbetrieb beschränkt, sondern lässt sich in vielen Organisationstypen beobachten. Allerdings ist an dieser Stelle nach den spezifischen Gründen für das Erscheinungsbild kranker Organisationen gerade im öffentlichen Kulturbetrieb zu fragen, da dieser – in Deutschland umfangreich öffentlich subventioniert – doch vergleichsweise sorglos leben könnte. Wie kommt es dennoch dazu, dass so viele öffentliche Kulturbetriebe einen so tiefkranken Eindruck machen? Welche Gründe können hierfür benannt werden?

Ein Grundübel ist sicherlich die deformierende Wirkung der bürokratischen Grundstruktur, auf die bereits ausführlich eingegangen wurde. Diese Organisationsform wurde vor zweihundert Jahren entwickelt und hatte seinerzeit sicherlich durchaus ihre Verdienste. Allerdings ist sie – wie ausführlich dargelegt – ungeeignet, die Herausforderungen und Probleme des 21. Jahrhunderts adäquat zu lösen. Dennoch ist sie für zahllose öffentliche Kulturbetriebe nach wie vor dominant. Allerdings treten noch einige weitere wichtige prägende Faktoren hinzu, die die Lage weiter verschärfen.

Denn zweitens steht in aller Regel an der Spitze einer öffentlichen Kultureinrichtung eine Führungsperson (der Intendant, der Museumsdirektor usw.), die mit einer Machtfülle und vor allem einer Unabhängigkeit ausgestattet ist, die im sonstigen wirtschaftlichen bzw. gesellschaftlichen Leben so kaum zu finden sind. Diese Machtfülle und Unabhängigkeit wird nicht zuletzt aus Art. 5 / 3 GG abgeleitet, der die nahezu unbedingte Freiheit der Kunst garantiert. Nach einem einschlägigen Urteil des Bundesverfassungsgerichtes, dem legendären sog. „Mephisto-Urteil“, gilt diese Freiheit nicht nur für die Künstler, sondern auch für die Verbreiter eines Kunstwerkes.

In der Entscheidung des Bundesverfassungsgerichtes heißt es zunächst, dass dieser Artikel „eine das Verhältnis des Bereichs Kunst zum Staat regelnde wertentscheidende Grundsatznorm (ist). Sie gewährt zugleich ein *individuelles* Freiheitsrecht.“ Und dann weiter: „Die Kunstfreiheitsgarantie betrifft nicht nur die künstlerische Betätigung, sondern auch die Darbietung und Verbreitung des Kunstwerks.“[327] Die Kunstfreiheit wird also nicht nur dem Künstler gewährt, sondern auch dem Verbreiter, also der Führungsperson einer Kultureinrichtung und macht dessen Entscheidungen nahezu sakrosankt.

Darüber hinaus ist diese Position sehr oft aufgrund des Beamtenstatus (bzw. der nach einer bestimmten Frist erreichten Unkündbarkeit im Angestelltenverhältnis) quasi lebenslang abgesichert, wenn sich der Amtsinhaber nichts zuschulden kommen lässt. Geahndet wird aber auch dann nur – wenn überhaupt – ein persönliches Fehlverhalten, nicht aber Organisationsversagen.

326 Kets de Vries / Miller (1986) S. 278
327 BVerGE 30/16 vom 24.2.1971

Um diese umfassende und im sonstigen Leben kaum bekannte Machtfülle zu belegen, genügt ein Blick in §3 des Intendantenmustervertrag des *Deutschen Bühnenvereins*: „Der Intendant leitet das Theater und trägt die *Gesamtverantwortung*. Er vertritt das Theater nach außen und übt das Hausrecht aus." Im erläuternden Kommentar des *Deutschen Bühnenverein* heißt es hierzu: „Die Zuständigkeit für die wirtschaftliche und administrative Leitung wird regelmäßig dem für den Etat Verantwortlichen übertragen. *Dies bedeutet nicht, dass sie nicht auch in die Gesamtverantwortung des Intendanten einbezogen ist*" (Hervorhebungen A.K.).

Diese starke Stellung der jeweiligen Führungsperson in öffentlichen Kultureinrichtungen in Deutschland, die nur die Verantwortlichkeit gegenüber dem jeweiligen Träger kennt, ist – wie im Falle der Intendantenstellung – vor allem historisch begründet. Eine Begebenheit aus dem Theaterbereich illustriert die Entstehung dieser autokratischen Haltung. Als der Schauspieler August Wilhelm Iffland 1796 als Direktor an das Berliner Nationaltheater berufen wurde, setzte er rigoros den Primat der künstlerischen Leitung gegenüber seinem Mitdirektor von Warsing durch, der als Jurist den Verwaltungsbereich abdecken sollte. Er schrieb diesem unmissverständlich: „Ich erkenne jede bei dem Theater angestellte Verwaltung als respektive der Direktion untergeordnet. Ich erkenne keine Mitdirektion, keine Ökonomiedirektion, noch Direktor! Alle Ressorts vereinigen sich in meiner Führung zum ehrlichen Zweck des zu hebendem Ganzen. Ich kann mir von niemand die Etats entwerfen lassen, noch eine rechnungsmonatliche Abnahme keinem andern gestatten, ohne ein Unvermögen zu bekennen, das ich nicht habe."[328]

Kultureinrichtungen im angelsächsischen Raum kennen durchaus auch führungsstarke Direktoren – wie etwa Tom Krenz in der Guggenheim-Foundation –, die aber in aller Regel durch ein einflussreiches *Board of Directors* kontrolliert werden. In Deutschland dagegen kontrollieren vor allem die öffentlichen Träger, also vornehmlich Kulturpolitiker bzw. tatsächlich die Kulturbürokratien der Länder und Kommunen, also selbst wiederum in bürokratischen Entscheidungsstrukturen befangene Personen.

Zur bürokratischen Deformation und übergroßer Machtfülle der Institutsleiter kommt ein drittes. In vielen öffentlichen Kultureinrichtungen steht an der Spitze eine künstlerisch herausragende, nicht selten exzentrische Person mit einem nicht wenig ausgeprägten Selbstbewusstsein. Das ist sicherlich gut so im Hinblick auf zu erbringende besondere künstlerische Leistungen, oft aber höchst problematisch mit Blick auf die umfassende manageriale Leitung einer Kulturorganisation, insbesondere die Mitarbeiterführung. Denn hier haben wir es nicht selten – quasi durch die Hintertür – wieder mit jenem feudalen, „durch persönliche Anteilnahme, Gunst, Gnade, Dankbarkeit bewegten Herrn der älteren Ordnungen" zu tun, von dem Max Weber die rational gesatzte Ordnung der Bürokratie so deutlich abheben wollte.

Viertens kennt jeder nicht-öffentliche, kommerzielle oder non-profit-orientierte Kulturbetrieb – neben seinem jeweiligen Aufsichtsgremium – ein zentrales Regulativ, nämlich den Markt. Jede „falsche" Entscheidung bzw. jedes besucherunfreundliche Verhalten zeigt meist umgehend seine Wirkung, nämlich im Fernbleiben des Publikums. Dies zwingt die Leitung einer nicht öffentlich abgesicherten Kultureinrichtung zu einem sehr sensiblen Vorgehen und Beobachten von Marktreaktionen auf seine jeweiligen Angebote. Öffentliche

328 Iffland, zit. nach Waidelich, Jürgen Dieter: Theatermanagement / Theaterorganisation. Geschichte, Grundprobleme und Tendenzen. Problemaufriss und Geschichte des Theatermanagements bis zur Gegenwart. Studienangebot ‚Kulturwissenschaftliche Weiterbildung', Fernuniversität Hagen 1991 S. 34

Kultreinrichtungen dagegen sind – wie im ersten Kapitel dargelegt – aus guten Gründen ausdrücklich nicht vom Markt abhängig.

Dadurch hat sich allerdings nicht selten eine Haltung herausgebildet, die den Markt, also die Besucher und deren Interessen und Bedürfnisse, kaum noch wahrnimmt bzw. sogar gezielt ignoriert. Wie es dazu kommen konnte, illustriert schlaglichtartig eine Begebenheit wiederum aus der deutschen Theaterhistorie. Als Carl Graf von Brühl 1815 als Nachfolger Ifflands in Berlin zum Intendanten des Königlichen Schauspiels bestellt wurde, soll ihn der Kanzler Hardenberg generös mit den Worten beschieden haben: „Machen Sie das beste Theater in Deutschland und danach sagen Sie mir, was es kostet.“[329]

Diese Abgekoppeltheit vom Markt kann für den einzelnen öffentlichen Kulturbetrieb zu verhängnisvollen Konsequenzen führen, wie sie der Theaterkritiker Peter Iden beispielhaft anlässlich der seinerzeitigen Schließung des Berliner Schiller-Theaters beschrieb: „Als kürzlich auf der Bühne des totgesagten Schiller-Theaters eine Nacht lang gegen das Ende demonstriert wurde, konnte man Schauspieler und Regisseure in seltener Gemeinschaft mit Angestellten der Verwaltung und Bühnentechnikern erleben. Für einmal schienen die sonst nur sehr dürftig miteinander verbundenen Gruppen eines Theaters wirklich geeint: durch die Sorge um ihre Arbeitsplätze. Dass nur eines – nämlich die Vorstellung am Abend – Verwaltung, Technik und künstlerisches Ensemble, also alle, und alles am Theater rechtfertigt, ging weitgehend vergessen.“[330]

Dieser Wahrnehmungsverlust der von der Marktorientierung befreiten und quasiverbeamteten Kunst- und Kulturschaffenden treibt die bizarrsten Blüten. So beklagte schon 1993 der damalige Kulturdezernent des *Deutschen Städtetages,* Bernd Meyer, dass „der berechtigte Wunsch der Orchestermusiker, an den tariflichen Fortschritten der übrigen Arbeitswelt teilzuhaben, zu Dienst- und Ruhezeitregelungen geführt (hat), welche die *Kunst als Nebensache* erscheinen lassen und eher das Ziel zu verfolgen scheinen, den Rücken freizuhalten für lukrative Nebentätigkeiten.“[331] Durch die Abkoppelung vom Markt und seinen Herausforderungen, kann sich also ein öffentlicher Kulturbetrieb im wahrsten Sinne des Wortes „eine Menge leisten“, etwa eine völlig unzureichende Ausschöpfung seines wichtigsten Potenziales, nämlich seiner engagierten Mitarbeiterinnen und Mitarbeitern, ohne dass je die Existenzfrage gestellt würde.

Ihr „struktureller Ewigkeitscharakter“ hat in manchen öffentlichen Kultureinrichtungen im Extrem zu einer Entwicklung geführt, die Thomas E. Schmidt Mitte der neunziger Jahre als „Staatstheater als Lebensform“ glossierte. „Theater ist eine öffentliche Kunst und bedarf eines Betriebes, einer Verwaltung, hoher Etats. Der Apparat eignete sich für den Marsch durch die Institutionen. Sich seiner zu bemächtigen, ihn autark zu machen war symbolischer Widerstand gegen eine Zeit, die Veränderungen nicht mehr zuließ. Das Staatstheater als Lebensform wurde in den 80ern beinahe zur betrieblichen Manifestation des Utopischen, Hort unentfremdeten Zusammenarbeitens, Stachel im Fleisch der fetten Ära Kohl, das kleine Dorf, eingezingelt von den Legionen der Unkultur und des Konsums. Dieses Selbstbild ist vielleicht sympathisch, entspricht aber nicht der Wirklichkeit.“[332]

329 Lennartz, Knut: Theater, Künstler und die Politik, Berlin 1996 S. 14
330 Iden, Peter: Die Chance: Das Schiller-Theater als Modell. In: Frankfurter Rundschau vom 5.7.1993
331 Meyer, Bernd: Kultur auf Abwegen. In: Der Städtetag 3,1993 S. 207
332 Schmidt, Thomas E.: Sechs Thesen zum deutschen Theater. In: Iden, Peter (Hrsg.): Warum wir das Theater brauchen, Frankfurt 1995 S. 12

Zugespitzt könnte man daher formulieren, dass die gegenwärtige Organisationsform öffentlicher Kultureinrichtungen in Deutschland die Deformationen bürokratischer Ordnung mit den negativen Auswirkungen autokratischer Herrschaft kombiniert und darüber hinaus weitgehend auch noch von jedem Marktkorrektiv abgekoppelt ist. Es ist nur schwer zu glauben, dass eine solche Organisationsform auf Dauer überlebensfähig ist – im Gegenteil ist zu vermuten, dass es gerade durch die fatale Kombination dieser Faktoren sehr viel eher weiterhin zu massiven Fehlentwicklungen in diesen Organisationen kommen wird.

Allerdings ist es keineswegs so, dass alleine die Führungspersönlichkeit mit ihrer jeweiligen neurotischen Deformation „schuld" ist am Gesamtzustand der Organisation, sondern es gehören immer zwei dazu: „Führer" und „Geführte". Kets de Vries weist immer wieder auf die ein solches Verhalten einer Führungsperson erst ermöglichende und somit stützende bzw. stabilisierende Rolle der Mitarbeiter hin. Er spricht explizit von den „Führern, die wir uns erschaffen" und führt weiter aus: „Geführte neigen dazu, ihre Phantasien auf ihre Führer zu projizieren, und deuten alles, was die Führer tun, im Lichte des Bildes, das sie sich von ihnen erschaffen haben; zugleich aber verleiten sie diese unweigerlich zu dem Glauben, tatsächlich die illusionären Wesen zu verkörpern, zu denen sie ihre Gefolgschaft gemacht hat."[333] Deswegen wäre es auch relativ sinnlos, lediglich eine entsprechende Führungsperson auszutauschen; die verbleibenden Mitarbeiter wären nach wie vor an diesem Führungsstil orientiert und könnten mit einem anderen ggf. überhaupt nichts anfangen.

Zentral für Kets de Vries' Überlegungen ist der – aus der Psychoanalyse entlehnte – Begriff der (narzisstischen) „Spiegelung". Demnach ist „die Spiegelung eine wechselseitige Angelegenheit; sie markiert zum einen die Schaffung eines anfänglichen Selbstgefühls, einer entstehenden Identität, und bildet darüber hinaus auch die Grundlage für die Fähigkeit, Beziehungen zu anderen aufzubauen."[334] So finden sich in aller Regel im Setting von Organisationen zwei Übertragungsmodi: „Geführte wollen ihren Führer *idealisieren* und schreiben ihm deshalb völlig unrealistische Kräfte und Eigenschaften zu (...) Dies gibt ihnen auch die Möglichkeit, sich stärker *beschützt* zu fühlen. Gleichzeitig wird der Führer in den Augen seiner Anhänger gespiegelt und umgekehrt."[335]

Durch diesen wechselseitigen Spiegelungsvorgang sitzen die Mitarbeiter vieler Organisationen „dem Irrglauben auf, dass ihre Firma von einem begabten Individuum geleitet werde, oder verleugnen – falls es keine Leitung im eigentlichen Sinn gibt – die Realität der Situation, weil sie hoffen, dass irgendwie durch Zauberei, etwas Gutes geschehen werde. In der Beziehung zwischen Führungspersonen und ihren Anhängern sehen Menschen häufig nur das, was sie sehen wollen." Dabei soll durchaus nicht übersehen werden, „dass das Spiel mit dem Spiegel insofern seine positiven Seiten hat, als Spiegelungsprozesse eine Weile lang den notwendigen Zusammenhang vermitteln und ein Unternehmen in Zeiten von Veränderungen und Umwälzungen zusammenschweißen können."[336] Aufgrund der oben geschilderten strukturellen Bedingungen ist es also kaum ein Wunder, dass gerade der (öffentliche) Kulturbetrieb (mit seiner nur durch bürokratische Hemmnisse eingeschränkten) Machtfülle „narzisstische Persönlichkeiten" (Kets de Vries) anzieht.

333 Kets de Vries (1998) S. 31
334 Kets de Vries (1998) S. 25
335 Kets de Vries (1998) S. 24
336 Kets de Vries (1998) S. 36

Die Betonung liegt hier allerdings sicherlich auf „eine Weile lang", denn unübersehbar ist ja, dass der Spiegelungsprozess immer Gefahr laufen kann, die tatsächlichen Verhältnisse aus dem Blick zu verlieren und sich nur noch auf sich selbst zu konzentrieren. „Eine Organisation, die sich in einer solchen Situation befindet, operiert sozusagen in einem Spiegelsaal, dessen Wände unaufhörlich immer bizarrer werdende Bilder reflektieren. Wünsche treten an die Stelle von Fakten, und Illusionen verdrängen die Realität."[337]

Selbstverständlich ist die positive Funktion narzisstischer Führungspersonen unübersehbar: „Ihr Gefühl für Dramatik, ihre Fähigkeit, andere zu manipulieren, ihr Hang zu kurzlebigen, oberflächlichen Beziehungen leisten ihnen im Organisationsleben gute Dienste. Sie können phänomenale Erfolge in Bereichen erzielen, die es ihnen erlauben, ihr Bedürfnis nach Größe, Ruhm, Macht zu befriedigen. Aber wenn gleich ein gewisser Grad an narzisstischem Verhalten für den Erfolg einer Organisation durchaus notwendig sein kann, handelt es sich wie immer und überall auch hier um eine Frage des rechten Maßes (...) Bedauerlicherweise erweist sich das Gefühl der Erregung, das solche narzisstische Persönlichkeiten verbreiten, häufig als nur vorübergehend, die Gefahr, dass es ‚verpufft', ist groß."[338]

In einer solchen Situation aber wird es für die Organisation, die sich in ihrer Führungsperson spiegelt, insgesamt gefährlich, denn dann „zeigt sich die dunklere Seite der exzessiv narzisstischen Persönlichkeit. Der narzisstischen Führungskraft eilt zwar gewöhnlich der Ruf voraus, über ein bedeutendes Potenzial zu verfügen, im Laufe der Zeit wird dennoch deutlich, dass etwas fehlt – die ursprünglichen Versprechungen gehen nie wirklich in Erfüllung. Für diese Führer sind Macht und Ansehen wichtiger als die tatsächliche Leistung; sie konzentrieren ihre Energie eher auf Projekte, die politisch vorteilhaft erscheinen, als auf langfristige Ziele. Ihr Hauptanliegen gilt der Erhaltung ihrer eigenen Position und Wichtigkeit, so dass sie auf die Bedürfnisse anderer Personen und der Organisation herabsehen. Ihre Zügellosigkeit, Selbstgerechtigkeit, Arroganz, Unaufmerksamkeit gegenüber Strukturen und Prozessen in der Organisation sowie ihre Unfähigkeit, sich auf einen echten Gedankenaustausch einzulassen, beeinträchtigen das Funktionieren des Unternehmens und verhindern dessen Anpassung an innere und äußere Veränderungen."[339]

Vor solchen Problemlagen, die sehr stark in der psychischen Persönlichkeitsstruktur sowohl der Führungsperson(-en) wie auch der Mitarbeiter verankert sind, scheitern die konventionellen Schutzvorkehrungen und Sicherheitssystem großer Organisationen, wie etwa ein noch so ausgefeiltes Controlling und Berichtswesen. Es kommt also darauf an, „die Gefahrensignale zu erkennen, bevor das Kind in den Brunnen gefallen ist."[340] Kets de Vries und Miller gehen davon aus, dass die konventionellen Instrumente, wie sie im amerikanischen *Diagnostischen und Statistischen Manual* III (DSM, mittlerweile IV) und von T. Millon entwickelt wurden, ausreichend seien, um entsprechende Störungen zu diagnostizieren.

Ist allerdings ein Zustand erreicht, dass sich pathologische Merkmale so stark häufen, dass die Organisation zunehmend unfähig wird, ihre Aufgabe zu erfüllen, wird in aller Regel nur Hilfe von außen, d. h. eine massive Intervention eines Beraters bzw. einer Beratergruppe, zum Erfolg führen. Darauf wird gleich noch einmal unter dem Stichwort Organisationsentwicklung eingegangen werden. Damit es allerdings gar nicht erst so weit kommt, sollte grundlegend über neue Organisationsformen nachgedacht werden.

337 Kets de Vries (1998) S. 32
338 Kets de Vries (1998) S. 50
339 Kets de Vries (1998) S. 51
340 Kets de Vries (1998) S. 53

5.7 Die lernende Kulturorganisation

Die bisherigen Ausführungen dürften deutlich gemacht haben, dass die gegenwärtig vorhandenen (weitgehend bürokratischen) Organisationsmodelle kaum noch in der Lage sind, die Zukunftsprobleme der Kultureinrichtungen effizient zu lösen. Der sich ständig weiter beschleunigende Wandel der Umwelt – verursacht vor allem durch tief greifende technologische, demographische und soziokulturelle Veränderungsprozesse – zwingt die Kulturorganisationen zu einem Höchstmaß an Flexibilität, um hierauf reagieren zu können. Eine starre, bürokratische Organisation sieht sich diesem Wandel gegenüber hilflos.

Selbstverständlich kann auf die Leistungen, die die klassische Organisationstheorie hervorgebracht hat – wie etwa die organisatorische *Differenzierung* durch Aufgabenanalyse, die Arbeitsteilung und Aufgabensynthese oder die organisatorische *Integration* durch unterschiedliche Abstimmungsweisen wie Hierarchie, Programme, Pläne oder Matrixmodelle usw.- auch in neu zu entwickelnden Entwürfe nicht verzichtet werden. Dennoch sollte in Zukunft der Blick auf eine andere Organisationsform gerichtet sein, die – wie Karl Weick in seinem Buch *Der Prozess des Organisierens*[341] (im Original noch zugespitzter *The Social Psychology of Organising*) schreibt – „die Improvisation mehr schätzt als Prognosen, die lieber Chancen gibt, als Zwang ausübt, die selber Lösungen erfindet als welche ausborgt, die lieber neue Handlungsweisen entwirft als alte verteidigt, die Argumente höher einschätzt als Gemütsruhe und die eher zu Zweifel und Widerspruch ermuntert als zum Glauben."

Für Weick dient das Organisieren dazu, „die Spannweite der Möglichkeiten zu verkleinern, die Zahl der Ergebnisse, die auftreten können, zu verringern. Die Tätigkeit des Organisierens zielt auf die Herstellung eines tragfähigen Sicherheitsniveaus. Eine Organisation versucht, mehrdeutige Information umzuformen bis zu einem gewissen Grad an Eindeutigkeit, mit dem sie arbeiten kann und an den sie gewöhnt ist."[342] Die Betonung liegt hier auf „tragfähigem Sicherheitsniveau" und „gewissem Grad von Eindeutigkeit" und eben nicht, wie es das Scientific Management oder die bürokratische Organisation anstrebte, auf naturwissenschaftlicher Klarheit und Eindeutigkeit.

Dementsprechend werden von Weick „Organisationen als Erfindungen von Menschen angesehen, Erfindungen, die dem Erlebensstrom übergestülpt werden und ihm für den Augenblick eine gewisse Orientierung aufzwingen. Man beachte jedoch, dass viele Teile des Erlebensstroms unorganisiert bleiben und dass die Teile, die zeitweilig durch übergestülpte Ideologien organisiert werden, mehrdeutig bleiben."[343] Für ihn sind es gerade diese „andauernden Mehrdeutigkeiten" die dazu zwingen, die Organisation so flexibel und offen wie möglich zu halten.

Diese Überlegungen sollen jedoch keineswegs dahin missverstanden werden, dass im Bereich von Kunst- und Kulturbetrieben so Mancher sowieso liebend gern auf Planung und Organisation verzichten würde und am liebsten im kreativen Chaos sich einrichtete. Es soll lediglich die Grenzen der (scheinbaren) Sicherheit der klassischen Organisationstheorie aufzeigen und nach neuen Formen suchen, die den gegenwärtigen und zukünftigen Herausforderungen tatsächlich gerecht werden.

341 Weick (1985)
342 Weick (1985) S. 15
343 Weick (1985) S. 24

Angesichts der andauernden Mehrdeutigkeiten, von denen Weick spricht, wird (schnelles und effizientes) Lernen zu einer zentralen Aufgabe von Organisationen. James March und Johan Olsen[344] gehörten zu den ersten, die die Ansätze der individuellen Lerntheorie auf Organisationen übertrugen und ein Konzept organisatorischen Lernens entwickelten. In ihrem Buch *Ambiguity and choice in organisations* ist der Begriff der *Mehrdeutigkeit*, der zu permanentem organisatorischem Lernen zwingt, bereits programmatisch im Titel enthalten. Aus dieser Perspektive werden Organisationen als *Wissenssysteme* aufgefasst, die über permanente Lernprozesse neues Wissen erwerben und selbst generieren und dadurch ihre *Wissensbasis* permanent erweitern. Lernen wird dabei als (permanente) „Neustrukturierung der Wissensbasis" definiert; „organisatorisches Lernen ist dann der Prozess, in dem Organisationen Wissen erwerben, in ihrer Wissensbasis verankern und für zukünftige Problemlösungserfordernisse hin neu organisieren."[345]

Dieser und andere Ansätze verstehen Lernen vor allem als einen *kognitiven* Prozess, als ein *instrumentales* Lernen, das insbesondere Wissen, Verständnis, Know-how, Techniken und Praktiken umfasst. Chris Argyris und Donald A. Schön[346] gehen in ihrem Konzept der „Lernenden Organisation" einen entscheidenden Schritt weiter, indem sie dieses „instrumentale Lernen in einem konstanten Wertesystem", das bloß auf eine Verbesserung des Bestehenden abzielt, unterscheiden von einem „Lernen, die Werte zu ändern", d. h. ein Lernen, das das bloß instrumentale Lernen quasi transzendiert.

Ihr Ausgangspunkt sind sog. *Aktions- oder Handlungstheorien*, die es in jeder Organisation gibt; diese beinhalten z. B. „Strategien zur Durchführung schwieriger Aufgaben". Solches theoretisches Wissen verbirgt sich aber auch in „Abläufen und Verfahren, die selbst dann geprüft und entschlüsselt werden können, wenn die Personen, die sie ausführen, sie nicht in Worte fassen können."[347] Argyris / Schön unterscheiden dabei zwei verschiedene Aktionstheorien: Mit „*vertretener* Theorie" („*espoused theory*") bezeichnen sie eine Aktionstheorie, „die vorgebracht wird, um ein bestimmtes Aktivitätsmuster zu erklären oder zu rechtfertigen"; mit „*handlungsleitender* Theorie" („*theory-in-use*") dagegen eine „Aktionstheorie, die in der Durchführung dieses Aktivitätsmusters stillschweigend enthalten ist." Ihre Grundannahme ist nun, dass das organisatorische Handeln von einem systematischen Nichtübereinstimmen von *vertretener* und tatsächlich *handlungsbestimmender* Theorie geprägt ist, d. h. „formale Unterlagen eines Unternehmens wie Organisationspläne, Zielformulierungen oder Arbeitsplatzbeschreibungen enthalten nicht selten *vertretene* Aktionstheorien, die sich nicht mit den aktuellen Aktivitätsmustern der Organisation decken."

Diese immer wieder zu erfahrende „Nichtübereinstimmung" führt quasi zwangsläufig zu gewissen Lernprozessen mit dem Ziel, möglichst wieder eine Deckung zu erreichen, d. h. „*organisationales Lernen* findet statt, wenn einzelne in einer Organisation eine problematische Situation erleben und sie im Namen der Organisation untersuchen. Sie erleben eine überraschende Nichtübereinstimmung zwischen erwarteten und tatsächlichen Aktionsergebnissen und reagieren darauf mit einem Prozess von Gedanken und weiteren Handlungen; dieser bringt sie dazu, ihre Vorstellungen von der Organisation oder ihr Verständnis organisationaler Phänomene abzuändern und ihre Aktivitäten neu zu ordnen, damit Ergeb-

344 March, James G. und Johan P. Olsen: Ambiguity and choice in organisations, Bergen 1979
345 Vgl. hierzu und zum folgenden Schreyögg (1998) S. 538
346 Argyris, Chris und Donald A. Schön: Die lernende Organisation. Grundlagen, Methode, Praxis, Stuttgart 1999 S. 20
347 Argyris / Schön (1999) S. 28

nisse und Erwartungen übereinstimmen, womit sie die handlungsleitende Theorie von Organisationen ändern. Um organisational zu werden, muss das Lernen, das sich aus Untersuchungen in der Organisation ergibt, in den *Bildern* der Organisation verankert werden, die in den Köpfen ihrer Mitarbeiter und / oder den erkenntnistheoretischen Artefakten existieren (den Diagrammen, Speichern und Programmen), die im organisationalen Umfeld angesiedelt sind.“[348]

Dieser Lernprozess kann nun in zwei bzw. drei Formen[349] stattfinden.

1. Das sog. „Einschleifen-Lernen“ (Single-Loop-Learning) ist ein instrumentales Lernen, das Handlungsstrategien oder Annahmen, die Strategien zugrunde liegen, so verändert, das die Wertvorstellungen einer Handlungstheorie unverändert bleiben. Innerhalb eines festgelegten Bezugsrahmens, der die Definition des „richtigen“ Systemzustands enthält, werden Abweichungen registriert und korrigiert. Die Definition des richtigen Systemzustandes wird durch die „theory-in-use“ geleistet; sie aufrechterhalten zu können ist also wesentliches Ziel des Einschleifen-Lernens.[350]
   In der Regel geht es also darum, einen Fehler zu finden oder einen Mangel zu beheben, d. h. das Einschleifen-Lernen reicht dort aus, wo die Irrtumsberichtigung darin bestehen kann, Organisationsstrukturen und Annahmen innerhalb eines konstanten Rahmens von Leistungswerten und –normen zu ändern. Das Theater stellt beispielsweise fest, dass die Werkstätten permanent überbelastet, in anderen Fällen unterbelastet sind. Durch die Einführung eines konsequenten Projektmanagement wird versucht, dieses Problem zu beheben. Dieses Lernen richtet sich auf „Irrtümer erster Ordnung“, ist instrumental und bezieht sich somit in erster Linie auf die Effektivität, d. h. konzentriert sich auf die Frage, wie man am besten Ziele erreicht und die Organisationsleistung in dem Bereich hält, der von den bestehenden Normen und Werten vorgegeben wird.
   Dieses Lernen klappt allerdings nur, wenn in der Organisation die Aufnahme und Kommunikation von Feedback reibungslos funktioniert. In vielen Fällen scheitert allerdings organisatorisches Lernen bereits an dieser Basisvoraussetzung, d. h. Feedback wird auf vielfältige Weise abgewehrt, indem z. B. die Annahme kulturmanagerialer Methoden prinzipiell abgelehnt wird, weil Kunst und Management angeblich nichts miteinander zu tun hätten.
   Argyris / Schön weisen darauf ironisch hin, „wie man gemeinsam lernen kann, Denk- und Handlungsmuster zu pflegen, die produktives organisatorisches Lernen *verhindern*. Man kann beispielsweise lernen, auf einen Irrtum zu reagieren, indem man einen Sündenbock sucht, Spielchen mit einseitiger Kontrolle spielt oder die Kontrolle umgeht, systematisch zu Täuschungen greift, seine wahren Absichten verbirgt und Tabus aufrecht erhält, die eine Erörterung wichtiger Fragen unmöglich machen.“[351] Es steht zu vermuten, dass die in den 90er Jahren versuchte Durchsetzung neuer Steuerungsmodelle in den kommunalen Kulturverwaltungen vielerorts genau auf dieser Ebene scheiterte.

---

348 Argyris / Schön (1999) S. 31f
349 Argyris / Schön (1999) S. 35ff
350 Schreyögg (1998) S. 542
351 Argyris / Schön (1999) S. 35

2. Das „Doppelschleifen-Lernen“ (*Double-Loop-Learning*) dagegen bezeichnet ein Lernen, das viel grundlegender zu einem Wertewechsel sowohl hinsichtlich der handlungsleitenden Theorien als auch der Strategien und Annahmen, also der „behaupteten“, Aktionstheorie führen. Es befasst sich mit „Irrtümern zweiter Ordnung“ (z. B. dem „Versagen, bestehende Praktiken in Frage zu stellen“) und es stehen die Prämissen der kollektiven Handlungstheorien selbst zur Disposition, da sich die bis dahin gültigen Grundwerte und -überzeugungen als problematisch erwiesen haben. Auf dieser Ebene stellt z. B. ein Museum plötzlich fest, dass es überhaupt keine Vision hat, dass es keinerlei eigene Vorstellung davon hat, wie sich die Umwelt und die eigene Einrichtung in fünf, zehn Jahren entwickeln werden, dass in der Vergangenheit und Gegenwart keine Strategien diskutiert wurden usw.
   Grundlegende Voraussetzung für dieses Lernen sind Offenheit und Unvoreingenommenheit im Organisationsklima. Dieser Prozess vollzieht sich nicht selten als ein „Entlernen“ („unlearning“) bestehender Orientierungen, damit Raum geschaffen wird für neue Wahrnehmungen und Konzepte. Dabei kann das Doppelschleifen-Lernen sowohl durch Einzelpersonen erfolgen, wenn ihre Untersuchung zu einer Änderung der Werte ihrer handlungsleitenden Theorien führen, als auch durch Organisationen, wenn Individuen im Namen einer Organisation eine Untersuchung so durchführen, dass sich die Werte der handlungsleitenden Theorie der Organisation ändern. Dieses Lernen vollzieht sich unter Umständen als ein Konfliktbewältigungsprozess zwischen Organisationsmitgliedern und Gruppen in der Organisation.

3. Als eine dritte Ebene kann das sog. „Deutero“-Lernen bezeichnet werden, also das „Lernen des Lernens“ („learning how to learn“). In diesem Prozess wird das Wissen vergangener Lernprozesse (Single- und Double-Loop-Learning) gesammelt. Dabei werden Lernkontexte reflektiert und Lernverhalten, Lernerfolge bzw. Misserfolge thematisiert. Es geht hierbei um „den gesamten Interventions- und Veränderungsprozess, durch den sich die Akteure ihrer jeweils gebrauchten individuellen und organisationalen Handlungsmuster bewusst werden und Verfahrensweisen zu deren Überwindung erlernen können.“[352] Damit soll u. a. erreicht werden, dass sich die Organisation dauerhaft lernbereit hält.

Was hindert nun Organisationen, im Doppelschleifen-Verfahren zu lernen? Argyris / Schön machen hierfür aufgrund ihrer empirischen Forschungen das „defensive“ (im Gegensatz zum „produktiven“) Denken verantwortlich und beschreiben dieses wie folgt (vgl. auch die Abbildung unten).

Die Leitwerte dieses Modells sind auf die Abschottung und die Durchsetzung der eigenen Handlungsrationalität ausgerichtet, auf die Verteidigung der eigenen Position. Die Zuschreibung von Ursachen erfolgt stets auf die Weise, dass sie von anderen nicht untersucht und nicht getestet werden können. Als Konsequenz hieraus ergeben sich vorwiegend defensive Routinen organisationalen Handelns wie z. B. ausgeprägtes Abwehrverhalten, Vertuschen von Fehlern, Prozesse, die sich selbst verriegeln usw. Das gesamte Abwehrverhalten der Organisation in Modell I beruht auf einer Logik, die in ihren Auswirkungen auf

352 Brentel, Helmut: Sammelrezension zu Argyris / Schön In: Türk, Klaus (Hrsg.): Hauptwerke der Organisationstheorie, Opladen 2000 S. 17

Einzelne und Organisationen stark und tief ist und die sich anhand von vier Regeln ausdrückt:

1. Gib Botschaften aus, die Widersprüche enthalten.
2. Handle so, als wären die Botschaften nicht widersprüchlich.
3. Tabuisiere die Mehrdeutigkeit und der Widerspruch in der Botschaft.
4. Tabuisiere auch die Tabuisierung des Tabuisierten.

Als Beispiel für eine Botschaft, die diesen Regeln entspricht, nennen Argyris / Schön den folgenden Satz eines Firmenchefs an seine Untergebenen: „Wir ermuntern jeden, innovativ und risikofreudig zu sein. Natürlich erwarten wir von Ihnen auch, dass sie Schwierigkeiten vermeiden.“[353]

Leitvariablen	**Handlungsstrategien**	**Folgen für die Verhaltenswelt**	**Folgen für Lernen und Effektivität**
Ziele bestimmen und versuchen, sie zu erreichen	Die Umwelt einseitig entwerfen und leiten (überzeugen und sich auf höhere Ziele berufen etc.)	Akteur wird gesehen als defensiv, widersprüchlich, unvereinbar, beherrschend, als ängstlich, verletzt zu werden, als seine Gefühle zurückhaltend, übermäßig um sich und andere oder zu wenig um andere besorgt. Defensive interpersonelle und Gruppenbeziehung (abhängig vom Handelnden, wenig Hilfe für andere)	Selbstisolierung Verminderte langfristige Effektivität
Das Gewinnen maximieren und das Verlieren minimieren	Die Aufgabe an sich ziehen und kontrollieren („Besitz“ an der Aufgabe beanspruchen, Hüter der Definition und Durchführung der Aufgabe sein)		Einschleifen-Lernen
Das Erzeugen oder Ausdrücken negativer Gefühle minimieren	Sich einseitig schützen (in abgeleiteten Kategorien sprechen, begleitet von wenigen oder gar keinen direkt beobachtbaren Daten, blind sein für Wirkung auf andere; Abwehrverhalten einsetzen wie Beschuldigungen, klischeehaftes Wiederholen, Gefühle unterdrücken, intellektualisieren)	Defensivformen (Misstrauen, mangelnde Risikofreude, Anpassung, externe Bindung, Betonung diplomatischen Verhaltens, machtzentrierter Wettbewerb und Rivalität)	Theorien werden öffentlich kaum getestet. Privat werden Theorien viel getestet
Rational sein	Einseitig andere vor Schäden schützen (Informationen zurückhalten, Regeln zur Zensur von Informationen und verhalten schaffen, private Treffen abhalten)		

Abbildung 13: Modell I: Defensives Denken in Organisationen[354]

353 Argyris / Schön (1999) S. 111

Dagegen setzen Argyris / Schön ihr Modell II der handlungsleitenden Theorie.

Leitvariablen	**Handlungsstrategien**	**Folgen für Verhaltenswelt**	**Folgen für Lernen und Effektivität**
Gültige Informationen Freie und sachliche Wahl Inneres Engagement für die Entscheidung und ständige Überwachung ihrer Durchführung	Situationen planen, in denen die Beteiligten Handlungsursprung sein können und starke persönliche Ursächlichkeit erleben Aufgabe wird gemeinsam überwacht Selbstschutz ist ein gemeinsames Vorhaben und am Wachstum orientiert Bilateraler Schutz Anderer	Akteur als kaum defensiv erlebt Kaum defensive personelle Beziehungen und Gruppendynamik Lernorientierte Normen Weitgehend freie Wahl, inneres Engagement und Risikobereitschaft	Widerlegbare Prozesse Doppelschleifen-Lernen Häufiges öffentliches Überprüfen der Theorien Erhöhte langfristige Effektivität

Abbildung 14: Modell II: Produktives Denken in Organisationen[355]

Im Anschluss an Argyris / Schön entfaltete Peter M. Senge Ende der neunziger Jahre die „Kunst und Praxis der lernenden Organisation" (so der Untertitel seiner einschlägigen Publikation) in fünf Disziplinen, die zur Durchsetzung einer solchen Organisationsform unabdingbar sind.[356]

1. *Der Aufbau einer Personal Mastery*; Personal Mastery meint, dass jeder Mitarbeiter der Kulturorganisation seine persönliche Vision kontinuierlich klärt und vertieft, dass man seine Energien bündelt, Geduld entwickelt und die Realität objektiv betrachtet (vgl. hierzu ausführlich das folgende Kapitel). Diese Inhalte machen die Disziplin der Personal Mastery zu einem wesentlichen Eckpfeiler der lernenden Organisation – quasi zu ihrer geistigen Grundlage. Denn das Engagement einer Organisation zu lernen kann immer nur so groß sein wie das ihrer Mitglieder, zu lernen und sich weiter zu entwickeln.

2. *Das Lernen als Team-Lernen*; das Prinzip des Team-Lernens beginnt mit dem Dialog, mit der Fähigkeit der Teammitglieder, eigene Annahmen „aufzuheben" und sich auf ein tatsäächliches „gemeinsames Denken" einzulassen. Für die Griechen bedeutete *dia-logos* das ungehinderte Fluten von Sinn, von Bedeutung in einer Gruppe, wodurch diese zu Einsichten gelangen kann, die dem Einzelnen verschlossen sind. Zur Disziplin des Dialogs gehört auch, dass man bestimmte Interaktionsstrukturen erkennt, die das Lernen im Team behindern. Häufig ist das Verhalten eines Teams von tiefen Abwehr-

354 Argyris / Schön (1999) S. 104f
355 Argyris / Schön (1999) S. 127
356 Vgl. Senge, Peter M.: Die fünfte Disziplin. Kunst und Praxis der lernenden Organisation, Stuttgart 2001 S. 14ff

mechanismen gegeneinander geprägt. Wenn diese Strukturen nicht erkannt werden, machen sie jedes Lernen unmöglich. Wenn man sie aber erkennt und sich kreativ damit auseinandersetzt, können sie das Lernen vorantreiben. Das Team-Lernen ist von entscheidender Bedeutung, weil Teams, nicht einzelne Menschen, die elementare Lerneinheit in heutigen Organisationen bilden. Nur wenn Teams lernfähig sind, kann die Organisation lernen.

3. *Das Entwickeln einer gemeinsamen Vision*; wenn es je eine Führungsidee gab, die Organisationen seit ewigen Zeiten inspiriert hat, so ist es die Fähigkeit, eine gemeinsame Zukunftsvision zu schaffen und aufrecht zu erhalten (vgl. hierzu das dritte Kapitel). Man kann sich nur schwer vorstellen, dass irgendeine große Organisation auf Dauer ohne gemeinsame Ziel, Wertvorstellungen und Botschaften erfolgreich sein könnte. Wenn eine echte Vision vorhanden ist (im Gegensatz zu den allseits bekannten bloßen „Visions-Erklärungen", ironisch auch als „MacVisions" bezeichnet), wachsen die Menschen über sich selbst hinaus: Sie lernen aus eigenem Antrieb und nicht, weil man es ihnen aufträgt. Zur Disziplin der gemeinsamen Vision gehört die Fähigkeit, gemeinsame Zukunftsbilder freizulegen, die nicht nur auf Einwilligung stoßen, sondern echtes Engagement und wirkliche Teilnehmerschaft fördern.

4. *Das Erkennen mentaler Modelle*; mentale Modelle sind tief verwurzelte Annahmen, Verallgemeinerungen oder auch Bilder und Symbole, die großen Einfluss darauf haben, wie wir die Welt wahrnehmen und wie wir handeln. Sehr häufig sind wir uns dieser mentalen Modelle oder ihrer Auswirkungen auf unser Verhalten nicht bewusst. Die Disziplin der mentalen Modelle beginnt damit, dass man den Spiegel quasi nach innen kehrt und lernt, die „inneren Bilder", die man von der Welt hat, aufzudecken, sie an die Oberfläche zu holen und einer kritischen Betrachtung zu unterziehen. Die Arbeit mit mentalen Modellen erfordert ferner die Fähigkeit, lernintensive Gespräche zu führen, in denen die Beteiligten sowohl erkunden als auch plädieren, in denen sie klar zum Ausdruck bringen, was sie denken und ihr Denken für die Einflüsse anderer öffnen.

5. *Das Denken in Systemen*; Organisationen sind Systeme; sie sind durch ein unsichtbares Gewebe von zusammenhängenden Handlungen verbunden, die oft erst nach Jahren ihre volle Wirkung aufeinander entfalten. Das Systemdenken macht den subtilsten Aspekt der lernenden Organisation deutlich – dass nämlich Menschen lernen, sich selbst, ihre Handlungen und ihre Welt mit anderen Augen zu sehen.

Aus dem bisher Gesagten dürfte deutlich geworden sein, dass Modell eins, in dem (wenn überhaupt) nur im Einschleifenmodus gelernt wird, wenig zukunftsfähig ist; dennoch bewegen sich viele öffentliche Kultureinrichtungen nur auf diesem Niveau. Damit dass sehr viel zukunftsfähigere Modell II, also das produktive Lernen, Realität werden kann, bedarf es einer Reihe von Voraussetzungen und zwar zum einen bei der Führungsperson, zum anderen bei den organisationalen Voraussetzungen.

Kets de Vries benennt einige Eigenschaften, die idealerweise eine Führungspersönlichkeit auszeichnen sollten, so z. B. eine hohe eigene berufliche Kompetenz, ein Talent zu abstraktem Denken, den Besitz einer eigenen Vision und von Phantasie, die Fähigkeit, konstruktive interpersonale Beziehungen aufzubauen sowie Charme, Humor und Entschlossenheit.[357] Über diese Befähigungen hinaus muss nach Argyris / Schön eine „lernende Führungspersönlichkeit“ stets „die Angemessenheit ihrer Organisationskultur prüfen, deren Dysfunktionalität ermitteln und ihre Umwandlung fördern, indem sie erstens die Grundannahmen zu ‚Lernannahmen’ macht und zweitens diese Annahmen dann in der Kultur der Organisation pflegt. Zu den wichtigsten Lernannahmen gehören: Die Menschen wollen einen Beitrag leisten, und man kann ihnen dies zutrauen; man sollte sich dazu bekennen, wenn man nichts weiß, ein Lernender werden und versuchen, andere ebenfalls dazu zu bringen, und so die Verantwortung für das Lernen verbreiten; der Lernprozess muss letztlich Teil der Kultur werden.“[358]

Dabei ist das „Managen der Kultur“ (Schein) einer Organisation in gewisser Weise ein Widerspruch, da Kultur, auch Organisationskultur, gerade dadurch definiert ist, dass sich etwas entwickelt und wächst. Managen dagegen ist das bewusste Handeln und das gezielte Eingreifen. Trotz dieses Spannungsverhältnisses steht aber außer Zweifel, dass Kulturen sehr stark durch Einzelne geprägt werden können – und so ist auch dieses Konzept zu verstehen. Letztendlich müsste das Ziel der lernenden Organisation sein, dass Führungspersönlichkeiten in ihr überflüssig werden bzw. jedes einzelne Mitglied der Organisation diese Funktion übernehmen könnte.

Im Zusammenhang mit pathologischen Erscheinungsformen von Kulturorganisationen wurde bereits darauf hingewiesen, dass ab einem gewissen Punkt ein so bedrohlicher Zustand in der Kulturorganisation erreicht werden kann, dass nur noch Hilfe von außen möglich ist. In diesem Kontext spricht die Organisationstheorie auch von *Organisationsentwicklung*, die von außen versucht, Fehlentwicklungen aufzudecken und wo möglich abzubauen.

Dementsprechend vertraut das Konzept der Organisationsentwicklung auf Expertenwissen (Berater) von außen, das herangezogen wird, um die Organisation grundlegend zu verändern. Die Organisation wird in diesem Konzept – analog der individuellen Therapie – als „Klient“ begriffen, den es zu „heilen“ gilt. Kets de Vries spricht in diesem Kontext ausdrücklich von einem „clinical approach“[359]; Edgar Schein von der „helfenden Beziehung“ und dem „Konzept des Klienten.“[360]

Die wesentlichen Kennzeichen des Konzeptes der Organisationsentwicklung sind:

1. der *geplante Wandel*, d. h. Ziel der Bemühungen von außen ist eine wohldurchdachte Herbeiführung eines ganz konkreten Wandlungsprozesses innerhalb der Organisation;
2. ein *ganzheitlicher Ansatz*, d. h. das Konzept der Organisationsentwicklung zielt darauf ab, die gesamte Organisation (oder zumindest größere in sich geschlossene Einheiten innerhalb der Organisation, wie z. B. Abteilungen) einem Wandel zu unterziehen;
3. die *Anwendung sozialwissenschaftlicher Theorien*, d. h. der Wandlungsprozess stützt sich in seinen Wirkungsvermutungen (Wenn-Dann-Hypothesen) auf sozialwissenschaftliche Theorien (wie z. B. die Psychologie oder die Soziologie);

357 Kets de Vries (1998) S. 39
358 Argyris / Schön (1999) S. 196
359 so z. B. in Kets de Vries, Manfred F.R (1990)
360 so z. B. Schein (2003) S. 51ff bzw. 91ff

4. die *Veränderung von Struktur und Verhalten*, d. h. die Programme zielen sowohl auf eine Veränderung des individuellen Verhaltens der Organisationsmitglieder wie auch der gesamten Organisationsstruktur ab;
5. die *Intervention von Spezialisten*, d. h. die Wandlungsprozesse werden von Spezialisten außerhalb der Organisation konzipiert und gesteuert.[361]

Als ein Beispiel für eine solche grundlegende Organisationsentwicklung kann der sog. „Stuttgarter Aufbruch" der Staatsgalerie in Stuttgart betrachtet werden, der mit der Unterstützung von Fachleuten der Unternehmensberatung McKinsey 1998 durchgeführt wurde.[362]

Mit diesem Konzept der Organisationsentwicklung von außen, kann nun – mit Schreyögg / Noss[363] – das Konzept der lernenden Kulturorganisation kontrastiert werden, das von vornherein von einem anderen Grundverständnis von Organisation ausgehend versucht, die Bedingungen für Fehlentwicklungen gar nicht erst zuzulassen.

Organisationsentwicklung	**Lernende Organisation**
1. Wandel als Sonderfall / Ausnahme	1. Wandel als Normalfall
2. Wandel als separates Problem	2. Wandel endogen; Teil des Systemprozesses
3. Direktsteuerung des Wandels	3. indirekte Steuerung des Wandels
4. Wandel durch (externe) Experten; Organisation als Klient	4. Wandel als generelle Kompetenz der Organisation

Abbildung 15: Organisationsentwicklung vs. Lernende Organisation

Während im Konzept der Organisationsentwicklung von einem als wünschenswert gedachten „Gleichgewichtszustand" (nach wie vor das Bild der „großen Maschine") ausgegangen wird, der grundsätzlich anzustreben (und bei eventuellen Störungen rasch wiederherzustellen) ist, begreift die lernende Organisation (hier das Bild des „Organismus") die Unruhe, den Wandel, das Wachsen als den Normalfall, da sie Grundlage der Fortentwicklung sind. Sie weiß, dass kaum etwas Stabilität hat und richtet sich entsprechend darauf ein. Der Wandel wird im Konzept der Organisationsentwicklung als ein *separates* Problem begriffen wird, das ggf. durch Hilfe von außen (Berater) zu steuern ist; in der lernenden Organisation wird Veränderung als Normalfall begriffen, d. h. die Veränderung braucht keinen Anstoß mehr von außen, sondern findet tagtäglich statt. Im Gegensatz zu dem Eingriff von außen im Konzept der Organisationsentwicklung braucht die lernende Organisation auch keine Kompetenz von außen, sondern besitzt diese breitflächig in ihren permanent lern- und entwicklungsbereiten Mitarbeitern.

361 Schreyögg (1998) S. 502f

362 Vgl. hierzu: Rauterberg, Hanno: Das McMuseum. In Stuttgarts Staatsgalerie werden Bilder zu Wandaktien. In: Die Zeit 1998

363 Schreyögg, Georg und C. Noss: Organisatorischer Wandel: Von der Organisationsentwicklung zur Lernenden Organisation. In: Die Betriebswirtschaft 55 (1995) S. 169-185

Neben der lernenden Führungspersönlichkeit, die selbst bereit ist, sich tagtäglich dem Lernen zu öffnen, sind eine Reihe von Organisationsstrukturen, -prozesse und -bedingungen unabdingbar, um das produktive Lernen von Organisationen zu ermöglichen. Hierzu zählen beispielsweise „flache", dezentrale Organisationsstrukturen und spezifische Informationssysteme, die ein schnelles, öffentliches Feedback auf die Leistungen der Organisation sowohl als Ganzes als auch ihrer verschiedenen Teile liefern. „Fehler" sind möglich, gewünscht und sollten schnellstens erkannt und reflektiert werden.[364]

Richard Beckhard, einer der Gründerväter der Organisationspsychologie, formulierte schon 1969 grundlegende Bedingungen für eine „gesunde Organisation"; hierzu zählen vor allem die folgenden.

1. Ein starkes Vertrauen und eine hohe Wertschätzung der Organisationsmitglieder untereinander; man vertraut einander und hilft sich gegenseitig;
2. ein offenes, problemorientiertes Organisationsklima; Schwierigkeiten und Probleme werden nicht vertuscht oder einzelnen Organisationsmitgliedern angelastet, sondern festgestellt, kommuniziert, reflektiert und wo möglich beseitigt;
3. die Zielerreichung und nicht der Machterhalt einzelner Personen oder Gruppen stehen im Vordergrund; dies gilt auch und gerade für die verschiedenen Führungsebenen;
4. nach Möglichkeit decken sich die formale (Hierarchieebenen) und die funktionale (Experten-)Autorität weitgehend;
5. die einzelnen Organisationsmitglieder verfügen über weit reichende, nichts desto trotz jedoch genau festgelegte Handlungsspielräume (quasi „Leitplanken", innerhalb derer sie ihre Entscheidungen selbstständig treffen können und sollen);
6. dementsprechend werden alle Entscheidungen dort getroffen, wo die besten Informationen und somit die höchste Kompetenz zur Verfügung stehen;
7. die Motivation der Mitarbeiter zur eigenständigen Entwicklung neuer Ideen und Initiativen wird permanent gefördert;
8. das Entscheidungssystem der Organisation ist sowohl leistungsbezogen wie auch auf die persönliche Entwicklung der Mitarbeiter ausgerichtet; organisationales „Wachsen" bedeutet gleichzeitig individuelles Wachsen jedes einzelnen Organisationsmitgliedes;
9. die Organisationsmitglieder kontrollieren sich in großem Umfang selbst im Sinne des „Controlling"; die hierarchische Kontrolle „von oben" wird so weit wie irgend möglich eingeschränkt und abgebaut;
10. die Organisationsmitglieder interessieren sich für ihre Arbeit und sie identifizieren sich mit dieser und mit der Organisation;
11. Konflikte entstehen aus dieser Sicht aus sachlichen Kontroversen über Problemlösungen und zielen auf eine Verbesserung der Aufgabenvollzüge; sie entstehen nicht aus persönlichen Machtspielchen;
12. die Organisation ist proaktiv, d. h. sie versucht, Probleme so früh als möglich zu antizipieren, um rechtzeitig Lösungsmöglichkeiten zu suchen und Maßnahmen in die Wege leiten zu können.[365]

Eine weitere wichtige Voraussetzung ist die Schaffung eines Klimas, in dem „Fehler" möglich sind. Im Konzept der „klassischen" Organisationstheorie, die der Idee von der „großen Maschine" anhingen, durften Fehler nicht vorkommen bzw. mussten, wenn sie es dennoch

364 Vgl. hierzu: Hochreither, Peter: Erfolgsfaktor Fehler. Keine Angst vor Fehlern, Göttingen 2004
365 Beckhard, Richard: Organzational development: Strategies and models, Reading / Mass. 1969

taten, so rasch wie möglich erkannt und beseitigt werden. In der lernenden Organisation werden sie als ein Indiz für Unerwartetes, Unvorhergesehenes gesehen, das es zu bearbeiten gilt. Ein Satz aus der amerikanischen Managementlehre drückt dies plastisch aus: „Fehler helfen beim Lernen. Also macht Fehler, aber macht sie schnell, damit wir schnell lernen!"

Vergleicht man die zuletzt angestellten Überlegungen mit dem Zustand, in dem sich die meisten Kulturorganisationen in Deutschland gegenwärtig befinden, so wird die große Differenz zu den vorherrschenden bürokratischen Strukturen unmittelbar deutlich. Weick bezeichnet die von ihm intendierte Sichtweise von Organisation – in direktem Gegensatz zu den „stahlharten Gehäusen" (Max Weber) – explizit als ein „chronicalyy unfrozen system".[366] Solche „aufgetauten" Systeme zeichnen sich dadurch aus, dass alle Vorkommnisse der Umwelt als problematisch behandelt werden, dass vergangenes Lernen nicht viel zählt und dass auf eine auf Erfahrung basierende Effizienz („Das haben wir doch immer schon so gemacht!") verzichtet wird.

Zweifelsohne ist mit dieser pointierten Feststellung der Gegenpol jenes Gewissheitsdenkens markiert, das die traditionelle Organisationstheorie eines Fayol, Taylor oder Max Webers auszeichnete – gleichwohl dürfte es die Realität und ihre Herausforderungen sehr viel besser abbilden als die klassischen Modelle. Denn was nützt alle Sicherheit angesichts von permanenter Mehrdeutigkeit und Ambiguität, d. h. wenn diese (scheinbaren) Gewissheiten doch nur zum Preis weitreichender, oft höchst illusionärer Annahmen erkauft werden?

Aus Weicks (sicherlich provozierender) Perspektive löst sich die Organisation als Instrument, als „große Maschine", weitestgehend auf und tritt zunehmend der „Prozess des Organisierens" ins Zentrum der Überlegungen. Organisieren dient für Weick dazu, „die Spannweite der Möglichkeiten zu verkleinern, die Zahl der Ergebnisse, die auftreten können, zu verringern. Die Tätigkeit des Organisierens zielt auf die Herstellung eines *tragfähigen Sicherheitsniveaus*. Eine Organisation versucht, mehrdeutige Information umzuformen bis zu einem Grad an Eindeutigkeit, mit dem sie arbeiten kann und an den sie gewöhnt ist. Das bedeutet, dass *absolute* Sicherheit selten erforderlich ist." Dies hat zur direkten Konsequenz, dass die Mitglieder von Organisationen „beträchtlich viel Zeit damit (verbringen), untereinander eine annehmbare Darstellung dessen, was vor sich geht, auszuhandeln. Diese Tätigkeit als solche wird festgehalten durch den Ausdruck *konsensuelle Validierung*, der Inhalt der Tätigkeit wird festgehalten durch den Ausdruck *Reduktion von Mehrdeutigkeit*."[367]

Wie muss nun eine solche *permanent lernende Organisation* konfiguriert sein, um arbeitsfähig zu sein? In der Organisationstheorie werden einige wesentliche Merkmalen aufgelistet.[368]

1. Lernende Organisationen lösen sich zunehmend von dem Steuerungsinstrument Organisations*struktur* und hier insbesondere von der Hierarchie. An die Stelle struktureller Verordnungen (von oben nach unten) treten zunehmend mündliche Kommunikation und hierarchiefreie Vernetzung der einzelnen Mitarbeiter bzw. Arbeitseinheiten. An die Stelle der starren Koppelungsbeziehungen der Struktur (z. B. der bürokratische „Dienstweg") treten entkoppelte Systemstrukturen im Sinne einer nahezu vollständigen Flexibilisierung der Kommunikationsbeziehungen innerhalb der Organisation (jeder kann / darf / soll mit jedem sprechen). Die Organisation wird als eine Einrichtung

366 Weick (1977) S. 39ff
367 Weick (1995) S. 15f
368 Vgl. hierzu Schreyögg (1998) S. 556f

gesehen, in der sämtliche Kommunikationen und Handlungen dem Lernen verpflichtet sind und ohne Ausnahme alle organisatorischen Prozesse zu Lernprozessen werden.

2. Allerdings wird keine Organisation ohne gewisse *Strukturen* arbeiten können (wobei allerdings ausschlaggebend ist, welche Gewichtigkeit diese haben). „Strukturen" können definiert werden als normative Erwartungen, die in der Überfülle der Möglichkeiten, jedes Element mit jedem anderen zu verknüpfen, ein definiertes Muster geltender, üblicher, erwartbarer Relationen festlegt.[369] Sie sind in gewisser Weise „enttäuschungsresistent", d. h. auf sie kann im Notfall zurückgegriffen werden, wenn andere, neue Lösungen nicht funktionieren. Dieser Umstand ist für die Systembildung und -erhaltung einer Organisation *konstitutiv*: das System, also die jeweilige Organisation, *muss* nicht auf jeden Impuls aus der Umwelt reagieren. Das Regelwerk (die Systemstruktur) übernimmt vielmehr Leistungen, die durch Lernprozesse nicht erbracht werden, nämlich die der (gewissen) Stabilisierung der Organisation.

3. Es geht bei der lernenden Organisation also nicht um eine Dichotomie, um einen unüberbrückbaren Gegensatz von *Struktur* oder *Lernen*, sondern es geht um Struktur *und* Lernen. Für die Organisation bedeutet dies, dass die notwendige Stabilisierung selbst in einen Lernprozess eingebettet werden muss, d. h. die Organisation muss „lernen", dass eine gewisse Strukturierung und Stabilisierung durchaus Sinn macht. So können z. B. aus der Formalisierung bestimmter Abläufe durchaus Vorteile zu ziehen sein – ohne allerdings diese Strukturierung zu verabsolutieren. „Die Stabilisierung, verstanden als die Etablierung nicht-lernender Handlungssequenzen (formale Organisation), wird so gesehen als *rücknehmbarer Sonderfall* eingerichtet. Im Unterschied zum Gleichgewichtsmodell, in dem die Veränderung der Problemfall ist, liegen im Lernkonzept die Problembezüge in der temporären Stabilisierung."[370]
   Gefragt wird in diesem Konzept also nicht: Wann soll die Organisation lernen?, sondern genau umgekehrt: Unter welchen Bedingungen ist es für eine prinzipiell lernende Organisation sinnvoller, einmal explizit *nicht* zu lernen? Weick hat dieses Spannungsverhältnis von prinzipieller Lernbereitschaft einerseits und partiellem Stabilisierungsdenken auf die anschauliche, paradoxe Formel gebracht: „Organisationen, die ihre früheren Erwartungen sowohl glauben als auch bezweifeln, behalten größere Flexibilität und Anpassungsfähigkeit."[371]

Angesichts der Tristesse aktueller (zumeist bürokratischer) Organisationsmodelle mögen die obigen Überlegungen vielleicht allzu abstrakt und theoretisch, kurzum nicht praktikabel erscheinen. Interessanterweise gibt es mit dem *Orpheus Chamber Orchestra*, dem „einzigen dirigentenlosen Orchester" (wie die Eigenwerbung lautet) ein Organisationsmodell gerade aus dem Kulturbereich, das mittlerweile als Vorbild für die Reorganisation von Wirtschaftsunternehmen dient.

369 Vgl. hierzu ausführlich Luhmann, Niklas: Funktionen und Folgen formaler Organisationen, Berlin 1964
370 Schreyögg (1998) S. 559
371 Weick (1998) S. 17

Die sog. *Orpheus-Methode* basiert im Wesentlichen auf acht – verblüffend einfachen – Grundprinzipien, die das bisher Gesagte noch einmal zusammenfassen und verdeutlichen.[372]

1. *Denen Macht geben, die die Arbeit erledigen*; Macht und Entscheidungsbefugnisse sind breit auf die Mitarbeiter verteilt, um das kreative Potential jedes einzelnen möglichst optimal zu nutzen.
2. *Ermutigung zu persönlicher Verantwortlichkeit*; jeder einzelne Mitarbeiter ist verantwortlich dafür, dass die Produkte von bester Qualität sind. Anstatt auf einen Vorgesetzten zu warten, der Probleme identifiziert und behebt, ergreifen Einzelne die Initiative, um Schwierigkeiten so schnell wie möglich aus der Welt zu schaffen.
3. *Rollen klar definieren*; Konflikte resultieren sehr oft aus unklaren Rollenverteilungen. Umgekehrt wird durch die eindeutige Definition von Rollen und Funktionen Unklarheiten minimiert und sichergestellt, dass jeder Einzelne am wirksamsten zum Einsatz kommt.
4. *Führungsbefugnis aufteilen und rotierend zuordnen*; jeder wird ermutigt, zu irgendeinem Zeitpunkt auf irgendeine Art und Weise Führungsverantwortung zu übernehmen. Die Organisation insgesamt profitiert durch die Aufteilung und Rotation von Führungsbefugnissen und der Ausfüllung dieser durch den Einzelnen.
5. *Zusammenarbeit auf einzelnen Ebenen fördern*; die Kooperation basiert auf den Querverbindungen zwischen einzelnen Gruppen und einer auf breit gefächerter Sachkenntnis und Verantwortlichkeit basierenden Zusammenarbeit.
6. *Zuhören lernen und reden lernen*; Grundlage sind offene Kommunikationskanäle, um höchste Effizienz zu gewährleisten. Von jedem Mitglied wird erwartet, dass es aufmerksam zuhört und offen redet; der ständige zweigleisige Dialog führt zum Erfolg.
7. *Konsens suchen und ein kreatives Umfeld schaffen, das den Konsens fördert*; die Arbeit kommt nicht voran, wenn nicht alle Mitglieder beschließen, gleichzeitig in ein und dieselbe Richtung vorzugehen. Die Suche nach Konsens und die Konsensfindung sind deshalb existenzielle Bestandteile dieses Modells. Da nicht immer automatisch ein Konsens erzielt wird, gibt es genau festgelegte und wirksame Prozeduren, um diesen Konsens zu finden.
8. *Leidenschaftliche Hingabe an die Arbeit*; die gemeinsame leidenschaftliche Arbeit ist der wesentliche Kern des Erfolgs. Diese Arbeit wird nicht von oben herab dekretiert, sondern gemeinsam bestimmt.

Es wird schnell deutlich – und die Autoren illustrieren diese Prinzipien mit vielen Beispielen aus dem praktischen Alltagshandeln – dass diese Organisationsform keineswegs regellos ist. In den Worten des Psychologen Erich Fromm: „Echte Freiheit besteht nicht im Fehlen von Organisation – sodass die Mitarbeiter tun und lassen können, was sie wollen – sondern in einer eindeutigen Organisation, die es den Menschen ermöglicht, innerhalb eines bestimmten Rahmens frei und kreativ zu arbeiten."[373] Eine große Softwarefirma warb lange Zeit in ihren Stellenanzeigen mit dem Slogan: „Wir haben keine Regeln, denn bei uns weiß jeder was er zu tun hat." Genau darauf wird es in der Kulturorganisation der Zukunft ankommen: einen verlässlichen Rahmen zu schaffen, in dem der und die Einzelne ihre Kreativität und Potenzialität möglichst optimal entfalten kann. Damit wird die besondere Bedeutung jedes einzelnen Mitarbeiters deutlich, auf die im folgenden Kapitel ausführlich eingegangen wird.

372 Seifter, Harvey und Peter Economy. Das virtuose Unternehmen, Frankfurt 2001 S. 34ff
373 Fromm, Erich zitiert nach Seifter / Economy (2001) S. 93

6 Die Wissens-Mitarbeiter

Eine Kultureinrichtung, die zielorientiert und strategisch ausgerichtet arbeitet, begreift ihre Mitarbeiterinnen und Mitarbeiter als ihr wichtigstes Potenzial. Denn eine Organisation verfügt, wie Peter F. Drucker schreibt, „nur über eine einzige wirkliche Ressource: den Menschen."[374] Das „Wissen" (kognitiv wie emotional) dieser Mitarbeiter wird damit zu einem kapitalen Organisationswert, der ebenso bewertet, gepflegt und erweitert werden muss, wie materielle Vermögenswerte. Ganz in diesem Sinne schreibt Gerard Mortier, viele Jahre lang erfolgreicher künstlerischer Leiter der *Salzburger Festspiele*, wo „Professionalität, Enthusiasmus und permanente Einsatzbereitschaft herrschten", über deren Erfolgsrezept: „In der Qualität des Personals liegt das Geheimnis der Salzburger Festspiele. Adaptionsfähig an viele verschiedene Ästhetiken, eine seltsame Motivation und eine über verschiedene Generationen hinweg erlernte Kunst des Handwerks zeichnen es aus."[375] Nur mit solchen Menschen lassen sich künstlerische Höchstleistungen erreichen.

Oberste Aufgabe eines entsprechenden Managements muss es daher sein, Menschen durch gemeinsame Werte, Ziele und Strukturen, durch Aus- und Weiterbildung in die Lage zu versetzen, eine gemeinsame Leistung zu vollbringen und auf Veränderungen zu reagieren.[376] Peter Drucker fordert weiter: „Das Management der Organisation muss „jeden einzelnen Angehörigen in die Lage versetzen, sich im Gleichklang mit den sich wandelnden Erfordernissen und Möglichkeiten weiterzuentwickeln (...) Das Funktionieren der Organisation muss auf der *Kommunikation* und der *individuellen Verantwortung* beruhen."[377] Damit sind die zentralen personellen Elemente für die effiziente Führung eines modernen Kulturbetriebs benannt – die allerdings nicht selten in krassem Gegensatz zur heute noch praktizierten Wirklichkeit stehen.

6.1 Der Beitrag jedes Einzelnen

Gerade im personalintensiven Kulturbetrieb – zu denken ist hier an die im künstlerischen Bereich tätigen Schauspieler, Sänger und Tänzer auf der Bühne, die Musiker im Orchester, die Lehrer in den Musikschulen und die Kursleiter an den Volkshochschulen usw., aber auch an die vielen im Kulturmanagement und Servicebereich Tätigen, also die „Ermöglicher" von Kunst und Kultur – kommt den Mitarbeitern der jeweiligen Kultureinrichtung die entscheidende Bedeutung zu. Denn mittlerweile hat sich auch in der allgemeinen Organisationstheorie die Überzeugung durchgesetzt, „dass nur durch zufriedene Mitarbeiter auch

---

374 Drucker (2001) S. 32

375 Mortier, Gerard: Ombra Felice. In: Mortier, Gerard und Karin Kathrein (Hrsg.): Salzburger Festspiele 1992-2001, Wien 2001 S. 17

376 Drucker (2001) S. 19f

377 Drucker (2001) S. 28

zufriedene Kunden gewonnen werden können."[378] Wird die konsequente Besucherorientierung als ein zentrales Ziel der Kultureinrichtung – neben der Erfüllung ihres kulturpolitischen Auftrages – begriffen, so kommt auch unter diesem Aspekt den Mitarbeiterinnen und Mitarbeitern eine zentrale Rolle zu.

Lustlos spielende Musiker dagegen, die möglichst noch vor oder während dem Schlussapplaus demonstrative die Instrumente einpacken und den Orchestergraben verlassen; ohne Schwung agierende Schauspieler, die ohne Spielfreude die vierunddreißigste Abonnementvorstellung „herunterreißen"; unzureichend vorbereitete Kursleiter in der Volkshochschule; knurrige Musikschullehrer, die sich nicht genügend auf die unterschiedlichen Kinder einstellen; unfreundliches Kassen- und Garderobenpersonal im Theater; unhöfliche Aufseher im Museum – sie alle können dem Besucher den Kunstgenuss gründlich verderben und vor allem verhindern, dass er gerne wiederkommt.

Die beiden Organisationsberater Thomas J. Peters und Robert Waterman, die sich zu Beginn der achtziger Jahre in Industrie und im Dienstleistungsbereich auf die *Suche nach Spitzenleistungen* (so der Titel ihres Bestsellers) machten, kamen auf Grund zahlreicher empirischer Untersuchungen exzellenter Unternehmen zu einer Maxime, die auch im Kulturbereich ihre Gültigkeit hat: „Behandele Menschen wie Erwachsene. Behandele sie wie Partner; behandele sie mit Würde und Achtung. Behandele *sie* – nicht Investitionen oder Automation – als die wichtigste Quelle für Produktivitätssteigerung."[379] Es kommt also ganz entscheidend auf die Einzelne, den Einzelnen in der Kulturorganisation und seinen bzw. ihren Beitrag zum Gelingen des Ganzen an.

„Bei den exzellenten Unternehmen war nichts häufiger zu spüren als die Achtung vor dem Einzelnen. Diese Grundhaltung war allgegenwärtig. Aber wie bei so vielen anderen Dingen", schreiben Peters / Waterman, „kommt auch diese Haltung nicht in irgendeiner Einzelheit zum Ausdruck und zur Wirkung – in *einer* Annahme, Überzeugung oder Aussage, *einem* Ziel, *einer* bestimmten Wertvorstellung oder *einem* System oder Programm. Lebendig erhalten wird diese Idee in den Unternehmen durch eine Vielzahl struktureller Hilfsmittel, Systeme, Stile und Werte, die sich alle wechselseitig verstärken und diesen Unternehmen ihre außerordentliche Fähigkeit verleihen, *mit ganz gewöhnlichen Menschen außergewöhnliche Ergebnisse zu erzielen* (...) Diese Unternehmen geben ihren Mitarbeitern die Möglichkeit, ihr Geschick selbst zu beeinflussen; sie vermitteln den Menschen einen *Sinn*. Sie machen aus Lieschen und Otto Müller Erfolgsmenschen. Sie lassen es zu, dass Mitarbeiter sich hervortun, ja, sie drängen sogar darauf." Die Betonung liegt hier auf „ganz gewöhnliche Menschen", denn jede Kultureinrichtung muss mit den Mitarbeitern leben, die da sind – es kommt also darauf an, was man aus ihnen macht!

Die Vermittlung von Sinn in Bezug auf die eigene Tätigkeit ist deshalb die zentrale Aufgabe eines entsprechenden Managements. Dies ist die große Aufgabe der Leiter eines Museums, eines Intendanten im Theater, eines Musikschulleiters: Jedem einzelnen Mitarbeit immer wieder deutlich zu machen, wie sein eigener Beitrag von so großer Bedeutung für das Gelingen des Ganzen ist. Eine kleine Geschichte mag dies verdeutlichen. Auf einer Baustelle in einer mittelalterlichen Stadt wurden zwei Steinmetze gefragt, was sie da täten. Der eine antwortete: „Ich haue Quadersteine zurecht". Der andere: „Ich helfe mit, eine Kathedrale zu bauen". Beide verrichten die gleiche Tätigkeit, doch mit völlig unterschiedlicher Blickrichtung! Der eine sieht nur das Detail seiner Arbeit, ohne sie entsprechend

378 Bruhn Manfred: Kundenorientierung. Bausteine eines exzellenten Unternehmens, München 1999 S. 235
379 Peters / Waterman (1994) S. 276

einordnen zu können; entsprechend eintönig kommt sie ihm vor. Der andere dagegen hat eben dieses große Ganze, nämlich den Bau einer wunderbaren Kathedrale, deren Glanz und Stolz die Jahrhunderte überstrahlen wird, im Blick! Und sicherlich wird man behaupten dürfen, dass derjenige mit der Vorstellung vom Ganzen seine Arbeit sehr viel motivierter verrichten wird als jener, der von sich glaubt, nur einzelne Quadersteine zu behauen!

Allerdings sind auch Peters und Waterman keineswegs naiv oder blauäugig; sie „plädieren nicht dafür, dass Mitarbeiter in Watte gepackt werden sollen. (Sie) plädieren für die illusionslose Achtung vor dem Einzelnen und die Bereitschaft, ihn weiterzubilden, ihm vernünftige und klare Ziele zu setzen und ihm in der Praxis so viel an Freiraum einzuräumen, dass er an seinem Platz einen eigenen Beitrag leisten kann.“[380] Das ist eine der zentralen Aufgaben des Managements einer Kultureinrichtung. Auf die herausragende Bedeutung des Zusammenhangs zwischen eigenem Beitrag zum Gelingen und entsprechenden Anreizen durch die Organisation hatte bereits Ende der dreißiger Jahre Chester Barnard (vgl. letztes Kapitel) hingewiesen. Im Zentrum steht dabei die Erkenntnis, dass durch die Leitung der jeweiligen Kultureinrichtung der „Sinn“ für den Gesamtzusammenhang vermittelt werden muss.

Der Bühnenarbeiter im Theater, der nur irgendwelche Kulissenteile auf der Bühne aufbaut und zusammenschraubt und nach der Vorstellung wieder abmontiert, wird seine Arbeit sicherlich sehr viel freudloser verrichten als jener, der das Gefühl hat, ein wichtiges Mitglied einer glanzvollen Opernaufführung zu sein! Jene Musikschulsekretärin, die tagtäglich nur die Anrufe unzufriedener Eltern entgegennehmen und sich mit den Lehrern über die Stundenplaneinteilung herumärgern muss, wird sicherlich sehr viel weniger motiviert sein, als diejenige, der deutlich ist, wie wesentlich ihr spezifischer Beitrag zum Gelingen des Gesamtunternehmens Musikschule ist.

6.2 Das Menschenbild der Organisation

Wie die Organisation dem einzelnen Mitarbeiter gegenübertritt hängt ganz wesentlich von dem Menschenbild, d. h. den Annahmen über die „Natur des Menschen“ ab, das in ihr vorherrscht. Die klassische Organisationstheorie – und mit ihr die Bürokratietheorie, die so viele öffentliche Kultureinrichtungen noch prägt – behandelte über lange Zeit die Mitarbeiter zunächst völlig unpersönlich und ganz wie eine Maschine bzw. wie deren Teile. Fayol schrieb in seiner theoretischen Grundlagenschrift *Administration industrielle et générale* Mitte der zwanziger Jahre des 20. Jahrhunderts u. a.: „Die Regel für die materielle Ordnung ist bekannt, sie lautet: Einen Platz für jede Sache und jede Sache an ihren Platz. Die Regel für die gesellschaftliche Ordnung ist analog: Einen Platz für jede Person und jede Person an ihren Platz.“ Und weiter: „Um die soziale Ordnung durchzuführen, muss der angeführten Regel entsprechend, jedem Angestellten ein Platz vorbehalten sein und jeder Angestellte sich an dem Platz befinden, der ihm bezeichnet wurde. Die vollkommene Ordnung erfordert ferner, dass der Platz dem Angestellten entspricht und der Angestellte an diesen Platz passt. ‚The right man at the right place.‘“

Ganz ähnlich stellte George Mooney, in den dreißiger Jahren Vizepräsident der *General Motors Corporation*, in seiner organisationstheoretischen Schrift *The principles of organization* fest: „The job as such is therefor antecedent to the man on the job“, d. h. die

380 Peters / Waterman (1994) S. 276

unpersönliche Arbeitsplatzbeschreibung geht jeder Besetzung einer Stelle durch einen Menschen voraus. „Organisation heißt also formale Organisation, hat es mit den Beziehungen zwischen Stellen, nicht zwischen Menschen zu tun. (Dies heißt), dass die Integration der Menschen in eine gegebene Organisationsstruktur als ein Problem verstanden wird, das primär über die Befehlsgebung gelöst werden kann und soll", kommentieren die beiden Organisationswissenschaftler Steinmann und Schreyögg diese Haltung.[381]

Fasst man das Menschenbild der klassischen Organisationstheorie zusammen, so lässt sich konstatieren: Die Effizienz einer Organisation ist hier fast ausschließlich *sachtechnisch* bestimmt, d. h. vorgeblich irrationale Elemente wie Freude, Sympathie, Zorn usw. stören nur den sachlichen Aufgabenvollzug und müssen so weitgehend wie möglich ausgeschlossen werden. Management hat es dieser Auffassung nach primär mit den formalen aufgabenbezogenen Handlungen der Individuen zu tun. In Arbeitsgruppen kooperieren die Mitglieder der Gruppe auf einer rein sachlichen Basis – unabhängig von persönlichen Problemen und Eigenschaften. Effizienz ist nach dieser Vorstellung nur erreichbar, wenn sich die Organisationsmitglieder den klar definierten Aufgaben anpassen, wenn ihr Handeln einer unverfälschten Anwendung der generellen Regeln entspricht.

Aufgrund ihrer Natur halten die Menschen – diesen theoretischen Annahmen nach – nicht immer die Vorschriften ein und müssen deshalb genau kontrolliert werden und Rechenschaft über ihre Arbeit ablegen. Den Organisationsmitgliedern fehlt der Überblick zur eigenverantwortlichen Gestaltung ihrer wechselseitigen Arbeitsbeziehungen; deshalb bedürfen sie der Anleitung durch ein Regelwerk und der Führung durch Vorgesetzte. Eigenverantwortlich denkende und handelnde Mitarbeiter kommen in diesem Denken in keiner Form vor.[382] Nach wie vor sind viele öffentliche Kulturbetriebe nach diesem Denken organisiert und wird entsprechend gehandelt. Arbeitsfreude kommt da selten auf!

Somit liegen den klassischen, im letzten Kapitel skizzierten Organisationstheorien, insbesondere der Bürokratietheorie, ganz bestimmte explizite oder implizite Annahmen über die Natur des Menschen bzw. über ein bestimmtes Menschenbild zugrunde, das McGregor als *Theorie X* bezeichnet. „Im Zentrum steht dabei die Beobachtung, dass die Gestaltung organisatorischer Maßnahmen ganz wesentlich dadurch geprägt ist, wie die Entscheidungsträger die Mitarbeiter sehen, welches Bild von Mitarbeitern in einer Organisation vorherrschend ist und von den Entscheidungsträgern ihren Gestaltungsmaßnahmen zugrunde gelegt wird. Dabei kommt es gar nicht darauf an, ob sich der Einzelne dieses Bildes bewusst ist oder nicht. McGregor geht vielmehr davon aus, dass es sich hier im Wesentlichen um *implizite Menschenbilder* handelt, die das Handeln und damit auch die Gestaltungsmaßnahmen prägen."[383]

1. Der Durchschnittsmitarbeiter hat eine angeborene Abneigung gegen Arbeit und versucht, ihr aus dem Weg zu gehen, wo er nur kann („opportunistisches Verhalten"). Die Aufseher im Museum, die Kassenfrauen, die Bühnenarbeiter haben vor allem ein Ziel: den Dienstschluss.
2. Weil der Mitarbeiter durch Arbeitsunlust gekennzeichnet ist, muss er energisch geführt und streng kontrolliert werden, damit die Organisationsziele der Kultureinrichtung er-

381 Steinmann / Schreyögg (1991) S. 37 bzw. 39
382 Steinmann / Schreyögg (1991) S. 45
383 Schreyögg (1998) S. 225

reicht werden. Hier müssen die Dienstzeiten mit entsprechenden Zeiterfassungsgeräten erfasst werden und auch sonst immer wieder Kontrolle ausgeübt werden.

3. Der Widerwille gegen die Arbeit ist so stark, dass sogar das Versprechen höheren Lohnes nicht reicht, ihn zu überwinden. Man wird zwar die Bezahlung annehmen, aber immer noch mehr fordern. Doch das Geld allein kann die Menschen nicht dazu bringen, sich genügend anzustrengen. Dazu bedarf es im Extremfall noch der Androhung von Sanktionen bei Zuwiderhandeln gegen die Regeln.
4. Die Mitarbeiter ziehen es vor, Routineaufgaben zu erledigen; sie besitzen verhältnismäßig wenig Ehrgeiz und sind vor allem auf Sicherheit aus. Wenn man versucht, sie kreativ in den kulturellen Schaffensprozess einzubinden, werden sie das nicht als positiv, sondern eher als negativ empfinden.
5. Dementsprechend scheuen sich die meisten Menschen vor der Übernahme von eigener Verantwortung. Man sollte sie ihnen deshalb auch nicht übertragen, weil man sonst nur enttäuscht wird.

Natürlich würde kein Museumsleiter, kein Theaterintendant, kein Musikschulleiter zugeben, dass er dieses Bild von seinen Mitarbeitern hat. Er würde sagen, dass er sich nach Kräften bemüht, die Konflikte mit den oft so störrischen Mitarbeiterinnen und Mitarbeitern zu lösen und es oft nicht verstehen kann, wieso seine Anstrengungen so wenig fruchten. Irgendwoher muss es allerdings kommen, dass in so vielen Kultureinrichtungen solche Konflikte gehäuft auftauchen. Unvergessen der Satz einer Museumskuratorin, die nach fünf Minuten die Aufseherausbildung mit den Worten verlässt: „So einen Mist brauche ich mir nicht anzuhören!" Gefragt – und beantwortet – worden war nur die Frage, welcher konkrete Einzelfall den Aufsehern dieses sehr großen und renommierten Museums in den letzten drei Monaten besonders zum Problem geworden ist. Achtzig Prozent der genannten Konflikte ergaben sich mit dem haus selbst – nur zwanzig Prozent wurden durch Besucher verursacht!

McGregor geht nun davon aus, dass das *Theorie X*-Menschenbild, wie es viele Führungspersonen großer, insbesondere bürokratischer Organisationen vor Augen haben mögen, keineswegs dem entspricht, was die Menschen tatsächlich denken und wollen. Gestaltungsmaßnahmen, die sich an *Theorie X* orientierten, gerieten deshalb zwangsläufig in einen tiefen Widerspruch zu den menschlichen Bedürfnissen. Im organisatorischen Alltag eines Kulturbetriebs droht sich in Folge davon eine *Negativ-Spirale* aufzubauen. Es entwickelt sich eine Art *selbsterfüllende Prognose* (self-fulfilling-prophecy) bzw. ein Teufelskreis.

Organisatorische Gestaltungsmaßnahmen, die auf Kontrollbedürftigkeit und Passivität abstellen, lassen dem einzelnen Mitarbeiter keinen Freiraum zur Erfüllung seiner Fähigkeiten und Möglichkeiten. Der Lehrer beispielsweise, der in der Musikschule keinerlei Handlungsspielraum und Eigenverantwortung hat, wird dann eben auch „Dienst nach Vorschrift" machen, seine Stunden abhalten und sich nicht am „Tag der Offenen Tür" beteiligen. Diese Gängelung, die auf diesem Menschenbild aufbaut, führt bei ihm zu Enttäuschung, Verbitterung und Abkapselung (die oft zitierte „innere Kündigung"). Andere zu beobachtende Reaktionen sind deutlich gezeigte Passivität und Desinteresse.

Dies wird nun wiederum von den verantwortlichen Organisationsgestaltern und Entscheidungsträgern als Beleg für die Richtigkeit ihres *Theorie X*-Menschenbildes verstanden. Sie fühlen sich immer wieder bestätigt in dem, „was sie sich doch immer schon gedacht hatten“ und sehen sich dadurch aufgefordert, noch mehr Kontrolle und noch rigidere Auftragsvergaben durchzuführen. Weil die Lehrer nicht bereit sind, sich am Musikschultag zu beteiligen, müssen sie noch mehr kontrolliert werden, damit sie „wenigstens ihre Pflichtaufgaben ordentlich erledigen“, wie dann häufig gesagt wird.

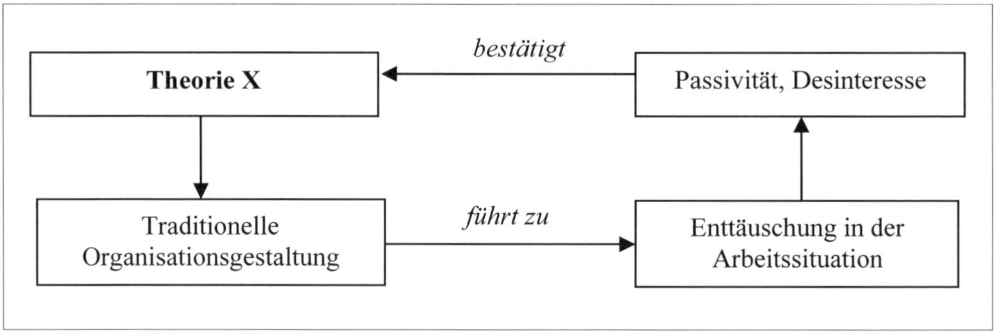

Abbildung 16: Der Theorie X-Zirkel (circulus vitiosus)

Das Hauptproblem liegt nach McGregor allerdings in einer falschen Kausalvermutung. Nicht das fehlende Interesse oder das Streben nach Bequemlichkeit geben Veranlassung für ein solches Organisationsverhalten, sondern umgekehrt: diese Art der Organisationsgestaltung und das handlungsleitende Menschenbild der *Theorie X* sind die eigentlichen Wurzeln eben dieser Verhaltensweise der Organisationsmitarbeiter.[384] McGregor plädiert deshalb dafür, die (meist unbewusst vertretene) *Theorie X*, die gleichwohl das Handeln vieler Führungspersönlichkeiten tiefgreifend beeinflusst, bewusst zu machen, ihre Kritikbedürftigkeit zu belegen und sie durch ein neues, erfolgsversprechenderes Menschenbild auf der Basis von *Theorie Y* zu ersetzen.

Das implizite Menschenbild der *Theorie Y* geht dementsprechend von genau den entgegengesetzten Prämissen aus – wobei die inhaltliche Nähe zu dem Modell von Chester Barnard unübersehbar ist.

1. Die Verausgabung durch körperliche und geistige Anstrengung beim Arbeiten kann als ebenso natürlich gelten wie Spiel oder Ruhe. Es gibt ein oft zu beobachtendes Faktum in der Arbeit von Kultureinrichtungen, insbesondere bei Kulturprojekten wie Festivals oder bei Theaterpremieren: Wenn es darauf ankommt, wachsen die allermeisten Mitarbeiter weit über sich hinaus, schauen nicht auf die berühmt-berüchtigte Uhr, die den Dienstschluss verkündet, sondern engagieren sich voll und ganz für die Sache und leisten manchmal kaum für mögliche Gehaltenes.
2. Für Ziele, denen sie sich verpflichtet fühlen und die sie als sinnvoll erkennen, erlegen sich Menschen bereitwillig Selbstdisziplin und Selbstkontrolle auf. Es ist nicht „der Chef“, der das will, sondern sie selbst wollen es und ihren Beitrag dazu leisten.
3. Wie sehr sich Menschen organisatorischen Zielen verpflichtet fühlen, ist eine Frage, inwieweit ihre Erreichung zugleich eine Erfüllung persönlicher Ziele erlaubt. Statt sie

384 Vgl. hierzu Schreyögg (1998): S. 227

mit Zeiterfassungsgeräten herabzuwürdigen, sollte man den Mut haben, ihnen ihre Zeitgestaltung so frei wie möglich zu überlassen – unter der Voraussetzung, dass sie dann hundertprozentig „da“ sind wenn es darauf ankommt.

4. Die Gabe, Vorstellungskraft, Urteilsvermögen und Kreativität für die Lösung organisatorischer Probleme zu entwickeln, ist in der Bevölkerung weit verbreitet und nicht nur bei Minderheiten. Unter den Bedingungen der modernen Arbeit sind die Talente, über die der Durchschnittsmensch verfügt, in der Regel nur zum geringen Teil genutzt. Der Finanzsachbearbeiter, der in einem Kulturamt für die Führung der Haushaltslisten zuständig ist, ist privat möglicherweise Bauträger und verhandelt mit Banken über Kredite. Er wäre also auch im Amt zu durchaus mehr „fähig“ – vorausgesetzt, man lässt ihn!
5. Bei geeigneten Bedingungen wollen Menschen Verantwortung nicht nur übernehmen, sondern sie suchen sie sogar. Verantwortungsvolles Handeln ist das Gegenteil von stupider Routinearbeit – und gerade im Kulturbereich sammeln sich die Kreativen. Man muss es nur einmal erlebt haben, zu welchen kreativen Höchstleistungen Bühnentechniker im Theater in der Lage sind, wenn sie die entsprechende künstlerische Idee des Regisseurs wirklich verstanden haben.

Dieses Menschenbild fordert die Führungskräfte dazu auf, organisatorische Bedingungen zu schaffen, die es den Mitgliedern ermöglichen, über eine Erfüllung der Organisationsziele hinaus zugleich ihre persönlichen Ziele und Erwartungen zu erreichen. Wesentliche Voraussetzungen hierfür sind die Dezentralisation von Entscheidungsprozessen, die Integration und Führung durch Ziele, die Delegation von Verantwortung, und wo möglich Gruppenentscheidungen. *Theorie Y* stellt die herkömmliche organisatorische Hierarchie als solche nicht generell in Frage, verweist aber darauf, dass es andere und sehr viel wirkungsvollere Mittel und Wege als Befehl, Gehorsam und Kontrolle gibt, um eine Organisation leistungsfähiger zu machen.

Der Theorie Y-Zirkel läuft also gerade nicht auf eine permanente (Selbst-)Enttäuschung hinaus – auch wenn es durchaus blauäugig wäre, hier nicht mit immer wieder mit Rückschlägen zu rechnen. In dieser Theorie wird dem Mitarbeiter zunächst großes Vertrauen entgegengebracht – und Vertrauen kann (und wird!) immer wieder enttäuscht werden, eben weil wir alle fehlbare Menschen sind. Aber der offenkundige circulus-vitiosus, der Teufelskreis der frustrierenden, auf Bestätigung der Frustration lauernde und die Frustration immer weiter steigernden negativen Selbstbestätigung der *Theorie X* ist durchbrochen.

Die zukunftsorientierte Kultureinrichtung sollte daher so organisiert sein, dass sie – auf der Basis von *Theorie Y* – prinzipiell von hochmotivierten und engagierten Mitarbeitern ausgeht, die die gemeinsamen Ziel auch tatsächlich umsetzen *wollen*. Dieses sollte das in der Kulturorganisation grundsätzlich vorherrschende Menschenbild sein. Geschieht dann in der tagtäglichen Arbeit etwas Gegenteiliges, wird also gewährtes Vertrauen nicht erfüllt, so wäre daher die „Schuld“ zunächst nicht bei dem einzelnen Mitarbeiter zu suchen, sondern viel eher zu fragen, welche Regelungen innerhalb der Organisation diesen möglicherweise dazu veranlasst haben, sich anders als erwartet verhalten zu haben. Peter Drucker radikalisiert dieses Prinzip, wenn er schreibt: „Bewältigt eine Person, die ich mit einer Tätigkeit betraut habe, ihre Aufgaben nicht, so habe *ich* einen Fehler gemacht. Ich habe kein Recht, dieser Person Vorwürfe zu machen oder mich zu beschweren. Der Fehler liegt bei mir."[385]

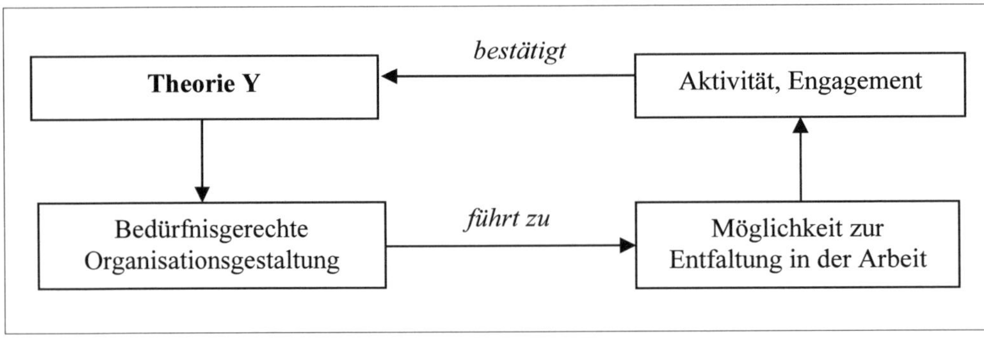

Abbildung 17: Der Theorie Y-Zirkel

6.3 Nicht können, nicht dürfen, nicht wollen

Geht man von dieser Maxime aus, so ist es sicherlich hilfreich, eine Analyse des tatsächlich zu beobachtenden Verhaltens der Mitarbeiter unter folgenden drei Aspekten vorzunehmen, denn „für das Gelingen braucht es das *Wollen* und *Können*, aber auch das *Dürfen*."[386]

1. Der Mitarbeiter *kann* nicht. Viele Schwierigkeiten entstehen oft alleine dadurch, dass Mitarbeiter die ihnen übertragenen Aufgaben aus den unterschiedlichsten Gründen tatsächlich nicht erfolgreich ausführen können. Vielleicht haben sie die konkrete Aufgabenstellung nicht verstanden, trauen sich aber nicht, dies auch zuzugeben und entsprechend nachzufragen, weil sie die Erfahrung gemacht haben, dass spöttisch auf sie herab geblickt wird. Bei der Lösung der aktuellen Aufgabe, die sie überhaupt nicht verstanden haben, stehen sie dann plötzlich vor großen Problemen. Oder sie haben die Aufgabe zwar verstanden, wissen aber nicht, *wie* sie das Problem lösen sollen, d. h. sie fühlen sich objektiv oder subjektiv überfordert. Oder sie haben alles verstanden und auch die kognitiven Voraussetzungen für die Lösung der Aufgabe, aber irgendwelche emotionale Sperren hindern sie, die Aufgaben entsprechend anzugehen. Vielleicht müssen sie bei der Lösung die Arbeit eines anderen Kollegen, der ihnen wichtig ist, kritisieren und verweigern das innerlich.
   In allen Fällen des Nicht-Könnens sollte zunächst in aller Sorgfalt und Ruhe festgestellt werden, *warum* ein Mitarbeiter eine Aufgabe nicht erfüllen kann (oder glaubt, sie nicht erfüllen zu können). Sind die Ursachen für die Nichterfüllung der gestellten Aufgabe geklärt, sollte gemeinsam mit dem Mitarbeiter besprochen werden, wie das Problem von diesem dennoch gelöst werden kann. Oftmals genügen einige hilfreiche Vor-

385 Drucker (2005) S. 159
386 Wildenmann, Bernd: Die Faszination des Ziels, Neuwied 2002 S. 82; vgl. hierzu auch Hugo-Becker, Annegret und Henning Becker: Motivation, München 1996; Rischar, Klaus: Schwierige Mitarbeitergespräche erfolgreich führen, München 1991; Lobscheid, Hans-Gerd: Mitarbeiter einvernehmlich führen, München 1994

schläge seitens der Kollegen oder des Vorgesetzten. Manchmal sind spezielle Schulungen notwendig und der Mitarbeiter wird zu einer entsprechenden Weiterbildungsmaßnahme angemeldet. So weit wie möglich sollten die identifizierten Sperren beseitigt werden, die den Mitarbeiter daran hindern, die gestellte Aufgabe auch zu erfüllen. In allen Fällen ist allerdings nach einiger Zeit unbedingt in einem gemeinsamen Gespräch zu klären, welchen Erfolg (oder ggf. auch Misserfolg) die gemeinsam besprochene Maßnahme hatte.

2. Der Mitarbeiter *darf* nicht. Nicht selten stellt sich heraus, dass der Mitarbeiter durchaus in der Lage wäre, ein Problem aus eigener Kraft zu lösen, sich aber nicht traut. Er glaubt, er sei zu bestimmten Maßnahmen nicht berechtigt und überschreite seine Befugnisse und Kompetenzen, wenn er entsprechend handelt. Nicht selten stellt sich heraus, dass er in der Vergangenheit bereits einmal etwas eigenständig erledigt und einen Rüffel dafür bekommen hat: „Wie kommen Sie dazu, diese Aufgabe durchzuführen, das überschreitet doch bei weitem Ihre Kompetenz!" Daraus hat er – negativ! – gelernt und traut sich nun nichts mehr. Nicht unbekannt dürfte der sarkastische Satz eines Vorgesetzten gegenüber einem Mitarbeiter sein, der sich seine eigenen Gedanken gemacht hat: „Überlassen Sie das Denken den Pferden, die haben größere Köpfe!" Man sollte sich nicht täuschen: Solche Zwischenfälle werden in großen Organisationen rasch und nachhaltig kommuniziert. (In der öffentlichen Verwaltung gibt es dafür den plastischen Begriff des „Beamten-Mikado": „Wer sich bewegt, verliert!")
Statt das Problem zu lösen oder zumindest offen anzusprechen, handelt der Mitarbeiter deshalb einfach gar nicht, lässt die Aufgabe liegen oder schiebt das Problem einem anderen Mitarbeiter zu. In solchen Fällen ist ebenfalls in persönlichen Gesprächen oder gemeinsamen Diskussionen in der Kulturorganisation der jeweilige Handlungsspielraum abzustecken, innerhalb dessen die Mitarbeiter eigenständig – z. B. gegenüber Besuchern in Kulanzfällen – handeln können, ohne hinterher hierfür kritisiert zu werden.

3. Der Mitarbeiter *will* nicht. Immer wieder kommt es allerdings auch vor, dass ein Mitarbeiter bestimmte Aufgaben einfach nicht erledigen *will*. Aber auch dieses Nicht-Wollen, das von Vorgesetzten und auch Kollegen sehr schnell als Renitenz und Widersetzlichkeit eingestuft wird, hat seine Ursachen, denen in geduldigen Mitarbeitergesprächen nachgegangen werden sollte. Vielleicht hat der Mitarbeiter Schwierigkeiten mit ganz bestimmten Kollegen innerhalb seines Arbeitsteams. Vielleicht hat er gravierende private Probleme, die ihn daran hindern, seine Arbeit optimal zu erledigen. So weit dies irgend möglich bzw. im Sinne des Ganzen vertretbar ist, sollte die Organisation den einzelnen Mitarbeitern helfen, diese Probleme zu lösen, damit sie ihr volles Engagement wieder in den Dienst der gemeinsamen Sache stellen können. Dazu braucht es keineswegs eines fest angestellten Betriebspsychologen, sondern es genügt ein offenes und freundliches Kommunikationsklima, das Fehler als das begreift, was sie sind: Hinweise auf offene Problemstellungen, die es zu lösen gilt.

6.4 Die Führung der Kulturorganisation

Damit eine (Kultur-)Organisation zielorientiert arbeiten kann, bedarf es der verbindlichen Führung bzw. (Selbst-)Steuerung. Ob eine Kultureinrichtung hierarchisch oder kooperativ, ob sie autoritär oder partizipativ, ob zentralisiert oder dezentral geführt wird: Irgendeine Einheit innerhalb der Organisation muss die grundlegende Richtung bestimmen und sicherstellen, dass das einmal festgelegte bzw. verabredete Ziel bzw. die Vision auch tatsächlich angestrebt und eingehalten wird – ganz im Sinne des englischen >*controlling*<, was soviel wie >*steuern*< heißt (und im Deutschen leider immer noch recht häufig mit >*kontrollieren*< falsch übersetzt und verstanden wird).

„Führung" findet deshalb also auch im demokratisch und partizipativ organisierten Team statt, dort in Form der Selbststeuerung. „Jeder Angehörige des Unternehmens trägt etwas anderes bei, doch alle seine Mitarbeiter müssen ein gemeinsames *Ziel* anstreben. Die Beiträge aller Mitglieder der Organisation müssen sich ineinander fügen, um ein in sich schlüssiges Ergebnis zu erzielen. Es darf keine Lücken, keine Brüche und keinen Doppelaufwand geben. Damit ein Unternehmen Ergebnisse erzielen kann, müssen also sämtliche Tätigkeiten auf die Ziele des Gesamtunternehmens ausgerichtet sein"[387], fordert Peter Drucker.

Unter Führung versteht man dementsprechend die *personale* Seite der zielorientierten Steuerung von Prozessen und Betrieben (in Abgrenzung etwa zum Controlling, das sich eher auf die *prozessuale* Steuerung bzw. das Ressourcenmanagement konzentriert). Durch Führung sollen die einzelnen Mitarbeiter veranlasst (d. h. motiviert und in die Lage versetzt) werden, ganz bestimmte Ziele der Kulturorganisation zu erreichen: Ein anspruchsvolles Jahresprogramm im Theater aufzubauen, eine gute Ensemblearbeit in der Musikschule zu erreichen, eine bedeutende Ausstellung zeitgenössischer Kunst zu organisieren usw.

Diese Ziele sind zunächst einmal die übergeordneten Organisationsziele der Kultureinrichtung, die im Rahmen einer entsprechenden Mission bzw. Vision entwickelt werden. Diese Oberziele der Organisation sollten aber möglichst mit den *persönlichen* Leistungszielen kompatibel sein (d. h. der Dramaturg profiliert sich durch ein durchdachtes Spielplankonzept, der Kurator durch eine außergewöhnliche Ausstellung, der Dirigent über die exzellente Ensemblearbeit usw.), damit die Mitarbeiter durch die Erreichung der Organisationsziele auch persönlich wachsen können.

Zwar ist der Begriff der „Führung" gerade in Kunst und Kultur nicht selten verpönt, da sich dort (zumindest der Rhetorik nach) die freien, kreativen und damit prinzipiell unzähmbaren und nicht in eine Hierarchie einzubindendenden Geister treffen. Entgegen diesem weit verbreiteten Eigenbild spielt Führung jedoch gerade hier eine besonders große Rolle, weil es nämlich in aller Regel darauf ankommt, Mitarbeiter mit sehr individuellen Persönlichkeitsstrukturen und unterschiedlichsten Aufgabengebieten (Künstler, Techniker, Verwaltungssachbearbeiter, Finanzfachleute, aber auch Hausmeister, Bühnenarbeiter usw.) in einem hochgradig arbeitsteiligen Prozess dazu zu bewegen, in der Zusammenarbeit mit anderen arbeitsteilig Leistungen zu erbringen.[388]

387 Drucker (2005) S. 141
388 Heinrichs / Klein (2001) S. 117

Peter Drucker[389] erzählt die eingangs zitierte Geschichte der Steinmetze etwas anders; bei ihm sind es *drei* Steinmetze, die gefragt werden, was sie tun. Der erste antwortet: „Ich verdiene meinen Lebensunterhalt." Der zweite klopft weiter auf den Stein, während er erklärt: „Ich mache die beste Steinmetzarbeit im ganzen Land." Der dritte erwidert mit glänzenden Augen: „Ich baue eine Kathedrale." Drucker schreibt: „Das Problem ist der *zweite* Steinmetz. Solides handwerkliches Können ist unerlässlich; keine Organisation kann gedeihen, wenn ihre Mitarbeiter ihr Handwerk nicht verstehen. Die Organisation wird demoralisiert, wenn sie von ihren Angehörigen nicht verlangt, ihre Arbeit so gut wie irgend möglich zu machen. Doch es besteht die Gefahr, dass der wirkliche Könner, der wahre Fachmann, zu der falschen Überzeugung gelangt, etwas erreicht zu haben, obwohl er nur einen Stein geschliffen oder Fußnoten gesammelt hat. Die fachmännische Arbeit muss in einem Unternehmen gefördert werden. Doch sie muss stets in Beziehung zum Ganzen stehen." Auch hier wieder wird die überragende Bedeutung der gemeinsam geteilten Mission und Vision einer Kultureinrichtung deutlich.

Und nicht selten ist genau das das Kernproblem vieler Kultureinrichtungen, die über ganz hervorragende Einzelkönner verfügen, die „die beste Steinmetzarbeit im ganzen Land" machen können – ohne dass sich jedoch ihre Tätigkeit optimal in ein Ganzes fügt. Da gibt es hervorragend arbeitende Dramaturgen, deren Arbeit keinerlei Resonanz in der Marketingabteilung des Theaters findet; da arbeiten hochqualifizierte Ausstellungskuratoren, denen es nicht gelingt, ihr Wissen einer größeren Öffentlichkeit zu vermitteln; da sind Spitzenmusiker in der Musikschule tätig, denen es weitgehend an pädagogischem Geschick fehlt usw. Gerade hier bedarf es gekonnter Führung, um die hervorragenden Einzelbeiträge zu einem sinnvollen Ganzen zusammen zu führen.

In der Analyse von Führung und möglicher Führungsmodelle können drei prinzipielle Sichtweisen unterschieden werden: (1) Führung als der Ausfluss von Führungseigenschaften (*Eigenschaftsansatz*), (2) Führung als ein Prozess der Beeinflussung (*Prozessansatz*) und schließlich (3) Führung als Funktion von Management (*Mangement-by-Systeme*).

Der historisch älteste Ansatz begriff (und begreift auch heute noch) Führung als den Ausdruck ganz bestimmter *Führungseigenschaften*. Das Gelingen des Führungsprozesses ist in dieser Sichtweise von ganz bestimmten Führungsqualitäten einzelner Personen bzw. der individuellen Führungspersönlichkeit abhängig. Der geniale Theaterintendant, der die kreativsten Regisseure und Schauspieler an sich bindet; der charismatische Museumsleiter, der die besten Kuratoren einsetzt; der begnadete Musikschulleiter, der die besten und engagiertesten Lehrer um sich versammelt! „The Leader" spielt gerade in der amerikanischen Managementliteratur eine wichtige Rolle; die deutsche Übersetzung „Führer" weckt dagegen höchst unangenehme Assoziationen! Dementsprechend konzentriert sich das Interesse auf die Frage, welche persönlichen Eigenschaften das Führungspersonal idealerweise haben sollte. Von „charismatischen Führern" (und den möglichen Problemen, die sie bereiten können) war bereits im letzten Kapitel die Rede.

Bennis und Nanus[390] unterscheiden beispielsweise zwischen *transaktionalen Managern* („Managers do things right") und *transformativen Führern* („Leaders do the right things"). Gerade in Zeiten großer Umbrüche und Veränderungen, in denen viele große Unternehmen „overmanaged" und „underled" seien, wären demnach transformative Führer

389 Drucker (2005) S. 141
390 Bennis, Warren G. und B. und B. Nanus: Leaders. The strategies for taking charge, New York 1987

besonders gefragt, um neue Visionen zu entwickeln, motivierend, sinnvermittelnd und kulturbewusst die Mitarbeiter zu führen. So formulieren sie vier Anforderungen an transformative Führer. Diese sollen erstens mit *Visionen* Aufmerksamkeit wecken, zweitens durch Kommunikation *Sinn vermitteln*, drittens einen klaren Standpunkt einnehmen und *Position beziehen* sowie schließlich die *Entfaltung der Persönlichkeit vorantreiben* durch die Vermittlung eines positiven Selbstwertgefühls, das Lernen aus Fehlern, das Erkennen von Stärken und die Kompensation von Schwächen, das Entwickeln von Talenten und die Überwachung der Übereinstimmung von Qualifikationen und Anforderungen. Alles dieses sind – vergleicht man diese Forderungen mit dem im dritten und fünften Kapitel Gesagten – sicherlich ganz wichtige Führungseigenschaften in einer zukunftsorientierten Kultureinrichtung, die keineswegs zu verachten sind. Aber sie sind nicht unproblematisch, wie im letzten Kapitel gezeigt wurde.

Peters und Waterman betonen ebenfalls die Bedeutung der *transformierenden Führung* für die Leistungsfähigkeit exzellenter Unternehmen und verstehen darunter „eine Führung, die auf dem Sinnstreben des Menschen aufbaut und ein gemeinsames Unternehmensziel schafft." Dabei sind sie sicher, dass praktisch jedes einzelne exzellente Unternehmen, das mit seiner Kultur den Bedürfnissen des ‚irrationalen Menschen' gerecht wird, irgendwo in seiner Geschichte durch transformierende Führung geprägt wurde. Mittlerweile dürften die Kulturen dieser Unternehmen so gefestigt sein, dass dauernde transformierende Führung nicht mehr nötig ist. Sie bezweifeln daher, „dass sich die Kulturen je entwickelt hätten, wenn nicht irgendwann, zumeist als die Unternehmen noch recht klein waren, diese Art der Führung praktiziert worden wäre. Der transformierende Führer beschäftigt sich auch mit Details; für ihn sind die Fertigkeiten des Pädagogen, des Mentors, des Linguisten wichtig, die ihm helfen können, in seiner Rolle als Gestalter von Wertvorstellungen, Vorbild und Sinnvermittler. Er hat eine viel schwierigere Aufgabe als der vorgangsorientierte Führer, denn er ist der wahre Künstler, der wahre Erkunder neuer Wege."[391]

So evident und auf den ersten Blick plausibel die Darstellung der herausragenden Rolle der Führungspersönlichkeit, des „Leaders" auch sein mag, so schnell werden allerdings auch die Schwächen dieses Konzepts bei genauerem Hinsehen deutlich. Da diese Eigenschaften in hohem Maße personengebunden bzw. tief in der Persönlichkeit des Einzelnen verwurzelt bzw. mehr oder weniger „angeboren" sind, sind sie auch von der einzelnen Person nur sehr schwer beeinflussbar. Dadurch sind sie aber auch nur relativ schwer veränderbar. Daraus ergibt sich die Schwierigkeit, wie sich denn der oder die Einzelne, der in eine Führungsposition gelangt, verhalten soll, wenn er oder sie nun nicht über die entsprechenden *persönlichen* Leadership-Eigenschaften verfügt bzw. nicht „über seinen Schatten springen" kann? Wie soll er oder sie „führen"?

Ein zweiter kritischer Punkt betrifft die Rolle des herausragenden Einzelnen als Führungsperson. Im letzten Kapitel wurde anhand der Beobachtungen und Überlegungen von Kets de Vries und Miller auf das Problem der narzisstischen Führungspersönlichkeit hingewiesen. Nicht selten sind die oben angesprochen transformierenden Führungspersönlichkeiten Personen, die andere charismatisch mitreißen können, also Menschen, die – wie Kets de Vries und Miller schreiben – phänomenale Erfolge in bestimmten Bereichen erzielen können, die es ihnen erlauben, ihr persönliches Bedürfnis nach Größe, Ruhm, Macht zu befriedigen. Aber Kets de Vries / Miller warnen ebenso eindrücklich: Bedauerlicherweise erweist sich das Gefühl der Erregung, das solche narzisstische Persönlichkeiten verbreiten,

391 Peters / Watermann (1995) S. 34

häufig als nur vorübergehend, die Gefahr, dass es „verpufft“ ist groß. Kets de Vries hat diesen großen Leadern einen kleinen Band unter dem bezeichnenden Titel „Führer, Narren und Hochstapler“ gewidmet.[392]

Auf Grund dieser Defizite bestimmt ein auch heute noch weit verbreiteter zweiter Ansatz Führung weniger als das Ergebnis fester, personengebundener Eigenschaften, sondern begreift Führung viel mehr als einen *Prozess der Beeinflussung der Mitarbeiter*. Führung hängt aus dieser Perspektive somit sehr viel weniger von bestimmten personengebundenen Eigenschaften der jeweiligen Führungspersönlichkeit ab, sondern vor allem auch vom Verhalten der zu Führenden, ihrer Motivation und den Bedingungen der jeweiligen Umwelt.

In diesem Beeinflussungsprozess spielen also weniger spezifische Charaktermerkmale des Führungspersonals oder bestimmte Führungseigenschaften als vielmehr psychologische und soziale Momente die zentrale Rolle. Der große Vorteil dieser Sichtweise von Führung im Sinne von Beeinflussung ist, dass diese durchaus lernbar bzw. einübbar ist, was im Eigenschaftsansatz (entweder man hat die entsprechenden Fähigkeiten oder man hat sie nicht) weitgehend ausgeschlossen war.

Im Rahmen dieses Prozessansatzes wurden zur Realisierung von Zielen sog. *Führungsstile* (Führungsverhalten) entwickelt. Hierunter wird die Art und Weise verstanden, in der Führungskräfte sich ihren Mitarbeitern gegenüber verhalten, d. h. ihre Führungsfunktion ausüben. Es handelt sich hierbei um ein zeitlich relativ überdauerndes und in Bezug auf verschiedene Situationen konstantes Führungsverhalten der Vorgesetzten gegenüber ihren Untergebenen zur Aktivierung und Steuerung des Leistungsverhaltens der Mitarbeiter. Dabei können sog. *eindimensionale* und zwei- bzw. *mehrdimensionale* Ansätze unterschieden werden.

Diese Überlegungen knüpfen direkt an die Überlegungen von *Theorie X* und *Theorie Y* an. Geht beispielsweise der Museumsleiter von dem der *Theorie Y* zugrundelegenden Menschenbild aus, so wird er seinen Kuratoren, die für die einzelnen Abteilungen zuständig sind, seinen Mitarbeitern in der Marketing-, sponsoring-, Fundraising- und Öffentlichkeitsarbeitsabteilung große Handlungsspielräume lassen. Er wird sie ermuntern, eigene Vorschläge für Projekte, für Marketingkampagnen, für Projekte und Sonderausstellung zu entwickeln. Sein Stil wird dementsprechend in hohem Masse demokratisch und unautoritär sein.

Der sog. eindimensionale Ansatz der Führungsstile knüpft an die Unterscheidung von einerseits einem autoritären und andererseits einem demokratisch-partizipativen Führungsstil an. Tannenbaum und Schmidt[393] etwa stellen diese Dimension anhand eines Kontinuums zwischen partizipativ und autoritär dar als Extremen dar. Die sog. zwei- und mehrdimensionalen Ansätze orientieren sich dagegen an zwei (oder mehr) Verhaltensweisen von Vorgesetzten, wobei beispielsweise in eher aufgabenorientierte und in mehr mitarbeiterorientierte Führungsstile unterschieden werden kann. Blanchard und Hershey[394] beispielsweise kombinieren die Fähigkeiten der Mitarbeiter („Was kann er / sie? Kann der Mitarbeiter die Arbeit machen? Ist er kompetent?“) und ihre Motivation („Was ist sein / ihr Motiv? Will der Mitarbeiter die Arbeit machen? Hat er Selbstvertrauen?“) miteinander und kommen zu folgenden vier Mitarbeitertypen, für die sie die folgenden Führungsstile empfehlen.

---

392 Kets de Vries (1998)

393 Tannenbaum, R. und R. W. Schmidt: How to choose a leadership pattern. In: Harvard Business Review 35,1958 S. 2 / Schmidt (1958) S. 96

394 Blanchard / Hershey (1992) 19

1. Das *Arbeitstier*; dieser Mitarbeiter hat gute Fähigkeiten und ein wenig Motivation; er braucht Unterstützung und Hilfe, wenn er nicht motiviert ist; er benötigt dagegen normalerweise keine spezifische Hilfe bei der Arbeit. In diesem Falle ist ein *motivierender Führungsstil* gefragt: Der Vorgesetzte sollte zuhören und Fragen stellen, Anerkennung zollen, Gespräche unter vier Augen führen, Anteilnahme zeigen, verfügbar sein, regelmäßig Fortschritte überprüfen das gemeinsame Besprechen von Fortschritten und Zielen regelmäßig durchführen und auftauchende Probleme rasch in Angriff nehmen.

2. Der *Lernende*; dieser hat mittlere Fähigkeiten, etwas Motivation, die nach anfänglichen Erfahrungen zurückgeht; er braucht in einigen Bereichen spezifisches Training und muss auch für die Arbeit motiviert werden. Hier empfehlen sie einen eher *beratenden Führungsstil*, der in Zuhören und Erklären besteht; darüber hinaus sollte an Beispielen gezeigt werden und hilfreiche Ratschläge gegeben werden. Außerdem sollten Vorgaben von Zielen, die ein gewisses Engagement erfordern, vorhanden sein; der Vorgesetzte sollte auf Fragen eingehen und durch das Überprüfen von Zielen und Ergebnissen regelmäßig positives Feedback geben.

3. Der *Star* hat gute Fähigkeiten und eine hohe Motivation; er braucht einen Ansprechpartner, um seine Ideen zu diskutieren und kann die Arbeit selbstständig erledigen. In diesem Falle ist ein *Ansprechpartner-Führungsstil* sinnvoll: Der Vorsetzte sollte wenn nötig zur Verfügung stehen und ein Überprüfen der Ergebnisse sicherstellen; er ist zuständig für das Gewähren von Belohnungen und sollte den Mitarbeiter mit neuen Ideen und Chancen herausfordern; darüber hinaus sollte er immer wieder nach Meinungen und Ideen des Mitarbeiters und: Nicht im Wege stehen!

4. Der *Trainee* schließlich hat geringe Fähigkeiten, dafür hohe Motivation bei neuen Jobs oder Aufgaben; er braucht spezifisches Training und Anweisung. Hier empfiehlt sich ein *Instruktionsstil*: der Vorgesetzte sollte spezifische Anweisungen geben und erklären, wie's gemacht wird; er sollte wenn nötig weiteres Training anbieten und Ziele setzen. Wichtig sind sowohl das Loben von Fortschritt als auch die genaue Überwachung und das Reagieren auf spezifische Probleme.

Das Problem bei diesem Ansatz ist sicherlich – das macht insbesondere das letzte Beispiel deutlich – dass man leicht dazu neigt, Mitarbeiter von vornherein in bestimmte Kategorien oder Typisierungen einzureihen, ohne zu erkennen, was möglicherweise sonst noch in ihnen stecken könnte. Man geht bei diesem Ansatz davon aus, dass ein „guter Führer“ Mitarbeiter in dieser Form kategorisiert und sie an dem für sie idealen Platz einsetzt – und übersieht, dass es vielleicht noch andere Möglichkeiten geben könnte.

Der dritte Ansatz schließlich hat sich aus dem zuletzt dargestellten heraus entwickelt, betont aber noch sehr viel stärker als dieser die Gestaltung der *Arbeitsbedingungen* innerhalb des Kulturbetriebs. In diesem Ansatz wird Führung als eine *Funktion von Management* verstanden und in das gesamte System der managerialen Leistungserbringung integriert. Hierfür hat die Management-Theorie eine ganze Reihe von Systemen entwickelt, die sog. *Management-by-Systeme*. Hierbei „handelt es sich um mehr oder weniger umfassende

Empfehlungen zur Gestaltung von Führungskonzeptionen."[395] Zu diesen Mangement-by-Systemen zählen die Folgenden.

1. Das *Management by Delegation*; dies meint ganz prinzipiell die Führung durch Aufgabenübertragung, d. h. eine – mehr oder weniger – weit gehende Delegation von Aufgaben an untergeordnete Hierarchieebenen. Es findet sich sowohl in der bürokratischen Organisation wie auch im Scientific Management (vgl. letztes Kapitel) und ist somit die Basis jeglicher Arbeitsteilung. Voraussetzung hierfür ist eine klare Aufgabendefinition und Kompetenzabgrenzung. Da durch die zunehmende Arbeitsteilung und Spezialisierung die Delegation von Verantwortlichkeiten und Kompetenzen zur Entlastung der Führungsebene in nahezu allen Aufgabenfeldern beinahe zwangsläufig und somit ganz grundlegend ist, wäre zu fragen, ob hier bereits von einem Führungsmodell in o. a. Sinne gesprochen werden kann. Bei den folgenden Systemen steht dies jedoch außer Frage.

2. Das *Management-by-Decision-rules*; dieses System verbindet die Vorgabe von Entscheidungsregeln mit der Delegation von Aufgaben, um die mit der Durchführung der delegierten Aufgaben verbundenen Entscheidungen sachlich, zeitlich wie personell zu reglementieren. Der Mitarbeiter soll nach einer detaillierten Regelvorgabe die vorgegebenen Ziele erfüllen. So kann z. B. eine Stadt festlegen, dass Fördermittel bis zu 1.000 € freihändig vom Kulturamtsleiter vergeben werden können, Förderentscheidungen bis zu 10.000 € vom zuständigen Kulturdezernenten bewilligt werden dürfen und alles was darüber liegt, vom Kulturausschuss beschlossen werden muss.
   Auf diese Weise soll eine exakte Ausrichtung aller Aktivitäten auf das gemeinsame Organisationsziel hin erreicht werden. (Typische Struktur: „Immer wenn x eintritt, ist y zu tun.") Dieses Führungsinstrument lässt sich vor allem bei Routineentscheidungen sehr gut einsetzen, allerdings ist der Trend zur Bürokratie (mit ihren Hierarchien und festgelegten Dienst- und Kommunikationswegen) unübersehbar. Darüber hinaus ist dieses Prinzip nur sehr wenig motivierend und kommt für eine strategieorientierte Kultureinrichtung, die gerade auf der Eigenaktivität und Kreativität ihrer Mitarbeiter aufbaut, kaum in Frage. Leider ist sie aber Realität in den meisten öffentlichen Kulturbetrieben.

3. Das *Management-by-Exception*; in diesem System der Führung durch Abweichkontrolle und Eingriffe in Ausnahmefällen konzentrieren sich die Vorgesetzten vor allem auf ihre Führungsaufgaben, während die nachgeordneten Mitarbeiter die Aufgabenerfüllung und die damit verbundenen Entscheidungen selbstständig übernehmen. In diese selbst verantworteten Entscheidungsprozesse der einzelnen Mitarbeiter greifen die Vorgesetzten nur in Ausnahmesituationen (eben in „exception") ein.
   Diese Ausnahmesituationen sind z. B. dann gegeben, wenn die vorgegebenen Entscheidungsspielräume überschritten werden und / oder sich unerwartete Entwicklungen ergeben. So kann beispielsweise ein Museum für den Herbst eine historische Ausstellung planen. Aus bestimmten Gründen will der Träger aber, dass die Ausstellung bereits im Sommer eröffnet werden soll. Der einzelne Mitarbeiter wäre hier sicherlich

395 Becker, Fred. G. Lexikon des Personalmanagements, München (1994) S. 244ff; vgl. hierzu im einzelnen Gablers Wirtschaftslexikon (1993) S. 2180; Schneck (1993) S. 396f

überfordert, so dass sich die Führung zur Lösung des Problems einschaltet. Eine ähnliche Situation wäre gegeben, wenn bei einem großen Theaterfestival wichtige eingeladene Gastspiele kurzfristig ausfallen. Auch hier ist die Führung bzw. der ganze Betrieb gefordert.
Die Vorteile dieses Managementsystems liegen vor allem in der Entlastung der Führungsebene und der stärkeren Motivation der Mitarbeiter, denen in Normalfällen ein weitgehend selbstständiges Handeln ermöglicht wird. Die sachlich / fachliche Kommunikation zwischen Vorgesetzten und Mitarbeitern wird auf das Nötigste beschränkt. Fraglich – und oftmals risikoreich – bleibt allerdings, ob alle Mitarbeiter die entsprechenden Ausnahmefälle richtig einschätzen können bzw. wie es sich auf ihre Motivation auswirkt, wenn sie in diesen Fällen immer wieder mit „Eingriffen von oben" rechnen müssen.

4. Das *Management by Participation*; dieses Grundprinzip fordert eine sehr viel stärkere Einbeziehung der Mitarbeiter in den Zielfindungsprozess als bei allen anderen bisher dargestellten Delegationsprozessen. Ausgangspunkt dieses partizipativen Ansatzes ist die Annahme, dass eine Identifikation der Mitarbeiter mit den Organisationszielen (und damit ihre Leistung) wächst, je mehr und intensiver sie an der Formulierung dieser Ziele mitwirken können. So sollten beispielsweise Zielvereinbarungen in Kulturbetrieben keinesfalls von oben nach unten aufoktroyiert werden, sondern gemeinsam besprochen und abgeschlossen werden. Eine Ausprägung dieses Führungssystems ist z. B. das im Folgenden dargestellte *Management by Objectives*.

5. Das *Management by Objectives* bezeichnet die Führung durch Zielvereinbarung. Hierbei handelt es sich um ein mehrdimensionales Führungskonzept, das durch die Betonung der gemeinsam „ausgehandelten" Zielvereinbarungen zwischen der Führung und den Mitarbeitern sowie die weitgehende Delegation von Entscheidungsbefugnissen gekennzeichnet ist. Für diesen Führungsstil findet sich häufig auch der Begriff des *Kontraktmanagements*, d. h. Führung und Mitarbeiter schließen einen *Kontrakt*. So beschließt die Leitung einer Musikschule gemeinsam mit jedem einzelnen Lehrer, wie viele Stunden er im nächsten Schuljahr gibt, wie viel Gruppenunterricht und wie viel Ensemblespiel vorgesehen ist. Die Museumsleitung bespricht mit den Abteilungsleitern und Kuratoren, welche Ausstellungen im nächsten Jahr vorgesehen sind, welche Sonderveranstaltungen es geben soll, welche Marketingmaßnahmen vorgesehen sind usw.
Die Instrumente bzw. der Weg der Zielerreichung wird somit bewusst in den Ermessensspielraum der Mitarbeiter gelegt. Weitere wichtige Elemente sind Rückkoppelungen hinsichtlich des Grades der Zielerreichung an die Führung sowie die Koppelung von Belohnungen an den Grad der Zielerreichung. Wichtig sind daher vor allem die vollständige und präzise Formulierung der Ziele nach Inhalt, Art, Ausmaß und zeitlichem Geltungsbereich.
Der Erfolg dieses Führungssystems hängt ganz entscheidend von dem Partizipationsgrad der Mitarbeiter bei der Zielvereinbarung ab. Die Suche nach realisierbaren, klaren, exakten, messbaren und doch möglichst flexiblen Zielvorgaben stellt nicht selten ein Problem dar. Kritiker monieren zwei grundsätzliche Mängel an diesem Modell.

„Zum einen geht man davon aus, dass für alle Ebenen Ziele systematisch und kongruent abgeleitet werden können. Die Grenzen einer Operationalisierbarkeit und der enorme Aufwand der Zielvereinbarung, der Feststellung von Soll / Ist-Abweichungen und einer fundierten Abweichungsanalyse bleiben unberücksichtigt. Zum anderen kann es nicht in allen Situationen sinnvoll sein, Ziele als Steuerungsinstrumente zu verwenden. Gut strukturierbare Aufgabenstellungen werden durch die Formulierung von Zielen u. U. schlechter ausgeführt als bei der Verwendung von klaren Anweisungen und der Vorgabe von gewünschten Abläufen. Ebenso ist von unterschiedlichen Motivstrukturen bei den Mitarbeitern auszugehen, so dass Ziele nicht grundsätzlich die anvisierte motivierende Wirkung haben müssen.“[396] Trotz dieser sicherlich ernst zu nehmenden und zu berücksichtigenden Einwände ist die Führung durch Zielvereinbarung mit am besten geeignet, eine Kultureinrichtung zielorientiert zu führen, da es – wie oft genug betont – hierbei auf jeden einzelnen Mitarbeiter ankommt. Auf sie wird deshalb unten näher eingegangen.

6. Das *Mangement by Results*, d. h. die Führung durch Ergebnisüberwachung. Dies beinhaltet lediglich das Controlling der vorgegebenen Ergebnisgrößen. So werden in einer Musikschule z. B. für die Abteilung Blechbläser bestimmte Zielgrößen hinsichtlich der Ausbringung einer bestimmten Jahresstundenzahl, der angestrebten Schülerzahl, der angestrebten Ensemblevorspiele, der erwünschten Teilnehmer bei „Jugend musiziert“ usw. vereinbart. Dieses ebenfalls vorrangig zielgesteuerte Führungskonzept ist durch einen systematischen Ausbau der Zielplanung zum Führungsinstrument gekennzeichnet. Es geht von den Grundsätzen aus, dass die Abteilungen und Arbeitsgruppen ihre ganze Aufmerksamkeit auf wenige, möglichst quantitative Entscheidungsmaximen konzentrieren sollen und können; dass die Ziele für die Entscheidungsträger motivierende Kraft besitzen; dass die Entscheidungsträger auf allen Ebenen über die von ihnen erwarteten Verhaltensweisen ausreichend informiert sind und der jeweilige Erfüllungsgrad der Ziele durch Vergleich zwischen geplanter und effektiver Leistung ermittelt werden kann.
   Im Gegensatz zum Management-by-Objectives werden hier allerdings die zu erreichenden Resultate einseitig von der Führungsebene festgelegt. Organisatorischer Ausdruck dieses Führungsmodells ist die sog. Profit-Center-Organisation, d. h. jede Einheit in der Organisation Unternehmen arbeitet eigenständig an bestimmten Kostendeckungsvorgabe (so sollen beispielsweise in o.a. Musikschule 45 % der Einnahmen durch Elterngebühren gedeckt werden; wie dies erreicht wird ist Sache der jeweiligen Abteilung). Oder in einem soziokulturellen Zentrum würde etwa den jeweils für Lesungen, für Kleinkunst, für Musikveranstaltungen usw. zuständigen Mitarbeitern Kostendeckungsgrößen vorgegeben („Ihr müsst im Jahr einen Kostendeckungsgrad bei euren Veranstaltungen von 70 % erreichen.“)
   Diesem Führungsmodell liegt eine skeptische Grundhaltung gegenüber dem Leistungswillen der Mitarbeiter zugrunde, die angeblich nur durch Kontrolle statt durch Vertrauen zu führen sind. Die möglichen Nachteile können daher zum einen ein ausgeprägter Bereichsegoismus und Zahlenfetischismus unabhängig von der Qualität sowie andererseits die Demotivation der Mitarbeiter durch unrealistische Resultatvorgaben sowie ständige Kontrollen sein.

---

396 Becker (1994) S. 245

7. Das *Management by Systems* meint die Führung durch Systemsteuerung. Die Überlegungen hierzu beruhen auf Theorien der Kybernetik, d. h. der Lehre von Regelkreisen und stellen eine Mischung aus verschiedenen anderen Führungsmodellen dar. Kennzeichnend für einen sog. Regelkreis ist die Rückmeldung von Ergebnissen und die Eigensteuerung. Der „Regler“ (d. h. in diesem Falle die Führung) soll nur in notwendigen Ausnahmefällen in den Regelkreis der prinzipiell selbststeuernden Einheiten eingreifen; die Ergebnisse sind daher laufend zu kontrollieren und rückzumelden.
Dieser Ansatz basiert auf folgenden Annahmen: (a) es existieren Verfahrensordnungen als Durchführungsvorschriften über sich wiederholende Tätigkeiten; diese schreiben vor, welche Arbeiten von welcher Person zu welchem Zeitpunkt zu erledigen sind; (b) allgemein bekannte Methoden geben Auskunft darüber, wie bestimmte Tätigkeiten auszuüben sind; (c) bestimmte Systeme schließlich dienen der Koordination einzelner Verfahrensvorschriften und Methoden innerhalb der Verwaltungsbereiche, indem sie Einzeltätigkeiten zu strukturierten Ganzheiten verbinden. Dieses System dürfte dem im letzten Kapitel ausführlich dargestellten der lernenden, d. h. sich selbst steuernden Organisation sicherlich am nächsten kommen.[397]
So existieren beispielsweise in einem Museum (a) bestimmte Regeln, was bei der Konzipierung, Planung, Organisation und Durchführung einer Ausstellung an Standards zu beachten ist – unabhängig von der jeweiligen inhaltlichen Ausrichtung der Ausstellung. Darüber hinaus gibt es ein Regelbuch, wie z. B. das Marketing, die Öffentlichkeitsarbeit, die Finanzierung zu handhaben sind. Und schließlich gibt es (c) gewisse allgemeine Vorgaben, wie die einzelnen Ausstellungsprojekte in einen Gesamtzyklus sowie die Dauerausstellung zu integrieren sind. Innerhalb dieser sehr allgemeinen Koordinierungs- und Ausführungsbestimmungen, die quasi die robusten „Leitplanken“ des Handlungsfeldes darstellen agieren die einzelnen Abteilungen und Mitarbeiter weitestgehend selbst- und eigenständig.[398]

6.5 Das „beste“ Führungssystem?

Nicht wenige Führungskräfte öffentlicher Kultureinrichtungen suchen das beste Führungskonzept, um ihre Kultureinrichtung möglichst optimal zu positionieren. Doch gibt es nicht *das* beste und das effizienteste Führungssystem für einen Kulturbetrieb, sondern es muss jeweils sehr genau untersucht werden, wie die Bedingungen innerhalb der jeweiligen Kultureinrichtung sind, über welche Potenziale (und vor allem auch Schwächen) die Führungspersonen verfügen, welche Kenntnisse, Fähigkeiten, Einstellungen und Haltungen die einzelnen Mitarbeiter mitbringen, wie die gewachsene Organisationskultur eines Hauses ist. Diese Fragen stellen sich insbesondere bei „pathologischen“ Kulturbetrieben (vgl. letztes Kapitel), deren Krankheit meist eine lange Vorgeschichte hat und wo es besonders auf eine sorgfältige Anamnese („Wie konnte es so weit kommen?“ „Welches sind die Ursachen hierfür?“ „Wie können wir mit diesen umgehen?“) ankommt.

Geht man allerdings von dem normativen Ziel aus (wie im letzten Kapitel ausführlich begründet), möglichst alle Mitarbeiter in den Prozess der Organisationsgestaltung und Ziel-

397 Gablers Wirtschaftslexikon (1993) S. 2181

398 Vgl. hierzu ausführlich: Tröndle, Martin: Entscheiden im Kulturbetrieb. Integriertes Kunst- und Kulturmanagement, Bern 2006

erreichung einzubinden, um das ideal einer „lernenden kulturorganisation“ zu realisieren, so ist sicherlich das *Mangement-by-Objectives*, also die Führung nach Zielvereinbarung bzw. längerfristig gesehen das *Management-by-Systems* zu dessen Realisierung am ehesten geeignet.

Denn für die zukunftsorientierte und strategiefokussierte Kultureinrichtung „muss ein Managementprinzip entwickelt werden, das Spielraum für die individuellen Stärken und die Ausübung der individuellen Verantwortung schafft und gleichzeitig den Bemühungen aller Beteiligten eine gemeinsame Richtung gibt, die Arbeit im Team ermöglicht und die Ziele des Einzelnen mit denen des gesamten Unternehmens in Einklang bringt. Das einzige Prinzip, das dies ermöglichen wird, ist jenes der *zielgesteuerten* und *selbstkontrollierten* Unternehmensführung“, schreibt Peter Drucker und weiter: „Es ersetzt die Kontrolle von außen durch die strengere, präzisere und wirksamere Kontrolle von innen. Es bewirkt, dass der einzelne Mitarbeiter nicht mehr deshalb aktiv wird, weil jemand anderer ihm eine entsprechende Anweisung gibt oder ihn davon überzeugt. Stattdessen bezieht der Mitarbeiter seine Motivation unter diesen Bedingungen daraus, dass die objektiven Erfordernisse seiner Aufgabenstellung seine aktive Beteiligung erforderlich machen. Nun wird er nicht mehr aktiv, weil es jemand von ihm verlangt, sondern weil er selbst zu dem Schluss gelangt, dass er aktiv werden muss. Mit anderen Worten: Er handelt aus freien Stücken.“[399]

In diesem Sinne schreiben Harvey Seifter und Peter Economy über ihre Erfahrungen, die sie aus ihrer Zusammenarbeit mit dem bereits im letzten Kapitel zitierten *Orpheus Chamber Orchestra*, gewonnen haben: „Der Orpheus-Prozess ist unter anderem ein System, das seine Fähigkeit demonstriert hat, in einem individuellen, zielorientierten Umfeld ein dynamisches Gleichgewicht zwischen der *Freiheit des Einzelnen* und dem *Ziel des Unternehmens* herzustellen“. Sie beschreiben ihre entsprechende Arbeitsweise:

- Wir bestärken den Einzelnen darin, seinen Einfluss auf die Entscheidungsfindung innerhalb der Gruppe geltend zu machen.
- Wir beraten Unternehmen dahingehend, dass sie einzelnen Angestellten mehr Verantwortung übertragen, um komplexe Probleme besser lösen zu können.
- Wir beraten Unternehmen auch, wie man Personal bindet, die Arbeitsmoral hoch hält und die Produktivität steigert, indem man den Angestellten ein Gefühl von ‚Miteigentum‘ vermittelt.“[400]

Das *Orpheus Chamber Orchestra* gründet seine Fähigkeit, fast immer zu einer Einigung zu kommen, hauptsächlich auf der Übereinstimmung hinsichtlich fünf für Kommunikation und Entscheidungsfindung wichtigen Gebieten:

1. *Allgemeines Einverständnis hinsichtlich unserer Ziele.* Die täglichen Gespräche drehen sich darum, wie diese Ziele am besten und schnellsten erreicht werden können, während die Zielsetzung Richtlinien dafür vorgibt, welche Kriterien und Maßstäbe an den Lösungsansatz angelegt werden müssen.

2. *Generelle Akzeptanz der Spielregeln.* Komplexe Entscheidungsprozesse sind bei *Orpheus* klar gegliedert und einfach zu vermitteln. Selbst wenn ein einzelner Musiker mit

399 Drucker (2005) S. 156
400 Seiftger / Economy (2001) S. 247

einer Entscheidung nicht vollständig einverstanden ist, respektiert er die Autorität und Verantwortung seiner Kollegen oder Gruppen, kompetente Entscheidungen treffen zu können.

3. *Vertrauen auf offene Kommunikation.* Mitarbeiter in laufenden Positionen müssen sich darum kümmern, auf formellen und informellen Wegen Informationen einzuholen. Die Entscheidungen werden grundsätzlich unter Berücksichtigung aller Informationen getroffen. Eigenverantwortliche Teams verbessern ihre Arbeit durch Anregungen externer Beobachter. So lassen sich einzelne Instrumentengruppen gern von anderen Musikern beraten und nehmen bei Proben die Hilfe von Koordinatoren und künstlerischen Direktoren in Anspruch. Auf unserem ‚Marktplatz der Ideen' hat jeder die Möglichkeit, sich einzubringen und andere von seiner Meinung zu überzeugen. Die getroffenen Entscheidungen sind oft ein Konglomerat unterschiedlichster Meinungen und Einflüsse. Offene Kommunikation sorgt für gemeinsame Verantwortung.

4. *Respekt.* In einer Kultur wechselseitigen Respekts werden Entscheidungen und ihre Konsequenzen mit großer Zustimmung akzeptiert, da jeder von den Fähigkeiten und der Motivation – seines oder seiner Kollegen – überzeugt ist und selbst in die Entscheidungsfindung eingebunden ist.

5. *Experimente.* Da es nur wenige endgültige Entscheidungen gibt, steht selten sehr viel auf dem Spiel. Kontroverse Entscheidungen werden als Experiment akzeptiert, aber alle Mitarbeiter wissen, dass sie die Diskussion jederzeit wieder eröffnen können, sobald neue Informationen aufgetaucht sind, die dies rechtfertigen.[401]

Wenn man nun auch einwenden könnte, dies mögen Regeln für ein kleines Kammerorchester sein, die nicht auf größere Kultureinrichtungen übertragbar seien, so sei gesagt, dass es sich hier zunächst um *Prinzipien* handelt, die man akzeptiert – oder eben nicht. Wenn man sie aber akzeptiert und als für die eigene Kultureinrichtung fruchtbar betrachtet, so sollte man sich Gedanken machen, wie sie sich transformieren lassen.

Leitend sollte dabei das Prinzip des „einvernehmlichen Führungsverhalten" sein; dies besteht zunächst ganz lapidar darin, „das Urteilsvermögen des Mitarbeiters und seinen Sachverstand anzuerkennen. Dies bedeutet aber, seine Bereitschaft wird unterstellt, die der eigenen Tätigkeit übergeordnete Aufgabe wahrzunehmen, also nicht nur als Beschäftigter zu urteilen, sondern auch aufgabenorientierte Erwartungen zu sehen, die sich wiederum an ihn richten. Andererseits wird dem Beschäftigten das Recht zugestanden und damit die Pflicht zuteil, nach seinen Kenntnissen, Fähigkeiten und Erfahrungen selbstständig zu entscheiden und zu handeln."[402] Dies bedeutet sowohl eine permanentes Fordern wie auch Fördern der Mitarbeiter.

401 Seiftger / Economy (2001) S. 205f
402 Lobscheid (1994) S. 38

6.6 Zielvereinbarungen als Führungsinstrument

Wie gelingt es nun, diese Konzepte des *Management-by-Objectives* bzw. *Mangement-by-Results* (mit der langfristigen Perspektive des *Managements-by-Systems*, also dem Prinzip der Selbststeuerung) in die jeweilige Kultureinrichtung zu implementieren? Wie kann dies ganz praktisch geschehen? Im dritten Kapitel wurde bereits ausführlich auf das Instrument der Zielvereinbarungen als Steuerungselement zwischen (kulturpolitischem) *Auftraggeber* und *Auftragnehmer* (die jeweilige von der öffentlichen Hand getragene bzw. unterstützte einzelne Kultureinrichtung) hingewiesen. Ziel war es, sicherzustellen, dass die Träger bzw. Geldgeber, also die öffentliche Hand, über die grundsätzlichen Ziele und Wirkungsabsichten der Kulturpolitik entscheiden („To do the right things"), während es den einzelnen Kultureinrichtungen vorbehalten bleibt, wie sie dies tun („To do the things right").

Unter diesem Aspekt stand vor allem die *Steuerungsfunktion* von Zielvereinbarungen im Vordergrund: es werden vom Auftraggeber (möglichst in Absprache mit der jeweiligen Kultureinrichtung) Sollvorstellungen fixiert, ohne dass die zu deren Erreichung notwendigen Entscheidungen, Handlungen und Arbeitsschritte im Einzelnen vorgegeben werden. Zielvereinbarungen dienen in diesem Konzept also ausdrücklich nicht der Detailplanung und -steuerung der jeweiligen Kultureinrichtung, sondern ihrer Steuerung auf Abstand, wie unten stehende Abbildung deutlich macht.

Funktion	
Auftraggeber (Träger / öffentliche Hand)	*Steuerungs*funktion
↑ *Zielvereinbarung* ↓ **Kultureinrichtung** ↑ *Zielvereinbarung* ↓	
Einzelne Mitarbeiter / Mitarbeiterteam	*Führungs*funktion

Abbildung 18: Zielvereinbarungen als Steuerungs- und Führungsfunktion

Zielvereinbarungen sind aber auch ein hervorragendes *Führungsinstrument* zur *internen* Steuerung einer Kulturorganisation. Zielvereinbarungen zwischen der Führung einer Kultureinrichtung und den einzelnen Mitarbeitern sind unter dieser Perspektive „eine ernst gemeinte Übereinstimmung zwischen den beteiligten Gesprächs- und Verhandlungspartnern. Der Sinn und Zweck dieser Übereinkunft besteht darin, bestimmte Handlungen auszuführen, die zur Erreichung eines gewünschten Soll-Zustandes beitragen. Dieser Soll-Zustand wiederum ist meist an einen definierten Terminhorizont gebunden und erfordert gezielte Anstrengungen seitens der Umsetzungsverantwortlichen, damit das erstrebte Ergebnis tatsächlich erreicht wird. Zielvereinbarungen setzen voraus, dass diejenigen, die eine solche Übereinkunft aushandeln, auch tatsächlich in der Lage sind, den angestrebten Zielzustand durch eigene Initiative herbeizuführen."[403]

Allerdings sollte man sich nicht täuschen: Die Einführung und vor allem die Einübung der Steuerung eines Kulturbetriebes mit Hilfe von Zielvereinbarungen ist zunächst mit einem hohen zeitlichen und auch emotionalen Aufwand verbunden. Denn zunächst müssen die Mitarbeiter umfassend über dieses Steuerungsinstrument informiert und dann vor allem für dessen Umsetzung gewonnen werden. Und auch die Führungskräfte selbst brauchen ausreichend Zeit, entsprechende Zielvereinbarungsgespräche zu strukturieren und zu trainieren. Alle Mitarbeiter und Ebenen einer Kultureinrichtung müssen also wirklich vom Nutzen dieses Instrumentes überzeugt sein. Denn lediglich „die Einführung von Zielvereinbarungen als eine Modeerscheinung zu betrachten, die man sich leistet, weil es andere auch tun, bedeutet Geld zum Fenster hinauszuwerfen und unnötige Frustrationen zu erzeugen."[404]

Was sind nun die Vorteile einer Führung mit Zielen? Zukunftsgerichtete Ziele geben nicht nur dem jeweiligen Kulturbetrieb insgesamt, sondern auch dem Handeln jedes einzelnen Mitarbeiters bzw. des Mitarbeiterteams eine konkrete Richtung und eine strategische Orientierung. Handlungsrelevante Informationen, die auf dieses Ziel hin ausgerichtet sind, werden daher von den Mitarbeitern bevorzugt aufgenommen, Wichtiges wird von Unwichtigem getrennt. So kann z. B. für ein Museum, das in den letzten Jahren stetig Besucher verloren hat, ein wichtiges Ziel sein, verstärkt besucherorientiert zu arbeiten. Das Ziel der „Besucherorientierung" erhält also für die nächsten drei Jahre absolute Priorität. Alle Mitarbeiter in ihren jeweiligen Positionen und Aufgabenbereichen müssen sich also fragen, wie sich ihre konkreten Maßnahmen diesem Ziel unterordnen. Ist diese Maßnahme wirklich besucherorientiert – oder dient sie vielleicht nicht eher der Befriedigung eines ganz besonderen wissenschaftlichen Spezialinteresses des Mitarbeiters. Die Energien der Mitarbeiter werden somit auf die zielrelevanten, strategischen Prioritäten gerichtet. Erfolg fängt im Kopf an!

Der berühmte „Tageskram", der so viele Mitarbeiter (nicht nur) in Kultureinrichtungen belastet und den sie so häufig beklagen, weil er unnötigerweise so viele wichtige, produktive Energien absaugt, wird unter der strategischen Perspektive auf das reduziert, was er ist: Nämlich Tageskram, der bereits Morgen schon wieder vergessen ist. Wenn man ein ganz klares Ziel vor Augen hat, dessen Wichtigkeit und Erreichung Denken und Handeln nachdrücklich bestimmt, wird der „Tageskram" praktisch „mit links" erledigt. Denn er bekommt seine aufgebauschte Bedeutung vor allem deshalb, weil vielfach diese lohnenden Ziele fehlen.

Allerdings kann der Sinn von Zielvereinbarungen in einem Kulturbetrieb nicht darin liegen, sog. *Sicherheitsziele* (d. h. Ziele, die mit hoher Wahrscheinlichkeit sowieso bzw. bei minimalem Kraftaufwand erreicht werden können) in den Mittelpunkt zu stellen Vielmehr sind solche herausfordernden Erfolgsabsichten, die nur mit einem besonderen Engagement und intensivem Bemühen verbunden sind, sinnvoll und motivierend. Also sind auf keinen Fall sog. „Mickey-Mouse-Ziele, die keinen echten Zugewinn bringen"[405] zu vereinbaren.

---

403 Kunz, Gunnar: Führen durch Zielvereinbarungen. Im Change Management Mitarbeiter erfolgreich motivieren, München 2003 S. 89

404 Kießling-Sonntag, Jochem: Zielvereinbarungsgespräche. Erfolgreiche Zielvereinbarungen. Konstruktive Gesprächsführung, Berlin 2002 S. 21

405 Wildenmann (2002) S. 13

Die Ziele sind vielmehr ganz eng mit der *Vision* (vgl. drittes Kapitel) einer Kultureinrichtung zu verbinden, der es weniger um ein Stabilisieren des einmal Erreichten als vielmehr um eine erfolgreiche strategisch-zukunftsorientierte Positionierung geht. Wesentliche Grundhaltung und Voraussetzung für die Führung mit Zielvereinbarung sind deshalb unendliche Beharrlichkeit, geduldige Ausdauer, ungeheure Selbstdisziplin, ausgeprägte Toleranz für Fehler und Rückschläge und vor allem ein grenzenloser Zukunftsoptimismus in der Kultureinrichtung nach der Devise: „Wir wollen es, wir können es und wir werden es auch schaffen!".

Dies hat weit reichende Konsequenzen für die Führungsebene einer Kultureinrichtung, die dieser stets bewusst sein müssen: „Wer mit Zielen führt, muss immer auch inspirieren, eine positive Zukunftsaussicht vermitteln, Selbstvertrauen beweisen und an den gemeinsamen Erfolg glauben – selbst dann, wenn auf einer ‚dornigen Wegstrecke' vielfältige Hindernisse und Barrieren ein vorzeitiges Aufgeben nahe legen. Zielvereinbarungen sind keinesfalls eine reine Führungstechnik, sondern vielmehr Bestandteil eines ganzheitlich-wertorientierten, unternehmerischen und menschenorientierten Führungsstils, der hohe persönliche und zwischenmenschliche Anforderungen an die Führungskraft stellt"[406], schreibt der Unternehmensberater Gunnar Kunz. Ziele fordern und fördern also planende und strategische Aktivitäten nicht nur der Kultureinrichtung insgesamt, sondern auch die Anstrengungen der einzelnen Mitarbeiter. Denn bei anspruchsvollen Zielen nehmen in der Regel Engagement und Ausdauer der Mitarbeiter zu. Eine ganz wesentliche Aufgabe des Führens mit Zielvereinbarungen ist es deshalb, „den *unternehmerischen* Geist der einzelnen Mitarbeiter zu wecken"[407] – ganz im Sinne des im zweiten Kapitel geforderten Entrepreneurships auch in öffentlichen Kultureinrichtungen!

Und erreichte Ziele geben den einzelnen Mitarbeitern der Kultureinrichtung gewachsenes Selbstbewusstsein – und zwar um so mehr, je genauer der einzelne Mitarbeiter um seinen eigenen Beitrag an der Erreichung des jeweiligen Zieles weiß.[408] Die Bedeutung dieses Beitrages sollte ihm (und den anderen Mitarbeitern!) immer wieder verdeutlicht werden. Wenn z. B. eine Theaterproduktionen unter besonders erschwerten Bedingungen im letzten Moment durch den großen Einsatz ganz bestimmter Mitarbeiter (etwa der Bühnentechnik) dennoch zur Aufführung gebracht werden konnte, so sollte dies allen Beteiligten in geeigneter Form deutlich gemacht werden (etwa bei der Premierenfeier, die nicht nur die Sänger- oder Schauspieler-„Stars" der Aufführung in den Mittelpunkt stellt, sondern auch „die im dunkeln" arbeiten, hinter und unter und über der Bühne). Zielvereinbarungen können somit die Führungskultur und das Führungsverhalten innerhalb eines Kulturbetriebs weiterentwickeln und eine stärker an den jeweiligen Zielen und Ergebnissen orientierte Arbeitsweise unterstützen. Sie dienen der Leistungssteigerung und der Erhöhung der Arbeitszufriedenheit sowie der Motivation der Beteiligten durch die möglichst partnerschaftliche Vereinbarung der zu erreichenden Ziele.

Zielvereinbarungen haben somit neben der Leistungs- und Ressourcenkomponente, auf die bereits im dritten Kapitel ausführlich eingegangen wurde, immer auch eine *personenbezogene* Dimension bzw. eine Personalentwicklungsfunktion. Es geht darum, durch Zielvereinbarungen „autonome Gestaltungsspielräume aufzuzeigen und zugleich individuelle Entwicklungsperspektiven für die einzelnen Mitarbeiter im Team sichtbar werden zu

406 Kunz (2003) S. 20
407 Kunz (2003) S. 39
408 Kießling-Sonntag (2002) S. 15

lassen."[409] Richtig verstandene und konzipierte Zielvereinbarungen umfassen somit immer personelle Wachstumsziele: Wie kann sich der einzelne Mitarbeiter, die einzelne Mitarbeiterin alleine oder im Team an ihrem Arbeitsplatz entfalten, weiter entwickeln und solchermaßen „wachsen"? Welche Aufstiegschancen hat ein Musikschullehrer? Kann er irgendwann Abteilungsleiter, gar Gesamtleiter werden? Welche Entfaltungsmöglichkeiten haben die nicht-künstlerischen Mitarbeiter im Theater? Welche Fortbildungsmöglichkeiten werden ihnen gewährt? In solchen personenbezogenen Zielen sollte durchaus auch vereinbart werden, welche Befähigungen, Potenziale und weitere Entwicklungen der Mitarbeiter durch spezifische Fördermaßnahmen wie Fortbildung, Aufgabenübertragung, ggf. Arbeitsplatzwechsel innerhalb des Kulturbetriebs usw. vorhanden sind bzw. ausgebaut werden sollten.[410]

Zielvereinbarungen gewähren aber nicht nur dem einzelnen Mitarbeiter mehr Handlungsspielraum und Eigenverantwortlichkeit, sondern sie nutzen auch direkt der Führungskraft der jeweiligen Kultureinrichtung. Sie bieten ihr „die Chance, zugleich eine wirksame, persönliche Handlungsentlastung zu erreichen: Statt zeitintensivem konventionellem Anweisen und Kontrollieren kann eine weit gehende Delegation der Ergebnisverantwortung umgesetzt werden, die allerdings wiederum ein hohes Maß an situativer Beratung und Coaching seitens der Führungskraft erfordert."[411]

Stellt man nun zusammenfassend die Frage nach dem Nutzen von Zielvereinbarungen als Führungs- und Steuerungselement einer strategiefokussierten Kultureinrichtung, so ist dahingehend zu differenzieren, wer welchen Nutzen davon hat.[412]

- Der *Nutzen für den jeweiligen Kulturbetrieb* insgesamt besteht zunächst darin, dass alle Energien konsequent im Sinne seiner zukunftsorientierten, strategischen Grundausrichtung konzentrieren werden. Alle Mitarbeiter fühlen sich einer gemeinsamen Vision und vereinbarten Zielen (z. B. „verstärkte Besucherorientierung", „Erhöhung der künstlerischen Qualität", „Steigerung des Kostendeckungsgrades", „Erhöhung des Bekanntheitsgrade", „Wiedererkennung als ‚Marke'" usw.) verpflichtet und setzen ihre gesamten Anstrengungen darein, diese tatsächlich zu verwirklichen. Durch die Strukturierung in Ober-, Teil- und Unterziele können Einzelaufgaben und Prozessabläufe besser strukturiert, koordiniert und kontrolliert werden unter dem der permanenten Fragestellung: Sind wir noch auf dem richtigen Weg? Es findet eine permanente Personalentwicklung statt, die die Mitarbeiter weiter qualifiziert und motiviert, wovon die Kultureinrichtung insgesamt nachhaltig profitiert: Das Leistungs- und Qualifikationsniveau wird permanent steigen. Der Beitrag jedes Einzelnen wird deutlich erkennbar und seine Kenntnisse und Erfahrungen fließen nicht nur in die Umsetzung, sondern bereits in den Planungsprozess ein.
  Die Vereinbarung von Zielen steigert darüber hinaus die Identifikation der einzelnen Mitarbeiter zunächst mit ihrer jeweiligen Aufgabe („*Ich* will das schaffen!"), vor allem aber auch mit der Kulturorganisation insgesamt („...damit *wir* unser Gesamtziel erreichen"). Innerhalb der Kultureinrichtung baut sich sukzessive ein „Wir-Gefühl" auf,

409 Kunz (2003) S. 24
410 Bundesministerium des Innern: Moderner Staat – Moderne Verwaltung. Erstellung und Abschluss von Zielvereinbarungen, Berlin 2001 S. 12
411 Kunz (2003) S. 39
412 Vgl. Kießling-Sonntag (2002) S. 24f

wo vorher Einzelkämpfer und Grüppchen aktiv waren. Und die Arbeit macht einfach mehr Spaß: Erfolg motiviert! Vereinbarte Ziele schaffen Freiräume für Kreativität und Innovationen durch den Einzelnen, die wiederum dem Kulturbetrieb im Ganzen zugute kommen. Darüber hinaus unterstützen klar fixierte Ziele die Selbstkontrolle der Mitarbeiter und vermindern die Notwendigkeit der Kontrolle seitens der Vorgesetzten.

- Der *Nutzen für den einzelnen Mitarbeiter* liegt zunächst darin, dass jeder eine klare Orientierung über die Ziele der Kultureinrichtung und die Bedeutung seines eigenen wichtigen Beitrages innerhalb des Ganzen erhält. Sein Tun bekommt „Sinn" und „Wert", es geht nicht länger um den Quaderstein und auch nicht darum, „der Beste" zu sein, sondern es geht um die gemeinsame „Kathedrale"! Der Mitarbeiter wird aktiv in die Festlegung der für ihn maßgeblichen Ziele mit einbezogen und bekommt diese nicht abstrakt als Sollvorgaben vorgesetzt. Diese Einzelziele wiederum fließen in das Gesamtzielsystem ein.
  Dadurch werden seine Eigeninitiative und seine Eigenverantwortung nachhaltig gestärkt. Der einzelne Mitarbeiter erhält mehr Spielraum und Flexibilität zur Selbststeuerung; seine Möglichkeiten für Kreativität und Autonomie werden deutlich höher: *Er* entscheidet, wie etwas möglichst optimal zu lösen ist. Motivation und Freude bei der Arbeit steigen, da die Aktivitäten in hohem Maße selbst bestimmt sind. Gute Leistungen „gehen nicht unter" bzw. werden nicht so schnell vergessen, sondern bleiben – als erreichte und entsprechend dokumentierte Ziele – gegenwärtig.
  Damit dies so funktionieren kann, müssen dem Mitarbeiter allerdings die notwendigen Kompetenzen und Ressourcen, die zur Realisierung seiner Arbeit notwendig sind, übertragen werden. Nur dies stärkt sein Selbstvertrauen. Persönliche Entwicklungsziele werden ernst genommen; die herausfordernden Perspektiven unterstützen sein persönliches Wachstum. Aber auch die Kriterien, nach denen er beurteilt wird, werden einsichtiger; er weiß was von ihm erwartet wird und „was er zu bringen hat". Er kann somit eine genauere, d. h. realistischere Selbsteinschätzung vornehmen. Der Mitarbeiter erhält regelmäßig (etwa im Rahmen von Jahresgesprächen) Rückmeldungen in Bezug auf seine Stärken und Schwächen auf einer nachvollziehbaren Basis.

- Der Nutzen von *Zielvereinbarungen für die jeweilige Führungskraft* der Kultureinrichtung besteht zunächst in einer Steigerung der Führungseffizienz, denn längerfristig vereinbarte Ziele schaffen eine höhere Ergebnisorientierung als kurzfristige Einzelanweisungen (unter deren Bedingungen wird nämlich höchstwahrscheinlich nur genau das und nur so viel gemacht, wie angeordnet wurde). Durch die Entlastung von diesen Einzelanweisungen wird Zeit (und vor allem der Kopf) frei für strategische Führungsaufgaben („Tun wir noch das Richtige?", „Wie verändert sich die Umwelt?" „Was tut die Konkurrenz?").
  Durch die Einbeziehung der Erfahrung und der Kenntnisse der Mitarbeiter werden Entscheidungen auf einer breiteren Grundlage getroffen. Zielvereinbarungen zwingen die Führungskräfte zur Konzentration auf das Wesentliche und verschaffen einen besseren Überblick über Prioritäten und erfolgsentscheidende Aktivitäten. Über- und Unterbelastungen der Mitarbeiter zeigen sich deutlicher. Durch einige wenige Beurteilungskriterien hinsichtlich des Zielerreichungsgrades wird die Beurteilung der Mitarbeiter leichter und vor allem transparenter.

Insgesamt stehen also dem (keineswegs zu leugnenden und vor allem nicht zu unterschätzenden) *Aufwand* bei der Einführung von Zielvereinbarungen in einer Kultureinrichtung eine ganze Reihe von *Erträgen* gegenüber, die den Mitarbeitern der Kultureinrichtung entsprechend zu verdeutlichen sind – etwa in Einzel-, Gruppen- oder Gesamtdiskussionen. Wie oben gesagt: Es gilt, jeden einzelnen Mitarbeiter grundlegend zu informieren, zu überzeugen und vor allem zu gewinnen! Nur wenn die Mitarbeiter der Kultureinrichtung „mit dem Herzen" dabei sind, wenn sie also zutiefst überzeugt sind von dem einzuschlagenden Weg, werden sie bereit sein, sich auf dieses System der Gegenseitigkeit einzustellen. Zielvereinbarungen per Verordnung einzuführen, wie dies nicht selten zu beobachten ist, ist nicht nur wenig dialogisch, sondern schlichtweg kontraproduktiv.

„Wer nicht weiß, wo er hin will, darf sich nicht wundern, wenn er ganz woanders ankommt." Damit Ziele ihre Funktion als Steuerungselement optimal erfüllen können, müssen sie eine ganze Reihe von Voraussetzungen erfüllen und es muss deutlich werden, was *keine* Ziele sind. Um Ziele sinnvoll formulieren zu können, sollten sich die Mitarbeiter einer Kultureinrichtung fragen: „Woran können wir – z. B. in einem Jahr – ganz konkret erkennen, dass wir Ziel X oder Y wirklich erreicht haben – oder eben auch nicht?" Nur wenn diese konkrete Messbarkeit wirklich gegeben ist, ist ein Ziel eindeutig formuliert.

In der Managementliteratur hat sich für die präzise Zielformulierung die „SMART"-Formel durchgesetzt:

Die „SMART"-Formel zur Zielformulierung		
S	Spezifisch	• Möglichst genaue Beschreibung des erwünschten Zustandes • Leichte, verständliche Formulierungen
M	Messbar	• Angaben von Kriterien, anhand derer sich der Erfolg überprüfen lässt
A	Aktiv beeinflussbar	• Ziel muss im Einflussbereich des Mitarbeiters liegen • Keine elementare Abhängigkeit von nicht gestaltbaren, externen Faktoren
R	Relevant	• Einzelziel muss auf das Gesamtziel bezogen sein • Herausfordernd, aber nicht überfordernd
T	Terminiert	• Ziel muss terminlich fixiert werden, d. h. wann soll es erreicht sein?

Abbildung 19: SMART-Formel der Zielformulierung[413]

Um dieser SMART-Formel zu genügen, sollte man einige Dinge beachten.[414] So sollten Ziele niemals *Negativ*-Formulierungen enthalten. (Nicht: „Wir wollen vermeiden, dass die Dramaturgiebesprechungen so lange dauern", sondern: „In Zukunft werden Dramaturgiebe-

413 Vgl. Kießling-Sonntag (2002) S. 58
414 Vgl. hierzu Kießling-Sonntag (2002) S. 60

sprechungen nicht länger als 60 Minuten dauern"). Zweitens sollten Zielvereinbarungen keine Vergleiche enthalten (Nicht: „Wir wollen mehr Besucher erreichen als das Naturkundemuseum", sondern präzise die Zielmarke der angestrebten Zuschauerzahl benennen, z. B. „25.000 Besucher im Laufe des nächsten Jahres"). Drittens sollten Ziele so formuliert werden, als seien sie schon erreicht (Nicht: „Bis zum Beginn des Winterhalbjahres *sollte* die Musikschule 800 Schüler haben", sondern „Bis zum Beginn des Winterhalbjahres *hat* die Musikschule 800 Schüler"). Nur durch eine solche Formulierung stellen sich die Gesprächspartner der Zielvereinbarung auf den gewünschten und auch möglichen zukünftigen Erfolg ein.

Ziele sind *keine Maßnahmen*; ein Zielvorschlag wie: „In der Presseabteilung sollte ein neues Ablagesystem entwickelt werden", sagt noch nichts darüber aus, was damit erreicht werden soll. Ein klares Ziel indes wäre es zu fordern: „Innerhalb von 15 Minuten muss jeder Presseartikel aufgefunden werden können" (damit etwa das stundenlange Herumsuchen im Archiv aufhört). Die Forderung nach einem neuen Ablagesystem ist dann eine *Maßnahme*, um dieses Ziel zu erreichen. Ziele sind auch *keine Appelle und Wünsche*, wie etwa folgender Zielvorschlag: „In Zukunft sollten die Technik und die Dramaturgie besser zusammenarbeiten, um die Theaterproduktionen effizienter planen zu können". Eine solche Formulierung gibt keine Antwort auf die Frage, wo die ganz konkreten „Knackpunkte" in der Zusammenarbeit liegen, was im Detail geändert werden muss. Bis wann genau sind beispielsweise Bühnenbildpläne, bis wann Kostümentwürfe vorzulegen?
Bei Zielvereinbarungen kann unterschieden werden zwischen *Individual-* und *Team*zielen.[415] Im Rahmen von *Individualzielen* verfolgt jeder einzelne Mitarbeiter der Kultureinrichtung (also ein Lehrer in der Musikschule im Bereich Musikalische Früherziehung) ein ganz spezifisches Ziel und die Ergebnisverantwortung liegt alleine bei ihm. Die Zielvereinbarungen werden in diesem Fall direkt zwischen dem Mitarbeiter und der Leitung der jeweiligen Kultureinrichtung getroffen. Die offenkundigen Vorteile von Individualzielen sind eine direkte Passung zwischen der allgemeinen Zielstruktur und der individuellen Aufgabenstellung, der bilateralen (überprüfbaren) Absprache zwischen Führung und Mitarbeiter und somit einer klaren personalen Verantwortlichkeit sowie dem Abgleich des Anspruchsniveaus der Ziele auf die ganz persönlichen Kompetenzen und Motivationsverhalten jedes einzelnen Mitarbeiters. Aber auch die Nachteile sind unübersehbar: Es kann leicht ein verschärftes Konkurrenzverhalten unter den einzelnen Mitarbeitern entstehen, durch das ein übergreifendes Denken und Handeln im Sinne der gesamten Kultureinrichtung gefährdet werden kann („Einzelkämpfer-Syndrom").

Bei der Vereinbarung von *Teamzielen* wird davon ausgegangen, dass eine Gruppe von Mitarbeitern (z. B. die Beleuchtungsgruppe innerhalb eines Theaters, die Aufseher in einem Museum, die Lehrer der musikalischen Früherziehung in einer Musikschule, das Thekenpersonal in einer öffentlichen Bibliothek usw.) *gemeinsam* ein spezifisches Ziel bzw. spezifische Ziele verfolgen. In diesem Fall liegt die Ergebnisverantwortung, die in der Zielvereinbarung niedergelegt wird, bei der jeweiligen Gruppe, nicht mehr bei dem Einzelnen alleine.

Die Vorteile der Vereinbarung von Teamzielen liegen in der Förderung des gemeinsamen Teamhandelns (wichtig ist, was das Team insgesamt zustande bringt, weniger der isolierte Beitrag eines Einzelnen); die Einbindung eines jeden einzelnen Mitarbeiters in teambezogene Zielvorstellungen; die Chance bzw. die Notwendigkeit gegenseitiger Hilfe

415 Vgl. hierzu Kunz (2003) S. 36

und Unterstützung innerhalb des Teams. Aber auch die Nachteile müssen gesehen werden. Möglicherweise bedarf es eines höheren Zeitaufwandes, zu Teamvereinbarungen zu kommen. Vielleicht besteht das Risiko der diffusen Verantwortungszuordnung (wie die ironische Abkürzung *T.e.a.m.* = „*T*oll, *e*in *a*nderer *m*acht's", suggeriert). Oder es wird ein dysfunktionaler Gruppendruck gegenüber Einzelnen aufgebaut. Die Führung muss also in jedem Einzelfall entscheiden, ob es sinnvoller ist, mit Teams innerhalb des Kulturbetriebs oder mit einzelnen Mitarbeitern Zielvereinbarungen abzuschließen.

Damit Zielvereinbarungen ihre volle Kraft entfalten können, müssen wiederum einige Voraussetzungen erfüllt werden. Eine wesentliche Grundbedingung ist, dass die Ziele von allen Beteiligten akzeptiert werden und dass sie als wertvoll – auch und gerade im eigenen Interesse – angesehen und akzeptiert werden. Ziele sollen dabei sowohl anspruchsvoll als auch erreichbar sein; die Leistungsfähigkeit der einzelnen Mitarbeiter sollte nicht überfordert, aber auf der anderen Seite auch nicht unterfordert werden. Die Ziele müssen darüber hinaus ganz spezifisch präzisiert werden, d. h. Inhalt, Ausmaß und vor allem der zeitliche Bezug (bis wann wird die Leistung erwartet?) müssen klar bestimmt sein. Um den eigenen Leistungsstand laufend überprüfen zu können, sollte dem einzelnen Mitarbeiter ein regelmäßiges spezifisches Feedback gegeben werden. Die Zielerreichung muss mit positiven Konsequenzen für den einzelnen Mitarbeiter verbunden sein; bei Nichterreichung muss gemeinsam geprüft werden, wie es dazu kommen konnte.[416]

Dem einzelnen Mitarbeiter muss ausreichend Entscheidungskompetenz in seinem Bereich gegeben werden (ansonsten wäre er nur ausführendes Organ). Auch die verschiedenen Kompetenzbereiche müssen klar abgegrenzt werden und damit muss auch geklärt sein, wer für was verantwortlich ist. Besondere Aufmerksamkeit sollte dabei den sog. *Schnittstellen* gelten, d. h. jenen Berührungspunkten, an denen sich die einzelnen Kompetenzbereiche tangieren, ggf. überschneiden. Hier muss klar sein, wer für was zuständig ist, d. h. es darf – bildhaft gesprochen – keine „losen Enden" geben. In der Organisation muss ausreichend Planungs- und Umsetzungskompetenz vorhanden sein, damit die Mitarbeiter nicht heillos überfordert sind. Und es müssen entsprechende Kontrollstandards und -instrumente entwickelt, implementiert und vor allem von allen akzeptiert werden.

In diesem Kontext muss die jeweilige *Führungskraft* ihre eigene Rolle sehen und definieren. Ihre wesentlichen Aufgaben bestehen darin, die Mitarbeiter bei der Umsetzung der Ziele möglichst tatkräftig zu unterstützen; sie wo nötig kompetent zu beraten, ohne allerdings den Weg zum jeweiligen Ziel vorzugeben oder gar vorzuschreiben (viel eher „Coachen"). Die Führungskraft sollte stets ansprechbar sein (das vielfach ironisierte *Managing-by-Wandering-around* gewinnt hier neue Bedeutung!) und ein möglichst präzises Feedback geben. Sie muss den vereinbarten Zielen und ihrer Umsetzung einen hohen Stellenwert beimessen und schließlich einen ausreichenden Freiraum gewähren, ohne sich ständig einzumischen oder besser zu wissen (und nicht im Weg stehen). Eine solche Führung begreift sich hauptsächlich als *Coach*, was bedeutet, „sich als sinnstiftender Wegweiser, Lernhelfer und einfühlsamer Prozessbegleiter zu verstehen, um den Mitarbeitern zu helfen, im Team eine möglichst hohe Leistungsfähigkeit zur Erfüllung der externen oder internen Kundenerwartungen zu entwickeln."[417]

Es genügt aber nicht, bloß Ziele zu vereinbaren, notwendige Entscheidungen zu treffen, die Mitarbeiter zu coachen und den Umsetzungsprozess angemessen zu kontrollieren. Beim

416 Kießling-Sonntag (2002) S. 14
417 Kießling-Sonntag (2002) S. 18f

Führen nach Zielvereinbarung kommt es vor allem darauf an, die Stärken und Entwicklungspotenziale der Mitarbeiter zu erkennen und weiter auszubauen. Erst dadurch kann sichergestellt werden, dass ‚die richtigen Mitarbeiter die richtigen Aufgaben' übernehmen und ein hoher Grad an Effektivität" innerhalb der Arbeit des jeweiligen Kulturbetriebs erreicht wird. „Führen durch Zielvereinbarung erfordert ein besonderes Interesse gerade an der Menschenführung, also die Bereitschaft und Fähigkeit, sich mit dem Einzelnen und dessen persönlichen Voraussetzungen. Interessen und Motiven auseinander zu setzen."[418]

Führungsaufgaben im Rahmen der Zielvereinbarungen in einem Kulturbetrieb
⇓ Erkennen der Einstellungen, Kompetenzen, Wertesysteme, Interessen, Motivationslagen, aber ggf. auch Probleme, Schwierigkeiten des jeweiligen Mitarbeiters
⇓ Abgleichung der individuellen Ziele und Einstellungen mit den Aufgaben, Zielen und Werten der Kultureinrichtung
⇓ Verdeutlichung gegenüber dem einzelnen Mitarbeiter, in welchem Verhältnis seine persönlichen Einstellungen und Ziele zu den Gesamtzielen der Kultureinrichtung stehen
⇓ Verdeutlichung der Konsequenzen bei einem positiven zielbezogenen Engagement für den Einzelnen und den Kulturbetrieb insgesamt („Die Sehnsucht nach dem weiten Meer" lehren; Saint Exupery)
⇓ Entwicklung individueller Anreizstrategien, um Mitarbeiter möglichst optimal zu motivieren (monetär/nicht-monetär, z. B. freie Zeitgestaltung, Eigenverantwortung, Fortbildung, Aufstiegschancen usw.
⇓ Absicherung von Transparenz und Gerechtigkeit bei der Anreizgestaltung

Abbildung 20: Aufgaben der Führungskraft im System der Zielvereinbarungen[419]

Ein solchermaßen vereinbarungsorientiertes Führungsmodell konzentriert sich zunächst darauf, einen Auftrag für den Mitarbeiter möglichst klar und präzise hinsichtlich der erwarteten (und zu kontrollierenden) Ergebnisse zu definieren (Was wird von ihm erwartet?). Ein vereinbartes Ziel ist somit die möglichst konkrete Beschreibung eines gewünschten Zustandes zu einem festgelegten künftigen Zeitpunkt. In einem nächsten Schritt soll durch den Austausch von Argumenten, in die das jeweilige Fachwissen und die spezifischen Erfahrungen des Mitarbeiters einfließen, ein zu erreichendes Ergebnis vereinbart werden, mit dem sich beide Seiten identifizieren können. Die so hergestellte Eigenverantwortung, die gewachsene Selbstständigkeit und die Erweiterung der Entscheidungsspielräume für den einzelnen Mitarbeiter stimulieren – wie für den Kulturbetrieb insgesamt – das engagierte Arbeiten zur Erreichung der vereinbarten Ziele.[420]

418 Kunz (2003) S. 22
419 nach Kunz (2003) S. 32
420 BMI (2001) S. 7

Wie sollte nun die einzelne Kultureinrichtung vorgehen, um den Prozess der Zielvereinbarungsgespräche sinnvoll zu strukturieren? Zunächst einmal ist allen Mitarbeitern der Kultureinrichtung je nach Betriebsgröße (am besten in einer *Betriebsversammlung*, also im gesamten Theater, oder verschiedenen *Abteilungsbesprechungen*, also nur die Mitarbeiter im Technischen Bereich) der Gesamtzusammenhang bzw. der Stellenwert der später folgenden, individuellen Zielvereinbarungsgespräche zu verdeutlichen. Oberste Priorität haben dabei (wie im dritten Kapitel ausgeführt) die nochmalige Verdeutlichung der *Mission* bzw. der stark zukunftsorientierten *Vision* der jeweiligen Kultureinrichtung, die zeitlich vorrangig diskutiert und schließlich festgelegt wurden. Ihr ordnet sich das sonstige Zielsystem (bis hin zu den Individual- bzw. Teamzielen) schlüssig unter. Wo dies nicht klar ist, muss es noch einmal verdeutlicht werden.

Um die Mission bzw. die Vision tatsächlich zu verwirklichen, bedarf es eines *Strategischen Leitbildes*. Auf der Basis sorgfältiger Analysen legt dieses *Strategien* fest und weist Wege, wie die (eher abstrakte) Vision und Mission in die Realität umgesetzt werden können. Aus ihm werden dann die *Oberziele* der Kultureinrichtung abgeleitet, möglichst verbunden mit einem zeitlichen Horizont (z. B. im Theater „innerhalb der nächsten fünf Spielzeiten" oder im Museum „innerhalb eines dreijährigen Ausstellungszyklus" usw.) Aus diesen *Oberzielen* können wiederum *Teilziele*, z. B. für einzelne Arbeitsbereiche (z. B. die Abteilung Öffentlichkeitsarbeit eines Museums) oder Sparten (z. B. das Schauspiel in einem Dreispartenhaus) abgeleitet werden. Diese Teilziele werden durch die Tätigkeit der einzelnen Mitarbeiter realisiert, denen diese Teilziele durch entsprechende Zielvereinbarungen, aber eben auch „das große Ganze" vermittelt werden muss.

Nach dem *Schließen der individuellen / Team-Zielvereinbarung*, auf die gleich näher eingegangen wird, und der *Umsetzung* derselben muss kontrolliert werden, ob die Ziele tatsächlich erreicht wurden. Die Erreichung bzw. Nichterreichung hat im Sinne eines Feedbacks zwei Adressaten: Zunächst muss das Ergebnis mit dem einzelnen *Mitarbeiter* (ob positiv = Zielereichung oder negativ = Zielverfehlung) besprochen werden. Je nach Ergebnis muss gemeinsam geklärt werden: War er z. B. überfordert? Ist man von falschen Voraussetzungen ausgegangen? Ist etwas passiert, was so nicht voraussehbar war? Außerdem muss dieses Ergebnis aber auch zurückfließen in das *System der Zielgestaltung insgesamt* und z. B. gefragt werden, woran es – unabhängig von der Leistung des Einzelnen – gelegen haben könnte, dass verschiedene Ziele nicht erreicht wurden: Waren sie vielleicht zu ehrgeizig gesteckt? Gab es Faktoren, die man trotz sorgfältiger Analyse übersehen hat? Sind unvorhergesehene und unvorhersehbare Ereignisse eingetreten (z. B. Erkrankung der Künstler, Naturereignisse, politische Umwälzungen)? Hat man das Mitarbeiterpotenzial falsch eingeschätzt? usw. Dementsprechend muss dann das Zielsystem korrigiert werden, um für die Zukunft von realistischeren Daten auszugehen.

Teilziele werden mit den einzelnen Mitarbeitern bzw. mit Teams von Mitarbeitern in individuellen Zielvereinbarungsgesprächen festgelegt. Diese Gespräche machen, es wurde immer wieder darauf hingewiesen, nur dann Sinn, wenn sie wirklich dialogisch entstehen, d. h. gemeinsam und offen mit den Mitarbeitern entwickelt werden. Diese Offenheit bedeutet aber nicht, dass dieser Dialog unstrukturiert geführt werden sollte. Ganz im Gegenteil kommt es auf größte Sorgfalt in der Vorbereitungs- und Durchführungsphase an, denn „das Mitarbeitergespräch zur Zielvereinbarung ist der zentrale Ort, an dem über Erfolg oder

Misserfolg von Zielvereinbarungen im Unternehmen entschieden wird."[421] Zielvereinbarungsgespräche sollten deshalb also sowohl strukturiert wie auch trainiert werden.

Von der Führungsperson der Kultureinrichtung wird in dieser Phase eine Menge gefordert. Sie sollte auf jeden Fall *natürlich* und *authentisch* sein und bleiben, d. h. „jede Führungskraft muss ihren eigenen Weg zur Gesprächsführung in schwierigen Mitarbeiterdialogen finden. Dazu gehören allerdings einige Kompetenzen, Grundeinstellungen und Werthaltungen, die eine gute Führungskraft einbringen sollte, z. B.: Wertschätzung, Einfühlungsvermögen, Entscheidungsbereitschaft, übergreifendes strategisches Denken, Ergebnisorientierung, Echtheit, Fairness und Wachstumsorientierung."[422] Es macht also wenig Sinn, wenn sich eine Führungsperson „verbiegt" und auf einmal „unnatürlich" wird – sie sollte sich ihrer Stärken und Schwächen bewusst sein und die Schwächen – so weit wie möglich – durch ein entsprechendes Training kompensieren (Zum Beispiel lernen, „aktiv zuzuhören", statt im Gespräch demonstrativ mit dem Handy zu spielen).

Um das Gespräch sinnvoll zu führen, sollten die Begrifflichkeiten und Regelungen des vorgegebenen Zielsystems – trotz der bereits erfolgten Gesamtdarstellung auf Kulturbetriebsebene – jedem einzelnen Mitarbeiter noch einmal ganz deutlich gemacht werden: „Darum geht es uns, das wollen wir gemeinsam erreichen!" In diesem Zielvereinbarungsgespräch müssen sowohl die übergreifenden Ziele der Kultureinrichtung verdeutlicht werden („Dort wollen wir in fünf, in zehn Jahren stehen!"), aber auch die individuellen Entwicklungswünsche der Mitarbeiter integriert werden („Wie stellen Sie sich denn ihre eigene Zukunft bei uns vor?" „Wo wollen Sie hin?" „Was wollen Sie persönlich erreichen?").

Zur konkreten Gesprächsvorbereitung sollte sich die entsprechende Führungsperson der Kultureinrichtung fragen, was den Mitarbeiter, mit dem er das nächste Zielvereinbarungsgespräch führen wird, bewegen könnte (um eben darauf vorbereitet zu sein und nicht überrascht zu werden):

- Will der Mitarbeiter bisher erreichte Ergebnisse in einem möglichst positiven Licht darstellen („Warum sollten wir denn etwas verändern, ich leiste doch schon so gute Arbeit")?
- Geht es dem Mitarbeiter vorrangig darum, ein für ihn machbares Arbeitspensum zu vereinbaren („In der Technik arbeiten wir jetzt schon ständig im roten Bereich, bitte jetzt nicht noch mehr Arbeit")?
- Will der Mitarbeiter Transparenz im Hinblick auf Prioritäten („Was ist denn nun eigentlich wichtig?" „Und was ist unwichtig?" „Hier blickt man oftmals nicht mehr durch!")?
- Will er selbst aktiv Einfluss auf die Prioritätensetzung nehmen („Wenn ich dazu mal was vorschlagen dürfte...")?
- Will er Kompetenzen und Spielräume klären („Zu was bin ich denn nun eigentlich befugt" „Was darf ich denn – und was nicht")?
- Will er den eigenen Beitrag zur Erreichung der Ziele des Kulturbetriebs besser erkennen („Was kann denn mein Beitrag sein, um das Ziel zu erreichen")?
- Will er persönliche Interessen und Lieblingsprojekte in Form von Zielvereinbarungen verankern („Auf jeden Fall sollten wir sehr viel mehr Ausstellungen mit Zeichnungen der Renaissance durchführen!")?

421 Kießling-Sonntag (2002) S. 66; vgl. auch zum folgenden S. 67ff sowie Wildenmann (2002) S. 109ff
422 Kunz (2003) S. 62

- Will er zusätzliche Ressourcen und Entwicklungsunterstützung erhalten („Wenn meine Abteilung nur mehr Geld hätte, dann könnten wir für das Museum drei Ausstellungen pro Jahr mehr machen.")?
- Will er persönliche Fortbildungsmöglichkeiten („Hier wird immer so viel über Managementmethoden geredet, aber wenn man ein Fortbildungsseminar beantragt, wird das gleich aus Kostengründen abgelehnt?")
- Will er ein positives Bild der eigenen Kompetenz vermitteln („Gerade bin ich wieder zu einem internationalen Kongress eingeladen worden?")
- Will er Rückmeldung über das eigene Potenzial erhalten („Sie müssen doch zugegeben, das ohne mich und meine persönlichen Verbindungen die Erfolgsausstellung im letzten Jahr niemals zustande gekommen wäre?")

Es soll in dieser Phase überhaupt nicht diskutiert werden, welche Interessen und Einstellungen tatsächlich berechtigt oder unberechtigt sind; hier kommt es darauf an, dass sich die Führungsperson im Vorfeld darüber klar wird, was der Mitarbeiter vorbringen *könnte* – und wie sie selbst dann damit umgeht.

Das Zielvereinbarungsgespräch selbst kann grob in sechs Phasen gegliedert werden:[423]

1. *Kontaktphase*; nach der Begrüßung sollte eine kurze Aufwärmphase erfolgen. Allerdings sollte wegen der hohen Sachorientierung des anschließenden Gesprächs weitgehend auf unverbindlichen Smalltalk (nach dem Motto: „Wie geht es uns denn heute?") verzichtet werden. Möglicherweise muss im folgenden Gespräch hart verhandelt werden, so dass sich ein zu privater Einstieg zu Beginn als unpassend herausstellen könnte. Dagegen kann durchaus gefragt werden: „Wie ist es Ihnen denn bei der Erarbeitung Ihrer Zielvorschläge gegangen?"

2. *Klärung der Gesprächsziele und des gemeinsamen Vorgehens*; zunächst sollte noch einmal die Bedeutung und die Funktion des Zielvereinbarungsgesprächs und die in diesem Zusammenhang durchgeführte Betriebsversammlung in Erinnerung gerufen werden. Dann sollte ein Zeitrahmen für das Gespräch festgelegt werden und ein Gesprächsablauf vorgeschlagen werden.

3. *Rückschau auf die vergangene Arbeitsperiode*; als Einstieg sollten zunächst einige positive Aspekte des Leistungsverhaltens des Mitarbeiters in der vergangenen Periode hervorgehoben werden („Besonders gut gefallen hat uns...") Anschließend sollte der Mitarbeiter seine Arbeitsergebnisse selbst bewerten („Welche Einschätzung haben Sie denn von dem Erreichten?" „Sind Sie persönlich zufrieden damit?" „Wo sehen Sie ggf. Probleme?") und seinen eigenen Zielerreichungsgrad beurteilen. Leitend ist dabei der Gesichtspunkt: „In welchem Maße wurden die für die vergangene Periode angestrebten Ziele tatsächlich erreicht, sogar übertroffen oder ggf. nicht erreicht?" „Wo gab es Zielabweichungen?" Dieser Selbsteinschätzung des Mitarbeiters stellt die Führungsperson die eigene Bewertung des Zielerreichungsgrades gegenüber. Falls beide Einschätzungen nicht übereinstimmen, müssen sie abgeglichen werden. Dabei sollten die Gründe und Ursachen für eventuell unterschiedliche Bewertungen herausgearbeitet

423 Kießling-Sonntag (2002) S. 74ff und Wildenmann (2002) S. 109ff

werden („Woran kann es liegen, dass wir beide die Situation so unterschiedlich wahrnehmen?“).
In einem zweiten Schritt sollte eine Selbst- und Fremdeinschätzung hinsichtlich der *persönlichen* Weiterentwicklung des Mitarbeiters in der vergangenen Periode herausgearbeitet werden, d. h. eine vertiefte Reflexion der individuellen Lern- und Entwicklungsziele durchgeführt werden („Wie schätzen Sie selbst denn ein, ob Sie sich in den zurückliegenden Monaten weiter entwickelt haben?“). Auch hier sollten Gründe und Ursachen für Erfolge wie Misserfolge klar benannt werden. Auch das „Wie“ der Zielerreichung sollte besprochen werden, also die Frage des Kooperations- bzw. Konkurrenzverhaltens des Mitarbeiters. Die wichtigsten Ergebnisse dieses Rückblickes (z. B. in Zukunft verstärkt einsetzbare Kompetenzen des Mitarbeiters, Verbesserungsmöglichleiten der Infrastruktur, stärkere Unterstützung durch Kollegen und Führung, Wunsch nach Fortbildung usw.) sollten im Hinblick auf Folgerungen für die Zukunft festgehalten werden

4. *Vereinbarungen für die kommende Arbeitsperiode*; die Führungsperson fragt den Mitarbeiter nach eigenen Zielvorschlägen für die nächste Periode und nach seinen Beweggründen für diese Zielvorschläge („Was stellen Sie sich denn als Ziele für die nächsten Monate vor?“ „Welche Verbesserungen und Vorteile für unsere Kultureinrichtung sehen Sie darin?“). Dann informiert sie den Mitarbeiter über die geplanten mittel- und längerfristigen Zielsetzungen des Kulturbetriebs („Im nächsten Schuljahr haben wir uns für unsere Musikschule folgende Ziele gedacht“) und aktuelle Entwicklungen, die für die Zielvereinbarung relevant sein könnten (z. B. „Sie haben ja auch gehört, dass bei uns in der Stadt eine private Musikschule eröffnet wurde; darauf müssen wir natürlich reagieren.“ „Außerdem ist der städtische Zuschuss um 5 % gesenkt worden.“). Der Mitarbeiter sollte die Möglichkeiten zu Rück- und Verständnisfragen haben.
Dann sollte der Mitarbeiter die mittel- und längerfristigen Entwicklungen skizzieren, die sich auf Grund der Ziele und Rahmendaten für seinen eigenen Arbeitsbereich ergeben („Für den Bereich der Musikalischen Früherziehungen sehe ich für die nächsten Jahre folgende Entwicklungen...“) Der Mitarbeiter soll beschreiben, worin er seinen eigenen Beitrag zur Erreichung der Betriebsziele im nächsten Vereinbarungszeitraum sieht. Er stellt die Ziele vor, die er realisieren möchte. Die Führungskraft stellt im Gegenzug ihre Vorstellung vor, die sie vom Beitrag des Mitarbeiters erwartet und benennt die konkreten Ziele, die vom Mitarbeiter erwünscht werden. Die vom Mitarbeiter und der Führungskraft dargelegten Ziele müssen dann diskutiert, angeglichen und nach Muss- und Kann-Zielen priorisiert werden.
Ist eine grundsätzliche Einigung über die Ziele erreicht worden, so sollten in der Reihenfolge der Bedeutung der Ziele Detailabsprachen zu einzelnen Zielen getroffen und dokumentiert werden. Hierbei geht es vor allem um Terminabsprachen, Kompetenzen, Ressourceneinsatz, notwendige Unterstützung und Maßnahmen im Einzelnen. Auch die individuellen Entwicklungsbedürfnisse der einzelnen Mitarbeiter sollten angesprochen und dokumentiert werden: Wo wird beispielsweise dringender Fort- und Weiterbildungsbildungsbedarf gesehen? Dabei sollten Vereinbarungen auch über konkrete Entwicklungsmaßnahmen (z. B. also die Teilnahme an bestimmten Fortbildungsseminaren z. B. im Bereich Marketing, Projektmanagement oder Sponsoring usw.) fixiert

werden. Nachdem so alle angesprochenen Ziele besprochen sind, sollte in der Rückschau noch einmal geprüft werden, ob der vereinbarte Zielkatalog tatsächlich bewältigt werden kann und ob die besprochenen Aktivitäten zur persönlichen Weiterbildung im Betriebsablauf realistisch sind.

5. *Zusammenfassung der Gesprächsergebnisses*; der Mitarbeiter und die Führungskraft sollten nun gemeinsam prüfen, ob alle wichtigen Punkte und Ziele ordnungsgemäß schriftlich fixiert und somit dokumentiert wurden („Fehlt noch etwas von dem, was wir soeben besprochen haben?" „Gibt es notwendige Ergänzungen?"). Danach sollte perspektivisch („In drei Monaten") ein Termin für ein nächstes Gespräch vereinbart werden, in dem der Zielerreichungsgrad besprochen werden kann.

6. *Positives Gesprächsende*; die Führungskraft sollte abschließend noch einmal die wichtige Bedeutung des Informationsaustausches („Es war mir wichtig, dass Sie so deutlich Ihre Position dargestellt haben – nun verstehe ich Sie sehr viel besser.") und des vereinbarten Gesprächsergebnisses sowohl für den Kulturbetrieb wie für den einzelnen Mitarbeiter würdigen („Ich denke, wir sind gemeinsam auf dem richtigen Weg in die Zukunft") und signalisieren, dass sie jederzeit für Gespräche und Unterstützung bereit ist („Zögern Sie nicht, mich anzusprechen, wenn Sie Hilfe brauchen").

Das ist der ideale Gesprächsverlauf, der wahrscheinlich in der Realität nicht so reibungslos wie dargestellt funktionieren wird, weil beide Seiten in aller Regel noch recht wenig Erfahrung mit Zielvereinbarungsgesprächen haben bzw. bislang in einer Organisationskultur sozialisiert wurden, in der dieses Führungs- und Steuerungselement keine Rolle spielte. Deshalb sollte man sich darauf einstellen, was möglicherweise passieren könnte in solchen Zielvereinbarungsgesprächen – und vorab Lösungsmöglichkeiten durchdenken, um gewappnet zu sein.

Zunächst einmal sind Zielvereinbarungsgespräche grundsätzlich *längerfristig zu terminieren*, damit beide Seiten sich gründlich darauf vorbereiten können. Dem Mitarbeiter sind vorab einige Leitfragen an die Hand zu geben, mit deren Hilfe er sich vorbereiten kann. Das versachlicht von vornherein das Gespräch und nimmt die vielleicht bei manchen Mitarbeitern der Kultureinrichtung vorhandene Angst, mit Unvorhergesehenem konfrontiert zu werden.

Solche Fragen können z. B. sein:

- Welche Zielvereinbarungen bzw. Absprachen wurden mit Ihnen für die vergangene Arbeitsperiode getroffen?
- In welchem Maße konnten Sie die vereinbarten Ziele erreichen, übertreffen oder ggf. nicht erreichen?
- Was ist Ihnen besonders gut gelungen? Woran messen Sie diese Einschätzung?
- Was ist Ihnen Ihrer Meinung nach nicht so gut gelungen?
- Wo sehen Sie die wesentlichen Ursachen für das Erreichen, Übertreffen oder Nicht-Erreichen der Ziele?
- Welche Stärken und besonderen Eignungen haben Sie an sich wahrgenommen?
- Wo sehen Sie noch Verbesserungsbedarf?

- Konnten Sie die Ziele in konstruktiver und kollegialer Abstimmung mit den anderen Kollegen erreichen oder hat es irgendwo geklemmt?
- Wie könnte man dies Ihrer Meinung nach verbessern?
- Mit welchen Aktivitäten und Aufgaben haben Sie im vergangenen Jahr die meiste Zeit verbracht?
- Stehen diese Aktivitäten im Zusammenhang mit den Zielen oder hat Sie das eher abgelenkt?
- Wie könnte man das verbessern? Was muss sich betrieblich verändern?
- Welche Rahmenbedingungen haben die Erreichung der Ziele günstig oder eher ungünstig beeinflusst? Lässt sich daran was ändern?
- Waren die Zuständigkeiten und Verantwortlichkeiten klar geregelt?
- Wo sehen Sie die mittel- und längerfristigen Entwicklungsschwerpunkte Ihres Arbeitsbereiches?
- Welche Ziele möchten Sie im kommenden Vereinbarungszeitraum erreichen? (pro Ziel festhalten, was konkret erreicht werden soll und woran gemessen werden kann, dass das Ziel tatsächlich erreicht wurde).
- Wie würden Sie diese Ziele gewichten?
- Können sie die genannten Ziele mit Ihren bisherigen Fähigkeiten erreichen oder besteht Fort- und Weiterbildungsbedarf (und zwar wo genau)?
- Welche Voraussetzungen müssen gegeben sein, damit Sie diese Ziele erreichen können (Ressourcen, Arbeitsmittel, personelle Unterstützung, Zeit usw.)?
- Halten Sie die organisatorischen Abläufe für sinnvoll oder sollte hier etwas geändert werden (das Wie und Warum begründen).

Durch eine solche Vorbereitung wird dem einzelnen Mitarbeiter deutlich, dass seine Kenntnisse und Fertigkeiten wirklich gebraucht werden. Er kann sich vorbereiten und braucht keine Angst zu haben, im Gespräch quasi „überfahren“ zu werden.

Zweitens ist genug Zeit für das Gespräch einzuplanen (ca. zwei Stunden) und jede Störung (etwa durch durchgestellte Telefonanrufe, „wichtige Nachfragen“ der Sekretärin etc.) zu vermeiden. Drittens sollte sich die Führungskraft über sog. gesprächsfördernde und gesprächshemmende Faktoren[424] im Klaren sein und diese beachten (vgl. Abbildung nächste Seite).

Trotz bester Vorbereitung kann es allerdings passieren, dass Zielvereinbarungsgespräche nicht so optimal verlaufen, wie man sich dieses wünscht. Grundregel sollte dabei sein, dass nicht nur das Gespräch selbst, sondern auch die Konfliktlösung in einem „partnerschaftlichen und vertrauensvollen Dialog“[425] angestrebt wird; d. h. es ist nicht die alleinige Aufgabe der Führungskraft, ein stockendes oder vielleicht sogar ungut verlaufendes Gespräch wieder in Gang zu bekommen: Das ist vielmehr eine konstruktive Aufgabe für beide Gesprächsteilnehmer! Etwaige Vorbehalte bzw. sogar Widerstände auf Seiten der Mitarbeiter sind von der Führungskraft allerdings auf jeden Fall sehr ernst zu nehmen und mögliche Konfliktpotenziale klar zu erkennen.

424 Kießling-Sonntag (2002) S. 81
425 Kunz (2003) S. 169

Einige Beispiele für Probleme bei Gesprächen und mögliche Lösungen seien hier näher skizziert.[426]

1. *Das Gesprächsklima wird schlechter und die Situation droht zu eskalieren*; die Führungskraft sollte bei der möglichst positiven Konfliktlösung auf jeden Fall den Mitarbeiter mit einbeziehen durch Sätze wie folgende: „Ich finde, dass wir zunehmend in eine schlechtere Stimmung geraten, wie geht es Ihnen?";„Angenommen, wir diskutieren so weiter wie jetzt, was glauben Sie, wie das enden wird?"; „Haben Sie Vorschläge, wie wir aus dieser Situation herauskommen?"

Gesprächsfördernde und gesprächshemmende Faktoren	
gesprächshemmend	***gesprächsfördernd***
▪ monologisieren	▪ auf ausgewogene Gesprächsanteile achten
▪ belehren und dozieren	▪ aktiv zuhören
▪ ungefragt Ratschläge geben	▪ ausreden lassen
▪ überreden	▪ Denkanstöße geben
▪ ironisieren	▪ sich interessieren
▪ Gesprächspartner unterbrechen	▪ Nachfragen, ohne zu „verhören"
▪ schwierige Sachverhalte bagatellisieren	▪ Blickkontakt halten
▪ Ausfragen des Gesprächspartners	▪ Wertschätzung zeigen
▪ auf alten Geschichten herumreiten	▪ Anerkennung ausdrücken
▪ drohen	▪ lösungs- und zukunftsorientiert kommunizieren
▪ befehlen	▪ schwierige Sachverhalte auf den Punkt bringen
▪ Gesprächspartner abwerten	▪ Stimmungen und nonverbale Signale beachten
▪ Stimmungen und Emotionen ignorieren	

Abbildung 21: Gesprächsfördernde und gesprächshemmende Faktoren

2. *Der Mitarbeiter akzeptiert ein Ziel nicht, dass für die Führungskraft unverzichtbar ist.* So kann es z. B. eine Vorgabe des Trägers sein, dass das Museum eine höhere Besucherorientierung anstrebt, weil es sonst geschlossen wird. Oder eine Musikschule einen höheren Kostendeckungsgrad anstreben muss, weil sonst ebenfalls die Schließung bevorsteht. Der einzelne Kurator hält aber nichts von diesem ziel und ist an seinen wissenschaftlichen Forschungen interessiert. Oder der einzelne Musikschullehrer ist vielleicht der Meinung, Kulturfinanzierung sei sowieso Sache des Staates. Hier ist Klarheit und Eindeutigkeit von der Führungsperson gefordert, die Verantwortung für das Ganze trägt. „Ich möchte von diesem Ziel nicht abgehen, weil es im Gesamtzusammenhang unserer Kultureinrichtung unabdingbar ist. Unser Träger besteht auf der Erreichung dieses Zieles. Ich respektiere Ihre Meinung dazu, bitte Sie aber dennoch, das Ziel zu akzeptieren. Lassen Sie uns im nächsten Jahr noch einmal über die Erreichbarkeit und Notwendigkeit aufgrund unserer dann gemachten Erfahrungen dieses Ziel diskutieren."

3. *Es gibt Unterschiede hinsichtlich der Wichtigkeit eines Ziels*; auch hier ist Überzeugungsarbeit gefordert: „Ich möchte Ihnen an einem Beispiel aufzeigen, warum ich diesen Punkt für so besonders wichtig halte. Wie schätzen Sie das ein?"

426 Vgl. hierzu Wildenmann (2002) S. 112ff; ausführlich hierzu auch Rischar (München) 1991;

4. *Es ist unsicher, wie der Mitarbeiter mit dem Gesprächsergebnis umgeht oder was aufgrund des Gespräches passieren wird*; „Wie geht es Ihnen denn nun nach dem Gespräch?“; „Was folgern Sie aus dem Gespräch?“; „Welche Wirkung hat dieses Gespräch auf Sie gehabt?“ „Wie werden Sie damit umgehen?“

5. Die Stimmung am Ende des Gesprächs ist gedrückt und die Führungskraft hat das Gefühl, das der Mitarbeiter enttäuscht oder frustriert ist; auch hier ist dringender Klärungsbedarf: „Welchen Eindruck haben Sie von dem Gespräch?“; „Fühlen Sie sich von mir überfahren?“; „Wenn Sie jetzt einen Wunsch frei hätten...?“

Zielvereinbarungsgespräche sind selbstverständlich keine einmalige Angelegenheit, sondern sie müssen – wenn sie als effizientes Führungsinstrument genutzt werden sollen – in regelmäßigen Abständen, entweder als sog. *Meilensteingespräche* bzw. als *Jahresgespräche* mit den Mitarbeitern geführt werden. „Meilensteine“ sind für einen Kulturbetrieb bzw. ein Projekt wichtige, vorab definierte zeitliche Punkte, an denen im Rahmen eines Projektes oder eines Betriebsablaufes der Abschluss einer Einzelaktivität überprüft wird. Ziel ist die Sicherstellung der im Ablaufplan festgelegten Termin-, Kosten- und Qualitätsanforderungen.[427] Solche Meilensteine können etwa die Premiere einer Opernaufführung, die Eröffnung einer Ausstellung, der Halbjahresschluss in einer Musikschule usw. sein.

Gerade zu solchen Meilensteinen empfehlen sich Mitarbeitergespräche, um den Grad der Zielerreichung zu überprüfen. Inhalte solche Meilensteingespräche[428] können beispielsweise sein:

- Die Besprechung aktueller Entwicklungen, die Einfluss auf die Zielerreichung haben (z. B. Verzögerungen in den Werkstätten, Rückzug von wichtigen Leihgebern, unerwarteter Musikschülerrückgang usw.);
- die Reflexion des aktuellen Standes der Zielerreichung und Feedback („Haben wir bisher erreicht, was wir uns vorgenommen haben?“ „Wie sind die Kritiken der Aufführung?“)
- möglicherweise notwendige Korrekturen („Müssen wir den Ausstellungsbeginn verlegen?“ „Was tun wir, um mehr Schüller zu erreichen?“);
- Besprechung des aktuellen Standes hinsichtlich der besprochenen Entwicklungsmaßnahmen („Genügt das, was wir geplant haben?“ „Sind zusätzliche Maßnahmen nötig?“).

Die regelmäßig durchzuführenden *Jahresgespräche* befassen sich dagegen weniger mit relevanten Ereignissen des Produktionsablaufes innerhalb des Kulturbetriebs, sondern sie reflektieren zum einen den Grad der Zielerreichung und geben zum andern dem einzelnen Mitarbeiter ein Feedback seiner individuellen Leistung. Jahresgespräche

- dienen somit in der erster Linie zunächst der Erfassung des persönlichen, individuellen Leistungsbeitrages eines jeden einzelnen Mitarbeiters;
- bilden die Grundlage für die zukunftsorientierte Planung der nächsten Periode und damit verbunden der Festlegung der individuellen Ziele der einzelnen Mitarbeiter;
- öffnen die Chance für einen Meinungsaustausch und ein gegenseitiges Feedback zur Qualität der Zusammenarbeit und zum Erkennen und Beseitigen von Schwachstellen;

427 Gabler-Wirtschaftslexikon (1993) S. 2247
428 Kießling-Sonntag (2002) S. 78

- bieten der Führungskraft die Gelegenheit, für die Ziele des Kulturbetriebs zu werben, die Motivationshaltung des Mitarbeiters zu erkennen und einzuschätzen und diesen besser zu verstehen;
- ermöglichen die Planung der weiteren Qualifizierung und Personalentwicklung der Mitarbeiter für die Zukunft.[429]

Das Mitarbeiterjahresgespräch stellt als Instrument des offiziellen Gedanken- und Erfahrungsaustausches über alle Aspekte der Arbeit und Zusammenarbeit die hauptsächlichen Weichen für ein zielorientiertes und strategiefokussiertes Handeln des einzelnen Kulturbetriebs.[430] Dieses Gespräch ist die Basis für die Schaffung von Perspektiven und das Erreichen gemeinsamer Ziele. Es dient den einzelnen Mitarbeitern als wichtige Orientierung, und zwar sowohl hinsichtlich ihres eigenen Leistungsvermögens wie auch der Kultureinrichtung insgesamt. Es handelt sich dabei allerdings weniger um eine Beurteilung der individuellen Arbeitsleistung (dies natürlich *auch*), als vielmehr um die immer wieder notwendige Einschwörung auf die große Vision der Kultureinrichtung: Dort wollen wir gemeinsam hinkommen!

429 Vgl. hierzu Kunz (2003) S. 169

430 Vgl. Oppermann-Weber, Ursula: Mitarbeiterführung. Führungsansätze passend auswählen. Führungsinstrumente richtig einsetzen, Berlin 2002 S. 54

7 Mehrdimensionale Kulturfinanzierung

7.1 Die Krise der öffentlichen Kulturfinanzierung

Von den öffentlichen Kultureinrichtungen wurde und wird die Krise zunächst und vor allem als eine Finanzierungskrise wahrgenommen. War die neue Kulturpolitik der siebziger und achtziger Jahre des zwanzigsten Jahrhunderts durch ein deutlich überproportionales Wachstum der öffentlichen Zuwendungen für Kunst und Kultur geprägt, so stagnieren diese Finanzierungsmittel seit der Jahrtausendwende bzw. sind sogar rückläufig. Michael Söndermann beschreibt für den *Arbeitskreis Kulturstatistik (ARKStat)*, der seine Berechnungen und Schätzungen auf die Angaben des *Statistischen Bundesamtes* und der Finanzministerien von Bund und Ländern stützt, die aktuelle Situation für 2006: „Die öffentlichen Ausgaben für Kultur in Deutschland gehen seit einigen Jahren kontinuierlich zurück. So fließen aus den Haushalten von Bund, Ländern und Gemeinden im Jahr 2005 mit rund 7,8 Milliarden € schätzungsweise erneut 2 Prozent weniger Kulturfinanzierungsmittel in den Kultursektor als im Vorjahr 2004 mit 7,96 Milliarden €. Das Gesamtvolumen der öffentlichen Kulturetats liegt damit bereits zum zweiten Mal unterhalb der magischen Grenze von 8 Milliarden €.“

Söndermann schreibt weiter: „Seit dem Höhepunkt im Jahr 2001 mit 8,54 Milliarden € sinken die Kulturausgaben mit fallenden jährlichen Raten von minus 1,2 bis minus 3,1 Prozent. Am stärksten betroffen sind die relativ zentralen Kulturetats der Gemeinden, die bereits knapp 3 Prozent pro Jahr verlieren. Die Länderhaushalte schrumpfen im Zeitverlauf zunächst nur moderat um 1 bis 2 Prozent. Seit 2004 jedoch steigen auch hier Minusraten deutlich an und liegen nun bei minus 4,1 Prozent beziehungsweise aktuell geschätzten minus 3,1 Prozent. Lediglich der Verlauf des Bundeshaushaltes bietet eine uneinheitliche Entwicklung. So steigen die Bundeskulturausgaben nach einem Anstieg von plus 3 Prozent im Jahr 2002 und einem starken Rückgang von minus 4,6 Prozent im Folgejahr 2003 erneut im Jahr 2005 auf 4 Prozent auf Bundesebene an.“[431]

Die stagnierenden bzw. sinkenden Zuwendungen – in Kombination mit tariflich vereinbarten Personalkostensteigerungen – wirken wie eine ständig weiter tickende Zeitbombe (vgl. dazu das erste Kapitel) und engen zunehmend die Handlungsspielräume der Kulturpolitik insgesamt, aber auch der einzelnen öffentlich getragenen bzw. geförderten Kultureinrichtungen ein. Aus dem bisher Gesagten dürfte allerdings auch deutlich geworden sein, dass die Probleme der öffentlichen Kultureinrichtungen zwar *auch* auf Finanzierungsproblemen beruhen, tatsächlich aber viel tief greifender sind. Dies heißt im Umkehrschluss aber nicht, dass diese Finanzierungsprobleme nicht ernst genommen werden müssten, sondern bedeutet ganz im Gegenteil, dass auch hier neue Wege notwendig sind. Die „Kulturinstitu-

431 Söndermann, Michael: Öffentliche Kulturfinanzierung in Deutschland 2005. Ergebnisse aus der Kulturstatistik. In: Institut für Kulturpolitik der Kulturpolitischen Gesellschaft (Hrsg.): *Jahrbuch für Kulturpolitik 2006*, Essen 2006, S. 395

tionen müssen umdenken", heißt es deshalb in einer Studie des internationalen Beratungsunternehmens *A. T. Kearney*. Ihr Resümee lautet, dass nur solche Einrichtungen, die über „*multidimensionale* Konzepte verfügen und wirtschaftlich professionell gemanagt werden, sich langfristig rechnen."[432]

Analysiert man die Einnahmenstruktur eines öffentlichen Kulturbetriebs in Deutschland, so ergibt sich ein recht eindeutiges Bild: Bei den meisten öffentlichen Kultureinrichtungen wird der allergrößte Teil der Einnahmen durch Zuwendungen der öffentlichen Hand gedeckt, ein wesentlich geringerer Teil durch Eigeneinnahmen in Form von Eintrittskartenverkauf bzw. Nutzergebühren und ein nahezu verschwindend kleiner Teil durch „sonstige Einnahmen", sog. „Drittmitteln".

Beispielhaft lässt sich dies an der Finanzierung der deutschen Theater zeigen, immerhin der größte Zuwendungsempfänger der öffentlichen Hand. Folgt man der offiziellen Statistik des *Deutschen Bühnenvereins*, so ergibt sich für die Spielzeit 2003/04 folgende Einnahmesituation: Während die öffentlichen Zuwendungen 83,4 % betragen und die Eigenerlöse durch den Verkauf der Vorstellungen, also im Wesentlichen durch Eintrittsgelder bzw. durch Gastspiele, 13,5 % erbringen, stellen die sog. „Übrigen Einnahmen" gerade mal 1,8 % dar.

	Einnahmen aus Verkauf Vorst.	**Übrige Einnahmen**	Öffentliche Zuwendungen	Einnahmen aus Schulden-aufnahme	Einnahmen insgesamt
Absolut	337.791	**47.103**	2.106.095	33.401	2.524.390
in %	13,5 %	**1,8 %**	83,4 %	1,3 %	100 %

Abbildung 22: Durchschnittliche Einkommensarten deutscher öffentlicher Theater

Dass dieses „materielle Sein" (also die hauptsächliche Finanzierung durch den Staat) durchaus auch das Bewusstsein der verantwortlichen Kultureinrichtungsleiter prägt, zeigen immer wieder öffentliche Äußerungen ihrer Repräsentanten. So wird der langjährige Stuttgarter Staatsopernintendant und Präsident des *Deutschen Bühnenvereins*, Klaus Zehelein anlässlich einer Podiumsdiskussion auf der Jahresversammlung des *Deutschen Bühnenvereins* in Karlsruhe 2006 mit den Worten zitiert, „überhaupt sei es nicht die Hauptaufgabe der Theater, sich ums Geld zu kümmern – ihre Aufgabe sei eine künstlerische, eine inhaltliche."[433] Andererseits macht diese Einnahmestruktur, was unmittelbar einleuchten dürfte, öffentliche Kulturbetriebe in Deutschland bislang in hohem Maße von einer einzigen Einnahmequelle, nämlich der öffentlichen Hand, finanziell abhängig. Sind hier starke Rückgänge zu verzeichnen – und seit Jahren ist dies, wie geschildert, durchaus der Fall –, so wird unmittelbar die Existenz des ganzen Betriebes gefährdet.

432 Die Besten finanzieren sich selbst. In: *Frankfurter Allgemeine Zeitung* vom 27.05.2006

433 Sponsoren sind nicht pflegeleicht. In Karlsruhe sorgt sich der Deutsche Bühnenverein um die Zukunft der Theater. In: *Stuttgarter Zeitung* vom 29.5.2006

Obwohl für die öffentlichen Bibliotheken keine vergleichbare Statistik vorliegt, wird allgemein davon ausgegangen, dass hier der Zuschussbedarf der öffentlichen Hand noch höher, nämlich etwa bei 90 % liegt.[434]

Allerdings gilt die oben getroffene Aussage durchaus nicht unterschiedslos für alle öffentlichen Kulturbetriebe generell. So zeichnen sich etwa die Musikschulen durch einen wesentlich höheren Eigenfinanzierungsanteil durch Unterrichtsgebühren aus, der sich wie folgt darstellt.

Einnahmeart	**1999**	**2000**	**2001**	**2002**	**2003**
Unterrichtsgebühren	44,63 %	44,15 %	44 %	44,01 %	44,34 %
Öffentliche Mittel	54,06 %	54,31 %	54,48 %	54,47 %	54,12 %
Sonstige Einnahmen	1,31 %	1,54 %	1,52 %	1,53 %	1,53 %

Abbildung 23: Einnahmearten Öffentlicher Musikschulen[435]

Betrachtet man den Zeitraum von 1999 bis 2003, so fällt auf, das der Eigeneinnahmenanteil der Musikschulen zwischen 44 und 44,63 % schwankt; der Anteil der „sonstige Einnahmen" bleibt relativ konstant bei 1,5 %, der Rest wird durch öffentliche Zuwendungen um ca. 54 % kompensiert. Ebenfalls bemerkenswert ist, dass die „sonstigen Einnahmen" (also etwa Spenden, Sponsoringgelder usw.) konstant bei etwa 1,5 % der Einnahmen liegen.

Vergleicht man die Situation mit anderen Ländern, so stellt sich die Situation dort völlig anders dar. Vergleichende internationale Studien zeigen, dass in Deutschland die öffentliche Hand immer noch fast 90 % der Finanzierungsmittel für Kunst und Kultur aufbringen. Im Jahr 2000 waren dies knapp 8 Mrd. € oder 97 € pro Kopf; im Vergleich dazu waren es in den USA 6 US$, in Großbritannien 26 US $ pro Kopf. Auch wenn sich kein Kulturschaffender oder Kulturmanager hierzulande „amerikanische Verhältnisse" (was immer dies konkret auch sei) wünscht, so zeigt sich andererseits doch noch ein erheblicher Handlungsspielraum bzw. Potenzial hin zu mehr selbst erwirtschafteten Mitteln in Ergänzung der öffentlichen.[436]

Nach internationalen Vergleichsstudien etwa von Salamon / Anheier basiert die Finanzierung von Kultureinrichtungen in den USA auf drei Säulen: 20 bis 30 % staatliche Mittel, max. 30 % private Kulturförderung und schließlich 50 % und mehr selbst erwirtschaftete

434 Schiffer, Heike und Konrad Umlauf: Haushaltssystematik, Titel, Kapitel, Haushaltsstelle. In: Hobohm, Christoph und Konrad Umlauf (Hrsg.): Erfolgreiches Management von Bibliotheken und Informationseinrichtungen (Loseblattsammlung) 2003 Lieferung 5/2.3 S. 10

435 Verband der Musikschulen in Deutschland (Hrsg.): Statistisches Jahrbuch der Musikschulen in Deutschland, Bonn 1999 ff

436 Hervorragende Beispiele und Lösungsmöglichkeiten finden sich in der von Dirk Heinze und Dirk Schütz herausgegebenen Loseblattsammlung: Erfolgreich Kultur finanzieren. Lösungsstrategien in der Praxis, Stuttgart u. a., auf das in der Folge immer wieder in Bezug auf Einzelbeiträge verwiesen wird.

Mittel.[437] Anja Dauschek hat die Finanzierung am Beispiel amerikanischer Museen erläutert. Hier ist zunächst folgende grobe Aufteilung der Finanzierungsmittel im Durchschnitt aller Museen (Stand 1997) zu beobachten:

Finanzierungsart	**Prozent**
Direkte öffentliche Förderung (Bund, Bundesstaaten, Städte und Gemeinden)	30,9 %
Selbst erwirtschaftete Mittel	33,2 %
Private Mittel (Spenden)	24,5 %
Zinsen	11,5 %

Abbildung 24: Durchschnittliche Finanzierung amerikanischer Museen[438]

Die öffentliche Förderung der Museen durch den Bund (NEA, NEH), die einzelnen Bundesstaaten sowie Städte und Gemeinden liegt deutlich unter einem Drittel; die selbst erwirtschafteten Mittel machen rund ein Drittel aus, der Rest wird durch private Mittel und Zinsen aufgebracht. Diese prozentuale Verteilung lässt sich allerdings nicht auf den Kulturbetrieb in den USA insgesamt übertragen, denn hier liegen die selbst erwirtschafteten Mittel sogar noch deutlich höher. Deutlich wird aber auch, dass in den USA die öffentlichen Zuwendungen deutlich unter 30 % liegen.

Geht man im Bereich der Museen stärker ins Detail, so beeindruckt zunächst die Vielfalt der Finanzierungsquellen. Es lassen sich folgende Einnahmearten festzustellen (vgl. Abbildung nächste Seite). Auffällig in dieser detaillierten Einzelaufstellung ist, dass – entgegen allen Mutmaßungen hierzulande – der Anteil speziell des *Sponsoring* mit kaum drei Prozent ausgesprochen niedrig liegt; dafür ist der Anteil der *Einzelspenden* und anderer *privater Zuwendungen* deutlich höher. Hier liegen noch große Potenziale auch in Deutschland, die es zu entwickeln gilt. Um die Existenz öffentlicher Kulturbetriebe auch in Zukunft nachhaltig zu sichern und sie unabhängiger zu machen von einer einzigen Einnahmequelle, nämlich der öffentlichen Hand, wird deshalb der vielerorts bereits eingeschlagene Weg zur *Multidimensionalität der Kulturfinanzierung* auch öffentlicher Kulturbetriebe, d. h. der Erschließung und Intensivierung unterschiedlichster Finanzierungsquellen, konsequent und energisch weiter zu verfolgen sein. Wie dies gehen kann (und in manchen Kultureinrichtungen auch in Deutschland schon funktioniert), zeigen die folgenden Ausführungen.

437 Lissek-Schütz, Ellen: Fundraising. In: Klein, Armin: Kompendium Kulturmanagement. Handbuch für Studium und Praxis, München 2004 S. 352

438 nach: Dauschek, Anja: Museumsmanagement in den USA. Neue Strategien und Strukturen kulturhistorischer Museen. Studienbrief Museumsmanagement der Fernuniversität Hagen, Hagen 2000 S. 18 bzw. 20

Finanzierungsmittel	**Prozent**
Bundesmittel (NEA)	3,8 %
Mittel der Bundesstaaten	9,4 %
Mittel der Städte und Gemeinden	17,7 %
Mittel aus privaten und öffentlichen Stiftungen	6,3 %
Mittel aus Unternehmensstiftungen	1,9 %
Sponsoring	2,9 %
Einzelspenden	8,9 %
Andere private Zuwendungen	4,5 %
Eintrittsgelder	7,9 %
Sonderausstellungen	1,2 %
Mitgliedsbeiträge	6,3 %
Museumsshop und Veröffentlichungen	7,3 %
Veranstaltungen	3,6 %
Restaurant / Café	0,6 %
Tantieme / Rechte	0,1 %
Andere erwirtschaftete Mittel	6,3 %
Zinsen aus Endowment (Stiftungsmittel)	8,7 %
Andere Quellen	2,6 %

Abbildung 25: Durchschnittliche Finanzierungsarten amerikanischer Museen

7.2 Systematik der Finanzierungsinstrumente

Stellt man die Finanzierungsinstrumente im öffentlich-rechtlichen bzw. privatrechtlich-gemeinnützigen Kulturbetrieb systematisch dar (der kommerzielle Sektor bleibt hier ausgeklammert), so ergibt sich (nach Heinrichs[439]) folgende Systematik. Zunächst kann in drei große Kategorien unterschieden werden: (1) der *Eigenfinanzierungsanteil* der jeweiligen Kultureinrichtung, (2) der *Finanzierungsanteil des Trägers* sowie schließlich (3) die *Drittmittel*. Da davon ausgegangen wird, dass der *Finanzierungsanteil des Trägers* (doppelt umrandet) sich in absehbarer Zeit nicht steigern lassen wird, sondern wahrscheinlich eher sinkt, wird hierauf nicht näher eingegangen; um so mehr Beachtung sollen dagegen die beiden anderen Kategorien *Eigenfinanzierungsanteil* und *Drittmittel* finden.

---

439 Vgl. hierzu Heinrich, Werner: Grundlagen der Kulturfinanzierung, Ludwigsburg 2002 (Studienbrief im Master-Aufbaustudiengang Kulturmanagement des Instituts für Kulturmanagement) S. 18 und ders. (1997) S. 167

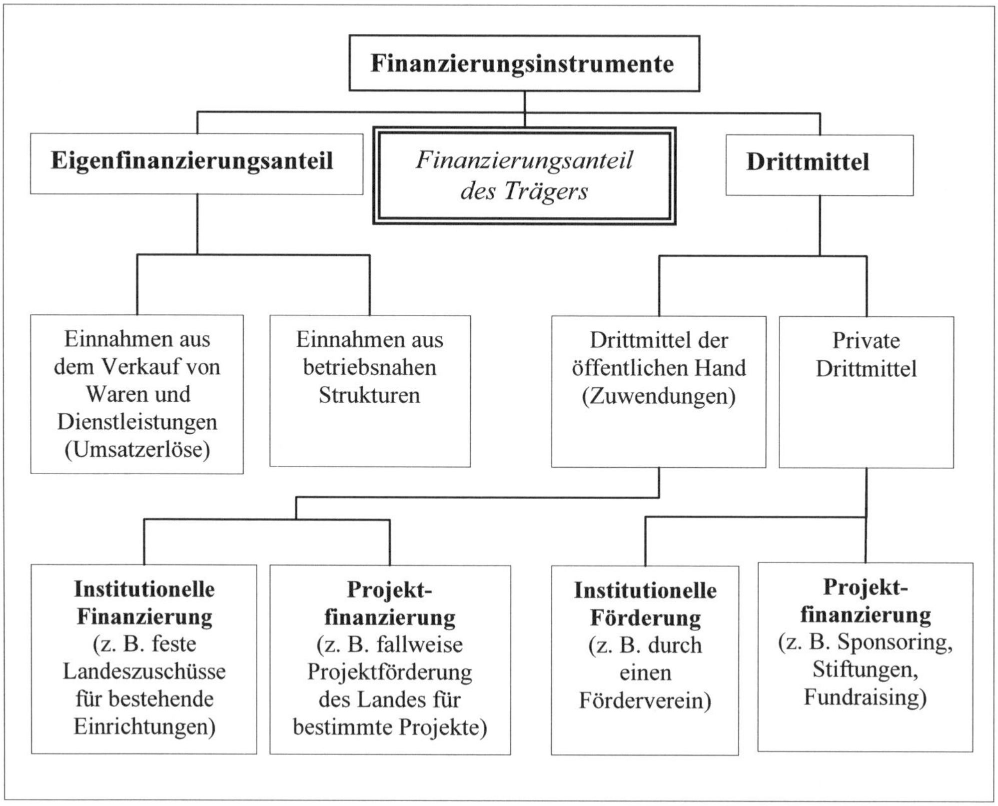

Abbildung 26: Systematisierung Finanzierungsinstrumente (nach Heinrichs)

7.3 Eigenfinanzierungsanteil 1 (Steigerung der Umsatzerlöse)

Betrachtet man noch einmal die Finanzierung amerikanischer Museen, so fällt auf, dass die *selbst erwirtschafteten Mittel* etwa ein Drittel ausmachen; bei anderen Kulturbetrieben liegt der Anteil sogar noch höher. Hier liegen für deutsche Kultureinrichtungen ganz offensichtlich bislang noch völlig ungenutzte Möglichkeiten, d. h. die deutschen Kulturbetriebe sollten sich zunächst und vor allem darum bemühen, ihre eigenen Einnahmen, d. h. ihre Umsatzerlöse deutlich zu steigern.

Als *Umsatzerlöse* bezeichnet man „alle Einnahmen aus dem Verkauf von Waren und Dienstleistungen, die typischerweise vom Betrieb produziert bzw. bereitgestellt werden. Im Kulturbereich gehören dazu:

1. Alle *Entgelte* für das Kulturangebot wie Eintritte in Theater und Museen, Kursgebühren in Volkshochschulen, Schulgebühren in Musikschulen, Nutzungsgebühren in Bibliotheken usw.

2. Weiter gehören dazu alle Einnahmen aus dem *Verkauf von Waren*, die in engem Zusammenhang mit dem Kulturangebot stehen wie z. B. *Merchandising*-Produkte im Museumsshop.
3. Strittig ist die Frage, ob auch *Mieten* und Pachten zu den *Umsatzerlösen* gehören (z. B. die Pacht für ein Museumscafé) oder ob es sich nicht um sonstige betriebliche Erträge handelt.“[440]

Mit der Frage nach den *Entgelten* ist unmittelbar die Preispolitik[441] der jeweiligen Kultureinrichtung angesprochen, eines der wesentlichen Kulturmarketing- bzw. Finanzierungsinstrumente. In Deutschland wird, wie eingangs dargestellt, der öffentlich getragene bzw. unterstützte Kulturbetrieb sehr weit reichend (und der privatwirtschaftlich-gemeinnützige Kulturbetrieb zumindest teilweise) von den Ländern und Kommunen, d. h. der öffentlichen Hand, finanziert. Daher werden der Preisgestaltung und -differenzierung als einem Finanzierungsinstrument und als einem Instrument zur aktiven Gestaltung von Austauschbeziehungen bislang noch viel zu wenig Aufmerksamkeit geschenkt.

Dadurch kommt es einerseits von Seiten der Kulturanbieter häufig zu völlig falschen Vorstellungen darüber, was ein Kulturangebot den Nachfrager kosten „darf“ (Man vergleiche etwa den Preis einer Karte im Stadttheater mit einer Karte in einem großen Multiplexkino). Oft wird in Verbindungen mit diesen Fehleinschätzungen noch dazu höchst unreflektiert und meist ideologisch motiviert die Forderung nach völlig kostenfreiem Eintritt und Zugang verbunden.

Die Vernachlässigung einer realistischen Preisbildung wird darüber hinaus durch die noch vielfach geltende Form der Rechnungslegung in öffentlichen Kulturbetrieben, die Kameralistik, weiter befördert. Eine Kosten-Leistungs-Rechung findet häufig immer noch nicht statt. Im Klartext heißt dies: Öffentliche Kulturbetriebe wissen zwar, was sie insgesamt einnehmen müssen („Einnahmesoll“), sie wissen auch, was sie insgesamt ausgeben dürfen („Ausgabesoll“), sie „wissen“ allerdings in der Regel nicht, was ihr jeweiliges Produkt bzw. ihre Leistung (also die *einzelne* Theateraufführung, *ein* Ausstellungstag, *eine* Musikschulstunde usw.) den Betrieb tatsächlich kosten. Sie können daher nicht sagen, wie viel die Verlängerung einer Ausstellung um eine Woche das Museum oder die Wiederholung eines Theaterstücks das Theater tatsächlich im Einzelfall kostet. Deshalb fühlen sie sich oft auch völlig außerstande, realistische Preisvorstellungen zu formulieren bzw. zu beurteilen, ob die Einnahmen in einem vertretbaren Verhältnis zu den Ausgaben stehen.

Umgekehrt wird von den Kulturnachfragern mit einem kostenlosen Kulturangebot nicht selten die Einschätzung verbunden, dass das, was nichts kostet, wohl auch nichts wert sei. So ist es wenig verwunderlich, dass empirische Untersuchungen etwa zur Einschätzung der Höhe von Eintrittspreisen an Theatern beim Publikum recht verzerrte Vorstellungen ergaben[442] – und dabei ging es bei diesen Erhebungen keineswegs um die tatsächlichen *Entstehungskosten*, sondern nur um die an jeder Theaterkasse erfragbaren *Verkaufspreise*

---

440 Heinrichs (2002) S. 25

441 Vgl. herzu ausführlich: Klein (2005) S. 351ff

442 Vgl. hierzu etwa die Ergebnisse zu den Preisvorstellungen des Publikums der Wiener Theater bei Hasitschka, Werner: Marketing für Nonprofit-Organisationen. Eine empirische Studie über Barrieren des Kulturverhaltens (Arbeitspapiere der absatzwirtschaftlichen Institute der Wirtschaftsuniversität Wien Nr. 19,1977) Wien 1977; ebenso Klein, Hans-Joachim: Barrieren des Zugangs zu öffentlichen kulturellen Einrichtungen. Karlsruhe 1978

für eine Karte! Würde man etwa die betriebswirtschaftlichen Produktionskosten auf die jeweilige Eintrittskarte umrechnen, dann würde erst recht deutlich werden, wie preiswert die angeblich so teuren Theaterkarten sind. In der Spielzeit 2004/05 etwa betrug der *Betriebskostenzuschuss pro Besucher* in einem öffentlichen Theater 100,54 Euro, d. h. auf jede verkaufte Karte legte das jeweilige Theater noch einmal diese Summe darauf!

Andererseits werden von Besuchern häufig die erstaunlichsten Eintrittspreise für bestimmte (privatwirtschaftlich-kommerzielle) Kulturveranstaltungen (z. B. Musicalaufführungen, Rock- und Popkonzerte, Festivals, Großevents etc.) ohne Murren gerade von jenen bezahlt, die öffentliche Theater- und Konzertangebote für viel zu teuer halten, und die man doch so gerne erreichen möchte.

Daher ist es zunächst wichtig, dass die öffentlichen Kultureinrichtungen zu einer realistischen Preispolitik kommen. Diese umfasst zum einen die *betriebswirtschaftliche* Preisbildung („Was kostet das einzelne Produkt die Kultureinrichtung"), zum anderen die *Marktpreisfindung* („Was sind die Besucher und Nutzer bereit, für ein Produkt zu bezahlen?"). Der Marktpreis[443] ist dabei von einer ganzen Reihe von nichtökonomischen Faktoren abhängig. So hat beispielsweise das Berliner *Institut für Museumskunde* in verschiedenen Untersuchungen festgestellt, dass hohe Eintrittspreise für bedeutende Sonderausstellungen zum Museumsbesuch eher anreizen als diesen verhindern. Demgegenüber hält eine Neueinführung oder spürbare Erhöhung der Eintrittspreise für Dauerrepräsentationen besonders lokale Besucher und das Stammpublikum vom Museumsbesuch fern.[444]

Aus den jährlichen Erhebungen der Besucherzahlen in Museen des Berliner Institutes lässt sich allerdings eine weitere interessante Tendenz ablesen. Hinsichtlich der Gründe für das *Ansteigen* der Besucherzahlen nimmt über die Jahre hinweg der Grund *„Senkung / Abschaffung von Eintrittsgeld"* gleichbleibend nur einen geringen Prozentsatz der Nennungen bzw. einen nachgeordneten Rangplatz ein: 2,0 % und 10. Rang (1989); 1,3 % und 10. Rang (1990); 0,8 % und 10. Rang (1991); völlig ohne Nennung (1992 und 1993). D. h. für diejenigen, die ein Museum oder eine Ausstellung tatsächlich besuchen *wollen*, spielt der Preis nur eine nachgeordnete Rolle.

Umgekehrt ergibt sich bezüglich des Absinkens der Besucherzahlen ein völlig anderes Bild: der Grund für das *Absinken* der Besucherzahlen *„Erhöhung / Einführung von Eintrittsgeld"* kam 1989 mit 4,6 % noch auf Rang 8 der Gründe; auf 1,6 % und 10. Rang (1990); auf 2,4 % und den 8. Rang (1991); 1992 allerdings bereits auf 4,5 % und den 4. Rang und 1993 auf 8,8 % und ebenfalls den 4. Rang.[445] Dies zeigt zum einen, dass in Zeiten auch knapper werdender privater Haushaltsmittel bei manchen Besuchern der Preis ganz offensichtlich zunehmend an Bedeutung gewinnt. Zum anderen wird deutlich, dass die Nichterhebung bzw. Senkung von Eintrittspreisen nur einen geringen Anreiz zum Museumsbesuch darstellt, während umgekehrt die Erhebung bzw. Erhöhung von Eintrittsgelder durchaus einen Abschreckungseffekt haben kann.

---

443 Vgl. hierzu: Feldmann, Bernd: Preispolitik: Cost to Customer, oder warum der Preis nichts mit Ihren Kosten zu tun hat. Wie der „richtige" Preis für ein Kulturangebot ermittelt wird. In: Erfolgreich Kultur finanzieren C 1.2.5

444 Institut für Museumskunde Berlin (Hrsg.): Eintrittsgeld und Besucherentwicklung an Museen der BRD mit Berlin (West) Heft 10, Berlin 1984 S. 28

445 Institut für Museumskunde Berlin (Hrsg.): Erhebung der Besuchszahlen an den Museen der Bundesrepublik Deutschland für die Jahre 1989-1993; Hefte 31, 34, 36, 38, 40. Berlin 1990ff

Ein Gemeinschaftsgutachten des *ifo Instituts* für Wirtschaftsforschung in München und des *Instituts für Museumskunde* in Berlin zur Frage der Eintrittspreise in Münchner Museen kam u. a. zu folgenden Schlussfolgerungen:

- Die Ergebnisse der Simulationen höherer Eintrittspreise für ermäßigte und reguläre Normalzahler zeigen, dass der Spielraum für Erhöhungen der Eintrittspreise in den einzelnen Museen differenziert zu beurteilen ist. Maßgebend für die Unterschiede sind in erster Linie das Niveau der gegenwärtigen Eintrittspreise sowie die jeweilige Besucherstruktur.
- Dass die Spielräume nach oben begrenzt sind, zeigen die starken Besuchsrückgänge in den Museen, deren Eintrittspreise auf einem vergleichsweise hohen Ausgangsniveau liegen.
- Der Spielraum für Eintrittspreiserhöhungen hängt zudem von der Ausrichtung des Museums und den eng damit zusammenhängenden Besucherstrukturen ab. Bestimmend ist hierbei vor allem der Anteil von Touristen, die im Unterschied zu Besuchern aus dem Museumsort oder dem Umland höhere Eintrittsgelder akzeptieren. Dies bedeutet, dass Museen die in hohem Maße Touristen anziehen, deutlich höhere Erhöhungsspielräume besitzen als Museen, deren Publikum hauptsächlich aus ortsnahen Besuchern besteht.
- Darüber hinaus beeinflussen auch Unterschiede der soziodemographischen Struktur des Publikums die zu erwartenden Reaktionen maßgeblich.
- Trotz des geringeren Eintrittspreises weisen ermäßigte Normalzahler eine geringere Preiserhöhungsakzeptanz auf als reguläre Normalzahler.
- Jüngere Besucher weisen eine geringere Preiserhöhungsakzeptanz auf als ältere Besucher.
- Preiserhöhungen wirken sich bei den Besuchern mit einem geringen monatlichen Kulturbudget stärker aus als bei Besuchern mit hohem Budget.
- Wiederholungsbesucher weisen eine geringere Preisakzeptanz auf als Erstbesucher.[446]

Um die Umsatzerlöse zu steigern, sind daher unterschiedliche Strategien zu überlegen.[447] Zunächst und zuallererst ist zu überlegen, welche Angebote warum kostenfrei abgegeben werden. Vielfach ist damit die (sich dann leider nicht erfüllende) Hoffnung verbunden, „kulturferne" Kreise, bei denen vorgeblich finanzielle Gründe eine Barriere darstellen könnten, wären durch kostenlose Angebote eher zu erreichen. Dabei ist der Preis häufig nur ein (und nicht das größte) Hindernis. Es muss deshalb eine Balance gefunden werden zwischen sozialer Zugänglichkeit einerseits (d. h. der Nachfragemöglichkeit auch für die, die interessiert sind, es sich aber tatsächlich nicht leisten können) und einer realistischen Preispolitik andererseits (denen, die durchaus bereit und in der Lage wären, mehr zu bezahlen, durchaus aber „Mitnahmeeffekte" dankbar annehmen).

Hierzu kann man spezifische Abonnementreihen im Theater entwickeln, die speziellen Zielgruppen zugute kommen (z. B. das *MIGROS*-Abonnement der Zürcher Oper). Dabei ist es durchaus möglich, sogar völlig kostenlose Angebote aus Nachfragesteuerungsgründen

446 Institut für Museumskunde Berlin (Hrsg.): Eintrittspreise von Museen und Ausgabeverhalten der Museumsbesucher. Ein Gemeinschaftsgutachten des ifo Instituts für Wirtschaftsforschung und des Instituts für Museumskunde, Berlin 1996 S. 120

447 Vgl. hierzu auch: Feldmann, Bernd: Schritt für Schritt zur Preisfestsetzung. In: Erfolgreich Kultur finanzieren C 1.2.6

einzusetzen. So bieten viele Museen (u. a. auch der Louvre in Paris) durchaus kostenlose Eintritte an; dies geschieht allerdings zu Zeiten, zu denen die normalen Besucherströme recht schwach sind. Wer die normalen hohen Eintrittspreise nicht bezahlen kann, hat dennoch Gelegenheit, das Angebot wahrzunehmen – allerdings zu bestimmten festgelegten Zeiten.

Als zweite Strategie zur Steigerung der Umsatzerlöse ist eine realistische Preispolitik einzuführen, die auf einer tatsächlichen Kosten-Leistungs-Rechnung basiert. Die in der Produktion teueren Angebote sollten auch im Preis höher liegen, „billigere“ Produktionen dagegen preisgünstiger angeboten werden. Dadurch werden die undurchschaubaren „Einheitspreise“ vermieden und sowohl bei Kulturproduzenten wie auch bei Kulturnachfragern ein besseres Preisbewusstsein aufgebaut.

Nicht nur für wirtschaftliche, gewinnorientierte Unternehmen, sondern ebenso für öffentlich getragene bzw. unterstützte Kultureinrichtungen dürfte klar sein, dass es wenig sinnvoll ist, höchste Qualität zu einem Niedrigstpreis anzubieten – ganz unabhängig von den Finanzierungsproblemen ist dies auch eine Frage der (notwendigen) Schaffung von Qualitäts- und Wertbewusstsein, d. h. dass hohe Qualität nicht nur einen entsprechenden „Wert“, sondern notwendigerweise auch ihren „Preis“ hat. Das Violinenkonzert No. 5 in A Major, gespielt von Anne-Sophie Mutter, hat sicherlich eine andere Qualität als dasselbe Stück, gespielt vom Mitglied eines B-Orchesters oder einer Nachwuchskünstlerin.

Und ganz selbstverständlich bezahlen die Besucher der jeweiligen Konzerte in aller Regel (etwa im Festspielhaus Baden-Baden) ohne Murren unterschiedliche Preise. Das Kulturmarketing[448] weist immer wieder darauf hin, dass jedes Produkt (und so auch das Kulturprodukt) mehrere Nutzendimensionen hat: neben dem Kernnutzen vor allem den Sozial-, den Image- sowie den Servicenutzen. Bei einer bestimmten Theaterpremiere dabei zu sein hat für viele Besucher einen hohen Imagenutzen; dafür höhere Preise zu nehmen ist in vielen Theatern mittlerweile eine Selbstverständlichkeit.

Daraus folgt, dass im Preis-Qualitäts-Wettbewerb durchaus über unterschiedliche Strategien nachgedacht werden sollte. Kotler / Bliemel[449] haben hierfür eine Neun-Felder Matrix entwickelt, die sich an den beiden Koordinaten „Preis“ und „Qualität“ orientiert (vgl. Abbildung). Die Felder 3,5 und 7 markieren *ausgewogene Strategien*, d. h. für eine bestimmte Qualität wird ein adäquater Preis genommen. Die Felder 6, 8 und 9 dagegen stellen Übervorteilungsstrategien des Anbieters gegenüber dem Kunden dar: Diesem wird zu einem jeweils überhöhten Preis eine schlechtere Qualität angeboten. Die Felder 1, 2 und 4 dagegen sind vor allem für den Kunden vorteilhaft: hohe und mittlere Qualität wird zu jeweils günstigeren Preisen angeboten.

Letztere Strategie kann sinnvoll sein, um neue Kunden zu gewinnen. Diese Strategie lässt sich indes keineswegs auf Dauer durchhalten (Kotler / Bliemel sprechen deshalb auch ausdrücklich von einer „Angriffsposition“ zur Gewinnung neuer Kunden), denn irgendwann haben sich auch die qualitätsbewusstesten Kunden an die Niedrigpreise gewöhnt und stehen – aus produktionstechnischen Kostengründen notwendigen – Preiserhöhungen unwillig gegenüber. Von daher ist es dringend notwendig, eine langfristige Preisstrategie festzulegen, diese entsprechend zu kommunizieren und sie auf Dauer durchzuhalten.

448 Vgl. hierzu etwa Klein (2005) S. 22ff
449 Kotler / Bliemel (1999) S. 760

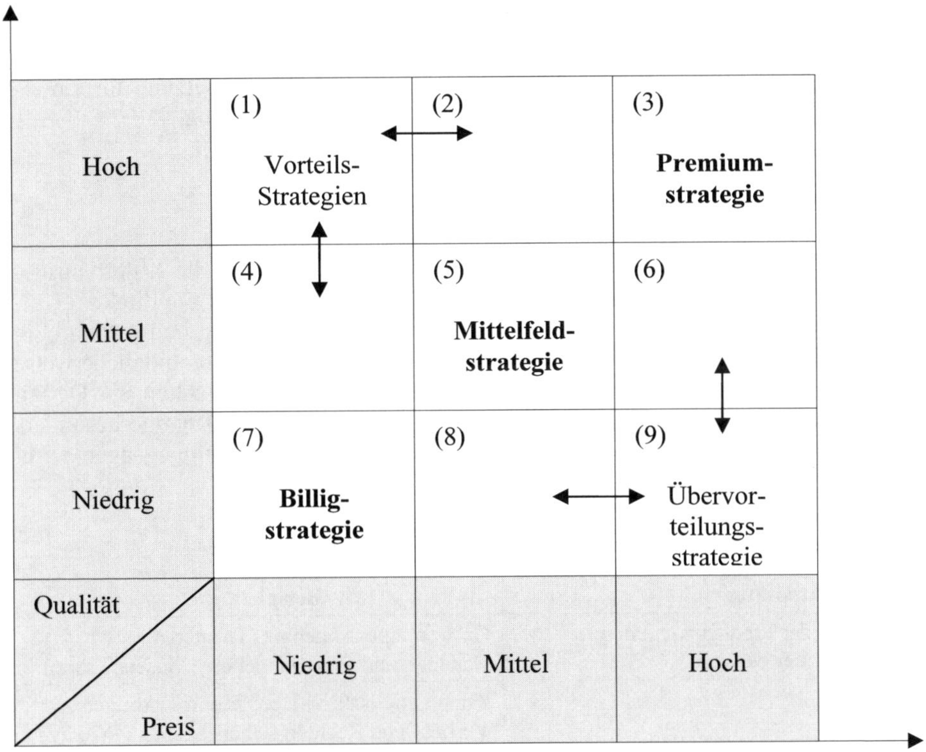

Abbildung 27: Preisstrategien nach Kotler / Bliemel

Eine weitere Strategie kann im Angebot sog. *Value-Added-Services* liegen. Die Value-Added-Services sind Sekundärleistungen, die immer in Kombination mit einer Primärleistung angeboten werden. Primärleistungen im Kulturbetrieb sind etwa eine Theateraufführung, eine Gemäldeausstellung, ein Volkshochschulkurs, Musikschulunterricht, ein Rockkonzert usw. Ein zusätzliches Leistungsbündel aus materiellen und immateriellen Komponenten soll den anvisierten Zielgruppen einen höheren ‚Wert' vermitteln als beispielsweise andere Konkurrenzangebote mit gleicher Primärleistung. Value-Added-Services können dabei sowohl kostenlos als auch gegen Aufpreis angeboten werden.

Diese Value-Added-Services (VAS) können direkt bei den Produkteigenschaften ansetzen oder aber auch eine nur entfernte Affinität mit diesem haben. Dabei beschreibt die Kategorie „Affinität zum Kernprodukt" „den sachlogischen und inhaltlichen Zusammenhang der angebotenen Serviceleistung zur primären Leistungskompetenz"[450]: die kostenlose Abgabe eines kleinen Verzeichnisses aller ausgestellter Bilder in einer Ausstellung hat beispielsweise eine hohe Affinität zu dem Produkt „Gemäldeausstellung"; die in den Erwerb der Eintrittskarte eingeschlossene Gewährung einer Tasse Cafe im Museumscafe nur eine geringe.

Veränderungen des Produktes können somit auch bei diesen Dienstleistungen ansetzen, um ein Produkt für den Kunden attraktiver zu gestalten. Der Begriff des *Wertes* bezieht sich

450 Bruhn (1999) S. 73

dabei auf das Verhältnis zwischen gefordertem Preis und dem vom Kunden wahrgenommenen Zusatznutzen der Dienstleistung. Diese stets subjektive Nutzenbewertung verdeutlicht die Notwendigkeit einer präzisen Marktsegmentierung als Voraussetzung für ein erfolgreiches Angebot von Value-Added-Services zur Produktdifferenzierung.[451]

7.4 Neue Erlösfelder finden

Wenn es darum geht, die eigenen Umsatzerlöse zu steigern, sollte sich die Kultureinrichtung Gedanken darüber machen, welche weiteren Nebenerlöse sie – über die direkten Umsatzerlöse hinaus – erzielen kann. Dabei müssen selbstverständlich Ertrag und Aufwand in einem vernünftigen Verhältnis stehen, d. h. es kann nicht angehen, dass sich möglicherweise am Ende herausstellt, dass statt eines erhofften Nebenerlöses in Wirklichkeit ein Defizit (etwa aufgrund erhöhten Personaleinsatzes) produziert wurde. Bevor auf einige besonders interessante kulturspezifische Nebenerlösmöglichkeiten differenzierter eingegangen wird, seien diese Potenziale zunächst systematisch im Überblick dargestellt.

Aktivitäten zur Erzielung von Nebeneinnahmen für Kulturbetrieb	
Aktivitäten	**Beispiele**
Aktivitäten, die auf der Frequenz und den Ausgaben der Besucher basieren	• Gastronomie-Angebote (Theatercafe) • Handels- und Warenangebote (Museumsshop)
Aktivitäten, die auf dem Kern- bzw. erweiterten Angebot des jeweiligen Kulturbetriebs beruhen	• Kooperationsaktivitäten / Koproduktionen • Verkauf von Rechten (Übertragungs-, Wiedergabe-, Reproduktions- und sonstige Rechte • Veröffentlichungen • Verleihaktivitäten • Merchandising • E-Commerce
Aktivitäten, die auf dem Wissen und Know-How der Mitarbeiter basieren	• Beratungs- und Consulting-Dienstleistungen • Trainings-, Ausbildungs- und Seminarangebote • Workshops • Gastspiele • Wanderausstellungen
Aktivitäten, die auf dem Standort und dem Raumangebot basieren	• Raumvermietungen für Tagungen, Seminare, Workshops, Feste, Veranstaltungen • Vermietungen von Flächen für Werbezwecke • Nutzung von Flächen für Gastronomieangebote
Aktivitäten, die auf den Werbeträgern und Medien des Kulturbetriebes basieren	• Anzeigenverkauf in eigenen Printmedien • Akquisition von Internet-Werbepartnern

Abbildung 28: Aktivitäten zur Erzielung von Nebeneinnahmen für den Kulturbetrieb

451 Meffert, Heribert: Marketing. Grundlagen marktorientierter Unternehmensführung. Konzepte, Praxisbeispiele, Darmstadt 1999 S. 438 bzw. 429

Aus dieser Auflistung[452] wird deutlich, dass nahezu alle Aktivitäten – neben dem finanziellen Aspekt – weitere wichtige Funktionen der Besucherbindung erfüllen; sie dienen beispielsweise dem verbesserten Besucherservice, steigern die Angebotsattraktivität, erreichen neue, bislang noch wenig erschlossene Besucherkreise, erweitern das Bildungsangebot usw. Allerdings, dies sei betont, müssen sich diese Aktivitäten in die strategische Gesamtausrichtung der Kultureinrichtung einpassen und sollten keineswegs unsystematisch eingesetzt werden. Auch sind auf jeden Fall die steuerlichen Konsequenzen jedweder wirtschaftliche Betätigung vorab sehr sorgfältig zu prüfen.

7.5 Merchandising und Licensing

Der Sport, insbesondere der Fußball, haben es längst erkannt und vorgemacht: Mit Fanartikeln kann deutlich mehr verdient werden als mit Einnahmen aus Stadioneintritten. So erklärte Franz Beckenbauer als Präsident von Bayern München bereits 1996 in einem Vortrag an der Universität München, sein Verein wolle das Merchandising so weit ausbauen, dass er von den Risiken des Besucherverhaltens finanziell weitgehend unabhängig werde.[453] Mittlerweile ist ihm dies längst gelungen: Der FC Bayern führte bereits 2003 mit über 24 Mio. € Einnahmen aus der Vermarktung von Fanartikeln das Feld der Bundesligaklubs an, wie das *5. Fanbarometer* des *Online-Branchendienstes Promotion<Business* meldete. Bei den besten fünf Klubs im Fußball-Merchandising ergab sich in 2003 ein Zuwachs von 22,5 % gegenüber der Spielzeit 2000/01 auf 47,2 Mio. €.[454]

Dabei ist genauer zu differenzieren zwischen *Merchandising* und *Licensing*.[455] Unter *Merchandising* versteht man die Verwertung bestimmter identifikationsfähiger Produkte (einschließlich Personen und Namen) durch den Rechteinhaber zu Gewinn- und Marketing-, insbesondere zu Kundenbindungszwecken. Gemeint ist damit also die Vermarktung und der Verkauf von Gegenständen, die mit dem Namen berühmter *Künstler* (z. B. Fotos, Plakate, Postkarten der Wiener Philharmoniker), einer *Kultureinrichtung* (Bildband über die *Dresdner Semperoper*, Dokumentation der Ära Mortier bei den *Salzburger Festspielen*) oder schließlich eines ganz bestimmten *Produkts* (z. B. die Nachbildung einer Dégas-Statuette im *Musée d'Orsay* in Paris) verbunden werden können.

Gegenüber dem Merchandising abzugrenzen ist das *Licensing*, das heißt die Vermarktung von Merchandising-Produkten durch einen Dritten, der dazu die Rechte von einem Rechteinhaber – in der Regel gegen eine entsprechende Lizenzgebühr – erworben hat. Beim Merchandising werden dagegen die Merchandising-Produkte stets vom Rechteinhaber selbst vermarktet. Wenn z. B. ein Museum von einem in seiner Sammlung befindlichen Gemälde Poster druckt und verkauft, so handelt es sich um Merchandising. Wenn dagegen

452 In Anlehnung an Leimgruber, Peter: Nebeneinnahmen für Kultureinrichtungen. Erfolgreich zusätzliche Einnahmequellen erschließen. Suche und Auswahl der geeigneten Aktivität. In: Erfolgreich Kultur finanzieren C 2.1.1; ders: Auf dem Weg zur Nebeneinnahme. Eine Anleitung zur Detailplanung. In: Erfolgreich Kultur finanzieren C 2.2.1; ders.: Nebeneinnahmen gezielt weiterentwickeln. In: Erfolgreich Kultur finanzieren C 2.3.1

453 nach Heinrichs (1997) S. 171

454 Rohlmann, Peter: Fünftes Fanbarometer. http://www.promobizz.de vom 5.12.2003

455 Vgl. hierzu Heinrichs / Klein (2001) S. 274f und 249f sowie ausführlich Böll, Karin: Merchandising und Licensing. Grundlagen, Beispiele, Management, München 1999; Heinrichs, Werner und Hermann Schäfer (Hrsg.): Merchandising und Licensing in Kulturbetrieben, Stuttgart 1999

dieses Museum das Recht der Vermarktung am Motiv eines Gemäldes, z. B. ein Bild von Piet Mondrian an den Uhrenhersteller *SWATCH* abtritt, der dieses Motiv als Ziffernblatt benutzt, so handelt es sich um Licensing.

Beim Licensing handelt es sich wie auch beim Merchandising um die Nutzung der Popularität einer Person, einer Institution oder eines Produkts zugunsten der Verkaufschancen eines anderen Produkts. Stefan Aumüller[456] beschreibt die Funktionsweise beispielhaft an den *Walt Disney*-Produktionen, denen es als eine der ersten gelang, „eine interne Finanzierungsquelle für die unzähligen Projekte ihrer noch kleinen Firma zu entdecken und stetig auszubauen“: „Im Laufe der Jahre hat es Disney wie kein anderes Unternehmen dieser Branche verstanden, eine Reihe von Charakteren mit unverwechselbaren Persönlichkeiten in einzigartigen Welten zu kreieren. Da gibt es Themen wie *Aristocats*, *Dschungelbuch*, die *Schöne und das Biest*, der *König der Löwen*, *Winnie the Pooh* oder *Mickey* und alle seine Freunde aus Entenhausen. Alle diese Charakterfamilien (...) haben folgendes gemein: Die Charaktere sind in sich überaus glaubhaft, vermitteln klare Botschaften und verbleiben stets in ihrem vertrauten Universum.“ Und weiter: „Da fragt sich doch jedes Industrieunternehmen zu recht, warum man die bereits bestehenden hohen Sympathiewerte eines Disney-Lizenzthemas nicht auch für das eigene Produkt nutzen sollte.“

Das Lizenzrecht, das beim Licensing Anwendung findet, ist außerordentlich komplex, da man es in der Regel mit einer Kombination mehrerer Rechte zu tun hat (Urheber-, Leistungsschutz-, Geschmacksmuster-, Marken- und Wettbewerbsrechten sowie dem Recht am eigenen Bild, Namen oder Persönlichkeitsmerkmalen).[457] Licensing wird deshalb durch einen spezifischen Lizenzvertrag zwischen Lizenzgeber und Lizenznehmer geregelt, für dessen Ausgestaltung und Umsetzung man in der Regel eine Lizenzagentur einschalten wird.

Dabei sollte der Lizenzvertrag mindestens folgende Punkte regeln: (1) Das *Lizenzthema*, also um welche konkreten Rechte es sich handelt (z. B. Rechte an einem Logo oder am Namen einer Person); (2) die *Produkte*, die mit dem Lizenzthema vermarktet werden dürfen und der Umfang der Vermarktung (hierbei ist wichtig die Klärung der Frage: exklusiv oder nur beteiligt);. (3) die *Vertragslaufzeit*; sie ist in der Regel auf ein Jahr begrenzt mit der Option der Verlängerung. Nach Ablauf der Vertragslaufzeit besteht üblicherweise noch ein Ausverkaufsrecht von drei bis sechs Monaten Dauer; danach dürfen keine Lizenzprodukte mehr verkauft werden; (4) das *Vertragsgebiet*, z. B. Deutschland oder Europa oder weltweit; (5) die *Lizenzgebühr*, d. h. zu welchem Preis der Lizenznehmer die Lizenz nutzen kann. Dabei ist immer im Auge zu behalten, dass sowohl Merchandising wie auch Licensing immer (mindestens) zwei Zwecken dienen: einmal als Finanzierungsquelle, zum anderen aber auch als Kundenbindungsinstrument.

Das Berliner *Institut für Museumskunde* stellte im Jahr 2000 beispielhafte Konzepte aus New York, Paris, Amsterdam, London und Wien für museumseigene Publikationen, Produkte, deren Vertrieb und Vertriebspartner vor.[458] Darin heißt es unter anderem: „Die

---

456 Aumüller, Steffen: Mickey, Minnie und ihre Freunde. Markenführung und Lizenzgeschäft der Disney Consumer Products. In: Heinrichs / Schäfer 1999 S. 149f

457 Vgl. hierzu: Bretz, Alexander: Thema Recht: Voraussetzungen für ein rechtlich sicheres Merchandising. Welche Rechte gibt es und wer ist ihr Inhaber. In: Erfolgreich Kultur finanzieren C 3.1.1; Krupp, Caroline: Integriertes Kulturmerchandising. Voraussetzungen und Entscheidungsgrundlagen für Shops in Kulturbetrieben. In: Erfolgreich Kultur finanzieren C 3.1.2

458 Mikus, Anne: Beispielhafte Konzepte für museumseigene Publikationen, Produkte, deren Vertrieb und Vertriebspartner (Materialien aus dem *Institut für Museumskunde* Heft 51) S. 16

Geschichte des Metropolitan Museum ist auch die Geschichte der Vermarktung musealer Produkte: ‚When doors opened at its first, temporary location in 1872, the Museum was already selling reproductions of its newly acquired Old Masters paintings'" Mittlerweile hat dieser Bereich im MET „einen personellen Umfang angenommen, den so manches Museum nicht einmal für seinen Basisbetrieb zur Verfügung hat: Rund 280 Mitarbeiter organisieren das museale Merchandising, inzwischen weit über die Landesgrenzen hinaus (und an Verkaufsleitern und Personal kommt noch einmal das gleiche hinzu)."

Wenn die Einnahmequellen Merchandising und Licensing im Bereich der Museen, die über eine große Sammlung reproduzierbarer Gegenstände verfügen, besonders nahe liegend ist, so sind sie keineswegs darauf beschränkt, wie bereits das Beispiel Walt-Disney zeigt. Welche Möglichkeiten etwa im Bereich Musiktheater bestehen, zeigen seit über zwanzig Jahren die Musicaltheater; Besucherbefragungen ergaben hier, dass 42 Prozent der Besucher ein Erinnerungsstück mitnehmen.[459] Aber auch nicht-kommerzielle Theater, wie beispielsweise die Mailänder *Scala* haben ein entsprechendes Merchandising-Geschäft aufgebaut.[460]

7.6 Museumsshop

Eng verbunden, wenn auch nicht unbedingt in einem zwingenden Zusammenhang mit dem Merchandising, steht der Museumsshop, der ebenfalls zusätzliche Einnahmen generieren kann. Beim Museumsshop handelt es sich um einen Verkaufsraum innerhalb eines Museums, in dem Kataloge, Plakate und andere Drucksachen des Museums, aber auch Produkte des Merchandising und des Licensing verkauft werden[461]. In der Regel verfolgt ein Museumsshop mindestens vier Ziele:

1. Die Produkte des Museumsshops sollen die in der Ausstellung gewonnen Eindrücke vertiefen und weiterführen; dies ist der *Bildungs*-Aspekt;
2. sie sollen auch noch nach dem Museumsbesuch die möglichst intensive Bindung zwischen Museum und Besucher aufrechterhalten; dies ist der *Marketing*-Aspekt;
3. darüber hinaus sollten die Produkte des Museumsshops als Geschenke für Dritte genutzt werden und damit eine Multiplikatorenfunktion übernehmen; dies umfasst den *Public Relations*-Aspekt;
4. schließlich sollte der Verkauf im Museumsshop zu zusätzlichen Einnahmen führen; dies ist der *Finanzierungs*aspekt.

Eine 2004 durchgeführte Untersuchung des Instituts für Museumskunde in Berlin zeigt, dass längst viele Museen auch in Deutschland einen Museumsshop haben. Dabei lassen

---

459 Vgl. hierzu Rothärmel, Bettina: Merchandising und Licensing bei der *STELLA AG*. In: Heinrichs / Schäfer (1999) S. 109

460 Vgl. hierzu Belli, Guido: Bestselling für Belcanto. Merchandising an der Mailänder Scala. In Heinrichs / Schäfer (1999) S. 95-108

461 Vgl. hierzu Heinrichs / Klein (2001) S. 289 und ausführlich Hoffmeister, Eva: Museumsläden und Marketing., Köln 1998; Compania Media (Hrsg.): Der Museumsshop. Positionen – Strategien – Sortimente. Ein Praxisführer. Bielefeld 1999; Hütter, Hans Walter: Bestselling durch Erlebnis Geschichte. Zum Museumsshop im Haus der Geschichte der Bundesrepublik Deutschland. In: Heinrichs / Schäfer (1999) 41-62; Fliedl, Günter u. a. (Hrsg.).: Wa(h)re Kunst. Der Museumsshop als Wunderkammer. Theoretische Objekte, Fakes und Souvenirs, Frankfurt am Main 1997

sich allerdings – wie oftmals auf den ersten Blick zu erkennen ist – teilweise erhebliche qualitative Unterschiede feststellen.[462]

Der Museumsshop kann in Eigenregie des Museums geführt oder outgesourct werden an einen Pächter. Die Vorteile einer Auslagerung aus Sicht des Museums sind eine Entlastung des Museumsmanagements; das externe Fachpersonal als Problemlöser bietet die Chance, Umsatzpotenziale besser auszuschöpfen; es ermöglicht ein umfassenderes Sortiment durch erhöhte Einkaufs- und Beschaffungskraft und bietet schließlich eine Reduktion der Overheadkosten des Museums. Die Nachteile sind indes ebenso deutlich: Zunächst gibt es einen möglichen Kontrollverlust über das Markenimage des Museums; es kann Probleme mit der Integration von externem Verkaufspersonal ins Museumsumfeld geben; es wird Zeit und Sachverstand für das Schnittstellenmanagement Museum: Shop benötigt und schließlich wird u. a. auf möglicherweise lukrative Nebeneinnahmen verzichtet und nur eine feste Pacht genommen.[463]

Die 1955 gegründete amerikanische *Museum Store Association*, der mittlerweile rund 1.650 Museumsshops angehören, ermittelte für das Jahr 2005, dass die Netto-Einnahmen der Mitgliedsläden zwischen weniger als $ 5.000 bis zu $ 12,5 Mill. mit einem Medianwert von rund $ 179.800 bis zu $ 548.221 lagen. Man geht davon aus, dass sie rund ein Drittel der Einnahmen der Museen darstellen. Dabei erzielen mehr als 23 Prozent der Museumsshops mehr als eine halbe Million Dollar; 41 Prozent der Läden nehmen zwischen 90.000 und 499.999 $ ein. Die Besucherzahlen dieser Läden reichen von 700 bis 6 Millionen jährlich, der Medianwert liegt bei rund 75.000 Besuchern.[464]

Die bereits zitierte Studie von *A.T. Kearney* stellte im internationalen Vergleich fest, dass der durchschnittliche Umsatz im Museumsshop des *Metropolitan Museum* bei 14,3 € pro Besucher liegt, bei der Berliner *MoMa*-Ausstellung bei 7 €, bei der *Tate Modern* in London bei 5,7 €. In Österreich kann das *Kunsthistorische Museum* in Wien bereits 5,4 € pro Besucher im Shop erwirtschaften.[465] „Ob es ein Gegenstand ist, den man sich selbst kauft, weil er einem gefällt und an das Museum erinnert, oder ob es ein Geschenk für einen Freund oder Verwandten ist – der Museumsshop ist der ideale Ort für Spontankäufe. Hier sitzt das Geld lockerer als in so manchem anderen Geschäft und der Kunde gibt gerne auch einmal etwas mehr aus, weil die angebotenen Produkte für ihn aufgrund der exklusiveren Umgebung des Museums mehr Wert haben."[466]

Damit ein Museumsshop in diesem Sinne erfolgreich sein kann, sind allerdings eine ganze Reihe von Voraussetzungen zu erfüllen. So sollte der Shop im Hauptverkehrsweg der Besucher liegen, idealerweise am Ausgang, damit die gekauften Waren nicht durch die gesamte Ausstellung mitgeschleppt werden müssen. Das zum Verkauf vorgesehene Angebot sollte immer wieder neu präsentiert werden; Produkte zu aktuellen Veranstaltungen – etwa zu Sonderausstellungen -müssen in den Vordergrund gestellt werden. Die Produkte müssen hochwertig sein; Ramsch darf auf keinen Fall verkauft werden. Dabei sollte aller-

462 Vgl. hierzu Hütter, Hans-Walter und Sophie Schulenburg: Museumsshops – ein Marketinginstrument von Museen, Berlin 2004 (Mitteilungen und Berichte aus dem Institut für Museumskunde Nr. 28)

463 Leimgruber, Peter: Betriebsformen von Museumsshops. Vor- und Nachteile ausgelagerter Shop-Aktivitäten. In: Erfolgreich Kultur finanzieren C 2.1.2

464 www.museumdistrict.com

465 A.T. Kearney (2006)

466 Gurke, Tanja: Strategien und Zielsetzungen im Bereich Museumsshop anhand von Beispielen des Kunsthaus-Shops (Graz). In: *Österreichischer Museumsbund*: Neues Museum 2003/2004

dings auch darauf geachtet werden, dass für den „kleinen Geldbeutel" erschwingliche Angebote vorhanden sind.

Vor allem müssen die angebotenen Produkte unverwechselbar sein und die emotionale Situation des Besuchers nutzen, d. h. einen deutlichen Bezug zu den besonderen Sehenswürdigkeiten der Ausstellung haben. Produkte, die man auch in jedem Andenkenladen kaufen kann (der berühmte „Eifelturm als Schlüsselanhänger") sind für den Besucher völlig uninteressant. Der Shop muss so groß sein, dass auch größere Gruppen (Bustouristen) sich darin problemlos aufhalten und innerhalb relativ kurzer Zeit bedient werden können. Darüber hinaus sollten ausreichend Depotflächen in unmittelbarer Nähe zur Verfügung stehen, um das verkaufte Angebot jederzeit und mühelos ergänzen zu können.

7.7 Eigenfinanzierungsanteil 2 (Einnahmen aus betriebsnahen Strukturen)

Neben den Einnahmen, die aus dem direkten Betrieb generiert werden, kann noch unterschieden werden in Erlöse, die aus sonstigen betrieblichen Erträgen kommen, die außerhalb des sog. Kerngeschäftes liegen.[467] Hierzu zählen beispielsweise Einnahmen aus der Vermietung des Museumsshops (der in diesem Falle nicht in Eigenregie geführt wird), oder Pachteinnahmen eines Theater- oder Museumscafés. Vermietet werden können aber auch die Räume des Museums oder Theaters selbst für Nutzungen, die außerhalb des eigenen Geschäftsbetriebes liegen. So kann z. B. ein Firmenempfang im Foyer des Museums stattfinden oder im repräsentativen Theaterfoyer geheiratet werden; so führt die FDP traditioneller Weise seit Jahrzehnten ihr sog. Dreikönigstreffen im Württembergischen Staatstheater in Stuttgart durch..

Zu den Erlösen aus betriebnahen Strukturen gehören aber auch Mitgliederbeiträge und Spenden aus Fördervereinen. Fördervereine sind Organisationen, die nicht unmittelbar selbst kulturell tätig sind, sondern nur indirekt das kulturelle Handeln einer anderen Institution (z. B. eines Museums, einer Kunsthalle, eines Theaters, eines Orchesters usw.) fördern. Dieses Finanzierungsinstrument ist bereits von vielen deutschen Kultureinrichtungen entdeckt worden und zählt zu einer wichtigen Einnahmequelle. Dabei ist zu unterscheiden zwischen Förder*vereinen*, die eine rechtlich eigenständige Organisation sind (z. B. in der Rechtsform des eingetragenen Vereins) und sog. Förder*kreisen*, die eine von der Kultureinrichtung selbst organisierte und verwaltete Einheit darstellen (z. B. „Freunde des Museums XY").[468]

Allerdings sind die Mitgliedsbeiträge (also die Einnahmenseite) und die Gegenleistungen für die Unterstützung in Deutschland in der Regel ausgesprochen phantasielos. Meist gibt es nur zwei verschiedene Preiskategorien (Vollzahler / Ermäßigte), denen ein einheitliches Leistungspaket (z. B. ermäßigter Eintritt, Rundbrief, ggf. die Zusendung einer Jahresgabe) gegenübersteht.

---

467 Heinrichs (1997) S. 174

468 Vgl. hierzu Lausberg, Maurice: Möglichkeiten des Fördervereins und der Alternativen. Förderverein oder Förderkreis – elementarer Bestandteil einer Fundraisingstrategie. In: Erfolgreich Kultur finanzieren B 6.1.1; ders.: Konzeption und Realisierung von Förderorganisationen. Von der Vision bis zum Businessplan einer Förderorganisation. In: Erfolgreich Kultur finanzieren B 6.2.1; ders.: Stagnation bei Fördervereinen – wie man einen Förderverein wieder fit macht. Praktische Empfehlungen zur „Revitalisierung" eines stagnierenden Fördervereins. In: Erfolgreich Kultur finanzieren B 6.2.2

Sehr viel interessanter sind deshalb die in den USA weit verbreiteten sog. Memberships. Auf den ersten Blick erinnert die Membership zunächst an den klassischen Förderverein und die Gemeinsamkeiten sind auch unübersehbar: Mitglieder schließen sich freiwillig zusammen, um mit einem bestimmten finanziellen Betrag gemeinsam eine Idee zu fördern; dafür erhalten sie von der kulturellen Einrichtung gewisse Gegenleistungen. Der Einsatzbereich der Memberships ist dabei keineswegs auf den Museumsbereich beschränkt (hier allerdings am weitesten entwickelt), sondern auch Theater, Orchester, Tanzkompagnien usw. haben ihre jeweiligen Membership-Organisation.

Beim näheren Hinsehen zeigen sich allerdings deutliche Unterschiede zum traditionellen Förderverein. Denn unter der Membership ist „weniger eine Vereinsmitgliedschaft wie in der Bundesrepublik zu verstehen: Meist wird noch nicht einmal auf das Vorhandensein eines Vereins (mit Satzung, Vorstand usw.) verwiesen", geben Petra Schuck-Wersig und Gernot Wersig ihre einschlägigen Erfahrungen aus den USA wider. „Es handelt sich eher um einen Vertrag zwischen Museum (das dann über *Membership Departments* verfügt) und Besucher, nach dem dieser eine bestimmte Summe zahlt und dafür Leistungen entgegennimmt. Dies ist in der Regel auf das Jahr der Zahlung beschränkt, die Mitgliedschaft kann natürlich im nächsten Jahr erneuert werden, einige Museen bieten Beitragsnachlässe für zweijährige Mitgliedschaften an, einige bieten auch für eine Festsumme (1000-1500 $) eine lebenslange Mitgliedschaft an."[469]

Einer der wesentlichsten Unterschiede zum deutschen System des Fördervereins ist, dass es sich bei der Membership nicht um eine Körperschaft *neben* der eigentlichen Kulturinstitution handelt (also z. B. einen eingetragenen Verein *neben* dem „eigentlichen" Museum), sondern um eine Aufgabe, die in der Kultureinrichtung selbst angesiedelt ist (meist im *Audience Development Department* oder im *Membership Department*). Dies bedeutet, dass fest angestellte Mitarbeiter des Museums damit betraut sind, sich um die jeweiligen Mitglieder intensiv zu bemühen – und zwar spätestens dann, wenn die Mitgliedschaft nach Ablauf eines Jahres erneuert werden soll. Dies macht entsprechend geschultes Personal in den jeweiligen Kultureinrichtungen notwendig, wobei diese Aufgabe teilweise allerdings auch von entsprechend ausgebildeten Freiwilligen / Ehrenamtlichen bzw. Volunteers übernommen werden kann, denen es Freude bereitet, sich um andere Menschen zu kümmern.

„Ein wichtiges Ziel amerikanischer Museen ist es, nicht nur neue Zielgruppen anzusprechen, sondern vor allem Besucher langfristig an sich zu binden. Dies geschieht vor allem durch Mitgliedschaftsprogramme. 78,8 % aller amerikanischen Museen bieten ein Mitgliedschaftsprogramm an, bei den großen Organisationen sind es sogar 89,6 % (...) Die amerikanischen Museen müssen jährlich um die Erneuerung der Mitgliedschaft werben. Die dazu notwendige Kampagne ist einerseits sehr arbeitsaufwendig, anderseits bietet sie einem Museum mehrmals im Jahr Anlass, sich schriftlich oder telefonisch an die Mitglieder zu wenden. Dieser Kontakt wird auch gepflegt, um die Mitglieder als Spender oder als ehrenamtliche Mitarbeiter für das Museum zu gewinnen."[470]

Das *Art Institute of Chicago* hat die Philosophie der Memberships in seiner entsprechenden Werbebroschüre auf den Begriff gebracht: „Enjoy the Priviliges of Giving". Die Betonung liegt hier auf der Exklusivität (also dem „Privileg" und somit der Abgrenzung gegenüber Nichtmitgliedern und je nach Status auch zwischen den Mitgliedern untereinander) und auf dem kulturellem Engagement (dem „giving"). Welche Rolle die Memberships

469 Schuck-Wersig / Wersig (1988) S. 55
470 Dauschek (2000) S. 62

als Finanzierungsquelle amerikanischer Museen spielen, zeigt das *Museum of Modern Art* in New York. Laut Jahresbericht 1998 nahm das Museum allein auf Grund der Membership-Programme $ 5.737.000 US ein; Einkünfte aus Eintrittsgeldern erbrachten im gleichen Zeitraum $ 8.418.000 US. Dem stehen allerdings Ausgaben für das Management der Memberships in Höhe von $ 3.277.000 US gegenüber, so dass sich immerhin ein Saldo von rund $ 2 1/2 US Millionen zugunsten des *MoMA* ergibt.[471]

„Nach den Eintrittsgeldern sind Mitgliedsbeiträge eine wichtige Einnahmequelle, die im Durchschnitt 6,3 % des Budgets aller amerikanischen Museen stellen. Der Aufbau oder die Ausweitung ihrer Mitgliederzahl ist dabei oftmals der erste Schritt zu mehr Einnahmen. Allerdings müssen hier auch die Ausgaben gesehen werden, denn in den meisten Fällen werden die Mitgliedschaftsangebote gerade durch die Beiträge gedeckt (...) Die Bindung von Mitgliedern ist nicht in erster Linie von finanzieller Bedeutung für die Museen. In den Mitgliedszahlen zeigt sich die Bindung des Museums innerhalb seiner Region, was ein maßgebliches Argument bei der Einwerbung großer Einzelspenden und Sponsoringgelder ist. Gleichzeitig sind die Mitglieder potentielle Spender. ‚We are trying to move the people up the ladder of giving all the time', von der Jahresmitgliedschaft über eine dauerhafte Mitgliedschaft zu kleineren und größeren Spenden und schließlich zur Berücksichtigung des Museums im Testament.“[472]

Unter dem Gesichtspunkt der von den Mitgliedern und der Kultureinrichtungen ausgetauschten Leistungen und Nutzen kann differenziert werden in

- die *normalen* Mitgliedschaften, die in der Regel einschließen: den freien Eintritt für das individuelle Mitglied (häufig allerdings auch mit einer Begleitperson), Newsletter und Kalender, Nachlass im Museumsladen und anderen Einrichtungen wie Restaurants und Filmtheatern, Einladungen zu besonderen Mitgliedschaftsveranstaltungen, kleine Geschenke (Gutscheine für andere Museumseinrichtungen, Tragetaschen usw.), Benutzung der Members Lounge, Bibliothek u. a.;
- die *gehobene Ebene* der Mitgliedschaften, deren Kennzeichen u. a. sind: Fördermitgliedschaft (etwa *Friends of the Festival* beim *Festival of American Folklife* des *Smithonian Institutes* in Washington), Sozialtarife für Senioren, Studenten und Lehrer; private Empfänge, ein Ausstellungskatalog, freier Eintritt für alle Begleitpersonen, „Hinter-den Kulissen-Tour“, Erwähnung im Jahresbericht oder Newsletter, private Führung durch die Dauerausstellung;
- die *hohe Ebene* umfasst beispielsweise Einladungen zum Jahresdinner, private Beratung, Galaabende und Einladungen zu speziellen Veranstaltungen, Auflistung in der besonderen Spenderliste, freier Eintritt für eine unbegrenzte Zahl von Gästen, kostenlose Party für 15 Personen, Einladung zu Eröffnungsveranstaltungen, alle Museumspublikationen usw.;
- und schließlich die *Luxus-Ebene*; hier kann man unbegrenzt Gäste mitbringen, an Empfängen (vor allem am jährlichen Essen mit dem Direktor) teilnehmen, exklusiv an Besichtungen privater Sammlungen und Künstlerstudios teilnehmen, umsonst sämtliche Kurse belegen, sich Bilder aus der Sammlung ausleihen (*Whitney*-Museum in New York), an allen Ereignissen der *Salon*-Serie teilnehmen usw.[473]

471 The Museum of Modern Art: Annual Report New York 1999 S. 27
472 Dauschek (2000) S. 63
473 Schuck-Wersig / Schuck 1999: 79ff

Einer der zentralen Gedanken der meisten Membership-Programme ist es, dass es bereits zu einem relativ günstigen Preis ein „Einstiegsprogramm" geben sollte, denn nur wenn die Menschen früh an die jeweilige Kultureinrichtung gebunden werden bzw. die erste Schwelle, die sie zu überwinden haben, möglichst niedrig ist, besteht eine Chance, sie für die höherrangigen Programme zu gewinnen. Daher sollte eine Mitgliedschaft prinzipiell bereits im Kinder- bzw. Jugendalter möglich sein, um die späteren Erwachsenen bereits möglichst frühzeitig zu gewinnen.

Petra Schuck-Wersig und Gernot Wersig beobachteten 1999 zwei Entwicklungen hinsichtlich der Membership-Programme in den amerikanischen Museen: „Einerseits eine Trennung der Mitgliedschaften in die normalen Mitgliedschaften, in der sich die Zahlung des Jahresbeitrags für das Mitglied durch die materiellen Leistungen (Eintrittsfreiheit, Nachlässe in den Läden etc.) gegenrechnen lässt, und diejenigen Formen der Mitgliedschaft, die eindeutig dem Spendenbereich zuzuordnen sind, in dem die Gegenrechnung nur mit immateriellen Leistungen (wie Exklusivität, namentliche Nennung) vorgenommen werden kann; anderseits eine Intensivierung der ‚normalen' Mitgliedschaftsarbeit und -werbung, die zwar einen materiellen Hintergrund hat, bei der aber auch die immateriellen Leistungen der Mitgliedschaft stärker betont werden. Hier spielt offensichtlich auch die Form der geschenkten Mitgliedschaft zunehmend eine Rolle, d. h. das Einbinden der Mitgliedschaft in einem Museum in die Palette der Geschenke."[474]

Auch wenn in Deutschland die Trägerschaft sehr vieler, insbesondere größerer Kultureinrichtungen, anders als in den USA (non-governmental-organisations), nämlich öffentlich-rechtlich, geregelt ist, bietet die Übertragung der Membership-Idee nicht nur ein hervorragendes Instrument der Einnahmengenerierung, sondern stellt sich auch als wichtiges Mittel der Besucherbindung dar.

7.8 Drittmittel 1 (öffentliche Drittmittel)

Als *Drittmittel* werden alle jene Finanzierungsmittel bezeichnet, die weder von der Kultureinrichtung selbst erwirtschaftet werden (der eben dargestellte Eigenfinanzierungsanteil) noch unmittelbare Finanzierungsanteile des Trägers darstellen. Dabei kann zwischen *öffentlichen* und *privaten* Drittmitteln unterschieden werden. *Öffentliche* Drittmittel sind entweder *Zuwendungen von einer anderen staatlichen Ebene* als der unmittelbaren Trägerschaft (wenn also das Stadttheater zusätzlich zu den Mitteln unmittelbar aus dem Gemeindehaushalt auch Zuwendungen vom Bundesland erfährt) oder Zuwendungen von *öffentlichen Kulturstiftungen*.

Bei öffentlichen Drittmitteln handelt es sich um eine *vertikale Mischfinanzierung*[475] und meint die gemeinsame Förderung öffentlicher Aufgaben durch verschiedene Ebenen des Staates bzw. der Europäischen Union. Zwar sollten im föderalen Staat die öffentlichen Aufgaben prinzipiell den einzelnen Ebenen Bund-Länder-Gemeinden eindeutig zugeordnet sein, doch wurde dieses Prinzip in der Vergangenheit spätestens seit dem Finanzreformgesetz von 1969 durchbrochen, indem man dem Bund ein ausdrückliches Mitwirkungsrecht bei den sog. Gemeinschaftsaufgaben zugestand. „Es handelt sich hierbei um Aufgaben von

474 Schuck-Wersig / Wersig 1999: 79

475 Vgl. hierzu ausführlich: Klein, Armin: Mischfinanzierung im öffentlichen Kulturbetrieb. Zusammenarbeit statt Abgrenzungsstrategien. In: Handbuch Kulturmanagement, Stuttgart 1992ff Lieferung Dez. 1995

umfassender, meist überregionaler Bedeutung, die in eine gemeinschaftliche Verantwortung verlagert werden, weil sie nach modernen Bedürfnissen eine gemeinschaftliche Planung und Finanzierung erfordern."[476] Die Föderalismusreform des Jahres 2006 versuchte, hier wieder mehr Eindeutigkeit herzustellen.

Allerdings kann dieses Prinzip der eindeutigen Zuordnung auf freiwilliger Basis durchaus durchbrochen werden.[477] So fördert der Bund direkt unter den Titeln *Förderung kultureller Einrichtungen von nationaler Bedeutung* und *Förderung der kulturellen Infrastruktur der neuen Länder* durchaus kulturelle Einrichtungen, die in freier oder in Trägerschaft der Länder bzw. Gemeinden stehen, wie etwa Museen (*Deutsches Historisches Museum* in Berlin, die *Kunst- und Ausstellungshalle der BRD* in Bonn und das *Haus der Geschichte* in Bonn) mit rund 62,8 Millionen €, er unterstützt Festspiele (*Ruhrfestspiele*, *Bad Hersfelder Festspiele*) mit rund 0,4 Millionen €; er hilft bei der Finanzierung der Denkmalpflege und Sicherung von Kulturgut mit rund 20 Millionen €, er fördert internationale kulturelle Aufgaben im Inland (darunter *Internationale Musikfestspiele in Dresden* und das *Internationale Denkmalkommitee*, den Museumsbund *ICOM*) mit insgesamt rund 2,2 Millionen €, die Musik (darunter die *Bayreuther Festspiele*) mit 18,3 Millionen €, das Geschichtsbewusstsein (u. a. die *Gedenkstätte Buchenwald*, die *Topographie des Terrors*) mit insgesamt 38,2 Millionen €.[478]

Da das Grundgesetz die Kulturhoheit den Ländern *und* Gemeinden (Art 30 GG und Art. 28 GG) gemeinsam zugesteht, ist das Verhältnis zwischen den Ländern und Gemeinden wesentlich unverkrampfter als das zwischen dem Bund und den Ländern. Länder und Gemeinden fördern durchaus gemeinsam institutionell (d. h. nicht nur projektbezogen) bestimmte Kultureinrichtungen vor Ort. So, wenn beispielsweise ein Bundesland sich bereit erklärt, ein Stadttheater, das eindeutig in städtischer Trägerschaft steht, *institutionell* (und nicht nur von Fall zu Fall) mit einem bestimmten Prozentsatz der Ausgaben mit zu fördern. Oder wenn sich ein Bundesland ausdrücklich verpflichtet, Musikschulen und Volkshochschulen in Kommunen finanziell mit zu fördern. Ein Sonderfall bildet hier das *Sächsische Kulturräumegesetz*, das die gemeinsame Finanzierung der Kultureinrichtungen durch den Freistaat Sachsen und die Kommunen in sog. Kulturräumen dauerhaft institutionell regelt.

Eine weitere, zunehmend wichtiger werdende Ebene, ist die *europäische Kulturförderung*, hier insbesondere der Europäischen Union, weniger des Europarates, der seine Aufgabe eher in der Unterstützung beim Aufbau von Netzwerken sieht. Seit Mitte der neunziger Jahre, insbesondere nach dem *Maastrichter Vertrag*, gibt es zunehmend Kulturförderprogramme der Europäischen Union. Maßgeblich ist Art. 151 (vorher: 128 im *Maastrichter Vertrag*), der hierfür die rechtliche Grundlagen geschaffen hat. Dadurch verpflichtet sich die Gemeinschaft, zur Entfaltung des Kulturlebens in den Mitgliedsländern beizutragen. Die zentralen Ziele sind dabei die Förderung und Wahrung der nationalen und regionalen Vielfalt Europas bei gleichzeitiger Hervorhebung des gemeinsamen kulturellen Erbes.

Im Art. 151 sind die beiden wesentlichen Grundsätze für das kulturpolitische Engagement der Europäischen Union festgelegt: Erstens das *Subsidiaritätsprinzip*, nach dem sich die Gemeinschaft darauf beschränkt, vorhandene kulturelle Aktivitäten in den einzelnen

476 Hesse, Konrad: Grundzüge des Verfassungsrechts der Bundesrepublik Deutschland, Karlsruhe 1975 S. 102

477 Vgl. hierzu Ghussain, Muchtar Al: Projektförderung aus Mitteln des Bundes. Fonds und Stiftungen. In: Erfolgreich Kultur finanzieren, B 2.2.3

478 Vgl. hierzu www.bundesregierung.de; einen guten, allerdings nicht mehr aktuellen, Überblick über die einzelnen Förderprogramme des Bundes gibt die Broschüre: Presse- und Informationsamt der Bundesregierung: Im Bund mit der Kultur. Neue Aufgaben der Kulturpolitik, Bonn 2000

Mitgliedsländern zu unterstützen und die Kooperation zwischen den Mitgliedsländern zu fördern und zweitens das *Kulturverträglichkeitsprinzip*, d. h. die Forderung, dass die Gemeinschaft bei allen ihren Tätigkeiten im Rahmen anderer Politikfelder die kulturellen Aspekte zu berücksichtigen hat.

Um erfolgreich Anträge auf finanzielle Unterstützung zu stellen, sollte man das differenzierte Fördersystem der Europäischen Union möglichst genau kennen.[479] Es besteht aus folgenden Maßnahmen:

1. *Strukturfonds*; diese sind Finanzierungsinstrumente, mit denen die EU die Ungleichgewichte zwischen den einzelnen Regionen und den sozialen Gruppen beseitigen und so den wirtschaftlichen und sozialen Zusammenhalt in der Gemeinschaft fördern will. Zwischen den Jahren 2000 und 2006 standen beispielsweise knapp 200 Mrd. Euro innerhalb der Strukturfonds für die Regionalpolitik zur Verfügung. Es wird deutlich, dass hier sehr viel höhere Summen zur Verfügung stehen als bei dem allgemein in Kulturkreisen sehr viel bekannteren Programm *Kultur 2000*, das in sieben Jahre (2000-2007) insgesamt nur über rund 236 Mill. Euro verfügte.
   In diesem Zusammenhang sind für die Kultureinrichtungen vor allem der *Europäische Fonds für Regionalentwicklung* (*EFRE*) und der *Europäische Sozialfonds* (*ESF*) von Interesse. Während der EFRE vor allem die Entwicklung strukturschwacher Regionen unterstützt, ist es Aufgabe des ESF, die berufliche Eingliederung von Arbeitslosen und benachteiligten Bevölkerungsgruppen durch die Finanzierung von Ausbildungsmaßnahmen zu fördern. Daher können aus diesen beiden Fonds zum Beispiel Ausbildungsangebote im Kunst- und Kulturbereich zur Stärkung einer Region finanziert werden. Ein Beispiel hierfür ist der Aufbau der Popakademie Mannheim (die auf dem Gebiet des strukturschwachen Mannheimer Rheinhafens liegt). Allerdings muss hier bei Antragstellung vorwiegend wirtschaftspolitisch, nicht kulturpolitisch argumentiert werden.

2. Gleiches gilt für die sog. *Gemeinschaftsinitiativen* (*GI*), die inhaltlich als Ergänzung zu den Strukturfonds gedacht sind und aus diesen Töpfen finanziert werden. Hier gibt es *Interreg III* (unterstützt die grenzübergreifende, transregionale und interregionale Zusammenarbeit, etwa am Oberrhein zwischen Deutschland, Frankreich und der Schweiz); *Urban II* (unterstützt vor allem innovative Strategien zur Wiederbelebung von krisenbetroffenen Städten und Stadtvierteln); *Leader +* (fördert die Entwicklung ländlicher Räume) und schließlich *Equal* (bekämpft Diskriminierungen und Benachteiligungen auf dem Arbeitsmarkt). Alle diese Fonds werden national verwaltet und abgewickelt.

3. *Thematisch orientierte Aktionsprogramme*; diese basieren auf ein Thema hin ausgerichtet vor allem auf der Kooperation von Kultureinrichtungen verschiedener Länder. Hierzu zählt etwa das oben angesprochene Programm *Kultur 2000*, das neu aufgelegt wurde unter dem Namen *Kultur 2007* und den Zeitraum von 2007 bis 2013 umfasst. Dabei bestimmen folgende drei Schwerpunkte das Förderprogramm für die nächsten Jahre: (1) die Unterstützung der grenzüberschreitenden Mobilität von Menschen, die im Kultursektor arbeiten, (2) die Unterstützung der internationalen Verbreitung von

479 Henner-Fehr, Christian: Chrashkurs Europa. Struktur, Fördersystem und Informationsquellen. In: Erfolgreich Kultur finanzieren, B1.1-2 S. 7

künstlerischen und kulturellen Werken und Erzeugnissen und schließlich (3) die Förderung des interkulturellen Dialogs. Zum dritten Punkt plant die EU ein diesem Thema gewidmetes Jahr 2008. Durch *Kultur 2007* geförderte Programme müssen mindestens zwei der genannten Zielsetzungen verfolgt werden.
Diese sollen mit Hilfe von drei Aktionsbereichen erreicht werden: (1) durch die Unterstützung kultureller Projekte, d. h. der direkten Unterstützung von europäischen Kooperationsvorhaben und sog. „besonderen Projekten", wie z. B. den Kulturhauptstädten Europas; (2) durch die Unterstützung von auf der europäischen Ebene tätigen kulturellen Einrichtungen, d. h. der direkten Unterstützung von Netzwerken sowie (3) durch die Unterstützung von Analysen sowie der Informationssammlung und -verbreitung im Bereich der kulturellen Zusammenarbeit. Diese Programme werden durch sog. „Calls", also Ausschreibungen, im Amtsblatt der Europäischen Union veröffentlicht. In diesem Call sind alle relevanten Informationen enthalten, also z. B. inhaltliche Schwerpunkte, finanzieller Rahmen und Abgabetermin des Antrags.
Hinzu kommen weitere Programme, die sich nicht alle immer direkt auf Kunst und Kultur beziehen müssen, aus denen aber bei geschickter Antragsformulierung durchaus Finanzierungsmittel gewonnen werden können. Die wichtigsten sind: *Media Plus* (Förderung von Entwicklung und Vertrieb europäischer Film-, Fernseh- und Multimediaproduktionen); *eContent* (Unterstützung der Entwicklung und Nutzung europäischer digitaler Inhalte und zur Förderung der Sprachenvielfalt in der Informationsgesellschaft); *Sokrates II* (Förderung qualitativer Verbesserungen im Bildungsbereich); *Leonardo da Vinci II* (Berufsbildungsprogramm zur Förderung der Beschäftigungsfähigkeit); *Youth* (Förderung von grenzüberschreitenden Austauschprojekten und Jugendinitiativen) und schließlich die *Unterstützung von Projekten zur Diskussion und Reflexion über Europa*

4. Mit ihren Drittstaatenprogrammen schließlich unterstützt die EU den wirtschaftlichen Aufbau von Nicht-EU-Ländern. Im Rahmen von Kooperationen soll das in den Mitgliedstaaten vorhandene Know-How für gemeinsame Projekte genutzt werden. Diese Programme sind nicht inhaltlich, sondern regional orientiert. Die wichtigsten sind *Tacis* (ehemalige Sowjetrepubliken), *CARDS* (Balkan-Region) und *MEDA* (Mittelmeerraum). Auch hier lassen sich durch Kooperationen mit entsprechenden Partnern für die Kultureinrichtungen zusätzliche Finanzierungsmittel generieren.

Neben den unterschiedlichen politischen Ebenen spielen vor allem die *Kulturstiftungen* der öffentlichen Hand eine wichtige Rolle als möglicher Finanzier kultureller Einrichtungen und Projekte. In der Bundesrepublik Deutschland existieren ungefähr 12.000 rechtsfähige Stiftungen; nach Angaben des *Bundesverbandes Deutscher Stiftungen* zählen rund 16 % davon die Förderung von Kunst und Kultur zu ihren satzungsmäßigen Zielen. Zu unterscheiden ist dabei zunächst zwischen *privatrechtlichen* (vgl. unten) und *öffentlich-rechtlichen* Stiftungen.[480] Öffentlich-rechtliche Stiftungen werden durch Gesetz oder Verwaltungsakt des Bundes oder eines Landes errichtet, sie sind somit Ausfluss hoheitlicher Maßnahmen des Staates. Hierzu zählen etwa die *Stiftung Preußischer Kulturbesitz* oder die *Deutsche Stiftung Denkmalschutz*.

480 Vgl. hierzu ausführlich: Bertelsmann-Stiftung (Hrsg.): Handbuch Stiftungen. Ziele – Projekte – Management – Rechtliche Rahmenbedingungen, Wiesbaden 2003

Besondere Bedeutung auf Bundesebene hat die im Jahr 2002 gegründete öffentlich-rechtliche und gemeinnützige *Kulturstiftung des Bundes* mit Sitz in Halle. Sie ist mit knapp 38 Mill. Euro Projektgeldern die größte öffentlich-rechtliche Kulturstiftung in Europa. Die Kulturstiftung des Bundes fördert Kunst und Kultur im Rahmen der Zuständigkeit des Bundes. Sie ist sowohl operativ als auch fördernd tätig, d. h. dass sie sowohl eigene Projekte initiiert und durchführt wie auch andererseits auf Antrag Projekte Anderer finanziell unterstützt. Ein Schwerpunkt ist dabei die Förderung innovativer Programme und Projekte im internationalen Kontext. Weitere Themenschwerpunkte sind Kunst und Stadt, der Regionalschwerpunkt Osteuropa, Kulturelle Aspekte der Deutschen Einigung sowie die kulturelle Herausforderung des 11. September 2001.

Die Kulturstiftung des Bundes unterstützt künstlerische und kulturelle Produktionen, wobei sie ausschließlich Projektförderung gewährt. Dies bedeutet, dass eine kontinuierliche institutionelle Förderung von Kultureinrichtungen ausgeschlossen ist. Die Förderung wird für alle künstlerischen Sparten auf Antrag gewährt. Dabei ist zu beachten, dass die Kulturstiftung keine bereits laufenden, sondern ausschließlich für die Zukunft geplante Vorhaben unterstützt. Über die Vergabe der Mittel entscheidet der Vorstand.

Auf Länderebene (in Kooperation mit dem Bund) wurde 1987 die *Kulturstiftung der Länder* als Stiftung bürgerlichen Rechts mit Sitz in Berlin gegründet. Der Stiftungszweck besteht in der Förderung und Bewahrung von Kunst und Kultur von nationalem Rang. Unter anderem betreut sie den *Kunstfonds*, den *Literaturfonds*, den *Fonds Soziokultur* und den *Fonds Darstellende Künste*[481] sowie ausgewählte Projekte des *Deutschen Musikrates* und des *Deutschen Museumsbundes*, die *Deutsche Akademie für Sprache und Dichtung* in Darmstadt und das *Internationale Theaterinstitut*.

Auch einige Bundesländer haben seit den achtziger Jahren Kulturstiftungen gegründet (so bestehen z. B. Landeskulturstiftungen in Baden-Württemberg, Hamburg, Hessen, Niedersachsen, Nordrhein-Westfalen, Rheinland-Pfalz, Sachsen und Schleswig-Holstein). Die 1972 gegründete *Bayerische Landesstiftung* fördert sowohl Kultur wie Soziales. Teils handelt es sich um öffentlich-rechtliche, teils um privatrechtliche Stiftungen; einige arbeiten dabei in weitgehender Unabhängigkeit von der Landeskulturpolitik, andere sind eher Kulturagenturen des jeweiligen Bundeslandes. „Wie auch immer, die Tätigkeit dieser Stiftungen bleibt in Reichweite des Staates. Ihre Handlungsweise lässt sich am besten mit dem pragmatisch-ungenauen englischen Kennzeichen ‚at arm's length' charakterisieren."[482]

7.9 Drittmittel 2 (private Drittmittel)

Private Drittmittel kommen nicht von einem öffentlichen Träger oder einer öffentlichen Kulturstiftung, sondern entweder von Wirtschaftsunternehmen (Sponsoring), von betriebsfernen Stiftungen (Förderstiftungen) oder von Privatpersonen (wobei hier genauer zwischen Einzelspende, Mäzenatentum und Fundraising differenziert werden kann). Diese Fördermittel können dabei sowohl aus wirtschaftlichen Überlegungen (Sponsoring) heraus wie auch mit einer eher idealistischen, altruistischen bzw. mäzenatischen Zielsetzung (Mäzenatentum) gegeben werden. „Die private Kulturförderung in der Bundesrepublik verlässlich in

481 Vgl. hierzu Ghussain

482 König, Dominik von: Kulturstiftungen in Deutschland. In: *Aus Politik und Zeitgeschichte. Beilage zur Zeitschrift Das Parlament* (B 49/2004)

Zahlen darzustellen, ist kaum möglich", schreibt der *Arbeitskreis Kultursponsoring* des *Bundesverbandes der Deutschen Industrie* und weiter: „Zuwendungen aus privaten Haushalten und Unternehmen wie auch Werbung mit Kultur und Kunst sind zahlenmäßig nicht genau erfasst. Man geht jedoch davon aus, dass rund 350 Millionen € jährlich in Form von Kultursponsoring durch Unternehmen ausgegeben werden."[483]

Der *2. Hessische Kulturwirtschaftsbericht* aus dem Jahr 2005 stellt fest, dass die private Kulturförderung in Deutschland 7 bis 9 Prozent der öffentlichen Förderung ausmacht, das wären zwischen 570 bis 740 Mill. Euro.[484] Nach seinen Schätzungen verteilt sich der private Anteil auf rund 67 % Kultursponsoring (ca. 658 Mill. Euro, das wären fast doppelt so viel als die obige Schätzung des *AKS*) durch Unternehmen, 24 % auf Erträge privater Stiftungen (ca. 158 Mill. Euro) und ca. 9 % auf private und Unternehmensspenden (ca. 59 Mill. Euro). Die Zahlen differieren – je nach Quelle – also teilweise erheblich.

Um angesichts dieser Unklarheit über die tatsächliche Höhe der privaten Kulturfördermittel eine gewisse Abhilfe zu schaffen, wird auf Grund einer Gemeinschaftsinitiative der *Kulturstiftung der Länder* (Projektträger), des *Bundesverbandes Deutscher Stiftungen* und des *Kulturkreises der deutschen Wirtschaft* im BDI ab Herbst 2006 eine Internet-Datenbank des *Deutschen Informationszentrums für Kulturförderung* an den Start gehen. Dadurch sollen in Zukunft aktuelle und zielgenaue Informationen über Fördermöglichkeiten für Kunst und Kultur durch fördernde Stiftungen, Unternehmen und andere Einrichtungen in ganz Deutschland online bereit stehen.

7.10 Kultursponsoring

Auf der Suche nach alternativen Finanzierungsquellen zu den öffentlichen Zuwendungen machte zunächst und vor allem der Begriff des „Sponsoring" in den neunziger Jahren eine unglaubliche Karriere: „Kein anderes Instrument der Kulturfinanzierung wird in Fachpublikationen so sehr beachtet wie Sponsoring", schrieb Heinrichs[485] 1997 in seinem Buch zur *Kulturpolitik und Kulturfinanzierung*. Im Sommer 2006 wurde erstmals der *Deutsche Kulturförderpreis* für Unternehmen vergeben, die besonders beispielhaft Kunst und Kultur fördern.

Da war beispielsweise das Erlanger Bäckereiunternehmen, der einen Laugenring erfand und 30 Cent pro verkauftem Gebäck zur Finanzierung von Wagners „Ring" im Nürnberger Opernhaus abzweigte – insgesamt kamen so über 100.000 Euro für die Inszenierung zusammen. Die *Deutsche Bank* unterstütze Sir Simon Rattle bei seinem Plan, Berliner Kindern und Jugendlichen aus allen sozialen Schichten und verschiedener ethnischer Herkunft durch ein musikalisches Bildungsprogramm die Welt der klassischen Musik zu eröffnen. Das Programm Zukunft@phil hat mittlerweile rund 4000 Kinder und Jugendliche aus 114 Berliner Schulen erreicht. „Kolumbus-Klassik entdecken" heißt ein Programm des *Festspielhauses Baden-Baden*, in dessen Rahmen rund 10.000 Schülerinnen und Schüler aus Südwestdeutschland und dem Elsass mit Unterstützung des Finanzdienstleisters Grenkeleasing in das musikalische Bildungsprogramm gelockt wurden.[486]

---

483 Website Arbeitskreis Kultursponsoring www.aks-online.org

484 Hessisches Ministerium für Wirtschaft, Verkehr und Landesentwicklung / Hessisches Ministerium für Wissenschaft und Kunst: Kultursponsoring und Mäzenatentum in Hessen. 2. Hessischer Kulturwirtschaftsbericht, Wiesbaden 2005 S. 11; zum Folgenden vgl. S. 30f

485 Heinrichs (1997) S. 192

486 Ein Gebäck rettet Wagners Ring. Beilage zu: *Das Handelsblatt* vom 02.06.2006

Während sich beispielsweise in den angelsächsischen Ländern, vor allem in den USA, die Wirtschaft traditioneller Weise in sehr viel stärkerem Maße als in Deutschland an der Kulturfinanzierung beteiligte, erschienen Sponsoren hierzulande – zumindest dem Feuilleton – noch bis in die achtziger Jahre hinein als „die aufdringlichen Wohltäter".[487] Die Vorbehalte gegen und die Kritik am Kultursponsoring wurden 1996 in der von Klaus Staeck und Hans Haacke initiierten sog. *Düsseldorfer Erklärung*, die seinerzeit von zahlreichen Künstlern und auch Leitern von Kulturbetrieben unterschrieben wurde, in sieben Thesen zusammengefasst. Darin heißt es u. a.: „Der Staat hat eine in der Verfassung verankerte Verpflichtung, die Kultur mit ausreichenden Mitteln zu unterstützen. Er darf sich nicht aus der Verantwortung stehlen. Privatpersonen und die Wirtschaft können und wollen diese Verantwortung nicht übernehmen. Die Kulturinstitute, die über Jahrzehnte und in zahlreichen Fällen in Jahrhunderten mit öffentlichen Mitteln aufgebaut und unterhalten worden sind, müssen auch weiterhin überwiegend aus öffentlichen Haushalten finanziert werden. Die Unabhängigkeit ihrer Programmgestaltung muss bewahrt werden. Jede private Mark, die zusätzlich in die Kultur fließt, ist zu begrüßen. Jede private Mark jedoch, die eine öffentliche ablöst, birgt die Gefahr einseitiger Einflussnahme von Privatpersonen und Unternehmen auf öffentliche Institutionen (...) Im übrigen kann keine Rede davon sein, dass zu wenig Geld vorhanden ist; es wird lediglich falsch verteilt."[488]

Die gerade in Deutschland in Jahrhunderten gewachsene Vorstellung, dass nur staatlich verteiltes Geld gut verteiltes Geld sei, scheint besonders in folgenden Sätzen durch: „Kulturförderung durch Privatpersonen geschieht selten völlig selbstlos. Ein wesentliches Motiv ist die Möglichkeit, Steuern zu sparen. Kunstförderung wird so aus dem Einnahmeverzicht des Staates mitfinanziert." Hier findet sich – wieder einmal – die typisch deutsche Vorstellung, dass die Freiheit von Kunst und Kultur am besten durch den Staat gewährleistet sei – ein Denken, das beispielsweise der angelsächsischen und amerikanischen Tradition völlig fremd ist.

Kultursponsoring ist – im Gegensatz zur selbstlosen Spende oder Stiftung (vgl. unten) – ganz eindeutig ein Geschäft auf Gegenseitigkeit und keineswegs ein großzügiges Almosenverteilen seitens der Wirtschaft. Deshalb wird Kultursponsoring auch definiert als die Planung, Organisation, Durchführung und Kontrolle sämtlicher Aktivitäten, die mit der Bereitstellung von Geld, Sachmitteln Dienstleistungen oder Know-how durch Unternehmen zur Förderung von Personen und / oder Organisationen in Kunst und Kultur, *um damit Ziele der Unternehmenskommunikation zu erreichen*.[489] Die Betonung liegt bei dieser Definition auf der Erreichung der Ziele der Unternehmenskommunikation, denn ein Wirtschaftsunternehmen setzt Kultursponsoring vor allem deshalb ein, um einen Imagetransfers von der gesponserten Kultureinrichtung auf das Unternehmen zu erreichen. Das Kultursponsoring eines Unternehmens ist deshalb immer in dessen Marketingkonzept eingebunden.[490]

---

487 Henard, J.: Die aufdringlichen Wohltäter. In: *Frankfurter Allgemeine Zeitung* vom 31.1.1987

488 Haacke, Hand und Klaus Staeck: Düsseldorfer Erklärung, Heidelberg 1996; vgl. dazu auch: Rossmann, Andreas: Angst vor dem Sponsor? Eine Diskussion über Klaus Staecks ‚Düsseldorfer Erklärung'. In: *Frankfurter Allgemeine Zeitung* vom 2.2.1996

489 In Anlehnung an Bruhn, Manfred: Sponsoring. Systematische Planung und integrativer Einsatz, Wiesbaden 1998 S. 22

490 Vgl. hierzu ausführlich neben Manfred Bruhn aus der Fülle der Veröffentlichungen zum Thema vor allem Bortoluzzi-Dubach, Elisa und Hansrudolf Frey: Sponsoring. Der Leitfaden für die Praxis, Bern / Stuttgart / Wien 2002; Braun , Günther, Thomas Gallus und Oliver Scheytt: Kultursponsoring für die kommunale Kulturarbeit. Grundlagen, Praxisbeispiele, Handlungsempfehlungen für Kulturmanagement und Verwaltung, Köln 1996; Brückner, Michael und Andrea Przylenk: Sponsoring. Imagegewinn und Werbung, Wien / Frankfurt 1998

Neben dem zentralen Motiv des *Imagetransfers* (beispielhaft etwa die aufwendig fotografierte Kampagne der Firma *Audi* zugunsten des Guggenheim-Museums in Bilbao, wobei im Mittelpunkt der die zwei Organisationen verbindende silberglänzende Werkstoff beider „Außenhüllen" von Auto bzw. Museum stellvertretend für Innovation steht) sind als wesentliche Motive für Kultursponsoring zu nennen: Das *Zeigen gesellschaftlicher Verantwortung* („Corporate Citizenship"), die *Mitarbeitermotivation* („Wir sind stolz, in einem Unternehmen zu arbeiten, dass das Guggenheim-Museum fördert") sowie die *Kundenbindung* („Nur bei uns erhalten Sie Vorzugskarten für...."). Je nach Zielsetzung der Unternehmenskommunikation wird eher der eine als der andere Aspekt im Vordergrund stehen.

Im Kultursponsoring stehen auf der einen Seite klare *Leistungen* des Sponsors (z. B. eine direkte Finanzierungsbeteiligung, die Übernahme einer Ausfallbürgschaft, der Ankauf von Werken, die Bereitstellung von Dienstleistungen wie Logistik, Transportfahrzeuge, Versicherungen usw., von Sachmitteln wie Computern, Kommunikationsmitteln usw. oder Know-how etwa bei der Kataloggestaltung, bei technischem Equipment usw.), auf der anderen entsprechende *Gegenleistungen* des gesponserten Kulturbetriebs (z. B. Nennung des Firmennamens bei allen Veröffentlichungen und Pressemitteilungen, Präsentation des Logos auf allen Druckwerken, Ermöglichung eines Informationsstandes für den Sponsor, Frei- und Exklusivkarten, VIP-Behandlung usw.). Diese Vereinbarungen sind unbedingt in einem Sponsoring-Vertrag[491] festzuhalten, an dem vor allem das Finanzamt großes Interesse hat. Denn nach § 4 Abs. 4 Einkommenssteuergesetz können Betriebsausgaben für Lohn- und Einkommenssteuerpflichtige als Werbungskosten, für körperschaftssteuerpflichtige Unternehmen als Betriebsausgaben abgesetzt werden.

Allerdings hat diese Regelung durchaus ihre Tücken. Nimmt nämlich der Gesponserte aktiv an den Werbemaßnahmen des Sponsors teil, so wird die Sponsoringeinnahme steuerpflichtig für den Gesponserten.[492] Gestattet er lediglich passiv, dass der Sponsor sich seines Namens bedient, fallen die Gelder in den ideellen Bereich und sind nicht steuerpflichtig. Es handelt sich hier also stets um eine nicht einfache Gratwanderung, die bei Unachtsamkeit für die Kultureinrichtung unter Umständen böse ausgehen kann. Bei größeren Sponsoringaktivitäten sollten diese auf jeden Fall mit einem Steuerfachmann oder dem Finanzamt vorab abgeklärt werden.

Steuer*unschädliche* Aktivitäten sind dagegen beispielsweise die Nutzung des Namens der Kulturinstitution zu eigenen Werbezwecken, die Verwendung des Logo und die Danksagung in einem Programmheft in nachgeordneter Form, die Verwendung von Logo und Namen auf Plakaten oder Veranstaltungshinweisen oder auf Kartenrückseiten, Danksagungen bei Pressekonferenzen oder Eröffnungsreden. Steuer*schädliche* Aktivitäten wären dagegen hervorgehobene Hinweise auf den Sponsor (z. B. eine ganze Seite Sponsorpräsentation in einem vierseitigen Programmheft), das Erstellen von Werbekonzepten für den Sponsor, die aktive Teilnahme an Pressekonferenzen des Sponsors, die Verlinkung zur Web-Site des Sponsors, die Organisation einer Firmenveranstaltung für den Sponsor.

Ende der achtziger, anfangs der neunziger Jahre zeigte (im Gegensatz zu allen meist stark ideologisch gefärbten Diskussionen um Heil und Unheil des Kunst- und Kultursponsoring) ein nüchtern-empirischer Blick auf die gesellschaftliche Wirklichkeit, dass trotz

491 Vgl. hierzu Weiand, Neil George: Der Sponsoring-Vertrag, München 1995 bzw. den Vertragsentwurf des Arbeitskreises Kultursponsoring des Bundesverbandes der Deutschen Industrie

492 Vgl. hierzu Lausberg, Maurice: Sponsoring als Kernkomponente eines strategisch geführten Fundraising. In: Erfolgreich Kultur finanzieren, B 4.1.1

aller kritischen Vorbehalte und Einwände Kultursponsoring auch in Deutschland längst Realität war. Bereits 1987 hatte der *Kulturkreis im Bundesverband der Deutschen Industrie*[493] in einer ersten größeren Untersuchung 1.059 Unternehmen (darunter 402 Unternehmen der Energiewirtschaft und des Verarbeitenden Gewerbes) über ihr Engagement in der Kulturförderung befragt. Dieser Pionierstudie folgte 1988 dann die erste Untersuchung des *Ifo-Instituts für Wirtschaftsforschung*[494], die im Auftrag des (seinerzeit noch für Kulturfragen auf Bundesebene zuständigen) Innenministeriums die volkswirtschaftliche Bedeutung von Kunst und Kultur untersuchten. Diese Umfrage wurde nach dem Vorbild der Pionierstudie des BDI durchgeführt, jedoch war der Teilnehmerkreis der Befragten mit 2.243 Unternehmen mehr als doppelt so groß.

Diese von Marlies Hummel und Manfred Berger durchgeführte Studie ermittelte bereits einige sehr bemerkenswerte Ergebnisse hinsichtlich des kulturellen Engagements der deutschen Wirtschaft. So zeigte sich u. a., dass der Unternehmenssektor in Deutschland (dabei vor allem Industrie, Banken und Versicherungen) in beachtenswertem Umfang Kunst und Kultur in den verschiedensten Formen und auf vielfältige Art und Weise förderte. Dabei war für ein kulturelles Engagement besonders beliebt die Heimat- und Brauchtumspflege (57,9 % aller Unternehmen), gefolgt von der Unterstützung der Musik (44,2 %) und der Bildenden Kunst (43,4 %) und der Denkmalpflege (35,1 %). Die Darstellende Kunst, also das Theater, wurde von 20,7 %, die Literatur von 20,6 % und Film und Photographie von 9,9 % der befragten Unternehmen gefördert.

Allerdings wurde bereits in diesem ersten Gutachten von 1988 ganz deutlich – hier am Beispiel der Theaterförderung – auf die unbestreitbare Gefahr hingewiesen, dass das stärkere Engagement der Privatwirtschaft nicht zu einem Rückzug der öffentlichen Hand führen dürfe, ein Argument, dass seither übrigens stereotyp immer wieder wiederholt wird: „Wenn die Kulturpolitik auf die Finanznot vieler öffentlicher Haushalte mit einer Einschränkung der Theaterförderung reagieren würde, wäre sicherlich nicht damit zu rechnen, dass Unternehmen diese Finanzierungslücke schließen würden."[495]

Diesen ersten beiden Untersuchungen, die zunächst einmal auch in Deutschland den Blick für das kulturelle Engagement von Unternehmen überhaupt öffneten, folgte im Jahr 1992 eine weitere von Marlies Hummel[496], die neben einer bloß deskriptiven Feststellung des Förderaufkommens vor allem untersuchte, wie sich seither das Förderverhalten verändert hatte. Die Studie kam u. a. zu dem Ergebnis, dass die Jahre vor 1992 durch eine boomartige Entwicklung der Kulturförderung durch Unternehmen geprägt waren, und zwar vor allem unter dem Gesichtspunkt der Imagepflege. Dies führte zu einem außerordentlich starken Anstieg der finanziellen Aufwendungen der Unternehmen, vor allem im Bereich Musik, Bildende Kunst, und Denkmalpflege. Dabei erhielten Veranstaltungen, aber auch der Ankauf von Kunstwerken hohe Priorität.

Darüber hinaus nahm die Bereitschaft, Kulturförderung über Stiftungen durchzuführen, seit den letzten Jahren zu. Sie war vor allem bei solchen Unternehmen zu beobachten, die eine ausschließlich an Unternehmenszielen orientierte Kulturförderung ablehnten. Von der Mehrzahl der fördernden Unternehmen wurde Kultur in zunehmendem Maße als inte-

493 Kulturkreis im Bundesverband der Deutschen Industrie (Hrsg.): Die Wirtschaft als Kulturförderer, Köln 1987

494 Hummel, Marlies und Manfred Berger: Die volkswirtschaftliche Bedeutung von Kunst und Kultur, München 1988 (Kurzfassung)

495 Hummel / Berger (1988) S. 10f

496 Hummel, Marlies: Neuere Entwicklungen bei der Finanzierung von Kunst und Kultur durch unternehmen, München 1992 (*ifo studien zu kultur und wirtschaft 7*)

graler Bestandteil der Unternehmensstrategie angesehen. Dies galt u. a. besonders im Hinblick auf die Mitarbeitermotivation und die Kundenpflege.

Allerdings warnte die Studie bereits 1992, dass sich das Engagement der Unternehmen in der Kulturförderung in den nächsten Jahren „nur in abgeschwächter Form fortsetzen“ würde. Sie folgerte hinsichtlich einer Hoffnung auf die Substituierung der staatlichen Förderung durch die Unternehmen: „Ansätze zu einer Förderung von Kunst und Kultur in Deutschland, wie sie durch den Staat bewirkt wird, sind weiterhin nicht zu erkennen. Die öffentliche Hand wird deshalb auch in Zukunft gefordert werden, wenn sie die finanzielle Basis der Kultur in den alten und neuen Bundesländern sichern will.“[497]

1995 folgte schließlich ein weiteres Gutachten durch Marlies Hummel,[498] das bereits den bezeichnenden Titel *Kulturfinanzierung durch Unternehmen in Zeiten verschärfter ökonomischer Sachzwänge* trug. Die Ergebnisse bestätigten in weiten Bereichen die bisher gewonnen Erkenntnisse, allerdings machte die ökonomische Entwicklung bereits einige wichtige Einschränkungen nötig. Der konjunkturelle Einbruch und die strukturellen Anpassungserfordernisse der Unternehmen bremsten die boomartige Entwicklung der Kulturförderung, die in Deutschland in der zweiten Hälfte der achtziger Jahre einsetzte, stark. Und die Rationalisierungsbemühungen der Unternehmen führten auch im Kulturbereich zu einer zielschärferen Ausrichtung der Förderung, d. h. kulturelles Engagement wurde verstärkt in die Unternehmenskultur eingebettet.

Darüber hinaus wurden die Instrumente zur Erreichung dieser Ziele stärker selektiert, d. h. preisgünstigere Formen der Förderung, wie z. B. Sach- und Materialspenden erlangten größere Bedeutung, kostspielige Aktivitäten wurden besonders sorgsam ausgewählt. Und auch die Empfängergruppen wurden zunehmend sorgfältiger ausgewählt; dabei bildeten sich – je nach Ertragssituation und Unternehmensgröße – spezielle Förderprofile heraus.

Das Gutachten beschreibt in seiner Trendabschätzung die Doppelgesichtigkeit des Finanzierungsinstrumentes Kultursponsoring. Auf der einen Seite lässt die Tatsache, dass die Gesamtheit des Unternehmenssektors trotz der ökonomischen Sachzwänge im Jahr 1994 deutlich höhere Kulturausgaben aufbrachte als zu Beginn des Jahrzehntes darauf schließen, dass die Förderung von Kunst und Kultur auch in Deutschland im Wertesystem breiter Kreise der Wirtschaft fest verankert ist. Hierfür spricht auch die Bereitschaft der Unternehmen, Kulturförderung über Zuwendungen zu (eigenen oder fremden) Stiftungen durchzuführen und / oder öffentliche Haushalte bei der Wahrnehmung ihrer kulturellen Aufgaben zu unterstützen. Auf der anderen Seite wird prognostiziert, dass sich die bisherige Ausgabenentwicklung der Unternehmen in ihrem kulturellen Engagement abschwächen wird und die „Pionierförderer“ schon nach neuen Möglichkeiten Ausschau halten, z. B. im Bereich des Umweltschutzes.

Zusammenfassend kann somit festgestellt werden, dass sich in den neunziger Jahren das Kultursponsoring auch in Deutschland institutionalisierte und professionalisierte, wobei allerdings stets die Größenordnungen zu beachten sind. 1998 brachten private Sponsoren rund 300 Millionen € auf – dem standen seinerzeit 8 Milliarden € öffentliche Gelder gegenüber.[499] Auf der Seite der Geber, also der Wirtschaft, schälten sich im Laufe der neunziger Jahre die Motive für das Kultursponsoring sehr viel klarer heraus und wurden präzisiert.

---

497 Hummel (1992) S. 99

498 Hummel, Marlies: Kulturfinanzierung durch Unternehmen in Zeiten verschärfter ökonomische Sachzwänge, München 1995 (*ifo studien zu kultur und wirtschaft 16*)

499 Ehrenkodex. Unternehmen zum Kultursponsoring. In: *Frankfurter Allgemeine Zeitung* vom 14.10.1998

Kultursponsoring wurde zunehmend in das allgemeine Marketing des Unternehmens bzw. in die Unternehmenskultur integriert. Dadurch wurden die geförderten Projekte auch sehr viel profilierter ausgewählt und die Förderung teilweise konzentriert.

Um die Bedenken und Vorurteile, die nach wie vor von Künstlern bzw. Kultureinrichtungen vorgebracht wurden, zu zerstreuen, gaben sich die führenden deutschen Wirtschaftsunternehmen, die im Kultursponsoring aktiv sind, 1989 einen sog. „Ehrenkodex", den sie als Selbstverpflichtung unterschrieben. Im Kern formulierte das Papier die Notwendigkeit einer „vertraglich geregelten, fairen Balance" zwischen Geldgebern und -nehmern.[500]

Auch auf der Seite der Empfänger, also der Kultureinrichtungen, wurde eine zunehmende Professionalisierung immer deutlicher erkennbar. Auch wenn vielerorts nach wie vor „die unternehmerische Kulturförderung mit Vorurteilen belastet"[501] ist, wie ein Tagungsbericht noch 1998 verkündete, so wurde den Kultureinrichtungen zunehmend klarer, dass Sponsoring deutlich vom Mäzenatentum zu trennen ist und wohlbegründeten Unternehmenszwecken dient. Bei den Kultureinrichtungen, die Kultursponsoring offensiv als Finanzierungsinstrument nutzen, wurde dieses strategisch in das entsprechende Beschaffungsmarketing eingebaut und ist mittlerweile ein unentbehrliches Element einer mehrdimensionalen Kulturfinanzierung.

Interessanterweise wurde (und wird) das Kultursponsoring vom Publikum nicht nur nicht abgelehnt – wie vielfach von Künstlern und vor allem vielen Leitern von Kultreinrichtungen vorgebracht wird –, sondern weitgehend akzeptiert, wobei sich allerdings durchaus Abstufungen erkennen lassen. Wie eine Untersuchung von 1996[502] ergab, fand Ausstellungssponsoring die breiteste Akzeptanz (67 %), gefolgt von Klassischer Musik und Popkonzerten (jeweils 61 %) und bei der Oper schließlich immerhin noch 57 %. Dies zeigt deutlich, dass vom Publikum das Kultursponsoring als ein zusätzliches Finanzierungsinstrument durchaus akzeptiert wird – wobei allerdings ein ganz entscheidender Punkt sein dürfte, wie zurückhaltend bzw. aufdringlich sich der Sponsor jeweils darstellt.

Der Staat schließlich als Verantwortlicher für die Rahmenbedingungen regelte – nach teilweise heftigen Auseinandersetzungen – in seinem *Erlass über die ertragssteuerliche Behandlung des Sponsoring* vom Juli 1997 bzw. abschließend am 18.2.1998, wie Unternehmen ihre Aufwendungen für Kunst und Kultur steuermindernd einsetzen können.[503]

Kultursponsoring hat sich seither als *ein* Finanzierungselement in Deutschland etabliert und ist im Kern eigentlich kaum noch umstritten. Allerdings hat sich doch auch sehr schnell gezeigt, dass sowohl vom Selbstverständnis der Wirtschaft her wie auch von den tatsächlichen Größenordnungen der Fördergelder der Unternehmen (die mehr oder weniger auf dem einmal gefundenen Niveau von rund 300 Mill. € stagnieren), die erhoffte Zauberkraft zur Lösung der finanziellen Krise nicht ausgehen wird.

Von Anbeginn ihrer entsprechenden Aktivitäten an machte die Wirtschaft, etwa durch den *Kulturkreis der deutschen Wirtschaft im Bundesverband der Deutschen Industrie* oder durch den *Arbeitskreis Kultursponsoring*, der 1996 vom Kulturkreis der deutschen Wirt-

500 Vgl. Ehrenkodex 1998; der Ehrenkodex ist abgedruckt in: Arbeitskreis Kultursponsoring: Positionspapier, Berlin 2000

501 Die unternehmerische Kulturförderung ist mit Vorurteilen belastet. In: *Frankfurter Allgemeine Zeitung* vom 15.10.1998

502 Inra-Repräsentativerhebung 3.000 Zuschauer; zitiert nach *TheaterManagement aktuell* September/November 1997 S. 23

503 abgedruckt u. a. in: Scheytt (2005) S. 287-289

schaft ins Leben gerufen wurde, deshalb deutlich, dass das kulturelle Engagement der Wirtschaft die öffentliche Förderung nicht ersetzen, sondern nur ergänzen kann, dass nur *gemeinsames* Handeln erfolgversprechend ist: „Es bedarf heute kulturpolitisch eines verantwortlichen gemeinsamen Handelns auf der Grundlage einer Verständigung aller Beteiligten über das, was notwendig ist und wie es solide finanziert werden kann. Daran sollten die zuständigen Ressorts und verschiedenen staatlichen Ebenen ebenso mitwirken wie Stiftungen und andere private Kräfte", heißt es bereits im sog. *Schweriner Manifest* des *Kulturkreises der deutschen Wirtschaft im BDI* von 1993.[504]

Auch der *Arbeitskreis Kultursponsoring* betont in seinem entsprechenden Positionspapier diese komplementäre, nicht-kompensatorische Form der Kulturfinanzierung: „Der *AKS* betrachtet Kultursponsoring als einen notwendigen Teil des Engagements der Wirtschaft für die Kultur und damit für die Zukunft unserer Gesellschaft (...) Demgegenüber ist es weiterhin die Aufgabe der öffentlichen Hand, im Sinne der Kulturstaatlichkeit und auf der Basis des Föderalismus ein vielfältiges Kulturleben in Deutschland sicherzustellen."[505]

Was bereits in den Studien zu Beginn der neunziger Jahren prognostiziert wurde, erwies sich in den ersten Jahren des neuen Jahrhunderts als Realität: dass Kultursponsoring keineswegs eine nie versiegende, in Zukunft möglicherweise sogar noch heftiger sprudelnde Finanzierungsquelle sein könnte, die staatliche Finanzierungsdefizite zunehmend ausgleichen könnte. Für das Jahr 2002 meldete der *Arbeitskreis Kultursponsoring* rund 350 Millionen € an Kultursponsoring-Mitteln aus Unternehmen und prognostizierte, dass „das klassische Kultursponsoring in den nächsten Jahren zurückgehen" wird.[506] Eine Stagnation bzw. einen Rückgang des Kultursponsorings prognostizieren weitere Studien, die unabhängig vom AKS durchgeführt wurden, wie etwa die Befragung der *Bob Bomliz Group* (2002) bei den 2.500 umsatzstärksten Unternehmen in Deutschland[507] oder der Hamburger Marktforschungsgruppe *pilot checkpoint* (2002) bei rund 220 Unternehmen und PR-Beratern.[508]

Neben der allgemeinen wirtschaftlichen Rezession liegen die Gründe für den Abwärtstrend tiefer, und zwar paradoxerweise gerade in seinen Anfangserfolgen. „Als Ende der neunziger nicht nur die großen Konzerne, sondern auch der breite Mittelstand von Regionalradios bis zu Dorfschlachtern diese Form der Imagepflege entdeckten", schreibt die *Berliner Zeitung*, „fiel der Reiz der Exklusivität weg. Ein neues Spielzeug musste her. So entdeckten die Marketingabteilungen das so genannte ‚Mediensponsoring'." Allerdings stellt das Kultursponsoring trotz dieser einschränkenden Feststellungen eine wichtige und kaum mehr wegzudenkende Einnahmequelle im Rahmen der mehrdimensionalen Kulturfinanzierung dar und sollte von den Kultureinrichtungen entsprechend professionell genutzt werden.

504 Enthalten in: Kulturförderung in gemeinsamer Verantwortung. Weißbuch des Aktionskreises Kultur, herausgegeben vom Kulturkreis der deutschen Wirtschaft im Bundesverband der deutschen Industrie e.V., Köln 1995 S. 13

505 Arbeitskreis Kultursponsoring: Positionspapier, Berlin 2000 S. 8

506 Thomsen, Henrike: Unternehmen frieren ihre Budgets für das Kultursponsoring ein. In: *Berliner Zeitung* vom 23.7.2002

507 *Bob Bomliz Group Bonn GmbH* (zit. nach 2. Hessischen Kulturwirtschaftsbericht S. 37)

508 *pilot Checkpoint GmbH 2002* (zit. nach 2. Hessischen Kulturwirtschaftsbericht S. 37)

7.11 Stiftungen

„Glückliches Hamburg“, schrieb die *ZEIT* im Sommer 2006. „Mit 56 Stiftungen auf je 100.000 Einwohner ist die Hansestadt die deutsche Stifterhochburg, und jüngst haben die als abweisend geltenden Pfeffersäcke einen eindrucksvollen Beleg ihrer Freigiebigkeit geliefert: Die Stiftung Elbharmonie war noch nicht einmal richtig gegründet, da hatte sie bereits Mittel in zweistelliger Millionenhöhe eingeworben. Die Stiftung soll einen Teil der 186 Millionen Euro beschaffen, für die direkt an der Elbe ein spektakuläres Konzerthaus nach den Entwürfen der Schweizer Stararchitekten Herzog und de Meuron entstehen soll. 35 Millionen Euro sollen private Spender über die Stiftung beibringen – nach nicht einmal einem halben Jahr waren schon mehr als 57 Millionen Euro zusammengekommen.“[509]

„Immer mehr Stiftungen in Deutschland“, vermeldete die *Frankfurter Allgemeine Zeitung* Februar 2007 und stellt fest: „Im vergangenen Jahr sind so viele Stiftungen wie nie zuvor in Deutschland errichtet worden. Nach 880 Neugründungen 2005 belaufe sich der Wert im vergangen Jahr auf 8999, teilte der *Bundesverband Deutscher Stiftungen* mit. Damit gebe es in Deutschland derzeit mehr als 14.400 Stiftungen bürgerlichen Rechts.“[510]

Die letzten 15 Jahre brachten einen wahren Gründungsboom an Stiftungen, wie die folgende Übersicht zeigt.[511] Private Stiftungen (in Abgrenzung zu den oben dargestellten öffentlich-rechtlichen Stiftungen) sind heute vielfach an die Stelle von Mäzenen (vgl. unten) getreten. Diese Stiftungen wurden entweder durch den Stifter des Vermögens selbst oder seine Nachfahren ins Leben gerufen und tragen meist seinen Namen. Privatrechtliche Stiftungen dienen sowohl Unternehmen (inhabergeführten wie nicht-inhabergeführten) als auch Privatpersonen als Organisationsform – entweder als Unternehmensstiftung oder als persönliche Stiftung. Laut *Bundesverband* stehen hinter 60 % aller Stiftungen Privatleute. Die Errichtung einer Unternehmensstiftung ist somit Ausdruck eines spezifischen bürgerschaftlichen bzw. gesellschaftlichen Engagements eines Unternehmens bzw. eines Unternehmers als stiftende Privatperson (Corporate Citizenship oder Corporate Social Responsibility).

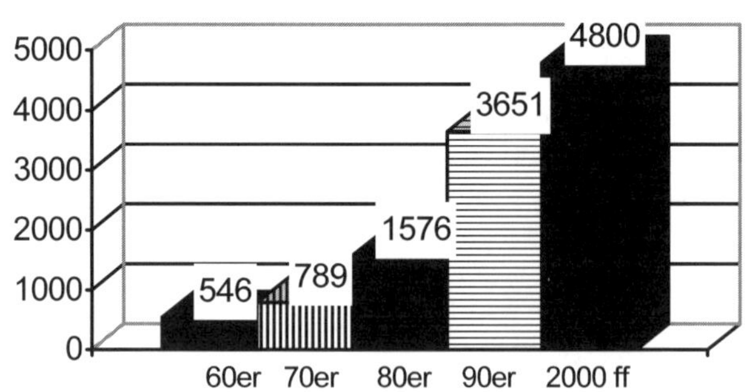

Abbildung 29: Stiftungsgründungen seit 1960

509 Siemes, Christof: Image durch Kultur. Firmen und Vermögende stiften gern für die Künste. In: *Die Zeit* vom 13.07.2006

510 Immer mehr Stiftungen. In: *Frankfurter Allgemeine Zeitung* vom 5.2.2007

511 Quelle: Bundesverband Deutscher Stiftungen (2006); zit. nach: *Die Zeit* vom 13.07.2006

Als Motive der Stifter[512] zur Stiftungsgründung werden genannt:

Wunsch, etwas zu bewegen	68 %
Verantwortungsbewusstsein	66 %
Der Gesellschaft etwas zurückgeben	41 %
Aktivitäten aus dem Berufsleben durch Stiftung fortführen	26 %

Ein Unternehmer kann in unterschiedlicher Form für Kunst und Kultur aktiv werden, wie folgende Übersicht verdeutlichen soll.[513]

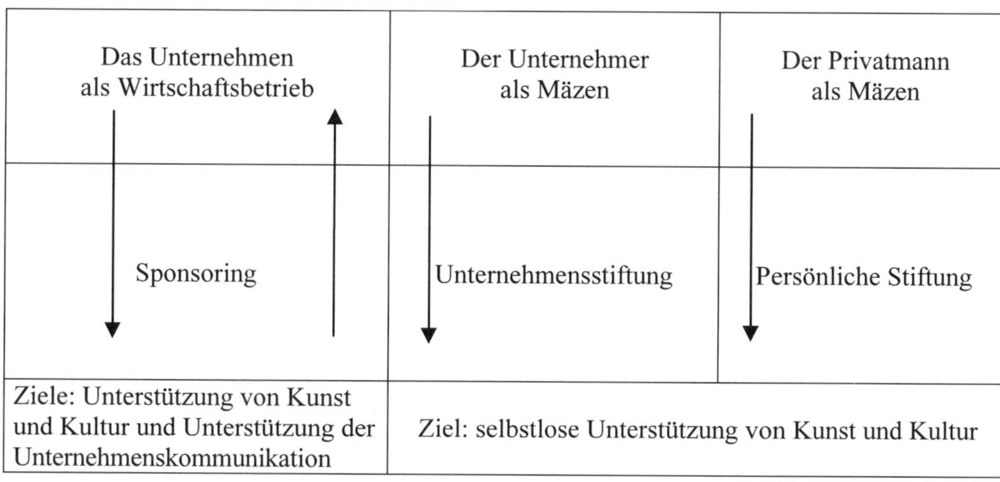

Abbildung 30: Kulturstiftungen vs. Kultursponsoring

Eine Kultureinrichtung, die von den unterschiedlichen Förderungsformen profitieren möchte, ist gut beraten, diese unterschiedlichen Unterstützungsformen auf verschiedenen Kanälen bzw. mit differenzierten Programmen anzusprechen. Das *Festspielhaus Baden-Baden* beispielsweise hat sein entsprechendes Förderprogramm mit den unterschiedlichen Unterstützungsmöglichkeiten auf ihrer Website entsprechend dargestellt.

512 zit. nach: *Die Zeit* vom 13.07.2006

513 Vgl. 2. Hessischen Kulturwirtschaftsbericht S. 25

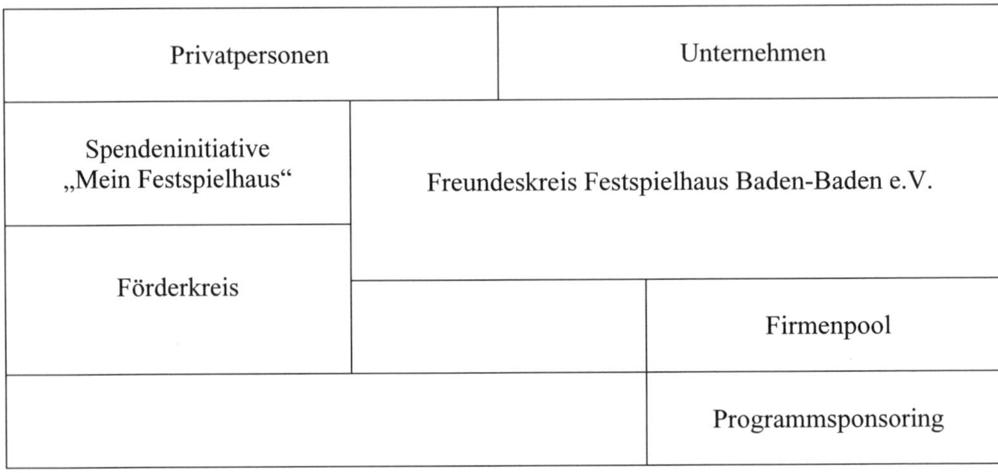

Abbildung 31: Fördermöglichkeiten Festspielhaus Baden-Baden

Die Stiftung im hier verwendeten Sinne unterscheidet sich von der zum zeitnahen Verbrauch bestimmten *Spende* bzw. von der *Schenkung*. Eine Stiftung im hier gemeinten Rechtsinn ist vielmehr eine mit Vermögen ausgestatte Einrichtung, die von einem oder mehreren Stiftern auf Dauer eingerichtet wird, um einen beabsichtigten, in der Regel gemeinnützigen Stiftungszweck zu verfolgen.[514] Die entsprechenden Rechtsregeln für eine Stiftung bürgerlichen Rechts sind enthalten in §§ 80 bis 88 des *Bürgerlichen Gesetzbuches (BGB)* sowie in den Regelungen der einzelnen Bundesländer zum Stiftungsrecht. Dabei ist zu unterscheiden zwischen *Privaten Stiftungen* (d. h. rechtsfähige bzw. nichtrechtsfähige Stiftungen des Privatrechts) und *Öffentlichen Stiftungen* (Stiftungen des öffentlichen Rechts; vgl. hierzu oben).

Die spezifischen Merkmale von Stiftungen sind zunächst ein eindeutiger Stifter*wille*, der Teile seines Vermögens einem bestimmten nützlichen Zweck zuführen und dieses deshalb aus seinem eigenen Vermögen ausgliedern will. Hinzu kommt ein vom Stifter gesetzter Stiftungs*zweck*, der zwar auch privatnützig sein darf, in der Regel aber gemeinnützig sein wird. Weitere Kennzeichen der Stiftung sind die *Dauerhaftigkeit* des Stiftungszweckes (die sie wiederum von der auf den zeitnahen Verbrauch gerichteten Spende abgrenzt), die Ausstattung mit einem eigenen *Sondervermögen*, das Erträge zu erwirtschaften in der Lage ist, aus denen dann der Stiftungszweck realisiert wird; die Einrichtung einer auf Dauer stabilen *Organisation* zur Durchsetzung des Stifterwillens (eben die Stiftung als Einrichtung); ein konstitutiver *Genehmigungsakt* durch den Staates (d. h. des jeweiligen Bundeslandes, in dessen Gebiet die Stiftung ihren Sitz haben soll), der auch die Stiftungsaufsicht als Garant des Stifterwillens dient.

514 Vgl. hierzu Heinrichs / Klein (2001) S. 362ff; ausführlich: Seifart, Werner und v. Campenhausen, A. (Hrsg.): Handbuch des Stiftungsrechts, München 2. Aufl. 1999; Bertelsmann Stiftung (Hrsg.)(2003); Strachwitz, Rupert Graf von: Stiftungen – nutzen, führen und errichten: ein Handbuch, Frankfurt am Main 1994

Dabei können idealtypisch drei Formen der Stiftungstätigkeit unterschieden werden.

1. Die sog. *Anstaltsträgerstiftung* fungiert als institutioneller Träger für ganz bestimmte kulturelle Aufgaben, d. h. sie hat den ausschließlichen Zweck, eine bestimmte Einrichtung zu tragen und zu fördern. (beispielsweise das *Städel*-Museum in Frankfurt, die *Stiftung Festspielhaus Baden-Baden*, die Stiftung *Internationale Musikschulakademie Kulturzentrum Schloss Kapfenburg*). Solche einrichtungsbezogenen Stiftungen (Foundations) sind in den USA für Theater, Museen und Orchester weit verbreitet.
2. Die *Förderstiftung* konzentriert sich darauf, die Erträge des Stiftungsvermögens Dritten zur Verfügung zu stellen, d. h. fremde Projekte zu unterstützen, ohne selbst als Veranstalter oder Organisator aufzutreten (so z. B. die *Jürgen-Ponto-Stiftung* oder die verschiedenen *Sparkassen*-Stiftungen).
3. Die *operativen* Stiftungen schließlich verwirklichen über eigene Förderprogramme den Stiftungszweck, indem sie Projekte in eigener Regie durchführen (so z. B. die *Siemens-Stiftung* oder die *Wüstenrot-Stiftung*). In der Praxis kommt es allerdings nicht selten zu Mischformen. Der *Bundesverband Deutscher Stiftungen* geht davon aus, dass 60 % aller Stiftungen fördernd tätig sind, 20 % operativ fördern und weitere 20 % beide Arbeitsformen verbinden.

Über das jährliche Ausschüttungsvolumen von Stiftungen im Bereich Kunst- und Kulturförderung gibt es bedauerlicherweise keine exakten Zahlen; sie reichen von 125 Mill. Euro (2000; *Stifterverband der Deutschen Wirtschaft*) bis zu 130 Mill. Euro (2001; *Arbeitskreis Kultursponsoring*). Wer finanzielle Unterstützung von einer Stiftung erwartet,[515] sollte sich genauestens mit deren Stiftungszweck bzw. den niedergelegten Zielen befassen, denn „als zweckgewidmetes Vermögen darf die Stiftung über den satzungsmäßigen Zweck nicht hinausgehen. Ein noch so gutes Projekt darf nicht gefördert werden, wenn der satzungsmäßige Zweck der Stiftung dies nicht ausdrücklich gestattet. Ein Verstoß gegen diese regeln kann zu Recht zu erheblichen Beanstandungen durch die Stiftungsaufsichtsbehörde und sogar zum Entzug der Gemeinnützigkeit führen."[516]

7.12 Mäzenatentum und Spenden

Steht beim Sponsoring stets das Prinzip des Geschäfts auf Gegenseitigkeit, d. h. der Austausch von Leistung und Gegenleistung im Vordergrund (der konstitutiv ist für die steuerliche Absetzbarkeit als Betriebsausgaben), so sind das Mäzenatentum und das systematische Spendenmarketing (in Deutschland etwas missverständlich Fundraising genannt) durch Altruismus, Idealismus und (mehr oder weniger) Selbstlosigkeit des Gebenden geprägt. Der Begriff Mäzen geht auf den römischen Ritter aus etruskischem Geschlecht, Gaius Clinius *Maecenas* (von 70 v. Chr. bis 8. v. Chr.) zurück. Er war Freund, Helfer und Berater des Kaisers Augustus, sehr stark literarisch interessiert und förderte vor allem Dichter wie Horaz, Propertius und Vergil.

Diese Tradition wurde insbesondere in Amerika in Form des sog. *Philantrophic Giving* fortgeführt. Im „amerikanischen Wertekanon ist es Ziel eines jeden, persönlich am gesell-

515 Vgl. hierzu Mecking, Christoph: Von der Projektidee zur passenden Förderstiftung. Wie die Stiftung gesucht und gefunden wird, bei der sich ein Antrag auf Unterstützung lohnt. In: Erfolgreich Kultur finanzieren B 7.1.1

516 Strachwitz (1994) S. 191

schaftlichen Besserungsprozess teilzunehmen und als Individuum einem Projekt die entscheidende Wende zu geben. ‚To make a difference' lernt jedes Kind in der Schule. Es ist der Schlachtruf des Individualismus in der Massengesellschaft. Nicht anonyme Kräfte sollen die Geschehnisse bestimmen, sondern der Einzelne steht in der Verantwortung", schreibt die *ZEIT*. Und weiter: "Seinen Reichtum zu verschenken statt zu vererben deutet auf Zukunftsvertrauen. Den Nachfahren, lautet die Annahme, werde es trotzdem gut gehen."[517]

Das private mäzenatische Engagement ohne wirtschaftliche Gegenleistung kann in Form der mehr oder minder großen (Einzel-)Spende, über einen Förderverein, über Ausschüttungen von Stiftungen oder schließlich über ein systematisches Spendenmarketing, das in Deutschland so genannte Fundraising (im Amerikanischen meint dieser Begriff die Generierung von Einnahmen insgesamt) realisiert werden.[518] Das Mäzenatentum drückt sich zunächst und vor allem in der (mehr oder minder großen) selbstlosen Spende aus. Dabei kann es sich durchaus um gigantische Einzelspenden handeln. „So trennt man sich also von 32 Milliarden Dollar"[519], schrieb etwa die *ZEIT* im Sommer 2006 über eine Aufsehen erregende Großspende. Gerade hatte Warren Buffett einen Großteil seines Vermögens der *Bill-Gates-Stiftung* vermacht. „'There we go', ‚bitte schön', sagte Warren Buffett, als er seine Unterschrift unter die Schenkungsurkunde setzte. Ein paar Scherze, ein paar nervöse Lacher, ein Klickkonzert der Kameras. Dann war es schon passiert: Der zweitreichste Mann der Welt hatte soeben fast sein gesamtes Vermögen dem reichsten Mann der Welt vermacht."

„Der Schritt sei revolutionär, urteilten Fachleute wie Daniel Borochoff, Präsident des *American Institute of Philantrophy*. Er werde ‚Wirkung auf Millionen von Menschen' haben. Zudem könnte das Abkommen zwischen Buffett und der Familie Gates eine Ära der Mega-Stiftungen einleiten, hieß es. Buffett und Gates befinden sich in bester Gesellschaft. Unter amerikanischen Superreichen gehört es seit je zum guten Ton, Geld nicht nur für sich zu horten. Industrielle wie Rockefeller, Getty oder Ford präsentierten sich stets als Wohltäter", schreibt die *Frankfurter Allgemeine Sonntagszeitung* zu diesem einmaligen Vorgang.[520] Der Grundsatz des *Philantrophic Giving* lautet daher: „Es ist keine Schande, reich zu werden, allerdings reich zu sterben."

Diese Großspender gaben in der Vergangenheit und Gegenwart große Summen für die Kultur. Das kulturelle und künstlerische Leben in den USA ist ohne die großen Spenden des Stahlbarons Andrew Carnegie (der u. a. die berühmte *Carnegie-Hall* in New York finanzierte), des Ölmagnaten Jean Paul Getty (mit seinen zahlreichen Sammlungen), des Filmproduzenten Walt Disney (mit der nach ihm benannten neuen Konzerthalle Los Angeles) oder eines Solomon Guggenheim mit seiner Stiftung und aufsehenserregenden Museen schwer vorstellbar. Doch das mäzenatische Engagement beschränkt sich keineswegs auf Kultureinrichtungen in den USA, wie etwa die jahrelange Unterstützung der *Salzburger Festspiele* durch Betty Freeman[521] oder Alberto Vilar zeigt.

Auch in Deutschland engagieren sich Unternehmer wie Bucerius, Oetker, Nannen, Würth, Burda oder Ritter kulturell. Deutsches Mäzenatentum unterscheidet sich jedoch – zumindest bislang noch – vom amerikanischen Vorbild in dreierlei Hinsicht. (1) Die Summen des mäzenatischen Engagements sind erheblich kleiner, wie auch die Vermögen hier-

517 Kleine-Brockhoff, Thomas: Philantrophische Republik Amerika. In: *Die Zeit* vom 13.07.2006
518 Heinrichs (1997) S. 183
519 Fischermann, Thomas: „32.000.000.000" In: *Die Zeit* vom 29.06.2006
520 Heeg, Thiemo: Geben ist seliger denn nehmen. In: *Frankfurter Allgemeine Sonntagszeitung* vom 02.07.2006
521 Meijas, Jordan: Scheue Mäzenin der Moderne. Was Betty Freeman aus Beverly Hills für Salzburg bedeutet. In: *Frankfurter Allgemeine Zeitung* vom 21.08.1999

zulande zumeist kleiner sind. (2) Die Amerikaner machen deutlich hemmungsloser persönliches Marketing für ihre guten Werke, während die deutschen Wohltäter eher zur Diskretion neigen. (3) In den Vereinigten Staaten will man Ergebnisse eines Engagements sehen, während sich deutsche Spender zuweilen noch mit dem guten Willen begnügen.[522]

Spenden – große Einzelspenden wie die geschilderten ebenso wie kleine Gaben – sind private Zuwendungen, die in der Regel zwar an eine klare Zweckbindung (z. B. für eine bestimmte kulturelle Aufgabe wie etwa den Wiederaufbau der Dresdner Frauenkirche), im Gegensatz zum Sponsoring aber nicht an eine wirtschaftliche Gegenleistung gebunden sind. Dabei kann es sich um *Geld-*, *Sach-* und *Aufwandsspenden* handeln.[523] *Geldspenden*, soweit sie zur Förderung mildtätiger, kirchlicher, religiöser, wissenschaftlicher und der als besonders förderungswürdig anerkannten gemeinnützigen Zwecke (z. B. gemeinnützige kulturelle Vereine) bestimmt sind, können von der Einkommen- und Körperschaftsteuer steuermindernd abgesetzt werden. Als *Sachspenden* kommen Wirtschaftsgüter aller Art in Betracht. Dazu ist es erforderlich, dass der Spender dem Begünstigten das Eigentum an der Sache verschafft (tatsächliche Verfügungsmacht) und die Sache dem gemeinnützigen Zweck dient. Bei allen Sachspenden hat der Begünstigte in der Spendenbestätigung die Grundlagen der Wertermittlung gesondert darzustellen und die erforderlichen Nachweise und Unterlagen aufzubewahren.

Werden *Nutzungen* (z. B. die Überlassung von Räumen) und *Leistungen* (z. B. entsprechende Arbeitsleistung als Helfer bei einer Veranstaltung) entgeltlich erbracht, so kann bei Verzicht auf den rechtswirksam entstandenen Vergütungs- und Aufwendungsersatzanspruch eine steuerbegünstigte Spende vorliegen (sog. *Aufwandsspende*). Unentgeltliche Nutzungen (z. B. die kostenlose Überlassung von Räumen) und Leistungen (z. B. ehrenamtliche Tätigkeit) können dagegen nicht wie eine Sachspende behandelt werden, da dem Steuerpflichtigen insoweit kein finanzieller Aufwand entsteht. Auch die unentgeltliche Arbeitsleistung eines Vereinsmitglieds ist deshalb keine Spende. Damit es zu einer sog. Aufwandsspende kommt, ist ein tatsächlicher Geldfluss nicht erforderlich, doch muss der zugrunde liegende Aufwandsersatzanspruch vertraglich geregelt sein. Auch hier empfiehlt sich für die Kultureinrichtung die Rücksprache mit einem Steuerberater, um nicht in Schwierigkeiten zu geraten.

Unter steuerrechtlichen Gesichtspunkten sind Spenden als Sonderausgaben und nicht als Betriebsausgaben zu bewerten; sie können nur 5“ bis maximal 10 % steuerlich abgesetzt werden. Diese Regelung förderte und fördert in Deutschland – ganz anders als etwa in den USA, in denen Spenden teilweise bis zu 100 Prozent von der Steuer abgesetzt werden können, bislang nicht gerade die Spendenbereitschaft. Die *Konferenz der Kultusminister der Länder* unterbreitete deshalb in einem Positionspapier vom November 2002 Vorschläge zur Verbesserung der fiskalischen Rahmenbedingungen. Sie forderte darin u. a. eine Anhebung der steuerlichen Abzugsgrenzen für Spenden und für Zuwendungen an gemeinnützige Körperschaften als Sonderausgaben von bisher 5 bis 10 % auf einheitlich 20 % bei privaten Einkünften und von bisher 2 % auf 4 % bei den Unternehmensumsätzen einschließlich der im Kalenderjahr aufgewendeten Löhne und Gehälter gemäß § 10 b Einkommenssteuergesetz. Leider ist aufgrund der langjährigen Finanzknappheit öffentlicher Haushalte in den letzten Jahren eher ein restriktiver Kurs zu beobachten.

522 Heeg (2006)
523 Vgl. hierzu und dem folgenden Heinrichs / Klein (2001) S. 349ff

7.13 Fundraising

Bisher war nur von Einzelspenden die Rede, die häufig eher zufällig zustande kommen. Werden diese Spenden jedoch systematisch erhoben, spricht man von Fundraising bzw. besser von „systematischem Spendenmarketing".[524] Der amerikanische Begriff des Fundraising[525] („to raise funds") meint – anders als die etwas unglückliche und verwirrende Übersetzung bzw. durchgesetzte Verwendung im Deutschen – als Oberbegriff das Einwerben sowohl öffentlicher wie privater Mittel. Im Deutschen bezeichnet man dagegen mit dem Begriff Fundraising „das systematische und professionelle Sammeln von Spenden für eine bestimmte kulturelle (oder andere) gemeinnützige Einrichtung oder Aufgabe."[526]

Fundraising im dargestellten Sinne wird auch in Deutschland mittlerweile ein zunehmend beliebteres, wenn auch immer noch viel zu wenig systematisch ausgestaltetes und genutztes Finanzierungsinstrument. Symptomatisch für das nach wie vor zu beobachtende Missverständnis ist der möglicherweise verkaufsfördernde, tatsächlich aber eher in die Irre leitende Titel einer der ersten entsprechenden Publikationen zum Thema mit dem Titel „Die Kunst des Bettelns".[527] Nach Henry A. Rosso, dem Gründer der angesehensten US-Fortbildungseinrichtung in diesem Bereich, ist Fundraising dagegen „die sanfte Kunst, die Freude am Spenden zu lehren."[528]

Marita Haibach, die sich wie kaum eine andere im deutschsprachigen Raum mit dem Konzept des *Philanthropic Giving* auseinandergesetzt hat, markiert den Hauptgrund, weshalb Philanthropie in Deutschland lange Zeit nicht wahrgenommen wurde: „Eine wesentliche Ursache ist das bei uns vorherrschende Staatsverständnis. Während in den USA das Prinzip der sozialen Verpflichtung, freiwillige Beiträge zum Gemeinwohl zu leisten, die ideologische Basis der Philanthropie bildet, fehlt es in Deutschland an einer solchen ideologischen Voraussetzung, denn Wohltätigkeit hat in der öffentlichen Wahrnehmung bestenfalls die Aufgabe, Lücken zu schließen, die der Staat nicht abdeckt. Der Umfang und somit auch der gesellschaftliche Einfluss des privaten Gebens in Deutschland ist geringer als in den USA. Alleine das Volumen der Spenden von Einzelpersonen liegt dort mindestens zehnmal höher als bei uns, obwohl die Bevölkerungszahl der USA lediglich dreimal so groß ist wie die der BRD."[529]

Trotz seiner mittlerweile weit verbreiteten Nutzung auch in Deutschland (mittlerweile bildet eine Fundraising-Akademie professionelle Fundraiser aus; diese werden mittlerweile auch verstärkt in den Stellenangeboten der großen Zeitungen gesucht) liegen kaum verlässliche Zahlen zum Umfang der erzielten Erträge vor. Marita Heibach beruft sich auf eine Umfrage des *EMNID-Instituts* von 2001, das von einem Gesamtvolumen von ca. 2,5 Milliarden € ausgeht; auf den Bereich Kunst und Kultur entfallen geschätzte 3 %, das wären also

524 Schütz, Dirk und Christine Franz: Spenden sammeln mit System. Der Weg zur eigenen Fundraisingkonzeption. Erfolgreich Kultur finanzieren, B 5.1.2

525 Vgl. zusammenfassend die Darstellung bei Lissek-Schütz (2004) S. 349-374

526 Vgl. Heinrichs / Klein (2001) S. 120; vgl. hierzu ausführlich: Haibach, Marita: Handbuch Fundraising. Spenden, Sponsoring, Stiftungen in der Praxis. Frankfurt / New York 1998; Lissek-Schütz, Ellen: Die Kunst des Werbens um Gunst und Geld. Fundraising als Marketingstrategie auch für Kulturinstitutionen. In: Handbuch KulturManagement, Oktober 1997

527 Burens, Peter-Claus: Die Kunst des Bettelns. Tipps für erfolgreiches Fundraising, München 1995

528 Opitz, Götz-Dietrich: Fundraising in Deutschland: Der Dritte Sektor und seine Zukunft. In: *Die Gazette* 5, März 2005

529 Haibach (1998) S. 144

geschätzte 750 Millionen €. Allerdings sind diese Zahlen mit großer Vorsicht zu genießen, da sie weitgehend auf Schätzungen beruhen.

Das Konzept des Fundraising basiert auf der Grundlage von Gemeinsinn, d. h. es geht davon aus, dass die meisten Menschen von dem Wunsch bewegt werden, etwas Gutes tun zu wollen. Auf dieser Motivationsebene werden diese Menschen als *private* Geldgeber (und nicht als „Unternehmer", wie im Falle des Sponsoring) angesprochen, ganz nach dem leitenden Prinzip: „People give to people". Diese Form des systematischen Spendenmarketings unterscheidet sich fundamental vom – insbesondere vor Weihnachten sich häufende – weitgehend wahllose Anschreiben von Personen durch gemeinnützige Vereine jedweder Couleur mit der Bitte, doch zu spenden (nach dem Motto: „Haste mal'ne Mark?").

Im Gegensatz zu diesem anonymen, meist auf zahlungskräftige Adressaten schielenden Vorgehen, ist richtig verstandenes Fundraising stets individuell-persönlich ausgerichtet, niemals abstrakt-unpersönlich. Unter diesem Aspekt ist systematisches Spendenmarketing sehr viel mehr als eine Methode des raffinierten Geldeinsammelns, es ist „Vermögensbildung für eine gute Sache."[530] Daher auch der viel zitierte Satz: „Fundraising is friendraising".

Ellen Lissek-Schütz beschreibt den erfolgreichen Fundraiser als von folgenden Prinzipien getragene Person:

1. Er ist leidenschaftlich überzeugt von der kulturellen Bedeutung des jeweiligen Projektes bzw. der Einrichtung, denn nur wer selbst von etwas überzeugt ist, kann andere überzeugen. Fundraiser verstehen sich deshalb nicht als „Bettler", sondern als „Anwälte und Botschafter einer guten Sache" (Lissek-Schütz). Nur wer selbst von etwas überzeugt ist, kann andere überzeugen.
2. Er geht aus von der o. a. Erkenntnis „People give to people", d. h. der Überlegung, dass eine gute Idee alleine noch kein Geld bringt, sondern dass Menschen mit überzeugenden Argumenten andere Menschen, die bereit sind, Gutes tun zu wollen, ansprechen müssen. Dies wird nur gelingen, wenn die Sichtweise des jeweils anderen eingenommen wird.
3. Er nimmt ein „Nein" nie als endgültige Antwort – „Never take no for an answer" – sondern hofft, dass es vielleicht beim nächsten Projekt klappen könnte. Somit ist Fundraising keine Einbahnstrasse, sondern immer ein (möglichst dauerhafter) Kommunikationsprozess. Daher stets die höflich-zurückhaltende Nachfrage im Falle einer Ablehnung: „Für was wären Sie denn speziell bereit sich zu engagieren?" Damit – und der sorgfältigen Dokumentation dieser Antwort – ist der vorbereitende Schritt zur nächsten Fundraising-Aktion getan.
4. Er weiß, dass das Werben um Geld, selbst wenn es im Einzelfall nicht klappen sollte, ein Zweck an sich ist, denn es macht das jeweilige Projekt oder die kulturelle Einrichtung bei möglicherweise Interessierten besser bekannt.
5. Er geht kreativ und flexibel vor, d. h. er stellt sich sehr genau auf den jeweiligen Gesprächspartner ein. Die gerade in Deutschland immer wieder so sehnlich erhoffte einzige „one-fits-for- all" Strategie kann es deshalb im Fundraising per definitionem nicht geben, d. h. das „Alle-über-einen-Kamm-Scheren" ist von vornherein zum Scheitern verurteilt.[531]

530 Schöffmann, Dieter: Fundraising: Vermögensbildung für eine gute Sache, Krefeld 1995
531 Lissek-Schütz (1997)

Die entscheidenden Unterschiede zwischen dem traditionellen, d. h. eher zufälligen Spendeneinsammeln, das bei vielen Kultureinrichtungen jetzt schon zum Alltag gehört, und dem dargestellten systematischen Spendenmarketing sind daher folgende: (1) das Fundraising ist eng in das allgemeine Beziehungsmarketing der jeweiligen Kultureinrichtung eingebunden; (2) das Fundraising geht daher sehr viel systematischer und personenbezogener vor und unterscheidet sich dadurch von anonymen und daher wirkungslosen breiten Spendenaufrufen; (3) darüber hinaus „pflegt“ das Fundraising den individuellen Spender und versucht, ihn möglichst lange und intensiv an die jeweilige Kultureinrichtung zu binden.

Dieses systematische Vorgehen ist bei vielen Kultureinrichtungen in Deutschland noch weitgehend unbekannt; in den USA gehört es allerdings zum Finanzierungs-Alltag der Kultureinrichtungen. Abschließend sei deshalb die *Fundraising-Pyramid* der *Fundraising School* des *Indiana University Center on Philanthropy* vorgestellt, um zu zeigen, welche bislang ungenutzten Potenziale in diesem Konzept stecken.[532]

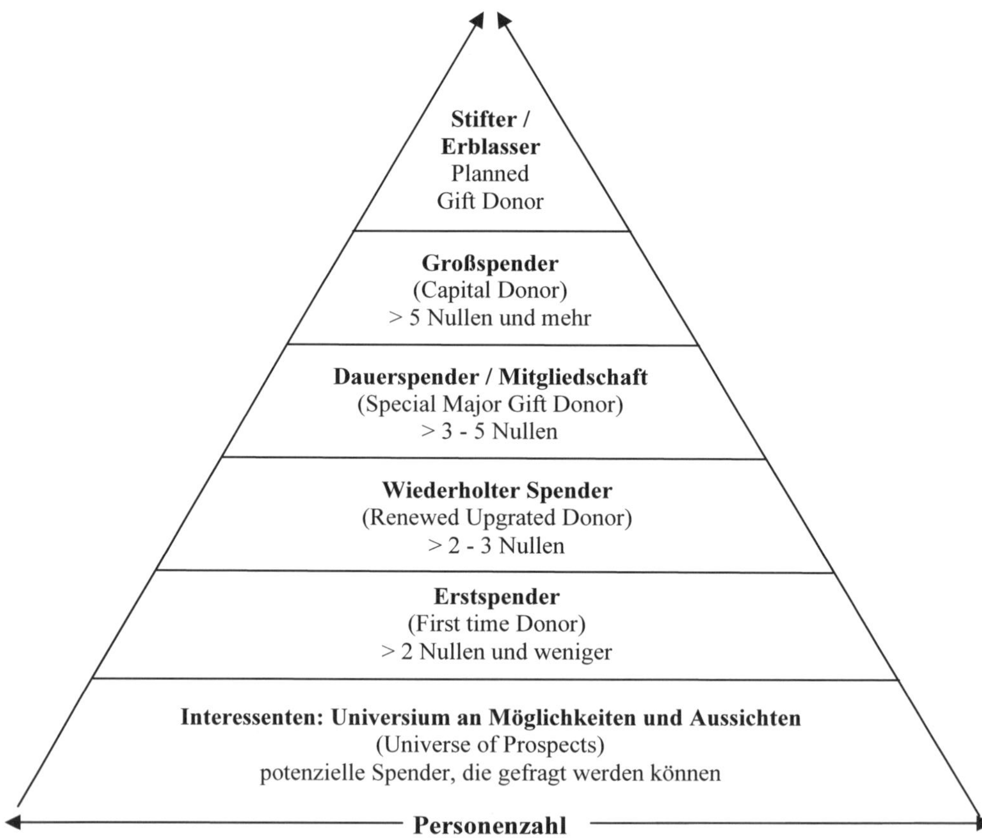

Abbildung 32: Die Fundraising-Pyramide

532 Vgl. hierzu Lissek-Schütz (2004) S. 364

Aus der Darstellung wird deutlich, dass die aufgewendete Zeit und die notwendigen Anstrengungen in einem deutlichen Zusammenhang mit der Größe der Zuwendungen stehen: Wer mehr gibt, erhält mehr Zuwendung und Aufmerksamkeit seitens der Kultureinrichtung. Aber ebenso wird deutlich, dass es wenig sinnvoll ist, sich nur auf Großspender zu konzentrieren, denn auch diese haben alle einmal klein angefangen. Gerade deshalb ist es so wichtig, potenzielle Spender möglichst früh zu erreichen und an die Kultureinrichtung zu binden.

7.14 Zusammenfassung: Mehrdimensionalität der Kulturförderung

Die Ausführungen haben deutlich gemacht, dass die Kunst- und Kultureinrichtungen keineswegs darauf angewiesen sind, ihre Einnahmen lediglich aus einigen wenigen Quellen, insbesondere nur aus Finanzierungsanteilen des Trägers, zu erhalten. Vielmehr gibt es eine ganze Bandbreite von Finanzierungsmöglichkeiten, die indes in Deutschland noch viel zu wenig genutzt und ausgeschöpft werden. An erster Stelle steht dabei die Steigerung der Eigeneinnahmen; Wege hierzu wurden aufgezeigt. Aber auch eine Steigerung der Drittmittel, private wie öffentliche, bildet eine wichtige Alternative zu einer überwiegend vom Träger getragenen Finanzierung.

Allerdings dürfte auch deutlich geworden sein, dass die Erschließung von zusätzlichen Finanzierungsquellen nicht – wie bisher leider vielfach üblich – in Zukunft weiter dem Zufall überlassen bleiben darf, sondern eines strategischen und marketingorientierten Vorgehens bedarf. Die Erschließung neuer Finanzierungsquellen ist eine Aufgabe der Führungsebene, ja: Sie ist Chefsache! Hierzu gehört zunächst eine genaue Kenntnis des jeweiligen Instrumentes bzw. der zum Einsatz notwendigen Methoden. Ziele und Motive eines Stifters sind andere als die eines sponsernden Wirtschaftsunternehmens. Als zweites muss eine möglichst zielgenaue Konzeption entwickelt werden, um die jeweilige Finanzierungsquelle möglichst optimal zu erschließen.

8 Kreative Allianzen

In einer dynamischen und sich immer rascher verändernden Umwelt, die sich darüber hinaus durch einen hohen Grad an Vernetzung auszeichnet, kann auf die Dauer kaum ein Kulturbetrieb monadenhaft und selbstgenügsam – quasi „l'art pour l'art"-orientiert – vor sich hin arbeiten. Kulturpolitik war – und ist – dann stark und wirkungsmächtig, wenn sie über ihren Kernbereich hinausgreift und bereit ist, „kreative Allianzen" (so Oliver Scheytt in seiner Rede zum dreißigjährigen Bestehen der *Kulturpolitischen Gesellschaft*) mit anderen gesellschaftlichen Bereichen, insbesondere der rasch wachsenden Kreativwirtschaft zu schließen.

Zu Beginn der siebziger Jahre startete die öffentliche Kulturarbeit in Deutschland ihren beispiellosen Höhenflug unter dem Motto „Kulturpolitik ist Gesellschaftspolitik", wie es selbstbewusst seiner Zeit die Gedenkschrift für Alfons Spielhoff[533], (einer der Protagonisten der Neuen Kulturpolitik), in ihrem Titel formulierte. Spätestens seit dem Dortmunder Kongress des *Deutschen Städtetages* von 1973, der explizit *Wege zur menschlichen Stadt* suchte, rückte Kultur – neben Bildung – als „Element der Stadtentwicklung"[534] ins Zentrum der Aufmerksamkeit. Kulturpolitik erhielt – unter dem Markenzeichen einer „Neue Kulturpolitik" – seiner Zeit in diesem gesellschaftlichen Entwicklungsprozess einen völlig neuen Stellenwert. „Die Pflege des ‚Wahren, Schönen, Guten' im abgehobenen Wertereich bürgerlicher Kultur sollte aufgehoben werden zugunsten einer gesellschaftsrelevanten Kulturpolitik, die die Trennung von Kultur und Gesellschaft überwindet und einen erweiterten Kulturbegriff zugrundelegt, der Kultur als Ferment des gesellschaftlich-kulturellen Entwicklungsprozesses ausweist."[535] Kulturpolitik begriff sich zunehmend als Motor der gesellschaftlichen Entwicklung.

Nach den damaligen programmatischen Vorstellungen des *Deutschen Städtetages* von 1973 sollte es Aufgabe der Kultur sein

- die Kommunikation zu fördern und damit der Vereinzelung entgegenzuwirken,
- Spielräume zu schaffen und damit ein Gegengewicht gegen die Zwänge des heutigen Lebens zu setzen,
- die Reflexion herauszufordern und damit eine bloße Anpassung und oberflächliche Ablenkung zu überwinden.[536]

Eine so verstandene Kulturpolitik sollte „der zunehmenden einseitigen Orientierung der Stadtentwicklung auf das wirtschaftliche Wachstum die Priorität der sozialen und kulturellen Ziele" gegenüberstellen.[537]

---

533 Schwencke / Sievers (1988)

534 Deutscher Städtetag: Wege zur menschlichen Stadt. Vorträge, Aussprachen und Ergebnisse der 17. Hauptversammlung des Deutschen Städtetages vom 2.-4. Mai 1973 in Dortmund, Köln 1973 S. 97

535 Sievers, Norbert: „Neue Kulturpolitik". Programmatik und Verbandseinfluss am Beispiel der Kulturpolitischen Gesellschaft, Hagen 1988 S. 39

536 Deutscher Städtetag (1973) S. 98

Zweifelsohne ist es einer dynamischen, gesellschaftspolitisch ausgerichteten *Neuen Kulturpolitik*, die darüber hinaus auf einem weit überproportionalen Wachstum der öffentlichen Kulturausgaben basierte, in den folgenden zwei Jahrzehnten in beeindruckender Weise gelungen, viele ihrer programmatischen Ziele umzusetzen. Nicht nur neue künstlerische Ausdrucksweisen setzten sich seither durch, sondern auch neue Formen der Kulturvermittlung wurden etabliert und immer mehr Menschen (zumindest mehr als in den fünfziger und sechziger Jahren) nahmen an Kunst und Kultur teil – wenn auch längst nicht, wie damals so optimistisch erhofft, „alle“.

Ein Kernproblem dieser Neuen Kulturpolitik war von Anfang an ihre Fixierung auf den Staat bzw. die Gemeinden und deren Bereitschaft, überproportional wachsende öffentliche Mittel zur Finanzierung des öffentlichen Kulturbetriebs aufzuwenden. „Noch Mitte der siebziger Jahre bezogen sich Diskussionen und Publikationen über Kultur immer nur auf die *öffentliche* Kultur, also die Kulturangebote und -förderungen des Bundes, der Länder und der Kommunen.“[538] Diese finanzielle Bereitschaft fand allerdings zu Beginn der neunziger Jahre – nicht zuletzt auf Grund der immer weiter steigernden Kosten der deutschen Einheit und einer konstant hohen Zahl von Arbeitslosen – zunehmend ihre Grenzen. Seither stagnieren die öffentlichen Zuwendungen bzw. sind seit einiger Zeit sogar rückläufig. Und wenn nicht alles täuscht, erlosch in den neunziger Jahren auch die programmatische Kraft der Kulturpolitik zunehmend. Es etablierte sich unter der Hand eine Ideologie des „Sparen als Politikersatz“ und die einst so offensive Kulturpolitik konzentrierte sich – nolens volens – auf eine (struktur-)konservative Bestandswahrung und -sicherung.

Diese kulturpolitische Regression zeigte sich nicht zuletzt an institutionellen Entwicklungen wie der Auflösung der entsprechenden Ministerien auf Landesebene (bzw. die Abwanderung der Kulturabteilungen in die Staatskanzleien) bzw. auf der kommunalen Ebenen in der Zusammenlegung ehemals eigenständiger Kulturämter mit anderen Ämtern der Stadtverwaltung oder deren völlige Abschaffung. Kulturpolitik spielt, wenn nicht alles täuscht, längst nicht mehr die herausragende Rolle wie noch in den siebziger und achtziger Jahren. Für nicht wenige Kultureinrichtungen bedeutet dies seither, statt Motor gesellschaftlicher Entwicklung zu sein, den schieren Kampf ums Überleben zu überstehen.

Um aus dieser Defensive herauszukommen, müssen sich die einzelnen Kultureinrichtungen neue starke Partner suchen. In der Tat muss Kulturpolitik sich wieder als Gesellschaftspolitik verstehen – und zwar nicht in dem Sinne, dass sie (etwas überheblich und typisch deutsch) glaubt, Ziel und Richtung der gesellschaftlichen Entwicklung zu kennen und diese mit staatlicher Subvention auch verwirklichen zu können. Vielmehr sollte sie kritisch-aufmerksam gemeinsam mit anderen Akteuren nach neuen Wegen und Chancen suchen, um ihre klar definierten Ziele zu verwirklichen.

537 Sauberzweig, Dieter: Einführung. In: Deutscher Städtetag (1973) S. 116

538 Heinrichs, Werner: Einführung in dass Kulturmanagement, Darmstadt 1993 S. 21

8.1 Partner Kreativwirtschaft

Durch die im ersten Kapitel skizzierte zunehmende „Ästhetisierung der Alltagswelt“ (Gerhard Schulze) rückten in den siebziger und achtziger Jahren Kunst und Kultur immer mehr in den Mittelpunkt des Alltagslebens. Individuelle Lebensstile und soziale Milieus bildeten sich vorwiegend auf der Basis ästhetischer Symbole und grenzten sich durch diese voneinander ab. Kreativität und Innovation gewannen immer mehr an Bedeutung, – mit einem ironischen Buchtitels dieser Zeit ging es zunehmend um – „Sein oder Design“[539]. Nicht nur in der Mode, sondern auch in der Möbelindustrie, im Design von Alltagsgeräten, in der Werbung und der Mediengestaltung usw. stellte sich zunehmend die Frage, welchen wichtigen Beitrag Kreativität und Innovation für die Produktion und Distribution nicht nur kultureller Güter leisten.

Bislang wurden Kunst und Kultur vorwiegend unter inhaltlichen und ästhetischen Aspekten betrachtet und skizziert, welche konservierende („kulturelles Erbe“) einerseits und welche antizipatorischen („Bilder der Zukunft“) Funktionen sie in modernen Gesellschaften haben können. Die Produktion, Distribution und Konsumtion kultureller und künstlerischer Dienstleistungen und Güter können aber auch aus der Perspektive des Wirtschaftens gesehen, dargestellt und analysiert werden. Unter diesem Aspekt tragen kulturelle und künstlerische Dienstleistungen und Güter nicht unwesentlich zum Bruttosozialprodukt bei; Produktion, Distribution und Konsumtion von Kunst und Kultur schaffen Arbeitsplätze, generieren Umsätze und Gewinne, von denen wiederum Steuern bezahlt werden usw. Diese Sicht hat allerdings erst in den letzten dreißig bis zwanzig Jahren an Bedeutung gewonnen.

Denn ein zentrales Kennzeichen des Kulturbetriebs in Deutschland war über sehr lange Zeit die mehr oder weniger strikte Trennung zwischen öffentlich getragenem Kulturbetrieb einerseits, kommerzieller Kulturwirtschaft, oft verächtlich als „Kulturindustrie“ abgetan, andererseits. Wenn auch, wie Norbert Elias[540] so überzeugend nachgewiesen hat, die Trennung von „Kultur“ und „Zivilisation“ in Deutschland eine jahrhundertealte Tradition hat, so entfaltete in diesem Kontext eine besonders große Wirkungsmacht seit Ende der sechziger Jahre vor allem das einschlägige Kapitel zur „Kulturindustrie“ (mit dem bezeichnenden Untertitel „Aufklärung als Massenbetrug“) der *Dialektik der Aufklärung* von Max Horkheimer und Theodor W. Adorno. Für diese beiden Philosophen „bleibt die Kulturindustrie der Amüsierbetrieb“[541] – eine Botschaft, die nicht nur in den sechziger und siebziger Jahren auf allzu willige Ohren stieß und zu einer rigiden Abgrenzung des wirtschaftlich-kommerziellen Kulturbetriebs führte.

Vor dem Hintergrund ihrer amerikanischen Erfahrungen in den dreißiger Jahren kommen Horkheimer und Adorno zu einem vernichtenden Verdikt: „Schon heute werden von der Kulturindustrie die Kunstwerke, wie politische Losungen, entsprechend aufgemacht, zu reduzierten Preisen einem widerstrebenden Publikum eingeflößt, ihr Genuss wird dem Volke zugänglich wie Parks. Aber die Auflösung ihres genuinen Warencharakters bedeutet nicht, dass sie im Leben einer freien Gesellschaft aufgehoben wären, sondern dass nun auch der letzte Schutz gegen die Erniedrigung zu Kulturgütern gefallen ist.“[542] So kann es kaum

539 Guggenberger, Bernd: Sein oder Design. Im Supermarkt der Lebenswelten, Hamburg 1998

540 Elias, Norbert: Der Prozess der Zivilisation, Frankfurt 1969 (Zwei Bände)

541 Horkheimer, Max und Theodor W. Adorno: Dialektik der Aufklärung. Philosophische Fragmente, Frankfurt 1969

542 Horkheimer / Adorno (1969) S. 189

verwundern, dass die „Kulturwirtschaft“ von vielen Kulturschaffenden, aber auch nicht wenigen Kulturmanagern und Kulturarbeitern, nur unter dem Aspekt der „Kulturindustrie“ gesehen wurde (und leider vielfach noch wird) und eine intensivere Befassung mit ihr nicht selten aus einem elitären Dünkel heraus mehr oder weniger abgelehnt wurde (und leider vielfach noch immer wird).

Doch spätestens seit der breiten Rezeption des amerikanischen Bestsellers *Creative Class* von Richard Floria[543] in Europa (und hier vor allem auch in Deutschland), das in den USA in erster Auflage 2002 erschien, richtet sich der Blick einer zunehmend breiteren Öffentlichkeit auf die *Creative Industries*, d. h. die *Kreativwirtschaft* (so die Begrifflichkeit in Österreich und der Schweiz) bzw. die *Kulturwirtschaft* (so die bevorzugte Ausdrucksweise in Deutschland). Die Aufnahme des Buches von Florida erfolgte fast enthusiastisch – so, als wäre hier eine völlig neue Entdeckung gemacht worden.

Das verwundert insofern, als Kunst- und Kulturökonomik im deutschsprachigen Raum durchaus schon seit Jahrzehnten etabliert sind.[544] Die Kulturökonomik ist eine Disziplin der Wirtschaftswissenschaften, die sich mit Kunst und Kultur weniger unter ästhetischen Aspekten als vielmehr als Teil des Wirtschaftens befasst. Ein besonderes Augenmerk richtete die Kulturökonomik in Deutschland auf die Tatsache, dass privatwirtschaftliche und öffentliche Kulturbetriebe als gleichwertige Teile der Kulturwirtschaft gesehen werden. Daraus ergeben sich sowohl methodische Fragen (z. B. wie der Anteil öffentlicher Kulturausgaben am Bruttosozialprodukt zu bemessen ist) als auch Fragen, die das Selbstverständnis der Kulturanbieter betreffen (z. B. die Betrachtung nicht-rentabler Kulturangebote aus dem Blickwinkel des Marktes und der Ökonomie).

Vielleicht liegt es an diesen, zum Teil recht heiklen Fragestellungen, dass die Kulturökonomik in Deutschland besonders von Vertretern öffentlicher Kultureinrichtungen, aber auch von der Kulturpolitik in der Vergangenheit eher skeptisch gesehen wurde. Dagegen ist die Kulturökonomie in Ländern mit überwiegend privatwirtschaftlichen Kulturbetrieben (etwa in den angelsächsischen Ländern, vor allem aber in den USA) längst eine weit verbreitete Disziplin mit zahlreichen Fachpublikationen.[545]

In der Europäischen Union entwickelten sich die Diskussionen über die ökonomische Bedeutung von Kunst und Kultur und die gezielte Hervorbringung von ökonomischen Effekten durch eine entsprechende Planung und Förderung zuerst in England. Justin O'Connor vom *Manchester Institute of Popular Culture* definierte 1992 die *Cultural industries* als „those activities which deal primarily in *symbolic goods* – goods whose primary economic value is derived from their *cultural value*.“[546] Darauf aufbauend definierte der damalige britische Kulturminister Chris Smith in der ersten von ihm beauftragten Studie zur Bedeutung des ökonomischen Potenzials der *Creative Industries* diese als „those industries which have their origin in individual creativity, skill and talent and which have a potenzial for wealth and job creation through the generation and exploitation of intellectual property.“[547]

---

543 Florida, Richard: The Rise of the Creative Class. And how It's transforming Work, Leisure, Community and Everyday Life, New York 2002

544 Vgl. dazu als einer der ersten Darstellungen von Pommerehne, Werner W. und Bruno S. Frey: Musen und Märkte. Ansätze einer Ökonomik der Kunst, München 1993; Bendixen, Peter: Einführung in die Kultur- und Kunstökonomie, Opladen 2001; Gottschalk, Ingrid: Kulturökonomik. In: Klein (Hrsg.)(2004)

545 Vgl. Heinrichs / Klein (2001) S. 198; ausführlich: Caves, Richard: Creative Industries. Contracts between Art and Commerce, Cambridge (Mass.) 2000

546 O'Connor, Frank: The definition oft ‚Cultural industries' www.mmu.ac.uk/h-ss/mipc (Hervorhebungen A.K.)

547 Department for Culture, Media and Sport: Creative Industries Mapping Document, London 1998

Diese Definition geht weit über den klassischen Kulturbegriff hinaus und schließt alle Aktivitäten ein, die mit menschlicher Kreativität zu tun haben. Im Einzelnen waren dies im britischen sog. *Mapping Document* von 1998 folgende Sektoren: Werbung, Architektur, der Kunst- und Antiquitätenmarkt, Kunsthandwerk, Design, Designer-Mode, Film und Video, Interaktive Spielsoftware, Musik, Darstellende Kunst, Verlagswesen, Software und Computerdienstleistungen, Fernsehen und Radio. Durch diese umfangreiche Definition, die keineswegs unumstritten war und ist, werden die *Creative Industries* zu einem Schlüsselfaktor in den der neuen Wissensökonomie.

Nach diesem Dokument aus dem Jahr 1998, das den Begriff der *Creative Industries* ausgesprochen weit fasst, schaffen diese in Großbritannien jährlich 60 Billionen Pfund Umsatz und Beschäftigung für mehr als 1 Million Menschen. Sie wachsen etwa um 5 % pro Jahr und generieren somit sehr viel schneller Arbeitsplätze und Wachstum als die Wirtschaft insgesamt.[548] Die *Creative Industries* hatten in England allerdings von Anfang an eine Doppelaufgabe: Sie galten als Mittel zur Generierung wirtschaftlichen Wachstums *und* sie sollten der besseren Integration von britischen Bürgern mit Migrationshintergrund (*social inclusion*) dienen.

Diese erste englische Studie schärfte (bei aller notwendigen Kritik an den ihr zugrunde liegenden Kriterien) den Blick für das enorme ökonomische Potenzial der Kreativwirtschaft. Sie fand auf Grund ihrer beeindruckenden Ergebnisse EU-weites Interesse, nicht zuletzt, weil durch das *Mapping Document* in Großbritannien auf Dauer angelegte Strukturen der direkten Kooperation von Kunst und Kultur geschaffen wurden. Seit den neunziger Jahren änderte sich dadurch die herkömmliche Sichtweise, d. h. die Fokussierung auf den traditionellen, öffentlichen Kulturbetrieb, auch in Deutschland zunehmend. Seither ist der Begriff der Kulturwirtschaft bzw. Kreativwirtschaft durchaus gebräuchlich als ökonomischer Sammelbegriff der Wirtschaftseinheiten, die sich mit der Produktion und der Verteilung von Kultur beschäftigen (z. B. Künstler, Autoren, Verlage, Galerien, Musikproduzenten, aber auch Theater, Museen und Bibliotheken). Er umfasst die Gesamtheit aller kultureller und kreativer Einrichtungen und Aktivitäten, also einschließlich des privatwirtschaftlichen und öffentlichen Bereichs.[549]

Die Kulturwirtschaft in ihrer Gesamtheit wurde in Deutschland bis Ende der achtziger Jahre vor allem durch Untersuchungen des Münchner *Ifo-Instituts* für Wirtschaftsforschung erfasst.[550] Insbesondere die 1988 im Auftrag des *Bundesministers des Innern* (damals noch zuständig für die Bundeskulturförderung) erarbeitete Studie über *Die volkswirtschaftliche Bedeutung von Kunst und Kultur* von Marlies Hummel und Manfred Berger[551] machte deutlich, „dass Kunst und Kultur auch erhebliche volkswirtschaftliche Bedeutung haben. Die früher verbreitete Auffassung, Kunst und Kultur seien in starkem Maße auf öffentliche Förderung angewiesen, während sie ihrerseits zum Volkseinkommen nicht oder kaum beitrügen, verkennt in erheblichem Maße die Tatsachen", wie die beiden Autoren in ihrem Vorwort schreiben.[552]

Von Anbeginn der kulturwirtschaftlichen Forschung an war und ist auch in Deutschland ein zentrales Problem, welche Bereiche dem Sektor Kunst und Kultur zugerechnet

548 UK Politics: Talking Politics Britain's creative booming. In: *BBC Online Network* vom 11.11.1998
549 Vgl. hierzu Heinrichs / Klein (2001) S. 223
550 Vgl. hierzu etwa Hummel, Marlies und C. Waldkircher: Wirtschaftliche Entwicklungstrends von Kunst und Kultur, Berlin/München 1992
551 Hummel / Berger(1988)
552 Hummel / Berger (1988) Vorwort

werden sollen. Diese Zuordnung ist ihrerseits in hohem Maße von dem zugrunde gelegten Kulturbegriff abhängig. Hummel / Berger untersuchen in ihrer Pionierstudie (für Deutschland) methodisch zunächst den sog. kulturellen *Kernbereich*, zu dem sie die Schaffung, die Verbreitung und die Erhaltung von kulturellen und künstlerischen Werken zählen. Zu diesem Kernbereich hinzu gezogen werden das Presse- und Verlagswesen sowie der Hörfunk und das Fernsehen. Weiter rechnen sie zu diesem Kernbereich in einem zweiten Schritt die sog. *nachgelagerten Bereiche* (also vor allem die Distribution und den Vertrieb von Kunst und Kultur) sowie die *vorgelagerten Bereiche* (also alle wirtschaftlichen Aktivitäten, die die Voraussetzung für die Produktion von Kultur bilden, wie etwa Druckereien und Bindereien als Voraussetzung für ein funktionierendes Verlagswesen).

Der große Vorteil dieses methodischen Vorgehens besteht darin, dass die komplette Wertschöpfungskette in den Blick genommen wird; die durch die einzelne künstlerische Leistung in Gang gesetzt wird. Beispielhaft gesagt: Würde die künstlerische Leistung (etwa das Schreiben eines Buches) nicht stattfinden, dann hätte dies erhebliche Auswirkungen nicht nur für die *direkte* künstlerische Produktion, sondern auch erhebliche Konsequenzen für die vorgelagerten Bereiche (z. B. Druckereien, die nichts zu drucken hätten) und auch die nachgelagerten Bereiche (z. B. die Verlage, die nichts zu verlegen hätten).

Der *1. Hessische Kulturwirtschaftsbericht* von 2003 stellt diese Zusammenhänge systematisch so dar:

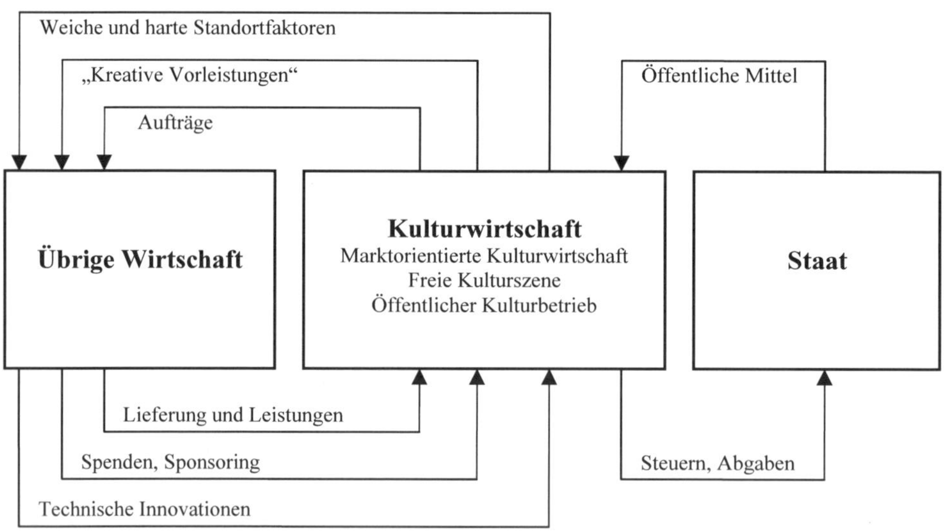

Abbildung 33: Zusammenhang öffentlicher und privater Kultursektor

Vor dem Hintergrund der aufgezeigten Beeinflussungsfaktoren leiteten vor allem folgende Fragestellungen nicht nur diese Studie, sondern auch weitgehend alle weiteren Untersuchungen:

- In welchem Umfang trägt der Kunst- und Kulturbereich zur Entstehung von Einkommen und Beschäftigung bei?
- Welchen Anteil hat er an den gesamtwirtschaftlichen Investitionen?
- Wie hoch sind die staatlichen Ausgaben für Kunst und Kultur?
- Mit welchen Rückflüssen an Steuern und Sozialversicherungsbeiträgen kann der kunst- und kulturfördernde Staat rechnen?

Im Sinne einer aktiven staatlichen Wirtschafts- (weniger Kultur-)Förderung wird weiter gefragt:

- Welche Einkommens- und Beschäftigungswirkungen gehen von einer Erhöhung staatlicher Kulturausgaben aus?
- Welche Rückwirkungen ergeben sich daraus für die öffentlichen Haushalte?
- Welche möglicherweise dämpfenden Effekte bewirkt eine Kreditfinanzierung der Kulturausgaben?[553]

Der Diskurs über meritorische Güter und ihre beabsichtigten Wirkungen (vgl. erstes Kapitel) wird damit nicht hinfällig, aber er wird durch weitere starke Argumente unterstützt und verstärkt werden können.

Die wirtschaftlichen Prozesse, die bei der Entstehung, Distribution und Konsumtion von kulturellen Gütern und Dienstleistungen entstehen, lassen sich auch als eine kulturelle Wertschöpfungskette („The creative chain") darstellen, die das *Canadian Framework for Culture Statistics*[554] wie folgt umreißt.

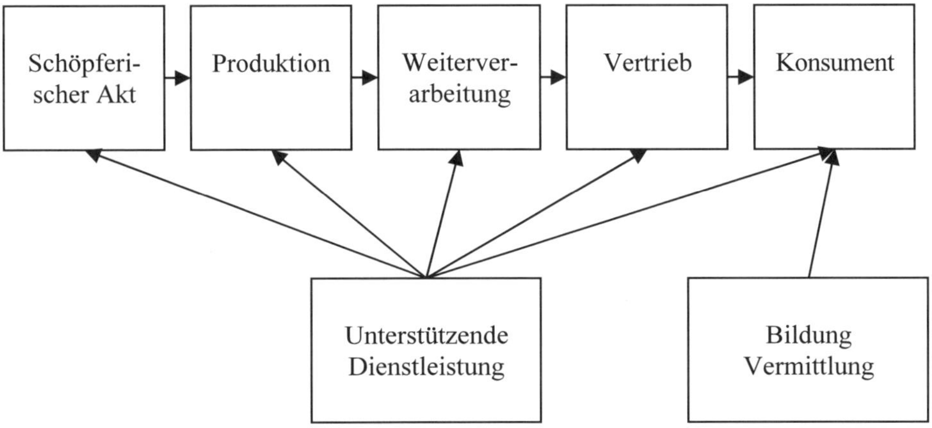

Abbildung 34: Wertschöpfungskette im Kulturbetrieb

553 Hummel / Berger (1988) S. 1f

554 Culture, Tourism and the Center for Education Statistics: Canadian Framework for Culture Statistics, Ottawa, 2001 S. 13ff

Im Prozess der Produktion von kulturellen Gütern und Dienstleistungen (*Culture goods and Services*) können idealtypisch folgende einzelne Schritte unterschieden werden:

- *Creation;* der eigentliche schöpferische Akt, also die Tätigkeit von Bildenden und Darstellenden Künstlern, von Schriftstellern usw. Am Beispiel: Der schöpferische Akt des Schreibens eines Buches durch einen selbstständigen Schriftsteller.
- *Production;* hier sind alle Organisationen eingeschlossen, die primär am Akt oder Prozess der Herstellung eines künstlerischen Gutes oder einer Dienstleistung beteiligt sind; am Beispiel des Buches: der Verlag mit seinem Lektorat, der Herstellung, der Vertrieb, die Werbeabteilung usw.
- *Manufacturing;* hiermit sind Einrichtungen gemeint, die mit der Vervielfältigung von Kunstwerken befasst sind (Filmkopien, Tonträger, Druckereien usw.); am Beispiel: Druckereien.
- *Distribution;* hierunter sind Organisationen gefasst, die mit der Verteilung kultureller Güter befasst sind, z. B. Großhändler, aber auch Radio und Fernsehen; an unserem Beispiel: Buchgrossisten (Buchgroßhandel) und Buchhändler (Bucheinzelhandel).
- *Support activities;* hierzu zählen alle Dienstleistungen, die nicht direkt mit dem kulturellen oder künstlerischen Kernprodukt verbunden sind, Sie sind aber mehr oder weniger notwendig, um es zu finanzieren oder herzustellen. Sie schaffen und kontrollieren die Rahmenbedingungen hierfür, wie z. B. Urheberrechts-Gesellschaften, Agenturen, Kulturmanager, Werbeleute, usw.); im Falle des Buches also Verlagsmanager, Werbeagenturen, Schriftstellerverbände, *Börsenverein des Deutschen Buchhandels*, die VG-Wort usw.
- *Consumer;* das letzte Glied der Wertschöpfungskette ist der Verbraucher; in diesem Kontext sind alle Berufe interessant, die in direktem Zusammenhang mit der Kunst- und Kulturvermittlung stehen, also Museums- und Theaterpädagogen usw.; im Beispiel des Buches wären dies vor allem Berufe im Zusammenhang mit der Leseförderung.

Dies ist, wie gesagt, die idealtypische Wertschöpfungskette. Bei einem Film oder bei der Herstellung eines Gemäldes fallen schöpferischer Akt und Produktion zusammen; in der Theater- oder Musikaufführung sind Produktion und Vertrieb nicht zu unterscheiden (außer, es wird eine CD- oder DVD von der Produktion hergestellt). Wichtig in diesem Kontext ist nur, dass die Zerlegung des Wertschöpfungsprozesses in einzelne Stufen eine tiefergehende Betrachtung ermöglicht, wie unterschiedliche Personen und / oder Unternehmen in die Entstehung eines kulturellen Gutes oder einer Dienstleistung einbezogen werden und welche Wirkungen eine entsprechende Förderung (oder deren Ausbleiben) hat.

Die Europäische Union hat in ihren Überlegungen zur Kulturstatistik[555] an den Gedanken der Wertschöpfungskette angeknüpft und kommt daher zu ganz ähnlichen Überlegungen, allerdings mit der wichtigen Ergänzung der weiteren Funktion *Bewahrung und Erhaltung* („Heritage"), die in der kanadischen Systematik als Sonderfall betrachtet wird.

555 European Commission Luxembourg 2002 S. 25

Die EU kommt zu folgenden sechs Funktionen:

Funktion	**Tätigkeitsfelder**
Bewahrung und Erhaltung	Alle Tätigkeiten der Bewahrung, Restaurierung und Instandhaltung
Kreation	Der originäre schöpferische Akt, der in der Regel den Anspruch auf Tantiemen auslöst
Produktion	Aktivitäten, durch die das originäre Werk / die Dienstleistung dem Publikum verfügbar / zugänglich gemacht wird
Verbreitung	Aktivitäten der Verbreitung (inkl. Werbung und Veranstaltungsorganisation)
Handel / Verkauf	
Erziehung / Ausbildung	

Die oben dargestellte personenbezogene Betrachtung macht auch beispielhaft deutlich, wie problematisch die – analytisch durchaus sinnvolle – Trennung in die drei Sektoren sein kann. Ein mit einem Normalvertrag Bühne beim Stadttheater (öffentlicher Sektor) beschäftigter Schauspieler kann beispielsweise nebenbei bei einer Film-Produktion oder einer Werbesendung (kommerzieller Sektor) mitarbeiten und zusätzlich in seiner Freizeit in einer Freien Theatergruppe (Dritter Sektor) kreativ tätig sein. Ein fest beim Orchester des Staatstheaters angestellter Musiker (öffentlicher Sektor) spielt nebenbei in einem Festspielorchester (kommerziell) mit und unterrichtet außerdem auch noch an einer als eingetragener Verein organisierten Musikschule (Dritter Sektor). Welchem Sektor wären diese Menschen nun zuzuordnen? Und wo schaffen sie überall Werte im Sinne des Bruttoinlandproduktes?

Allen einzelnen dargestellten Schritten der kulturellen Wertschöpfungskette lassen sich nun nach der sog. *Wirtschaftszweigsystematik* (*WZ*) des *Statistischen Bundesamtes* entsprechende wirtschaftliche Tätigkeiten zuordnen. Die WZ dient dazu, die wirtschaftlichen Tätigkeiten von Unternehmen, Betrieben und anderen statistischen Einheiten in allen amtlichen Statistiken einheitlich zu erfassen. Sie baut auf der durch EG-Verordnungen verbindlich eingeführten statistischen Systematik der Wirtschaftszweige in der Europäischen Union (*NACE*) auf.

Bereits 1988 kamen Hummel / Berger (bezogen auf Daten aus dem Jahr 1984) zu einigen sehr bemerkenswerten Ergebnissen:

- 680.000 Personen sind mit der Schaffung, Verbreitung und Bewahrung von Kunst und Kultur befasst.
- Der Kunst- und Kulturbereich leistet einen Beitrag von 20 Mrd. € zur Entstehung von Einkommen im Inland.
- Die Anlageinvestitionen dieses Bereichs belaufen sich auf 2,5 Mrd. €.
- Berücksichtig man neben den Kernsektoren des Kunst- und Kulturbereichs auch die vor- und nachgelagerten Bereiche, so wird deutlich, dass die Nettoübertragungen von den Kunst- und Kultureinrichtungen an den Staat durch Steuern die Zahlungen des Staates an die Kulturbetriebe bei weitem übersteigen.
- Unter rein saldenmechanischer Betrachtung rechnen sich somit öffentliche Kulturausgaben: Der Saldo der Übertragungen an den Staat ist positiv.

- Mit 10 Mrd. € Wertschöpfung und 300.000 Erwerbstätigen ist der *Kernbereich* im Hinblick auf die wirtschaftlichen Indikatoren merklich größer als z. B. der Luft- und Raumfahrzeugbau oder der Sektor Herstellung von Büromaschinen, ADV-Geräten und -Einrichtungen.[556]

Misst man den Anteil des gesamten Kunst- und Kulturbereichs an der wirtschaftlichen Leistung *aller* Wirtschaftsbereiche, so kommt man (1988) zu folgendem Ergebnis:
- Der Kunst- und Kultursektor hat einen Anteil von 2,3 % an der gesamtwirtschaftlichen Bruttowertschöpfung;
- sein Anteil an allen Erwerbstätigen liegt bei 2,7 %;
- sein Anteil an den gesamtwirtschaftlichen Anlageinvestitionen beträgt 1,4 %.

Diese Kenngrößen zeigen, dass dem Kultursektor gerade im Hinblick auf die Beschäftigungsmöglichkeiten eine besondere wirtschaftliche Bedeutung zukommt.[557] Die Autoren kamen daher bereits 1988 zu dem Fazit: „Der Bereich Kunst und Kultur entwickelt – vor allem in den marktbestimmenden Dienstleistungsbereichen – eine beträchtliche Dynamik."[558] Diese Prognose bestätigte sich in den in den folgenden Jahren in den verschiedenen erarbeiteten Kulturwirtschaftsberichte.

Bemerkenswert ist hierbei zunächst einmal die Tatsache, dass diese Berichte vielfach nicht von den Ministerien für *Wissenschaft und Kunst* erarbeitet wurden, sondern – wie im Falle von Nordrhein-Westfalen – vom *Ministerium für Wirtschaft und Mittelstand, Energie und Verkehr*! Seit den neunziger Jahren haben vor allem die vier von diesem Ministerium herausgegebenen *Kulturwirtschaftsberichte Nordrhein-Westfalens* von 1992, 1995, 1998 und 2002 sehr dazu beigetragen, über die volkswirtschaftliche Größenordnung der Kulturwirtschaft halbwegs verlässliche Aussagen machen zu können.[559]

„Kulturwirtschaft" wird im Bericht von 2002 wie folgt definiert: „Das zentrale Kriterium für die Unternehmen, Betriebe und Tätigkeiten der Kulturwirtschaft ist, dass sie *erwerbswirtschaftlichen Zielen* nachgehen. Der Output der Kulturwirtschaft umfasst die Vorbereitung, Schaffung, Vermittlung, Verbreitung und Erhaltung von künstlerischen, kulturellen und medialen Produkten, Waren und Dienstleistungen."[560] Bemerkenswert an dieser Definition ist, dass dieser Begriff keineswegs gleichzusetzen ist mit dem sehr viel weiteren angelsächsischen der *Creative Industries*, der nicht-kulturbezogene Branchen (z. B. Werbung, Computerspielesoftware etc.) ebenso einbezieht. Zweitens beinhaltet diese Definition weder den öffentlich getragenen noch den gemeinnützigen Sektor und untersucht dem gemäß auch nicht die Interdependenzen und mögliche Synergieeffekte, sondern lediglich den kommerziellen Sektor.

---

556 Hummel / Berger (1988) S. 5
557 Hummel / Berger (1988) S. 7
558 Hummel / Berger (1988) S. 21
559 Ministerium für Wirtschaft, Mittelstand, Technologie und Verlehr des Landes Nordrhein-Westfalen (Hrsg.): Kulturwirtschaft in Nordrhein-Westfalen: Kultureller Arbeitsmarkt und Verflechtungen (4. Kulturwirtschaftsbericht NRW), Düsseldorf 2002
560 4. Kulturwirtschaftsbericht NRW – Kurzfassung (2002) S. 9ff

Es folgten in Deutschland Kulturwirtschaftsberichte der Bundesländer Niedersachsen[561] (1999 / 2002), Sachsen-Anhalt (2001)[562], Hessen[563] (2003 und 2006), Schleswig-Holstein 2004[564] und schließlich Berlin 2005[565]. Hinzu kamen Einzeluntersuchungen von Städten, etwa zur Musikwirtschaft in Berlin[566] oder als Medienstandort wie Stuttgart[567], München[568], Bremen[569], Hamburg[570]. Im Rahmen ihrer Tätigkeit hat auch die Enquete-Kommission *Kultur in Deutschland* einen Kulturwirtschaftsbericht für ganz Deutschland erstellen lassen.[571]

Eine im Oktober 2006 vorgelegte Studie der Europäischen Kommission untersuchte „The Economy of Culture in Europe"[572] vor allem unter dem Aspekt, welchen Beitrag der Kreative Sektor zur Umsetzung der Lissabon-Strategie (Europa zum wettbewerbsfähigsten und dynamischsten Wirtschaftsraum der Welt zu machen) leistet. Die Studie kommt dabei u. a. zu folgenden Ergebnissen:

- Der Jahresumsatz des kreativen Sektors betrug 2003 über 654 Mrd. € (zum Vergleich: der der Autoindustrie lag 2001 bei271 Mrd. €)
- Der Beitrag des Sektors zum Bruttoinlandsprodukt der Europäischen Union betrug 2003 2,6 % (zum Vergleich: Nahrungsmittel-, Getränke- und Tabakbranche im selben Jahr 1,9 %, Textilindustrie 0,5 %)
- Das Wachstum des Sektors war zwischen 1999 und 2003 12,3 % höher als das allgemeine Wirtschaftswachstum
- 2004 waren 5,8 Millionen Menschen in dem Sektor beschäftigt, was 3,1 % der insgesamt Beschäftigten in der EU entspricht. Während die Gesamtbeschäftigung in der EU 2002-2004 sank, nahm die Beschäftigung in dem Sektor um 1,85 % zu.[573]

Der allen diesen neueren Studien zugrundeliegende Begriff von Kulturwirtschaft richtet sich auf *alle* kulturbezogenen Wirtschaftsbranchen, die Wertschöpfungsketten bzw. -netzwerke in unterschiedlichen Teilmärkten der Kulturwirtschaft (unter Einbeziehung des öffentlichen Sektors!) bilden. Diese Berichte stellen erstens eine Deskription der Kulturwirtschaft und

561 Niedersächsisches Institut für Wirtschaftsforschung / Zentrum für Kulturforschung (Hrsg.): Kultur-, Medien- und Freizeitwirtschaft im Raum der Gemeinsamen Landesplanung Bremen / Niedersachse. Daten, Schwerpunkte und Entwicklungspotenziale, Hannover 1999; Niedersächsisches Institut für Wirtschaftsforschung (Hrsg.). Kulturwirtschaft in Niedersachsen. Quantitativer Befund und Schlussfolgerungen für die wirtschaftspolitische Diskussion, Hannover 2002

562 Arbeitsgemeinschaft Kulturwirtschaft LSA u. a.: 1. Kulturwirtschaftsbericht Sachsen-Anhalt. Kulturwirtschaft in Sachsen-Anhalt. Bedeutung, Strukturen, Handlungsfelder (Kulturministerium) 2001 (Manuskript unveröffentlicht)

563 Hessisches Ministerium für Wirtschaft, Verkehr und Landesentwicklung / Hessisches Ministerium für Wissenschaft und Kunst: Kulturwirtschaft in Hessen. 1. Hessischer Kulturwirtschaftsbericht, Wiesbaden 2003

564 Schleswig-Holsteinischer Landtag (Hrsg.): Entwicklung und Stand der Kulturwirtschaft in Schleswig-Holstein. Bericht der Landesregierung, Kiel 2004 (Drucksache 15/3482)

565 Kulturwirtschaft in Berlin 2005. Entwicklung und Potenziale, Berlin 2005

566 Obert, Susanne u. a.: Standortprofil Berliner Musikwirtschaft Januar – März 2001, Berlin 2001

567 GMA-Analyse: Die Region Stuttgart als Standort für Unternehmen der Medienwirtschaft 2003 (www.stuttgart.de)

568 Der Medienstandort München 2003 (www.wirtschaft-muenchen.de)

569 Willms, Werner und Matthias Schönert: Medienstandort Bremen 2002 (www.baw-bremen.de)

570 Medien- und Internethauptstadt Hamburg 2002

571 Gutachten zum Thema: „Kulturwirtschaft in Deutschland – Grundlagen, Probleme, Perspektiven" im Auftrag der Enquete-Kommission „Kultur in Deutschland" des Deutschen Bundestages, Berlin 2006 (unveröffentlicht)

572 The Economy of Culture. Study produced for the European Commission (Directorate General for Educaton and Culture) Brüssel 2006

573 European Commission (2006) S. 6

ihrer Akteure anhand ausgewählter, vorhandener empirischer und statistischer Quellen bei unterschiedlichen Systematisierungen und durchaus verschiedenen Definitions- und Abgrenzungsversuchen dar. Sie analysieren zweitens die Eingriffsmöglichkeiten und Strategien der öffentlichen Hand und deren mögliche Wirkungen, um diesen Sektor weiter zu entwickeln.

Wesentliche Gründe für das gewachsene und ständig weiter wachsende öffentliche Interesse an der Kulturwirtschaft sind vor allem folgende:

- Die Kulturwirtschaft wird als Zukunftsbranche angesehen (etwa durch die Gründung von Betrieben, Schaffung von Arbeitsplätzen und Umsätzen). So untersuchte etwa Birgit Mandel in einer aktuellen Studie „die neuen Kulturunternehmer".[574] Unter diesem Aspekt geht es insbesondere um Einkommens- und Beschäftigungswirkungen, die durch die Ausgaben der (teilweise geförderten) Kultureinrichtungen direkt oder indirekt im Wirtschaftskreislauf von Städten und Regionen entstehen (untersucht in den sog. *Economic Impact Studies*).
- Kulturwirtschaft kann zum Strukturwandel einer Region beitragen (vgl. etwa den Strukturwandel des Ruhrgebiets und Essens Wahl als Europäische Kulturhauptstadt 2010 mit Einschluss des gesamten Ruhrgebiets). Hier geht es insbesondere um die Auswirkungen des Kulturangebots auf Image und Standortattraktivität von Städten und Regionen, für die Ansiedlung von Unternehmen, Arbeitskräften oder (Kultur-)Tourismuswirtschaft (vgl. ausführlich unten).
- Die kreativen Kerne der Kulturwirtschaft sind wichtige Impulsgeber und Zulieferer für andere Branchen und können so zu deren Stärkung beitragen (z. B. Design für den Fahrzeugbau, Mode, Neue Medien und die Möbelindustrie). Darüber hinaus geben die öffentlichen Investitionen in Kulturbauten (Bauinvestitionen) und in der Denkmalfrage wichtige Nachfrageimpulse vor allem für die örtliche Bauwirtschaft und das Handwerk.
- Kulturwirtschaftliche Angebote (z. B. private Theater) ergänzen die öffentlich geförderten Angebote in Zeiten schrumpfender öffentlicher Haushalte und entsprechen der Diversifizierung der Nachfrage.
- Kulturwirtschaft unterstützt die Umwidmung nicht mehr genutzter Industrie- und Gewerbegebäude (vgl. z. B. die Ruhrtriennale); dies bezieht sich auf die Wertsteigerung von Gebäuden und Grundstücken im Umfeld von kulturellen Leuchttürmen in städtischen Quartieren (sog. *Hedonic Price Methods*).
- Kulturwirtschaft trägt zur Belebung von Innenstädten in den Abendstunden bei und ist ein Potenzial zur Reduzierung innerstädtischer Leerstände im Einzelhandel.[575]

Es wird deutlich, dass mit diesen Argumentationslinien längst der „klassische" Kulturdiskurs verlassen ist, wie er etwa im Feuilleton weitgehend nach wie vor gepflegt wird. Diese Kulturdiskurse finden sich nun eher in den Wirtschaftsteilen der Tageszeitungen; sie lassen sich auf die neu entstandenen gesellschaftlichen Wirklichkeiten ein und versuchen, die Kultureinrichtungen und ihre teilweise herausragenden Leistungen neu zu positionieren.

574 Mandel, Birgit: Die neuen Kulturunternehmer, Bielefeld 2007
575 Zweiter Österreichischer Kreativwirtschaftsbericht (2003) S. 29

8.2 Kulturwirtschaft als Arbeitsmarktfaktor

Nicht nur Deutschland, sondern viele Staaten innerhalb der Europäischen Union werden seit Jahrzehnten von einer hohen Arbeitslosigkeit geplagt. Hoffte man in den achtziger Jahren noch auf ein irgendwie geartetes „Wachstum“ (und erlebte dieses auch kurzfristig angesichts der wirtschaftlichen Anstrengungen im Rahmen der deutschen Einigung) so zeigte sich mehr und mehr, so richtete sich das Augenmerk seit den neunziger Jahren auf die Schaffung neuer Arbeitsplätze. Zugespitzt gesagt: Alles, was in Zukunft neue und dauerhafte Arbeitsplätze verspricht darf nicht nur mit großer Aufmerksamkeit, sondern auch verstärkter Förderung rechnen. Daher interessierte in diesen Kulturwirtschaftsberichten insbesondere die Prognose von Hummel / Berger, dass dem Kultursektor gerade im Hinblick auf die Beschäftigungsmöglichkeiten eine besondere wirtschaftliche Bedeutung zukäme. Die Kernfrage lautet daher, welche Möglichkeiten sich böten, in diesem Sektor gesellschaftlicher Tätigkeit zukunftsträchtige Arbeitsmöglichkeiten zu schaffen, die sich nach Möglichkeit auf Dauer selbst tragen, also frei von staatlichen Subventionen existieren können.

Eine im Juni 2001 von der *Generaldirektion Beschäftigung und Soziales* der EU vorgelegte Studie belegt für den europäischen Kultursektor ein überdurchschnittliches Beschäftigungsvolumen und Wachstum: Mehr als sieben Millionen Menschen sollen nach dieser Untersuchung in Europa im privatwirtschaftlichen und im subventionierten Kultursektor im weitesten Sinne erwerbstätig sein.[576] Die *Task Force ‚Cultural Employment'* der Europäischen Union grenzt in der von ihr vorgelegten Kulturstatistik den Kulturbereich im engeren Sinne ab und beschreibt diesen mit Hilfe der aus der europäischen wirtschaftssystematischen Klassifikation *NACE* abgeleiteten Kategorien. Demnach zählen folgende Branchen / Teilgruppen zur Kulturwirtschaft: Publishing, Motion Picture and Video Activities, Radio and Television Activities, Other Entertainment Activities, News Agencies Activities, Library, Archives, Museums and Other Cultural Activities, Cultural Sale, Architecture and Design. Diese Definition ist sehr viel enger und „kulturnäher“ als die noch in Großbritannien gewählte Klassifizierung und dürfte der Fragestellung somit gerechter werden.[577]

Für Deutschland erarbeitete Michael Söndermann für die *Beauftragten für Angelegenheiten der Kultur und der Medien* eine Studie zum Thema *Kulturberufe* in Deutschland, die im Sommer 2004 vorgelegt wurde. In der Beantwortung der zentralen methodischen Frage, welche Berufsfelder denn dem Sektor Kunst und Kultur zugerechnet werden sollen, geht Söndermann vom Mikrozensus-Konzept des *Statistischen Bundesamtes* aus (vgl. Abbildung unten). Ausdrücklich *nicht* dazu gerechnet wurden hier Berufsgruppen wie Musikinstrumentenbauer, Verlags-, Buch- und Musikalienhändler, Kunsthändler, Auktionatoren und Galeristen. Diese Berufe umfassen noch einmal rund 90.000 Personen, die ggf. zu den unten festgestellten hinzu zu rechnen wären.[578]

Die wesentlichen Ergebnisse der Söndermann-Studie sind:

- Die Gesamtzahl der Erwerbstätigen in den Kulturberufen (definiert als Musiker, Sänger, Schauspieler, Bildende Künstler, Film-TV-/Rundfunkkünstler, Designer, Architekten einschließlich sonstiger Kulturberufe) erreichte im Jahr 2003 einen Umfang von

576 European Commission GD Employment and Social Affairs: Exploitation and development of the potenzial in the cultural sector in the age of digitalisation. Final Report – Summary, Brussels 2001

577 Europäische Union: Eurostat Working Group ‚On cultural Statistics', Task Force on cultural employment, (Working Paper 2002)

578 Söndermann (2004) S. 12

insgesamt 780.000 Personen in Deutschland (im Vergleich: Hummel / Berger gingen 1984 von rund 300.000 im Kernbereich aus).

Zusammenfassung der in Kulturberufen tätigen Erwerbstätigen in Deutschland nach beruflichen Sparten / Feldern 2003 (Mikrozensus-Konzept)			
Berufliche Sparte / Berufsfeld	**Zusammengefasste Berufsgruppe**	**Anzahl in 1.000**	**Anteil in Prozent**
I. Design und Bildende Kunst	Designer und Bildende Künstler (angewandte Kunst), Bildende Künstler (freie Kunst), Fotografen, Kameraleute, Raum-, Schauwerbegestalter	205	26
II. Musik und Darstellende Kunst	Musiker, Lehrer für musische Fächer (Musiklehrer u. a.), darstellende Künstler, Sänger, Artisten, künstlerische Hilfsberufe, Künstl. zugeordnete Berufe Bühnen, Bild- und Tontechnik	198	25
III. Literatur und Publizistik	Autoren, Journalisten, Publizisten, Dolmetscher, Übersetzer	166	21
IV. Architektur	Architekten, Raumplaner, Denkmalpfleger	117	15
V. Bibliothek, Museum	Bibliothekare, Archivare, Museumsfachleute	66	8
VI. Sonstige Kulturberufe	Geisteswissenschaftler (Theaer-, Film-, Musikwissenschaftler), Schilderhersteller und sonstige Kulturberufe	28	4
Insgesamt	Alle Berufsgruppen zusammen	780	100

Abbildung 35: Kulturberufe in Deutschland

- In den Jahren zwischen 1995 und 2003 stieg die Zahl der Erwerbstätigen in den Kulturberufen insgesamt um 31 Prozent oder durchschnittlich jährlich um 3,4 Prozent. Das Wachstum der gesamten erwerbstätigen Bevölkerung hingegen stagnierte im gleichen Zeitraum und lag bei 0 Prozent zwischen 1995 und 2003.
- Dadurch ergab sich eine deutliche Verschiebung des Erwerbstätigenpotenzials zugunsten der Kulturberufe. Der Anteil der Kulturberufe liegt im Jahr 1995 bei 1,7 Prozent und erreichte bis zum Jahr 2003 einen Anteil von 2,2 Prozent an der gesamten erwerbtätigen Bevölkerung (36,17 Mill. Erwerbstätige insgesamt).
- Zum Vergleich: die gesamte Automobilindustrie bot im Jahr 2003 rund 620.000 Erwerbstätigen einen Arbeitsplatz und erreichte einen Anteil von 1,7 Prozent an der gesamten erwerbstätigen Bevölkerung.
- Die wichtigste Triebfeder für die Wachstumsdynamik in den Kulturberufen sind die Selbstständigen. Sie erreichen zusammen eine Wachstumsrate von über 50 Prozent zwischen 1995 und 2003 und liegen bei einer Gesamtzahl von knapp 320.000 Personen. Die Gruppe der selbständigen Kulturberufe wächst vier mal schneller als die Gesamtgruppe aller Selbstständigen innerhalb der erwerbstätigen Bevölkerung.[579]

579 Söndermann (2004) S. 5

Insbesondere das letzte Ergebnis ist allerdings durchaus zweischneidig zu bewerten. Die beiden Arbeitsmarktforscher Carroll Haak und Günter Schmidt vom *Wissenschaftszentrum Berlin* konstatieren, dass der Künstlerberuf und die Künstlerarbeitsmärkte möglicherweise *das aktuelle* Anschauungsmodell der zukünftigen Entwicklung auch für andere Berufsgruppen und Märkte sein wird. Die Zahl der Selbständigen und Freischaffenden wächst nicht nur in den Kulturberufen, sondern in allen Berufsgruppen am stärksten. Die häufig zitierten Merkmale der Kulturberufe, wie Flexibilität, Mobilität, Teilzeit- oder kurzfristige Projektarbeit prägen immer mehr auch andere Berufsgruppen. Anscheinend passen sich die strukturellen Merkmale der allgemeinen Erwerbstätigkeit immer mehr den Strukturen der kulturellen Erwerbsarbeit an.[580]

Diese Entwicklung kann, wie gesagt, durchaus kritisch gesehen werden, denn es „handelt sich, wie Sozialforscher sagen, um die ‚Modernisierungsavantgarde'. Sie steht an der Spitze des so genannten Prekariats und führt vor, wie wir künftig arbeiten werden: flexibel und mobil, ohne finanzielle Polster und soziale Absicherung. Und ständig auf der Suche nach dem nächsten Auftraggeber."[581] Man wird also in Zukunft sehr genau beobachten müssen, welche Qualität die neu entstehenden Arbeitsplätze und Beschäftigungsverhältnisse haben werden. Eine zukunftsorientierte und soziale Kultur- wie Wirtschaftspolitik wird hier Rahmenbedingungen zu entwickeln haben, die bei aller für die Modernisierung notwendigen Flexibilität und Mobilität die Arbeitszusammenhänge so gestaltet, dass sich sinnvolle und annehmbare individuelle Lebensentwürfe entwickeln können

8.3 Kreative Cluster im Kontext der Regional- und Stadtentwicklung

Der geglückte und weitgehend gelungene Strukturwandel des Ruhrgebietes weg von einer bis in die neunziger Jahre des letzten Jahrhunderts vorwiegend durch die Kohle- und Stahlindustrie geprägten Region hin zu einem durch moderne und kreative Dienstleistungen geprägten Standort haben beispielhaft deutlich gemacht, welche wichtige Rolle Kunst, Kultur und Kreativität im weitesten Sinne in diesem Transformationsprozess haben. Essen (und mit dieser Stadt das ganze Ruhrgebiet) haben die Wahl zur Kulturhauptstadt 2010 nicht zuletzt dadurch gewonnen, dass sie diesen Wandlungsprozess beispielhaft demonstrierten. London, Barcelona, aber auch Bilbao und Wien haben diesen Weg schon früher beschritten.

Unter dem Aspekt der aktiven Handlungs- und Fördermöglichkeiten litten (und leiden nach wie vor) die meisten der Ende der neunziger Jahre des letzten Jahrhunderts bis in die ersten Jahre des 21. Jahrhunderts angefertigten Kulturwirtschaftsberichte an einer gewissen Statik. Diese resultiert vor allem daraus, dass lediglich Beschreibungen der einzelnen Sektoren erstellt wurden, nicht aber die Interdependenzen der einzelnen Sektoren der Kulturproduktion und -distribution untersucht wurden. Wünschenswert wäre indes die Darstellung beobachtbarer sozioökonomischer Sekundäreffekte, also Analysen des Verhältnisses und der Wechselwirkungen zwischen Kulturwirtschaft einerseits und öffentlichen geförderten

580 Haak, Carroll und Günter Schmid: Arbeitsmärkte für Künstler und Publizisten – Modelle einer zukünftigen Arbeitswelt, Berlin 1999 (*Wissenschaftszentrum Berlin für Sozialforschung*); vgl. hierzu auch: Haak, Carroll: Künstler zwischen selbständiger und abhängiger Erwerbsarbeit, Berlin 2005 (*Wissenschaftszentrum Berlin für Sozialforschung*)

581 Henk (2006) S. 11

Kultureinrichtungen andererseits. Dies betrifft insbesondere die Effekte wechselseitiger Förderung und die Einschätzung von Erfolgsfaktoren bei erfolgreichen standortpolitischen Maßnahmen. Zweitens sollte sich der Blick stärker auf die Begründung von Fördermaßnahmen für Kulturwirtschaftsbetriebe und die Entwicklung von Argumentationslinien zur Gestaltung und Abgrenzung von öffentlich geförderten und nicht geförderten Kulturaufgaben oder -betrieben richten.[582]

Einen Weg in Richtung neuer Untersuchungs- und Begründungsmuster für die Kulturwirtschaft schlugen zuerst und nachdrücklich die *Untersuchung des ökonomischen Potenzials der „Creative Industries" in Wien*[583] von 2004 sowie der *Erste*[584] und *Zweite Österreichische Kreativwirtschaftsbericht*[585] von 2003 bzw. 2005 ein, da diese in unmittelbare strategische Überlegungen und konkrete Handlungsvorschläge mündeten. Der *Zweite Österreichische Kreativwirtschaftsbericht* geht dabei zunächst von dem bekannten *Drei-Sektoren-Modell* (Privatwirtschaftlicher Kulturbetrieb – Öffentlicher Bereich – Intermediärer Bereich / Non-Profit-Organisationen) aus und bezieht – anders als die meisten deutschen Untersuchungen – alle drei in seine Analysen ein. Er trennt also ausdrücklich *nicht* zwischen kommerziellem und öffentlich-gemeinnützigem Sektor, denn „alle drei Bereiche erfüllen andere Aufgaben und Funktionen, sie stehen in konstantem Austausch und Abhängigkeit voneinander."[586]

Es wird davon ausgegangen, dass es zwischen allen drei Sektoren lebhafte Austauschbeziehungen gibt und Synergieeffekte im Sinne aller Beteiligter Akteure sinnvoll zu erschließen sind. So setzen z. B. in Kunstvereinen ausgestellte Künstler ihre Werke auf dem Kunstmarkt und in Galerien ab, mit öffentlichen Literaturpreisen unterstützte Autoren publizieren ihre Werke in kommerziellen Verlagen usw. Sowohl wirtschaftspolitisch wie auch kulturpolitisch ergibt sich aus dieser Sichtweise die Chance, dass die Potenziale der kulturellen und kulturwirtschaftlichen Branchen sehr viel deutlicher als bisher wahrgenommen werden.

Eine zweite ganz wesentliche Neuerung in den diversen österreichischen Untersuchungen besteht darin, dass die einzelnen Kulturbetriebe und ihre (ökonomischen) Leistungen nicht länger isoliert und statistisch-deskriptiv dargestellt werden, sondern dass sie in einem dynamischen Kontext gesehen werden. Die Untersuchungen in Österreich gehen dementsprechend methodisch – wie in den Wirtschaftswissenschaften üblich – von sog. „Clustern" (engl. „Bündel, Büschel") aus und sprechen von einer kreativen Clusterbildung innerhalb der Kulturwirtschaft, die so bisher weder in Großbritannien noch in den deutschen Kulturwirtschaftsberichten vorkamen. „Kreativcluster" lassen sich dabei definieren als eine „Konzentration von konkurrenzierenden, zusammenarbeitenden oder unabhängigen Unternehmen und Institutionen, die durch ein System ökonomischer oder gemeinnütziger Anknüpfungspunkte und vielfach auch regional verbunden sind."[587] Durch die Cluster-

582 Vermeulen, Peter: Statement „Kulturwirtschaft" auf dem Symposium Hochschule Bremen am 8.11.2005 (unveröffentlichtes Manuskript)

583 Ratzenböck, Veronika u. a. (Hrsg.): Endbericht Untersuchung des ökonomischen Potenzials der „Creative Industries" in Wien, Wien 2004 (Österreichische Kulturdokumentation. Internationales Archiv für Kulturanalysen)

584 Institut für Kulturmanagement und Kulturwissenschaft der Universität für Musik und darstellende Kunst Wien: Erster Österreichischer Kreativwirtschaftsbericht, Wien 2003 (EÖKW 2003)

585 creativ wirtschaft austria (2006)

586 creativ wirtschaft austria (2006) S. 33

587 EÖKW (2003) S. 72

bildung wird somit die atomisierte Betrachtung einzelner Kulturbetriebe und ihrer spezifischen Leistungen überwunden und diese in einen größeren (ökonomischen) Zusammenhang gebracht.

Als ein charakteristisches Merkmal von Clustern in der Kulturwirtschaft gilt zunächst (1) die Notwendigkeit einer *räumlichen Konzentration* von Organisationen einer arbeitsteiligen Wertschöpfungskette für die Erzeugung eines hochwertigen Kulturproduktes. Dieses Phänomen der Clusterbildung kann dabei in verschiedenen räumlichen Dimensionen auftreten:

- als sog. *interne Cluster* (also als eine bestimmte Organisation, die ihrerseits in einzelne autonome Module unterteilt sein kann, wie z. B. die *Wiener Philharmoniker*, die sowohl gemeinsam unter diesem Markennamen auftreten, aber auch als einzelne Musiker unabhängig voneinander spielen);
- als *Konzentration auf engstem Raum* (diese Konzentrationen sind insbesondere in großen Städten und urbanen Zentren zu beobachten, in denen sie eine lokale Ansammlung von mehreren Organisationen einer kulturellen Wertschöpfungskette darstellen wie z. B. das Museumsquartier in Wien, der Theaterdistrikt in New York oder die Rive Gauche in Paris mit ihren Galerien usw.);
- als *regionale und nationale Konzentrationen* (d. h. regionale oder nationale Ansammlungen von Organisationen einer kulturellen Wertschöpfungskette wie z. B. Medienland Nordrhein-Westfalen);
- als *grenzüberschreitende Konzentration* (als Ansammlung von Kultureinrichtungen, die einen hohen Grad an internationalen Kooperationsbeziehungen auszeichnen, z. B. im Kunstmessewesen) und schließlich
- als *virtuelle Cluster* (tragendes Medium solcher Netzwerke ist das Internet mit seinen verschiedenen Communities).[588]

Ein weiteres Merkmal eines Kreativclusters ist seine *Fähigkeit zur Kooperations- und Netzwerkbildung*, um die Formierung oder Expansion eines Clusters zu fördern. Diese Kooperationen und Netzwerkbildungen sollen den Beteiligten helfen, Spezialisierungsvorteile durch die Konzentration auf die jeweiligen Kernkompetenzen zu erzielen, um sich gegenüber anderen Marktteilnehmern besser behaupten zu können oder ein größeres Interesse bei einer breiteren Öffentlichkeit zu erreichen und die Verteilung öffentlicher Subventionen besser begründen zu können. Die Kooperation kann auch über die der direkten Kreativwirtschaft zuzurechnenden Branchen hinausgehen, vor allem also mit den Bereichen Gastronomie, Tourismus und Einzelhandel.

Die Kreativwirtschaft ist drittens stärker als die Gesamtwirtschaft durch *soziale Netzwerke* gekennzeichnet. Im angloamerikanischen Raum werden diese als *Art Worlds* bezeichnet. Ein besonderes Charakteristikum für das Funktionieren dieser *Art Worlds* ist das spezifische Vertrauensverhältnis unter den einzelnen Netzwerkakteuren; dieses Vertrauen ist sehr stark abhängig von der personalen (weniger der institutionellen) Kontinuität der einzelnen Partner und ein äußerst sensibles Kriterium.

Ein weiteres Merkmal der Kreativwirtschaft ist schließlich viertens die *temporäre Konzentration.* Innerhalb eines fest abzugrenzenden Zeitabschnittes kommt es zu einer vorübergehenden Konzentration von Kulturereignissen, die mitunter wesentlichen Einfluss auf die ökonomische und kulturelle Situation ihres Umfeldes haben können (z. B. das Programm der Europäischen Kulturhauptstädte; das Mozartjahr 2006; Festspiele; Landes- und

588 Vgl. hierzu und zum folgenden EÖKW (2003) S. 72ff

„Blockbuster"-Ausstellungen; *documenta*, Biennalen und Triennalen; Film- und Theaterfestivals usw.). Durch das Stattfinden solcher Großereignisse wird wiederum Raum und Nachfrage für weitere zeitlich begrenzte Veranstaltungen geschaffen, d. h. solche Ereignisse bilden quasi den Nährboden für weitere kulturelle Veranstaltungen, die sich ihrerseits auf das kulturelle Umfeld auswirken.

Die beiden österreichischen Kreativwirtschaftsberichte differenzieren in folgende Kreativwirtschaftscluster:

- *Urbane Kulturbezirke* (z. B. das Museumsquartier in Wien, der Kulturbezirk St. Pölten usw.);
- *Branchenspezifische Cluster* (z. B. Medienzentren, Literaturhäuser usw.);
- *Kulturtourismus* (hierauf wird unten ausführlich eingegangen);
- *Regionale Cluster* (regionale und landesweite Kulturnetzwerke, wie z. B. die soziokulturellen Zentren);
- *Großveranstaltungen* (Festspiele, Festivals, Kulturhauptstadtjahre, Mozartjahr usw.);
- *Informations- und Beratungsplattformen* (z. B. www.kulturmanagement.net, Association of American Museums usw.).

Allen diesen Bereichen ist nun gemeinsam, dass in ihnen prinzipiell die unterschiedlichsten Kulturbetriebe mitarbeiten können, also sowohl öffentlich getragene wie kommerzielle wie gemeinnützig ausgerichtete und sie gemeinsam eingebunden sind in eine Wertschöpfungskette, d. h. sie stellen Arbeitsplätze bereit und tragen insgesamt nicht unerheblich zum Bruttosozialprodukt bei.

Für die Entstehung und die Weiterentwicklung von Kreativclustern sind ähnliche Parameter wie bei Wirtschaftsclustern ausschlaggebend. In der Kreativwirtschaft stellen vor allem die Kommunikation, die Unternehmenskultur, die permanente Weiterentwicklung der Kenntnisse und Fertigkeiten sowie die gewählte Organisationsform wesentliche Erfolgsfaktoren für Cluster dar.[589] Grundsätzlich kann hinsichtlich der Entstehung von Clustern in solche unterschieden werden, die *spontan* als *zufälliges* Phänomen und solche, die *geplant systematisch gegründet* werden. Die Initiativen zur Gründung eines Kreativclusters gehen in den meisten Fällen von wirtschaftspolitischer bzw. öffentlicher Seite aus, z. B. im Rahmen der Regionalentwicklungsplanung.

Mögliche Ziele einer solchen Gründung können sein:

- Die Standortförderung (z. B. die Gründung des Guggenheim-Museums in Bilbao mit der Folge der Ansiedlung von weit über zusätzlichen einhundert Hotels und Restaurants in der Stadt als eines der spektakulärsten Beispiele);
- Die kulturelle Nutzung brachliegender Gebiete (wie z. B. die Ruhrtriennale, die Umnutzung der Zeche Zollverein in Essen, die neue Elbphilharmonie in Hamburgs ehemaliger Speicherstadt usw.);
- Gemeinsame Marketing-Aktivitäten (z. B. die zehn Kulturhauptstadtbewerbungen in Deutschland 2006)
- Die Regionalentwicklung (z. B. Schleswig-Holstein-Festival, Rheingau-Musikfestival);
- Tourismusförderung (hierauf wird unten ausführlich eingegangen).

589 EÖKW (2003) S. 79

Der *Zweite Österreichische Kreativwirtschaftsbericht* benennt – für Österreich – sowohl Erfolgsfaktoren wie Hemmnisse für die Entstehung und die nachhaltige Existenz von Kreativwirtschaftscluster. *Erfolgsfaktoren* sind demnach

- ein entsprechendes soziokulturelles Umfeld, d. h. ein bestehendes Vertrauen der Mitglieder der Art World ineinander;
- gemeinsam getragene Konventionen;
- informelle Regeln und Gewohnheiten;
- die Kommunikation via Internet als die vorrangige Kommunikations- und Marketingplattform.

Problemfelder, die eine effiziente Kooperation erschweren, sind allerdings ebenso unübersehbar:

- die generelle Netzwerkproblematik, d. h. insbesondere der Faktor Vertrauen muss intensiviert werden;
- Angst der Kulturtreibenden vor wirtschaftlichen Zwängen;
- Angst vor Einflussnahme durch Außenstehende;
- Hemmschwelle Kulturtourismus, d. h. die Angst, von eingebundenen Tourismusorganisationen vereinnahmt zu werden;
- Interessenkonflikte auf Grund unterschiedlicher Ziele;
- mangelnde Infrastruktur;
- mangelnde finanzielle Ausstattung;
- temporäre Cluster, d. h. die Konzentration von Ressourcen nur auf eine bestimmte Zeit.[590]

Die dritte wesentliche Neuerung des österreichischen Ansatzes besteht darin, dass die Entstehung von Clustern auf Dauer nicht dem Zufall oder der bloßen Spontaneität überlassen werden, sondern dass hierzu gezielt Maßnahmen und Instrumente zur Förderung der Kreativwirtschaft entwickelt und eingesetzt werden sollen. So förderte die Stadt Wien auf der Basis der oben genannten Studie mit Hilfe ihrer Wirtschaftsförderungsmittel (und eben nicht mit Kulturfördermitteln) gezielt diesen Bereich der *Creative Industries* als „Hoffnungsmarkt der Zukunft" im Jahr 2004 mit 3,1 Mill. Euro und in 2005 mit 3,9 Mill. Euro. Die seinerzeitige Initiative bestand aus drei Säulen: (1) der Ideen- und Projektförderung, (2) dem Angebot von Ausbildungsprogrammen, die auf die spezielle Arbeitsstruktur in der Branche abgestimmt sind (Businessplan Wettbewerbe) sowie (3) die Unterstützung von Impuls-, Pilot- und Leitprojekten.

Andere Länder, aber auch die Europäische Union sind diesem Weg gefolgt. So hat beispielsweise Großbritannien ein umfassendes Programm aufgelegt, mit dem Ziel, das Land zum kreativen Mittelpunkt der Welt zu machen. Auf nationaler Ebene zählen hierzu (1) das *Creative Economy Programme* zur bestmöglichen Nutzung der kreativen Potenziale im Land; (2) Maßnahmen zur Förderung des Exports von Produkten und Leistungen der britischen Kulturwirtschaft, darunter (a) *Creative Export Group* (zur Steigerung des Exports von Gütern und Leistungen; (b) *Performing Arts International Development* (zur Förderung der internationalen Beziehungen im Bereich der darstellenden Künste und schließlich (c) Design Partners (zur Unterstützung von exportorientierten Designunternehmen bei der Identifikation neuer Exportchancen und -märkte). (3) Maßnahmen im Bereich Bildung und Qualifikation; (4) *Film Council*. Diese Programme werden ergänzt durch Projekte auf regionaler und lokaler Ebene (z. B. *Creative London*).

590 creativ wirtschaft austria (2006) S. 97

Creative London ist Teil der *London Development Agency* (LDA), der regionalen Londoner Wirtschaftsförderungsgesellschaft, die mit der Förderung der wirtschaftlichen Entwicklung im Großraum London befasst ist und sich selbst so präsentiert: „The Creative Economy Programme aims to make the most out of the great creative talents thriving all round the country, and is the first step in the Government's goal of making the UK the world's creative hub. The Programme is now entering a stage where its goal is to produce a Government policy paper for the Creative Industries. We want this paper to

- raise awareness and understanding of the Creative Industries
- set out a vision for the Creative Industries which can be shared at a national, regional and local level and across the full range of stakeholders
- produce policy ideas for improving the productivity of the Creative Industries, and making them fit for purpose
- produce some brilliant and innovative projects in partnership between organisations."[591]

Creative London wurde 2003 durch den Londoner Bürgermeister auf Empfehlung der *Kommission für Creative Industries* gegründet, um Wachstumshemmnisse für Unternehmen in der Kulturwirtschaft beseitigen zu helfen. Es betreut Londons Kulturwirtschaft mit ganz speziellen Programmen wie z. B.:

- *Creative Hubs*, ein Netzwerk von Stützpunkten mit unabhängigen Beratern, die kulturwirtschaftlichen Gründern und Kleinstunternehmen in Fragen der Qualifizierung, Unternehmensführung, Management usw. unterstützen sollen;
- *Creative Space Agency,* eine Agentur, die in Kooperation mit dem London *Arts Council* temporär verfügbare Flächen an Kunst- und Kulturwirtschaftsinitiativen zu geringen Kosten oder sogar kostenlos vermittelt;
- *Creative Capital Fund*; dieser verfügt über rund 5 Millionen Pfund, rund 7,4 Mill. €, die der Finanzierung von jungen kulturwirtschaftlichen Unternehmen dienen;
- *Creative Business Accelerator*; dieses Programm bietet kulturwirtschaftlichen Kleinstunternehmen, die auf der Suche nach Beteiligungskapital zur Weiterentwicklung ihres Unternehmens sind; Beratung und Unterstützung;
- *Film London*; diese dient der Förderung für Film und Medien.

Aber auch in der Europäischen Union insgesamt gibt es entsprechende Förderprogramme. Zu dem weiten Feld der verschiedenen, in den einzelnen europäischen Ländern bereits erfolgreich implementierten Unterstützungs- und Fördermaßnahmen zählen beispielsweise:

1. alle Maßnahmen, die darauf abzielen, die Bevölkerung und die Wirtschaftstreibenden (sowohl der „traditionellen" wie der Kreativwirtschaft) für die Bedeutung der Kreativwirtschaft zu sensibilisieren und den Kreativen durch eine Vernetzung jedweder Art (z. B. mit Partner, Kunden / Auftraggebern) wirtschaftliches Handeln zu ermöglichen bzw. zu vereinfachen (z. B. in Nordrhein-Westfalen die Durchführung von „Kulturwirtschaftstagen" als Plattform für Informations- und Erfahrungsaustausch; das finnische Programm *Luova toimiala Keski-Somessa* zur Unterstützung Kreativer bei der Vermarktung ihrer Fähigkeiten und Produkte; die Durchführung von *Creative Cluster Konferenzen* in Großbritannien bzw. die Schaffung von *Creative Quarters*).

591 www.creativelondon.org.uk

2. die Unterstützung der Gründung von Kreativitätswirtschaftsunternehmen (monetär oder nichtmonetär). Hierzu zählen beispielsweise das Programm *StartART – Die Gründungsinitiative für Kunst und Kulturwirtschaft in NRW*; das finnische Programm *Kulturo – Kultuuriuotanon osaamiskeskus (Kulturo – Kompetenzzentrum in Kulturproduktion)* zur Beratung von Personen, die eine Unternehmensgründung im Bereich der Kreativwirtschaft planen sowie die direkte Unterstützung für neue Betriebe. In den britischen *Professional Practice Programmes* diverser höherer Bildungseinrichtungen werden Kreative durch fachliche und wirtschaftliche Ausbildung auf das Unternehmertum vorbereitet.
3. Instrumente, die darauf abzielen, die Kreativen (aber auch die „traditionelle" Wirtschaft) bei der Entwicklung innovativer Produkte, die der Kreativwirtschaft zurechenbar sind, zu unterstützen. So fördert das österreichische *iP Plus Programm creativwirtschaft* innovative Ideen in den bereichen Musik, Multimedia und Design; letzteres wurde auch durch den Themencall *dSign Up* von *departure* gefördert. Hierzu zählen auch die zahlreichen Förderprogramme für die Filmwirtschaft, sowohl durch die Europäische Union wie auch durch die einzelnen Länder.
4. Internationalisierungsmaßnahmen unterstützen Kreative bei der Vermarktung ihrer Produkte über die jeweiligen Landesgrenzen hinaus. In Österreich erfolgt dies z. B. durch *Austrian Music Export* mit speziellem Fokus auf die Musikwirtschaft. In Spanien fördert das Kulturministerium im Rahmen der *Ayudas de formento de la difusion, comercializacion y distribution de libros espanoles en el extranjero* Unterstützungsmaßnahmen zur Verbreitung, zur Kommerzialisierung und zum Vertrieb spanischer Bücher im Ausland.
5. Darüber hinaus besteht ein großes und sehr heterogenes Feld an finanziellen Förderungen, das von Steuerleichterungen über Qualifizierungszuschüsse bis zu Marktauftrittsbeispielen reicht.

Fasst man die Erkenntnisse der unterschiedlichen Kulturwirtschaftsberichte zusammen, so kommt man zu einer ganzen Reihe wichtiger Feststellungen:

- Es ist eine im Vergleich zu anderen wirtschaftlichen Sektoren erstaunliche wirtschaftliche Dynamik der privaten Kultur- und Medienbetriebe festzustellen;
- die Kulturwirtschaft spielt eine wichtige Rolle als Arbeitsmarktfaktor, und zwar teilweise auch gegen allgemeine Trends in anderen wirtschaftlichen Sektoren, die eher einen Abbau von Arbeitsplätzen zu verzeichnen haben;
- es herrschen (von Ausnahmen abgesehen) in der Regel geringe Betriebsgrößen sowie eine Vielzahl von Neugründungen und in aller Regel tätige Inhaber vor;
- eine entscheidende Rolle spielen in diesem Sektor *selbstständige* Künstler, Autoren, Designer usw. bei der Produktion und teilweise auch Vermittlung von Inhalten („content") sowie für der Lancierung von Innovationen in komplexen Märkten;
- darüber hinaus ist in den meisten Branchen / Betrieben der Kreativwirtschaft eine vergleichsweise geringe Kapitalintensität zu beobachten (was naturgemäß auch negative Auswirkungen haben kann, etwa für Investitionen oder Marketingaktivitäten);
- es gibt intensive Verbindungen oder Komplementärverhältnisse mit den öffentlichen und gemeinnützig getragenen Kultureinrichtungen;
- es herrscht eine große Offenheit der Akteure für die Integration neuer Technologien und schließlich

- entfalten sich zunehmend europäisch-grenzüberschreitende Kooperationsbeziehungen in vielen Branchen der Kreativwirtschaft.[592]

Bei allen positiven Zukunftsaussichten, die gerade die österreichischen Kreativwirtschaftsberichte vermitteln, versäumen diese aber nicht, auch auf Barrieren und Hemmnisse hinzuweisen. Diese Entwicklungshemmnisse seien insbesondere mentaler Art, heißt es dort, wie etwa die nach wie vor bestehenden „Berührungsängste" zwischen der traditionellen und der Kreativwirtschaft, sowie die Reserviertheit der Kreativen und Kulturschaffenden gegenüber den „rein wirtschaftlichen Aspekten" des Unternehmertums. Diese gälte es indes – so das Fazit – zu überwinden, um eine effiziente und umfassende Nutzung des Kreativpotenziales zu gewährleisten.[593]

Und in der Tat scheuen sich auch und gerade in Deutschland vor dem Hintergrund nach wie vor hoher staatlicher Subventionen viele Mitarbeiter öffentlicher Kultureinrichtungen, auch ökonomisch und nicht nur kunst- bzw. kulturorientiert zu denken. Angesichts der skizzierten internationalen Entwicklungen vergeben sie dadurch aber viele Zukunftschancen, sehen sie tatsächlich mehr und mehr recht „alt" aus. Statt weiterhin genüsslich ihre Vorurteile gegenüber „*der* Wirtschaft" zu pflegen, sollten sie erkennen, welch großen Potenziale sie in den Austauschprozess einbringen können, die weit über das bloße Sponsoring oder eine Private Public Partnership hinausgehen. Auch hier ist wieder der Kulturmanager als Entrepreneur gefragt, der „seiner" Kultureinrichtung neue und nachhaltige Zukunftschancen eröffnen muss, wenn er ihre Zukunft sichern will.

8.4 Partner Kulturtourismus

Als ein wesentlicher Kreativcluster wurde bereits im Zusammenhang mit den beiden *Österreichischen Kulturwirtschaftsberichten* der Kulturtourismus benannt. Auch der *4. Kulturwirtschaftsbericht Nordrhein-Westfalen* aus dem Jahre 2002 widmet dem Kulturtourismus ein eigenes Kapitel, das mit der Feststellung beginnt: „Kulturwirtschaft und Tourismus stärken sich gegenseitig. Einerseits sind Leistungen der Kulturwirtschaft häufig Anlass einer Reise, andererseits bringt der Tourismus Besucher in eine Region, die kulturwirtschaftliche Produkte und Dienstleistungen nachfragen. Der Trend zu mehr und kürzeren Zweit- und Dritturlaubsreisen sowie zum Kulturtourismus verstärken diese Verflechtungen."[594]

Im Frühsommer 2006 legten der *Deutsche Tourismusverband e.V.* und das *Bundesministerium für Wirtschaft und Technologie* eine groß angelegte Untersuchung zum Thema *Städte- und Kulturtourismus* in Deutschland vor.[595] Unter der Überschrift „Wirtschaftsfaktor Kulturtourismus in Städten" heißt es dort u. a. „Anhand verschiedener Beispiele aus deutschen Städten und kulturhistorischen Projekten lässt sich heute zweifelsfrei feststellen, dass Kultur und Tourismus zwei Seiten einer Medaille sind. Denn zahlreiche Kultureinrichtungen brauchen Tourismus bzw. verstehen sich sogar als fester Bestandteil der touristischen Dienstleistungskette. Allerdings sind nur mit langfristigen, gemeinsam zwischen Kultur

592 Wiesand, Andreas J.: Kultur- oder „Kreativwirtschaft": Was ist das eigentlich? . In: *Aus Politik und Zeitgeschichte* (Beilage zur Wochenzeitung *Das Parlament*) 34-35/2006 vom 21.8.2006 S. 13
593 creativ wirtschaft austria (2006) S. 19
594 4. Kulturwirtschaftsbericht NRW – Kurzfassung (2002) S. 14
595 Bundesministerium für Wirtschaft und Technologie / Deutsche Tourismusverband e.V.: Grundlagenuntersuchung Städte- und Kulturtourismus in Deutschland, Bonn 2006

und Tourismus abgestimmten Strategien positive Image- und wirtschaftliche Effekte zu erzielen. Nicht ohne Grund setzt die *Deutsche Zentrale für Tourismus* bei der Bewerbung des Reiselandes Deutschland u. a. auf den ‚Megatrend Kultur', der einen maßgeblichen Beitrag zum Wirtschaftsfaktor Tourismus leistet."[596]

Der Begriff des „Kulturtourismus" ist noch relativ neu – obwohl der Gegenstandsbereich durchaus einige Jahrhunderte alt ist. In der zweiten Hälfte der achtziger Jahre des zwanzigsten Jahrhunderts tauchte er zum ersten Mal – zunächst quasi wie nebenbei – in der Tourismusbranche auf und wurde rasch zu einem viel diskutierten Thema auf einschlägigen Fachtagungen. Innerhalb sehr kurzer Zeit machten sowohl der Begriff wie vor allem die dahinter stehende Idee eine steile Karriere und sind heutzutage im Munde nicht nur vieler Landes-, sondern auch Kommunalpolitiker. Ganz offensichtlich liegen hier große Wachstumspotenziale vor allem für die Städte, aber auch für mittlere und sogar kleinere Gemeinden, die von den großstädtischen Konzepten lernen und diese auf ihre Situation übertragen wollen. Wie zu zeigen sein wird, ergeben sich – beim richtigen Vorgehen – viele Möglichkeiten sowohl für die Kultureinrichtungen wie auch für den Tourismus und die heimische Wirtschaft.

Zwar gab es schon seit drei Jahrhunderten die klassische Bildungsreise in Form der „Grand Tour", deren primäres Ziel es war, sich zubilden und die vorwiegend dem Adel bzw. dem gehobenen Bürgertum vorbehalten blieb (beispielhaft hier steht Goethes „Italienische Reise").[597] In quasi „demokratisiertem" Gewand kehrte diese „Grand Tour" in den fünfziger Jahren des letzten Jahrhunderts als „Studienreise" zurück, die einen ganz bestimmten Zuschnitt hatte. Denn im Mittelpunkt dieser Gruppenreise stand ein (kunst- bzw. kultur-)historisch bedeutsames Zielgebiet mit entsprechenden Bauwerken, das von einem höchst fachkundigen, wissenschaftlich anspruchsvollen, meist promovierten oder gar professoralen Reiseleiter einem akademisch hochgebildeten Publikum nahe gebracht wurde.

Man besuchte vorwiegend Zeugnisse der (klassischen) Hochkultur, (meist das antike Griechenland oder Rom, die Renaissance in Oberitalien, die Romanik in Burgund und die Gotik in der Ile de France. Andere Themen und Orte blieben noch weitgehend ausgespart. Für Land und Leute, für Sitten und Gebräuche, gar für kulinarische Genüsse, war selten Zeit und auch Interesse vorhanden. In der Regel gab es einen gedrängten Reiseverlauf (von „Höhepunkt zu Höhepunkt"), der zumeist mit dem Bus bewältigt wurde. Unterkunft und Verpflegung waren oft zweitrangig und nicht selten karg. Das Angebot, das meist hochpreisig war, richtete sich vor allem an das klassische Bildungsbürgertum: Ärzte, Lehrer, Professoren, Rechtsanwälte usw. Das (durchaus gewünschte) Ergebnis einer solchen Reise: die Teilnehmer waren am Ende zumeist bildungsgesättigt und schlagkaputt.

Dieses Marktsegment, das aufgrund seiner spezifischen Zielgruppe (meist ältere Akademiker) und Preisstruktur (hochpreisig) seiner Zeit als „Nischenmarkt" anzusprechen war, bearbeiteten einige entsprechend ausgerichtete Spezialanbieter, unter denen die Münchner Firma Studiosus bald begann, die Marktführerschaft zu übernehmen. Eine Studie des Irish Tourist Board aus dem Jahr 1988 bezeichnete diese Gruppe der Studienreisenden als „specific cultural tourists" und schätzte deren Potenzial damals europaweit auf rund 3,5 Millionen – sicherlich ein ökonomisch nur bedingt interessanter Nischenmarkt innerhalb des Tourismusmarktes insgesamt. Andererseits war und ist „das Marktsegment Studienreisen aufgrund der Qualitätsorientierung der Angebote und der Positionierung bei einkommensstarken Ziel-

596 Städte- und Kulturtourismus (2006) S. 12

597 Vgl. hierzu zusammenfassend: Reisekultur. Von der Pilgerfahrt zum modernen Tourismus (hrsg. von Hermann Bausinger, Klaus Beyerer und Gottfried Korff), München 1999

gruppen, die weniger sensibel auf sinkende Realeinkommen reagieren (müssen), nicht sehr anfällig für Konjunkturschwankungen."[598]

Diese Studienreisenden unterschieden sich in ihren Motiven und Interessen ganz deutlich von sonstigen Urlaubsreisenden, wie eine Untersuchung des *Studienkreises für Tourismus*[599] Anfang der neunziger Jahre ergab:

Reisemotiv	**Studienreisende %**	**alle Reisende %**
Den Horizont erweitern	77	26
Andere Länder erleben	72	35
Neue Eindrücke gewinnen / etwas anderes kennen lernen	71	23
Unterwegssein	44	25
Abschalten, ausspannen	36	72
Frische Kraft sammeln	29	57
Auf Entdeckungsreise gehen, Außergewöhnlichem begegnen	28	11
Zeit füreinander haben	26	50
Viel ruhen, nichts tun	8	39

Abbildung 36: Reisemotive

Andere Studien Mitte der neunziger Jahre signalisierten allerdings deutlich, dass das Reservoir möglicher Kulturreisender mit den (klassischen) Studienreisen noch keineswegs ausgeschöpft waren. Eine Befragung von Urlaub + Reisen von 7.780 Touristen im Jahre 1995 ergaben ganz erstaunliche Potenziale (Mehrfachnennungen möglich).[600]

Planung kulturbezogener Urlaubsformen in den nächsten drei Jahren				
	Bestimmt / wahrscheinlich		Auf keinen Fall	
	%	Mill.	%	Mill.
Städtereise	39,5	24,8	36,7	23,0
Kulturreise	13,1	8,2	60,3	37,8
Studienreise	11,7	7,3	63,9	40,1

Abbildung 37: Planung kulturbezogener Urlaubsformen in den nächsten drei Jahren

598 Kulturtourismus Hrsg. von Axel Dreyer, München / Wien 1996 S. 32
599 Studienkreis für Tourismus, zitiert nach Dreyer (1996) S. 33
600 Urlaub + Reisen 1995 in: *FremdenVerkehrsWirtschaft* 7,1995 S. 51; hier zitiert nach Dreyer (1996) S. 28

Auch wenn diese Zahlen nur „Absichten“ angeben und Tendenzen signalisieren, so zeigen sie doch ganz deutlich, wie grundlegend in den achtziger und neunziger Jahren Bewegung in den Kulturreisenmarkt gekommen ist. Zwar gab (und gibt) es die klassische Studienreise nach wie vor als ein (allerdings überschaubares) Segment des Kulturtourismus mit einem Marktführer und einer Reihe ganz spezieller, meist recht kleiner Anbieter. So gelang es im Jahre 2004 dem Marktführer Studiosus mit rund 86.000 Buchungen einen Umsatz von 190,3 Mill. Euro zu generieren, ein Umsatzplus von 12,1 % gegenüber dem Vorjahr (hierauf wird unten noch einmal einzugehen sein).[601]

In den folgenden Jahren entstanden neue Angebotsformen für Kulturreisende neben der klassischen Studienreise. Neben dem Marktsegment der Studienreisendenden gewann in den achtziger und neunziger Jahren vor allem die Gruppe der „general cultural tourists“, die neue Angebote nachfragten, eine sehr viel größere Bedeutung. Deren Potenzial bezifferte die o. a. zitierte Untersuchung des Irish Tourist Board aus dem Jahr 1988 europaweit bereits auf 31 Millionen, also fast das zehnfache, der Studienreisenden.

Die Ursachen für diese (fast schon explosive) Nachfrageentwicklung liegen in allgemeinen gesellschaftlichen Entwicklungen in den westeuropäischen Industrienationen, die bereits Ende der sechziger Jahre begonnen hatten und deren wesentliche Faktoren sich wie folgt skizzieren lassen:

- Aufgrund der Bildungsoffensive Ende der sechziger Jahre („Bildung für alle“ hieß seinerzeit die Losung) erlangten immer mehr Menschen formal höhere *Bildungsabschlüsse* als noch in den fünfziger Jahren. Bildung – und damit auch Kultur – waren nicht länger das Privileg einiger Weniger, sondern erreichten immer weitere Bevölkerungskreise. Dementsprechend interessierten sich immer mehr Menschen für kulturelle Angebote – auch außerhalb des eigenen Wohnortes bzw. der unmittelbaren Umgebung.
- Seit den siebziger Jahren verfügen die Menschen über *ständig wachsende freie Zeit*: die Regeltagesarbeitszeit liegt bei etwa acht Stunden, die Wochenarbeitszeit sank unter vierzig Stunden und endet für viele bereits am Freitagmittag. Hier entwickelte sich ein neuer Markt für Städte- und Kurzreisen („Am Wochenende zum Musical nach Hamburg oder Stuttgart mit Stadtbesichtigung“). Die Jahresarbeitszeit wurde aufgrund längerer Urlaubszeiten ebenso verkürzt, was den Trend zu Mehrfach-Kurzreisen bestärkte. Und auch die Lebensarbeitszeit, die immer weiter unter das offizielle Renteneintrittsalter von 65 Jahren sank, verlängerte sich. Da die meisten Menschen zumeist auch nach der Pensionierung gesund und mobil blieben (und bleiben) eröffnet sich hier ein völlig neuer Reisemarkt, der so vor dreißig, vierzig Jahren noch kaum vorstellbar war.
- Vor allem in den siebziger und achtziger Jahren stiegen die *Durchschnittseinkommen* aufgrund des wirtschaftlichen Wachstums in einem heute kaum noch vorstellbaren Umfang. Da die Wiederaufbauphase der Bundesrepublik abgeschlossen war und für viele Menschen der Traum vom eigenen Häuschen mit entsprechender Inneneinrichtung, vom Auto und sonstigen materiellen Wohlstandsgütern immer weiter erfüllt wurde, entstanden ständig neue „immaterielle“ Bedürfnisse, u. a. nach (Kultur-)Reisen.
- Die Soziologen konstatierten in den westlichen Industrienationen in den sechziger und vor allem dann in den siebziger Jahren einen weit reichenden *Wertewandel* weg von materiellen Bedürfnissen hin zu eher immateriellen Werten. Andere Dinge als der Besitz materieller Güter (Auto, Haus, Fernsehapparat usw.) wurden für Viele auf einmal

601 Studiosus: Report, München 2004 S. 59

wichtig. Der Urlaub, bis dahin vor allem als Erholung von einem anstrengenden Arbeitsalltag begriffen, wurde nun zu einer Zeit, um diese immateriellen Bedürfnisse zu befriedigen. Hier traten insbesondere kulturelle (im weitesten Sinne) Wünsche in den Vordergrund.

- Hinzu kam eine *gestiegene Mobilität* durch ständig verbesserte Verkehrsmittel. Auf Grund des zügigen Ausbaus der Autobahnen und der Zugnetze, vor allem aber durch das Auftauchen von sog. Billigflugangeboten wurde die Welt immer kleiner, ferne Orte rückten immer näher und lohnten sich auch für einen Wochenendtrip bzw. eine Städtereise. Neben den „großen" Erholungsurlaub traten und treten zunehmend Kurz- und Wochenendurlaube in Verbindung mit kulturellen Events.
- Schließlich brachten die siebziger Jahre (im Rahmen einer sog. Neuen Kulturpolitik) – wie bereits mehrfach erwähnt – auch eine bis dahin nicht gekannte *Erweiterung des Kulturbegriffs*: War bis dahin Kultur beschränkt auf den Bereich der sog. Hochkultur (also vornehmlich Theater, Konzerte, Museen etc.), so öffnete sich nun die Nachfrage unbefangen mehr und mehr für Angebote der Kulturwirtschaft (Musicaltheater, Galerien, Filmwirtschaft, Open-Air-Konzerte, Events). Darüber hinaus wurden im Rahmen einer zu beobachtenden „Festivalisierung der Stadtkultur" (Siebel / Häußermann) auch lokale Traditionen, Industriedenkmäler, gastronomische Angebote, Events jedweder Art usw. unter den Kulturbegriff gefasst und einem interessierten Publikum zugänglich gemacht und verstärkt nachgefragt.

Vor dem Hintergrund dieser allgemeinen gesellschaftlichen Entwicklungen veränderten sich auch die Vorstellungen von Kulturtourismus bzw. von Kulturtouristen. In einer einschlägigen Definition zu Beginn der neunziger Jahre heißt es – ganz anders als etwa noch zu den Hochzeiten der klassischen Studienreise – jetzt sehr viel offener: „Mit Kulturtourismus werden alle Reisen bezeichnet, denen als Reisemotiv schwerpunktmäßig kulturelle Aktivitäten zugrunde liegen" und weiter: „Tourismuswirtschaftlich werden alle Aktivitäten als kulturell bezeichnet, die der Reisende als solche empfindet."[602]

Eine andere Definition beschreibt bereits stärker die Funktionsweise des neuen Kulturtourismus (ebenfalls in deutlicher Abgrenzung zur klassischen Studienreise): „Der Kulturtourismus nutzt Bauten, Relikte und Bräuche in der Landschaft, in Orten und Gebäuden, um dem Besucher die Kultur, Sozial- und Wirtschaftsentwicklungen des jeweiligen Gebietes durch Pauschalangebote, Führungen, Besichtigungsmöglichkeiten und spezifisches Informationsmaterial nahe zu bringen. Auch kulturelle Veranstaltungen dienen häufig dem Kulturtourismus."[603] Dementsprechend definiert Lohmann den Kulturtouristen sehr weit als jemand, „der als Grund oder Zweck seiner Reise (...) ‚Kultur' nennt'."[604] In allen diesen Definitionen wird deutlich, dass speziell der „Kultur"-Begriff wesentlich weiter gefasst ist als noch in der klassischen Studienreise, die sich im Wesentlichen auf Zeugnisse der Hochkultur konzentrierte.

Und so ist es auch kein Wunder, dass sich *Studiosus* im Segment der Studienreisen als Marktführer etablieren konnte, reagierte dieses Unternehmen doch am ehesten und nachhal-

602 Dreyer (1996) S. 27

603 Becker, Christoph und Albrecht Steinecke (Hrsg.): Kulturtourismus in Europa: Wachstum ohne Grenzen?, Trier 1993 S. 8

604 Lohmann, Martin: Kulturtouristen oder die touristische Nachfrage nach Kulturangeboten. In: Heinze, Thomas (Hrsg.): Kulturtourismus: Grundlagen, Trends und Fallstudien, München 1999 S. 54

tigsten auf die oben skizzierte Entwicklung. Unter dem bezeichnenden Titel „Die Moderne Studienreise" heißt es im *Report* für das Jahr 2004: „Die Moderne Studienreise ist eine Reise für Menschen, die ein Land in seiner ganzen Vielfalt kennen lernen wollen. Die moderne Studienreise setzt sich aus vier Elementen zusammen:

- *Dem Leben begegnen.* Studiosus-Gäste lernen den Alltag der Menschen in einer fremden Kultur kennen. Und sie erfahren alles Wesentliche über die gegenwärtige Situation des Landes, seine Wirtschaft, Sozialstruktur und Politik.
- *Kultur erleben.* Selbstverständlich besichtigen die Gäste *auch* (!, A.K.) die wichtigsten Sehenswürdigkeiten ihres Reiseziels und erfahren alles Wissenswerte über Kunst, Geschichte, Literatur, Musik und Religion.
- *Entspannung genießen.* Studiosus-Reisen sind Urlaub. Es gibt immer wieder Zeit zur freien Verfügung, für eigene Unternehmungen, für Erholung und Entspannung.
- *Rücksicht nehmen.* Studiosus-Gäste erfahren auf ihrer Studienreise nicht nur Wissenswertes über soziale Strukturen und Naturschutz in ihrem Reiseland, sondern die Reise selbst ist sozial verantwortlich und umweltschonend konzipiert."[605]

Präziser als mit diesen Worten kann man kaum den Wandel von der klassischen hin zur modernen Studienreise kennzeichnen. Und auch der Slogan von *Studiosus*, der seit einigen Jahren alle Katalog-Cover ziert, signalisiert diesen Wandel: „intensiv*er*leben": auch die klassische Studienreise ist mittlerweile in der Erlebnisgesellschaft angekommen. Sehr früh hat Studiosus darüber hinaus damit begonnen, mit speziellen Angeboten auf die Zielgruppendiversifizierung zu reagieren. Die einzelnen Produktlinien (mit jeweils eigenen Katalogen) reichen von Wander- bis zu FahrradStudienreisen, von Freizeit-Plus- zu Natur-Studienreisen. Das Angebot „me & more" reagiert direkt auf den zunehmenden Trend der Single-Reisenden (Ausschreibungstext: „Bietet als Gruppenreise für Singles und Alleinreisende eine ideale Möglichkeit, um interessante Menschen mit ähnlichen Interessen zu treffen und mit ihnen einen anregenden, erholsamen Urlaub zu verbringen"). Und nicht zuletzt mit dem Projekt *Kultimer* hat sich *Studiosus* direkt in das aktuelle Kunst- und Kulturgeschehen eingeklinkt.

Auf der Basis der oben dargestellten Definitionsansätze zum neuen Konzept des Kulturtourismus entwickelt Jansen-Verbeke Ende der achtziger Jahre eine Typologie von Kulturtouristen; dabei unterscheidet er:

1. den kulturell *motivierten* Touristen, der sein Reiseziel direkt nach dem Kulturangebot auswählt und so viel wie möglich von diesem Reiseziel kennen lernen möchte (diese Typus ist am ehesten dem klassischen Studienreisen-Touristen vergleichbar, auch wenn es hier – wie beschrieben – auch schon Unterschiede gibt);
2. den kulturell *interessierten* Touristen, der nur für besondere kulturelle Angebote empfänglich ist und bekannte Orte als Ziel bevorzugt;
3. den kulturell *ansprechbaren* Touristen, der kulturelle Aspekte zusätzlich zu seinen anderen Urlaubsaktivitäten konsumiert.[606]

Diese Typologie ist auch dem Kulturmarketing durchaus bekannt, das in die relativ kleine Gruppe der *Intensiv-Nutzer* (ca. 3-5 % der Bevölkerung) und das große Potenzial gelegent-

605 Studiosus (2004) S. 16
606 Jansen-Verbeke, M.C.: Leisure, recreation and tourism in inner cities: Edplorative Case Studies, Nimwegen 1987

licher Nutzer von Kulturangeboten (ca. 44-46 %) differenziert.[607] Deutlich wird aus dieser Typologie aber auch, dass die unterschiedlichen Zielgruppen mit völlig unterschiedlichen Kulturangeboten angesprochen werden müssen.

Allerdings gibt es eine vierte, keineswegs kleine Gruppe von Touristen, die in keiner Weise an Kultur im Urlaub interessiert sind. Diese entspricht ziemlich genau der Gruppe der Nicht-Nutzer kultureller Angebote (ca. 48 %), d. h. wer zu Hause keine kulturellen Angebote nachfragt, wird dies wahrscheinlich auch im Urlaub nicht tun. Eine Untersuchung der Stadt Wien hat beispielsweise ergeben, dass etwa die Hälfte ihrer Besucher keinerlei kulturelle Interessen mit dem Stadtbesuch verbinden; Motive sind hier etwa Geschäftsreisen oder Verwandschafts- und Freundesbesuche.

Die in den Zielgruppen zwei und drei zu findenden „neuen" Kulturtouristen unterscheiden sich ganz wesentlich von den Teilnehmern der klassischen Studienreise Eine Untersuchung der Fremdenverkehrswirtschaft aus dem Jahre 1995 hat seiner Zeit folgende Kennzeichen dieses neuen Typus des Kulturreisenden herausgefunden:

- Das Alter der „neuen" Kulturtouristen beträgt 20 bis 29 Jahre;
- die meisten Teilnehmer sind ledig;
- meist handelt es sich um höhere Beamte, Freiberufler, Angestellte oder Personen in der Ausbildung;
- in der Regel sind es Personen mit Abitur bzw. Hochschulausbildung;
- das Haushaltseinkommen liegt deutlich über 2.500 €.

Diese Feststellungen wurden durch neuere Untersuchungen bestätigt. Diese Zielgruppe ist nicht nur aufgrund ihrer Altersstruktur (Jugend), sondern vor allem wegen ihrer ökonomischen Möglichkeiten sehr interessant.

8.5 Neue kulturtouristische Angebote

Doch nicht nur die Nachfrager, also die Kulturtouristen, haben sich verändert, sondern auch die Angebote. Hierzu zählen – neben der nach wie vor angebotenen klassischen Studienreise – nun verstärkt die folgenden Angebote.

Städtereisen sind in der Regel Standortreisen, d. h. eine interessante Stadt bzw. ein spezifisches (kulturelles) Angebot in ihr bilden den Anlass, um diese Reise zu unternehmen. Die Attraktivität einer Stadt kann sich z. B. ausdrücken in ihrem spezifischen *Stadtbild* (z. B. die historischen Altstädte von Goslar, Bamberg, Rothenburg / o.T., Augsburg, Heidelberg, Lübeck oder der Jugendstil in Darmstadt usw.), in ihrer *Geschichte* (z. B. Trier, Potsdam, Nürnberg, Weimar, Worms, Speyer, Mainz usw.), in besonderen einzelnen *Bauwerken* (z. B. Naumburg, Quedlingburg, Eisenach, Speyer, Worms, München usw.), in ihrer Einbettung in eine *schöne Landschaft* (z. B. Würzburg, Oppenheim, Garmisch-Partenkirchen, Dresden usw.), in ihrem *herausragendes kulturellen Angebot* (z. B. Berlin, München, Stuttgart, Frankfurt usw.) oder in speziellen *Events* wie Musicals, Block-Buster-Ausstellungen, Festivals usw. (z. B. Berlin, Hamburg, Stuttgart, Köln, Bonn usw.).

Die im Frühsommer 2006 vorgelegte Untersuchung zum Städte- und Kulturtourismus in Deutschland kommt zu einigen sehr beachtenswerten Ergebnissen. Insgesamt werden

607 Vgl. hierzu ausführlich Klein (2003)

2,2 Mrd. Aufenthaltstage im deutschen Städtetourismus gezählt. Dabei können die zwei großen Segmente *Tagestourismus* (Tagesausflugs- und Tagesgeschäftsreiseverkehr) und *Übernachtungstourismus* (Übernachtungstourismus in gewerblichen Betrieben und Verwandten- / Bekanntenbesucherverkehr) unterschieden werden. Tagesausflüge machen demnach 68 % aus, der Rest sind Übernachtungstourismus, der ökonomisch selbstverständlich für die Städte sehr viel lukrativer ist: Übernachtungsgäste in gewerblichen Betrieben geben im Schnitt rund 128,90 Euro aus, Tagesgäste 32,40 Euro und Verwandten-(Bekanntenbesuche rund 33,60 Euro.

Insbesondere die Großstädte haben in den neunziger Jahren schnell erkannt, welches Potenzial herausragende kulturelle Angebote haben. Einige Beispiele: Die Ausstellung des *Museum of Modern Art New York* in Berlin zählte 1,2 Millionen Besucher, ca. 6.500 am Tag; es wurden 580.000 Postkarten, 182.000 Kataloge und 56.000 Plakate verkauft. Insgesamt wurde ein Überschuss von 6,5 Mill. € erwirtschaftet. Diese sollen 2007 in eine weitere Blockbuster-Ausstellung des *Metropolitan-Museum* / New York in Berlin investiert werden. Im direkten Zusammenhang mit dem Musicalangebot verzeichnete die Hansestadt Hamburg einen Zuwachs von 1 Million Übernachtungen jährlich. Wie Untersuchungen der Salzburger Wirtschaftskammer ergeben haben, kommen rund 44.000 Besucher ausschließlich aufgrund der Festspiele nach Salzburg und sorgen stadtweit für einen Umsatz von um die 60 Millionen Euro für die Tourismuswirtschaft. Der Gesamtumsatz, der die sog. Umwegrentabilitäten einschließt, wird auf den dreifachen Betrag geschätzt.

Die elfte *documenta* in Kassel erzielte einen neuen Besucherrekord mit rund 650.000 Gästen. Die Zuwächse an Tagesbesuchern (100 %) und Übernachtungen (25 %) schlugen im Kulturhauptstadtjahr 2003 im österreichischen Graz sämtliche historischen Höchstzahlen. Seit ihrer Anerkennung als UNESCO-Weltkulturerbe in 1994 steigerte die 1000jährige mittelalterliche Stadt Quedlinburg mit ihren rund 1.3000 Fachwerkhäusern ihre jährliche Besucherzahlen von rund 40.000 (1994) auf über 150.000 (2004); die durchschnittliche Aufenthaltsdauer stieg von 1,3 auf 2,3 Tage, der Anteil der Ausländerübernachtungen gar von 3,2 % auf 6,8 %.

Die Stadt Essen hat als Kulturhauptstadt 2010 bereits die Konsequenzen aus diesem Trend gezogen. Insgesamt 78 Millionen Euro wollen Essen und das Ruhrgebiet (elf Städte und vier Landkreise) in den nächsten vier Jahren in den Ausbau ihrer Kultur investieren. Die Rechnung, die am Tage des Zuschlags gemacht wurde, sieht vor, dass im Jahre 2010 mindestens eine Million Menschen zusätzlich die Kulturhauptstadt Essen und das Ruhrgebiet besuchen werden. Gibt jeder von ihnen dort 100 Euro aus, haben sich die Investitionen gelohnt.

Dass dies nicht nur für Großstädte und Kulturhauptstädte, sondern auch für kleinere gilt, zeigt eine Untersuchung anlässlich der Renoir-Ausstellung in der Kunsthalle Tübingen im Jahr 1996. Hier wurden durch Besucherbefragungen insbesondere die sog. Koppelungsaktivitäten Einkaufen, Verzehr und Übernachtung berücksichtigt. Da jeder auswärtige Ausstellungsbesucher im Zusammenhang mit dem Besuch in der *Tübinger Kunsthalle* einen Betrag zwischen 25,50 und 33,50 € ausgab, konnten die Ausgaben auf einen Gesamtwert von rund 12 Mill. € hochgerechnet werden. Davon flossen rund 5,8 Mill. € (49 %) an den Einzelhandel, 4,8 Mill. € (40 %) an Gastronomiebetriebe und rund 1,25 Mill. € an Beherbergungsbetriebe. „In Tübingen sind sich die Vertreter der Einzelhandels-, Gastronomie- und Beherbergungsbetriebe der Wirksamkeit ökonomischer Sekundäreffekte bewusst und werden diese auch in Zukunft zum Gegenstand planerische rund strategischer Untersuchungen machen“, heißt es in der Untersuchung von 1996.[608]

Dabei ist der Markt für Städte- und Kultureisen ganz offensichtlich ein Wachstumsmarkt, wie Langzeituntersuchungen zeigen. Wie aus der unten stehenden Tabelle[609] deutlich wird, steigt seit 1996 (mit kleineren Abschwächungen um die Jahrtausendwende) sowohl das *Interesse* an Städtereisen wie die *Zahl* (Zahlen Prozent der Zustimmung der Befragten) der tatsächlich durchgeführten Reisen. Es wird prognostiziert, dass dieses Wachstum weiter zunimmt.

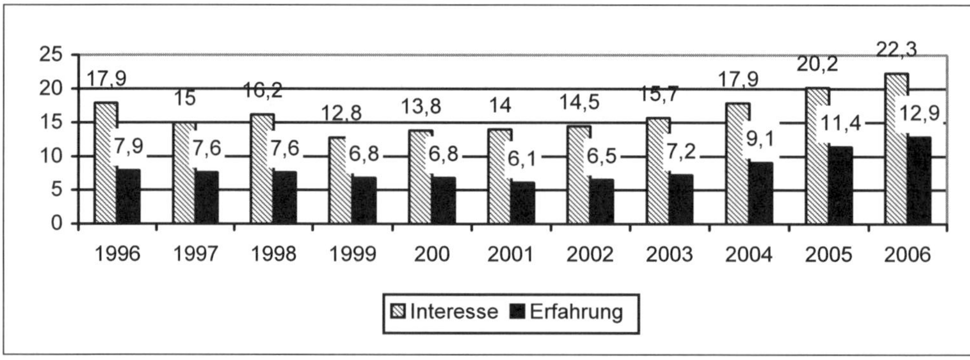

Abbildung 38: Städtereisen: Erfahrungen und Interesse

Von Städte- und Kulturreisen – es wurde bereits im Zusammenhang mit der Tübingen-Studie darauf hingewiesen – profitieren Viele, wie folgende Darstellung zeigt.

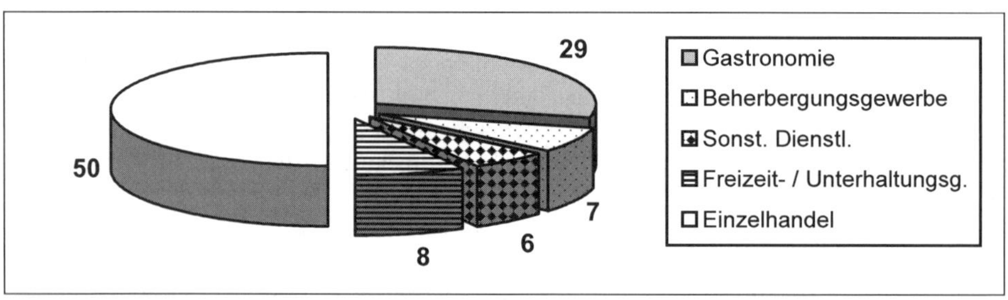

Abbildung 39: Gewinner am Kulturtourismus

608 Häusser, Tilmann und Monika Friedrich: Ökonomische Sekundäreffekte auf den örtlichen Einzelhandel sowie Gastronomie- und Beherbergungsbetriebe durch Ausstellungsbesucher der Kunsthalle Tübingen. In: Heinrichs, Werner und Armin Klein: *Deutsches Jahrbuch für Kulturmanagement* 1997, Baden-Baden 1998 S. 86-102; hier S. 100

609 Basierend auf der Reiseanalyse von F.U.R. (Forschung und Reisen) in: Städte- und Kulturtourismus (2006)

Bemerkenswerterweise decken sich die Zahlen der bundesweiten Großuntersuchung hinsichtlich des Hauptgewinners 50 % Einzelhandel nahezu mit der Tübingen-Studie (49 %); auch hinsichtlich des zweiten Gewinners kommt die Großuntersuchung zum selben Ergebnis: die Gastronomie (wenn hier auch die Zahlen für Tübingen noch deutlich höher lagen). Doch nicht nur Aufenthaltstage erhöhten sich deutlich, sondern auch der dadurch generierte Umsatz stieg, wie unten stehende Tabelle zeigt.

	1994	2004	Veränderung
Aufenthaltstage (Mio)	**964,9**	**1.669,9**	**+73 %**
Übernachtungstourismus gewerblich	53,3	76,7	+44 %
Tagesausflüge	806,6	1.243,1	+54 %
Tagesgeschäftsreisen	105,0	350,1	+233 %
∅ Tagesausgaben pro Tourist (Euro)	**30,50**	**39,10**	**+28 %**
Übernachtungstourismus gewerblich	127,80	150,00	+17 %
Tagesausflüge	24,10	35,10	+46 %
Tagesgeschäftsreisen	29,90	29,00	-3 %
Brutto-Umsatz (Mrd. Euro)	**29,4**	**65,3**	**+122 %**
Übernachtungstourismus gewerblich	6,8	11,5	+69 %
Tagesausflüge	19,5	43,6	+124 %
Tagesgeschäftsreisen	3,1	10,2	+229 %

Abbildung 40: Nachfrage und Umsatzwachstum bei Städtereisen[610]

Diese Entwicklung hat große Einkommens- und Beschäftigungseffekte. Die o. a. Studie des Tourismusverbandes von 2006 geht davon aus, dass insgesamt 1,56 Millionen Menschen durch den Städtetourismus in Deutschland ihren Lebensunterhalt bestreiten können.

Selbstverständlich sind Kulturreisen nicht mit Städtereisen gleich zu setzen; viele Menschen fahren auch in Städte, ohne Kultur nachzufragen, wie die Wien-Studie zeigt. Allerdings spielt Kultur zunehmend eine zentrale Rolle. „Kultur in allen ihren Facetten“, schreibt die Tourismus-Studie von 2006, „von der Kulturveranstaltung bis zur Baukultur – ist neben sozialen Aspekten aus Nachfragesicht der mit Abstand wichtigste Attraktivitätsfaktor bei privaten Städtereisen (...) Insbesondere bei den Reisen ausländischer Gäste nach und in Deutschland spielt das Thema Kultur eine herausragende Rolle. Deutschland zählt für Kulturinteressierte zu den führenden Reisezielen in Europa. Hinter Frankreich und Italien liegen deutsche Städte und Regionen auf Platz drei.“[611]

610 Städte- und Kulturtourismus (2006) S. 12
611 Städte- und Kulturtourismus (2006) S. 12

Allerdings sind die Zeiten vorbei, in denen die bloße Vorhaltung eines Kulturangebotes bzw. von Baudenkmälern ausreichte. Die einzelnen Kulturanbieter müssen mittlerweile sehr viel besucherorientierter arbeiten, wenn sie von den Touristenströmen profitieren wollen – ein Gedanke, der vielen jüngeren Kulturmanagern längst vertraut, bei anderen, vor allem älteren Einrichtungsleitern aber durchaus verpönt ist. Die Verantwortlichen der Tourismusmarketingorganisationen ihrerseits haben indes durchaus klare Vorstellungen von der Weiterentwicklung des Kulturtourismus. Sie nannten als von ihnen als dringlich erkannten Aufgaben folgende (vgl. unten stehende Tabelle)[612]:

Wichtige Aufgaben aus Sicht der Touristiker zur Weiterentwicklung des Kulturtourismus	**Antworten**
Qualitativer Erhalt / Ausbau des Kulturangebotes	83 %
Innerstädtische Koordination von Programmen / Terminen	63 %
Touristische Orientierung der Kulturanbieter	44 %
Quantitativer Ausbau / Erhalt des Kulturangebotes	44 %
Sicherstellung langfristiger Planungen	38 %
Ausbau der Internationalität	36 %

Abbildung 41: Wichtige Aufgaben aus Sicht der Touristiker zur Weiterentwicklung des Kulturtourismus

Es kann sicher nicht geleugnet werden, dass die Verantwortlichen von Kultureinrichtungen und die Touristiker (noch) verschiedene Sprachen sprechen; wie könnte es anders sein, operieren sie doch auf recht unterschiedlichen Märkten mit jeweils eigenen „Logiken“ und Sprachen. Gleichwohl sollte es die Kulturmanager höchst zuversichtlich stimmen, dass das oberste Desiderat der Touristiker mit weitem Abstand vor allen anderen Nennungen der *qualitative* Erhalt und Ausbau des Kulturangebotes in den Städten ist – und um was anderes geht es den Kultureinrichtungen selbst? Hier gibt es also einen zentralen Anknüpfungspunkt, an dem gemeinsam gearbeitet werden kann und die Kultureinrichtungen von der Unterstützung durch die Touristiker profitieren können. Und auch die anderen genannten Erfolgsfaktoren müssen keinen auf die Autonomie des künstlerischen oder kulturellen Produktes pochenden Einrichtungsleiter beängstigen.

Insgesamt sehen die befragten Touristiker die Entwicklung durchaus positiv. „Die Entwicklung der Stadtbilder ist aus touristischer Sicht grundsätzlich positiv zu bewerten, wie aktuelle Befragungsergebnisse belegen. Dennoch ist ein behutsamer Umgang mit der historischen Bausubstanz und eine anspruchsvolle, moderne Baukultur heute keineswegs selbstverständlich. Museen, Ausstellungen, Theater, Konzerte, Musicals, Festivals – das Kultur- und Unterhaltungsangebot der deutschen Städte hat sich nach Einschätzung der städtischen Tourismusmarketingorganisationen (TMO) sowohl quantitativ als auch qualitativ in den letzten zehn Jahren in allen Städtetypen mehrheitlich positiv entwickelt.“[613] Es steht nun zu hoffen, dass die Kultureinrichtungen ihrerseits offensiv zukunftsorientierte und

612 Städte- und Kulturtourismus (2006) S. 13
613 Städte- und Kulturtourismus (2006) S. 13

nachhaltig wirkende Strategien entwickeln, um mit der Touristik kreative Allianzen zu schließen.

Die Touristiker haben recht klare Vorstellungen zu solchen Kooperationen und geben auch eine Reihe von Handlungsempfehlungen aus ihrer Sicht für Städte, die sich als Kulturstädte profilieren möchten:

- *Highlights und Kleinode*: Vermarktung herausragender Kulturangebote (v. a. auf nationalen und internationalen Märkten) sowie die verstärkte Herausstellung von „Geheimtipps" für Insider;
- *Kombiangebote Kultur+*: Vernetzung von Kulturangeboten mit Kulinarischem, Schlössern und Gärten, Wellness, Rad fahren, Wasser usw., unter anderem zur Ansprache der „Silver Ager";
- *Kultur- und Themenrouten*: Vernetzung im Rahmen bestehender Routen zur Erhöhung der Aufmerksamkeit und Mittelbündelung;
- *Verbesserung der Ticketverfügbarkeit*: Ausbau als eigenes Geschäftsfeld (Online-Ticketing), zumindest aber in Form eines Ticketbüros (integriert in Tourist-Information oder Callcenter) oder kundenfreundliche Verknüpfung mit Kooperationspartnern;
- *Emotionalisierung*: Aufgreifen langfristiger Trends bei der Gestaltung kultureller Angebote (Stadtführungen, Pauschalen etc.), Vermittlung „lebendiger Geschichte", Kreierung von Zeitreisen, Story-/ History-telling, Edutainment, aktive Ansprache und Einbeziehung der Gäste;
- *Ernennung eines Verantwortlichen für Kulturtourismus*: Zur Verbesserung der Kommunikation und Kooperation zwischen Kultur und Tourismus innerhalb der Stadt / Region sollte ein spezifisch Verantwortlicher berufen werden.[614]

Es ist nun Aufgabe der Leiter von Kultureinrichtungen, ihrerseits Desiderate, Standards und Schwerpunkte zu formulieren, die für sie unabdingbar sind, damit man zu gemeinsamen Erfolgen kommt.

Einen zweiten wichtigen Sektor im neuen Kulturtourismus bilden neben den Städte- und Kulturreisen die sog. *Kreativ-* und *Sprachreisen*. Hierbei geht es darum, in einer speziellen kulturellen Atmosphäre einer Stadt oder Region zu „lernen": sei es eine Sprache, sei es eine künstlerische oder kulturelle Technik. Die Toskana hat als ein solcher Lernort bereits einen legendären Ruf, aber mittlerweile haben zunehmend auch deutsche Gemeinden die kulturtouristischen Chancen eines Sprach- oder Kreativurlaubs erkannt.[615] Viele Städte bieten Mal- und Zeichen-, Theater- und Tango-, Musik- und Tanzkurse an. Die Stadt Trier veranstaltet seit Jahrzehnten ihre *Europäische Kunstakademie* und auch die Stadt Marburg blickt seit nunmehr 30 Jahren auf ihre *Sommerakademie* zurück. Erfolgreiche Sommerakademien gibt es mittlerweile auch in Essen, in Hohenaschau, in Neuburg an der Donau, in Coburg, in Plauen usw. Auch in diesem Segment kann davon ausgegangen werden, dass die Teilnehmer, die sich meist mehrere Wochen in der Stadt aufhalten, weit überdurchschnittlich (gegenüber Tagestouristen etwa) Geld in der Stadt bzw. Region ausgeben.

---

614 Städte- und Kulturtourismus (2006) S. 22
615 Vgl. hierzu www.forumandersreisen.de

Ein relativ neuer, sehr innovativer und vor allem für kleinere und mittlere Gemeinden interessanter Bereich ist der sog. *Thementourismus*, der kulturelle Angebote einer Region oder eines Landes nach bestimmten Themen erschließt, nach dem Motto: „Auf den Spuren von...". Hierbei kann es sich um historische Persönlichkeiten, um regionalspezifische Eigenheiten (etwa die Industriekultur in Nordrhein-Westfalen, der Literaturraum Elbe, die Strasse der Backsteingotik, die Via Sacra, den Werkstoff Glas in Ostbayern oder maritimes Leben in Schleswig-Holstein), um kulinarische Spezialitäten etwa im Elsass oder Burgund, im Rheingau, in Franken oder der Pfalz oder auch um kunsthistorische Angebote wie etwa Kandinsky in Murnau handeln – bis hin zu solchen „Kunstprodukten" wie die beliebten Führungen in Paris auf den Spuren der Filmfigur Amelie oder dem aktuellen Beststeller da Vinci Code.

Auch für mittlere und kleinere Gemeinden, die nicht über herausragende architektonische Bauwerke oder eine von historischen Höhepunkten geprägte Geschichte verfügen, bieten sich hier große Möglichkeiten an, wenn es denn gelingt, die Besonderheiten des eigenen Standorts herauszuarbeiten und in entsprechende Angebote umzuwandeln. Die Ressourcen von Städten, Gemeinden und Regionen zur Kreation von Themenreisen lassen sich in zwei große Kategorien einteilen:

- *Materielle Ressourcen*; hierzu zählen in erster Linie (Bau-)Denkmäler, Kirchen und Profanbauten wie Burgen, Schlösser, Rathäuser etc. (etwa in Worms, Speyer, Naumburg, Limburg, Bremen etc.). Ein in sich geschlossenes historisches Stadtbild oder eine gewachsene und gut erhaltene Altstadt sind ebenfalls natürliche Ressourcen, die attraktiv auf Besucher wirken (man denke an Bamberg, an Lübeck, an Rothenburg etc.) Allerdings verfügen nicht alle Städte über einen Dom, eine Burg oder Ähnliches – und so etwas lässt sich auch nicht herbeizaubern!
  Umgekehrt verfügt aber so manche Stadt über eben diese Bauten – ohne dass es allerdings zu einem nachhaltigen Kulturtourismus kommt, ganz im Gegenteil. In mancher dieser deutschen Städte reisen die Tagestouristen morgens an und besichtigen den Dom, essen (meist sehr preisbewusst) zu Mittag, besuchen nachmittags das Schloss und fahren wieder weg. Dies ist auch eine Form von Kulturtourismus, allerdings eine, die den Städten zwar viel Verkehr und Umweltbelastung, dafür aber wenig ökonomische Erträge bringt. Oftmals ist von diesen Besuchern zu hören: „Wir würden ja gerne über Nacht bleiben, aber leider gibt es abends kein ansprechendes Programm, dass die Übernachtungskosten rechtfertigt" – und so reisen sie wieder ab!
  Aufgrund des erweiterten und gewandelten Kulturbegriffs zählen zu solchen Ressourcen längst aber auch Baudenkmäler der Moderne wie etwa die Mathildenhöhe in Darmstadt, die Weisenhofsiedlung in Stuttgart, der Dammerstock in Karlsruhe usw.) bzw. Industriedenkmäler (wie sie etwa im Rahmen der *Internationalen Bauausstellung* im Ruhrgebiet) mustergültig aufbereitet wurden. Ebenso von überregionalem Interesse können aber auch gewachsene und geschlossene Kulturlandschaften sein wie etwa der Weinbau im Rheingau oder im Saale-Unstruth-Tal, Waldlandschaften wie der Bayerische Wald, maritimes Küstenleben in Schleswig-Holstein usw.

- *Immaterielle Ressourcen*; da nicht alle Gemeinden in der glücklichen Lage sind, über entsprechende Baudenkmäler oder eine historische Altstadt zu verfügen, bietet es sich an, auf immaterielle Kulturressourcen zurückzugreifen und diese zu erschließen. Dies können beispielsweise Traditionen und Brauchtumsveranstaltungen sein (die vielleicht

mittlerweile vergessen worden sind), die sich aber wieder beleben lassen (wie etwa die berühmten Weihnachtsmärkte in Nürnberg oder in Straßburg oder die Fürstenhochzeit in Landshut oder der Schwörmontag in Ulm usw.). Hierzu zählen vor allem auch Stadtfeste, die allerdings für Kulturtouristen nur dann interessant sind, wenn sie ein klares Profil haben. Im Klartext: Bratwurst und Bier kann jeder anbieten, das alleine macht ein Fest noch nicht attraktiv!
Zu den immateriellen Ressourcen zählen ebenso besondere kulturelle Veranstaltungen mit einem ganz bestimmten Profil (wie z. B. das Husumer Klavierraritätenfestival), die ganz spezielle Zielgruppen ansprechen, die ggf. auch von weither anreisen, um das Programm zu genießen. Hierzu gehört aber auch der bestimmte Lebensstil bzw. das Flair einer Stadt (wie etwa in der Toskana oder in Paris), spezifische gastronomische Angebote (wie etwa die legendäre „Bierkultur" in Franken, die ergänzt wird durch eine ebenso hervorragende Weinkultur). Aber auch berühmte Persönlichkeiten, die in einer Stadt geboren wurden, gelebt oder dort gewirkt haben, können eine wichtige Ressource sein – hier haben vor allem die kleinen deutschen Universitätsstädte noch große ungenutzte Potenziale! Und wie man selbst Unsichtbares und Ungreifbares wie die Nibelungen sichtbar machen kann, zeigt mit einem interessanten „virtuellen" Angebot das Nibelungenmuseum in Worms.

Zu allen diesen Ressourcen ist festzustellen, dass sie als kulturtouristische Angebote allerdings nur dann „funktionieren", wenn sie sichtbar, d. h. als ein für den Besucher lohnenswertes Angebot greifbar gemacht werden. Das für seine Sammlungen hochgeschätzte Museum erreicht zwar den klassischen Studienreisenden, selten aber die beiden anderen oben genannten Zielgruppen. Das Geburtshaus des berühmten Dichters ist als Angebot für nur Wenige interessant, wenn lediglich eine Tafel an der Wand auf dieses Faktum hinweist – eine gutgemachte, ansprechende Ausstellung erreicht darüber hinaus sehr viel mehr Menschen, wie etwa das Kurpfälzische Museum in Speyer seit Jahren eindrücklich vermittelt.

Um nun ein interessierte Publikum nachhaltig vom eigenen kulturtouristischen Angebot zu überzeugen und anzuziehen, ist es unabdingbar, aus diesen materiellen und immateriellen Angeboten attraktive „Pakete" zu schnüren. Wegen einer einzelnen kulturellen Attraktion kommen immer auch nur Einzelne, die genau daran interessiert sind und diese bleiben nur selten über Nacht! Kombiniert man dagegen auf intelligente und innovative Weise die unterschiedlichen materiellen Ressourcen (die Baudenkmäler, die Kulturlandschaft usw.) mit den immateriellen (herausragende Konzerte im Dom, Autorenlesungen im Weinkeller, Theateraufführungen in einer alten Fabrikhalle, gastronomische Attraktionen etc.), so schafft man die Angebote, die die Besucher zum Bleiben einladen. Dabei kommt es keineswegs auf Größe oder Sensationalität der einzelnen Ressource an, sondern auf ihre Spezifität und ihre innovative Nutzung. Unter diesem Aspekt hat nahezu jede Gemeinde etwas Besonderes zu bieten, das sie für Kulturtouristen interessant machen kann – vorausgesetzt, sie entfaltet ihr Potenzial!

Nicht selten erlebt man allerdings, dass gerade Kultureinrichtungen sehr zurückhaltend sind, ihre kulturtouristischen Angebote tatsächlich zu entfalten. Zu sehr treibt sie oft genug noch die Sorge, sich allzu sehr „vermarkten" zu müssen.[616] So wichtig und ernst zu nehmen

616 Vgl. hierzu zusammenfassend die sehr bedenkenswerten Argumente in: Kramer, Dieter: Aus der Region. Für die Region. Konzepte für einen Tourismus mit menschlichem Maß, Wien / München 1997

berechtigte Einwände sind, so sollten doch gerade in Zeiten rückläufiger öffentlicher Fördermittel seitens der Kultureinrichtungen folgende Argumente bedacht werden:

Denn Kulturtourismus nutzt nicht nur dem Tourismus oder der Wirtschaft, sondern ganz direkt auch den Kultureinrichtungen, denn:

- Kulturtouristen sind auch Besucher, die Geld ganz direkt in die Kultureinrichtungen bringen: durch Eintrittsgelder, durch den Kauf von Katalogen, Postkarten, Merchandisingartikel usw.; so lassen sich die eigenen Umsatzerlöse steigern;
- Kulturtouristen sind aber nicht nur zahlende, sondern auch „zählende" Besucher: Viele öffentliche Kultureinrichtungen beklagen seit Jahren rückläufige Besucherzahlen: hier liegt ein Potenzial, diese wieder zu steigern;
- gut besuchte Kultureinrichtungen steigern somit die eigene kulturpolitische Legitimität. Begreift die Kommunalpolitik, welches (kultur-)touristische Potenzial sie in ihren Kultureinrichtungen hat, wird sie sich unter diesem Aspekt sehr genau überlegen, ob sie die entsprechenden Einrichtungen nicht nur nicht schließt, sondern im Gegenteil sogar sehr viel besser ausstattet, um dieses Potenzial noch besser zu nutzen;
- Kultureinrichtungen, die in ein Kulturtourismuskonzept eingebunden sind, gründen ihre Legitimation somit nicht länger nur auf kulturimmanente Argumente, sondern sie positionieren sich innerhalb der allgemeinen Stadtentwicklungsprozesse und beziehen von daher neues Selbstbewusstsein.

Kulturtourismus nutzt der heimischen Wirtschaft, denn

- kulturtouristische Angebote, das dürfte deutlich geworden sein, entfalten ihre positive Wirkung für die Kommune insgesamt;
- die Tourismuswirtschaft (also Beherbergungsbetriebe, Gastronomie etc.) profitiert direkt von zusätzlichen Besuchern;
- die lokale Wirtschaft verdient an den Kulturtouristen, weil diese nachweislich etwa drei- bis viermal so viel Geld ausgeben wie sonstige Touristen;
- damit lassen sich Arbeitsplätze stabilisieren bzw. – bei kreativen neuen Angeboten – neue Arbeitsplätze schaffen.
- Aber auch das Image und das Stadtmarketing profitiert von interessanten kulturtouristischen Angeboten – manche Kommunen kennt man überhaupt nur, weil man ein bestimmtes kulturelles Ereignis mit dieser Stadt in Verbindung bringt.
- Dies wiederum kann ein wichtiges Kriterium bei der Ansiedlung neuer Betriebe sein: Ein Unternehmen geht – wenn die sonstigen Standortfaktoren stimmen – sehr viel lieber in eine Kommune mit einem hohen kulturellen Image und einer entsprechenden Ausstrahlung als in eine mit einem schlechten Fremdbild.

Investitionen in einen planvoll aufgebauten und nachhaltigen Kulturtourismus lohnen sich also in jedem Fall und für alle Beteiligten.

Mittlerweile werden bereits auf Länderebene (so z. B. in Österreich) bzw. auf der Ebene einzelner Bundesländer (so z. B. in Nordrhein-Westfalen, Schleswig-Holstein) langfristige strategische Konzepte zur Kooperation von Kultureinrichtungen und Tourismus entwickelt. In Österreich startete im März 2005 das *Projekt KULTOUR* von *Culture Tour Austria*.[617] Ziel eines ersten Workshops war, einen Kooperationskodex und Qualitätskriterien für die Zusammenarbeit zwischen Kultur und Tourismus in gemeinsamer Arbeit zu

617 www.culturetour.at

entwickeln. Dieser soll zur Grundlage einer Qualitäts- und Vertriebsplattform *Culture Tour Austria* werden, auf der sich ausgewählte Kulturtourismusregionen und reiseentscheidende Spezialangebote finden, die mit Hilfe einer neukonzipierten Kulturmarke auf internationalen Nah- und Fernmärkten vermarktet und vertrieben werden.

Um die Kulturwirtschaft und den (Kultur-)Tourismus in Nordrhein-Westfalen zu stärken und zu nutzen, schlägt der *4. Kulturwirtschaftsbericht* vier Handlungsfelder vor:

1. *Stärkung des touristischen Profils der Reisegebiete*: Touristisch relevante Angebote der Kulturwirtschaft sind, vor allem wenn sie das touristische Profil des Reisegebietes unterstützen, verstärkt in die Tourismuskonzepte der Reisegebiete einzubinden. Um zusätzliche kulturwirtschaftliche Akteure zu gewinnen, müssen diese Schwerpunktthemen langfristig angelegt sein. Erst dies ermöglicht eine Orientierung kulturwirtschaftlicher Angebote auf diese Themen.
2. *Vernetzung aller touristisch relevanten Angebote zu einem Gesamtangebot*: Mit der wachsenden Bedeutung kulturwirtschaftlicher Angebote für den Tourismus wird es wichtiger, sie mit den nicht erwerbswirtschaftlichen kulturellen Angeboten zu einem touristischen Gesamtangebot zu verknüpfen. Hierzu ist eine stärkere Koordination der Anbieter notwendig. Hauptziel muss es sein, bestehende Defizite hinsichtlich Information, Zusammenarbeit und Organisation zwischen den Tourismus- und Kulturwirtschaftsakteuren zu überwinden und den Aufwand der Informationsbeschaffung für Touristen zu senken.
3. *Stärkung und Entwicklung von „Gatekeepern"*: „Kulturbezogene Leuchttürme", „Bewohner als Botschafter" und „spezifische kulturwirtschaftliche Nischenangebote" sind in der Lage, die im Bundesgebiet noch wenig bekannten Reisegebiete Nordrhein-Westfalens neuen touristischen Zielgruppe nahe zu bringen. Hierbei sind die kulturwirtschaftlichen Angebote einzubeziehen.
4. *Nutzung von Synergien zwischen Kulturwirtschaft und Tourismus*: Die Synergien zwischen Kulturwirtschaft und Tourismusbranche müssen stärker als bisher genutzt werden. So kann der öffentliche Sektor zur Stärkung von Kulturvierteln wichtige Rahmenbedingungen schaffen (z. B. Platzgestaltung, Schankzeitenregelung, Kunst im Öffentlichen Raum) bzw. Moderationsaufgaben übernehmen.[618]

Es dürfte deutlich geworden sein, dass sich für jede einzelne Kultureinrichtung, die bereit ist, über ihren eigenen Tellerrand hinauszusehen, interessante und zukunftsorientierte Partner in der Kulturwirtschaft und im Kulturtourismus finden. Dabei ist – es muss nicht ausdrücklich betont werden – unabdingbar, dass die jeweilige Kultureinrichtung sowohl ihrem kulturpolitischen Auftrag treu bleibt wie auch ihren in der Regel hohen Qualitätsstandards genügt. Aber kein vernünftiger Akteur aus dem Wirtschaftsleben würde – das zeigen übrigens auch alle einschlägigen Veröffentlichungen zum Thema Sponsoring – hieran rütteln wollen, weil eine Kultureinrichtung ohne Profil, die sich nach jedem Wind dreht, kein attraktiver Partner ist. Es kann bei diesen Allianzen immer nur um Kooperationen auf gleicher Augenhöhe gehen – dann aber werden sie allen Beteiligten nutzen und den Kultureinrichtungen neue Handlungsspielräume eröffnen.

618 4. Kulturwirtschaftsbericht NRW – Kurzfassung (2002) S. 20

9 Controlling und Evaluation

Die eigentlich nahe liegende Frage: „Nützt die Kulturförderung den Förderern“[619] wird bislang zwar von privaten Geldgebern (etwa im Rahmen des Kultursponsoring) ganz nachdrücklich gestellt, ist im öffentlichen Kulturbetrieb aber nahezu verpönt. Jahrzehntelang gelang es Kunst und Kultur nicht nur in Deutschland in erstaunlicherweise höchst wirkungsvoll, sich jedweder Wirkungsmessung zu entziehen. „Wage es, ruft es einem entgegen,“ (so beschreibt Pius Knüsel, der Direktor der Schweizer Kulturstiftung *Pro Helvetia*, die entsprechende Haltung der Kultureinrichtungen), „wage es, dich mit Metermass und Taschenrechner an der Kultur zu vergreifen. Von allen Seiten spritzt das Weihwasser auf den Teufel der Wirkungsmessung, eifrig werden die Gebete des reinen Geistes aufgesagt, werden die Psalmen des Abwegigen, deshalb Unfassbaren, die Litaneien der nicht greifbaren Einflüsse hoher Kunst angestimmt.“ Bislang konnte man sich auf diese Weise einer wirkungsvollen Wirkungsmessung entziehen.

Knüsel kommt daher (für die Schweiz) zu dem Ergebnis, das aber so auch für Deutschland gelten kann: „Offensichtlich muss in der Kultur, wer Wirkungen messen und daraus Schlüsse für das eigene Tun ableiten will, erst eine Reihe von mentalen Mauern einreißen – Mauern, hinter denen künstlerische Misserfolge, falsch verstandenes Künstlertum oder eine falsch geleitete Förderpolitik nicht vorstellbar sind, umso mehr aber das fehlende Kulturbewusstsein der Massen und deren Mangel an Bildung alles erklärt.“[620]

9.1 Wirkungskontrolle und Evaluation

Doch bemerkenswerterweise sind im Jahre 2005 die Kulturpolitiker in der Schweiz (und entsprechend auch ihre Kulturstiftung *Pro Helvetia*) mittlerweile dem im dritten Kapitel geschilderten holländischen Beispiel gefolgt. Am 10. Juni 2005 begann die „Vernehmlassung“ zum *Bundesgesetz über die Kulturförderung des Bundes* (*Kulturförderungsgesetz, KFG*), die bis zum Oktober 2005 dauerte. In einem *Erläuternden Bericht* zur Gesetzesvorlage heißt es: „Das KFG sieht Vierjahrespläne für die bundesstaatliche Kulturförderung in allen Förderungsbereichen vor und ermöglicht damit eine systematische *Gesamtschau* und *Evaluation* der kulturellen Förderungstätigkeit des Bundes. Kulturförderung wird so zu einem überschaubaren Bereich der Politik und zu einem fassbaren Diskussionsthema für alle gesellschaftlichen Kräfte.“[621]

---

619 so der Titel eines Symposiums der Universität Bern von 1999 und einer Publikation von Gramaccini, Norbert und Michael Krethlow: Nützt die Kulturförderung den Förderern? Neue Aspekte des Kunst- und Kultursponsorings, Frauenfeld 1999

620 Knüsel (2003)

621 Erläuternder Bericht: Bundesgesetz über die Kulturförderung des Bundes (Kulturförderungsgesetz, KFG). Totalrevision des Bundesgesetzes betreffend die Stiftung „Pro Helvetia“ (Pro-Helvetia-Gesetz, PHG) Erläuternder Bericht, Bern 2005 S. 2

Genau darauf wird es in Zukunft ankommen, will man einen effizienten Ressourceneinsatz der knapper werdenden öffentlichen Zuwendungen sicherstellen und legitimieren. „Die Beschäftigung mit dem Kunstwerk, seiner antizipierten Qualität und seiner Botschaft allein reicht nicht mehr, um die Millionen zu rechtfertigen, die wir ausgeben“, schreibt Pius Knüsel und weiter: „Eine Spur Utilitarismus, Zweckorientierung in einer sich mit dem Dogma der Zweckfreiheit vor kritischen Nachfragern schützenden Kunstwelt kann uns nur helfen. Sie sichert unsere Zukunft und sie erleichtert es uns, im Dschungel der Werte, Ziele, Verpflichtungen und Aufgaben (der nicht zuletzt dank der Kunst immer dichter wird) unseren Pfad nicht zu verlieren.“ Er endet: „Die Zeiten des Weihwassers sind vorbei, der Segen der Kulturförderung kann nur in ihren nachweisbaren Effekten für uns alle liegen.“[622]

Angesichts begrenzter öffentlicher Ressourcen müssen daher erstens die *Ziele* der Kulturpolitik „verknappt“ werden: Der Staat kann nicht mehr – wie noch zu den Hochzeiten der Neuen Kulturpolitik – alles und jedes fördern, sondern er muss auswählen und begründen, warum er *was* und auch *wie lange* fördert (vgl. hierzu das zweite Kapitel). Zweitens muss gewährleistet sein, dass diese Förderung *effizient* durchgeführt wird, d. h. die eingesetzten Ressourcen müssen so wirtschaftlich wie möglich verwandt werden. Und drittens muss sichergestellt werden, dass der zielgerichtete und effiziente Mitteleinsatz in der Praxis tatsächlich überprüft wird.

Es geht also insgesamt zum einen um die *intendierte Wirkung* von Kulturpolitik und Kulturförderung durch klar formulierte Zielsetzungen und -vereinbarungen (wie ausführlich im dritten Kapitel dargestellt), zum anderen um die entsprechende *Wirkungsmessung*, d. h. die Evaluation der Kulturförderung. Gesteuert werden soll in Zukunft also nicht mehr – wie bisher – über die bürokratische Aufbauorganisation, über die jährlichen finanziellen Zuwendungen sowie eine Vielzahl administrativer Eingriffe durch den oder die Träger (weil, wie im fünften Kapitel dargelegt, die bürokratische Organisationsform den Anforderungen der Gegenwart und vor allem der Zukunft nicht mehr gerecht wird), sondern über Ziele, über Wirkungsintentionen und durch die Überprüfung ihrer Erreichung. Dies geschieht auf zwei Ebenen: erstens durch ein steuerndes, prozessbegleitendes *Controlling* in Zusammenhang mit einem effizienten Berichtswesen und zweitens über *Evaluationen* der durchgeführten Maßnahmen.

9.2 Controlling im Kulturbetrieb

Damit ein Kulturbetrieb effizient gesteuert werden kann, sind zunächst, wie im dritten Kapitel ausführlich dargestellt, einige wichtige Voraussetzungen zu erfüllen:

- es muss zunächst ein fixiertes und von den Mitarbeitern anerkanntes *allgemeines Ziel* der Kultureinrichtung (Mission und Vision) geben;
- auf dieser Grundlage müssen spezifische *Teilziele* fixiert werden und diese Teilziele müssen in einer vernünftigen Zuordnung bzw. Hierarchie zueinander stehen (Strategisches Leitbild und Zielvereinbarungen);
- es muss geklärte *Kompetenzen* und *Zuständigkeiten* geben und eine adäquate *Aufbauorganisation* vorhanden sein (vgl. fünftes Kapitel).

622 Knüsel (2003)

Nur wenn diese Voraussetzungen tatsächlich gegeben sind, können die notwendigen Steuerungsaufgaben im Rahmen eines Controlling – im Sinne der Selbststeuerung einer öffentlichen Kultureinrichtung – tatsächlich erfüllt werden. Dabei ist zunächst eine grundlegende Unterscheidung zwischen *Kontrolle* einerseits und *Controlling* andererseits zu treffen. Kontrolle ist stets *rückwärtsgerichtet*, es ist die „Durchführung eines Vergleichs zwischen geplanten und realisierten Größen sowie die Analyse der Abweichungsursachen, nicht aber die Beseitigung der festgestellten Mängel. Kontrolle ist eine Form der Überwachung, durchgeführt von direkt oder indirekt in den Realisierungsprozess einbezogenen Personen oder Personengesamtheiten.“[623]

Controlling ist dagegen prinzipiell *zukunftsgerichtet*. Es leitet sich vom englischen [*to control* = „lenken, steuern, leiten, regeln, regulieren“] ab. Das Kernelement des Controlling ist deshalb die *spezifische Information*, die die entsprechenden Steuerungsmaßnahmen erst ermöglicht. Man verwendet zur besseren Verdeutlichung der Funktion von Controlling oft das Bild des Navigators. Der Kapitän eines Schiffes steuert von Hamburg nach New York, sein Ziel ist also die Ankunft in New York zu einem bestimmten Zeitpunkt. Controlling findet statt in der Rolle des Lotsen oder Navigators. Durch die laufende Kursbestimmung, also einen laufenden Soll-Ist-Vergleich, wird überprüft, ob man noch auf Kurs ist. Sollte eine Kursabweichung festgestellt werden, müssen vom Kapitän Kurskorrekturen eingeleitet werden.[624] Von diesem Bild her wird auch die besondere Bedeutung klarer Zielvorgaben deutlich. Wenn das zu erreichende Ziel nicht ganz genau präzisiert ist, kann der Kapitän auch nicht vernünftig steuern: das Schiff wird orientierungslos, mal geht es in diese, mal in jene Richtung – und allen Beteiligten an Bord wird früher oder später schlecht!

Allgemein lässt sich Controlling daher definieren als ein zielorientiertes, funktionsübergreifendes Führungsunterstützungssystem, das die für die Führung der Kultureinrichtung notwendigen Daten sammelt, Informationspools erschließt, Informationswege kanalisiert und die gewonnenen Daten in einen empfängerorientierten Bericht (etwa an den / die jeweiligen Träger) zusammenfasst, welcher in komprimierter Form alle entscheidungsrelevanten Daten beinhaltet.[625]

Ein effizientes Controlling in Kultureinrichtungen muss daher folgende Aufgaben erfüllen:

- es muss die Leitung der Kultureinrichtung bei der *Formulierung von Zielen* und *Erfolgskriterien* unterstützen (Was genau soll erreicht werden? Was ist machbar? Welche Ressourcen stehen zur Verfügung bzw. welche werden zusätzlich benötigt, wenn die gewünschten Ziele auch tatsächlich erreicht werden sollen?);
- es muss so weit als möglich der Kultureinrichtung und ihren spezifischen Aufgaben adäquate *Kennzahlen* und *Messsysteme* entwickeln (z. B. Qualitätskriterien, Termine, Kostenpläne, usw.), um rechtzeitig Abweichungen erkennen und entsprechend Korrekturmaßnahmen einleiten zu können;
- es muss in den Kultureinrichtungen entsprechende *Controllingstandards* und *Zyklen* (Wer erhält zu welchem Zeitpunkt welche Informationen?), z. B. durch ein detailliertes, den jeweiligen Bedürfnissen angepasstes und regelmäßiges Berichtssystem einrichten;

623 Gabler (1993) S. 1910

624 Vgl. Schneidewind, Petra: Entwicklung eines Theater-Managementinformationssystems, Frankfurt am Main u.a. 2000 S. 29

625 Schneidewind (2000) S.26

- es muss ein System zur *Erfassung der Ist-Daten* (Wo steht die Kultureinrichtung aktuell?) aufbauen;
- es muss *Soll-Ist-Vergleiche* durchführen (Wo sollte die Kultureinrichtung nach ihren eigenen Zielvorgaben eigentlich stehen? Welche Abweichungen gibt es?);
- es muss *Interpretationen* der Soll-Ist-Vergleiche geben (Warum ist es zu Abweichungen gekommen? Wie gravierend ist die Abweichung? Wie ist sie zu beurteilen? Welche Risiken für die Kultureinrichtung und ihre Zielerreichung stecken darin?);
- es muss die notwendigen *Steuerungsmaßnahmen* für die Kultureinrichtungen entwickeln, wenn nötig sogar ein spezifisches *Risikomanagement*, um die Abweichungen zu kompensieren (Was kann konkret getan werden, um wieder in den Plan zu kommen?);
- es muss regelmäßig *Berichte* zusammenstellen und *die Ergebnisse* der Berichte an alle davon betroffenen Mitarbeiter kommunizieren (allerdings muss nicht jeder alles wissen, sondern nur das, was für ihn relevant ist);
- es muss die direkte *Umfeldentwicklung* verfolgen (Wie verhält sich der Auftraggeber bzw. Träger? Ändert er seine Ziele? Wie zufrieden oder unzufrieden ist er? Welche Konkurrenzprojekte gibt es?).[626]

Es dürfte von daher unmittelbar evident sein, dass adäquate Informationen das Kernelement eines erfolgreichen Controlling in einer Kultureinrichtung sind. Umgekehrt erschweren Mängel bei den Informationen bzw. dem Informationsfluss die Steuerung bzw. machen sie ggf. unmöglich. Zu diesen Mängeln zählen insbesondere:[627]

- *Die Informationen kommen zu spät.* Je frühzeitiger die Leitung einer Kultureinrichtung über Störungen informiert wird, desto größer ist ihr Reaktionszeitraum und desto eher kann sie die Störung kompensieren. Ein effizientes Controlling muss also sicherstellen, dass *alle relevanten Informationen so zeitnah wie möglich* an die jeweiligen Verantwortlichen fließen.
- *Die Informationen sind zu oberflächlich.* In diesem Falle fließen zwar die Informationen, sie enthalten aber nicht die wichtigen und notwendigen Aussagen, so dass die Brisanz, die in der jeweiligen Information steckt, nicht oder erst viel zu spät wahrgenommen wird. Informationen müssen also so punktgenau wie irgend möglich formuliert werden. Das erfordert ein permanentes „Mitdenken" des für das Controlling Zuständigen.
- *Die Informationen sind zu detailliert.* Dies ist der umgekehrte Fall, der genau so wenig hilfreich ist. Statt zu oberflächlich zu sein, verlieren sich manche Informationen im kleinsten Detail, so dass wiederum ihre Relevanz nicht erkannt wird. Die Leitung einer Kultureinrichtung wird mit Informationen „zugeschüttet" und entscheidungsunfähig, weil sie mühsamst diejenigen Informationen herausfiltern muss, die wirklich handlungsrelevant sind. Deshalb ist darauf zu dringen, dass die Informationen auf den Punkt gebracht werden und in jeder Hinsicht (Inhalt und Verständlichkeit) empfängerorientiert formuliert sind. Zu handeln ist nach dem Grundsatz „Lieber rechtzeitig ungefähr richtig als mit genauen Informationen zu spät."
- *Die Informationen sind zu umfangreich.* Aus der Detailversessenheit resultiert ein häufig viel zu großer Umfang an Informationen, der dann nicht mehr adäquat verarbei-

626 In Anlehnung an Patzak, Gerold und Günter Rattay: Projektmanagement, Wien 1998 S. 315; vgl. hierzu auch Schneidewind, Petra: Projektcontrolling. In: Handbuch KulturManagement, Stuttgart 1992ff (1999) S. 4

627 Vgl. hierzu Horvath & Partner: Das Controllingkonzept. Der Weg zu einem wirkungsvollen Controllingsystem, München 1995 S. 179

tet werden kann. Bezeichnend ist jener berühmte Goethe'sche Briefanfang: „Lieber Freund, entschuldige, dass ich Dir einen langen Brief schreibe, ich hatte nicht die Zeit für einen kurzen!" Für denjenigen, der einen knappen, auf das Wesentliche reduzierten Bericht abfasst, bedeutet dies in aller Regel tatsächlich mehr Arbeit; er erspart diese Zeit dann allerdings den Berichtsempfängern beim Lesen.

- *Die Informationen sind zu kurz.* Die geforderte Kürze sollte allerdings nicht dazu führen, dass die Informationen umgekehrt zu bruchstückhaft oder zu kurz sind. Auch hier gilt wieder: Alles Relevante muss so kurz und prägnant wie möglich formuliert werden.
- *Die Informationen sind überwiegend vergangenheitsorientiert.* Viele Berichte gerade in Kultureinrichtungen beschäftigen sich intensiv und in aller epischer Breite mit Vorgängen, die bereits schiefgegangen sind und versuchen zu klären, warum dies so war und vor allem, wer schuld daran war. Unter dem Aspekt des Controlling ist Steuerung dagegen immer zukunftsorientiert („don't cry over spelt milk"): Von daher sind vergangenheitsorientierte Aussagen irrelevant und störend.
- *Die Informationen enthalten nur Daten, die sich quantifizieren lassen, keine qualitativen Aussagen.* Quantitative Daten lassen sich meist recht mühelos erheben (Wie viele Zuschauer, wie viele Sponsorengelder, wie viele Einnamen, wie viele Ausgaben usw.), *qualitative* Aussagen (Wie kam ein Stück beim Publikum an? Wie sind die Kritiken? usw.) dagegen sehr viel schwieriger. Dennoch muss im Rahmen des Controlling versucht werden, auch qualitative Informationen dort zu erhalten, wo sie Relevanz für den Entscheidungs- und Steuerungsprozess haben (Wie kommen die künstlerischen Inhalte beim Publikum an? Was bewirken sie – Zustimmung, Protest, Besucherzufriedenheit? Wie wird die Qualität eingeschätzt? usw.).
- *Die Führung der Kultureinrichtung erhält inkonsistente, vielleicht sogar einander widersprechende Informationen.* Um dies nach Möglichkeit zu vermeiden, ist es unabdingbar, dass von Anbeginn an ein einheitliches Berichtssystem innerhalb der Kultureinrichtung aufgebaut wird. Es darf keineswegs in das Belieben der einzelnen Mitarbeiter gestellt werden, wie und auf welchem Wege sie informieren: Der eine schreibt vielleicht gerne lange Bericht, der andere ruft grundsätzlich nur von seinem Handy aus an und der dritte nutzt prinzipiell nur E-Mail. Hier müssen einheitliche Informationswege geschaffen werden, an die sich alle halten.

Deshalb empfiehlt es sich, im Rahmen des Controlling *einheitliche Formulare* für das Berichtwesen einzuführen. Dies hat eine ganze Reihe von Vorteilen:[628]

- durch ein Formular entsteht der Zwang, tatsächlich auch Daten einzutragen (auch nur grob geschätzte Daten sind besser als Lücken);
- das Formular stellt sicher, dass keine Angaben vergessen werden;
- die Einheitlichkeit garantiert, dass alle möglichen Empfänger das Papier leicht lesen können, d. h. man muss sich nicht stets auf individuelle Darstellungsformen einstellen;
- die im Formular zusammengestellten Daten bilden die Grundlage zur Kommunikation.

Dieses Berichtswesen bildet die zentrale Grundlage für die aktuelle, zukunftsorientierte Führung und Steuerung einer Kultureinrichtung mit Hilfe von Zielvereinbarungen – sowohl extern wie intern! Es dient der gegenseitigen Information (Auftraggeber / Auftragnehmer

628 Vgl. Schneidewind (1999) S. 7; ausgeführt bei Klein, Armin: Projektmanagement für Kulturmanager, Wiesbaden 2005

bzw. Führungsebene / Mitarbeiter) über den aktuellen Stand der Arbeiten und bildet intern die Grundlage zum möglicherweise notwendigen Gegensteuern. Es ist ein *Kommunikations-*, kein *Kontroll*instrument und dient viel eher als ein Instrument des „voneinander Lernens“. Es ermöglicht die gegenseitige Information der Beteiligten und die Abstimmung unterschiedlicher Vorgehensweisen und Arbeitsschritte in einer Arbeitseinheit oder der Organisation insgesamt.[629]

9.3 Evaluation im Kulturbetrieb

Ein der Kultureinrichtung angemessenes Controlling und ein den spezifischen Zwecken angepasstes Berichtswesen sollen somit sicherstellen, dass die laufende Steuerung des Kulturbetriebs gemäß der vereinbarten Ziele erfolgt. Damit soll erreicht werden, dass die Arbeit der Kultureinrichtung möglichst effektiv und effizient im Sinne der Zielerreichung erfolgt. Ein so verstandenes Controlling und Berichtswesen sind aber auch die informationelle Grundlage für entsprechende Evaluationen hinsichtlich der tatsächlichen Wirkungen des Handelns einer Kultureinrichtung. Mit Hilfe begleitender und / oder abschließender Evaluationen soll fest- und sichergestellt werden, dass eine Kultureinrichtung tatsächlich das erreicht hat, was sie intendiert hat und für was sie öffentliche Mittel erhalten hat. Kultureinrichtungen bekommen also keine Mittel dafür, dass sie einfach „irgendwie weitermachen“, sondern dafür, dass sie vereinbarte Ziele erreichen.

Der in den letzten Jahren auch in Deutschland viel gebrauchte Begriff der „Evaluation“ leitet sich aus dem lateinischen Wort >valor< (englisch: >value<) ab; zusammen mit der Vorsilbe e-/ ex bedeutet es so viel wie ‚einen Wert aus etwas ziehen’ bzw. etwas zu bewerten.[630] Im Französischen, aus dem der Begriff ursprünglich stammt, meint er ‚Schätzung, Bewertung’, aber auch ‚Taxierung, Wertbestimmung’[631]. Im Englischen, aus dem dieser Begriff dann in den achtziger Jahren des zwanzigsten Jahrhunderts ins Deutsche übernommen wurde, bedeutet er so viel wie ‚Auswertung, Bewertung, Beurteilung’.[632]

In einer sehr weiten Begriffsbedeutung bedeutet Evaluation somit allgemein die Beurteilung des Wertes eines Objektes, eines Prozesses, eines Produktes, eines Programms oder eines Projekts. In diesem Sinne „bewerten“ die Menschen in ihrem Alltagshandeln ständig Gegenstände und Vorgänge, indem sie fragen: Taugt dieses oder jenes Mittel, um dieses oder jenes Ziel zu erreichen? Ist ein bestimmtes Instrument besser geeignet als ein vergleichbares anderes, um einen gewissen Zweck zu erfüllen? Im vorliegenden Kontext wäre also zu fragen, ob die öffentliche Hand mit der Förderung einer bestimmten Kultureinrichtung tatsächlich die geplanten Wirkungsabsichten erreicht (oder eben auch nicht!).

Gegenüber dem Alltagshandeln werden bei einer Evaluation im wissenschaftlichen Sinne jedoch ganz bestimmte, allgemein anerkannte empirische Methoden zur Informations*gewinnung* und systematische Verfahren zur Informations*bewertung* anhand offen gelegter Kriterien verwendet, die eine intersubjektive Nachprüfbarkeit[633] möglich machen

629 Vgl. hierzu BMI (2001) S. 20
630 Stockmann, Reinhard: Was ist eine gute Evaluation? Einführung zu Funktionen und Methoden von Evaluationsforschungen, Saarbrücken 2002 (*Centrum für Evaluation, CEval-Arbeitspapiere 9*) S. 2
631 Langenscheidts Handwörterbuch Französisch, Berlin u. a.2000, S. 302
632 Langenscheidts Handwörterbuch Englisch, Berlin u. a.2000, S. 227
633 Stockmann (2002) S. 2

und so allgemein zustimmungsfähig sind. In diesem Sinne müssen Evaluationen also den allgemeinen Kriterien wissenschaftlichen Arbeitens entsprechen.

Im Unterschied zum allgemeinen wissenschaftlichen Forschungsinteresse, insbesondere dem der Grundlagenforschung, stellen Evaluationen allerdings keinen Selbstzweck dar. Sie sind zwar den wissenschaftlichen Standards, nicht aber dem reinen Erkenntnisinteresse verpflichtet, sondern sollen einen mehr oder weniger direkten „Nutzen“ stiften. Sie sollen z. B. dazu beitragen, Prozesse transparenter zu machen, bestimmte Wirkungen zu dokumentieren, Zusammenhänge aufzuzeigen und Grundlagen zu schaffen, um möglichst rationale Entscheidungen treffen zu können. Sie können dazu dienen, bestimmte Ablaufprozesse effektiver zu gestalten, den Output zu erhöhen bzw. den Input effizienter einzusetzen, den Wirkungsgrad zu verbessern, das Qualitätsmanagement zu steigern, die Nachhaltigkeit zu sichern, eine Dienstleistung zu verbessern usw.[634]

Donna M. Mertens definiert unter diesem vorrangigen Nutzenaspekt Evaluation als „the systematic investigation of the merit or worth of an object (program) for the purpose of reducing uncertainty in decision making.“[635] Durch diesen „Investigationsvorgang“ zur Ausschaltung von Unsicherheit sind allerdings – ebenfalls anders als in der rein wissenschaftlichen Forschung – oftmals ganz direkt Interessen beteiligter Personen berührt, die im Evaluationsprozess gerade bei Kultureinrichtungen ausgesprochen sensibel erkannt und berücksichtigt werden müssen. Hierauf wird zurückzukommen sein.

Reinhard Stockmann[636] legt dar, dass im Rahmen einer Evaluation vier miteinander verbundene Ziele angestrebt werden können:

1. Die *Gewinnung von Erkenntnissen*, d. h. die Evaluationen sollen den Auftraggebern Ergebnisse liefern, die für diese von Nutzen sind. So kann mit der Hilfe von Evaluationen im Kulturbetrieb z. B. festgestellt werden, ob ein Programmablauf optimal funktioniert, ob die durchgeführten Maßnahmen tatsächlich die angestrebten Zielgruppen erreichen, ob die Akzeptanz der Programme gewährleistet ist, ob die Programme effizient umgesetzt werden, welchen Beitrag das durchgeführte Programm zur Lösung des erkannten Problems tatsächlich liefert, ob zu beobachtende Veränderungen tatsächlich auf das durchgeführte Programm oder auf andere Faktoren zurückzuführen sind usw.

2. Die *Ausübung von Kontrolle*; auch wenn es zunächst und in erster Linie um Erkenntnisse geht, so kann doch keineswegs übersehen werden, dass durch die Evaluation auch Kontrolle ausgeübt wird: Inwieweit stimmen z. B. die geplanten Soll-Werte mit den tatsächlich erreichten Ist-Zuständen überein? Eine Evaluation legt meist recht schonungslos offen, ob alle an einem Programm Beteiligten ihre Aufgaben erfüllen, ob sie den eingegangenen Verpflichtungen nachkommen, ob ihre Qualifikationen und Kenntnisse ausreichen usw. Durch diese Transparenz werden ganz offensichtlich Interessen der Betroffenen berührt (die von daher vielleicht keinen so großen Gefallen an eben dieser Transparenz haben könnten).
   So weist Max Fuchs sicherlich zu Recht darauf hin, dass es bei Evaluationsprozessen „einen großen Unterschied macht, ob das Evaluationsziel in der Sicherung der inhaltlichen Arbeitsqualität besteht oder ob es eher in disziplinarischer und kontrollierender

634 Stockmann (2002) S. 2

635 Mertens, Donna M.: Research methods in education and psychology: Integrating diversity with quantitative and qualitative approaches.Thousand Oaks 1998 S. 219

636 Stockmann (2002) S. 3f

Hinsicht, etwa von einem Zuwendungsgeber, durchgeführt wird." Er betont, dass seine „Erfahrung mit dem Staat bei Prozessen der Evaluation" darauf hinausliefen, „dass dieser sehr stark die Kontroll- und Disziplinierungsfunktion in den Vordergrund rückt, auch: aus der Sicht des Bundesrechnungshofes oder vergleichbarer Kontrollinstanzen rücken muss."[637] So wichtig dieser Aspekt ist – da mit Steuergeldern prinzipiell wirtschaftlich umzugehen ist – sollte er nicht im Vordergrund von Evaluationen stehen.

3. Positiv gewendet kann drittens das Ziel von Evaluationen sein, *Transparenz zu schaffen*, um einen *Dialog zu ermöglichen*. Die im Prozess der Evaluation gewonnenen und offen gelegten Erkenntnisse ermöglichen nämlich einen Dialog zwischen den unterschiedlichen internen und externen „Stakeholdern"[638] einer Kultureinrichtung (also z. B. den Zuwendungsgebern, den Mitarbeitern, den anvisierten Zielgruppen usw.). Es kann auf der Basis der Erkenntnisse offen bilanziert werden, ob die geplanten Ziele tatsächlich und in welchem Umfang erreicht wurden bzw. es kann gefragt werden, was einer optimalen Zielerreichung ggf. im Wege stand. Hieraus können im Sinne eines Qualitätsmanagements Vorschläge zur Beseitigung von Defiziten und Konsequenzen für die zukünftige Zusammenarbeit abgeleitet werden. Die Evaluation bietet somit eine solide Grundlage für gemeinsames Lernen.

4. Die *Dokumentation des Erfolgs* (*Legitimation*); die mit Hilfe der Evaluation gewonnenen Erkenntnisse bieten darüber hinaus eine sehr gute Möglichkeit, plausibel und nachvollziehbar nachzuweisen, mit welchem Aufwand (Input) welche Wirkung (Output) über die Zeit hinweg erzielt wurde. Dadurch kann den Zuwendungs- und Mittelgebern überzeugend dargelegt werden, wie effizient mit den zur Verfügung gestellten Ressourcen umgegangen wurde und welchen Wirkungsgrad die einzelnen Programme und Projekte erzielt haben. Dies dient nicht zuletzt der nachhaltigen Legitimierung der Arbeit der Kultureinrichtung.

Abhängig von den unterschiedlichen Zielen bzw. den einzelnen zeitlichen Phasen kann die Evaluation verschiedene Aufgaben erfüllen:

- die Evaluation kann die Planung einer Maßnahme, eines Programms oder eines Projektes verbessern, indem sie quasi vorausschauend und steuernd im Sinne eines Controllings wirkt (*Ex-ante-Evaluation*);
- die Evaluation kann begleitend die Durchführungsprozesse beobachten und steuern, um Fehlentwicklungen rasch zu erkennen und wo möglich zu beseitigen (*On-Going-Evaluation*);
- die Evaluation kann sich schließlich auf die Wirksamkeit und Nachhaltigkeit von Programmen und Projekten konzentrieren und diese ex-post bestimmen (*Ex-post-Evaluation*).

Somit können Evaluationen grundsätzlich eher *formativen* Charakter haben (d. h. aktiv-gestaltend, prozessbegleitend, konstruktiv und kommunikationsfördernd) oder eher *summativ* (d. h. zusammenfassend, bilanzierend und ergebnisorientiert) angelegt sein.[639]

637 Fuchs (2004) S. 5

638 Vgl. hierzu ausführlich Klein (2005) Kulturmarketing S. 15ff

639 Stockmann (2002) S. 5

Evaluationen können, je nachdem, zu welchem Zweck bzw. mit welchem Ziel sie eingesetzt werden, ganz unterschiedliche Aufgaben erfüllen.[640] Im Wesentlichen sind dies die folgenden:

1. *Prozess- und Potenzialbeobachtung*; unter diesem Aspekt geht es in erster Linie darum, Ablaufprozesse zu beobachten und wo möglich zu optimieren. Es geht um die Identifikation von Problemen bei der Implementierung von Programmen (Warum funktioniert etwas nicht so wie erwartet?) sowie um die Frage, ob geplante Zeitabläufe eingehalten werden. Dabei ist ggf. herauszufinden, ob die geplanten Maßnahmen bei den Stakeholdern Akzeptanz finden (z. B. ob ein Kinderkulturfestival von der Zielgruppe überhaupt angenommen wird), welche Interessenkonflikte auftreten (z. B. mit Vereinen, die in der Kinderarbeit schon seit langem aktiv sind), ob qualifiziertes Personal für die Durchführung der Maßnahmen in ausreichender Zahl zur Verfügung steht usw.[641]

2. *Wirkungsüberprüfung*; die Überprüfung der Zielerreichung erfolgt gewöhnlich über die bereits in der Planung durchgeführte Festlegung ganz bestimmter Soll-Werte. Wird beispielsweise bei einer Kulturveranstaltung für ausländische Mitbürger tatsächlich die anvisierte Zielgruppe erreicht – oder kommen vorwiegend Deutsche? Sie orientiert sich strikt an den angestrebten Zielen, die sowohl qualitativer (inhaltlicher) wie auch quantitativer Art sein können. Hier können Probleme besonders dann auftreten, wenn Ziele nur sehr verschwommen definiert werden und somit einen ausgesprochen allgemeinen Charakter aufweisen; dass z. B. die in Dokumenten festgelegten Ziele mit den tatsächlich angestrebten Zielen nicht deckungsgleich sind („Legitimationsrhetorik"); dass sich Ziele im Zeitverlauf verändern oder schließlich dass die einzelnen Akteure ganz unterschiedliche Ziele verfolgen.[642]

3. *Relevanz- und Signifikanzprüfung*; in der Regel geht es bei Evaluationen nicht nur um simple Soll-Ist-Vergleiche, sondern um die Beobachtung und Analyse möglichst vieler (idealerweise: *aller*) Wirkungen, die durch ein Programm bzw. Projekt ausgelöst werden. Neben den intendierten geht es hierbei vor allem auch um die *nicht*-intendierten Wirkungen und Nebenwirkungen. Diese können im positiven Fall die Zielsetzung unterstützen, im negativen Fall aber konterkarieren. So kann z. B. die erfolgreiche Durchführung und Etablierung eines städtisch getragenen Kinderkulturfestivals als nicht-intendierte, negative Nebenwirkung zu einem Zusammenbruch der bisher vereinsgetragenen Kinderkulturarbeit führen.

4. *Überprüfung der Zielerreichung*; Evaluationen sollen nicht nur feststellen, ob man auf dem richtigen Weg ist (dies wäre der Aspekt der Prozessbetrachtung, d. h die Frage, ob die Ziele im geplanten Umfang mit den vorgesehenen materiellen und personellen Ressourcen im vorgegebenen Zeitraum erreicht werden), sondern auch, „ob man die richtigen Dinge tut". Evaluationen können und sollen auch die Programm- und Maßnahmeziele selbst in Frage stellen können, d. h. es ist zu überprüfen, ob mit dem jeweiligen Programm überhaupt relevante Entwicklungs- oder Innovationsleistungen er-

640 Stockmann (2002) S. 6ff
641 Vgl. ausführlich hierzu: Klein (2005) Projektmanagement
642 Vgl. Stockmann (1996) S. 102ff

bracht werden können oder ob nicht vielleicht ein ganz anderer Weg eingeschlagen werden sollte. Diese Offenheit und Flexibilität fehlt vielen öffentlichen Kultureinrichtungen leider noch immer, die sich nur *einen* Weg, nur *eine* Strategie zur Lösung von Problemen vorstellen können. Diese verengte Sicht führt dazu, dass demjenigen, der nur den Hammer als Instrument kennt, jedes Problem zum Nagel wird!

5. *Kausalanalyse*; es reicht allerdings nicht aus, nur (intendierte oder nicht-intendierte) Wirkungen zu erfassen und ihren Entwicklungsbeitrag zu bewerten. Von zentraler Bedeutung ist darüber hinaus die Frage, ob die beobachteten intendierten wie nicht-intendierten Wirkungen überhaupt dem eigenen Programm oder Projekt zuzurechnen sind, oder aber ob andere externe Faktoren gewirkt haben. Dabei ist die Lösung des Kausalitätsproblems (was hat was bewirkt?) eine der schwierigsten Evaluationsaufgaben.

Vor allem in den USA spielte und spielt die Evaluation von Politikprogrammen, die in die gesellschaftliche Wirklichkeit eingreifen, eine wichtige Rolle.[643] Bereits im achtzehnten Jahrhundert beauftragte die dortige Bundesregierung erstmals externe Inspektoren mit der Bewertung öffentlicher Programme. Zu den damals untersuchten staatlichen Einrichtungen gehörten Waisenhäuser, Schulen, Krankenhäuser und Gefängnisse. Im Rahmen des sog. „New Deal" in den dreißiger und vierziger Jahren des zwanzigsten Jahrhunderts kamen entsprechende Evaluationsprogramme zum Einsatz bei Reformprogrammen zur Verminderung der Arbeitslosigkeit und zur Verbesserung der sozialen Sicherheit. In diesem angelsächsisch-pragmatischen Vorgehen wird der Kerngedanke deutlich, der der deutschen Politik erstaunlicherweise so fern zu liegen scheint: nämlich genau zu überprüfen, ob die staatlichen Eingriffe und die eingesetzten Mittel auch tatsächlich den intendierten Zweck erreichen.

Die frühen sechziger Jahre des zwanzigsten Jahrhunderts markieren in den USA den Ausgangspunkt professioneller Evaluationen, da in der Folge umfangreicher staatlicher Sozial-, Bildungs-, Gesundheits-, Ernährungs- und Infrastrukturprogramme nicht nur die Anzahl der Evaluationsstudien sprunghaft anstieg, sondern auch ein gewisser Institutionalisierungsprozess von Evaluationen stattfand. Dies bedeutet, dass seither bereits bei der Verabschiedung bestimmter staatlicher Programme, die in die gesellschaftliche Wirklichkeit eingreifen, Evaluationen als ein verbindlicher Teil zur Überprüfung ihrer Wirksamkeit mitbeschlossen werden. Sie stehen meist in einem engen Zusammenhang mit einer erklärten Reformpolitik bzw. den Fragen „Wie kann (Reform-)Politik auf eine rationale Basis gestellt werden? Wie können Erfahrungen aus politisch bewirkten Veränderungen systematisch gewonnen und zur Verbesserung der Entscheidungen in den Entscheidungsprozess rückgekoppelt werden."[644]

In den USA wurden nach Schätzungen bereits 1976 etwa 600 Mill. $ für die Evaluation sozialer Dienstleistungen aufgewendet. In vielen Ressorts sind Evaluationen gesetzlich vorgeschrieben und es werden dementsprechende Haushaltsmittel bereitgestellt. 1993 verabschiedete der US-Kongress den *Government Performance and Result Act*, der die regelmäßige Durchführung von Evaluationen für alle Bundesprogramme gesetzlich veran-

643 Vgl. zum folgenden: Meyer, Wolfgang: Was ist Evaluation ? Saarbrücken 2002 (*Centrum für Evaluation, CEval-Arbeitspapiere* 5) S. 3ff

644 Fuchs (1995) S. 170

kerte. In den USA sind Evaluationen somit zu einem zentralen Steuerungsinstrument politischen Handelns geworden.

Richtete sich dieses US-amerikanische Konzept zunächst auf nationale bzw. regionale Politikansätze, so spielt die Wirkungsforschung im internationalen Rahmen, vor allem in Entwicklungshilfeprojekten und bei Projekten der technologischen Zusammenarbeit eine wichtige Rolle. Sie wird etwa eingesetzt bei der Nachprüfung der Wirksamkeit bestimmter Maßnahmen und der so wichtigen Nachhaltigkeit dieser Eingriffe bzw. – sicherlich ebenso wichtig – der Beobachtung nicht-intendierter Wirkungen.[645] So evaluieren vor allem die *Vereinten Nationen* in großem Umfang ihre diversen Unterstützungsprogramme und haben dazu ein eigenes *Office of Evaluation and Strategic Planning* gegründet, dass wichtige Publikationen zum Thema Evaluationen aufgelegt hat.[646]

Ende der sechziger Jahre setzte sich die Professionalisierung von Evaluierungen zunehmend auch in Großbritannien, Schweden und in der Bundesrepublik durch. Auch hier wurden nun Evaluationen zur Wirkungsmessung insbesondere im Rahmen der Bildungs-, Gesundheits- und Sozialpolitik zum Nachweis der Effektivität von durchgeführten Programmen eingesetzt. Mittlerweile werden in Deutschland Evaluationen vor allem im Hochschul- und Bildungsbereich (z. B. Akkreditierung von Studiengängen), in der beruflichen Bildung, in der Schulpolitik sowie im Rahmen der Forschungs- und Technologieförderung immer üblicher.

In Pädagogik und Bildungsökonomie spielten und spielen Evaluationen eine wichtige Rolle. In der Pädagogik beispielsweise wird Evaluation definiert als „die systematische Sammlung von Daten, die als Erfolgs- oder Misserfolgsindikatoren für ein pädagogisches Programm interpretiert werden, wobei dieser Prozess zugleich ein Werturteil über die Ziele des Programms selbst zu fällen gestattet, mit der Intention, die pädagogische Praxis zu verbessern."[647] So hatte „eine nicht zu unterschätzende Bedeutung für die Modernisierung des westdeutschen Bildungswesens das *OECD-Länderexamen*, das von einer interessierten und reformorientierten Öffentlichkeit (publikumswirksam unter dem einschlägigen Slogan ‚Note mangelhaft') verbreitet wurde und das auf nationaler Ebene von G. Picht mit seiner Schrift über ‚Die Bildungskatastrophe' aus dem Jahre 1964 nachhaltig unterstützt wurde."[648]

Erinnert sei in diesem Zusammenhang auch an die ca. 40 Jahre später veröffentlichte und eine ebenso schockierende wie aufrüttelnde Wirkung auslösende sog. *PISA*-Studie, die auf einer umfassenden Evaluierung der internationalen Bildungssysteme beruht. Insbesondere der sog. *Bologna-Prozess*, der eine europaweite, vereinheitlichende Umstellung nahezu aller traditioneller nationaler Studiengänge auf Bachelor- und Master-Studiengänge vorsieht, hat eine „Evaluations-Lawine" ausgelöst, da alle diese Studiengänge nach einer bestimmten Laufzeit von sog. Akkreditierungsagenturen evaluiert und akkreditiert werden müssen.

645 Vgl. Stockmann, Reinhard: Die Wirksamkeit der Entwicklungshilfe. Eine Evaluation der Nachhaltigkeit von Programmen und Projekten der Berufsbildung, Opladen 1996

646 Vgl. z. B. UNDP-Office of Evaluation and Strategic Planning: Results-oriented Monitoring and Evaluation. A Handbook for Programme Managers, New York 1997; dies. Handbook on Monitoring and Evaluating for Results, New York 2002

647 Prell, S.: Evaluation und Selbstevaluation. In: Roth, L.: Pädagogik. Handbuch für Studium und Praxis, München 1991 S. 870

648 Fuchs (1995) S. 195

Auch im Zusammenhang mit den Diskussionen um die sog. *Neuen Steuerungsmodelle* in der öffentlichen Verwaltung (*New Public Management*) in den neunziger Jahre spielte und spielt die Evaluierung im Sinne eines steuernden Controlling eine wichtige Rolle. Da der Sektor der öffentlichen Kulturverwaltung hier quasi eine Pilotfunktion wahrgenommen hat, wird hierauf gleich noch einmal näher einzugehen sein.

Nach Hellstern / Wollmann sollen Evaluationen in der Politik

- die Leistungskraft der entsprechenden Programme bezeugen,
- notwendige Korrekturen und Steuerungen ermöglichen,
- die mögliche Rückholbarkeit einzelner Maßnahmen demonstrieren,
- die Auswirkungen und die Wirksamkeit nach draußen belegen und schließlich
- intern die weit verzweigten Entwicklungswege unter Kontrolle halten.[649]

Dabei geht es im Wesentlichen ganz konkret um die folgenden drei Fragen:

1. Wie sind beabsichtigte und nicht beabsichtigte Wirkungen eines Gesetzes zu erfassen?
2. Wie können Wirkungen und Veränderungen bestimmten verursachenden Faktoren zugerechnet werden?
3. Wie lässt sich eine mögliche Ziel-Unklarheit kontrollieren?

Das *Institut für Auslandsbeziehungen* (*ifa*), neben dem *Goethe-Institut* ein wichtiger Träger der Auswärtigen Kulturpolitik, fördert seit dem Jahre 2000 im Auftrag des Auswärtigen Amtes „Friedenserhaltende Maßnahmen" (FEM) deutscher und internationaler Nichtregierungsorganisationen (NRO). In diesem Zusammenhang wurde seit dem Herbst 2002 ein Rahmenkonzept für die Evaluierung von FEM-NRO Projekten entwickelt.[650] Dieses Evaluierungskonzept ist für unseren Kontext deshalb von besonderer Bedeutung, weil hier sehr sensibel auf die besonderen Merkmale des Aufgabenfeldes eingegangen und entsprechend in der Evaluierung berücksichtigt wird (diese notwendige und auch durchaus mögliche Sensibilität in spezifischen Aufgabenfeldern ist ein Kennzeichen, das manche Gegner jedweder Evaluation allzu leicht in Abrede stellen).

Solche besonderen zu berücksichtigenden Merkmale sind beispielsweise:

- Die *Dynamik der Konflikte*, d. h. die Rahmenbedingungen für Projektarbeit ändern sich in Konfliktregionen schnell. Die Organisationen müssen daher von einer hohen Verwundbarkeit ihrer Projekte ausgehen und ein hohes Maß an Flexibilität mitbringen, um sich an die veränderten Rahmenbedingungen anzupassen. Dies bedeutet, dass im Zuge einer Evaluierung veränderte Rahmenbedingungen auftreten können. Damit muss gerechnet werden, um die Evaluierung nicht zum Spielball der Konfliktdynamik werden zu lassen.
- Die *Gefahren in Konfliktgesellschaften*, d. h. die Zustände in Konfliktregionen können die Projektarbeit und somit auch die Durchführung einer Evaluation in vielerlei Hinsicht negativ beeinflussen. So kann es passieren, dass beteiligte Akteure – besonders in der ‚heißen' Konfliktphase – in Gefahr geraten. In Konfliktgesellschaften ist es zudem keine Selbstverständlichkeit, die eigene Meinung zu verlautbaren. Das kann Repressionen zur Folge haben. Evaluationen sind aber auf Auskünfte der Befragten angewiesen.

649 Hellstern, Gerd M. und Hellmut Wollmann (Hrsg.): Handbuch zur Evaluationsforschung, Bd. 1 Opladen, 1984 S. 22

650 Institut für Auslandbeziehungen (IfA): *Rahmenkonzept für die Evaluierung von FEM-NRO Projekten*, Stuttgart 2002 (Download)

Dies heißt: Wenn eine „Kultur des Schweigens“ und der Angst vorherrscht, müssen Evaluierungen entsprechend sorgfältig geplant werden.

- Ein *geringer Erfahrungsschatz*, d. h. da das Feld der zivilen Konfliktbearbeitung / Krisenprävention noch so jung ist, sind einige Theorien und Methoden selten erprobt und / oder wenig anerkannt. So gibt es ganz unterschiedliche Definitionen von zentralen Begriffen wie *Frieden*, *Gewalt*, und *Konflikt*. Entsprechend gibt es eine Vielzahl von Theorien, die besagen, wie Frieden aufgebaut und wie Konflikte transformiert werden können. Das heißt: Theorien und Methoden der Konfliktbearbeitung / Krisenprävention müssen konkretisiert und Begriffe klar und einheitlich definiert werden.
- Die *mangelnde Klarheit*, d. h. die Maßstäbe, die bewerten, ob bestimmte Projektmaßnahmen positive Auswirkungen auf den Konflikt und Frieden hatten, sind ebenso vielfältig. Dies bedeutet: Die vorhandenen Ansätze müssen in der Praxis überprüft und systematisch konzeptionell weiterentwickelt werden.[651]

Aus diesen Überlegungen heraus kommt das IfA-Projekt zu sehr bemerkenswerten *Empfehlungen zur Durchführung von Evaluationen* und *Ausführlichen Evaluierungsdesigns*, die den angesprochenen besonderen Merkmalen sensibel Rechnung tragen.[652] Insbesondere heißt es dort:

- Organisationsinterne Standardisierungen für Evaluierungen sollten als Basis für projektspezifische *Terms of Reference* verwendet werden. Sie werden mit allen beteiligten Akteuren abgestimmt.
- Standardisierungsversuche, die nicht für das Arbeitsfeld der zivilen Konfliktbearbeitung entwickelt wurden, müssen kritisch auf ihre Kompatibilität hin geprüft werden.
- Zum Zweck der Vergleichbarkeit muss das Rahmenkonzept berücksichtigt werden, wenn Arbeitsfeld- und FEM-spezifische Aspekte ergänzt oder angepasst werden.[653]

Dies sind Überlegungen, die auch bei der Fixierung von Standards und Evaluationskriterien in der öffentlichen Kulturförderung Berücksichtigung finden sollten.

9.4 Wirkungsforschung und Evaluationen im Kulturbetrieb

Wird im Kunst- und Kulturbetrieb über Evaluationen gesprochen, so landet die Diskussion meist sehr schnell an dem Punkt, dass behauptet wird, Kunst und Kultur ließen sich nicht messen oder gar quantifizieren. Dies ist natürlich eine reine Schutzbehauptung, denn jeden Abend schreiben Journalisten ihre Kritiken über Theaterstücke und Musikaufführungen und jedes Kunstwerk hat seinen taxierbaren Marktwert. Zahllose Kinder nehmen teil an den vielen Wettbewerben „Jugend musiziert“ und stellen sich den Bewertungen. Selbstverständlich lassen sich in diesem Sinne Kunst und Kultur also „bewerten“ und „beurteilen“, auch wenn dies zugegebenermaßen vielleicht auch ein bisschen schwieriger ist als in anderen Bereichen gesellschaftlichen Handelns.

651 IfA (2002) S. 7f
652 IfA (2002) S. 14ff und Anhänge
653 IfA (2002) S. 14

Obige Behauptung ist allerdings insofern richtig, als man sich dafür hüten sollte, bei der Bewertung künstlerischer und kultureller Produkte und Dienstleistungen nur auf quantitative Kriterien zurückzugreifen, wie Besucherzahlen, Einnahmen, Auslastungsziffern etc. Zahlen ohne Erklärungen für das, wofür sie stehen, sind sinnlos. Deshalb gilt es gemeinsam mit den Kultureinrichtungen Beurteilungskriterien sowohl für den inhaltlichen wie den ökonomischen Erfolg zu formulieren. Dass und wie das gelingen kann zeigt die unten skizzierten Beispiele aus Schleswig Holstein.

In den letzten zwanzig Jahren gab es sehr aufwendige Untersuchungen über die spezifisch *wirtschaftlichen* Wirkungen von Kulturangeboten. Der Sektor von Kunst und Kultur trägt neben allen eher immateriellen (und daher schwer messbaren) Leistungen durch die Erzeugung von Gütern und Dienstleistungen, durch die Schaffung von Arbeitsplätzen, durch die Abführung von Steuern usw. auch materiell nicht unerheblich zur Volkswirtschaft bei. Dies gilt für den privatwirtschaftlich-kommerziellen ebenso wie für den öffentlich-rechtlichen-gemeinnützigen Kultursektor. Während diese Zusammenhänge im angelsächsischen Raum schon seit langem bewusst sind (Stichwort „Creative Industries“[654], vgl. hierzu das achte Kapitel), werden sie im deutschsprachigen Raum erst seit den achtziger Jahren des 20. Jahrhunderts verstärkt wahrgenommen. Eine vorrangig ökonomisch orientierte Wirkungsanalyse evaluiert eben diese Zusammenhänge zwischen Kultursektor einerseits, allgemeiner Volkswirtschaft andererseits (wobei die „immateriellen“ Leistungen von Kunst und Kultur zumindest zunächst weitgehend unberücksichtigt bleiben).

Insbesondere die Arbeiten von *Abele / Bauer* zur Stellung der Bundestheater in der österreichischen Wirtschaft, das Gutachten von *Bischof* zur wirtschaftlichen Bedeutung der Zürcher Kulturinstitute (beide 1984), die Untersuchung zur wirtschaftlichen Bedeutung der Künste in Amsterdam von van Pufelen, die Analyse der wirtschaftlichen Auswirkungen von Kulturangeboten in Bremen von Taubmann / Behrens (beide1986), die Untersuchung des wirtschaftlichen Nutzens von Festspielen, Fachmessen und Flughäfen am Beispiel Salzburgs von Kyrer (1987), die Erforschung der Rolle der Investitionen der öffentlichen Hand in die Kunsthalle in Emden unter dem Aspekt der regionalen und lokalen Nutzenstiftung von Hensmann (1988) sowie schließlich die Darstellung Rolle der Kultur als Wirtschaftsfaktor am Beispiel der Bonner Theater von Heinrichsmeyer (1989) markieren wichtige Stationen auf dem Weg, die Zusammenhänge von Kultur und Wirtschaft und hier insbesondere deren Wechselwirkungen (man spricht hier vom „economical impact“) genauer zu analysieren

Hinzu kommen die Untersuchungen des Münchner ifo-Instituts (zu nennen sind hier etwa die Analysen von Hummel / Berger[655] von 1988; Hummel / Brodbeck[656] von 1991; Hummel / Waldkirchner[657] von 1991) zur volkswirtschaftlichen Bedeutung von Kunst und Kultur. Sie eröffneten seiner Zeit eine neue Sichtweise auf den Beitrag des Kunst- und Kultursektors zur volkswirtschaftlichen Wertschöpfung in der Bundesrepublik Deutschland.

Unter dem hier interessierenden Aspekt der Evaluation ist es selbstverständlich von größter Bedeutung, möglichst genau zu messen, welche ökonomischen Folgen bestimmte Maßnahmen haben, was sie also quasi volkswirtschaftlich „wert“ sind. Dabei wird von

654 Vgl. hierzu etwa Caves (2000)
655 Hummel / Berger (1988)
656 Hummel, Marlies und Karl-Heinz Brodbeck: Längerfristige Wechselwirkungen zwischen kultureller und wirtschaftlicher Entwicklung. Schriftenreihe des ifo-Instituts für Wirtschaftsforschung, Nr. 128 München 1991
657 Hummel / Waldkirchner (1992)

folgenden Überlegungen ausgegangen. Zunächst einmal zahlen Kunst- und Kulturschaffende Steuern, d. h. ein Teil der Mittel, die die Kultureinrichtungen vom Staat erhalten, fließen direkt an diesen zurück – eben in Höhe der entsprechenden Lohn- oder Einkommenssteuern. Da Kulturbetriebe mit etwa 80 % Personalkosten sehr personalintensiv sind, ist dies keineswegs eine geringe Summe, die sehr genau ermittelt werden kann.

Eine weitere Möglichkeit der Evaluierung ist darüber hinaus die sog. *Umwegrentabilitätsrechnung*. Rentabilität misst die Verzinsung in Relation zum eingesetzten Kapital; wenn die Rentabilität quasi auf „Umwegen" fließt, dann landet sie zunächst nicht in der Tasche desjenigen, der die Mittel eingesetzt hat (in unserem Falle also die öffentliche Hand via direkten Steuern), sondern erst einmal in „fremden" Taschen. Doch dort bleiben die Mittel nicht, sondern sie fließen auf Umwegen teilweise wieder an den Staat zurück, z. B. über Steuern, Sozialabgaben usw. Ein Hotelier oder ein Gaststättenbetrieb, die aufgrund von Festspielen oder einer überregional bedeutsamen Sonderausstellung einen deutlich erhöhten Umsatz erzielen, zahlen entsprechend mehr Steuern: Geld fließt also zurück an die öffentliche Hand. Umwegrentabilität misst also die Verzinsung der eingesetzten öffentlichen Kulturmittel bei privaten Wirtschaftsakteuren und deren Rückflüsse in Form von Steuern und Abgaben.[658]

Die sog. „Kreislauftheorie" analysiert nun insgesamt die Wirkungszusammenhänge zwischen öffentlichen Kulturausgaben einerseits und Rückflüssen an die öffentliche Hand andererseits in ihrem Gesamtzusammenhang. Um eine Kulturleistung erstellen zu können, benötigen die Kultureinrichtungen Mitarbeiter, die ein Einkommen erhalten, aus dem ganz direkt – wie dargestellt – Steuern und Abgaben an den öffentlichen Haushalt zurückfließen. Aus diesen Einkommen werden aber auch private Einkäufe getätigt, die zur Erhaltung des Lebens notwendig sind; auch hier fließen Steuern – etwa durch die Zahlung der Mehrwertsteuer an den Staat zurück. Die Kultureinrichtungen tätigen des Weiteren Einkäufe zur Herstellung ihrer Produktionen (Scheinwerfer, Leinwand, Requisiten, Musikinstrumente, Farben usw.); dadurch schaffen sie wiederum steuerpflichtiges Einkommen. Das mit Hilfe der öffentlichen Hand erstellte Kulturangebot wirkt darüber hinaus – wie oben angesprochen – seinerseits wieder als Attraktion für Konsumenten von nah und fern, die private oder öffentliche Verkehrsmittel benutzen, Übernachtungen nachfragen und sich verköstigen.

Dieses Kreislaufmodell macht deutlich, dass die eingesetzten öffentlichen Kulturzuwendungen mehrfach wirksam sind: „In der ersten Stufe als Primärausgaben der Kulturinstitutionen für Personal und Produktionsmittel. In der dadurch ausgelösten zweiten Stufe in Form von Sekundär- oder Komplementärausgaben, etwa der Kulturbesucher bei den anderen Anbietern. Eine Wirkung zieht die andere nach sich. Die sich selbst stimulierende Kette von Einkommens- und Beschäftigungswirkungen wird als Abfolge von *Multiplikatoreneffekten* bezeichnet. Der Multiplikator misst den Faktor der Vervielfältigung einer autonomen Ausgabe, z. B. der eingesetzten öffentlichen Mittel für ein Kulturereignis ist."[659]

658 Vgl. hierzu auch ausführlich: Gottschalk, Ingrid Kulturökonomik. Studienbrief im Master-Aufbaustudiengang Kulturmanagement, Ludwigsburg 2002 S. 60

659 Gottschalk (2002) S. 64

Diese ökonomischen Zusammenhänge interessierten – bei aller ökonomischer Kritik hieran[660] – seit den neunziger Jahren zunehmend auch die Zuwendungsgeber der öffentlichen Hand. So erschienen, wie im letzten Kapitel ausführlich dargestellt, in Nordrhein-Westfalen zwischen 1991 und 2001 insgesamt vier sog. *Kulturwirtschaftsberichte*. Es folgten die Bundesländer Mecklenburg-Vorpommern (1997), Sachsen-Anhalt (2001), Niedersachsen (2002), Hessen (2003 und 2005) und Schleswig-Holstein (2004). Daneben gibt es Kulturwirtschaftsberichte für Städte bzw. Stadtstaaten: Köln (2000) und Berlin (2002). Auch die *Enquete-Kommission Kultur in Deutschland* will sich mit diesem Thema befassen.

Die oben aufgeführten Evaluationen richten sich vorwiegend auf die *ökonomischen* Faktoren und deren Wirkungszusammenhänge. Demgegenüber entwickelte die Besucherforschung im Museums- und Ausstellungsbereich (und hier wiederum zunächst in den angelsächsischen Ländern) in den letzten zwei Jahrzehnten Methoden der Evaluation, die vor, während und nach dem Aufbau einer Ausstellung, allgemein gesprochen also bei der Produktplanung, eingesetzt werden können.[661] Diese Evaluation überprüft, ob mit dem Ausstellungsarrangement die Vermittlungsziele erfolgreich umgesetzt wurden. Gegebenenfalls werden Ausstellungselemente wie Texte, Bilder oder Objekte so lange variiert, bis die erwünschte Kommunikation zwischen Ausstellung und Besucher erreicht wird. Es geht im Kern also darum, „inwieweit das Handwerkszeug der Besucherforschung für ausstellungsdidaktische Fragen genutzt werden kann und in dem entwickelten ausstellungsdidaktisch-systematischen Sinne genutzt werden muss."[662]

Spezifische Evaluationsmethoden fragen, wie Besucher mit künstlerischen, aber auch kulturellen Hervorbringungen umgehen, d. h. ob die angestrebte Kommunikation tatsächlich funktioniert bzw. welche Hindernisse ihr möglicherweise im Wege stehen. Wie lange können sich Besucher in einer Ausstellung maximal konzentrieren? Können die Zuschauer den Hinweisen folgen? Verwenden sie die Exponate so, wie es von den Ausstellungs-Designern beabsichtigt worden war? Wie lange dauert es, bis sie die Aussage einer Ausstellung verstanden haben? Welche Wege gehen sie in Ausstellungen? Vor welchen Ausstellungseinheiten verweilen sie *(attracting power)*? Wie lange bleiben sie vor einzelnen Ausstellungseinheiten stehen (*holding power*)? Was lernen sie in der Ausstellung (*learning power*)? Wie lange dürfen Texte sein, damit sie verstanden werden (semantische Optimierung)? An welchen Orten innerhalb von Ausstellungen werden Texte aufmerksam gelesen, an welchen Orten laufen die Besucher einfach daran vorbei? Wie lange Zeit nehmen sich Besucher, um ein interaktives Modell in Gang zu setzen? Wie reagieren sie auf audiovisuelle Angebote?

Aus der Kombination der beiden Komplexe (1) eigene Zielsetzung einerseits und (2) vermutete Ausgangsvoraussetzungen der Besucher andererseits ergeben sich dann eine Reihe von Fragen, z. B.:

- Welche Ziele werden mit der Ausstellungseinheit verfolgt, und wie lassen sich diese definieren: soll der Besucher etwas vergleichen, analysieren oder beispielsweise definieren können?

660 Vgl. etwa Benkert, Wolfgang: Zur Kritik von Umwegrentabilitätsrechnungen im Kulturbereich. In: Behr / Gnad / Kunzmann (Hrsg.): Kultur, Wirtschaft, Stadtentwicklung (*Dortmunder Beiträge zur Raumplanung* 51), Dortmund 1989 S. 29-36

661 Vgl. hierzu ausführlich: Klein (2003) S. 77ff

662 Noschka-Roos, Annette: Besucherforschung und Didaktik. Ein museumspädagogisches Plädoyer (*Berliner Schriften zur Museumskunde* 11), Opladen 1994 S. 11 bzw. 165

- Mit welchen Methoden soll dieses Ziel erreicht werden, welche Medien und Methoden sind am geeignetsten: sind Bilder zur Veranschaulichung vonnöten, sind interaktive Elemente zum besseren Nachvollzug notwendig, muss das Thema in bestimmter Weise strukturiert sein, müssen Begriffe erklärt werden usw.
- Wie kann man wissen, ob die Methoden beim Besucher den erwünschten Effekt erzielt haben: können sie im Vergleich zu vorher etwas beschreiben, vergleichen, identifizieren usw.?[663]

Im Zentrum dieser Verfahren stehen die oben angesprochene Wirkungs- bzw. Effizienzmessung der eingesetzten Mittel; es sollte sehr sorgfältig geprüft werden, wie die im Ausstellungsbereich gemachten Erfahrungen auf die anderen Sparten innerhalb des Kulturbetriebs übertragen werden können.

Was hier für einzelne Ausstellungen beschrieben wurde, kann beispielsweise auch für ein Museum insgesamt gelten. So führt beispielsweise die *American Association of Museums* (*AAM*) unter dem Motto „Helping Museums Help Themselves“ ein *Museum Assessment Program* durch, mit dessen Hilfe Museen zunächst sich selbst evaluieren können, bevor sie dann von sog. Peer-Groups (d. h. in diesem Falle von anderen Museumsfachleuten) evaluiert werden. Die Vorteile dieser Evaluation für die Museen werden vom Verband wie folgt gesehen:

- A better focus on the needs of the instituion
- Greater involvment in cultural tourism
- Improved communication within the museum and between the museum and the community
- Better understanding of the visitors' needs
- Introduction to audience evaluation methods
- Increased board understanding of museum practices
- Increased audience and financial support
- Increased effectiveness of exhibits
- Improved programming and service to the community.[664]

Interessanterweise ist der erfolgreiche Erwerb des „Gütesiegels“ der AAM die entscheidende Voraussetzung dafür, dass amerikanische Museen die Gemeinnützigkeit erhalten und somit Spendenbescheinigungen ausstellen können, eines der wesentlichen Finanzierungsinstrumente amerikanischer Kulturbetriebe. Effizienz und öffentliche Förderung sind hier also eng verknüpft.

Evaluationen sind allerdings auch in der Kulturpolitik nicht unbekannt. So evaluiert der Europarat (*Conseil de l'Europe / Concil of Europe*) seit 1986 die nationalen Kulturpolitiken seiner einzelnen Mitgliedsländer und legt nicht nur entsprechende Ergebnisberichte, sondern auch weiter reichende kulturpolitische Empfehlungen für die jeweiligen Länder vor. 1999 veröffentlichten Mario d'Angelo und Paul Vespérini das über die Jahre hinaus fortentwickelte Evaluationskonzept *Politique culturelles en Europe: méthode et pratique de l'evaluation.*[665] Mittlerweile liegen für eine ganze Reihe von Staaten ausführliche Eva-

663 Noschka-Roos (1994) S. 171

664 Ausführliche Informationen zum Museum Assessment Program unter www.map@aan-zs.org

665 d'Angelo, Mario et Paul Vespérini: Politique culturelles en Europe: méthode et pratique de l'evaluation, Strasbourg 1999

luationen vor, die in der Regel zwei Bände umfassen: zunächst die Selbstdarstellung eines Landes, meistens von Fachleuten des jeweiligen Standes im Auftrag des jeweiligen Kulturministeriums erstellt („National Report") und zweitens eine Außensicht von Experten des Europarates, die somit einen Selbstbild / Fremdbild-Vergleich ermöglichen.[666]

Auch wenn Evaluierungen, also Wirkungsforschungen und -beurteilungen, im Kulturbetrieb in Deutschland noch keineswegs die Regel, sondern vielmehr die Ausnahme sind, so sind sie gleichwohl nicht völlig unbekannt, wie die folgenden Beispiele zeigen. So stellt etwa das in den neunziger Jahren durchgeführte Bertelsmann-Projekt zu *Wirkungsvollen Strukturen im Kulturbetrieb* erstmals eine Evaluation in größerem Maßstab dar.

Ausgangspunkt dieses Projektes war das Konzept der sog. Dezentralen Ressourcenverantwortung. Das Projekt der *Bertelsmann- Stiftung* zielte vor allem auf die im fünften Kapitel kritisierte „Behördenhaftigkeit" vieler Kultureinrichtungen. Allerdings ging man hier ausdrücklich davon aus, dass „Privatisierungen, wie sie in vielen Bereichen der Verwaltungen sinnvoll erscheinen, in den Aufgabenbereichen der kommunalen Kulturarbeit wegen des hohen Zuschussbedarfs nicht ratsam" seien. Vielmehr wollte das Projekt „durch die Einführung moderner Management- und Controllingmethoden die Grundlage für die Transparenz, erhöhte Eigenverantwortlichkeit der Ämter sowie für die effiziente Nutzung knapper Ressourcen schaffen." Dieser Reformansatz verblieb also ausdrücklich im Konzept staatlicher bzw. kommunaler Trägerschaft. Explizit ging es um den Zusammenhang von „Kulturmanagement und neuen Organisationsstrukturen".[667]

Dementsprechend setzte sich das Projekt der *Bertelsmann-Stiftung* vier Hauptziele:

1. die Verbesserung der Zusammenarbeit zwischen Verwaltung und Politik im Sinne einer Trennung zwischen strategischer (das „Was") und operativer Ebene (das „Wie");
2. die Verbesserung der internen Steuerung der Fachämter durch den Einsatz kulturmanagerialer Instrumente,
3. die Erhöhung der Zufriedenheit der Mitarbeiter sowie schließlich
4. die Erhöhung der Zufriedenheit der Bürger mit den Kultureinrichtungen.[668]

Hinzu kam die Idee des „Städtevergleichs", ein Instrument, dass in der Managementlehre als *Benchmarking* weit verbreitet ist. Hierzu wurden jeweils auf der Ebene einzelner Kultursparten (z. B. der Theater, der Naturkunde- und Kunstmuseen, der Musikschulen und der Stadtbibliotheken) in vier bzw. fünf Städten Leistungsvergleiche (sog. „Vergleichsringe") durchgeführt. Im ersten Vergleichsring fanden sich die Städte Bielefeld, Dortmund, Mannheim, Münster und Wuppertal, im zweiten Düsseldorf, Frankfurt am Main, Leipzig und Nürnberg. Leitend war dabei folgende Zielsetzung: „Durch den Vergleich der Leistungs- und Finanzdaten mit denen ähnlich strukturierter Institute anderer Kommunen soll ein Lernprozess unter den Vergleichsstädten angeregt, Verbesserungsmaßnahmen entwickelt und der Prozess der Organisationsentwicklung eingeleitet werden (. ..) Der Städtevergleich ist von der Idee geprägt, den Dialog zwischen mehreren Kultureinrichtungen über strategische und operative Ziele sowie Maßnahmen zur Zielerreichung anzuregen (...) Interkom-

666 Die Liste der evaluierten Ländern findet sich auf der Website des Europarates www.coe.int unter dem Stichwort „culture"

667 Pröhl, Marga (Hrsg.): Wirkungsvolle Strukturen im Kulturbereich. Zwischenbericht zum Städtevergleich der Kunstmuseen, Gütersloh 1996 (Verlag Bertelsmann Stiftung) S. 1

668 Pröhl, Marga: Einführung in den Workshop: Kulturmanagement und neue Organisationsstrukturen. In: Siebenhaar, Klaus, Marga Pröhl und Charlotta Pawlowsky-Flodell (Hrsg.): Kulturmanagement: Wirkungsvolle Strukturen im kommunalen Kulturbereich, Gütersloh 1993 (Verlag Bertelsmann-Stiftung) S. 29

munale Lernprozesse beschleunigen die prozesshafte Evolution der Verwaltungsstrukturen (...). Am Ende des Städtevergleiches steht ein Berichtswesen, das in standardisierter Form Aufschluss über die vergleichbaren Kosten und Leistungen der Kulturinstitutionen der beteiligten Städte gibt.“[669]

Zu den einzelnen Kultursparten wurden Mitte der neunziger Jahre sog. „Zwischenberichte“ vorgelegt. 1998 veröffentlichte die Bertelsmannstiftung unter dem Titel *Mit Phantasie und Effizienz gegen die Finanzmisere* die Ergebnisse der Leistungsvergleiche Kultur[670]. Nicht nur der Titel dieses Quasi-Schlussberichtes, auch das einleitende Statement der beteiligten Kulturdezernenten machen zunächst deutlich, dass die Krise der öffentlichen Kulturbetriebe vor allem als Finanzierungskrise wahrgenommen wird. Im Zentrum stünden der „steigende Finanzdruck in Städten und Gemeinden“, dem bereits viele „bewährte Kulturangebote zum Opfer gefallen“ seien; er stelle „viele Kultureinrichtungen somit direkt vor die Überlebensfrage.“[671]

Allerdings machen die in dem Bereicht aufgeführten „Trendbeispiele“ deutlich, dass es zwar auch, aber nicht nur um eine Verbesserung der Finanzsituation ging und geht. Verbesserungen werden beispielhaft in folgenden Bereichen skizziert: Steigerung der internen Effizienz in den Kultureinrichtungen unter Beibehaltung der Qualität; Verbesserung des Services für die Bürger; Erschließung zusätzlicher Nutzergruppen; Verstärkung des unternehmerischen Handelns zwischen Markt und Muse; Intensivierung der Kooperation zwischen Kultureinrichtungen und freien Trägern; neue Formen der Zusammenarbeit zwischen Politik und Verwaltung; Mitarbeiterbeteiligung bewirkt tragfähige Lösungen.

Die Projektleiterin Marga Pröhl kommt in ihrem Abschlussstatement[672] zu dem Ergebnis, dass einerseits „sehr viel gelernt“ wurde, andererseits „immer noch viel zu tun“ sei; sie nennt dabei vor allem folgende Bereiche: die *internen Abläufe* könnten verbessert werden; der *Kunden- und Bürgerservice* könnte noch weiter ausgebaut werden; die zur Verfügung stehenden *Ressourcen könnten noch zielgerechter eingesetzt* werden; die *Kreativität der Mitarbeiter* ließe sich noch besser für den Reformprozess nutzen, unterstützt durch praxisorientierte Qualifizierungen. Als grundlegende Entwicklungsperspektive sieht auch sie die Forderung: „Keine Verwaltungsreform ohne Politikreform“.

Insbesondere diese Forderung markiert noch einmal in aller Deutlichkeit die immer wieder angesprochene Krise der Kulturpolitik. Pröhl konstatiert: „Es gibt noch immer sehr viele Städte, in denen viele Millionen DM in die Kulturförderung gesteckt werden, und nur wenige wissen, welche Ergebnisse damit erzielt werden.“ Zentraler Kritikpunkt ist also auch hier die Frage nach den Zielen und der Wirkung (oder deren Ausbleiben!). Demgegenüber fordert Pröhl: „Um die Kulturarbeit in unseren Städten zu sichern, müssen klare Prioritäten gesetzt werden (...) Die Kulturpolitiker unserer Städte müssen definieren, welche Ziele mit dem Kulturangebot verfolgt werden. Es sind Antworten auf die Fragen zu finden: Welche Kultur wollen wir in unseren Städten haben und welche können wir uns leisten?“[673]

669 Pröhl (1996) S. 11

670 Schmidt, Kerstin: Mit Phantasie und Effizienz gegen die Finanzmisere. Ergebnisse der Leistungsvergleiche Kultur, Gütersloh 1998 (Verlag Bertelsmann Stiftung)

671 Statement der Kulturdezernentinnen und -dezernenten in Schmidt (1998) S. 7

672 Statement Dr. Marga Pröhl. In: Schmidt (1998) S. 27

673 Pröhl (1998) S. 27

In Deutschland wurde das Instrument der Evaluation bereits auf Länderebene erfolgreich eingesetzt. In Schleswig-Holstein gründete das dortige *Ministerium für Bildung, Wissenschaft und Forschung* eine Arbeitsgruppe zur *Evaluation der Kulturförderung*, die Mitte des Jahres 2000 ihre Arbeit aufnahm und 2003 einen ersten Bericht vorlegte. Die Fragestellungen dieser Arbeitsgruppe betrafen vor allem den Abgleich inhaltlicher Angebote und Ziele, der zu ihrer Durchführung benötigten Struktur und Finanzierung sowie schließlich der individuellen oder kollektiven Nutzung sowie der Möglichkeiten einer Effizienzsteigerung öffentlicher Kulturförderung. Im Wesentlichen ging es dabei um (1) die Neuformulierung von Begründungszusammenhängen für die öffentliche Kulturförderung, (2) die mögliche Effizienzsteigerung vorhandener öffentlicher Förderungen und schließlich (3) Ansatzpunkte für die weitere Fortentwicklung der staatlichen Kulturförderung in Schleswig-Holstein.[674]

Im Mittelpunkt stand dabei die Frage, wie, d. h. anhand welcher Maßstäbe kulturelle Zwecke in Zukunft gefördert werden sollen. Daraus resultierte dann die spezifischere Frage: „Welchen neuen Anforderungen muss sich die Begründung für die öffentliche Kulturförderung stellen, wie kann die Effizienz des Mitteleinsatzes dargestellt und ggf. verbessert werden. Hierzu zählt vor allem: Welche Ziele sind mit der Förderung verbunden und sind diese Ziele erreicht worden?“[675] Diese Evaluationen richteten sich (1) auf die Finanzierung von *Behörden*, die z. T. auf gesetzlicher Grundlage unmittelbar kulturelle Leistungen erbringen (also Museen, Landesarchive, Landesbibliotheken usw.), (2) auf *institutionelle Zuwendungen* an überwiegend gemeinnützige, jedoch auch öffentlich-rechtliche Träger (z. B. Staats- und Landestheater, Stiftungen, Verbände usw.) sowie (3) auf *Projektförderungen* in allen ästhetischen Sparten, da diese drei Finanzierungsformen vom Bundesland selbst gesteuert werden können.

In allen drei Finanzierungsformen kann jeweils gezielt gefragt werden, ob mit den gewährten Mitteln die proklamierten Zwecke tatsächlich erreicht wurden. Es geht bei der Evaluation also darum, „die Strukturen und Wirkungen, mithin auch die Effizienz der Förderung zu beleuchten, ihre – auch verborgenen – steuernden Effekte zu erfassen und die Verteilung entlang der erwünschten oder eben auch historisch gewachsenen kulturpolitischen Schwerpunkte zu ermitteln, um auf dieser Grundlage Entwicklungsperspektiven zu eröffnen, die sowohl dem kulturellen ‚Eigenwert' als auch spezifischen kulturpolitischen Interessen des Landes entsprechen.“[676]

Untersuchungsgegenstand der Studie innerhalb dieses Projektes waren zunächst die Heimvolkshochschulen und Bildungsstätten des Landes, die Museen, die privaten und freien Theater sowie schließlich die Förderung von kulturellen Verbänden. Da ein nicht unwesentlicher Teil der Kulturförderung des Landes in den letztgenannten Sektor fließt, also in die *Förderung von Verbänden einschließlich der Minderheiten- und Grenzverbände*, sollen die kulturpolitisch relevanten Ergebnisse dieses Bereiches beispielhaft kurz skizziert werden.

---

674 Vgl. auch Bericht der Landesregierung: Weiterentwicklung der Kulturpolitik des Landes Schleswig-Holstein, Drucksache 15/1712, Juli 2002 (Schleswig-Holsteinischer Landtag, 15. Wahlperiode)

675 Hierzu und zum folgenden ausführlich: Bericht der Arbeitsgruppe Evaluation der Kulturförderung in Schleswig-Holstein des Ministeriums für Bildung, Wissenschaft, Forschung und Kultur vom September 2003, S. 3

676 Bericht der Arbeitsgruppe Evaluation (2003) S. 5

Im Rahmen der Evaluation ging es zunächst um vier Fragen:

1. Entsprechen die Ziele und Aufgabe des Verbandes öffentlichen Interessen, Landesinteressen (insbesondere hinsichtlich Gleichmäßigkeit, herausgehobener Bedeutung und Flächendeckung) und kommunalen Interessen?
2. Unterhält die Organisation eine aus ihrer Verfasstheit abgeleitete Institution mit komplexer, vielfältiger und stetiger Aufgabenstellung gemäß o. A. Zielen?
3. Unterstützt die Organisation kulturelle Angebote in quantitativer und qualitativer, für das Land exemplarischer Hinsicht?
4. Übernimmt die Organisation Aufgaben im Auftrag des Landes Schleswig-Holstein?

Das ausdrückliche Ziel der Untersuchung war die Entwicklung eines „Vorschlags zur Aktualisierung der Landesförderung unter dem Gesichtspunkt, was als besonders wichtige Leistung aus Sicht des jeweiligen Verbandes oder des Landes angesehen und zur Förderung vorgeschlagen wird". Die darin enthaltene Absicht war, „die bisherige, tradierte Begründung der Förderung als ‚in der Vergangenheit bereits geförderter Verband'" abzulösen „durch eine Präzisierung der als besonders wichtig angesehenen eigenen Leistung und den Bezug hierauf durch die Förderung." Im Klartext heißt dies, dass durch den Evaluationsprozess die (möglicherweise bloße) Behauptung der eigenen kulturellen Bedeutung und Wichtigkeit nachdrücklich auf den Prüfstand gehoben werden sollte.

Nach einer eingehenden Evaluation kam die Arbeitsgruppe zu neuen Vorschlägen für die kulturpolitische Steuerung der Mittelvergabe. Generell wird vorgeschlagen, eine Präzisierung der jeweiligen Aufgabenstellung in Form von *Zielvereinbarungen* vorzunehmen, in denen die Beiträge zur kulturellen Infrastruktur beschrieben und festgeschrieben werden. Diese Aufgabenstellungen können dann mit unterschiedlichen *Finanzierungsmodellen* unterstützt werden:

- Einmal können für das Land wichtige Verbände definiert werden, deren Infrastrukturleistungen in ihrer Gesamtheit auch in der Zukunft für ein breites und vielfältiges kulturelles Leben in Schleswig-Holstein als unverzichtbar angesehen werden; diese sollen *institutionell* gefördert werden.
- Aufgaben und Leistungen derjenigen Verbände, die in die *Projektförderung* überführt werden sollten, sind keineswegs zweitrangig, allerdings rückt eine Projektförderung den Bezug auf für das Land besonders wichtige Maßnahmen oder Strukturen stärker hervor.[677]

Oberstes Ziel bei einem solchen Vorgehen ist es, gesetzte Ziele, tatsächlich erreichte Wirkungen und gewährte Zuwendungen des Staates in einem Zusammenhang zu betrachten und in regelmäßigen Abständen zu überprüfen, um daraus entsprechende kulturpolitische Konsequenzen ziehen zu können.

Der Verband deutscher Musikschulen erstellte in einem mehrjährigen Prozess auf der Basis des Excellence-Model der European Foundation für Quality Management sein spezifisches Qualitätssystem Musikschule (QsM).[678]

677 Bericht der Arbeitsgruppe Evaluation (2003) S. 22

678 Verband deutscher Musikschulen: QsM – Qualitätssystem Musikschule. Das EFQM Excellence Modell in der Spezifikation für Musikschulen im VdM, Bonn 2000; vgl. hierzu auch: Scheytt, Oliver und Michael Zimmermann: Qualitätsmanagement in Kultureinrichtungen. In: *Handbuch KulturPolitikMangement*, Oktober 2006

In diesem Modell gibt es insgesamt neun Kriterienfelder, die ihrerseits wiederum in verschiedene Subkriterien unterteilt sind; die *Kriterienfelder* sind:

1. Führung und Leitung
2. Politik und Strategie
3. Mitarbeiterorientierung
4. Ressourcen
5. Prozesse
6. Zufriedenheit der Adressaten
7. Mitarbeiterzufriedenheit
8. Auswirkungen auf die Gesellschaft
9. Leistungsbilanz.

Die einzelnen Kriterienfelder werden in *Subkriterien* unterteilt, so z. B. das Kriterium 1:

1. *Führung und Leitung*

1.1 Die Leitung entwickelt ein Leitbild und setzt sich persönlich für dessen Anwendung ein

1.2 Die Leitung sorgt für die Entwicklung und Anwendung eines Managementsystems

1.3 Die Leitung motiviert und unterstützt die Mitarbeiter, gibt Rückmeldung und Anerkennung

1.4 Die Leitung pflegt den Kontakt zu Schülern / Eltern, Partnern, dem Träger sowie Personen des öffentlichen Lebens.

Jedes Subkriterium wird seinerseits wiederum praxisnah in *fünf Qualitätsstufen* differenziert, so dass im Endergebnis ca. 500 Merkmale für eine gute und erfolgreiche Musikschule herausgearbeitet werden können.

Auch die öffentlichen Bibliotheken haben – wiederum in Zusammenarbeit mit der *Bertelsmann-Stiftung* – seit einiger Zeit Evaluationskriterien entwickelt, den sog. *Bibliotheksindex BIX*.[679] Er ist im Jahre 1999 gestartet worden und seither ein kontinuierlicher, bundesweiter Jahresvergleich. Er umfasst vier *Zieldimensionen*, die wiederum in *Indikatoren* unterteilt sind.

1. Auftragserfüllung
   - Bestandseinheiten je Einwohner
   - Bibliotheksquadratmeterfläche je 1.000 Einwohner
   - Mitarbeiter je 1.000 Einwohner

2. Kundenorientierung
   - Nutzungen (Entleihungen plus virtuelle Zugriffe) je Einwohner
   - Erneuerungsquote
   - Umschlag

3. Wirtschaftlichkeit
   - Medienetat je Entleihung
   - Mitarbeiterstunden je Öffnungsstunde
   - Besucher je Quadratmeter
   - Ausgaben je Besucher

679 Vgl. www.bix-bibliotheksindex.de

4. Mitarbeiterorientierung
   - Krankheitsquote
   - Fortbildungsquote
   - Fluktuationsrate

Sicherlich kann über die Aussagekraft der gewählten Indikatoren diskutiert werden. Gleichwohl bietet der *BIX* den teilnehmenden Einrichtungen im Sinne eines Benchmarking die gezielte Orientierung an den Besten und somit die Chance, permanente Innovationsprozesse vor Ort, d. h. in der eigenen Bibliothek einzuleiten.

9.5 Standards für Evaluationen

Alle die genannten Beispiele machen zum einen deutlich, dass Evaluationen auch im Kulturbereich bereits erfolgreich durchgeführt wurden und werden – also anders als behauptet, durchaus möglich und auch sinnvoll sind. Zum anderen wird ebenso klar, dass im Sektor von Kunst und Kultur – anders als beispielsweise in einem rein ökonomisch ausgerichteten Controlling – ganz spezifische Sensibilitäten zu berücksichtigen sind. Denn wie geschickt die „Herstellung und Nutzung des Prüfstandes als transparente und sozialwissenschaftlichem Handwerkszeug wie kulturgeschichtlichem Wissen gleichermaßen verpflichtete Evaluation angelegt sein mögen – mit der Maßnahme wird erhebliche, allerdings zunächst sehr interne Unruhe verbunden sein“, schreiben Opitz / Thomas vor dem Hintergrund ihrer einschlägigen Erfahrungen in Schleswig-Holstein.

Und weiter: „Ursache dieser Unruhe ist zum einen die Erschütterung beruflicher Sozialisationen, welche mit dem Argument kulturgeschichtlich gewachsener Begründungszusammenhänge Klientelinteressen über Jahrzehnte hinweg bedienen sollten und wollten. Eine weitere Ursache ist der vorwiegend extrinsisch motivierte (schlicht: auch notgedrungene) Paradigmenwechsel der Kulturförderung, welcher durch die Exekutive den Destinateuren der Mittel möglichst ohne Ansehensverlust für die politische Klasse vermittelt werden soll.“[680]

Es gilt also zu berücksichtigen, dass nicht selten durch Evaluationen vitale Interessen von Personen, Gruppen und Organisationen berührt werden, die am evaluierten Programm oder Projekt beteiligt sind. „Dies gilt insbesondere für *summative* Evaluationen“, schreibt die *Deutsche Gesellschaft für Evaluation* (*DeGeVal*), „auf deren Basis z. B. über die Erstellung oder Fortführung eines Programms, die Schließung, Zusammenlegung oder den Ausbau einer Organisation oder Einrichtung getroffen werden sollen.“[681] Im Klartext: Hier geht es um Arbeitsplätze, hier geht es um menschliche Schicksale und hier geht es natürlich auch um Macht. Deshalb ist mit Evaluationen auch immer eine hohe menschliche Verantwortung verbunden – die umgekehrt allerdings auch nicht der Sicherung von Erbhöfen und der Fortführung lieb gewordener, aber völlig ineffizienter Arbeits- und Verhaltensweisen dienen darf.

Im Zuge der Professionalisierung der Evaluationsforschung wurden deshalb zunächst in den USA „Standards for Evaluation“, so z. B. die am weitesten verbreiteten des *Joint*

680 Opitz / Thomas (2003) S. 108

681 Deutsche Gesellschaft für Evaluation: Angefragte Gutachten / Meta-Evaluationen auf Basis der *DeGeVal*-Standards. Vom Vorstand der *DeGeVal* im April 2002 verabschiedetes Papier.

Committee on Standards for Education Evaluation entwickelt und allgemein akzeptiert. Diese wurden mittlerweile auch von der *DeGeVal* übernommen und fortentwickelt. Aufgabe dieser Standards ist es,

- die Qualität von Evaluationen zu sichern,
- den fachlichen Bezugspunkt für einen Austausch über Qualität von Evaluationen darzustellen,
- eine Orientierung bei Planung und Durchführung von Evaluationen zu bieten, Anknüpfungspunkte für die Aus- und Weiterbildung zu sein,
- Transparenz über Evaluation als professionelle Praxis zu schaffen.

Um dies zu gewährleisten, sollen Evaluationen vier grundlegende Eigenschaften aufweisen: (1) *Nützlichkeit*, (2) *Durchführbarkeit*, (3) *Fairness* und (4) *Genauigkeit*. Diese Standards werden von der *DeGeVal* ausdrücklich als „Dialoginstrument und fachlicher Bezugspunkt für einen Austausch über die Qualität von professionellen Evaluationen" begriffen. Die Standards sollen „bei der Kommunikation von Evaluatoren mit ihren Auftraggebern, Adressaten sowie einem weiteren Kreis von Beteiligten und Betroffenen nützlich sein" und „Orientierung geben bei der Evaluation von Evaluationen (Meta-Evaluationen) sowie Transparenz von Evaluation als professionelle Praxis gegenüber einer breiteren Öffentlichkeit schaffen."[682]

Diese ausgesprochen sinnvollen Standards sollten auch als Grundlage für alle geplanten Evaluationen in der Kulturpolitik gelten, d. h. die „Spielregeln" bestimmen, nach denen solche Evaluationen durchgeführt werden. Im Einzelnen führt die *DeGeVal*[683] unter diesen vier Aspekten genauer aus.

1. *Nützlichkeit*; diese Eigenschaft soll sicherstellen, dass sich die Evaluation an geklärten Evaluationszwecken sowie am Informationsbedarf der „Stakeholder" orientiert. Damit soll sichergestellt sein, dass die Evaluation nicht zum Selbstzweck (der berühmt-berüchtigte „Zahlensalat", den kaum einer durchschaut) bzw. zur bloß kulturadministrativen Pflichtmaßnahme wird. Damit dies gewährleistet ist, schlägt die *DeGeVal* eine Reihe von weiteren Schritten vor:
   - *Identifizierung der Beteiligten und Betroffenen*; in einem ersten Schritt sollten alle am Evaluationsprozess der jeweiligen Kultureinrichtung Beteiligten oder von ihm betroffenen Personen und Personengruppen (also im Prinzip die wesentlichen „Stakeholder"; vgl. hierzu die Ausführungen im vierten Kapitel) identifiziert werden, damit deren Interessen geklärt und so weit wie möglich bei der Anlage der Evaluation berücksichtigt werden können.[684]
   - *Klärung der Evaluationszwecke*; es muss klar und deutlich festgelegt werden, welche Zwecke mit der Evaluation der Kultureinrichtung verfolgt werden, so dass die Beteiligten und Betroffenen Position dazu beziehen können und das Evaluationsteam einen klaren Arbeitsauftrag verfolgen kann.
   - *Glaubwürdigkeit und Kompetenz des Evaluators / der Evaluatorin*; wer Evaluationen durchführt, sollte persönlich glaubwürdig sowie methodisch und fachlich kompetent sein, damit bei dem Evaluationsprozess ein Höchstmaß von Glaubwürdigkeit und Akzeptanz erreicht wird. Es macht also wenig Sinn, in einem öf-

682 *DeGeVal* (2002)
683 Deutsche Gesellschaft für Evaluation: Standards für Evaluationen, Saarbrücken 2004
684 Zur Stakeholder-Analyse vgl. ausführlich auch Klein: Kulturmarketing (2005)

fentlichen Kulturbetrieb einen Evaluator einzusetzen, der seine Kompetenzen vor allem im Bereich der Privatwirtschaft aufgebaut hat. Hier sollte auf die entsprechenden Eigenheiten sensibel Rücksicht genommen werden, ohne allerdings auf Klarheit und Eindeutigkeit zu verzichten.

- *Auswahl und Umfang der Informationen*; die Auswahl und der Umfang der erfassten Informationen sollen die Behandlung der zu untersuchenden Fragestellungen zum Evaluationsgegenstand ermöglichen und gleichzeitig den Informationsbedarf des Auftraggebers und anderer Adressaten und Adressatinnen berücksichtigen.
- *Transparenz von Werten;* die Perspektiven und Annahmen der Beteiligten und Betroffenen, auf denen die Evaluation und die Interpretation der Ergebnisse beruhen, sollen so klar und deutlich beschrieben werden, dass die Grundlagen der Bewertungen für alle Betroffenen ersichtlich sind.
- *Vollständigkeit und Klarheit der Berichterstattung*; Evaluationsberichte sollen alle wesentlichen Informationen zur Verfügung stellen, leicht zu verstehen und wiederum von allen Betroffenen nachvollziehbar sein.
- *Rechtzeitigkeit der Evaluation*; Evaluationsvorhaben sollen so rechtzeitig begonnen und abgeschlossen werden, dass ihre Ergebnisse in anstehende Entscheidungsprozesse bzw. Verbesserungsprozesse einfließen können.
- *Nutzung und Nutzen der Evaluation*; die Planung, Durchführung und Berichterstattung einer Evaluation sollen die Beteiligten und Betroffenen dazu ermuntern, die Evaluation aufmerksam zur Kenntnis zu nehmen und ihre Ergebnisse zu nutzen. Es sollte sich um einen gemeinsamen Lern- und ggf. Umorientierungsprozess aller Beteiligten handeln.

2. Die *Durchführbarkeitsstandards* sollen zweitens sicherstellen, dass die Evaluation einer Kultureinrichtung realistisch, gut durchdacht, diplomatisch und kostenbewusst geplant und durchgeführt wird. Im Einzelnen zählen hierzu:
   - *Angemessene Verfahren*; die anzuwendenden Evaluationsverfahren, einschließlich der Verfahren zur Beschaffung notwendiger Informationen, sollen so gewählt werden, dass Belastungen des Evaluationsgegenstandes bzw. der Beteiligten und Betroffenen in einem angemessenen Verhältnis zum erwarteten Nutzen der Evaluation stehen. Dies heißt im Klartext: Die Kultureinrichtung darf nicht nur noch damit beschäftigt sein, Informationen für die Evaluation zu sammeln und aufzubereiten.
   - *Diplomatisches Vorgehen*; Evaluationen sollen darüber hinaus so geplant und durchgeführt werden, dass eine möglichst hohe Akzeptanz der verschiedenen Beteiligten und Betroffenen in Bezug auf Vorgehen und Ergebnisse der Evaluation erreicht werden kann. Das Ergebnis soll und kann nicht sein, dass „eine Seite“ (Förderer oder Geförderte) „recht“ hat bzw. sich durchsetzt, sondern dass alle Beteiligten zu einer Akzeptanz des Ergebnis kommen.
   - *Effizienz von Evaluation*; der Aufwand für Evaluation soll in einem angemessenen Verhältnis zum Nutzen der Evaluation stehen und kein Selbstzweck sein.

3. Drittens sollen die sog. *Fairnessstandards* sicherstellen, dass in einer Evaluation respektvoll und fair miteinander den betroffenen Gruppen und Personen umgegangen wird. Keine Seite darf der anderen ihre Vorstellungen „aufdrücken", Offenheit und Vorurteilsfreiheit sind Grundlage. Dies schließt im Einzelnen ein:
   - *Formale Vereinbarungen*; die Pflichten der Vertragsparteien einer Evaluation (was, wie, von wem, wann getan werden soll) sollten schriftlich festgehalten werden, damit die Parteien verpflichtet sind, alle Bedingungen dieser Vereinbarung zu erfüllen oder aber diese wo nötig neu auszuhandeln.
   - *Schutz individueller Rechte*; Evaluationen sollen so geplant und durchgeführt werden, dass Sicherheit, Würde und Rechte der in eine Evaluation einbezogenen Personen geschützt werden.
   - *Vollständige und faire Überprüfung*; Evaluationen sollen die Stärken und die Schwächen der Kultureinrichtung möglichst vollständig und fair überprüfen und darstellen, so dass die Stärken weiter ausgebaut und die Schwachpunkte entsprechend abgebaut werden können.
   - *Unparteiische Durchführung und Berichterstattung*; die Evaluation soll unterschiedliche Sichtweisen von Beteiligten und Betroffenen auf Gegenstand und Ergebnisse der Evaluation in Rechnung stellen. Berichte sollen ebenso wie der gesamte Evaluationsprozess die unparteiische Position des Evaluationsteams erkennen lassen. Bewertungen sollen fair und möglichst frei von persönlichen Gefühlen getroffen werden.
   - *Offenlegung der Ergebnisse*; die Evaluationsergebnisse sollen allen Beteiligten und Betroffenen soweit wie möglich zugänglich gemacht werden. Vor einer abschließenden Bewertung sollten auf jeden Fall die Betroffenen noch einmal Stellung nehmen können.

4. Die *Genauigkeitsstandards* sollen schließlich viertens sicherstellen, dass eine Evaluation gültige Informationen und Ergebnisse zu dem jeweiligen Evaluationsgegenstand und den Evaluationsfragestellungen hervorbringt und vermittelt. Dazu gehören:
   - *Beschreibung des Evaluationsgegenstandes*; der Evaluationsgegenstand soll klar und genau beschrieben und dokumentiert werden, so dass er eindeutig identifiziert werden kann.
   - *Kontextanalyse*; Der Kontext des Evaluationsgegenstandes soll ausreichend detailliert untersucht und analysiert werden; dies ist gerade im Kulturbereich von besonderer Wichtigkeit.
   - *Beschreibung von Zwecken und Vorgehen*; Gegenstand, Zwecke, Fragestellungen und Vorgehen der Evaluation, einschließlich der angewandten Methoden, sollen genau dokumentiert und beschrieben werden, so dass sie identifiziert und eingeschätzt werden können.
   - *Angabe von Informationsquellen*; die im Rahmen einer Evaluation genutzten Informationsquellen sollen hinreichend genau dokumentiert werden, damit die Verlässlichkeit und Angemessenheit der Informationen eingeschätzt werden kann.
   - *Valide und reliable Informationen*; die Verfahren zur Gewinnung von Daten sollen so gewählt oder entwickelt und dann eingesetzt werden, dass die Zuverlässigkeit der gewonnenen Daten und ihre Gültigkeit bezogen auf die Beant-

wortung der Evaluationsfragestellungen nach fachlichen Maßstäben sichergestellt sind. Die fachlichen Maßstäbe sollen sich an den Gütekriterien quantitativer und qualitativer Sozialforschung orientieren.

- *Systematische Fehlerprüfung*; die in einer Evaluation gesammelten, aufbereiteten, analysierten und präsentierten Informationen sollen systematisch auf Fehler geprüft werden.
- *Analyse qualitativer und quantitativer Informationen*; sowohl qualitative wie auch quantitative Informationen einer Evaluation sollen nach fachlichen Maßstäben angemessen und systematisch analysiert werden, damit die Fragestellungen der Evaluation effektiv beantwortet werden können.
- *Begründete Schlussfolgerungen*; die in einer Evaluation gezogenen Folgerungen sollen ausdrücklich begründet werden, damit die Adressatinnen und Adressaten diese einschätzen können.
- *Meta-Evaluation*; um Meta-Evaluationen (also quasi eine Evaluation von Evaluationen) zu ermöglichen, sollen Evaluationen in geeigneter Form dokumentiert und archiviert werden.

Bei aller Klarheit und vorausgesetzter Akzeptanz der grundsätzlichen Rollenverteilung – die öffentliche Hand ist der Auftraggeber und (zumindest bislang) *ein* ganz wesentlicher Finanzier, die jeweilige Kultureinrichtung dagegen ist Auftragnehmerin – macht es gerade im Kulturbetrieb nur Sinn, Evaluationen *partizipativ* durchzuführen, d. h. unter maßgeblicher Beteiligung der Betroffenen. Stockmann schreibt hierzu: „Die Validität von Evaluationen lässt sich wesentlich dadurch verbessern, wenn Evaluationen partizipativ angelegt werden. Denn zum einen ist eine valide Bewertung von Maßnahmen und Ergebnissen nur auf der Grundlage der freiwilligen und proaktiven Beteiligung aller Beteiligten möglich. Und zum anderen können Evaluationsergebnisse nur dann erfolgreich in Entwicklungsprozesse eingespeist werden, wenn die Beteiligten die Evaluatoren nicht als externe ‚Kontrolleure', sondern als Partner mit komplementären Aufgaben wahrnehmen."[685]

Ein gutes Beispiel für dieses partizipative Vorgehen stellt die bereits zitierte Evaluation der Kulturverbände in Schleswig-Holstein dar. Bei aller Klarheit der Rollenverteilung (hier fördernde Landesregierung, dort Kulturarbeit leistende und Zuwendungen empfangende Kulturverbände) konnte ein hohes Maß an Einigkeit erreicht werden. „Dabei war unumstritten, dass die Förderung von kulturellen Verbänden transparenten Kriterien folgen sollte und dass vor diesem Hintergrund Ziel- und Leistungsvereinbarungen den Begründungszusammenhang der Förderung verdeutlichen können. Mit anderen Worten: Dass Verbände eine Infrastruktur für kulturelle Projekte darstellen, mithin eine wichtige Voraussetzung für das kulturelle Leben in Schleswig-Holstein sind, wurde gemeinsam hervorgehoben. Zugleich wurden die Fragen: was wird mit dem Geld gemacht?, welche Zwecke werden verfolgt?, wie ist die Erfolgskontrolle ausgestaltet? als nicht nur legitim, sondern auch als Chance zur Reflexion der eigenen Arbeitsschwerpunkte angesehen."[686]

Ganz in diesem Sinne schreibt Stockmann zu Evaluationen im Kulturbereich: „Um qualitativ hochwertige Evaluationen zu generieren ist nicht nur Fachkompetenz und ein Mindestmaß an Ressourcen notwendig, sondern vor allem auch Akzeptanz bei Betroffenen und Beteiligten. Diese kann nur erreicht werden, wenn alle Akteure über den Sinn und

685 Stockmann (2004) S. 13
686 Bericht der Arbeitsgruppe Evaluation (2003) S. 23

Zweck von Evaluationen prinzipiell übereinstimmen und sich über Potenziale, Chancen, aber auch Risiken und Grenzen von Evaluationen bewusst sind.“[687] Keine Seite darf also – salopp gesagt – das Gefühl haben, von der jeweils anderen „über den Tisch gezogen“ zu werden.

Von daher muss die partizipative Evaluation als ein *interaktiver Prozess* organisiert werden, der einen intensiven Dialog zwischen allen an ihm Beteiligten ermöglicht – ohne allerdings, es sei noch einmal betont – die grundsätzlichen Ziele und die Rollenverteilung außer acht zu lassen. „Nur eine enge Abstimmung mit diesen Akteuren ermöglicht es, die verschiedenen Interessenlagen, Werte und Bedürfnisse zu berücksichtigen und darüber hinaus die Akzeptanz für die Durchführung und die Ergebnisse der Evaluation zu sichern“ (Stockmann). Allerdings muss dann das, was einmal festgelegt wurde, innerhalb des Evaluations-Prozesses auch Geltung und Bestand haben.

Entsprechend der Grundidee eines partizipativen Vorgehens könnte der Evaluationsprozess von öffentlich getragenen bzw. geförderten Kulturbetrieben in einer ganz groben Phaseneinteilung wie folgt aussehen:[688]

1. *Entwicklung eines gemeinsamen Vorschlags für die Vorgehensweise.*
   Die Evaluatoren (dies werden in erster Linie die Mitarbeiter der Kulturfördereinrichtung sein, also Ministeriums- bzw. Kulturamtsmitarbeiter sowie ggf. Fachleute aus den einzelnen Sparten) und die Evaluierten einigen sich vorab zunächst grundsätzlich auf die Ziele der Evaluation und auf eine gemeinsame Vorgehensweise. Hierzu gehört eine Verständigung über die in der Vergangenheit vereinbarten Ziele (idealerweise festgeschrieben in Zielvereinbarungen; vgl. hierzu das dritte Kapitel), ein Konsens über die Ziele der Evaluation („Was soll herausgefunden werden“?) und schließlich eine Vereinbarung über die zu anzuwendenden *Evaluationskriterien* (d. h. an welchen *Indikatoren* soll die Beurteilung festgemacht werden), den Kreis der einzubeziehenden *Akteure*, die anzuwendenden *Methoden* (z. B. die Analyse von Besucherzahlen und Umsätzen, Besucherbefragungen, Auswertungen von Kritiken, Experteninterviews etc.) sowie den *zeitlichen Ablauf* der Evaluation.
   Einerseits kommt es in dieser Phase darauf an, ein Klima des gegenseitigen Vertrauens als Voraussetzung für einen gut funktionierenden Informationsaustausch zwischen Evaluatoren und Evaluierten zu schaffen. Andererseits sind die Inhalte und die Umsetzung der Evaluation so eng wie möglich an den – durchaus unterschiedlichen, ggf. sogar gegensätzlichen – Interessen und Bedürfnissen der Beteiligten selbst auszurichten, um ein adäquates Beurteilen und eine allgemeine Akzeptanz zu ermöglichen.

2. *Erhebung und Analyse der relevanten Daten.*
   In der zweiten Phase sind die Evaluierten vor allem als „Ressourcepersonen und Informationsträger“ (Stockmann) mit „Insiderwissen“ wichtig. Sie sind dies zum einen, um die notwendigen Daten und Informationen zu sammeln und aufzubereiten, zum anderen aber auch, um die unterschiedlichen Sichtweisen und Perspektiven darzustellen, die notwendig sind, um ein möglichst objektives Bild von den Strukturen, Prozessen und Wirkungen in einer Kultureinrichtung wiederzugeben. Dem „Insiderwissen“ der Evaluierten steht das „Methodenwissen“ der Evaluatoren gegenüber, die in dieser Phase

687 Stockmann (2004) S. 16
688 Stockmann (2004) S. 14

die unterschiedlichen Methoden der quantitativen und qualitativen Sozialforschung zur Anwendung bringen. Aus der Kombination von Selbstbild (der Evaluierten) und Fremdbild (der Evaluatoren) sollte ein möglichst objektives Gesamtbild der Kultureinrichtung entwickelt werden.

3. *Umsetzungsphase*
In der Umsetzungsphase werden die ermittelten Befunde von den Evaluatoren und den Evaluierten gemeinsam interpretiert, diskutiert und bewertet. Aus diesen Diskussionen und ggf. Empfehlungen sollen umsetzungsfähige Entwicklungsstrategien erarbeitet werden, deren Verwirklichung bei den Betroffenen und ihren Organisationen liegt. Hier wird es kulturpolitisch vor allem darum gehen, dass tragfähige (neue) Ziel- und Leistungsvereinbarungen zwischen Kultureinrichtungen und Kulturförderstellen (also Ministerien und kommunale Kulturämter) entwickelt und vereinbart werden

Evaluation			
Phase I *Evaluationsdesign*	**Evaluatoren** *Methoden*wissen	**Auftraggeber** Teilnahme an der Entwicklung von Untersuchungshypothesen Vorschläge zur Optimierung des Untersuchungsdesigns	**Evaluierte** *Insider*wissen
Phase II *Erforschungsphase*	Datenerhebung und Datenanalyse		
Phase III *Umsetzungsphase*		Information über die Ergebnisse Gemeinsame Bewertung der Ergebnisse Erarbeitung von Empfehlungen	
Umsetzung			

Abbildung 42: Phasen des Evaluationsprozesses für Kultureinrichtungen

Wer „Wirkungen“ messen will, benötigt Merkmale und Kriterien, an denen er den Einfluss eines Programms, eines Projektes oder einer Maßnahme festmacht. Wie bzw. woran kann man messen, dass sich etwas verändert hat? Eine der entscheidenden Fragen im Evaluationsprozess ist deshalb die Suche nach den *Indikatoren* (aus dem Lateinischen >Anzeiger<), d. h. denjenigen Kriterien, an denen der Erfolg (oder Misserfolg) eines Programms, einer Maßnahme, eines Projekts oder einer Einrichtung „angezeigt“, d. h. gemessen werden kann und soll. Indikatoren stehen somit in einem direkten Zusammenhang mit der normativen Ebene einer Einrichtung, also den behaupteten oder tatsächlichen Zielen und ihrer Überprüfung, d. h. es soll mit ihrer Hilfe „angezeigt“ werden ob und in welchem Umfang angestrebte Ziele tatsächlich erreicht wurden.

Nach einer ausführlichen Diskussion möglicher Definitionen von Indikatoren und ihren Leistungen kommt Wolfgang Meyer vom *Centrum für Evaluation* zu folgender Bestimmung: „Indikatoren sind Kenngrößen, die über einen festgelegten, nicht oder nur sehr schwer messbaren Tatbestand Auskunft geben sollen. Dank der ermittelten quantitativen oder qualitativen Informationen sind über Vergleiche mit kritischen Schwellenwerten (*Grenzwertperspektive*), früheren Messwerten (*Entwicklungsperspektive*), ex-ante bestimmten Zielwerten (*Zielerreichungsperspektive*) oder den Ergebnissen anderer Beobachtungseinheiten (*Bilanzierungsperspektive*) Bewertungen möglich. Diese lenken die Aufmerksamkeit auf Stärken und Schwächen der Beobachtungseinheiten und stellen bei Evaluationen den Ausgangspunkt für die Ursachenforschung dar."[689]

Es geht bei Evaluationen also immer um Vergleiche zwischen zwei Zuständen und die Frage der Wirkungen, d. h. „Indikatoren sind Vergleichinstrumente, die Unterschiede oder Gemeinsamkeiten verschiedener Objekte auf einem gemeinsamen Vergleichsmaßstab (Skala) mit mindestens zwei verschiedenen Ausprägungen (Skalenwerte) anzeigen."[690] Im Rahmen der Evaluation einer Kultureinrichtung kann es dabei um Vergleiche ganz unterschiedlicher Art gehen.

- *Relevanzprüfung*; (i.e. der Vergleich zwischen den Zielgruppenbedürfnissen einerseits und den eigenen Zielsetzungen der Kultureinrichtung); hier geht es um die Frage, ob die von der Kultureinrichtung entwickelten bzw. behaupteten Ziele tatsächlich den Bedürfnissen der angestrebten Zielgruppe entsprechen oder ob sie an diesen vorbei gehen;
- *Effizienzprüfung*; (i. e. der Input-Output- oder Kosten-Nutzen-Vergleich); durch den Indikatorenvergleich zwischen erbrachten Aufwendungen einerseits und tatsächlich realisierten Programmergebnissen einer Kultureinrichtung andererseits wird die *Effizienz* eines Programms oder einer Maßnahme geprüft. Dies kann vor allem dann eine wichtige kulturpolitische Rolle spielen, wenn geprüft wird, ob es effizienter ist, wenn der Staat oder die Kommune eine kulturelle Leistung in eigener Trägerschaft erbringen oder dies Dritten überlässt, die er ggf. durch entsprechende Zuwendungen fördert.
- *Effektivitätsprüfung*; (i. e. der Ziel-Wirkungs-Vergleiche); hier gibt der Vergleich zwischen den erreichten Wirkungen und den angestrebten Zielwerten Auskunft über die Effektivität einer Maßnahme. Hier steht vor allem die Quantität der Wirkungen im Vordergrund des Interesses, z. B. die Frage, ob eine Kultureinrichtung die behauptete Wirkung (Zielvereinbarung) tatsächlich erreicht – oder eben nicht.
- *Zielerreichungsprüfung*; (i. e. der Ziel-Ergebnis-Vergleich); Zielerreichungsprüfungen unterscheiden sich von Effektivitätsprüfungen durch die stärkere Gewichtung der *Zielsetzungen* im Vergleich zu den Ergebnissen. Die Überprüfung der Zielerreichung kann dabei auf drei verschiedenen Ebenen durchgeführt werden. (1) Bei der einfachen *Outputprüfung* wird festgelegt, ob die ursprünglich im Rahmen der operationalisierten Ziele geplanten Produkte und Ergebnisse tatsächlich in der gewünschten Form erreicht wurden oder nicht. (2) *Wirkungsprüfungen* dagegen bewegen sich auf der Ebene der strategischen Ziele und sind mit den erzielten Resultaten des Projektes zu vergleichen. (3) Bei *Nachhaltigkeitsprüfungen* schließlich geht es um die Dauerhaftigkeit von Wirkungen, die von daher in Beziehung zu den formulierten Oberzielen der Programme oder Projekte stehen.

689 Meyer, Wolfgang: Indikatorenentwicklung. Eine praxisorientierte Einführung, Saarbrücken 2004 (*Centrum für Evaluation, CEval-Arbeitspapiere 10*) S. 7
690 Meyer (2004) S. 13

Je nachdem, um welchen Vergleich es geht, müssen gemeinsam Indikatoren „konstruiert" und festgelegt werden, mit deren Hilfe dann tatsächlich möglichst zuverlässig das in Frage Stehende gemessen werden kann. Soll etwa explizit die ästhetische Qualität eines Theaterstückes gemessen werden, so wäre es kaum sinnvoll, die Zahl der verkauften Eintrittskarten als Indikator zu nehmen. Werden mit einem spezifischen Festivalangebot in erster Linie kulturtouristische Ziele verfolgt, macht es kaum Sinn, die ästhetische Qualität einzelner Stücke zu diskutieren: dann nämlich ist die Zahl der Besucher der bessere Indikator. Quantität und Qualität müssen daher nicht unbedingt in einem direkten Verhältnis stehen.

Um die oben angesprochene Akzeptanz zu erreichen, sollten die in den Evaluationsprozess einbezogenen Mitarbeiterinnen und Mitarbeiter so früh und so umfassend wie möglich in die Indikatoren-Definition mit einbezogen werden, weil dadurch

- das *ergebnisorientierte* Denken gefördert wird;
- die Mitarbeiterinnen und Mitarbeiter sich als *vollwertige Fachleute* in ihrem Aufgabenbereich erleben;
- sie zu gleichberechtigten Gesprächspartnern werden;
- sich ihre Sensibilität für die Komplexität dieser Prozesse erhöht;
- viele organisatorische Erfordernisse *transparenter* werden;
- sie lernen, Situationen besser einzuschätzen;
- sie eher das *Gefühl für die eigenen Leistungsmöglichkeiten* und die der anderen entwickeln können;
- sie den gemeinsam erarbeiteten Beschlüsse, Regelungen usw. *mehr Akzeptanz* entgegenbringen und
- sie diese dann auch entsprechend motiviert und mit Überzeugungskraft nach außen tragen.[691]

Indikatoren, d. h. Vergleichsmaßstäbe können für die unterschiedlichsten Ebenen bzw. Zielsetzungen einer Kultureinrichtung entwickelt werden. Hier ist auf die im dritten Kapitel gemachten Ausführungen im Rahmen der konkreten Zielvereinbarungen zu verweisen. Das, was dort als Erfolgsindikatoren festgelegt wurde, sollte selbstverständlich bei der Wirkungskontrolle als Kennzahlen zu Grunde gelegt werden.

Bei der oben skizzierten Evaluation der Kulturverbände in Schleswig-Holstein wurden in einer Fragebogenuntersuchung beispielsweise folgende Indikatoren gemeinsam verabredet und dann der Evaluation zugrunde gelegt:

- Anzahl und Umfang der selbstorganisierten Fortbildungsmaßnahmen;
- Öffentlich zugängliche Veranstaltungen in eigener Trägerschaft – in Abgrenzung zu internen Veranstaltungen wie Vorstandssitzungen oder Mitgliederversammlungen, die keinen nach außen gerichteten Leistungsbezug aufweisen;
- Publikationen;
- Beratung und Information.[692]

Es wird nicht behauptet, dass dieses Verfahren der Evaluation einfach und ohne Schwierigkeiten ist. Wer es ablehnt sollte sich indes vor Augen halten, wie bislang viele Kultureinrichtungen von außen – und auch intern – gesteuert werden und dann ehrlich die Frage beantworten, ob das bisherige Steuerungssystem über Kameralistik, über bürokratische

691 Meier (1998) S. 16
692 Bericht der Arbeitsgruppe Evaluation (2003) S. 19

Aufbauorganisation und Einzeleingriffe rationaler, transparenter, „gerechter“ und effizienter ist. Im Sinne einer dauerhaften, nachhaltigen Fortentwicklung einer Kultureinrichtung sind Evaluationen, die sich mit dem „Wert“ dieser Einrichtung befassen, sicherlich der erfolgversprechendere Weg.

10 Der exzellente Kulturbetrieb

Um als öffentlich getragene oder finanzierte Non-Profit-Kultureinrichtung auch in Zukunft bestehen zu können, ist es nötig, sich an den Kriterien der Exzellenz zu orientieren. Aufgrund der immer stärker werdenden Konkurrenz im Kultur- und Freizeitsektor wird es auf Dauer nicht genügen, einfach nur „da“ zu sein. Die „neuen Kulturunternehmer“ (Birgit Mandel), die ihre Existenz eigenverantwortlich sichern müssen, werden, ob sie dies wollen oder nicht, einen entsprechenden Innovationsdruck auf die etablierten Kultureinrichtungen ausüben und diese zu Veränderungen zwingen.

Kein kulturpolitisch Verantwortlicher wird es auf Dauer hinnehmen können, dass in öffentlichen Museen die Besucherzahlen permanent sinken, Theater mit ihren Auslastungszahlen kämpfen usw. Aber dies ist auch keineswegs naturgegeben. Vielmehr können sich die einzelnen Kulturbetriebe selbst um Exzellenz bemühen und sich quasi „selbst neu erfinden“. Dass dies nicht einfach ist, soll hier nicht bestritten werden. Vor allem wird es nicht leicht sein angesichts bald jahrzehntelanger Stagnation und Resignation in öffentlichen Kulturbetrieben. Aber Innovation ist nötig und sie ist auch möglich.

1988 gründeten vierzehn führende europäische Unternehmen die *European Foundation for Quality Management* (EFQM)[693] als gemeinnützige Organisation. Ihre Mission ist es, die treibende Kraft für nachhaltige Exzellenz in Europa zu sein. Ihr Ziel ist die Optimierung von Leistungsprozessen. Zur Erreichung dieses Oberziels hat sie eine Reihe von Unterzielen sowie Umsetzungsvorschläge formuliert, die in der untenstehenden Übersicht zusammengefasst sind.

Diese Überlegungen wurden von der *European Foundation for Quality Management* zunächst für Wirtschaftsunternehmen entwickelt. Doch dem, der die vorausgehenden Kapitel aufmerksam gelesen hat, werden viele der hier aufgeführten Punkte nicht unbekannt vorkommen. Es wurde deutlich gemacht, dass auch öffentliche und Non-Profit-Kulturbetriebe sich durchaus im Sinne exzellenter Unternehmen entwickeln können.

Am Ende des Entwicklungsprozesses – so noch einmal die *European Foundation for Quality Management* – soll die „reife (Kultur-)Organisation“ stehen, die die folgenden Merkmale hat:

- Es gibt innerhalb der Organisation transparente Vorgehensweisen, um die Erwartungen der unterschiedlichen (externen und internen) Stakeholder auszugleichen;
- die treibenden Kräfte hinsichtlich Kundenzufriedenheit werden erkannt, verstanden und in entsprechende Maßnahmen umgesetzt;
- auf allen Organisationsebenen gibt es gemeinsame Werte und entsprechende ethische Orientierungen hinsichtlich des zu erreichenden Ziels;
- die Prozesstätigkeit der Unternehmung wird voll verstanden und eingesetzt, um Leistungsverbesserungen hinsichtlich der Zielerreichung voranzutreiben;

---

693 www.deutsch-efqm.de

- den Mitarbeitern werden weite Handlungsspielräume zugestanden; sie sind ermächtigt zu handeln und sie teilen ihr Wissen und ihre Erfahrungen offen miteinander;
- die Suche nach erfolgreichen Innovationen und Verbesserungen sind eine wichtige Antriebsmotivation und weit verbreitet;
- die (Kultur-)Organisation und ihre wichtigsten Stakeholder sind voneinander abhängig – Pläne und „Politiken“ werden gemeinsam entwickelt und beruhen auf dem permanenten Austausch von Wissen;
- die Erwartungen der Gesellschaft an die Organisation werden aufmerksam registriert und wo möglich aufgenommen und umgesetzt.

Ziel	Umsetzung
Ergebnisorientierung, d. h. notwendig ist die Begeisterung aller Beteiligter	Schnelle Reaktion auf Marktveränderungen und Ansprüche der Stakeholder; die frühe Erkennung von Bedürfnissen ist die Garantie für Zufriedenheit und Bindung
Ausrichtung auf den Kunden / Nutzer, d. h. die Nachfrager sind die letztendlichen Entscheider über das Produkt	Analyse von Nutzer- und Besucherwünschen sowie der Wettbewerber durch vorausschauendes Arbeiten
Führung und Zielkonsequenz, d. h. zielorientierte Führungskräfte müssen notwendigerweise visionär sein	Schulung der Führungskräfte hinsichtlich der Entfaltung von Visionskraft, Kommunikation. Beharrlichkeit und Transparenz
Management mittels Prozessen und Fakten, d. h. ein Netzwerk von Prozessen	Management wird als ein Prozess begriffen, in den alle Mitarbeiter eingebunden sind
Mitarbeiterentwicklung und Mitarbeiterbeteiligung, d. h. der Beitrag und die Motivation der Mitarbeiter steigt durch deren Beteiligung	Die Ausschöpfung und Steigerung aller Potenziale der „Wissens-Mitarbeiter“ kommt sowohl diesen selbst wie auch der Kultureinrichtung selbst zugute und steigert die Loyalität
Kontinuierliches Lernen, Innovation und Entwicklung, d. h. „Mut zur permanenten Änderung“	Kontinuierliches Lernen der Organisation, d. h. permanente Reflexion, Transparenz, Innovation, Mut zu Veränderungen
Entwicklung von Partnerschaften, d. h. der Aufbau von wertschöpfenden Partnerschaften	Austausch von Wissen, Ressourcen, Erfahrungen und dadurch Akkumulation von Kompetenzen sowie geteilte Risiken
Soziale Verantwortung, d. h. Vertrauens- und Markenstärkung	Achtung von ethischen Werten in Unternehmen und Gesellschaften

Das, was hier zunächst allgemein für jedwede Unternehmung und Organisation formuliert wurde, kann durchaus auch als Ziel einer „exzellenten Kultureinrichtung“ gelten, die ihren kulturpolitischen Auftrag optimal erfüllen will. Denn es ist ja nur eine – wenn auch gerne und weit verbreitete – Mär, dass eine ausgezeichnete kulturmanageriale Organisation der Verwirklichung und Umsetzung kulturpolitischer Inhalte im Wege stünde; genau das Gegenteil ist allerdings der Fall. Aber diese Mär entbindet bequemerweise von der dringenden Notwendigkeit, sich selbst und die eigene Kultureinrichtung von Grund auf zu verändern.

Selbstverständlich bleibt es jedem unbelassen, über Globalisierung und Modernisierung zu klagen und strukturkonservativ „den" Kulturstaat im Grundgesetz festzuschreiben. Man darf allerdings neugierig darauf warten, was dies in der Realität bewirken wird. Hier wird dafür plädiert, die Herausforderungen, die Modernisierung und Globalisierung auch für den kulturellen Sektor mit sich bringen, mutig und offensiv anzugehen. Es gilt, die darin enthaltenen Chancen zu nutzen, ohne die ebenfalls deutlich erkennbaren Risken zu übersehen. Aus dieser Sicht ist eine grundlegende Reformierung der öffentlichen und sonstigen Non-Profit-Kultureinrichtungen des Dritten Sektors nicht nur nötig, sondern durchaus möglich – mit einem behaupteten Gewinn für alle Beteiligten.

In einem Artikel über die „Welt der Bosse" in der *Zeit* aus dem Dezember 2006[694] heißt es bezüglich der Manager der großen deutschen Unternehmungen und der Notwendigkeit grundlegender Reformen: „Sie könnten so vieles tun. Vor allem könnten sie endliche damit anfangen." Dies gilt auch und gerade für die Manager unserer Kultureinrichtungen!

694 Die Welt der Bosse. In: *Die Zeit* vom 14.12.2006

11 Literaturverzeichnis

Abele, Hans und Johannes Bauer: Die Bundestheater in der österreichischen Wirtschaft, Wien 1984

Adorno, Theodor W.: Kultur und Verwaltung. In: *MERKUR*, 144, 1960

Angekündigte Abschaffung. Das Musikschulsterben erreicht Baden-Württemberg. In: *neue musikzeitung*, 2005 / 02

Antrag der Fraktionen SPD, CDU/CSU, BÜNDNIS 90/ Die Grünen und FDP: Einsetzung einer Enquete-Kommission „Kultur in Deutschland", Berlin 1.7.2003 (*Deutscher Bundestag* 15. Wahlperiode Drucksache 15/1308)

Arbeitsgemeinschaft Kulturwirtschaft LSA u. a.: 1. Kulturwirtschaftsbericht Sachsen-Anhalt. Kulturwirtschaft in Sachsen-Anhalt. Bedeutung, Strukturen, Handlungsfelder (Kulturministerium) 2001 (Manuskript unveröffentlicht)

Arbeitskreis Kultursponsoring: Positionspapier, Berlin 2000

Argyris, Chris und Donald A. Schön: Die lernende Organisation. Grundlagen, Methode, Praxis, Stuttgart 1999

Arnold, Jürgen: Existenzgründung – Fakten und Grundsätzliches, Burgrieden 2005

Auf festem Grund zur Atonalität. Operndirektor Christohp von Dohnány wird heute 75 Jahre alt. In: *Badische Neueste Nachrichten* vom 8.9.2004

Aumüller, Steffen: Mickey, Minnie und ihre Freunde. Markenführung und Lizenzgeschäft der Disney Consumer Products. In: Heinrichs / Schäfer 1999

Badelt, Christoph (Hrsg.): Handbuch der Non-ProfitOrganisation. Strukturen und Management, Stuttgart 1999

Baecker, Dirk: Experiment Organisation. In: *Lettre International*, Frühjahr 1994

Baecker, Dirk: Organisation als System, Frankfurt am Main 1999

Baecker, Dirk: Wozu Kultur? Berlin 2003

Barnard, Chester I.: The functions of the executive, Cambridge / Mass. 1938

Beck, Ulrich: Risikogesellschaft. Auf dem Weg in eine andere Moderne, Frankfurt am Main, 1986

Beck, Ulrich: Was ist Globalisierung? Irrtümer des Globalismus – Antworten auf Globalisierung, Frankfurt am Main 1997

Becker, Christoph und Albrecht Steinecke (Hrsg.): Kulturtourismus in Europa: Wachstum ohne Grenzen?, Trier 1993

Becker, Fred. G.: Lexikon des Personalmanagements, München 1994

Becker, Jochen: Das Marketingkonzept, München 1999

Beckhard, Richard: Organzational development: Strategies and models, Reading / Mass. 1969

Beil, Hermann: Wer liebt schon das Theater! In: *Frankfurter Allgemeine Zeitung* vom 29.01.1997

Belli, Guido: Bestselling für Belcanto. Merchandising an der Mailänder Scala. In: Heinrichs / Schäfer (1999)

Bendixen, Peter: Einführung in die Kultur- und Kunstökonomie, Opladen 2001

Benkert, Wolfgang: Zur Kritik von Umwegrentabilitätsrechnungen im Kulturbereich. In: Behr, Vera, Friedrich Gnad und Klaus R. Kunzmann (Hrsg.): Kultur, Wirtschaft, Stadtentwicklung (*Dortmunder Beiträge zur Raumplanung* 51), Dortmund 1989

Bennis, Warren G. und B. Nanus: Leaders. The strategies for taking charge, New York 1987

Berger, Peter L. und Thomas Luckmann: Die gesellschaftliche Konstruktion der Wirklichkeit. Eine Theorie der Wissenssoziologie, Frankfurt am Main 1991

Bericht der Bundesregierung über die Entwicklung der Finanzhilfen des Bundes und der Steuervergünstigungen (19. Subventionsbericht) Deutscher Bundestag 15. Wahlperiode (Drucksache 15/1635)
Bericht der Arbeitsgruppe Evaluation der Kulturförderung in Schleswig-Holstein des Ministeriums für Bildung, Wissenschaft, Forschung und Kultur vom September 2003 Kiel (unveröffentlicht)
Bericht der Landesregierung: Weiterentwicklung der Kulturpolitik des Landes Schleswig-Holstein, Drucksache 15/1712, Juli 2002 (Schleswig-Holsteinischer Landtag, 15. Wahlperiode)
Bertelsmann-Stiftung (Hrsg.): Handbuch Stiftungen. Ziele – Projekte – Management – Rechtliche Rahmenbedingungen, Wiesbaden 2003
Bischof, Daniel P.: Die wirtschaftliche Bedeutung der Zürcher Kulturinstitute, Zürich 1984 (Bankhaus Bär)
Böll, Karin: Merchandising und Licensing. Grundlagen, Beispiele, Management, München 1999
Bourcart, Josef J.: Die Grundzüge der Industrie-Verwaltung. Ein praktischer Leitfaden, Zürich 1874
Brembeck, Reinhard J.: Bleiben Sie dran! Haben die deutschen Bühnen doch noch eine Zukunft? In: *Süddeutsche Zeitung* vom 13.12.2002
Brentel, Helmut: Sammelrezension zu Argyris / Schön In: Türk, Klaus (Hrsg.): Hauptwerke der Organisationstheorie, Opladen 2000
Bretz, Alexander: Thema Recht: Voraussetzungen für ein rechtlich sicheres Merchandising. Welche Rechte gibt es und wer ist ihr Inhaber. In: Handbuch Erfolgreich Kultur finanzieren, Berlin Lieferung C 3.1.1
Bruhn Manfred: Kundenorientierung. Bausteine eines exzellenten Unternehmens, München 1999
Bruhn, Manfred: Sponsoring. Systematische Planung und integrativer Einsatz, Wiesbaden 1998
Bolte, Meike: Die Zuschauer von morgen gewinnen. Zukunftsmarketing für Theater am Beispiel des Schulprojektes *enter* vom Nationaltheater Mannheim. (Wissenschaftliche Arbeit für die Magisterprüfung im Fach Kulturwissenschaft im Aufbau-Studiengang Kulturmanagement an der PH Ludwigsburg) Ludwigsburg 1998
Bortoluzzi-Dubach, Elisa und Hansrudolf Frey: Sponsoring. Der Leitfaden für die Praxis, Bern / Stuttgart / Wien 2002
Boston Consulting Group: Vision und Strategie. Die 34. Kronberger Konferenz, München 1988
Braun, Günther, Thomas Gallus und Oliver Scheytt: Kultursponsoring für die kommunale Kulturarbeit. Grundlagen, Praxisbeispiele, Handlungsempfehlungen für Kulturmanagement und Verwaltung, Köln 1996
Brückner, Michael und Andrea Przylenk: Sponsoring. Imagegewinn und Werbung, Wien / Frankfurt am Main 1998
Bundesministerium des Innern: Moderner Staat – Moderne Verwaltung. Erstellung und Abschluss von Zielvereinbarungen, Berlin 2001
Bundesministerium für Wirtschaft und Technologie / Deutsche Tourismusverband e.V.: Grundlagenuntersuchung Städte- und Kulturtourismus in Deutschland, Bonn 2006
Burens, Peter-Claus: Die Kunst des Bettelns. Tipps für erfolgreiches Fundraising, München 1995
Büning, Eleonore: Die im Dunkeln. In: *Frankfurter Allgemeine Zeitung* vom 30.07.2005
Burkart, Günter: Niklas Luhmann: ein Theoretiker der Kultur? In: Luhmann und die Kulturtheorie. Hgg. von Günter Burkart und Gunter Runkel, Frankfurt am Main 2004
Burkart, Günter und Gunter Runkel (Hrsg.): Luhmann und die Kulturtheorie, Frankfurt 2004
Caves, Richard: Creative Industries. Contracts between Art and Commerce, Cambridge (Mass.) 2000
Clement, come back. In: *Frankfurter Allgemeine Zeitung* vom 23.3.2006
Colbert, Francois: Marketing Culture and the Arts, Montreal 1994 (Deutsch: Kultur und Kunstmarketing. Ein Arbeitsbuch, Wien / New York 1999)
Colbert, Francois: Marketing und Konsumentenverhalten im Bereich Kunst. In: Klein, Armin (Hrsg.): Innovatives Kulturmarketing, Baden-Baden 2002
Compania Media (Hrsg.): Der Museumsshop. Positionen – Strategien – Sortimente. Ein Praxisführer, Bielefeld 1999
creativ wirtschaft austria: Zweiter Österreichischer Kreativwirtschaftsbericht, Wien 2006

Cultural Policy in the Netherlands. Report of a European group of experts. By John Myerscough, Straßburg 1994 (*Directorate General of Cultural Affairs*) 1994

Culture, Tourism and the Center for Education Statistics: Canadian Framework for Culture Statistics, Ottawa, 2001

Cyert, Richard M.und James G. March: A Behavrioral Theory of the Firm, Cambridge / Mass. 1992

d'Angelo, Mario und Paul Vespérini: Politique culturelles en Europe: méthode et pratique de l'evaluation, Strasbourg 1999

Dauschek, Anja: Museumsmanagement in den USA. Neue Strategien und Strukturen kulturhistorischer Museen. Studienbrief Museumsmanagement der Fernuniversität Hagen, Hagen 2000

Deal, Terence E. und Allen A. Kennedy: Corporate Cultures: The Rites and Rituals of Corporate Life, Reading (Mass.) 1982

Department for Culture, Media and Sport: Creative Industries Mapping Document, London 1998

Der Feind. Das deutsche Theater ist wieder einmal in der Krise. In: *Frankfurter Allgemeine Sonntagszeitung* vom 26.2.2006

Der Medienstandort München 2003 (www.wirtschaft-muenchen.de)

Deutsche Gesellschaft für Evaluation: Angefragte Gutachten / Meta-Evaluationen auf Basis der *DeGeVal*-Standards. Vom Vorstand der *DeGeVal* im April 2002 verabschiedetes Papier

Deutsche Gesellschaft für Evaluation: Standards für Evaluationen, Saarbrücken 2004

Deutsche Orchestervereinigung (DOV): Pressemitteilung vom 9.2.2006

Deutscher Bühnenverein: Muss Theater sein? Fragen, Antworten, Anstöße, Köln 2003

Deutscher Bundestag / Enquete-Kommission *Kultur in Deutschland*: Zusammenfassung der schriftlichen Stellungnahmen zur Anhörung „Museen und Ausstellungshäuser", Berlin 14.06.2006

Deutscher Museumsbund / ICOM-Deutschland: Standards für Museen, Kassel / Berlin 2006

Deutscher Städtetag: Wege zur menschlichen Stadt. Vorträge, Aussprachen und Ergebnisse der 17. Hauptversammlung des Deutschen Städtetages vom 2.-4. Mai 1973 in Dortmund, Köln 1973

Deutschland verschleudert seine Vergangenheit. In: *Frankfurter Allgemeine Zeitung* vom 28.9.2006

Die Besten finanzieren sich selbst. In: *Frankfurter Allgemeine Zeitung* vom 27.05.2006

Die unternehmerische Kulturförderung ist mit Vorurteilen belastet. In: *Frankfurter Allgemeine Zeitung* vom 15.10.1998

Die Welt der Bosse. In: *Die Zeit* vom 14.12.2006

Drucker, Peter: Was ist Management? Das Beste aus 50 Jahren, München 2001

Drucker, Peter: Management im 21. Jahrhundert, Düsseldorf 2005

Eagleton, Terry: Was ist Kultur? München 2001

Eckermann, Johann Peter: Gespräche mit Goethe, München 1976

Eco, Umberto: Das offene Kunstwerk, Frankfurt am Main 1977

Ein Gebäck rettet Wagners Ring. Beilage zu: *Das Handelsblatt* vom 02.06.2006

Ehrenkodex. Unternehmen zum Kultursponsoring. In: *Frankfurter Allgemeine Zeitung* vom 14.10.1998

Elias, Norbert: Der Prozess der Zivilisation, Frankfurt am Main 1969 (Zwei Bände)

Eppler, Erhard: Ende oder Wende, München 1975

Erläuternder Bericht: Bundesgesetz über die Kulturförderung des Bundes (Kulturförderungsgesetz, KFG). Totalrevision des Bundesgesetzes betreffend die Stiftung „Pro Helvetia" (Pro-Helvetia-Gesetz, PHG), Bern 2005

Etymologisches Wörterbuch des Deutschen, München 1995

European Commission (GD Employment and Social Affairs): Exploitation and development of the potenzial in the cultural sector in the age of digitalisation. Final Report – Summary, Brussels 2001

Europäische Union: Eurostat Working Group ‚On cultural Statistics', Task Force on cultural employment, (Working Paper 2002)

Fayol, Henry: Administration industrielle et générale, Paris 1916

Feldmann, Bernd: Preispolitik: Cost to Customer, oder warum der Preis nichts mit Ihren Kosten zu tun hat. Wie der „richtige" Preis für ein Kulturangebot ermittelt wird. In: Erfolgreich Kultur finanzieren C 1.2.5

Feldmann, Bernd: Schritt für Schritt zur Preisfestsetzung. In: Handbuch Erfolgreich Kultur finanzieren, Berlin Lieferung C 1.2.6
Fest, Joachim C.: Wozu das Theater? In: Aufgehobene Vergangenheit, Stuttgart 1981
Fischer, Walter Boris: Kommunikation und Marketing für Kulturprojekte, Bern 2001
Fischermann, Thomas: „32.000.000.000“ In: *Die Zeit* vom 29.06.2006
Fliedl, Günter u. a. (Hrsg.): Wa(h)re Kunst. Der Museumsshop als Wunderkammer. Theoretische Objekte, Fakes und Souvenirs, Frankfurt am Main 1997
Florida, Richard: The Rise of the Creative Class. And how it's transforming Work, Leisure, Community and Everyday Life, New York 2002
Föhl, Patrick Sinclair und Andreas Huber: Fusionen von Kultureinrichtungen. Ursachen, Abläufe, Potenziale, Risiken und Alternativen, Essen 2004
Franck, Georg: Ökonomie der Aufmerksamkeit. Ein Entwurf, München 1998
Fuchs, Max: Wirkungen und Funktionen von Kunst und Kulturpolitik – Eine Bestandsaufnahme. In: Fuchs, Max und Christiane Liebald (Hrsg.): Wozu Kulturarbeit? Wirkungen von Kunst und Kulturpolitik und ihre Evaluierung, Remscheid 1995
Fuchs, Max: Evaluation in der Kulturpolitik – Evaluation von Kulturpolitik. Vortrag im Rahmen der Fachtagung „Evaluation in der Kulturförderung – Über Grundlagen kulturpolitischer Entscheidungen“ am 16. Juni 2004 in der Bundesakademie für kulturelle Bildung in Wolfenbüttel
Gabler-Wirtschaftslexikon, Wiesbaden 1993
Ghussain, Muchtar Al: Projektförderung aus Mitteln des Bundes. Fonds und Stiftungen. In: Handbuch Erfolgreich Kultur finanzieren, Berlin Lieferung B 2.2.3
GMA-Analyse: Die Region Stuttgart als Standort für Unternehmen der Medienwirtschaft 2003 (www.stuttgart.de)
Glogner, Patrick: Kulturelle Einstellungen leitender Mitarbeiter kommunaler Kulturverwaltungen. Empirisch-kultursoziologische Untersuchungen, Wiesbaden 2006
Gottschalk, Ingrid: Kulturökonomik. Studienbrief im Master-Aufbaustudiengang Kulturmanagement, Ludwigsburg 2002
Gottschalk, Ingrid: Kulturökonomik. In: Klein (Hrsg.) (2004): Kompendium Kulturmanagement. Handbuch für Studium und Praxis, München 2004
Gramaccini, Norbert und Michael Krethlow: Nützt die Kulturförderung den Förderern? Neue Aspekte des Kunst- und Kultursponsorings, Frauenfeld 1999
Gross, Peter: Die Multioptionsgesellschaft, Frankfurt am Main 1994
Gross, Thomas: Von der Boheme zur Unterschicht. In: *Die Zeit* vom 27.04.2006
Guggenberger, Bernd: Sein oder Design. Im Supermarkt der Lebenswelten, Hamburg 1998
Gurke, Tanja: Strategien und Zielsetzungen im Bereich Museumsshop anhand von Beispielen des Kunsthaus-Shops (Graz). In: *Österreichischer Museumsbund*: Neues Museum 2003/2004
Gutachten zum Thema: „Kulturwirtschaft in Deutschland – Grundlagen, Probleme, Perspektiven“ im Auftrag der Enquete-Kommission „Kultur in Deutschland“ des Deutschen Bundestages, Berlin 2006 (unveröffentlicht)
Haak, Carroll und Günter Schmid: Arbeitsmärkte für Künstler und Publizisten – Modelle einer zukünftigen Arbeitswelt, Berlin 1999 (*Wissenschaftszentrum Berlin für Sozialforschung*)
Haak, Carroll: Künstler zwischen selbstständiger und abhängiger Erwerbsarbeit, Berlin 2005 (*Wissenschaftszentrum Berlin für Sozialforschung*)
Haacke, Hand und Klaus Staeck: Düsseldorfer Erklärung, Heidelberg 1996
Haibach, Marita: Handbuch Fundraising. Spenden, Sponsoring, Stiftungen in der Praxis. Frankfurt am Main / New York 1998
Hasitschka, Werner: Marketing für Nonprofit-Organisationen. Eine empirische Studie über Barrieren des Kulturverhaltens (Arbeitspapiere der absatzwirtschaftlichen Institute der Wirtschaftsuniversität Wien Nr. 19,1977) Wien 1977

Häusser, Tilmann und Monika Friedrich: Ökonomische Sekundäreffekte auf den örtlichen Einzelhandel sowie Gastronomie- und Beherbergungsbetriebe durch Ausstellungsbesucher der Kunsthalle Tübingen. In: Heinrichs, Werner und Armin Klein: *Deutsches Jahrbuch für Kulturmanagement* 1997, Baden-Baden 1998

Häußermann, Hartmut und Walter Siebel: Festivalisierung der Stadtpolitik. Stadtentwicklung durch große Projekte. In: *Leviathan*, Sonderheft 13, Frankfurt am Main 1993

Häusler, Stephan, Regine Heer und Hansruedi Hinz: Der Kulturbusinessplan. Ein Ratgeber für kulturelle Projekte und Betriebe, Baden 2005

Hausmann, Andrea: Theatermarketing. Grundlagen, Methoden und Praxisbeispiele, Stuttgart 2005

Hausmann, Andrea und Sabrina Helm (Hrsg.): Kundenorientierung im Kulturbetrieb. Grundlagen – Innovative Konzepte – praktische Umsetzung, Wiesbaden 2006

Heeg, Thiemo: Geben ist seliger denn nehmen. In: *Frankfurter Allgemeine Sonntagszeitung* vom 02.07.2006

Heinrichs, Werner: Einführung in das Kulturmanagement, Darmstadt 1993

Heinrichs, Werner: Kulturpolitik und Kulturfinanzierung. Strategien und Modelle für eine politische Neuorientierung der Kulturfinanzierung, München 1997

Heinrichs, Werner (Hrsg.): Macht Kultur Gewinn ? Kulturbetrieb zwischen Nutzen und Profit, Baden-Baden, 1997

Heinrichs, Werner: Weniger wäre mehr ! Strategische Anmerkungen zur Zukunft öffentlich finanzierter Kulturangebote. In: Heinrichs, Werner und Armin Klein (Hrsg.): *Deutsches Jahrbuch für Kulturmanagement 2000*, Baden-Baden 2001

Heinrich, Werner: Grundlagen der Kulturfinanzierung, Ludwigsburg 2002 (Studienbrief im Master-Aufbaustudiengang Kulturmanagement des Instituts für Kulturmanagement)

Heinrichs, Werner und Armin Klein: Kulturmanagement von A-Z, 600 Begriffe für Studium und Beruf, München 2001

Heinrichs, Werner und Hermann Schäfer (Hrsg.): Merchandising und Licensing in Kulturbetrieben, Stuttgart 1999

Henrichsmeyer, Wilhelm, Wolfgang Britz und Thomas Rau: Kultur als Wirtschaftsfaktor. Dargestellt am Beispiel der Bonner Oper, Bonn 1989

Heinze, Dirk und Dirk Schütz (Hrsg.): Handbuch Erfolgreich Kultur finanzieren. Berlin (seit 2004)

Hellmann, Kai-Uwe: Soziologie der Marke, Frankfurt am Main 2003

Hellmann, Kai-Uwe: Alles Konsum, oder was? Der Kulturbegriff von Luhmann und seine Nützlichkeit für die Konsumsoziologie. In: Burkart / Runkel 2004

Hellstern, Gerd M. und Hellmut Wollmann (Hrsg.): Handbuch zur Evaluationsforschung, Bd. 1 Opladen, 1984

Henard, J.: Die aufdringlichen Wohltäter. In: *Frankfurter Allgemeine Zeitung* vom 31.1.1987

Hennecke, Franz-Josef.: Nachhaltigkeit – Modewort oder ein neues Paradigma für politische Kultur und Bildungspolitik? Vortrag gehalten am 26.5.1999 vor dem *Pädagogischen Zentrum Bad Kreuznach*

Henk, Malte: Die 1-EURO-Stars. In: *KulturSPIEGEL* 8, August 2006

Henner-Fehr, Christian: Chrashkurs Europa. Struktur, Fördersystem und Informationsquellen. In: Handbuch Erfolgreich Kultur finanzieren, Berlin Lieferung B1.1

Hensmann, Jürgen: Investitionen der öffentlichen Hand in die Kunsthalle in Emden unter dem Aspekt der regionalen und lokalen Nutzenstiftung, Hamburg 1988

Hesse, Konrad: Grundzüge des Verfassungsrechts der Bundesrepublik Deutschland, Karlsruhe 1975

Hessisches Ministerium für Wirtschaft, Verkehr und Landesentwicklung / Hessisches Ministerium für Wissenschaft und Kunst: Kulturwirtschaft in Hessen. 1. Hessischer Kulturwirtschaftsbericht, Wiesbaden 2003

Hessisches Ministerium für Wirtschaft, Verkehr und Landesentwicklung / Hessisches Ministerium für Wissenschaft und Kunst: Kultursponsoring und Mäzenatentum in Hessen. 2. Hessischer Kulturwirtschaftsbericht, Wiesbaden 2005

Hinterhuber, Hans-Herbert: Strategische Unternehmensführung Band I: Strategisches Denken, Berlin / New York ^{4}1989
Hochreither, Peter: Erfolgsfaktor Fehler. Keine Angst vor Fehlern, Göttingen 2004
Hoffmann, Hilmar: Kultur für alle, Frankfurt am Main 1981
Hoffmeister, Eva: Museumsläden und Marketing, Köln 1998
Horak, Christian und Peter Heimerl-Wagner: Management von NPOs – Eine Einführung. In: Christoph Badelt (Hrsg.): Handbuch der Non-ProfitOrganisation. Strukturen und Management, Stuttgart
Horak, Christian u. a.: Ziele und Strategien von NPOs. In: Badelt (1999)
Horkheimer, Max und Theodor W. Adorno: Dialektik der Aufklärung. Philosophische Fragmente, Frankfurt am Main 1969
Horvath & Partner: Das Controllingkonzept. Der Weg zu einem wirkungsvollen Controllingsystem, München 1995
Hütter, Hans Walter: Bestselling durch Erlebnis Geschichte. Zum Museumsshop im Haus der Geschichte der Bundesrepublik Deutschland. In: Heinrichs / Schäfer (1999)
Hütter, Hans-Walter und Sophie Schulenburg: Museumsshops – ein Marketinginstrument von Museen, Berlin 2004 (Mitteilungen und Berichte aus dem Institut für Museumskunde Nr. 28)
Hugo-Becker, Annegret und Henning Becker: Motivation, München 1996
Hummel, Marlies: Neuere Entwicklungen bei der Finanzierung von Kunst und Kultur durch Unternehmen, München 1992 (*ifo studien zu kultur und wirtschaft 7*)
Hummel, Marlies: Kulturfinanzierung durch Unternehmen in Zeiten verschärfter ökonomischer Sachzwänge, München 1995 (*ifo studien zu kultur und wirtschaft 16*)
Hummel, Marlies und Manfred Berger: Die volkswirtschaftliche Bedeutung von Kunst und Kultur, München 1988 (Kurzfassung)
Hummel, Marlies und Karl-Heinz Brodbeck: Längerfristige Wechselwirkungen zwischen kultureller und wirtschaftlicher Entwicklung. *Schriftenreihe des ifo-Instituts für Wirtschaftsforschung*, Nr. 128 München 1991
Hummel, Marlies und C. Waldkircher: Wirtschaftliche Entwicklungstrends von Kunst und Kultur, Berlin / München 1992
Iden, Peter: Die Chance: Das Schiller-Theater als Modell. In: *Frankfurter Rundschau* vom 5.7.1993
Iden, Peter: Mehr Geld. Aber wofür? Nicht leere Kassen – die Haltlosigkeit sind das Problem der gegenwärtigen Theaterarbeit. In: Institut für Kulturpolitik der Kulturpolitischen Gesellschaft (Hrsg.): Jahrbuch für Kulturpolitik 2004, Essen 2005
Immer mehr Stiftungen. In: *Frankfurter Allgemeine Zeitung* vom 5.2.2007
In der Ritualfalle. In: *Hannoversche Allgemeine*, www.haz.de/cgi-bin/siteyarsleigene/drucken.hdt?story vom 21.03.2006
Inra-Repräsentativerhebung 3.000 Zuschauer; zitiert nach *TheaterManagement aktuell* September/November 1997
Institut für Auslandbeziehungen (IfA): *Rahmenkonzept für die Evaluierung von FEM-NRO Projekten*, Stuttgart 2002
Institut für Kulturmanagement und Kulturwissenschaft der Universität für Musik und darstellende Kunst Wien: Erster Österreichischer Kreativwirtschaftsbericht, Wien 2003 (EÖKW 2003)
Institut für Museumskunde Berlin (Hrsg.): Eintrittsgeld und Besucherentwicklung an Museen der BRD mit Berlin (West) Heft 10, Berlin 1984
Institut für Museumskunde Berlin (Hrsg.): Eintrittspreise von Museen und Ausgabeverhalten der Museumsbesucher. Ein Gemeinschaftsgutachten des ifo Instituts für Wirtschaftsforschung und des Instituts für Museumskunde, Berlin 1996
Intendanten machen ganz großes Theater In: *taz* vom 4.4.2006
Irmler, Günter: Der Zuschauer lässt sich nichts vormachen. Zum Publikumserfolg der Musicaltheater. In Heinrichs, Werner: Macht Kultur Gewinn? Kulturbetrieb zwischen Nutzen und Profit, Baden-Baden 1997

Jansen-Verbeke, M.C.: Leisure, recreation and tourism in inner cities: Edplorative Case Studies, Nimwegen 1987
Jörder, Gerhard: Publikumsverweigerung. In: *Die Zeit* vom 15.03.2001
Kant, Immanuel: Kritik der Urteilskraft. Hgg. von Wilhelm Weischedel, Frankfurt am Main 1976
Kaube, Jürgen: Klingelbeutel. Eine Wahlabgabe für Kultur? Die Enquetekommission tagt. In: *Frankfurter Allgemeine Zeitung* vom 5.11.2004
Kets de Vries, Manfred F.R.: Organizational Paradoxes. Clinical approaches to Management, Tavistock Publications, London 1980
Kets de Vries, Manfred F.R.: Führer, Narren und Hochstapler. Essays über die Psychologie der Führung, Stuttgart 1998
Kets de Vries, Manfred F.R. und Danny Miller: The Neurotic Organization, San Francisco 1984
Kets de Vries, Manfred F. R. und Danny Miller: Personality, Culture and Organization. In: *Academy of Management Review* 11, 1986, Vol. II No. 2
Keuchel, Susanne: Gibt es 2050 noch ein Opernpublikum? Zu den Ergebnissen des *8. KulturBarometers*. In: *politik und kultur*, März/April 2006
Kieser, Alfred und Tilman Segler: Die betriebswirtschaftliche Organisationslehre. In: Kieser, Alfred: Organisationstheoretische Ansätze, München 1981
Kieser, Alfred: Max Webers Analyse der Bürokratie. In: ders. (Hrsg.): Organisationstheorien, Stuttgart / Berlin / Köln 1993
Kieser, Alfred: Managementlehre und Taylorismus. In: ders. (Hrsg.) (1993)
Kießling-Sonntag, Jochen: Zielvereinbarungsgespräche. Erfolgreiche Zielvereinbarungen. Konstruktive Gesprächsführung, Berlin 2002
Klein, Armin: Mischfinanzierung im öffentlichen Kulturbetrieb. Zusammenarbeit statt Abgrenzungsstrategien. In: Handbuch Kulturmanagement, Stuttgart 1992ff Lieferung Dez. 1995
Klein, Armin: Zur Struktur der kommunalen Kulturausgaben von 1975 bis 1995. In: Heinrichs, Werner und Armin Klein (Hrsg.): *Deutsches Jahrbuch für Kulturmanagement* 1997, Baden-Baden 1998, S. 175-191
Klein, Armin: Besucherbindung im Kulturbetrieb. Ein Handbuch, Wiesbaden 2003
Klein, Armin (Hrsg.): Kompendium Kulturmanagement. Handbuch für Studium und Praxis, München 2004
Klein, Armin: Kulturmarketing. Das Marketingkonzept für Kulturbetriebe, München 2005
Klein, Armin: Kulturpolitik. Eine Einführung, Wiesbaden 2005
Klein, Armin: Projektmanagement für Kulturmanager, Wiesbaden 2005
Klein, Armin: Nachhaltigkeit als Ziel von Kulturpolitik und Kulturmanagement – ein Diskussionsvorschlag. In: Klein, Armin und Thomas Knubben: Jahrbuch für Kulturmanagement 2003 / 2004; Baden-Baden, 2005
Klein, Armin: Angebot und Nachfrage. In: Kulturpolitische Gesellschaft (Hrsg.): *Jahrbuch für Kulturpolitik 2006*, Essen 2006
Klein, Armin (Hrsg.): Starke Marken im Kulturbetrieb, Baden-Baden 2007
Klein, Hans-Joachim: Barrieren des Zugangs zu öffentlichen kulturellen Einrichtungen, Karlsruhe 1978
Kleine-Brockhoff, Thomas: Philantrophische Republik Amerika. In: *Die Zeit* vom 13.07.2006
Kloepfer, Inge: Kultur – Deutschlands teures Hobby. In *Frankfurter Allgemeine Sonntagszeitung* vom 11.12.2005
Kloth, Hans-Michael: Unter den Hammer. Länder und Kommunen entdecken die Kunstschätze aus Museen und Archiven als stille Reserve zum Stopfen von Haushaltslöchern. In: Der *SPIEGEL* 40 / 2006 vom 2.10.2006
Knödler-Bunte, Eberhard: Editorial Kulturgesellschaft. In: *Ästhetik und Kommunikation*, 67/68, 1987
Knüsel, Pius: Der Teufel der Evaluation. In: *Zeitschrift für Kulturaustausch* 4, 2003
König, Dominik von: Kulturstiftungen in Deutschland. In: Aus Politik und Zeitgeschichte. Beilage zur Zeitschrift *Das Parlament* (B 49/2004)

Koalitionsvertrag zwischen CDU/CSU, und SPD vom 11.11.2005 zum Thema Kultur- und Medienpolitik (www.bundesregierung.de)
Koch, Anne: Museumsmarketing. Ziele – Strategien – Maßnahmen. Mit einer Analyse der Hamburger Kunsthalle, Bielefeld 2002
Koch, Gerhard R.: Vergruftungsgefahr. Im etablierten Kulturbetrieb dominieren immer mehr die Alten. In: *Frankfurter Allgemeine Zeitung* vom 16.10.2002
Köhler, Gerhard: Kulturpolitik im Wohlfahrtsstaat. In: Wagner, Bernd und Annette Zimmer (Hrsg.): Krise des Wohlfahrtsstaates – Zukunft der Kulturpolitik, Bonn 1997
Konrad, Elmar: Kultur-Unternehmer. Kompetenzen – Leistungsbeiträge – Erfolgswirkungen, Wiesbaden 2000
Kommunale Gemeinschaftsstelle: Führung und Steuerung des Theaters, Köln 1989
Kotler, Philip und Joanne Scheff: Standing Room only. Strategies for Marketing the Performing Arts, Boston, Mass. 1997
Kotler, Neil und Philip Kotler: Museum strategy and Marketing. Designing missions. Building audiences. Generating revenue and ressources, San Francisco 1998
Kraske, Bernd M.: Marketing – Problemlösung oder Sackgasse. In: *Kultur-Journal* 2/05
Krupp, Caroline: Integriertes Kulturmerchandising. Voraussetzungen und Entscheidungsgrundlagen für Shops in Kulturbetrieben. In: Handbuch Erfolgreich Kultur finanzieren Lieferung C 3.1.2
Kramer, Dieter: Wie wirkungsvoll ist die Wirkungsforschung in der Kulturpolitik? In: Fuchs, Max und Christiane Liebald (Hg.): Wozu Kulturarbeit? Wirkungen von Kunst und Kulturpolitik und ihre Evaluierung, Remscheid 1995
Kramer, Dieter: Aus der Region. Für die Region. Konzepte für einen Tourismus mit menschlichem Maß, Wien / München 1997
Kultur in den Städten. Eine Bestandsaufnahme. Bearbeitet von Gerald Kreißig, Heidemarie Tressler und Jochen von Uslar, Köln 1979
Kulturförderung in gemeinsamer Verantwortung. Weißbuch des Aktionskreises Kultur, herausgegeben vom Kulturkreis der deutschen Wirtschaft im Bundesverband der deutschen Industrie e.V., Köln 1995
Kulturkreis im Bundesverband der Deutschen Industrie (Hrsg.): Die Wirtschaft als Kulturförderer, Köln 1987
Kulturpolitik ist Gesellschaftspolitik. Festschrift zum siebzigsten Geburtstag von Alfons Spielhoff. Als Gedenkschrift herausgegeben von Olaf Schwencke und Norbert Sievers, Hagen 1988
Kulturtourismus Hrsg. von Axel Dreyer, München / Wien 1996
Kulturwirtschaft in Berlin 2005. Entwicklung und Potenziale, Berlin 2005
Kunz, Gunnar: Führen durch Zielvereinbarungen. Im Change-Management Mitarbeiter erfolgreich motivieren, München 2003
Kyrer, Alfred: Der wirtschaftliche Nutzen von Festspielen, Fachmessen und Flughäfen am Beispiel der Region Salzburg, Regensburg 1987
Lammert, Norbert: Der Kulturstaat und die Bürgergesellschaft. Subventionen für das Abendland. In: *Politische Meinung* 414, 2004
Langenscheidts Handwörterbuch Französisch, Berlin u. a. 2000
Langenscheidts Handwörterbuch Englisch, Berlin u. a. 2000
Lausberg, Maurice: Sponsoring als Kernkomponente eines strategisch geführten Fundraising. In: Handbuch Erfolgreich Kultur finanzieren, Lieferung B 4.1.1
Lausberg, Maurice: Möglichkeiten des Fördervereins und der Alternativen. Förderverein oder Förderkreis – elementarer Bestandteil einer Fundraisingstrategie. In: Handbuch Erfolgreich Kultur finanzieren, Berlin Lieferung B 6.1.1
Lausberg, Maurice: Konzeption und Realisierung von Förderorganisationen. Von der Vision bis zum Businessplan einer Förderorganisation. In: Handbuch Erfolgreich Kultur finanzieren, Berlin Lieferung B 6.2.1

Lausberg, Maurice: Stagnation bei Fördervereinen – wie man einen Förderverein wieder fit macht. Praktische Empfehlungen zur „Revitalisierung" eines stagnierenden Fördervereins. In: Handbuch Erfolgreich Kultur finanzieren, Berlin Lieferung B 6.2.2

Leimgruber, Peter: Nebeneinnahmen für Kultureinrichtungen. Erfolgreich zusätzliche Einnahmequellen erschließen. Suche und Auswahl der geeigneten Aktivität. In: Handbuch Erfolgreich Kultur finanzieren, Berlin Lieferung C 2.1.1

Leimgruber, Peter: Betriebsformen von Museumsshops. Vor- und Nachteile ausgelagerter Shop-Aktivitäten. In: Handbuch Erfolgreich Kultur finanzieren, Berlin Lieferung C 2.1.2

Leimgruber, Peter: Auf dem Weg zur Nebeneinnahme. Eine Anleitung zur Detailplanung. In: Handbuch Erfolgreich Kultur finanzieren Berlin Lieferung C 2.2.1

Leimgruber, Peter: Nebeneinnahmen gezielt weiterentwickeln. In: Handbuch Erfolgreich Kultur finanzieren, Berlin Lieferung C 2.3.1

Lennartz, Knut: Theater, Künstler und die Politik, Berlin 1996

Lepenies, Wolfgang: Kultur und Politik, Deutsche Geschichten, Bonn 2006

Lissek-Schütz, Ellen: Die Kunst des Werbens um Gunst und Geld. Fundraising als Marketingstrategie auch für Kulturinstitutionen. In: Handbuch KulturManagement, Oktober 1997

Lissek-Schütz, Ellen: Fundraising. In: Klein, Armin: Kompendium Kulturmanagement. Handbuch für Studium und Praxis, München 2004

Lobscheid, Hans-Gerd: Mitarbeiter einvernehmlich führen, München 1994

Lohmann, Martin: Kulturtouristen oder die touristische Nachfrage nach Kulturangeboten. In: Heinze, Thomas (Hrsg.): Kulturtourismus: Grundlagen, Trends und Fallstudien, München 1999

Luhmann, Niklas: Funktionen und Folgen formaler Organisationen, Berlin 1964

Luhmann, Niklas: Soziale System. Grundriss einer allgemeine Theorie, Frankfurt am Main 1987

Luhmann, Niklas: Die Gesellschaft der Gesellschaft, Frankfurt am Main 1997

Mandel, Birgit: Die neuen Kulturunternehmer, Bielefeld 2007

March, James G. und Johan P. Olsen: Ambiguity and choice in organisations, Bergen 1979

March James J. und Johan P. Olsen: Rediscovering Institutions. The organizational Basis of Politics, New York 1989

March, James G. und Herbert A. Simon: Organizations, Cambridge / Mass. 1993

Maslow, Abraham H.: Motivation und Persönlichkeit, Olten 1977

McLean, Fiona: Marketing the Museum, London / New York 1997

Mecking, Christoph: Von der Projektidee zur passenden Förderstiftung. Wie die Stiftung gesucht und gefunden wird, bei der sich ein Antrag auf Unterstützung lohnt. In: Handbuch Erfolgreich Kultur finanzieren Berlin Lieferung B 7.1.1

Meffert, Heribert: Marketing. Grundlagen marktorientierter Unternehmensführung. Konzepte, Praxisbeispiele, Darmstadt 1999

Meijas, Jordan: Scheue Mäzenin der Moderne. Was Betty Freeman aus Beverly Hills für Salzburg bedeutet. In: *Frankfurter Allgemeine Zeitung* vom 21.08.1999

Mertens, Donna M.: Research methods in education and psychology: Integrating diversity with quantitative and qualitative approaches.Thousand Oaks 1998

Meyer, Bernd: Kultur auf Abwegen. In: *Der Städtetag* 3, 1993

Meyer, Wolfgang: Was ist Evaluation? Saarbrücken 2002 (*Centrum für Evaluation, CEval-Arbeitspapiere* 5)

Meyer, Wolfgang. Indikatorenentwicklung. Eine praxisorientierte Einführung, Saarbrücken 2004 (*Centrum für Evaluation, CEval-Arbeitspapiere 10*)

Mikus, Anne: Beispielhafte Konzepte für museumseigene Publikationen, Produkte, deren Vertrieb und Vertriebspartner (Materialien aus dem *Institut für Museumskunde* Heft 51)

Miller, Danny and Peter H. Friesen: Organizations: A quantum view, Englewood Cliffs 1984

Ministerium für Wirtschaft, Mittelstand, Technologie und Verkehr des Landes Nordrhein-Westfalen (Hrsg.): Kulturwirtschaft in Nordrhein-Westfalen: Kultureller Arbeitsmarkt und Verflechtungen (4. Kulturwirtschaftsbericht NRW), Düsseldorf 2002

Mintzberg, Henry: Power in and around organizations, Englewood Cliffs 1983

Moderner Staat – Moderne Verwaltung. Praxisempfehlungen für die Erstellung und den Abschluss von Zielvereinbarungen im Bundesministerium des Innern und in den in den Behörden des Geschäftsbereichs des BMI, Berlin 2001 S. 9 (vgl. auch www.staat-modern.de)

Mortier, Gerard: Ombra Felice. In: Mortier, Gerard und Karin Kathrein (Hrsg.): Salzburger Festspiele 1992-2001, Wien 2001

Müller-Hagedorn, Lothar: Einführung in das Marketing, Darmstadt 1990

Müller-Wesemann, Barbara: Marketing im Theater. Herausgegeben vom Zentrum für Theaterforschung der Universität Hamburg und *Deutschen Bühnenverein* e.V., Bundesverband Deutscher Theater, Hannover 1992

Müller-Wesemann, Barbara: Die Affäre mit dem Publikum. Mit empirischen Marketing-Methoden Besucherpotentiale gezielt mobilisieren. In: Handbuch Kulturmanagement, Stuttgart 1992ff (Lieferung Oktober 1992 Handmarke D.1)

Muschg, Adolf: Die Akademie dankt. In: *Frankfurter Allgemeine Zeitung* vom 10.09.2003

Museen: Beängstigende Vorstellung. In: *Der Spiegel* 36 vom 4.9.06

Neuberger, Oswald: Führen und führen lassen, Stuttgart 2002

Niedersächsisches Institut für Wirtschaftsforschung / Zentrum für Kulturforschung (Hrsg.): Kultur-, Medien- und Freizeitwirtschaft im Raum der Gemeinsamen Landesplanung Bremen / Niedersachse. Daten, Schwerpunkte und Entwicklungspotenziale, Hannover 1999

Niedersächsisches Institut für Wirtschaftsforschung (Hrsg.). Kulturwirtschaft in Niedersachsen. Quantitativer Befund und Schlussfolgerungen für die wirtschaftspolitische Diskussion, Hannover 2002

Nieschlag, Robert, Erwin Dichtl und Hans Hörschgen: Marketing, Berlin 2003

Noschka-Roos, Annette: Besucherforschung und Didaktik. Ein museumspädagogisches Plädoyer (*Berliner Schriften zur Museumskunde* 11), Opladen 1994

Obert, Susanne u. a.: Standortprofil Berliner Musikwirtschaft Januar – März 2001, Berlin 2001

Österreichische Kulturdokumentation. Internationales Archiv für Kulturanalysen (Hrsg.): Kulturpolitik und Kulturadministration in Europa. 42 Einblicke, Wien 1995

Opitz, Götz-Dietrich: Fundraising in Deutschland: Der Dritte Sektor und seine Zukunft. In: *Die Gazette* 5, März 2005

Opitz, Stephan und Volker Thomas: Die Evaluation der Kulturförderung eines Bundeslandes. Kulturpolitische Ausgangspunkte, Methodik und operative Maßnahmen am Beispiel der Förderung von Projekten und kulturellen Verbänden. In: Klein, Armin (Hrsg.): *Deutsches Jahrbuch für Kulturmanagement 2002*, Baden-Baden 2003

Oppermann-Weber, Ursula: Mitarbeiterführung. Führungsansätze passend auswählen. Führungsinstrumente richtig einsetzen, Berlin 2002

Packard, Vance: Die geheimen Verführer. Der Griff nach dem Unbewussten in jedermann, Frankfurt am Main / Berlin 1957

Patzak, Gerold und Günter Rattay: Projektmanagement, Wien 1998

Pepels, Werner: Kommunikationsmanagement. Marketing-Kommunikation vom Briefing bis zur Realisation, Stuttgart 1994

Peters, Thomas J. und Robert H. Waterman: Auf der Suche nach Spitzenleistungen, Landsberg, 1994

Pickle, Haib and Rayne Abramhamson: Small Business Management, Wiley 1987

Pommerehne, Werner W. und Bruno S. Frey: Musen und Märkte. Ansätze einer Ökonomik der Kunst, München 1993

Prell, Siegfried: Evaluation und Selbstevaluation. In: Roth, Ludwig: Pädagogik. Handbuch für Studium und Praxis, München 1991

Presse- und Informationsamt der Bundesregierung: Im Bund mit der Kultur. Neue Aufgaben der Kulturpolitik, Bonn 2000

Pröhl, Marga: Einführung in den Workshop: Kulturmanagement und neue Organisationsstrukturen. In: Siebenhaar, Klaus, Marga Pröhl und Charlotta Pawlowsky-Flodell (Hrsg.): Kulturmanagement: Wirkungsvolle Strukturen im kommunalen Kulturbereich, Gütersloh 1993

Pröhl, Marga (Hrsg.): Wirkungsvolle Strukturen im Kulturbereich. Zwischenbericht zum Städtevergleich der Kunstmuseen, Gütersloh 1996

Puffelen, Frans van u. a.: More than one Billion Guilders. The Economic Significance of the Professional Arts in Amsterdam, Amsterdam 1986

Raue, Peter und Jan Hegemann: Spielplan ohne ver.di In: *Die Zeit* vom 10, 2003

Rauterberg, Hanno: Das McMuseum. In Stuttgarts Staatsgalerie werden Bilder zu Wandaktien. In: *Die Zeit* 10.7.1998

Rauterberg, Hanno: Die Boom-Krise. In: *Die Zeit* vom 22.10.2004

Reisekultur. Von der Pilgerfahrt zum modernen Tourismus (Hgg. von Hermann Bausinger, Klaus Beyerer und Gottfried Korff), München 1999

Rohlmann, Peter: Fünftes Fanbarometer. http://www.promobizz.de vom 5.12.2003

Rothärmel, Bettina: Merchandising und Licensing bei der *STELLA AG*. In: Heinrichs / Schäfer (1999)

Rossmann, Andreas: Die Farben des Geldes. In: *Frankfurter Allgemeine Zeitung* vom 31.08.2006

Rifkin, Jeremy: Access. Das Verschwinden des Eigentums, Frankfurt am Main 2000

Rischar, Klaus: Schwierige Mitarbeitergespräche erfolgreich führen, München 1991

Roethlisberger, Franz Josef und W.J. Dickinson: Management and the Worker, Cambridge / Mass. 1939

Rosenschon, Astrid: Finanzhilfen der Bundesländer in den Jahren 2000-2004: Eine empirische Analyse (Institut für Weltwirtschaft Kiel August 2005 (*Kieler Diskussionsbeiträge 422*)

Ross, Alexander: Warum muss eigentlich Kultur sein? In: www.changeX.de vom 13.05.2005

Rossmann, Andreas: Angst vor dem Sponsor? Eine Diskussion über Klaus Staecks ‚Düsseldorfer Erklärung'. In: *Frankfurter Allgemeine Zeitung* vom 2.2.1996

Scharfe, Martin: Menschenwerk. Erkundungen über Kultur, Köln / Weimar / Wien 2002

Schefczyk, Michael und Frank Pankotsch: Betriebswirtschaftslehre junger Unternehmen, Stuttgart 2003

Schein, Edgar H.: Unternehmenskultur – Ein Handbuch für Führungskräfte, Frankfurt am Main / New York 1995

Schein, Edgar H.: Prozessberatung für die Organisation der Zukunft. Der Aufbau einer helfenden Beziehung, Bergisch Gladbach 2000

Schein, Edgar H.: Organisationskultur, Bergisch Gladbach 2003

Scheytt, Oliver: Kommunales Kulturrecht. Kultureinrichtungen, Kulturförderung und Kulturveranstaltungen, München 2005

Scheytt, Oliver: Blick zurück nach vorn – Von der neuen zur aktivierenden Kulturpolitik. In: Kulturpolitische Mitteilungen 113 II, 2006

Scheytt, Oliver und Michael Zimmermann: Qualitätsmanagement in Kultureinrichtungen. In: *Handbuch KulturPolitikMangement*, Oktober 2006

Schiffer, Heike und Konrad Umlauf: Haushaltssystematik, Titel, Kapitel, Haushaltsstelle. In: Hobohm, Christoph und Konrad Umlauf (Hrsg.): Erfolgreiches Management von Bibliotheken und Informationseinrichtungen (Loseblattsammlung) 2003 Lieferung 5/2.3

Schlegel, August Wilhelm: Die Kunstlehre (Kritische Schriften und Briefe Bd. E). Hgg von Edgar Lohner, Stuttgart 1963

Schleswig-Holsteinischer Landtag (Hrsg.): Entwicklung und Stand der Kulturwirtschaft in Schleswig-Holstein. Bericht der Landesregierung, Kiel 2004 (Drucksache 15/3482)

Schmidt, Kerstin: Mit Phantasie und Effizienz gegen die Finanzmisere. Ergebnisse der Leistungsvergleiche Kultur, Gütersloh 1998

Schmidt, Klaus: Inclusive Branding. Methoden, Strategien und Prozesse ganzheitlicher Markenführung, München 2003

Schmidt, Thomas E.: Sechs Thesen zum deutschen Theater. In: Iden, Peter (Hg.): Warum wir das Theater brauchen, Frankfurt am Main 1995

Schmidt, Thomas E.: Den Vorhang hoch und alle Säle offen. In: *Die Zeit* vom 28.07.2005

Schmidt, Thomas E.: Die Leere und das Nichts. Berliner Kulturpolitik vor der Wahl: Sparen oder Abreißen? In: *Die Zeit* vom 14.09.2006

Schneck, Ottmar: Lexikon der Betriebswirtschaft, München 1993

Schneider, Wolfgang: Umsturz? Umbruch? Umgestaltung! Überlegungen zur Neustrukturierung der deutschen Theaterlandschaft. In: Kulturpolitische Gesellschaft (Hrsg.): *Jahrbuch für Kulturpolitik 2004*. Thema: Theaterdebatte, Essen 2004

Schneider, Wolfgang: Buchmarktförderung, Autorenförderung oder Leseförderung? Sieben Kapitel über Literatur und Politik. In: Heinrichs, Werner und Armin Klein (Hrsg.): *Deutsches Jahrbuch für Kulturmanagement* 1998, Baden-Baden 1999

Schneidewind, Petra: Projektcontrolling. In: Handbuch KulturManagement, Stuttgart 1992ff (1999)

Schneidewind, Petra: Entwicklung eines Theater-Managementinformationssystems, Frankfurt am Main u.a. 2000

Schöffmann, Dieter: Fundraising: Vermögensbildung für eine gute Sache, Krefeld 1995

Schöne, Lothar (Hrsg.): Mephisto ist müde. Welche Zukunft hat das Theater? Darmstadt 1996

Schreyögg, Georg: Organisation. Grundlagen moderner Organisationsgestaltung. Mit Fallstudien, Wiesbaden 1998

Schreyögg, Georg und Christoph Noss: Organisatorischer Wandel: Von der Organisationsentwicklung zur Lernenden Organisation. In: *Die Betriebswirtschaft* 55 (1995)

Schuck-Wersig, Petra und Gernot Wersig: Museen und Marketing in Europa. Großstädtische Museen zwischen Administration und Markt, Berlin 1992 (Materialien aus dem Institut für Museumskunde)

Schütz, Dirk und Christine Franz: Spenden sammeln mit System. Der Weg zur eigenen Fundraisingkonzeption. Handbuch Erfolgreich Kultur finanzieren, Berlin Lieferung B 5.1.2

Schulz, Bettina: Wir wollen soviel Geld verdienen wie möglich. Andrew Lloyd Webber, Musicals und Manager. In: *Frankfurter Allgemeine Zeitung* vom 25.11.1995

Schulze, Gerhard: Die Erlebnisgesellschaft. Kultursoziologie der Gegenwart, Frankfurt am Main / New York 1993

Schulze, Gerhard: Die Zukunft des Erlebnismarktes. Ausblicke und kritische Anmerkungen. In: Nickel, Oliver (Hrsg.): Grundlagen und Erfolgsbeispiele, München 1999

Schulze, Gerhard: Die beste aller Welten. Wohin bewegt sich die Gesellschaft im 21. Jahrhundert? München 2003

Schwencke, Olaf und Norbert Sievers: Kulturpolitik ist Gesellschaftspolitik. Festschrift zum siebzigsten Geburtstag von Alfons Spielhoff, Hagen 1988

Séguin, Francine: Sociocultural Changes: New Management Challenges. In: Colbert, Francois (ed.): Cultural Organizations of the Future, Montreal 1998 (*Ècole des Hautes Ètudes Commerciales HEC*)

Seifart, Werner und von Campenhausen, A. (Hrsg.): Handbuch des Stiftungsrechts, München 1999

Seifter, Harvey und Peter Economy: Das virtuose Unternehmen, Frankfurt am Main 2001

Selznick, Philip: Leadership in Administration. A sociological interpretation, Evanston 1957

Senator Wowereit. In: *Frankfurter Allgemeine Zeitung* vom 7.11.2006

Senge, Peter M.: Die fünfte Disziplin. Kunst und Praxis der lernenden Organisation, Stuttgart 2001

Sicherheitsrisiko. Heidelberger Theater geschlossen. In: *Frankfurter Allgemeine Zeitung* vom 28.10.2006

Sieferle, Peter: Der unterirdische Wald – Energiekrise und Industrielle Revolution, München 1982

Siemes, Christof: Image durch Kultur. Firmen und Vermögende stiften gern für die Künste. In: *Die Zeit* vom 13.07.2006

Sievers, Norbert: „Neue Kulturpolitik". Programmatik und Verbandseinfluss am Beispiel der Kulturpolitischen Gesellschaft, Hagen 1988

Sievers, Norbert: Perspektiven einer Neuen Kulturpolitik.: In Heinze, Thomas (Hrsg.): Kulturmanagement. Professionalisierung kommunaler Kulturarbeit, Opladen 1994

Sievers, Norbert: Produktive Verunsicherung. In: Kulturpolitische Gesellschaft e.V. (Hrsg.): publikum. macht. kultur. Kulturpolitik zwischen Angebots- und Nachfrageorientierung, Bonn / Essen 2006

Sievers, Norbert und Bernd Wagner (Hrsg.): Blick zurück nach vorn. 20 Jahre Neue Kulturpolitik, Essen 1994

Smith, Adam: Der Wohlstand der Nationen, Eine Untersuchung seiner Natur und seiner Ursachen, München 1978
Söndermann, Michael: Öffentlich Kulturfinanzierung in Deutschland 2003/2004. Ergebnisse aus der Kulturstatistik. In: Institut für Kulturpolitik der Kulturpolitischen Gesellschaft (Hrsg.): *Jahrbuch für Kulturpolitik* 2003/04, Essen 2004
Söndermann, Michael: Kulturberufe. Statistisches Kurzporträt zu den erwerbstätigen Künstler, Publizisten, Designern, Architekten und verwandten Berufen im Kulturberufemarkt in Deutschland 1995-2003 (im Auftrag der *Beauftragten der Bundesregierung für Angelegenheiten der Kultur und der Medien*) Bonn 2004
Söndermann, Michael: Kulturausgaben in Deutschland sinken 2004 weiter. www.kulturmanagement.net/dowohnloads/soendermann.doc
Söndermann, Michael: Öffentliche Kulturfinanzierung in Deutschland 2005. Ergebnisse aus der Kulturstatistik. In: Institut für Kulturpolitik der Kulturpolitischen Gesellschaft (Hrsg.): *Jahrbuch für Kulturpolitik 2006*, Essen 2006
Spahn, Claus: Wundermann, geh' du voran. In: *Die Zeit* vom 12.06.2003
Sponsoren sind nicht pflegeleicht. In Karlsruhe sorgt sich der Deutsche Bühnenverein um die Zukunft der Theater. In: *Stuttgarter Zeitung* vom 29.5.2006
Stadelmaier, Gerhard: Letzte Aufführung, Eine Führung durchs Theater, Frankfurt am Main 1993
Stadelmaier, Gerhard: Kapitalkrise. Theaterpolitik in Frankfurt. In: *Frankfurter Allgemeine Zeitung* vom 2.4.1996
Stadelmaier, Gerhard: Wohin treibt das Theater? In: *Frankfurter Allgemeine Zeitung* vom 22.10.2004
Statistisches Bundesamt Deutschland: Lange Reihen (www.destatis.de)
Steinert, Heinz: Kulturindustrie, Münster 1998
Steinfeld, Thomas: Die Feigen. Kultur braucht Subventionen. Was denn sonst? In: *Süddeutsche Zeitung* vom 20./21. August 2005
Steingart, Gabor: Weltkrieg um Wohlstand. Wie Macht und Reichtum neu verteilt werden, München 2006
Steinhoff, Martin: Vom Aussterben der Dinosaurier. Zur Zukunft des Musiktheaters. In: *Kulturpolitische Mitteilungen* 59, IV,1992
Stockmann, Reinhard: Die Wirksamkeit der Entwicklungshilfe. Eine Evaluation der Nachhaltigkeit von Programmen und Projekten der Berufsbildung, Opladen 1996
Stockmann, Reinhard: Was ist eine gute Evaluation? Einführung zu Funktionen und Methoden von Evaluationsforschungen, Saarbrücken 2002 (*Centrum für Evaluation, CEval-Arbeitspapiere 9*)
Strachwitz, Rupert Graf von: Stiftungen – nutzen, führen und errichten: Ein Handbuch, Frankfurt am Main 1994
Stroebe, Antje und Rainer Stroebe: Motivation durch Zielvereinbarungen. Engagement in der Arbeit und Erfolg in der Umsetzung, Heidelberg 2003
Studiosus: Report, München 2004
Subventionsabbau im Konsens. Der Vorschlag der Ministerpräsidenten Roland Koch und Peer Steinbrück, Wiesbaden / Düsseldorf 2003
Taubmann, Wolfgang und Fredo Behrens: Wirtschaftliche Auswirkungen von Kulturangeboten in Bremen, Bremen 1986
Taylor, Frederick W.: Principles of scientific management, New York 1911
The Economy of Culture. Study produced for the European Commission (Directorate General for Educaton and Culture) Brüssel 2006
Theater als Behörde. In: *Der Spiegel* (2000)
Thomsen, Henrike: Unternehmen frieren ihre Budgets für das Kultursponsoring ein. In: *Berliner Zeitung* vom 23.7.2002
Thurn, Hans-Peter: Kultur im Widerspruch. Analysen und Perspektiven, Opladen 2001
Timmons, Jeffrey. A.: New Venture Creation. Entreprenuership for the 21st Century, Illinois 1997
The Museum of Modern Art: Annual Report New York 1999
Tod durch Rettung. In: *Frankfurter Allgemeine Zeitung* vom 2. Juni 2004

Tröndle, Martin: Entscheiden im Kulturbetrieb. Integriertes Kunst- und Kulturmanagement, Bern 2006

UK Politics: Talking Politics Britain's creative booming. In: *BBC Online Network* vom 11.11.1998

Ulrich, Peter: Management. Gesammelte Beiträge, Bern / Stuttgart 1984

UNDP-Office of Evaluation and Strategic Planning: Results-oriented Monitoring and Evaluation. A Handbook for Programme Managers, New York 1997

UNDP-Office of Evaluation and Strategic Planning: RBM in UNDP: Selecting Indicators, New York 2002

UNDP-Office of Evaluation and Strategic Planning: Handbook on Monitoring and Evaluating for Results, New York 2002

Ure, Anton: The Philosophy of Manufacturers: Or, An Exposition of the Scientific, Moral and Commercial Economy of the Factory System, London 1835

Valentin, Karl: Zwangsvorstellungen. In: ders.: Sturzflüge im Zuschauerraum. Der Gesammelten Werke anderer Teil. München 1969

Verband der Musikschulen in Deutschland (Hrsg.): Statistisches Jahrbuch der Musikschulen in Deutschland, Bonn 1999

Verband deutscher Musikschulen: QsM – Qualitätssystem Musikschule. Das EFQM Excellence Modell in der Spezifikation für Musikschulen im VdM, Bonn 2000

Verfassungen der deutschen Bundesländer, München 1995

Vermeulen, Peter: Statement „Kulturwirtschaft" auf dem Symposium Hochschule Bremen am 8.11.2005 (unveröffentlichtes Manuskript)

Vertrag zwischen der Bundesrepublik Deutschland und der Deutschen Demokratischen Republik über die Herstellung der Einheit Deutschlands – Einigungsvertrag, zitiert nach: Grundgesetz für die Bundesrepublik Deutschland, (Beck'sche Texte) München 1995

Waidelich, Jürgen Dieter: Theatermanagement / Theaterorganisation. Geschichte, Grundprobleme und Tendenzen. Problemaufriss und Geschichte des Theatermanagements bis zur Gegenwart. Studienangebot ‚Kulturwissenschaftliche Weiterbildung', Fernuniversität Hagen 1991

Walberer, J.: Drei Groschen für die Oper. In: *MANAGER-Magazin* 2, 19

Warum wir das Theater brauchen. Hgg. von Peter Iden, Frankfurt am Main 1995

Was soll das Theater? Schwerpunktheft der *Kulturpolitischen Mitteilungen* 68/I, 1995

Weber, Max: Wirtschaft und Gesellschaft. Tübingen 1972

Wefing, Heinrich: Keine Panik. Die Künstlersozialkasse muss generalüberholt werden. In: *Frankfurter Allgemeine Zeitung* vom 25.11.2004

Wefing, Heinrich: Es kommen harte Zeiten. In: *Frankfurter Allgemeine Zeitung* vom 23.10.2006

Wehling, Detlef (Hrsg.): Handbuch für Existenzgründer. Entrepreneurship als Grundhaltung, Berlin 2002

Weiand, Neil George: Der Sponsoring-Vertrag, München 1995

Weick, Karl E.: The Social Pschology of Organizing, Reading / Mass. 1979 (Deutsch: Der Prozess des Organisierens, Frankfurt am Main 1985)

„Weitermacher gibt es in diesem Land schon genug." Ein Gespräch mit Christine Lemke-Matwey. In: *ZeitKulturSommer* vom April 2006

Wiesand, Andreas J.: Kultur- oder „Kreativwirtschaft": Was ist das eigentlich? In: *Aus Politik und Zeitgeschichte* (Beilage zur Wochenzeitung *Das Parlament*) 34-35/2006 vom 21.8.2006

Williamson, Oliver E. (ed.): Organization Theory. From Chester Barnard to the Present and Beyond, New York / Oxford 1995

Welch, Jack und Suzy Welch: Winning. Das ist Management, Frankfurt am Main 2005

Wildenmann, Bernd: Die Faszination des Ziels, Neuwied 2002

Willms, Werner und Matthias Schönert: Medienstandort Bremen 2002 (www.baw-bremen.de)

Wüllenweber, Walter: Absurdes Theater. In: *STERN* vom 6.7.2006

Wunder, Bernd: Geschichte der Bürokratie in Deutschland, Frankfurt am Main 1986

Zimmer, Dieter E.: Kultur ist alles. Alles ist Kultur. Über die sinnlose Erweiterung des Kulturbegriffs und was dies bedeutet für die öffentlichen Etats. In: *Die Zeit* vom 4.12.1992

Zwischenbericht der Enquete-Kommission ‚Kultur in Deutschland': Kultur als Staatsziel (*Deutscher Bundestag*, Drucksache 15/5560 vom 01.06.2005)